Collection QA **compact**

De la même auteure

Adulte

SÉRIE LA FILLE DU PASTEUR CULLEN

Tome 2 – À l'abri du silence, Éditions Québec Amérique, coll. Tous Continents, 2009.
Tome 1 – Partie 2, Éditions Québec Amérique, coll. Compact, 2009.

La Fille du Pasteur Cullen, Éditions JCL, 2007.

SÉRIE CŒUR DE GAEL

Tome 4 – La Rivière des promesses, Éditions JCL, 2005.
Tome 3 – La Terre des conquêtes, Éditions JCL, 2005.
Tome 2 – La Saison des corbeaux, Éditions JCL, 2004.
Tome 1 – La Vallée des larmes, Éditions JCL, 2003.

Jeunesse

SÉRIE GUILLAUME RENAUD

Tome 2 – Il faut sauver Giffard!, Éditions de la Bagnole, coll. Gazoline, 2008.
Tome 1 – Un espion dans Québec, Éditions de la Bagnole, coll. Gazoline, 2007.

La Fille du Pasteur CULLEN

Tome 1 – Partie 1

Catalogage avant publication de Bibliothèque et Archives
nationales du Québec et Bibliothèque et Archives Canada

Marmen, Sonia
La fille du pasteur Cullen
(Collection QA compact)
ISBN 978-2-7644-0727-1 (v. 1, ptie 1)
ISBN 978-2-7644-0728-8 (v. 1, ptie 2)
1. Écosse - Histoire - 19e siècle - Romans, nouvelles, etc. I. Titre.
PS8576.A743F54 2009   C843'.6   C2009-942142-9
PS9576.A743F54 2009

 Conseil des Arts **Canada Council**
du Canada   for the Arts

Nous reconnaissons l'aide financière du gouvernement du Canada par
l'entremise du Programme d'aide au développement de l'industrie de
l'édition (PADIÉ) pour nos activités d'édition.

Gouvernement du Québec – Programme de crédit d'impôt pour
l'édition de livres – Gestion SODEC.

Les Éditions Québec Amérique bénéficient du programme de subvention
globale du Conseil des Arts du Canada. Elles tiennent également à
remercier la SODEC pour son appui financier.

Québec Amérique
329, rue de la Commune Ouest, 3ᵉ étage
Montréal (Québec) Canada H2Y 2E1
Téléphone : 514 499-3000, télécopieur : 514 499-3010

Dépôt légal : 4ᵉ trimestre 2009
Bibliothèque nationale du Québec
Bibliothèque nationale du Canada

Mise en pages : Karine Raymond
Nouvelle révision linguistique : Chantale Landry
Direction artistique : Isabelle Lépine
Adaptation de la grille graphique : Renaud Leclerc Latulippe
Œuvre en couverture : *Juliette Récamier*, François Gérard,
Musée Carnavalet / Roger-Viollet
Projet dirigé par Anne-Marie Villeneuve

Imprimé au Canada

Sonia Marmen

La Fille du Pasteur Cullen

Tome 1 – Partie 1

QUÉBEC AMÉRIQUE

Remerciements

L'expression de ma sincère gratitude va à la docteure Élizabeth McGraw qui m'a expliqué, entre autres, pourquoi le système lymphatique d'un cadavre n'absorbe pas les solutions colorantes. Pour leurs compétences linguistiques, danke u à monsieur Kees Vanderheyden et, encore une fois, tapadh leibh à monsieur Angus MacLeod. Je voudrais aussi remercier Gillian Mason, du Queen's Own Hussars Museum, Warwick, Angleterre, Grant E. L. Buttars et Rosie McLure, aux archives de l'Université d'Édimbourg. Leurs réponses à mes questions et leurs suggestions de titres d'ouvrages ont été plus qu'utiles à mes recherches. Pour finir, que les derniers cités soient les premiers : à chacun qui, à sa manière, m'encourage et me supporte depuis le début, merci d'être là.

Quel que soit le contexte historique dans lequel ils évoluent, dans le cœur de ceux qui les éprouvent, les sentiments demeurent intemporels.

S. M.

À Donald, mon frère

La Vérité ne fait pas tant de bien dans le monde
que ses apparences y font de mal.

La Rochefoucauld, *Maximes*

Chapitre 1

Janvier 1800.

L e plaisir était doux, l'attente, exquise.

Le visage collé contre la vitre glacée, la jeune fille gardait les yeux tournés vers l'horizon. Il allait bientôt se montrer, le char de feu d'Ouranos, ce maître du ciel. Il allait venir, une fois encore, comme il le faisait toujours depuis le début des temps, depuis la chute de l'ange, depuis Adam et Ève. Elle l'attendait, toute fébrile dans sa chemise froissée par une nuit à chercher le sommeil là où il ne se trouvait pas.

Quel vœu ferait-elle aujourd'hui? Oh! Mais elle le savait déjà. C'était l'objet de ses préoccupations depuis le début des préparations du mariage de sa sœur Maisie. Le vœu devait être formulé sitôt que la couronne incandescente du soleil apparaissait. C'était la règle. Sa règle.

Bien sûr, cette pratique païenne n'était qu'une sorte de jeu pour elle. Son père disait que le hasard n'existait pas. Des rois aux mendiants, tous suivaient un chemin déjà tracé par Dieu. Le monde était prédestiné depuis sa création. C'était écrit. Et qu'un vœu se réalisât ne tenait que du hasard. Mais c'était toujours amusant de deviner les desseins du Tout-Puissant.

Les couleurs se transformaient. Nuances de plus en plus claires s'opposant aux ombres. Contrastes qui définissaient le contour des choses. Naissance d'un nouveau jour. L'aube triomphait toujours de la nuit.

Le jeu de la lumière sans cesse changeante modifiait le paysage. La neige grise tombée pendant la nuit rosissait en fondant sur les toitures pentues qui formaient un rempart crénelé entre la mer et elle. Elle aurait aimé voir l'onde se voiler de pastels. Elle aurait voulu admirer les battures givrées comme un champ de cristaux de sucre sous les feux. Elle gratta ceux qui s'étaient formés sur le verre. Une neige blanche s'accumula sous ses ongles et, les yeux fixes sur l'horizon, elle suça ses doigts pour la faire fondre.

Le feu éternel vint. D'abord comme un mince fil d'or bordant la frontière entre le sol et l'espace. Puis le fil s'embrasa, éblouissant le ciel. C'était le moment. Dana serra les paupières et joignit les mains dans un geste chrétien.

Elle formula son vœu.

— Que fais-tu là ? demanda une petite voix ensommeillée derrière elle.

Sautant de sa chaise sur le parquet glacé, la jeune fille rejoignit le lit en deux bonds.

— T'es toute froide ! se plaignit la petite Harriet en la repoussant.

Les boucles d'or s'éparpillaient sur l'oreiller autour d'une frimousse contrariée.

— Alors, partage ta chaleur avec moi, dit Dana en se collant contre sa sœur.

Cette dernière poussa un cri perçant qui la fit rire.

— Arrête, Harriet, tu vas réveiller tout le monde.

— Je vais réveiller tout le monde si toi tu ne te pousses pas !

Dana battit en retraite et se réfugia dans son coin refroidi pour paresser quelques minutes de plus. Elle souffla un nuage de vapeur et cacha son nez rougi sous sa couverture de laine.

— Tu sais quel jour on est aujourd'hui ? demanda-t-elle à sa sœur.

— C'est le jour du mariage de Maisie avec Scott.

— C'est ça.

La petite Harriet mit en train son esprit de fillette de cinq ans. Qu'on fût le jour du mariage de Maisie signifiait qu'elle allait porter sa robe neuve. Elle sourit. Mais l'expression de contentement s'effaça au souvenir des malles qui attendaient dans le salon.

— Elle va partir d'ici?

— Quand on se marie, on va vivre chez le mari.

— Pourquoi elle se marie, Maisie, alors?

— Eh bien… parce qu'elle le veut.

— Pourquoi elle le veut? insista Harriet, très sérieusement.

— Parce qu'elle aime Scott.

— Et c'est pour ça qu'elle est obligée de le marier?

— Non, s'impatienta Dana, elle le marie parce qu'elle le veut bien, c'est tout.

Moment de réflexion.

— Elle va pleurer, Maisie?

— Sans doute. Un bonheur se gagne souvent au prix du sacrifice d'un autre. Le mariage demande qu'elle quitte définitivement sa famille pour en fonder une nouvelle.

— Maisie? Elle va avoir une famille nouvelle?

Dana se tourna vers sa sœur, résistant à la tentation de se serrer contre elle.

— Quand elle aura des enfants.

— Je pourrai aller vivre dans sa nouvelle famille?

— Tu pourras certainement lui rendre visite à l'occasion.

— Et elle me fera des biscuits à l'écorce d'orange confite?

— Tu ne penses qu'à manger, petite gourmande.

Dana pinça le petit nez gelé au centre du visage joufflu. L'enfant éclata de rire. Elle était jolie, Harriet. La plus jolie des trois filles du pasteur Henry Cullen. Et Maisie et Dana qui l'adoraient la gâtaient sans remords.

— Dis, Dana, fit la voix enfantine après s'être calmée. Est-ce que Papa et Mama m'obligeront à dormir dans la chambre de Maisie quand elle ne sera plus là?

— Pas si tu ne le veux pas, ma puce.

— J'en ai pas envie…

Le bouton de rose que formait la bouche de Harriet avait éclos en un charmant sourire qui réchauffa à lui seul le cœur de Dana.

La cloche de fonte tinta dans la cuisine du presbytère et coupa court à leur conversation. À contrecœur, Dana repoussa les couvertures et, assise sur le bord du lit, regarda ses vilaines jambes suspendues dans le vide. Il fallait faire vite. Son père ne tolérait sous aucun prétexte qu'on soit en retard pour le petit déjeuner. Elle claudiqua en chaussettes jusqu'à ses brodequins, les enfila, les laça. Puis elle inséra une extrémité du tuteur d'acier dans un étrier conçu à cet effet au niveau de la partie interne de la semelle exhaussée de sa chaussure gauche, solidifia l'autre extrémité sous le genou avec l'embrasse et sécurisa l'appareil redresseur avec une sangle cousue au brodequin au niveau de la cheville.

— Aide-moi, Dana, se plaignit Harriet qui se débattait, coincée dans sa robe de laine bleue.

— Je viens, je viens…

La voix de Henry Cullen résonnait dans la maison. On entendit le pas pressé de Maisie dans le corridor. Elle appelait leur mère. Elle ne trouvait pas ses épingles à cheveux ornées de perles.

— C'était quoi, ton vœu? demanda Harriet lorsque sa tête fut passée dans l'encolure.

Dana la fit pivoter entre ses genoux et noua rapidement les cordons dans le dos.

— Si je te le dis, il ne se réalisera pas.

— S'il se réalise, tu me le diras?

— Tu le sauras.

La fillette admira d'un air satisfait sa robe et lissa les rubans blancs qui retombaient sur la jupe avec le plat de sa main. Quelqu'un frappa à la porte.

— Je mange la part de celles qui descendent en retard, chanta malicieusement une voix derrière le panneau de bois.

— Si tu le fais!… commença Dana, furieuse.

— Je suis jolie? demanda Harriet.

— Tu es aussi jolie qu'une jacinthe sauvage au printemps. Allons, maintenant enfile tes chaussures et descends à la cuisine. J'arrive dans cinq minutes.

La fillette sortit de la chambre en courant. Le visage de leur frère Thomas apparut dans l'encadrement de la porte, un sourire accroché jusqu'à ses oreilles et qui la narguait.

— Eh bien! dit-il en faisant le constat que Dana se trouvait toujours en chemise de nuit. Je crois que je vais me régaler ce matin.

— Si tu le fais, reprit Dana en le défiant ouvertement, je raconte à Papa ce que j'ai vu l'autre jour derrière l'entrepôt.

Thomas feignit l'ignorance.

— Quel entrepôt?

— Quel entrepôt! fit-elle en imitant la voix modulée de l'adolescent. Est-ce que je dois demander à Miss Murray de te le rappeler?

La bouche du garçon se pinça en une mince ligne crayeuse entre ses joues cramoisies.

— Tu es jalouse parce que tu sais que pas un garçon ne voudrait embrasser un vilain petit canard boiteux comme toi.

Sachant trop bien l'effet qu'aurait son trait de méchanceté sur sa sœur, fiérot, Thomas disparut à son tour dans le branle-bas qui régnait dans la cuisine. Le cœur percé, Dana contempla le vide de la porte. D'un pas rageur elle alla la fermer et s'y adossa, se forçant au calme en songeant à son vœu.

— Il viendra, il me l'a promis, murmura-t-elle, forte de ses convictions.

De la cuisine s'élevaient des cris. En ce matin du mariage de l'aînée du pasteur Cullen, la maisonnée était sous l'emprise d'une fébrilité presque survoltée. Sans perdre une minute de plus, Dana décrocha de son cintre la robe que sa mère lui avait remodelée pour l'occasion et s'habilla à son tour. De la commode au miroir, du miroir à l'armoire, de l'armoire à la commode, elle évitait le pot de chambre plein en claudiquant, s'arrêtant pour regarder par la fenêtre chaque fois qu'elle passait devant. Le soleil était maintenant complètement levé.

Maisie aurait un beau mariage.

❦

L'église s'emplissait des fidèles, invités ou badauds, venus assister à la cérémonie. Le cou tordu, Dana gardait son regard rivé sur la porte. Il viendrait. Il ne pouvait manquer le mariage de Maisie. Le pasteur, son père, discutait avec les Chalmers, la famille du fiancé. Il avait revêtu sa robe noire et son col clérical immaculé. Les bandes de Genève empesées tombaient sur sa poitrine comme les caroncules du coq. Il ne souriait pas. Henry Cullen ne souriait pour ainsi dire jamais. Comme si l'expression du bonheur allait à l'encontre de l'enseignement des Écritures saintes. Pour Henry, le but de la vie étant de rechercher le salut dans la foi, chaque jour était une épreuve imposée par Dieu et il fallait la subir avec humilité. Heureusement qu'il y avait les fleurs, les oiseaux et les livres pour les sauver de l'ennui.

Les gens prenaient place sur les bancs. Le pasteur Cullen se dirigeait vers la porte. Le lourd battant de bois grinça dans ses gonds et les coupa de la lumière vive, enfermant tout ce petit monde avec Dieu. Dana sentit son cœur se briser et la minuscule main de Harriet se glisser dans la sienne.

— Tu vas pleurer parce que Maisie se marie ?

Se mordant les lèvres, la jeune fille secoua la tête et ouvrit son psautier métrique écorné.

Son visage penché sur le sien, sa mère entonna le 128e psaume. À sa belle voix se joignirent celles des gens présents. Le chant s'éleva dans la vieille église datant de 1244 et rappela que le bonheur du juste se trouve dans l'harmonie familiale. Il y eut des fausses notes et un éternuement. Après quelques chuchotements et bruissements de chaussures sur le sol revint un silence empreint de solennité. Pompeusement, son père brandit sa main au-dessus de la tête des futurs époux, qui se tenaient debout devant lui, et posa sur l'assemblée un regard pénétrant qui aurait fait fuir tous les démons de l'enfer.

— Mes bien-aimés, nous sommes réunis ici, en la présence de Dieu et de cette assemblée, pour unir cet homme et cette femme dans le saint mariage…

Un grincement interrompit le pasteur, qui plissa les paupières. Une silhouette se découpa dans la tranche de lumière qui pénétrait la salle. Puis la porte se referma de nouveau sur le silence pendant que l'intrus se découvrait la tête. S'excusant d'une voix timide auprès de ceux qui le dévisageaient, il longea le mur comme une ombre, jusqu'à l'avant. Ceux qui le reconnurent chuchotaient en échangeant des regards équivoques.

Indifférente à la réaction des gens, son cœur rempli soudain d'une joie incommensurable, Dana poussa Harriet contre Thomas pour faire de la place à l'homme qui lui souriait en se glissant près d'elle. Il sentait bon le cheval et le cuir.

— Je savais que tu viendrais, murmura-t-elle en prenant la main glacée qu'il lui tendait.

— Je te l'avais promis, non? Je tiens toujours mes promesses, souviens-t'en, Dana.

La jeune fille serra très fort la main de son frère Jonat. Tenir celle de Dieu en personne ne lui aurait pas fait plus plaisir.

Le mariage pouvait commencer.

✦—✧

La sortie des mariés se fit sous une pluie de riz, bénissant une union fertile. Les mariés souriaient de bonheur, recevaient félicitations, poignées de main et embrassades. Dana regardait, sa main soudée à celle de Jonat. Son frère et elle restaient en retrait dans la pénombre de l'entrée qui perçait la grosse tour carrée en façade. Jonat avait à peine adressé la parole à leur père, qui semblait toujours lui en vouloir. Cependant, Dana avait vu leur mère, ses joues roses de joie, lui couler des regards tendres. Cette situation attristait beaucoup la jeune fille. Elle décida dès lors de son vœu du lendemain: que son père et Jonat se réconcilient enfin.

Les cloches sonnèrent et firent vibrer l'air dans le portique. La jeune fille mit sa main libre sur son oreille.

— J'ai des cadeaux pour Maisie et pour Mama, lui chuchota tout d'un coup son frère. Tu viens avec moi les chercher ?

— C'est quoi ?

— Une surprise. Je les ai laissés dans la voiture.

— Quelle voiture ?

— Viens avec moi.

La jeune fille leva des yeux ravis vers lui. Elle aurait suivi Jonat jusqu'en Afrique, jusqu'au bout du monde. Elle vit une jeune femme vêtue d'une élégante pelisse verte bordée de martre comme son manchon. Margaret, la fille du docteur Balfour, venait vers eux. On parlait d'un mariage possible entre elle et Jonat. Mais son frère semblait vouloir l'éviter et entraînait déjà Dana derrière lui.

Elle le suivit jusque dans Kirk Wynd. Dissimulé dans l'angle de Hill Street, un landau noir fermé attelé à deux chevaux gris était garé. Le cocher attendait, assis sur son siège. Dana avait bien envie de faire un tour dedans. Elle n'avait jamais voyagé que dans la charrette de son père et que deux fois dans le buggy de Scott.

— C'est à toi ? s'extasia la jeune fille.

— Bien sûr que non. Elle appartient à un ami.

— Il est médecin comme toi ?

— Oui.

— Je peux faire un tour ?

Le rire du jeune homme se répercuta dans l'air vivifiant qui rougissait les joues et le nez.

— La maison est à deux pas d'ici, Dana, et je ne crois pas que le moment soit approprié. Mais demain je dois passer voir le docteur Balfour. Après, si tu le veux, nous irons faire un tour jusqu'à Ravenscraig. Comme avant.

— J'aimerais bien… Est-ce que Miss Balfour va venir avec nous ?

— Pourquoi viendrait-elle ?

Jonat s'était retourné vers elle. Il ne souriait plus. Elle baissa les yeux, embarrassée.

Songeur, le jeune homme orienta son regard vers la tour de l'église qui restait visible derrière le toit des bâtiments. On entendait la rumeur des voix résonner dans la ruelle encaissée par les murs de pierres noires de suie.

— Je dois voir Mr Balfour pour une affaire strictement professionnelle avant de repartir.

— Tu restes combien de jours ?

Le visage de Jonat s'assombrit. Pour lui, rester jusqu'au lendemain était déjà trop. Il ouvrit la portière du véhicule.

— Jusqu'à demain. Allez, monte. Je vais te présenter mon ami.

L'habitacle était plongé dans la pénombre. Les yeux curieux de la jeune fille s'agrandissaient pour mieux voir. Pas de dorures ni de moelleux coussins de velours. La seule touche de raffinement était un frais et agréable parfum d'eau de Cologne flottant à l'intérieur du véhicule qui, finalement, était bien petit. Ce ne fut qu'à ce moment qu'elle se préoccupa de la présence de l'homme assis sur la banquette du fond.

— Dana, voici Francis.

— Enchantée, monsieur, fit la jeune fille en exécutant une révérence.

— Enchanté, Miss Cullen, lui répondit une voix basse.

L'homme avait incliné la tête et elle ne put discerner avec clarté les linéaments de son visage. Il portait une redingote noire et un chapeau de feutre dont le large bord jetait de l'ombre sur ses yeux. Et elle put distinguer une fine bouche qui s'ourlait légèrement aux coins.

La main de l'inconnu s'agita sur le pommeau de sa canne qu'il tenait piquée au sol entre ses genoux. Entre les doigts gantés brillait le regard d'une tête de lion argentée. Elle n'avait jamais vu de pommeau aussi somptueux.

Son frère récupéra un grand carton sur le siège d'en face et un plus petit dans le compartiment à bagages.

— Tu peux porter celui-là ?

— Je crois, oui, répondit-elle distraitement en gardant son attention fixée sur le mystérieux personnage.

— Dana ?

La jeune fille saisit le carton que lui tendait Jonat et s'inclina une seconde fois devant l'homme en le remerciant de l'avoir laissée visiter sa voiture. L'individu redressa les épaules et elle capta l'éclair gris métallique d'un regard posé sur elle. Intimidée, elle descendit de la voiture à la hâte et attendit son frère qui échangeait quelques mots avec son ami. La voix trop basse de l'homme l'empêchait d'en saisir le sens. Jonat la rejoignit, referma la portière, puis ils s'éloignèrent vers l'église tandis que le cocher mettait la voiture en route.

— Il ne vient pas dîner avec nous? demanda-t-elle d'une petite voix en priant que ce fût le cas.

Drapé d'un mystère digne d'un sinistre personnage du *Château d'Otrante*, l'inconnu l'avait troublée.

— Non. Mon ami… est un peu timide.

— Ah bon!

Le soulagement dénoua un petit nœud dans son ventre.

✦✦

Isolée et assise sur une chaise dans un coin du salon, Dana se faisait spectatrice des festivités. Tous ces gens qui parlaient, mangeaient et dansaient prenaient d'assaut sa maison, rognaient son espace. Elle n'aimait pas particulièrement les fêtes. Les dames évoluaient gracieusement dans de jolies robes de mousseline de coton brodé et perlé, dévoilant de délicates chaussures lacées autour de leurs chevilles gainées de bas fins… Des chaussures comme elle n'en porterait jamais.

Elle avait plutôt envie de monter dans sa chambre pour se plonger dans l'imaginaire d'un livre et d'usurper l'identité de celles qui plaisaient.

Depuis un bon moment, Jonat l'avait abandonnée pour suivre Miss Balfour avec qui il entretenait une conversation animée. Il ne lui reviendrait plus. La belle demoiselle s'en assurerait. Son frère était si élégant dans son frac de drap bleu de nuit et sa culotte grise qui lui seyaient parfaitement. Elle avait entendu des commentaires chuchotés sur son passage à la sortie de l'église. Toutes les jeunes femmes présentes avaient remarqué le fils aîné du pasteur Cullen.

Miss Balfour ne cessait de lui toucher le bras tout en parlant et lui se penchait près de son oreille pour lui répondre. Elle rougissait et il riait de bon cœur. Pourtant, il y avait une certaine retenue dans l'attitude de Jonat. Le doute qu'une autre femme lui avait ravi son cœur piqua celui de Dana. Pas qu'elle affectionnât spécialement Miss Balfour, mais épouser la fille du plus important médecin de Kirkcaldy inciterait peut-être Jonat à revenir y vivre.

Hugh Balfour était le médecin chez qui Jonat avait acquis deux années d'apprentissage avant de s'inscrire à l'Université d'Édimbourg. Il préparait maintenant son examen pour l'obtention de son diplôme en médecine, qui aurait lieu dans quelques mois.

La médecine était une profession plus qu'honorable aux yeux de la société. Mais pour Henry Cullen, que son fils aîné optât pour cette voie créait une brèche dans les traditions familiales. Depuis cinq générations, le fils aîné du fils aîné des Cullen était un homme du clergé. Ainsi pour Jonat, comme pour Henry et les autres les précédant, c'était sa destinée. Mais Jonat en avait décidé autrement. Le jeune homme avait découvert sa passion pour la science pendant la maladie de Dana.

À l'âge de sept ans, elle avait souffert de paralysie infantile[1]. C'est le docteur Balfour qui avait traité Dana. La jeune fille ne se souvenait que vaguement de cette époque. Sinon des bras de son frère qui la portaient, de sa voix qui lui faisait la lecture, de ses mains qui obligeaient ses membres à des exercices douloureux et de ses yeux noisette qui la suppliaient silencieusement de se battre. Il avait passé des nuits entières à son chevet, la veillant dans son sommeil. Jonat avait été plus qu'un frère pour elle. Il avait été un père qui avait souffert avec elle, qui lui avait insufflé la force de vaincre le mal qui menaçait de lui voler sa vie. Et c'est grâce à lui si elle avait recouvré l'usage de ses jambes.

---

1. Le nom « poliomyélite » n'est apparu dans le vocabulaire médical qu'en 1892. On désignait auparavant cette maladie sous le nom de paralysie infantile.

Suivant les instructions du médecin, qui empruntait la méthode de Cheselden pour traiter les pieds bots, Jonat lui avait appliqué chaque jour à son retour de classe des emplâtres de farine et d'œufs destinés à empêcher la progression des malformations de ses jambes paralysées qui se tordaient. Plus tard, après avoir étudié des schémas d'attelles conçues par un certain Antonio Scarpa, il avait dessiné sa première paire de brodequins adaptés, qu'un cordonnier de l'endroit avait fabriqués. En appliquant une force opposée aux muscles paralysés, les tiges de fer mises sous tension les étiraient pour les empêcher de se raccourcir, permettant aux os de continuer de croître de façon normale. Ces instruments de torture disgracieux avaient presque totalement repositionné son pied droit; la pointe ne déviait plus que très légèrement vers l'intérieur. Mais il en allait tout autrement pour le gauche, qui reposait encore en partie sur sa face externe. Les muscles du mollet de cette jambe étaient si atrophiés que le pied n'avait pu se redresser complètement.

La convalescence avait été longue et pénible. Faire des exercices quotidiens avait ramené la force dans ses membres et graduellement Dana avait réappris à marcher sans béquilles. Ainsi, elle avait grandi dans la solitude de ceux qui étaient différents des autres. Elle avait appris à composer avec le regard méprisant des adultes et la méchanceté crue des enfants. Son refuge, elle le trouvait dans les livres qu'elle empruntait dans la librairie ambulante de Mr Lockhart ou dans ceux que Jonat lui procurait à l'occasion.

Des éclats de voix l'extirpèrent de son petit monde intérieur. On se regroupait autour des nouveaux époux pour porter un toast. Maisie, aussi belle qu'une rose d'hiver dans sa robe en crêpe de soie blanche, avait fièrement jeté sur ses épaules le magnifique châle en gaze de soie pourpre de Spitalfields que lui avait offert Jonat et qui faisait si bien ressortir le rouge de ses joues. Puis du pianoforte montèrent quelques notes qui s'enchaînèrent en un branle enlevant. Harriet se faufilait entre les danseurs, entraînant une ribambelle d'enfants dans sa suite. Le pasteur, un verre de cordial à la main, surveillait les festivités de son poste dans un coin de la pièce.

— Je peux m'asseoir ?

Dana tressaillit. C'était Timmy Nasmyth, un cousin qu'elle rencontrait pour la première fois.

Elle haussa les épaules dans un geste d'indifférence. Le garçon tira près d'elle une chaise libre et s'y installa, faisant mine de s'absorber dans ce qui se passait dans le salon.

— Ils ont l'air de bien s'amuser, commenta-t-il après quelques minutes.

— Hum… fit-elle en hochant la tête.

Les jambes de Timmy se balançaient sous la chaise, la semelle de ses chaussures froissant le sol à chaque passage.

— C'est plutôt chouette de rencontrer des nouveaux cousins.

— Hum…

Le jeu de jambes l'agaçait et Dana poussa un soupir d'impatience. Il tapait maintenant sur sa cuisse avec la paume de sa main, cadençant le rythme de la musique sur laquelle les danseurs évoluaient au centre du salon qu'on avait débarrassé de ses meubles.

— Maman dit que tu as à peu près mon âge.

Elle savait qu'il avait quelques mois de plus qu'elle. N'eût été de son visage rond que modelait encore l'enfance, sa corpulence eut laissé croire qu'il avait trois ou quatre ans de plus.

Il continua. Apparemment, le garçon cherchait à la faire sortir de son mutisme.

— Tu es déjà venue à Édimbourg?

— Non, dut-elle s'efforcer de répondre.

— Moi, je n'étais jamais sorti de la ville. Finalement, c'est bien, la campagne…

— *Dieu a créé les campagnes. C'est l'homme qui a créé les villes.* Ces deux phrases sont de William Cowper. Tu lis parfois, cousin Timmy?

Le visage du garçon se renfrogna et il marmonna une réponse qu'elle n'osa lui demander de répéter. Consciente d'avoir écorché l'orgueil de son cousin, Dana se tut, souhaitant qu'il décide de la laisser tranquille.

— On n'a pas le temps de lire quand on doit gagner son pain. Mais je connais *Gulliver's Travels*[2].

Timmy avait fait cette déclaration avec l'importance d'un jeune homme qui prend enfin sa place dans le monde des adultes. Et la brillante et amusante satire de la nature humaine de Jonathan Swift étant son livre préféré, Dana eut un intérêt nouveau envers ce cousin aux manières un peu rustres.

— Tu aides ton père dans son moulin?

— Na! Mon frère James vient de commencer son apprentissage. Moi, je vais encore à l'école. Mais je fais des livraisons pour lui.

Charles Nasmyth était papetier dans Wester Portsburgh, un quartier de la capitale situé au pied de Castle Rock, juste à côté de Grass Market. Depuis les battures de Kirkcaldy, elle pouvait voir l'ombre du fameux rocher déformer la ligne d'horizon comme une gibbosité sur le dos d'un bossu. La mère de Timmy était la sœur de Janet Cullen, la femme du pasteur. Les deux familles ne s'étaient guère côtoyées depuis seize ans. Une dispute qui avait suivi une remarque désobligeante de Henry sur le goût prononcé de Charles pour les spiritueux. C'est que l'oncle Nasmyth avait abusé un peu trop du gin lors du baptême de Maisie, et le comportement de son beau-frère devant les invités avait grandement embarrassé le pasteur Cullen. Les deux hommes, s'obstinant chacun dans leurs retranchements, attendaient que l'autre fasse ses excuses le premier. N'eût été de leurs obligations envers Maisie, dont ils étaient parrain et marraine, les Nasmyth seraient restés à Édimbourg.

Le garçon se tortillait maintenant les fesses sur sa chaise. Il plongea une main dans la poche de sa culotte et en sortit une poignée de sucreries à l'aspect peu ragoûtant. Il en retira quelques fils de coton et cheveux collés et brisa un bonbon de l'amalgame.

— Tu en veux un? Ils viennent de la confiserie Brown, dans High Street.

---

2. *Les Voyages de Gulliver.*

Comme elle mangeait rarement des gâteries, elle accepta avec plaisir la pastille rouge qui lui colla aux doigts. Le sucre d'orge fondait sur sa langue, le plus onctueux des péchés de gourmandise. Les yeux rivés sur le visage de sa cousine, Timmy faisait rouler sa friandise dans sa bouche.

— Qu'est-ce qu'il y a?

— Rien, répondit-il sans pour autant détourner sa mine curieuse.

Puis elle comprit et baissa le regard sur ses mains posées sur ses genoux.

— C'est vrai que tu as des yeux bizarres pour une fille. J'avais un chat qui avait des yeux comme les tiens. Mais l'un était bleu et l'autre était vert.

Fronçant les sourcils, Dana le considéra un moment de biais, cherchant dans son attitude un air de moquerie. Visiblement, il avait dit cela sans malice.

— Est-ce que tu vois la même chose de tes deux yeux?

— Oui.

— Ah bon!

Il suça sa pastille en claquant la langue. Ses joues rondes se creusèrent puis une rangée de dents lui sourit.

— J'aimais beaucoup mon chat. En fait, c'était une chatte. Elle s'appelait Queenie et c'était la plus belle chatte du quartier.

Prise au dépourvu, Dana ne sut que répliquer. Une chaleur lui monta aux joues.

— J'ai un jeu de l'oie, fit-elle. Tu as envie de jouer avec moi?

— D'accord.

— Moi aussi, j'aime les chats.

❧

Tirée de son sommeil par un bruit, Dana ouvrit un œil. Incertaine de ce qui l'avait réveillée, elle prêta l'oreille. Harriet dormait paisiblement toute pelotonnée contre elle. Le souffle régulier de la fillette réchauffait sa nuque. Des voix étouffées lui parvinrent du rez-de-chaussée. Intriguée, Dana s'assit dans son lit, prenant soin de bien recouvrir sa sœur pour ne pas que la chaleur s'échappe des draps. Qui pouvait être encore debout au beau milieu de la nuit ?

Dana sauta du lit et se glissa dans l'obscurité du corridor. Une lueur dorée éclairait l'escalier. Elle s'y dirigea en longeant le mur pour se guider.

— Que Dieu pardonne à ceux qui marchent dans les pas de Satan ! Que Dieu ait pitié de moi si j'en héberge un !

La voix de Henry Cullen grondait dans le salon.

— Père…

— La nuit du mariage de ta sœur ! Quelle honte ! Quelle calomnie ! Quel blasphème ! Le cercueil n'est pas un puits du savoir, Jonat ! Que ce fût toi ou l'un de tes semblables qui a commis ce geste, je le condamne.

— Comment pouvez-vous condamner le désir de vouloir apprendre ? Les morts expliquent la vie !

Il y eut un claquement sec suivi d'un sourd bourdonnement. Henry Cullen avait fait violemment tomber son poing sur le pianoforte. Dana en trembla autant que l'instrument. Son père et son frère se disputaient encore. Cela avait-il à voir avec la visite du sacristain peu de temps après que le ministre du culte se fut mis au lit ? Son père était alors entré dans une colère terrible et ne s'était pas recouché.

— Les morts appartiennent à Dieu ! Tu n'as pas le droit de violer une sépulture. C'est un acte blasphématoire. Tu aurais dû faire un clergyman comme il se devait. Comme ça, tu aurais un peu plus de respect pour les morts. Je n'arrive pas à concevoir que je me suis ruiné pour faire de toi un hérétique !

— Il n'y a rien d'hérétique dans la science. Car je suis un homme de science, père, que vous l'acceptiez ou non. Je respecte la vie et je cherche à la comprendre. Cela n'est-il pas valable à vos yeux ?

— Dois-tu déranger les morts pour ça ?

Exaspéré et fatigué d'avoir toujours à débattre du même sujet, Jonat secoua la tête et ferma les paupières en soupirant.

— Père, ce n'est pas moi qui ai pillé cette tombe.

— Tu arrives ici pour une nuit et un mort disparaît dans mon cimetière. Je veux savoir où tu es allé ce soir après ton départ.

Jonat hésita. Du reste, on les avait vus ensemble.

— J'étais au George Inn avec un ami. Demandez à Rob Macintosh, il vous le confirmera.

Henry Cullen fixa son fils avec froideur.

— Avec un ami? Le fils de ce chirurgien d'Édimbourg? demanda-t-il avec une hargne mal contenue.

— Oui. Il a offert de me conduire ici. Vous ne croyez tout de même pas que c'est lui qui a volé le cadavre?

— Comment oses-tu te montrer ici avec ce… ce vaurien!

— Francis est un homme honnête.

— Je sais très bien quel genre d'homme il est, persifla sourdement Henry Cullen. Charles m'en a brossé un portrait assez peu flatteur.

— Oncle Charles ne le connaît pas.

— Mais tout Édimbourg semble le connaître. Cet homme fréquente des milieux peu recommandables. Il est membre d'une société secrète qui arbore le pentacle et dont les adeptes font des… je n'ose même pas dire le mot sous mon toit! Je lis les journaux, je te le rappelle. Je sais ce qu'ils y font.

— Père, ces rencontres n'étaient en aucune manière des messes noires comme on l'a colporté. Les membres de ce club s'assemblaient pour discuter de sciences, rien de plus. D'accord, le choix de leur insigne était discutable. Mais vous savez très bien que le pentagramme est un symbole chrétien. Il représente les cinq extrémités du corps humain comme les cinq plaies du Christ. Il est un symbole de vie et de santé. De toute façon, le Cercle d'Esculape a été dissous il y a plusieurs mois.

— Après qu'une jeune femme eut été tuée. On dit qu'il s'agissait d'un rite satanique.

Jonat avait craint que cette histoire ne se rende jusqu'aux oreilles de son père. Une prostituée qui avait participé à une fête organisée par des membres du cercle pour célébrer la remise de leurs diplômes avait été agressée. Une affaire assez funeste, en fait. Des accusations avaient été portées sur la fraternité, dont les activités faisaient bien jaser. Mais l'affaire avait rapidement été étouffée par les familles des jeunes hommes concernés.

— Francis n'a rien à se reprocher en ce qui concerne ce meurtre.

Intriguée par ce qu'elle venait d'entendre, Dana descendit les deux premières marches, prenant soin de rester dans l'ombre. Vêtu de sa chemise et de son bonnet de nuit, son père lui tournait le dos.

— Que vaut ton opinion, ma foi? Car c'est pour acheter ton silence sur ce qu'ils font que les Seton t'ont offert ce coffre d'instruments hors de prix?

Jonat, qui lui faisait face, portait encore ses beaux habits. Le visage de son frère s'était durci.

— J'ai payé ces instruments avec mes propres deniers, se défendit-il d'une voix grave. Je travaille en tant qu'assistant pour le professeur Seton, qui est un chirurgien reconnu comme l'un des meilleurs d'Édimbourg, si ce n'est d'Écosse. Je prépare les sujets d'étude pour ses cours, c'est tout. Je ne fais pas la résurrection des morts. Ce travail, il le commande à ceux qui en font le commerce. Mais il me serait inutile de nier cette pratique; la loi ne nous autorise que les corps des condamnés à mort, qui ne sont tout de même pas légion en ces temps qui courent. Pour s'approvisionner, on se tourne vers d'autres moyens.

— Alors tu ne nies point t'adonner à de tels actes blasphématoires.

Un grand frisson secoua l'échine de Dana. Elle avait entendu parler de ces histoires d'horreur qui racontaient comment des chirurgiens volaient des cadavres pour les disséquer. Mais jamais elle n'aurait imaginé que Jonat pût s'adonner à de telles activités. Pas *son* Jonat!

Jonat soupira en frottant son front. La conversation tournait en rond. L'esprit obtus de son père n'admettrait jamais les besoins de la science. Toute tentative d'explication serait stérile.

— Je vais me coucher. Nous reprendrons cette discussion demain…

— Non! Tu n'iras te coucher que lorsque j'aurai terminé. Il est grand temps que je mette un terme à tout ça. Demain, tu iras demander la main de la fille de Balfour.

La mâchoire de Jonat tomba.

— Quoi?

— Tu as bien entendu.

— Margaret est une bonne amie. Mais je ne veux pas la marier, père. Ce serait… malhonnête. Je ne l'aime pas assez pour ça!

— Qui te demande de l'aimer? Votre amitié suffira. Ce sera la plus honnête des malhonnêtetés que tu auras faites. Tu n'as pas voulu faire un clergyman, soit! La médecine a ses vertus, je le reconnais. Mais je ne tolérerai jamais que tu t'abaisses à pratiquer la chirurgie. Donc tu cesses de fréquenter ce jeune Seton et tu reviens à Kirkcaldy sitôt ta licence reçue. Je suis prêt à fermer les yeux sur ce qui s'est passé cette nuit dans le cimetière, à oublier tout le reste et à te réhabiliter dans cette famille à ces seules conditions.

Une expression de mépris se peignit soudain sur le visage de Jonat. Le ventre de Dana se crispa.

— Comment pouvez-vous marchander ainsi mon avenir?

— Je le peux parce que tu n'as que vingt ans, que je suis ton père et que tu me dois toujours obéissance! Parce que c'est moi qui ai payé tes études. Et parce que je ne me suis pas endetté pour te voir découper les hommes comme de la viande à boucherie. Ni pour t'entendre me dire que les hommes et les singes sont de la même espèce. C'est à l'encontre de mes principes.

— Vos principes?

— Ceux qui me sont dictés par les Saintes Écritures, mon fils! Ceux que je prêche!

Estimant que de toute façon plus rien ne les réconcilierait, Jonat décida de se vider de sa rancœur. Son regard n'était plus celui d'un fils vivant de la générosité de son père, mais d'un homme enfin affranchi de son emprise. Avec un certain plaisir, il reprit un passage qu'il n'avait jamais oublié de l'un des nombreux prêches du pasteur.

— *Prêcher la charité et cultiver l'intolérance sont les vertus d'un homme capable de brûler en sacrifice son fils sur le bûcher de la vanité. Mais Dieu ne reconnaîtra point cet homme-là. Car c'est dans le cœur de celui qui sait faire la différence entre le bien et le mal que Dieu habite.*

Le bruit de la gifle surprit Jonat autant que Dana. La douleur suivit, cuisante sur la peau de l'un, terrible dans le cœur de l'autre.

— Vous m'avez donné… une bonne éducation… et certaines valeurs qui me suivront toute ma vie, murmura Jonat avec froideur. Je vous en remercie. Je ne vous demanderai jamais rien de plus que ce que vous m'avez déjà donné. Je retourne à l'auberge.

Le jeune homme se dirigeait vers l'escalier dans le but de monter chercher ses affaires.

— Si tu quittes cette maison cette nuit, c'est pour ne plus y revenir, Jonat, résonna la voix sèche de Henry Cullen qui n'avait pas bougé.

La main de Jonat serrait la rampe de bois. Il perçut un mouvement tout en haut de l'escalier. Toute seule dans le noir, Dana le regardait, ses yeux fondant de chagrin. Sans répondre à son père, il grimpa la rejoindre et la souleva, la serrant contre lui. Elle était si légère, si fragile. Les longs bras maigrelets de sa petite sœur s'enroulèrent autour de son cou avec une vigueur qui lui broya le cœur et il rabattit les paupières pour contenir ses propres larmes. Elle hoqueta dans le creux de son cou.

— Dana… murmura-t-il tout bas, ne pleure pas.

— Je n'arrive pas à m'en empêcher… Jonat, sanglota-t-elle.

— Oh! Petite Dana…

Il la porta dans la chambre où dormait toujours Harriet et la déposa sur le lit. Des voix s'élevaient du salon. Leur mère s'était levée. Jonat entendait les supplications qui n'attendriraient aucunement le pasteur Cullen et les lamentations qui faisaient mal à l'âme. Les pleurs de Dana redoublèrent. Et lui se sentait si misérable d'être la cause de tous ces malheurs.

— Ne pars pas, Jonat.

— Je n'ai pas le choix, Dana.

— Emmène-moi avec toi...

— Tu sais très bien que je ne peux pas t'emmener avec moi. Ta place est ici, avec tes sœurs. Mais je te promets que je penserai tous les jours à toi et que la distance ne m'empêchera pas de m'occuper de toi si tu as besoin de moi.

Tous ces cris finirent par réveiller Harriet. La fillette, ne comprenant pas ce qui mettait tout le monde en émoi, éclata en sanglots à son tour. Jonat, le cœur en miettes, ouvrit les bras pour les accueillir toutes les deux. Il lui sembla que le prix de son sacrifice était bien grand. Mais il savait que ce qui venait de se produire était destiné à arriver un jour ou l'autre. Il aurait à en tirer le meilleur parti.

＊＊

La voiture bringuebalait sur le pavé de High Street et les ressorts sous les sièges grinçaient à chaque secousse. Son visage morose collé à la vitre, Dana regardait défiler les façades grises des édifices.

Jonat avait pu disposer de la voiture de son ami pour l'avant-midi. À son retour de chez le docteur Balfour, il s'était rendu au presbytère devant lequel Dana l'attendait, chaudement habillée, les deux mains perdues dans son manchon. Comme promis, il emmenait sa sœur faire un tour avant de repartir pour Édimbourg.

— Tiens ! C'est là que travaille Scott, fit la jeune fille en pointant une affiche.

Robert Chalmers & Son, Cabinet Makers : un atelier d'ébénisterie. Le beau-père de Maisie en était le propriétaire. L'affaire marchait bien et Scott, qui y avait fait son apprentissage, en était maintenant l'associé.

Le nouveau couple louait un logement à quelques pas de là, dans Tolbooth Wynd.

Ils roulèrent en silence, passant devant les marais salants, puis devant le port où mouillaient plusieurs navires marchands et où reposaient quelques baleiniers sur des étais. Ils longèrent les propriétés des Oliphant et des Landale, deux des familles les plus influentes de la région, puis ils passèrent le pont de pierre qui enjambait la East Burn au bord de laquelle la distillerie Spears s'était établie, pour enfin emprunter le chemin de Dysart.

Un ciel blafard contrastait avec les eaux sombres de l'estuaire de la Forth. Le paysage avait été saupoudré d'une fine neige pendant la matinée. Dana se cala dans le fond du siège. Il flottait toujours dans la voiture ce parfum d'eau de Cologne. Cela lui rappela l'homme mystérieux. L'ami de Jonat que son père jugeait comme un être mauvais. Elle devait admettre que l'impression que l'inconnu lui avait faite n'avait pas été des plus rassurantes. Mais elle ne pouvait croire que son frère pût s'associer à une âme foncièrement mauvaise.

Elle n'avait plus le cœur à faire cette balade. La voyant abattue, Jonat tendit sa main vers le visage de sa sœur et lui caressa la joue.

— J'aurais espéré un petit sourire, dit-il en lui relevant le menton.

Elle étira la bouche en quelque chose qui pouvait faire penser à un sourire. Mais les coins des lèvres retombèrent tristement, comme la main de Jonat.

L'équipage traversait le village de Dysart et voyagea pendant encore quelques minutes dans Nether Street. La voiture s'immobilisa enfin sur le bord d'un parc boisé.

Les ruines de Ravenscraig Castle, qui couronnaient une éminence rocheuse, étaient visibles à travers les arbres nus et gris. Cette ancienne place forte appartenait aux Sinclair, comtes de Roslin. Elle avait été détruite par Cromwell lors de la guerre civile du milieu du XVIIᵉ siècle. Le château n'était plus habité depuis longtemps.

Dana adorait cet endroit. Son frère avait l'habitude de l'y emmener pour se promener dans le parc qui l'entourait et dessiner le paysage. Du promontoire, on avait une vue imprenable sur le Firth de Forth, Édimbourg et Arthur's Seat. Plus jeune, elle s'était amusée à y jouer à la princesse perdue dans les bois qu'un chevalier venait secourir. Évidemment, en bon prince, Jonat tuait toujours le méchant dragon.

— J'ai quelque chose pour toi, dit la jeune fille en enfouissant sa main dans son manchon.

Elle en sortit un livre un peu usé au dos et aux coins. Jonat le reconnut aussitôt. C'était un recueil de poèmes de Robert Burns. Il en avait souvent fait la lecture à sa sœur.

— Tu aimes bien Burns, je crois.

— Oui, mais…

— J'ai écrit un petit mot dans la page de garde. Tu penseras à moi.

Il prit le livre et l'ouvrit.

— *Touché par l'amour, tout homme devient poète…* C'est toi qui as dit ça un jour. J'ai trouvé ça beau.

Il referma doucement le livre et lui sourit.

— C'est de Platon, en fait.

Elle haussa les épaules.

— Tant pis ! Ç'aurait pu être de toi. Il faut être capable de sentiments pour en susciter.

Les yeux noisette s'assombrirent soudain comme si la lumière les avait quittés. Dana pressentit quelque chose dans le cœur de son frère. Aimait-il une autre femme qui ne l'aimait peut-être pas ? Elle l'imagina avec une inconnue qu'elle se peignit sous les traits de toutes les jeunes femmes qu'elle connaissait. Elle les vit tous les deux comme elle avait vu Thomas et Catherine Murray s'embrasser à en gémir. Ces lèvres qui se touchaient, s'écrasaient littéralement, humides et molles, pleines de leur salive qu'elles se partageaient. Elle s'était sauvée, dégoûtée.

— *To a kiss*[3], murmura-t-elle.

Le visage de Jonat se leva vers elle.

— C'est l'un des poèmes de Burns, tu te souviens ? Tu le liras à cette personne à qui tu penses souvent.

Les joues s'empourprèrent violemment. Le jeune homme ouvrit la bouche, mais ne dit rien. L'étonnement lui avait volé la voix. Comment avait-elle deviné ? Un profond malaise lui vrilla

---

3. Pour un baiser.

le ventre. Mais qu'avait-elle deviné au juste? Les yeux vairons de sa sœur cherchaient à voir en lui comme à travers un volet ajouré.

— Merci… bredouilla-t-il en se levant brusquement.

Il allait l'oublier! Il rangea le précieux cadeau dans le compartiment à bagages situé au-dessus de sa tête.

— Moi aussi, j'ai quelque chose pour toi. J'ai pensé qu'aujourd'hui était plus approprié pour te l'offrir.

Trop heureux de la diversion, il dégagea un coffre assez lourd et le posa sur le siège. Puis, fouillant de nouveau, il en prit un autre, plus petit et plus léger, fabriqué dans une essence rougeâtre. Celui-là était pour elle.

— J'espère que tu aimeras.

Dana l'ouvrit. Il était rempli d'une variété de pinceaux, de bâtons de pierre noire et de sanguine, de craie blanche et de sépia, de couleurs, d'huiles et de tout ce dont elle pourrait avoir besoin pour exprimer son talent. Un coffret d'artiste. Le plus merveilleux cadeau qu'elle eût jamais reçu.

— Alors?

Son sourire suffit à lui répondre.

Jonat allait ranger le coffre de bois sombre. Dana avisa les initiales J. C. gravées sur une plaque de laiton rivée sur le couvercle.

— C'est le tien?

— Le mien?

— Tu as aussi un coffre à peinture?

— Oh, ça? Non… ce sont mes instruments de travail, expliqua Jonat.

— Je peux les voir?

Son frère hésita. Il se rassit, posa le coffre sur ses genoux et l'ouvrit. Dana ne put s'empêcher de frissonner devant le contenu. Il y avait là des scies, des couteaux, des pinces et divers autres instruments de métal brillants et tranchants. Chaque outil, dont le manche avait été sculpté dans un bois très sombre, était placé dans un espace taillé spécifiquement pour lui dans le velours rouge.

— Tu te sers de tout ça?

— Oui. Ce sont les instruments nécessaires au chirurgien.

Jonat caressait le manche d'un instrument dont le tranchant de la lame ne pouvait mentir sur l'usage qu'il devait en faire. Dana en ressentit un profond malaise. Les médecins possédaient des lancettes, des ventouses, des clystères et d'autres objets destinés à soulager le malade. Ils interrogeaient le corps selon des critères bien définis par Hippocrate : lecture du pouls ; examen des yeux, du teint, de la bouche et des dents ; étude des urines. Cela suffisait pour poser un diagnostic et prescrire le traitement approprié. Mais jamais le médecin ne touchait le malade. Par contre, seulement dans les cas qui le laissaient perplexe, le docteur Balfour se risquait à palper l'abdomen. Ce qui était considéré, pour un médecin digne de sa profession, comme un acte trivial.

Seuls les chirurgiens touchaient les corps malades.

Pour Dana, la médecine était un art qui se situait à la limite de l'obscur. Si son père condamnait certaines pratiques de ces hommes de science qui osaient trop souvent défier les lois divines, elle refusait de croire Jonat capable de commettre ces actes blasphématoires.

— Tu veux vraiment devenir chirurgien ?

Le jeune homme comprenait la réticence de sa sœur.

— Je veux aider à sauver plus de gens, Dana.

Elle jeta un regard sur les lames qui brillaient sur le velours rouge, incertaine de ce qu'il avançait.

— La science livresque des médecins a ses limites, tu sais. Un cancer ne se soigne pas avec des saignées et des purgatifs. Il faut enlever la tumeur. Et pour cela, il faut connaître comment et de quoi est fait le corps humain. Il faut l'explorer et le manipuler.

— Tu l'as déjà fait ?

— Opérer un cancer ? Oui.

— Et disséquer des morts ?

— Je dois le faire, Dana.

— Des corps qui viennent des cimetières ?

— Cela arrive parfois…

Il s'interrompit, réalisant que ses propos ne seraient peut-être pas convenables pour une fillette de onze ans. Elle avait déjà trop entendu de la querelle entre son père et lui. Des choses qu'il ne pouvait lui expliquer pour le moment.

— Ma thèse est complétée et, lorsque le semestre d'hiver sera fini, j'aurai eu mes vingt et un ans, Dana, se reprit-il en refermant le coffre. Si je passe mon examen, je serai reçu médecin le premier jour d'août. Ce sera très bien. Mais je devrai toujours avoir recours à un chirurgien pour faire ce que ma discipline ne me permet pas de faire, aussi prestigieuse puisse-t-elle être. Que ce soit pour réduire une fracture, inciser un abcès ou recoudre une plaie ouverte. Pour moi, le médecin ne peut exister sans le chirurgien et inversement, et c'est pour cette raison que je désire être les deux. Tu comprends ? L'homme est une machine si complexe et tellement fascinante. J'ai envie de découvrir comment elle fonctionne. C'est la recherche de toute une vie. Découvrir ce qui anime le corps, ce qui engendre la vie… Et père n'admet pas cela. Pour lui ces mystères ne sont que du ressort de Dieu et ne devraient pas être questionnés.

— Parce que c'est Dieu qui donne la vie.

Les sourcils bruns du jeune homme s'élevèrent au-dessus d'un regard étonné.

— C'est de Dieu que nous vient notre âme. Et c'est notre âme qui nous fait bouger, non ? l'éclaircit la jeune fille.

— L'âme sensible… Dis donc, tu as lu Stahl ?

Enorgueillie d'avoir peut-être dit quelque chose de grand, Dana esquissa un sourire gêné.

— Qui c'est, Stahl ?

— Georg Stahl était un chimiste qui croyait que l'homme était animé par des forces qu'il appelait *anima*, et que ces forces étaient indissociables du corps mécanique et que les maladies étaient le résultat d'un débalancement de ces forces. Selon lui, il faut considérer l'être humain comme un ensemble et non en pièces séparées comme une montre. Évidemment, ces pensées reflètent celles d'une époque. Présentement, la science appuie plutôt la théorie du physicien Brown, qui croit que ce sont des stimuli externes qui génèrent le bon ou le mauvais fonctionnement du corps. Mais je pense que

Stahl n'avait pas tout à fait tort. Il y a bien plus en nous que le sang et la chair. C'est pourquoi il ne faut pas soigner un symptôme visible sans considérer l'ensemble du corps et l'état psychique du malade.

— Mais tu ne peux pas apprendre comment faire dans les livres? Dois-tu pour cela faire ces… choses… sur les morts?

Il prit les mains de sa sœur et les serra dans les siennes.

— Il n'existe aucun livre pour remplacer ce que l'on peut apprendre dans la nature. Voir et toucher…

— Mais tous ces gens, comment feront-ils pour se présenter devant Dieu le jour du Jugement dernier? Où seront leurs corps?

— L'âme n'a point besoin d'habit devant Dieu.

Elle voulait le croire.

— Mais Papa dit que…

— Père a ses idées et je les respecte. J'apprécierais seulement qu'il respecte les miennes de la même façon…

Les mots étaient sortis un peu abruptement. Il soupira de dépit et regarda sa jeune sœur.

— Au moins, pourrait-il les considérer, ajouta-t-il plus calmement. Tu sais, père et moi ne nous entendons pas sur bien des points. Je l'ai déçu, je le sais. Il désirait que j'obtienne une licence en théologie.

— Papa voulait que tu sois ministre du culte comme lui. Mais il est fier que tu sois médecin.

— Peut-être l'est-il. Un médecin gagne bien sa vie et représente une certaine réussite sociale, ce qui ne peut que flatter son image.

Jonat devint songeur, puis il lui sourit tristement.

— Dana, je veux faire ma vie comme je l'entends. Je veux compléter un semestre d'été en anatomie à Londres.

— À Londres? Mais c'est loin, Londres. Je ne te reverrai plus, Jonat.

Elle sentit son cœur se liquéfier: Jonat allait partir.

— Londres n'est pas si loin. On s'écrira. Tu pourras peut-être venir avec Mama. Je vous ferai visiter le British Museum et on ira flâner dans Mayfair. Il y a de belles boutiques là-bas, et de magnifiques parcs où l'on peut se promener. Tu pourras y dessiner de jolis paysages. Ensuite, quand les conflits entre l'Angleterre et la France seront résolus, j'irai à Paris. La France a développé de nouvelles techniques en chirurgie que j'aimerais bien apprendre. Il y a là-bas de très bons chirurgiens.

— Paris ?

C'était pire ! Pour une fois, elle pensa que la guerre avait une bonne raison d'être.

— Tu ne reviendras plus vivre ici, Jonat ? demanda la jeune fille en ravalant la grosse boule qui se formait dans sa gorge.

— Non. Je ne le crois pas… du moins pas avant un certain temps.

Elle sentit les larmes lui piquer les yeux, encore. Elle ne voulait plus se répandre en sanglots. Elle avait inondé son oreiller jusqu'à l'aube. Mais les larmes jaillirent. Furieuse, elle se précipita hors de la voiture, se prit les pieds dans sa pelisse et faillit s'étaler sur la chaussée durcie et couverte de frimas. Glissant sur la neige, elle courut entre les arbres jusqu'au sommet de la pente qui surplombait la plage couverte d'une fine neige où, haletante, les poumons brûlants de l'air froid, elle s'arrêta. Les mains sur sa poitrine, elle libéra le cri qui, toute la nuit, lui avait dévoré le creux du ventre.

Seulement alors entendit-elle les appels de Jonat. Elle l'entendit souffler derrière elle.

— Dana… tu dois comprendre. La médecine, la chirurgie, la science, c'est toute ma vie.

Comme lui était toute la sienne. Ça, ne pouvait-il pas le comprendre ? Elle se tourna pour lui faire face.

— Pourquoi n'épouses-tu pas Miss Balfour ? Tu pourrais venir t'installer ici et je pourrais m'occuper de vos enfants et…

— Dana. Écoute-moi.

Il la saisit par les épaules. Elle avait grandi depuis la dernière fois qu'il l'avait vue. Il plongea dans le regard vairon de sa jeune sœur. Ses yeux étaient très grands et bordés d'une longue frange de cils noirs qui les mettait davantage en valeur. Il avait toujours été fasciné par ces iris aux couleurs différentes. L'un était vert de printemps après une tiède ondée et l'autre, noisette, comme les siens. Mais, comme pour ses brodequins, Dana avait toujours cherché à les cacher.

— Malgré toute l'affection que je lui porte, je n'épouserai pas Miss Balfour. Je ne me marierai sans doute jamais, Dana. Je... un mari trop souvent absent fait un très mauvais mari. Et je crains de ne pas avoir beaucoup de temps à offrir à une épouse.

— Alors moi non plus je ne me marierai jamais. Et quand je serai plus grande, je pourrai aller vivre avec toi et te seconder dans ton travail et...

— Tu mérites mieux que ça, Dana. Tu as trop d'amour à donner...

— Je te le donnerai à toi, Jonat.

— Dana... murmura-t-il, profondément ému.

Elle pencha la tête. Il sentit ses frêles épaules se courber sous ses mains. Le cocher attendait sur son siège. Il avait allumé une pipe et fumait tranquillement, formant de petits nuages autour de son chapeau. Francis l'attendait à l'auberge. Il comprendrait son retard.

— Marchons un peu, dit-il en l'invitant à prendre son bras.

La jeune fille y appuya le sien et accorda son pas à celui de son frère. Ils avancèrent sur le sentier qui menait au vieux colombier.

Comme toujours, sitôt qu'ils se trouvaient à quelques yards de la tourelle, Dana s'y précipita. Posant ses mains gantées sur les pierres, elle écoutait. Il y avait bien longtemps que plus un pigeon ne l'habitait. Mais la jeune fille imaginait les entendre roucouler dans le cœur de la pierre comme autant de messagers divins.

— Lequel est là aujourd'hui? demanda Jonat en la rejoignant.

— Lord Mortimer, murmura Dana.

Lord Mortimer était le messager du malheur. Dana avait choisi le nom de l'entrepreneur de pompes funèbres pour le désigner. Elle avait un nom pour chacun de ses pigeons imaginaires. Ils représentaient ses états d'âme: ses désirs et ses craintes du moment.

Jonat apposa ses mains sur la pierre à son tour et fit mine d'en prendre le pouls.

— Je suis certain que sir Hope[4] est là aussi, caché quelque part.

— Non… il s'est perdu.

Elle ne jouait plus.

S'appuyant contre la tourelle, Dana s'évada dans l'espace qui les entourait. À l'ouest du parc, deux tours se dressaient au-dessus d'une profonde douve. Avec quelques bouts de murs écroulés, informes, elles étaient tout ce qui subsistait du château. Plus bas, la mer déroulait dans un doux bruissement des langues d'eau qui léchaient le sucre blanc sur les galets d'une petite anse, remuant avec douceur des amas d'algues noires. Au loin, on devinait Édimbourg derrière le brouillard laiteux.

Dana ferma les yeux et se refit l'histoire de Ravenscraig. Elle imagina facilement les bâtiments dans toute leur brutale splendeur ; les gens qui y vivaient, manants et seigneurs, allant et venant à cheval, à pied ou à dos d'âne. Elle les entendait parler, rire, sentait leur présence. Elle était soudain parmi eux, comme dans un roman.

Jonat la contemplait avec tendresse. Il la trouvait jolie. Il pensait que sa joliesse ne lui venait pas de ce qu'elle paraissait, mais plutôt de ce qu'elle était. Et cette beauté qui irradiait de l'intérieur en serait une impérissable, car le temps n'aurait pas d'emprise sur elle. S'il avait pu aimer une femme pour la vie, cette femme aurait été de la trempe de Dana. Elle était encore si jeune et, pourtant, elle connaissait tant de choses sans le savoir. Avec son regard qui dérangeait, sa sensibilité, sa sagesse d'esprit, il aimait croire qu'elle était une vieille âme.

La jeune fille quitta son monde intérieur et lui sourit.

— Serre-moi fort, Jonat.

Il l'enveloppa de ses bras.

— Tu sais, commença-t-il, toi et moi, on est pareils.

— Tu es mon frère, c'est pour ça.

— C'est plus que ça, Dana. On est pareils parce qu'on est différents.

---

4. Espoir.

— Je ne comprends pas. Comment on peut être différents si on est pareils?

Le jeune homme éclata de rire.

— C'est pourtant comme ça. Tu vois, on est différents parce qu'on n'est pas ce que les autres voudraient qu'on soit. Peut-être ne sommes-nous pas non plus ce que l'on voudrait être au regard des autres. Mais ça, on ne peut rien y changer. Je ne suis pas qu'un frère, un fils ou un médecin, Dana. C'est le reste qui fait de moi… enfin, ce que je suis. Et ce que je suis ne plaît pas à tout le monde. Et à notre père encore moins.

— Il se calmera et réalisera que…

— Non, la coupa Jonat. Il ne fera rien. Il n'en a ni la volonté ni le cœur.

— Ne dis pas ça, Jonat. Il est notre père.

— C'est tout ce que je peux en dire.

— Vous me chagrinez tous les deux. Pourquoi ne pas faire chacun un pas dans la direction de l'autre?

— Parce qu'il ne saurait me voir. Ce n'est pas tant la chirurgie que père condamne, mais la science dans son ensemble. Elle met en doute plusieurs écrits de la Bible qu'il considère comme étant la seule vérité. Il n'acceptera jamais que je remette en question ce qu'il prêche, tu comprends? Et moi… je ne peux faire autrement. C'est comme ça. Je sais, il n'y aura pas de paix dans ce monde tant que les hommes s'obstineront dans leurs opinions. Mais, Dana, douter n'est pas refuser la vérité, c'est la chercher. Et ça, père ne pourra jamais le comprendre.

Il s'écarta un peu et l'obligea à se tourner pour lui faire face.

— Ne te préoccupe pas pour moi. Je ne m'apitoie nullement sur mon sort. Je suis seulement triste pour toi de ce qui arrive. Mais tu es grande maintenant. Tu verras, tu t'en sortiras très bien. Et puis, je vous écrirai, à Mama et à toi.

— Promis?

— Je tiens mes promesses, non?

— Toujours.

Chapitre 2

Je me meurs… Abélard, viens fermer ma paupière.
Je perdrai mon amour en perdant la lumière.
Dans ces affreux moments, viens du moins recueillir
et mon dernier baiser et mon dernier soupir.
Et toi, quand le trépas aura flétri tes charmes,
ces charmes séducteurs, la source de mes larmes,
quand la mort, de tes jours éteindra le flambeau,
qu'on nous unisse encore dans la nuit du tombeau.
Que la main des amours y grave notre histoire,
et que le voyageur, pleurant notre mémoire,
dise, ils s'aimèrent trop, ils furent malheureux ;
gémissons sur leur tombe, et n'aimons pas comme eux.

Le livre se referma doucement et tomba sur la poitrine de Dana, qui, paupières closes, soupira. Allongée sur le dos dans l'herbe du jardin, elle en caressait la couverture : *Eloisa to Abelard*[5], d'Alexander Pope. Elle le relisait pour la cinquième fois. Par l'entremise de Maisie, Jonat le lui avait secrètement fait parvenir pour son seizième anniversaire en avril.

« *Tes regards sont plus doux qu'un rayon de l'aurore…* Que c'est beau… » souffla-t-elle.

_____

5. *Lettre d'Héloïse à Abélard.* Traduction française de Charles-Pierre Colardeau.

Le soleil traversait les frondaisons du grand chêne qui jetait son ombre bienfaisante dans la cour et lançait des points lumineux sur son visage et sur sa robe jaune. Dana demeura étendue sans bouger, ses mains jointes sur le livre, à l'image d'un gisant. Elle était Héloïse. Cette Héloïse morte d'amour pour son bel Abélard.

Les buissons de houx conversaient dans un agréable bruissement avec le feuillage des sorbiers. Le parfum des roses se mêlait à celui de l'herbe fraîchement coupée. La brise soulevait délicatement l'ourlet de sa robe, faisait onduler son tablier. Elle en sentait sa caresse sur ses bras nus, son cou et ses joues. Caresses qui la firent frissonner. Source de plaisir qui réchauffait ses veines. « Doudou-do, dou-dou… » faisaient deux tourterelles turques perchées sur le toit de la maison du jardin. L'illusion était parfaite. Elle était dans les bras de son amant. Alors elle se mit à rêver…

Abélard, dans mes bras, l'emporte sur Dieu même : oui, viens… ose te mettre entre le ciel et moi…

— Qu'est-ce que tu lis là ?

Le poids du livre sur son cœur s'envola. La jeune femme ouvrit les yeux spontanément, ses bras battant l'air pour le rattraper. Les sourcils de Thomas se fronçaient sur le titre qu'il lut.

— Où as-tu pris ça ? la questionna-t-il sur un ton sévère.

— Rends-le-moi ! Ce livre ne t'appartient pas. Il est à moi. Je l'ai reçu en cadeau…

Elle cherchait à récupérer son précieux bien, mais le bras de son frère était plus long que le sien et elle n'arrivait pas à l'atteindre.

— Qui t'a donné ça en cadeau ?

— Personne.

Elle s'immobilisa, le cœur désespéré. Si jamais son père faisait main basse sur ce poème, il le lui confisquerait et lui infligerait la punition de sa vie.

— S'il te plaît, Thomas…

Son frère la dévisagea un moment d'une expression incertaine.

— Tu sais que Papa interdit ce genre de lecture, Dana.

— Rends-le-moi ! Ça ne te regarde en aucune manière.

Héloïse et Abélard étaient toujours hors d'atteinte.

— N'est-ce pas ce poème qui parle de l'amour d'un théologien du Moyen Âge avec une jeune…

— Il n'y a rien de mal à aimer.

S'accrochant au bras de son frère, elle tenta une nouvelle fois de récupérer le livre.

— Un amour avec un hérétique ?

— Il n'y a pas de mauvais amour, seulement de mauvais amants.

— Eh bien… fit Thomas en arrondissant les yeux d'étonnement. Je vois que tu n'as pas lu que Pope.

— Que peux-tu en dire, toi qui ne lis que les sermons d'Edwards quand ce ne sont pas ceux de Papa ?

— Je pourrais te dire que ce poème est l'aveu d'un grave péché.

Dana cessa de bouger, considérant son frère d'un œil narquois.

— C'est que tu l'as lu, toi aussi ?

La question le dépouilla de sa prestance de maître de cérémonie.

— Qu'as-tu à me reprocher, alors, Thomas Cullen ?

— Le courrier ! cria la voix de Harriet. Thomas, il y a une lettre pour toi. De Cambridge !

Profitant du moment d'inattention de son frère, Dana mit tout son poids sur le bras, réussit à le faire baisser suffisamment pour saisir le livre proscrit et se sauva au fond du jardin.

❧

Un visage se pointa prudemment dans l'entrebâillement de la porte. Dana l'ouvrit plus grand et se faufila dans le couloir. Sa mère et Harriet étaient dans la cuisine et épluchaient les légumes. Arriverait-elle à passer la porte sans qu'elles la voient ?

— Dana !

La jeune femme se figea.

— Oui, Mama ?

Ses doigts crispés sur le livre caché sous son tablier, elle attendit. Mais sa mère ne vint pas à sa rencontre.

— Va te changer. Deux mains de plus ne seraient pas de trop.

— Oui, Mama. Tout de suite.

Elle se dépêchait jusqu'à l'escalier quand elle remarqua deux lettres sur le plateau dans l'entrée. Elle n'avait rien reçu de Londres depuis deux mois. Elle hésita. Son père et son frère parlaient dans le salon. La discussion était animée. Thomas avait certainement reçu sa réponse de l'université. Elle se décida à aller vérifier le nom des expéditeurs. Une lettre de son oncle Jacob d'Aberdeen. L'autre – elle ne reconnaissait pas l'écriture – venait de Londres. Qui cela pouvait-il bien être ?

— Tu laisses encore ta mère tout faire toute seule ?

Les deux enveloppes tombèrent dans le plateau. Henry Cullen les vit, devina le point d'intérêt de sa fille. Il s'avança et les ramassa. Se désintéressant de celle de son frère Jacob, il sourcilla sur la seconde. Il refusait toujours de lire les lettres de Jonat. Mais celle-là ne venait pas de lui et sa curiosité l'emporta. Qui pouvait bien lui écrire de Londres ? Il ouvrit l'enveloppe et en sortit une feuille pliée en deux. Le papier fin laissait transparaître les quelques mots qui y étaient écrits. Bien peu de mots pour beaucoup d'émotion. Le pasteur blêmit.

— Papa ? fit Dana, inquiète. C'est Jonat ?

— Montez à votre chambre, mademoiselle.

Ses pieds demeuraient soudés au plancher. Un mauvais pressentiment la paralysait. Il était arrivé quelque chose à Jonat.

— Papa…

Sans un mot, Henry Cullen replia la feuille et la fit disparaître dans la poche de sa veste. Ses mains tremblaient. Jamais auparavant les mains du pasteur Cullen n'avaient tremblé. Il écarta sa fille et se dirigea vers la sortie.

— Papa ! cria alors Dana, anxieuse.

L'homme se retourna vers elle et la fixa un moment, comme s'il cherchait des mots à dire. Puis il disparut dans le soleil éblouissant de l'après-midi. Attirés par le cri, Thomas, Harriet et leur mère accoururent.

— Une lettre de Londres, expliqua Dana au bord de la panique. Je pense que quelque chose est arrivé à Jonat.

Le plat de faïence que tenait Janet Cullen se fracassa sur le plancher.

◆–◆

Les assiettes refroidissaient ; l'appétit ne venait point. La place de Henry Cullen était vide. Le ministre du culte n'était pas rentré. Il était parti depuis deux heures. Personne ne parlait. C'était inhabituel. Règle générale, le silence absolu ne régnait que quand le chef était présent à la table familiale. Autrement, on discutait librement. L'horloge égrenait le temps de façon bien cruelle. La fourchette de Thomas touillait ses pommes de terre sans autre but que celui de les écrabouiller dans l'assiette.

— Qu'est-ce qu'il fait ? dit Harriet.

Comme s'il n'avait attendu que cette question, le pasteur entra dans le presbytère. Tous levèrent les yeux, se consultant muettement. Ils entendirent Henry passer dans le salon et se verser un verre de cordial, comme il le faisait d'habitude avant le dîner, puis le craquement des lattes du plancher pendant qu'il allait et venait en le sirotant, comme toujours. Vint le bruit du verre sur le guéridon.

Les enfants regardaient vers leur mère qui, elle, gardait les yeux rivés sur l'entrée de la cuisine où son mari n'allait pas tarder à faire irruption. Elle avait vieilli, Janet Cullen. Sa peau s'était chiffonnée comme du papier de soie. Ses cheveux avaient perdu leur lustre d'antan. Elle n'avait pas encore quarante-cinq ans.

— Son assiette, chuchota Thomas à Dana.

La jeune femme se leva et sortit une assiette du fourneau. Son père fit son apparition au moment où elle la déposait sur la table. Il était grand, le pasteur Cullen. Ses mains auraient facilement pu retourner la terre des champs pour en récolter les fruits sans effort. Et sa voix de stentor portait les paroles de Dieu comme s'Il les avait prononcées Lui-même. L'aube de la cinquantaine lui avait rendu ce charme qui n'était permis qu'aux hommes. Comme si eux seuls avaient le droit de vieillir en beauté.

L'homme s'assit et pencha la tête dans une attitude de recueille-ment pour réciter le bénédicité ; et il mangea en silence.

— Une lettre est venue de Londres, Henry, commença douce-ment Janet.

— Hum… Elle vient de Mr Everard Home.

— Qui est-ce ?

— Un chirurgien et professeur d'anatomie au St. George's Hospital de Londres.

— Il est arrivé quelque chose à Jonat ?

Dana n'en pouvait plus. Les mains de sa mère jouaient nerveu-sement avec son tablier. Son père essuya sa bouche et déposa sa serviette sur la table.

— *Il* aurait quelques ennuis financiers. Je dois me rendre là-bas pour régler certaines choses. J'ai réservé une place dans la première diligence partant demain à l'aube. Je devrais arriver à Londres avant la fin de la semaine. Le pasteur Miller viendra dire le prêche diman-che prochain. Je devrais être de retour avant une quinzaine.

— Rien de grave au moins ?

La voix de Janet n'arrivait pas à cacher sa vive inquiétude. Tous faisaient tant d'efforts pour paraître détaché du sort de Jonat. Scène pathétique. Dana pensa que ce repas aurait inspiré William Shakespeare dans une satire sur l'hypocrisie. Il ne suffisait que de regarder au fond des yeux pour voir ce qui se cachait réellement derrière les masques.

— Non… rien que je ne puisse régler moi-même.

La voix était calme. Henry les rassura d'un mince sourire qui réussit à faire croire à Dana en la possibilité d'une réconciliation entre son père et son frère. L'atmosphère s'allégea d'un coup, comme si on venait de les libérer enfin d'un long siège. Janet conte-nait mal ses larmes de joie. Dana continuait de scruter le visage de son père. L'homme honorait la pointe de tarte que lui avait servie Harriet.

La discussion s'arrêta là.

❦

Jonat allait bien… Elle se le répétait chaque soir en se couchant et refaisait le même vœu que cela dure jusqu'au prochain coucher du soleil. Que son frère eût des problèmes financiers était à prévoir. Vivre à Londres coûtait cher et le peu d'argent qu'il devait arriver à gagner en travaillant comme assistant pour les professeurs devait servir pour payer les frais de ses cours. Jonat avait de toute évidence contracté une dette et, insolvable, il aurait été menacé par son ou ses créanciers. On tuait parfois pour aussi peu que quelques livres impayées. Ces gens qui prêtaient de l'argent ne le faisaient pas par charité, mais souvent pour s'enrichir davantage. Et quand le débiteur ne remboursait pas…

Les jours passaient et plus aucune autre lettre n'était venue de Londres. Pourtant, Dana en avait écrit deux à Jonat. Le doute allait et venait. Il fallait attendre patiemment le retour de Henry Cullen. En fait, cela prit moins d'une quinzaine. Le pasteur rentra un jeudi soir, complètement harassé. Il déposa ses bagages aux pieds de sa femme et alla se coucher après avoir simplement annoncé : « Il est parti. » Pour Henry Cullen, son fils aîné n'était plus désigné que par un modeste *il* prononcé du bout des lèvres.

— Parti où ? demanda Dana à sa mère, qui en était demeurée sidérée.

Où était passé Jonat ?

❦

« Jonat se cache et a besoin d'aide », ne cessait de gémir sa mère dans les jours qui suivirent. Mais Henry répondait qu'il valait mieux ne pas se mêler de cette affaire. *Il* s'était mis dans une situation dont *il* se sortirait seul. Janet Cullen pleurait devant le refus de son mari de retourner à Londres. Elle écrivit à une cousine éloignée, Mrs Jean Gilmour, qui vivait dans le Surrey. Sa réponse ne leur parvint que le deux août suivant. Jonat n'avait plus réintégré son logis dans Old Change Lane depuis ce matin très tôt où il serait monté en compagnie d'un inconnu dans une voiture de louage. Ce matin-là était celui où Henry était arrivé à Londres. Le loyer étant en retard depuis trois semaines, le concierge avait vendu tous les meubles et quelques articles ménagers abandonnés là. L'homme n'avait toutefois pas osé se débarrasser des objets plus personnels. Mrs Gilmour les leur retournait. De son frère ne restait à Dana que son petit livre de prières, quelques recueils de poésie et des vêtements usés jusqu'à la trame. Où étaient passés les instruments chirurgicaux et tous les ouvrages traitant de médecine ?

Dans les jours qui suivirent son retour de Londres, un changement s'effectua dans les habitudes du pasteur Cullen. La bouteille de sherry se vidait plus rapidement ; il retardait son arrivée pour le repas du soir. Sa ponctualité légendaire, comme la ferveur qui imprégnait habituellement ses prêches, s'amollissait. Dana vit les cheveux de son père blanchir en même temps qu'un profond ressentiment sourdait en elle. Pourquoi cette inertie ? Elle aurait voulu secouer cet homme qui préférait se morfondre qu'agir. Elle avait même considéré de se rendre à Londres elle-même pour trouver Jonat. Mais l'argent posait un problème.

Un mois s'était écoulé depuis le retour de Henry Cullen lorsqu'un homme vêtu d'un uniforme rouge se présenta à la porte du presbytère. Il disait être un policier du poste de police de Bow Street de Londres. Les nouvelles étaient atterrantes. Un corps avait été repêché dans la Tamise. Il avait une profonde plaie au crâne. Accident ou meurtre ? Rien ne l'indiquait pour l'instant ; le coroner se penchait sur la question. Son état ne permettait pas de l'identifier physiquement, mais l'homme portait sur lui certains objets. On voulait vérifier…

L'oreille collée contre le trou de la serrure, Dana sentit son sang quitter son visage et elle s'effondra au sol.

— Qu'est-ce qu'il y a ? demanda tout bas Thomas, qui attendait près d'elle.

Mais la jeune femme n'arrivait pas à parler. Elle manquait d'air. Son frère la poussa de côté et prit sa place. Harriet entoura sa sœur de ses bras et la berça pendant que le teint de leur frère devenait livide à son tour. Un long gémissement résonna dans le salon où s'étaient enfermés leurs parents avec le constable.

— Thomas ? fit Harriet.

Le jeune homme regarda ses sœurs. Ses yeux exprimaient toute l'horreur de ce qu'il avait entendu.

— Jonat est… mort.

— Noooon ! hurla alors Dana en s'accrochant à sa sœur. C'est impossible, Jonat ne peut pas mourir… Il n'a pas le droit !

— Ils ont trouvé sa montre… Des gens ont identifié les vêtements qu'il portait comme étant bien les siens.

Le cri lui déchira la poitrine et le cœur. Elle voulait mourir, elle aussi. Elle voulait rejoindre son Abélard, son Jonat qui l'avait abandonnée pour ne plus jamais revenir. Il n'avait pas tenu sa promesse. Elle le détestait pour ça. Elle détestait la science, la chirurgie. Elle en voulait au monde entier. Son Jonat était mort !

La porte s'ouvrit d'un coup. Henry Cullen se tenait debout devant ses trois enfants accablés de chagrin qui se tournèrent vers lui. Il croisa le regard de Dana. Ce qu'il y lut lui fit courber davantage l'échine. La jeune femme se leva et se planta devant son père, le visage ruisselant de larmes, révulsé par une colère terrible.

— C'est vous qui l'avez tué ! C'est de votre faute…

— Dana ! s'écria Thomas en retenant le poing de sa sœur qui se levait.

— Vous n'avez rien fait pour lui ! Et il en est mort !

— Dana ! Arrête !

Les bras de Thomas se refermèrent sur sa sœur.

— Dana… lui chuchota-t-il en la retenant contre lui. C'est inutile… prends sur toi.

Le visage du pasteur devint gris comme la pierre. Jamais la voix de sa fille ne s'était levée dans cette maison. Jamais elle n'avait osé soutenir son regard pour l'affronter, l'accuser. Il ne dit rien.

Henry Cullen se détourna et s'éloigna. Les pleurs de leur mère leur parvenaient du salon où le constable, son affreuse mission accomplie, tardait maintenant à quitter. Il détestait faire ce travail pour lequel il recevait un salaire de misère.

❖

Les robes revinrent de chez le teinturier pour les revêtir du deuil. Les rideaux avaient été tirés. Le cercueil cloué arriva à bord d'un navire cinq jours après la visite du constable et fut mis en terre aussitôt. Dana ne put revoir le beau visage de Jonat. Il avait vingt-quatre ans et reposait désormais dans le cimetière de la vieille paroisse de Kirkcaldy. De la fenêtre de sa chambre, les nuits de lune claire, elle pouvait voir la pierre tombale briller dans l'obscurité. Des gens étaient venus partager le poids de leur douleur et étaient repartis, ne la laissant que plus lourde. Dana ne les vit pas. Elle ne voyait plus que cette pierre, que ce chagrin, si immense, qui prenait toute la place, qui faisait fuir les oiseaux et faner les fleurs et qui empêchait le soleil de se lever dans sa vie, lui volant toutes ses couleurs.

La mort de Jonat fit couler un peu d'encre. Les journaux relatèrent des détails, vrais ou faux, de la mort horrible du jeune médecin originaire de Kirkcaldy. On se désolait de la perte d'un si beau jeune homme à la carrière prometteuse. Certains chuchotaient qu'il se serait suicidé en se jetant du haut du pont de Londres. D'autres murmuraient que la police soupçonnait une affaire de meurtre et qu'une enquête avait été ouverte. Les journaux rapportaient qu'un jeune homme avait été vu avec le jeune Cullen le matin de sa disparition. Un suspect avait été interrogé par rapport à cette affaire nébuleuse. Son identité n'avait pas été divulguée ; il s'agissait d'un membre d'une famille importante de la région d'Édimbourg. Mais aucune accusation n'avait été portée.

Refusant que ses enfants lisent ces articles scabreux, Henry Cullen avait tout brûlé. Ce qui n'empêchait guère les gens de jaser : histoire de jalousie, de dette impayée, tout était bon à dire mais pas à entendre. Cela dura quelques semaines, puis la poussière retomba et on ne parla plus de Jonat.

❦

Le ciel ne serait plus jamais du même bleu. L'aurore était désormais dépouillée de sa magie. Les vœux ne se réaliseraient plus.

Mais, bon gré mal gré, la vie reprit son cours, comme avant, et l'herbe croissait sur la tombe. Harriet, qui n'avait que dix ans, retrouva assez rapidement ses jeux et le goût du bonheur. Elle était douée pour ça. L'automne arrivé, Thomas partit pour Cambridge, où il obtint avec mention honorable sa licence en théologie trois années plus tard. Mais cela ne suffit pas à restituer à Henry Cullen sa fierté. Il entretenait ses remords pour mieux les noyer dans le sherry que le négociant en vins livrait de plus en plus fréquemment.

Le vicaire Dunbar remplit ses fonctions religieuses pendant un temps, jusqu'à ce que sa prébende soit menacée de lui être confisquée. Henry Cullen reprit alors graduellement possession de son pupitre. Peu à peu ses prêches devinrent plus intransigeants, ses paroles plus virulentes à l'endroit des pécheurs. La ferveur que mettait le ministre du culte à rappeler aux autres leurs fautes lui faisait oublier les siennes.

Harriet s'amusait en jouant à la maman chez Maisie, qui ajoutait avec une régularité effarante un nouveau membre à la famille Chalmers. N'ayant pas les moyens de renouveler le matériel de peinture trop onéreux qu'avait l'habitude de lui faire parvenir Jonat, Dana abandonna les cours qu'elle suivait depuis deux ans chez Mr Whyte, un artiste local spécialisé dans le paysage marin. Elle s'en tint au dessin et à la lecture. Leur mère, elle, n'arrêtait plus de vieillir, se recroquevillant dans la maladie qui rongeait ses forces. Elle fut examinée par quelques médecins, dont le docteur Balfour. On parla de nostalgie chronique, d'affaiblissement des poumons, de fluctuations d'humeurs, d'intumescences et de toute une pléthore d'affections obscures qui n'avait pour but que de faire frémir de crainte. Car nul n'était en mesure d'apporter à la pauvre femme un soulagement à son mal. Après plusieurs mois, le docteur Balfour lui recommanda de voir un ami médecin qui vivait à Bath. Craignant de perdre sa femme, Henry Cullen accepta de l'envoyer passer quelque temps chez cette cousine vivant à Thorpe, dans le Surrey, à quelques *miles* de Londres.

❧❧

C'est ainsi qu'au printemps 1809 Dana accompagna sa mère chez les Gilmour, qui étaient liés à Mrs Cullen par la branche maternelle. Si le voyage eut en fin de compte un effet salutaire sur l'état de santé de sa mère, il en eut un tout aussi bienfaisant sur son état d'esprit à elle qui ne discernait plus que les nuances ternes de la vie.

Situé sur le bord de la petite rivière Bourne et entouré de lacs, le village de Thorpe offrait des paysages splendides que Dana eut tout le loisir de parcourir en compagnie de la fille des Gilmour, Miss Eleanor. La maison bordait la rivière, non loin d'un moulin, et jouissait d'une vue superbe qu'elle esquissa sous divers angles quand elle ne profitait pas tout simplement de la fraîcheur de l'air de la campagne en lisant l'un des nombreux livres de la bibliothèque des Gilmour.

La visite du médecin ami de Balfour, un certain Mr Collingwood, eut sur Janet Cullen un effet délétère. La rencontre eut lieu au cours de la deuxième semaine après leur arrivée, alors que Dana et sa cousine étaient parties en excursion à la suggestion de Mrs Gilmour, une femme charmante, qui croyait aux vertus de l'exercice. À son retour, dans l'heure précédant le dîner, Dana trouva sa mère plus mal qu'avant leur départ de Kirkcaldy. Elle était retombée dans un état de profonde prostration. Il fallut la veiller jour et nuit jusqu'au jour du second rendez-vous que Collingwood lui avait donné. Dana s'opposait énergiquement à ce que sa mère revoie ce charlatan. Mais, pour une raison qu'elle ne pouvait expliquer, Janet tenait résolument à respecter ce rendez-vous. Alléguant qu'il était incapable de déplacer l'arsenal médical nécessaire pour le traitement, Collingwood l'avait convoquée seule dans son cabinet privé, situé à Bath. Il avait fait cette remarque qu'avec le Baquet il serait plus en mesure de soigner la vraie source de son mal.

Comme Dana, les Gilmour soupçonnaient le charlatanisme. On avait beaucoup entendu parler des méthodes peu orthodoxes de Franz Friedrich Anton Mesmer, un médecin allemand ayant défrayé plus d'une fois les chroniques pour divers scandales. La théorie de Mesmer, qui estimait que tous possédaient un magnétisme animal, et sa méthode du Baquet pour agir sur ce magnétisme ne faisaient pas l'unanimité dans le milieu médical. Maïs Janet tenait à suivre les conseils de ce mystérieux Collingwood. Après tout, c'était le bon vieux Balfour qui le lui avait recommandé.

À son retour de Bath, Janet, l'expression plus sereine, demanda à faire une promenade dans la campagne. Ce qu'avait fait ou dit le médecin pour apprivoiser son mal, personne ne le sut jamais : Janet Cullen refusait d'en parler. À partir de ce moment, son état ne cessa de s'améliorer, jusqu'à ce que lui revienne le rose aux joues, et personne ne posa plus de questions. Le résultat était tout ce qui importait.

En septembre, ne désirant pas abuser davantage de la générosité de leurs hôtes et promettant de leur écrire bientôt, Dana et sa mère reprirent une malle-poste pour l'Écosse, où Harriet les attendait avec une varicelle.

La santé de Janet Cullen était toutefois demeurée précaire et instable, soumise à des variations. Elle réclama les conseils du docteur Collingwood. Henry se résigna à la laisser correspondre avec ce médecin, dont les consultations épistolaires semblaient lui procurer un certain soulagement. Quelle magie ce charlatan employait-il ? Cela demeurait un mystère. Il fallait croire que la médecine de l'âme avait ses vertus. Quant à Henry, les remords continuèrent leurs ravages derrière sa façade de pierre. Car bien qu'elle ne le fît jamais ouvertement, Janet reprochait à son mari la mort de Jonat. Leur mariage n'avait plus pour seul but que celui de conserver l'unité et une bonne image de la famille. Dana avait compris que le mal dont souffraient ses parents était incurable.

L'amour était mort avec Jonat.

❦

Les saisons changeaient, se succédaient, modifiaient le paysage et marquaient le temps qui passait. Chaque jour se vivait dans l'attente du prochain ; chacun s'installa dans un quotidien routinier. À son retour de Cambridge, Thomas reçut une cure dans l'Aberdeenshire, où il épousa un an plus tard Mary Forbes, une jeune femme très pieuse, mais plutôt effacée, de Peterhead. Et Harriet, qui grandissait en beauté, rangea ses poupées et fit son entrée sur le marché du mariage. Marché dont cherchait à s'esquiver Dana, qui essayait de se faire oublier en se réfugiant dans un monde qu'elle s'était créé avec ses propres couleurs : ses livres et le dessin.

Un dimanche matin de juin 1812, le pasteur Cullen succomba à un malaise cardiaque au beau milieu d'un prêche. Il s'effondra sur son pupitre et glissa au sol, mort, accablant Janet et ses deux filles. Dans les semaines qui suivirent, elles n'eurent d'autre choix que de se réfugier chez Maisie, qui venait de déménager dans un logement plus vaste avec son mari et sa marmaille.

La maigre rente que leur avait léguée Henry Cullen suffisant tout juste à couvrir leurs dépenses, Dana dénicha un emploi chez le libraire Peattie, et Harriet s'engagea chez Mrs Brown, une modiste tenant boutique dans High Street. Leur vie était modeste mais agréable. Les quatre femmes se retrouvaient chaque soir à préparer ensemble le repas familial en se racontant leur journée. Évidemment, Harriet ne manquait pas d'assaisonner la conversation avec des anecdotes cocasses et des ragots parfois salés glanés à l'atelier. L'humeur était gaie et faisait oublier le reste.

La ferveur religieuse des Chalmers étant beaucoup moins forte que celle des Cullen, Dana eut le loisir de jouer aux cartes et de lire librement ses livres, choses qu'elle n'avait pu faire qu'à l'insu de son père. Mais la rigueur du pasteur Cullen avait laissé son empreinte et Dana sentait toujours le regard de Dieu sur elle quand elle se permettait ces petites entorses au strict code religieux.

Le pasteur Hunter, qui reprenait en charge la prébende de la vieille paroisse de Kirkcaldy, était un jeune ministre de vingt-six ans ordonné de fraîche date. Qu'il fût célibataire de surcroît fit son effet chez les Cullen. Janet y vit l'occasion d'un mariage possible pour Dana. Si des invitations venaient pour Harriet, elles se faisaient plutôt rares pour sa sœur. La jeune femme approchait ses vingt-cinq ans et la petite dot de la fille handicapée du pasteur ne suffisait pas pour attiser l'intérêt d'un parti sérieux. Malgré tout, Janet, qui craignait sa mort proche, ressentait l'urgence de voir sa fille à l'abri de la misère.

Pour faire plaisir à sa mère, Dana accepta l'idée d'inviter le pasteur Hunter à prendre le thé. Mr Hunter accepta l'invitation. Pour l'occasion, les trois sœurs avaient récuré de fond en comble le logement des Chalmers et habillé de propre les enfants. Elles offrirent avec un empressement complaisant du thé et des biscuits au visiteur, qui les engloutit tout aussi rapidement. La conversation s'était limitée au temps et aux activités commerciales de la région. Ce qui suffit largement à Dana, qui n'attendait que le moment du départ de l'homme.

Harriet déclara que le ministre du culte possédait le charme d'une gargouille à l'haleine de pot de chambre. Fanny, l'aînée des Chalmers, estima qu'il avait autant d'esprit qu'un lombric. Mrs Cullen déplora ses manières un peu rustres « pour un ministre ayant fait ses études de théologie à Glasgow ». Le candidat fut automatiquement décrété invalide. Ainsi fut clos le chapitre des mariages arrangés… pour le temps présent.

Vint ensuite, au cours de l'hiver, Mr Andrew Gibb.

Mr Gibb était un célibataire de trente-six ans, imprimeur de métier. Dana le connut à la librairie où elle travaillait. L'homme cherchait un recueil des poèmes de Samuel T. Coleridge. Partageant un goût commun pour la poésie, ils s'étaient engagés dans une discussion passionnante sur différentes œuvres. Au bout d'une heure, Mr Gibb sollicita l'honneur de la revoir. Sous le coup du charme, elle avait accepté. Au terme de leur cinquième rencontre, Mr Gibb lui dressa une liste rigoureuse des qualités que la femme qu'il épouserait devrait posséder ; un vieux célibataire avait des habitudes qu'il ne pouvait pas changer. Ce qui expliquait sans doute pourquoi il l'était toujours. Depuis, Dana en était venue à ne plus supporter son haleine d'oignon et son habitude de lustrer ses cheveux avec une affreuse pommade qu'il fabriquait avec de l'huile de baleine.

L'affaire s'était terminée là. Sa mère en avait pleuré de désespoir.

Puis leur parvint en août de 1813 une lettre d'Édimbourg, signée par Flora Nasmyth.

Mrs Nasmyth offrait de prendre l'une des filles Cullen pour soulager le fardeau de sa sœur Janet et des Chalmers qui vivaient à l'étroit. Laquelle? Harriet rêvait déjà des boutiques dont elle avait entendu louer les beautés dans Prince's Street, des promenades dominicales dans Hope Park[6], des dîners et des soirées de danse où elle pourrait rencontrer de charmants gentilshommes. Dana n'émit aucune opinion sur le sujet. Trois jours plus tard, Mrs Cullen répondit à sa sœur qu'elle lui était très reconnaissante de sa générosité et que sa cadette serait une nièce exemplaire. Elle pensa que c'était une chance inespérée pour Dana de trouver ailleurs un mari, Kirkcaldy ne lui offrant plus rien.

L'annonce du choix de Mrs Cullen provoqua des remous dans la maisonnée. Il restait moins de deux mois pour refaire la garde-robe de l'élue. Mr Nasmyth venait la chercher le premier samedi d'octobre.

Il sembla à Dana que ce jour arrivât trop vite.

---

6. Parc en ceinture de la ville aujourd'hui appelé les Meadows.

Chapitre 3

— Voilà! J'ai terminé! s'exclama Harriet. Tous n'y verront que du feu. On dirait une neuve.

Dana regarda d'un œil critique la robe de mousseline vert sorbet que sa sœur et Fanny retouchaient tous les soirs depuis trois semaines. Elle la jugeait trop voyante. Le vêtement avait appartenu à Miss Elizabeth Oliphant, la nièce du plus important armateur établi à Kirkcaldy. Mrs Brown prenait les vieilles robes des dames Oliphant et les revendait en retour d'une minime commission. Avec sa chemisette de *lawn* blanc à haut col encore en vogue, Harriet avait décidé que la robe serait parfaite pour sa sœur. Il suffisait de resserrer le buste et d'allonger la jupe en ajoutant un rang de ruché, et le tour était joué. En matière de mode, Harriet était imbattable.

La plus jeune des sœurs Cullen parada fièrement devant la cadette avec le vêtement.

— Tu vois quelque chose briller, Dana?

— Briller?

— Sur la robe, spécifia sa mère, qui mettait une dernière touche à la coiffure de sa fille.

Dana examina le vêtement. Elle remarqua les jolis petits boutons de nacre qui ornaient les poignets.

— Mrs Brown me les a laissés pour la moitié du prix. Ce sera mon cadeau de départ.

— Merci, Harriet, fit Dana en serrant chaleureusement les mains de sa sœur.

Dana se leva et prit la robe, la plaçant devant elle pour en voir l'effet. Elle pensa qu'elle avait l'air d'une pâtisserie décorée pour attiser la convoitise des gourmands. Mais quelle bien fade pâtisserie sous ce séduisant glaçage.

— Mets-la, fit joyeusement Fanny. Mr Nasmyth devrait arriver bientôt.

Le visage de Dana s'assombrit. Sa mère lui entoura les épaules de son bras et croisa le reflet de son regard dans le miroir.

— Ton oncle est un gentilhomme très charmant qui…

— Mama ! s'exclama Harriet.

Janet Cullen fronça les sourcils.

— Miss Harriet ! Il est très impoli d'interrompre les gens. Votre père et lui ne s'entendaient pas très bien, mais…

— Bah ! Papa ne s'entendait pas très bien avec personne.

— Harriet !

La jeune femme haussa les épaules. Dana se dit qu'en dépit de son caractère extraverti qui l'agaçait parfois et ses manquements constants à l'étiquette, Harriet allait lui manquer. Elle était l'étincelle de sa vie. Pour sa sœur, tout était bon à dire en autant que c'était la vérité. Et Dana enviait secrètement son franc-parler et, à l'occasion, sa beauté et son charme naturel qui lui faisaient pardonner tous ces vilains petits défauts.

— Bon, dépêchons, trancha Janet Cullen en désignant la robe. Il ne serait pas correct de faire attendre votre oncle.

Dana n'avait pas revu les Nasmyth depuis le mariage de Maisie. Pas plus qu'elle n'était retournée à Édimbourg depuis le voyage à Thorpe. Elle était terrifiée.

La robe lui seyait à merveille. Harriet était vraiment une couturière hors pair. Dana exécuta une pirouette pour déployer l'ampleur de la jupe dont la longueur cachait assez bien ses chaussures. Il y avait quelques années qu'elle n'avait plus à porter les horribles brodequins munis de tiges d'acier. Mais son pied bot exigeait quand même une chaussure adaptée qui n'avait rien de gracieux.

Sa mère et sa sœur la contemplaient en donnant leur appréciation sur l'effet qu'elle ne pouvait manquer d'avoir sur l'oncle Nasmyth.

— Et sur ses trois fils dont deux sont encore célibataires, souligna Harriet en lançant une œillade vers leur mère. Qui sait?

Nul n'était dupe des intentions de Mrs Cullen.

— Oh Dieu! fit cette dernière en pinçant un avant-bras de Dana, il aurait fallu te nourrir un peu mieux! Tu es trop maigre.

— Je me nourris, Mama, protesta la jeune femme dans un soupir.

— D'encre et de papier. De mots et d'idées, fit observer Maisie, une main sur son ventre encore gros, qui poussait une cuillérée de purée de pommes de terre dans la bouche ouverte de la petite Martha. Se nourrir l'esprit ne remplit point un corsage, si tu veux mon avis!

Dana se regarda dans la glace, perplexe devant ce qu'elle voyait. Si ce n'était de ses yeux vairons, de sa trop grande taille, de son manque de poids, de son teint trop pâle, de ses cheveux pas assez clairs, de… enfin, elle s'estimait trop et pas assez. En somme, quelconque. Et c'était en oubliant son pied bot.

David Hume[7] associait la beauté au plaisir et la difformité à l'inconfort, si ce n'était carrément la douleur. Il écrivit que la beauté inspirait un sentiment de sécurité tandis que l'opposé engendrait un sentiment de danger. D'un point de vue philosophique, la beauté n'était rien de plus qu'un aspect externe de l'être. Toutefois, que le plaisir des yeux choisît une rose aux dépens d'un chardon n'était rien de plus que le bon sens commun. Et ça, Dana le comprenait.

Enfant, lorsque les traitements du docteur Balfour la faisaient souffrir au point où elle souhaitait les abandonner, Jonat lui disait que la chenille deviendrait chrysalide, puis papillon. Avec cette robe verte, elle pensait plutôt que le têtard était devenu grenouille.

---

7. David Hume (1711-1776), historien et l'un des plus importants philosophes des Lumières écossaises.

Point final. Mais, bon, la grenouille avait toujours sa place dans le monde. Et le problème n'était pas la grenouille en soi mais la perception que les autres avaient de la grenouille. Avait-on jamais imaginé ce que serait le monde sans ces répugnants batraciens ? Les frères Grimm n'auraient pas écrit le conte sur la Princesse et le roi grenouille. Les *midgets*[8] seraient un fléau. Les cuisiniers français auraient un plat de moins à mettre en sauce.

Bien utiles, les grenouilles. Mais qui accepterait d'en embrasser une qui n'est pas dans un conte ?

Dana souleva l'ourlet de sa robe pour dévoiler ses affreuses chaussures.

— Coââââ-coââââ ! fit-elle en le relâchant.

Telle était la perception de Dana d'elle-même. Elle essayait parfois d'en rire. Mais aujourd'hui elle cédait au sentiment de panique. Y avait-il de la place pour les grenouilles en ville ?

Tandis qu'elle méditait sur le sort qui l'attendait, sa mère et ses nièces s'empressaient de terminer ses bagages. Dana vit les traits de sa mère se crisper. « Elle est usée », songea-t-elle. La maladie la rongeait de l'intérieur et la femme supportait en silence. Si Jonat avait encore été parmi eux, il l'aurait soulagée. Et Janet Cullen refusait toujours de voir un médecin. Elle ne jurait que par ce charlatan de docteur Collingwood, qui continuait de lui donner des consultations par correspondance. Jonat aurait condamné cette pratique.

La jeune femme se dirigea vers sa mère dont la carnation était soudain très pâle.

— Asseyez-vous, Mama. Je suis assez grande pour faire mes bagages toute seule.

— Je crains que tu n'oublies quelque chose.

— Mrs Nasmyth saura bien me dépanner si cela devait arriver, non ?

— Oui… concéda Janet Cullen en se laissant tomber sur une chaise.

---

8. Midgets : moustiques.

Avec l'aide de ses nièces, Dana finit de plier ses chemises de nuit et ses bas et referma la malle. Quand elle se tourna vers sa mère, elle la découvrit en larmes.

— Mama, pourquoi pleurez-vous ?

— Parce que tu pars… parce que…

Dana s'accroupit devant elle et lui prit les mains.

— Mama…

— Mon petit canard… je ne veux que ton bonheur, tu le sais.

Sa mère ne l'avait pas appelée comme ça depuis des années. Évidemment, le surnom venait de sa démarche un peu chaloupée. Thomas en avait souvent usé avec mesquinerie. Mais il avait toujours été prononcé avec amour par la bouche de sa mère.

— Mama cane, fit Dana en riant pour dérider sa pauvre mère avec qui elle partageait la crainte du moment du départ.

— Tu seras sage.

— Oui, Mama.

— Et polie.

— Oui, Mama.

— N'oublie jamais que tu leur es redevable de ce qu'ils t'offrent.

— Mama… ne vous en faites pas pour moi. C'est moi qui devrais m'en faire pour vous.

— Oh ! Moi, je suis vieille et tout ce que j'attends de plus de la vie, c'est que mes filles se marient et s'installent confortablement dans la société. Alors je mourrai en paix.

Une ombre traversa les yeux de Janet. Les doigts de Dana pressèrent ceux de sa mère.

— Une femme peut trouver le bonheur autrement que dans le mariage.

— Si elle est riche, elle le peut. Et encore doit-elle cultiver l'image de la vertu.

— Le célibat ne m'effraie pas.

Janet Cullen essuya ses joues et regarda sa fille avec tendresse. Elle caressa doucement sa joue.

— Il doit bien exister un homme pour t'aimer, Dana. Un homme qui saura voir qui tu es vraiment.

— S'il en est un, je finirai bien par le croiser, que ce soit ici ou ailleurs.

— Dieu arrangera ça.

La jeune femme éclata de rire.

— Bien sûr, Dieu est le maître des entremetteurs ! C'est lui qui...

— Le voilà ! Il arrive avec un très bel attelage ! se mit à crier Agnes, qui faisait le guet par la fenêtre. Mais ce qu'il est beau !

— Mr Nasmyth ? demandèrent en chœur les autres femmes en se redressant d'un même mouvement.

Maisie fronça les sourcils dans une attitude incertaine.

— Par conséquent, ça ne peut pas être lui.

Les trois sœurs se souvenaient très bien du gros nez bulbeux de leur oncle et de sa taille empâtée par les abus.

On frappa à la porte.

Harriet et Janet Cullen se tournèrent vers Dana. Sa mère fit bouffer la jupe de sa fille.

— Tiens-toi droite et pince tes joues.

On ouvrit et accueillit le visiteur.

— Chère tante Cullen, s'exclama le grand gaillard qui retirait son couvre-chef.

La femme se recula pour mieux considérer le jeune homme.

— Timmy ? fit-elle, sincèrement heureuse de revoir son neveu.

— Eh bien ! J'avais parié avec mon frère Logan que vous ne me reconnaîtriez pas.

Paralysée par la surprise, Dana fixait son cousin. Avec ses larges épaules qui tendaient le drap vert foncé de sa veste, il était bâti pour soulever la terre. Sa chevelure presque noire fouettée par le vent tombait en épis indisciplinés devant ses yeux tout aussi sombres. Et, sous une fine moustache, sa bouche, large et charnue, dévoilait un sourire à faire fondre d'affection la plus acariâtre des belles-mères. Il n'existait plus rien des rondeurs du visage du garçon qui lui avait un jour offert un sucre d'orge. Celui qui se tournait maintenant vers elle possédait la vigueur d'un marin aguerri.

Timmy était devenu un homme dans la fleur de l'âge, séduisant comme elle ne l'aurait jamais imaginé.

— Miss Dana, fit-il timidement en s'inclinant.

Il tortillait sa casquette entre ses mains et lui souriait un peu bêtement. Un coup de coude rappela Dana à l'ordre. Elle s'inclina en retour comme l'exigeait l'étiquette.

— Mr Nasmyth. Je… nous attendions votre père, en fait…

— Il avait beaucoup à faire au moulin. Je suis venu à sa place. J'espère que cela ne vous dérange pas…

— Non ! Pas du tout, le rassura Janet en l'invitant à entrer. Après ce long voyage, vous devez forcément avoir faim et soif. Nous pouvons vous servir quelque chose ? Il y a du saucisson et des viandes froides. Du fromage aussi. De la bière ? À moins que vous ne préfériez de l'eau ? Mais il reste possiblement encore du vin dans…

— Mama ! fit Harriet en se dirigeant vers Timmy.

Quelques minutes plus tard, le cousin était installé à table devant une assiette de victuailles et un pichet de bière. Tout en mangeant, il leur fit part des dernières nouvelles de la famille et de la ville. Dana l'écoutait, sentant ses joues se colorer chaque fois qu'il posait les yeux sur elle.

Une heure plus tard, sustenté, le cousin se leva et remercia sa tante et ses cousines. Ils devaient se mettre en route s'ils voulaient être de retour à Édimbourg avant la tombée de la nuit. Ils avaient encore plus de vingt *miles* à parcourir, sans parler du ferry-boat à prendre.

Les malles furent hissées derrière le buggy. C'était un véhicule de bonne facture avec une capote à soufflets et des sièges confortables en cuir fauve. Une voiture qui, sans refléter l'aisance d'un aristocrate, marquait bien celle d'un homme d'affaires prospère.

Dana enfila son spencer rouge grenat et mit son bonnet de paille. Ses doigts n'arrivaient pas à nouer le ruban sous son menton. Harriet vint à son secours.

— Tu seras très bien là-bas, lui chuchota-t-elle avec un demi-sourire.

Elle donna une dernière touche à la toilette de sa sœur et lui tapota la joue.

— Et puis, il est cruellement beau, le cousin Timmy.

— Tu crois que c'est convenable? Je veux dire… il est mon cousin, mais… je ne le connais pas et… nous serons seuls ensemble… Nous devrions être accompagnés d'un chaperon.

Les poings sur les hanches, Harriet dévisagea sa sœur d'un air amusé.

— Dis donc, d'habitude c'est moi qui demande les conseils. Mama semble lui faire confiance. Faisons confiance à Mama.

— Oui…

Les traits de Dana se décomposèrent. Elle ne put retenir ses larmes plus longtemps. Harriet lui ouvrit les bras dans lesquels elle se réfugia.

— Tu vas me manquer, Harry. Vous allez tous me manquer…

Les adieux furent émouvants et Timmy attendit en retrait, près du buggy. Le jeune homme aida sa cousine à monter et se hissa à ses côtés. Mrs Cullen s'approcha de sa fille et lui présenta un paquet. Elle souriait, mais son regard exprimait déjà le mal du vide de son départ.

— C'est pour toi. J'espère qu'il te sera utile.

— Qu'est-ce que c'est?

— Eh bien, ouvre-le.

Introduisant une main dans le colis, elle sentit une douceur aérienne glisser entre ses doigts. Elle tira avec délicatesse sur le fin tissu et en dévoila une partie. Elle reconnut le châle de dentelle au fuseau de sa mère, celui qu'elle avait porté à son mariage avec le pasteur Cullen en 1779.

— Mama… pourquoi? Il a trop de valeur pour que…

— Non, la coupa Janet.

— Et Maisie? Ce châle ne devrait-il pas lui revenir?

— Maisie est d'accord. Il est pour toi. Je sais que tu le chériras.

— Oui, Mama, fit-elle d'une voix modulée par l'émotion en repoussant le châle dans son emballage.

—Bonne chance, Dana, et écris-nous le plus rapidement possible.

—Je le ferai, Mama. Je vous aime…

Le fouet claqua; le buggy s'ébranla. Dana envoya la main une dernière fois, jusqu'au moment où sa famille ne fut plus en vue. Elle savait bien que sa mère tentait une fois de plus de forcer le destin en l'envoyant chez les Nasmyth. À la vérité, la jeune femme ne nourrissait pas ce désir urgent de se marier. Du moins, pas tant qu'elle ne serait pas amoureuse. Elle avait vu les effets d'un mariage sans amour. Les femmes devenaient revêches et les hommes, ennuyeux. Les conversations tournaient autour de l'argent et des enfants. Et les seuls sentiments qu'on se permettait étaient l'amertume et la jalousie, au mieux, l'indifférence. Au choix, elle préférait vivre seule entourée de sa famille que de mourir de solitude avec un mari qu'elle n'aimait pas. Et elle avait été parfaitement satisfaite de sa situation jusqu'ici.

La jeune femme avait toutefois accepté de partir sans protester parce que c'était dans sa nature d'obéir sans rechigner. Mais elle le faisait avec regrets. Elle aimait son travail chez Mr Peattie. Elle adorait s'occuper de ses neveux et nièces. Et ses balades solitaires sur le sable de Kirkcaldy. Sans parler de la santé de sa mère qui ne cessait de se détériorer de mois en mois. Elle aurait voulu être près d'elle. Janet ne pouvait ignorer les déchirements que cet éloignement lui causerait.

Elle regarda devant elle, la poitrine gonflée d'appréhension et de chagrin, les mains crispées sur le paquet posé sur ses genoux. Ils roulèrent un bon moment en silence, comme un vieux couple qui s'était tout dit. Le ciel était particulièrement clair et permettait de nettement voir la ligne montueuse de la côte du Lothian et la forteresse, sentinelle en poste de garde sur l'île d'Inchkeith à l'embouchure de l'estuaire.

Respectant le besoin de recueillement de sa cousine, Timmy l'observait à la dérobée, lui souriant gentiment quand leurs yeux se croisaient. Mais ceux de Dana se dérobaient immanquablement dans l'ombre de son chapeau.

Ils traversèrent les petits villages de Kinghorn et Burntisland. Le chemin bordait les battures que les eaux de l'estuaire n'avaient pas encore recouvertes. Sous la lumière éblouissante du soleil, le sable rougeâtre gorgé d'eau miroitait. Des paysans en quête de mollusques s'y réfléchissaient, leurs vêtements remontés jusqu'aux genoux découvrant des mollets blancs comme l'albâtre. Certains traînaient un seau, d'autres, un sac de toile.

Au large d'Aberdour, une autre île émergeait comme un gros caillou tombé là par hasard. Inchcolm, ou l'île de Colm, ou encore l'île de Columba, portait les restes d'un monastère médiéval.

Mais l'attention de Dana se portait au-delà de l'estuaire et de ses îles : Édimbourg et ses collines vertes mordorées. La capote du buggy lui coupant une partie de la vue, elle s'était penchée vers l'avant pour mieux admirer la ville. Tout absorbée qu'elle était par le paysage, sans s'en rendre compte, elle avait pris appui sur le genou de Timmy. Le jeune homme sentit les doigts fins lui enserrer la rotule.

— Comment c'est, Édimbourg ?

— Eh bien… c'est Édimbourg. Il faut le découvrir, ça ne s'explique pas.

Dana retira prestement sa main pour retenir son paquet qui allait glisser dans le fond du véhicule.

— La vie doit y être assez différente de celle de Kirkcaldy.

— Je suppose… Mais je suis certain que vous aimerez, Miss Dana.

La jeune femme ne commenta pas. Elle laissa son regard errer parmi les hautes tours qui crevaient le ciel, cherchant celle, bien particulière, de la cathédrale de St. Giles. Ils roulèrent encore pendant plusieurs minutes. Timmy lui indiqua quelques points géographiques et sites importants visibles à cette distance.

— Vous aurez tout le loisir de les visiter sur place.

Ils pénétrèrent dans le hameau de North Ferry. L'allure du cheval ralentit ; un attelage de transport de tonneaux qui débarquait du bac forçait le trafic à s'engager dans un entonnoir.

— Il y a une auberge, là-bas. Vous voulez qu'on s'y arrête pour vous rafraîchir ? Le ferry-boat ne sera pas prêt à repartir avant plusieurs minutes.

— Non, merci. À moins que vous…

— Non, fit-il de même.

Glissant son doigt entre son cou et le col qui l'enserrait, il avait l'air embêté. Elle s'en trouva mal.

— C'est un bien long voyage pour aller simplement quérir une cousine, dit-elle comme pour s'excuser.

— Il fait beau et l'air du large est bon pour les poumons.

— C'est très gentil à vous, Mr Nasmyth.

Il la regardait de ses yeux noirs, de cette même façon qu'il l'avait fait au mariage de Maisie. Cette fois elle ne baissa pas les paupières. Elle crut un instant qu'il allait lui offrir des pastilles de sucre d'orge.

— S'il vous plaît, Miss Dana, appelez-moi Timmy. J'ai l'impression que vous vous adressez à mon père.

Un vent du large chargé d'odeurs de mer et de poisson fumé soufflait, s'engouffrait entre les bâtiments et soulevait des tourbillons de feuilles mortes. L'équipage déboucha sur le port que les harenguiers avaient déserté pour la journée. Le jeune homme régla leur passage. Les rênes claquèrent sur la croupe du cheval qui s'engagea ensuite sur la rampe d'embarquement. Le buggy en fut rudement secoué. Dana s'accrocha au bras de son cousin.

— Ne vous inquiétez pas, Miss Dana. Le ferry fait le trajet des dizaines de fois par jour et jamais il n'a coulé.

Elle hocha la tête. Prenant conscience qu'elle n'avait pas lâché la manche de la veste, elle s'en libéra sur-le-champ et récupéra à la hâte le paquet qui avait glissé de ses genoux.

Elle se demanda brusquement si sa mère considérait vraiment ses cousins comme étant des maris potentiels pour elle. « Les Nasmyth sont bien installés dans la société et leurs fils ont un avenir assuré », avait-elle plus d'une fois répété. Les Nasmyth avaient trois fils. L'aîné, James, s'était marié deux ans plus tôt. Le benjamin,

Logan, et Timmy, le cadet, vivaient toujours chez leurs parents. Logan avait deux ans de moins qu'elle.

Le ferry largua les amarres et glissa doucement sur la Forth. À bâbord, Inchgarvie, une île dont les fortifications dataient de la fin du XVe siècle, était toujours au poste, en vigie. Elle avait autrefois servi de prison. Les constructions, qui avaient résisté à l'invasion de Cromwell lors de la guerre civile, avaient été remises en état en 1779 pour parer aux menaces d'invasion d'une flotte franco-américaine commandée par le célèbre John Paul Jones. Considéré comme un pirate par les Anglais après avoir tué un marin lors d'une mutinerie, cet Écossais d'origine avait épousé la cause américaine lors de la guerre de l'Indépendance. L'attaque n'avait finalement pas eu lieu, la flotte ayant été dispersée par un terrible orage qu'on avait dit commandé par Dieu.

Partout où son regard se posait, une tour ou des murs usés par le temps rappelaient le passé. L'histoire de l'Écosse refusait de s'effacer de cette terre ; elle y demeurait solidement ancrée. Fondations, mémoire d'une nation en évolution.

Les maisons de Queensferry se dressaient sur le flanc rocheux de la côte sud de la rivière, leurs murs chaulés éclatants de lumière au soleil. C'était assez joli. Il faisait plus froid sur le ferry et la jeune femme frissonna. Le seul abri du vent disponible était le corps massif de Timmy. Elle se cala dans son siège, en profitant comme elle le put. Le mouvement de l'eau lui donna vaguement la nausée et elle concentra son attention au loin.

Du coin de l'œil, Timmy détailla avec intérêt sa cousine absorbée par le spectacle du paysage. Elle dégageait un calme patient. Ses longs bras graciles manquaient d'un peu de chair, mais son visage, quoiqu'un peu pâle, était assez agréable à regarder. Ses yeux, grands et brillants comme du verre, et si… particuliers, fuyaient constamment vers le sol. Elle était comme un animal solitaire qui recherchait constamment la sécurité de son terrier.

N'ayant pas eu de fille, sa mère avait eu cette curieuse idée de s'en offrir une déjà tout élevée. De se faire imposer une sœur irritait un peu Timmy. Dana allait certainement bouleverser ses petites habitudes. On l'obligerait à l'accompagner dans des promenades. Pire, à porter ses paquets d'une boutique à l'autre. Et si elle lui demandait de lui faire la lecture comme Logan faisait parfois à sa mère? Car il savait que la fille du pasteur aimait les livres. Ce qui n'était pas son cas.

Quand sa mère l'avait enjoint de faire ce voyage jusqu'à Kirkcaldy, il avait d'abord refusé. Il avait prévu assister à une course de chevaux sur la plage de Leith avec des amis. Mais Logan souffrait d'un rhume et son père devait compléter une commande pour le vendeur de musique Anderson. C'était donc lui qui avait dû aller chercher cette pauvre créature que la grâce de Dieu avait oubliée. Car c'est comme ça que la désignaient parfois Charles et Flora. Il y avait maintenant treize ans qu'ils ne l'avaient pas vue. Si ce n'était qu'elle lui avait paru aussi raide que la couverture d'un livre de prières, il se souvenait bien peu de cette jeune fille réservée avec qui il n'avait passé que quelques heures à jouer au jeu de l'oie et aux quilles de bois en partageant ses friandises. Ses yeux étranges, peut-être, lui avaient laissé le souvenir le plus vif.

Ces yeux-là se tournèrent soudainement vers lui, le surprenant dans son examen sans gêne. Il en fut davantage troublé qu'agacé.

— Vous faites toujours des livraisons pour votre père, Timmy?

— Je travaille au moulin.

Elle avait demandé cela comme ça, pour briser l'inconfortable silence. Étudiant son cousin, elle attendit la suite, qui ne vint pas. Le visage de Timmy se fixa brusquement sur la côte qui approchait. Elle vit ses joues rosir.

— Que faites-vous, le reste du temps?

— Je m'occupe ici et là.

Le jeune homme n'avait effectivement pas la stature d'un oisif. Et il était proprement vêtu: des vêtements de bonne qualité qui ne souffraient pas encore de l'usure. Les cuirs bruns et noirs de ses bottes brillaient d'un bon entretien. Il avait vraiment belle allure. Sans nul doute, il devait attiser l'intérêt de plusieurs jeunes femmes…

Le *ferryman* se préparait à accoster. Les piétons se pressaient à l'avant. Timmy redressa le dos et serra les rênes dans sa main.

Une vague odeur d'égout se mêlait à celles des chevaux et de l'eau. Les façades des maisons étaient accueillantes, l'appui des fenêtres croulant sous des paniers de géraniums. Dana respira plus facilement quand le ferry toucha au quai. Puis le buggy roula sur la passerelle, gagna la terre ferme et grimpa la falaise. À partir de là, ils roulèrent en silence sur un chemin qui traversait la campagne. Édimbourg se trouvait maintenant droit devant eux. Sa poitrine se comprima ; cette curieuse impression que le cours de sa vie allait prendre un tournant important l'envahit soudainement.

◆◆

Les malles avaient été vidées, et ses effets, rangés dans la commode et l'armoire qui meublaient la chambre. En plus d'un lit étroit, il y avait un petit bureau et une chaise. Un papier peint vert défraîchi parait les murs et un rideau écru voilait la fenêtre qui donnait sur la cour. Le soleil pénétrait bien peu la chambre.

Il flottait dans la pièce une odeur de moisi que Mrs Nasmyth avait tenté de masquer avec des petits bouquets de lavande suspendus devant la fenêtre ouverte. Après s'être nettoyée de la poussière du trajet devant une bassine d'eau fraîche, Dana retoucha sa toilette et pinça ses joues.

Une servante sortait un rôti du fourneau qui surchauffait la cuisine. Flora Nasmyth, qui surveillait le potage, ne vit pas Dana arriver. La jeune femme attendit dans l'entrée, visitant l'endroit des yeux. Il y avait quelques beaux meubles, dont un immense buffet sur lequel était exposé un superbe service de porcelaine anglaise. Deux tableaux ornaient les murs blancs au-dessus des chaises placées de chaque côté d'une porte qui menait ailleurs. Au centre, sous les cuivres étincelants suspendus aux crochets, une longue table de bois foncé était couverte des plats prêts à être servis.

Les voix de son oncle et de ses cousins lui parvenaient de la salle à manger. La jeune femme ne savait si elle devait rejoindre les hommes ou aider pour le service. Elle s'imposa un sourire comme sa tante se retournait.

— Ah! Dana, mais que faites-vous là à attendre dans l'entrée? Passez à table. Alice va servir le potage dans cinq minutes. Vous avez eu le temps de défaire vos bagages?

— Oui, Tante Flora. Je peux aider au service si vous le voulez.

— Allons, pauvre enfant! Vous arrivez tout juste. Laissons pour aujourd'hui et allez rejoindre vos cousins.

Tante Flora était une charmante petite femme un peu rondouillette aux traits souriants qui annonçaient une nature complaisante. Sa seule raison d'être semblait de veiller à ce que tout son petit monde ne manquât de rien. Et l'abondance de nourriture dans les plats et l'embonpoint de son mari laissaient supposer qu'elle le faisait avec excès.

Les Nasmyth vivaient dans West Port, la rue principale de Wester Portsburgh, quartier situé à l'extrémité ouest de Grass Market. De plain-pied, le logement occupait tout le premier d'un édifice de cinq étages. Il y avait quatre chambres, un salon, la cuisine, la salle à manger et une petite pièce qui servait à l'entreposage des meubles inutiles. Un entrepôt et la boutique occupaient entièrement le rez-de-chaussée. L'édifice original de pierre datait possiblement de la fin du XVIIe siècle. Sa façade de bois avait été reconstruite au milieu du XVIIIe. On avait en même temps prolongé la superficie des étages supérieurs au-dessus de la rue. On accédait à la cour intérieure, où étaient aménagés l'écurie, un potager et une basse-cour qui fournissait quotidiennement des œufs frais aux Nasmyth, par une porte cochère, dans la ruelle située derrière le pâté de maisons. L'inclinaison du terrain était trop abrupte pour permettre le passage d'une voiture par West Port.

Le bras de sa tante la guida vers l'autre pièce. Les hommes se turent et se levèrent à leur arrivée. Sa tante disparut de nouveau dans la cuisine, la laissant seule avec les trois hommes. Des chandelles éclairaient la salle à manger, dorant les murs et faisant reluire les couverts, la verrerie et le bois lustré de la superbe table d'acajou.

La cravate dénouée, Timmy s'était débarrassé de sa veste et avait retroussé ses manches de chemise, dévoilant ses avant-bras. Il la salua et lui présenta son frère Logan. De prime abord, c'était la blondeur de Logan qui frappait. Elle tranchait avec la sombre chevelure de son frère, comme celle de Harriet avec la sienne. Puis la mise impeccable, un peu raide et timide dans ses gestes, il était tout l'opposé de Timmy. Elle salua les trois hommes.

Ces derniers attendaient debout en silence. Dana comprit et elle prit place sur la chaise près de Logan, en face de Timmy. Tante Flora revint avec la servante et le potage. Le repas débuta.

On parla d'abord du voyage et on s'informa des Cullen et des Chalmers. Puis la discussion se porta sur les activités commerciales de Mr Nasmyth qui, en plus de vendre du papier, en fabriquait artisanalement dans son propre moulin.

— Tu as déjà visité un moulin à papier, Dana ? s'informa Logan.

— Quel intérêt peut avoir Miss Cullen à visiter le moulin ? maugréa l'oncle.

— Peut-être pourriez-vous laisser Dana répondre pour elle-même, Papa.

— Je n'ai jamais visité de moulin, répondit Dana. Mais cela me plairait beaucoup, je vous assure… si cela ne vous dérange pas, bien entendu.

La bouche de son oncle se tordit en une moue qui ne cachait pas son agacement.

— Je n'ai pas le temps pour ça, rétorqua l'homme sur un ton sec. Mr Anderson attend sa commande de papier à musique depuis hier. L'absence de Timmy a déjà retardé…

— Charles ! fit Mrs Nasmyth, la mine réprobatrice.

Elle sourit à sa nièce d'une manière un peu embarrassée.

— Je peux très bien lui servir de guide, proposa Logan.

Timmy sourcilla, posant sur son frère un regard suspicieux.

— Je croyais que ton rhume t'empêchait de sortir, Logan, fit-il observer avec une pointe de sarcasme.

— Logan doit garder la boutique, déclara Charles.

— Je peux très bien le faire pendant une heure ou deux, s'interposa Flora. Je n'ai rien à faire demain matin. Je m'occuperai de la boutique pendant que Logan fera visiter le moulin à Dana. Je l'emmènerai voir le quartier dans l'après-midi.

Flora avait tourné un visage à l'air confus vers sa nièce, qui sentait le rose lui colorer les joues.

—Oh! À moins que vous ne vous sentiez pas assez forte pour entreprendre une si longue promenade…

—Nullement, Tante Flora. J'aime beaucoup marcher. Mon frère me recommandait de faire beaucoup d'exercice. Il avait raison: cela m'est bénéfique.

—Oui… ce pauvre Jonat… murmura la tante en baissant les yeux.

Charles grogna et enfila son troisième verre de vin; il n'y avait plus rien à répliquer. De toute évidence, à l'inverse de sa femme, Charles Nasmyth n'était pas des plus accommodants. Logan souriait à la perspective de se soustraire à quelques heures de travail ennuyeux. Quant à Timmy, il piquait silencieusement sa fourchette dans son *bread pudding* imbibé d'un riche sirop au rhum.

Dana sentit un malaise refroidir l'atmosphère. Elle avait remarqué un livre posé sur le coin de la table, près du coude de Logan: *Songs of Innocence*[9], de William Blake. Cherchant un sujet de diversion, elle s'adressa au jeune homme, l'interrogeant sur sa lecture. Son mince visage, qui était jusque-là resté très grave, devint d'un coup très mobile alors qu'il se mettait à parler, comme si toutes ses opinions cherchaient à s'exprimer en même temps.

Le reste du repas se déroula sans autre désagrément. Timmy, qui n'était que très peu intervenu au fil de la discussion, s'excusa après le café et prit congé devant les froncements de sourcils de sa mère, qui désapprouvait visiblement sa désertion.

—Je te veux au poste à l'heure, Timmy, lança Charles en toisant son fils.

—N'y suis-je pas toujours? rétorqua le jeune homme avec humeur en sortant.

Prétextant un travail à terminer, Mr Nasmyth ne fut pas long à le suivre. La conversation se prolongea toutefois plus d'une heure

9. *Chants de l'innocence.*

dans la salle à manger, pendant qu'Alice desservait et nettoyait la table.

Puis vint pour Dana, que les émotions de la journée avaient éreintée, le moment tant redouté du coucher. Vêtue de sa chemise de nuit, elle s'allongea dans le lit et souffla la chandelle. L'obscurité avala tout l'espace. Ses yeux grands ouverts allaient et venaient dans cette chambre qui n'était pas la sienne. Pour se calmer, elle imagina l'emplacement des meubles de celle qu'elle partageait avec Harriet et les deux aînées des Chalmers. Elle devinait là la minuscule table de toilette, et là un fauteuil toujours encombré de vêtements, et encore, contre le mur du fond, le lit de ses deux jeunes nièces. Leurs chuchotements et ricanements sous le couvert des draps avant de s'endormir lui manquaient cruellement. Elle ferma les paupières. Elle se sentait soudain si seule et si malheureuse. Les Nasmyth étaient de la famille, mais elle, qui avait l'habitude de vivre entourée de femmes, ne se sentait pas à l'aise parmi autant d'hommes. Si Timmy lui avait témoigné quelques égards pendant le voyage, ce soir il l'avait presque ignorée et s'était même éclipsé sans manières. Elle était convaincue qu'elle ne lui plaisait pas plus qu'à son oncle.

Elle n'était pas certaine de trouver sa place dans cette famille. Elle n'était pas certaine de même désirer s'en faire une. Elle voulait retourner à Kirkcaldy retrouver ceux qu'elle aimait. Tout bien réfléchi, quel mal y avait-il à rester vieille fille?

Des larmes mouillèrent ses joues et coulèrent sur le couvre-oreiller qui dégageait une forte odeur de blanchisserie. Tournant son visage vers la fenêtre, elle ravala ses sanglots, réalisant que son emplacement ne lui permettrait plus de voir le soleil se lever à l'aube. Ce n'était qu'une question de temps, se répétait-elle pour s'encourager. Elle s'habituerait à ce nouvel environnement et à ces gens, et bientôt elle se sentirait chez elle. Elle n'avait pas le choix…

Il lui sembla d'un coup qu'elle n'avait sa place nulle part.

Roulant sur le côté, elle se recroquevilla, cherchant à contenir dans sa poitrine les sanglots qui ne cessaient de s'enfler. N'y arrivant plus, elle enfouit sa tête dans l'oreiller et y étouffa ses pleurs pendant de longues minutes, jusqu'au moment où le bois du plancher dans le corridor craqua. Elle s'arrêta de respirer pour écouter. Le bruit avait cessé. Mais elle devina que quelqu'un se tenait là, derrière sa porte. Elle l'entendit enfin de nouveau. Sans aucun doute Timmy qui rentrait. Une porte se referma doucement. Il y eut encore quelques grincements de bois, puis ceux d'un lit de l'autre côté du mur. Son cousin dormait dans la chambre contiguë à la sienne. Curieusement, de le savoir là la rassurait et elle referma les yeux, se laissant aller au sommeil.

✦⋅✦

Le moulin à papier était situé dans Dean Village, à environ un *mile* de Wester Portsburgh. Dean Village était niché dans le creux d'une vallée que mouillait la Water of Leith, qui coulait depuis les Pentland Hills jusqu'à la Forth. Coiffé d'une toiture de tuiles rouges hollandaises, le bâtiment, de dimensions modestes, avait autrefois abrité un moulin à farine.

Les cuves avaient été mises à chauffer depuis un bon moment déjà quand Dana entra dans l'atelier en compagnie de Logan. La journée de travail pour les ouvriers commençait avant le lever du soleil et durait une douzaine d'heures. Les minuscules fenêtres ne suffisant pas à éclairer le lieu, des lampes à huile suspendues çà et là au-dessus des postes de travail complétaient l'éclairage. Une dizaine d'employés remplissaient leurs tâches dans une atmosphère suffocante saturée d'humidité, d'odeurs désagréables et du grincement et battement continus de la roue à aubes.

En chemin, son cousin lui avait sommairement expliqué en quoi consistaient les différentes étapes de la production de papier. Sa verve joyeuse ne l'avait pas quitté depuis la veille. Dana l'avait écouté tout en appréciant le paysage, surtout aux alentours du petit village, qui était très pittoresque. Son œil se captivait pour un joli cottage ou pour une courbe gracieuse du cours d'eau sous l'ombrage des arbres colorés. Un vent modéré faisait bruire les feuilles et les faisait voleter, légères comme les plumes du phénix.

Elle découvrait des décors qui lui plaisaient bien et qu'elle se promit d'esquisser pour les envoyer à sa mère. Voyant son air admiratif, Logan s'était arrêté de parler industrie et avait lui aussi porté son intérêt sur la palette d'automne qui faisait de Dean Village un petit joyau dans un écrin de verdure.

— J'aurais dû emporter mon coffret à dessin, avait alors murmuré la jeune femme.

— La prochaine fois, peut-être, lui avait dit son cousin en arrêtant la carriole devant le moulin qui se reflétait dans l'eau noire.

Logan lui montra la table, où un homme et une jeune femme manipulaient des piles de chiffons de coton. Le délissage consistait à les trier selon leur degré de blancheur et à ensuite les couper en languettes à l'aide de lames de faux fixées à la table. La couleur et la résistance du produit étaient déterminées par le type de fibre employé. Celle du lin, par exemple, donnait un papier plus sombre et assez résistant, qui servait à l'emballage. On réservait le coton pour fabriquer le papier fin préféré pour l'écriture.

— On met ensuite les peilles[10] dans la pile hollandaise, expliqua Logan en lui indiquant une cuve de forme ovale.

La roue à aubes était située sous le plancher, juste sous la cuve. Un axe d'acier sortait du sol et actionnait un système d'engrenage qui faisait tourner le mécanisme de la pile. Dana s'en approcha. Le mouvement mécanique faisait vibrer ses pieds. Un jeune apprenti poussait la mixture grumeleuse avec un râteau de bois vers la roue munie de couteaux effilés qui hachaient les peilles.

— C'est la première étape de préparation de la pâte.

Logan s'était penché vers elle pour lui parler, tant le bruit produit par l'engin était assourdissant.

— Cette étape prend environ dix heures. Avant que mon père se procure cette machine, il fallait laisser amollir les peilles dans un mélange d'eau et de chaux pour ensuite les défibrer à l'aide de piles à maillets. Cela prenait plus de deux jours et créait un bruit terrible.

---

10. Chiffon qu'on utilise dans la fabrication du papier.

Ils s'éloignèrent vers le fond, où une autre large cuve remplie de pâte à papier chauffait au-dessus d'un petit poêle au charbon. Logan lui présenta son frère James, l'aîné des Nasmyth. Il était penché, ses bras immergés dans la pâte. Celle-ci avait une teinte légèrement bleutée. De l'indigo avait préalablement été incorporé au mélange. Cette teinture, à faible dose, avait l'avantage de rendre le papier blanc plus lumineux. Lorsqu'il ressortit ses bras, Dana vit qu'ils tenaient un grand cadre de bois sur lequel s'étalait également une mince couche de pâte. Il effectuait un lent mouvement de rotation.

— James est ouvreur depuis trois ans, maintenant. C'est une étape cruciale du processus. Il est responsable de l'uniformité de l'épaisseur des feuilles.

Le fond du cadre, ou forme vergée, comme le lui spécifia son cousin, était confectionné de baguettes fines de bronze, les vergeures, cousues ensemble et qui conféraient au papier ces marques claires visibles à contre-jour. Des lettres stylisées réalisées en fil de cuivre avaient été cousues aux vergeures. Le nom des Nasmyth en filigrane était ainsi joliment reproduit au centre de chaque feuille de papier, suivi de l'année de production.

Les formes étaient ensuite égouttées et retournées sur des feutres par le coucheur. Timmy occupait ce poste. Il travaillait rapidement, avec des gestes sûrs, laissant tomber le cadre avec douceur, puis pressant la forme pour que la feuille adhère au feutre. Elle était ensuite recouverte d'un autre feutre sur lequel une autre feuille était couchée et ainsi de suite jusqu'à l'obtention d'une pile qui était ensuite acheminée vers une presse gigantesque. Avisant leur présence, Timmy leva la tête et sourit.

— Bonjour, Miss Dana. Bien dormi ?

La jeune femme devinait qu'il l'avait entendue pleurer. Elle hocha la tête, incertaine de la sincérité de l'expression de son intérêt.

— Assez bien, merci.

Timmy lui paraissait toutefois de meilleure humeur, ce matin. Elle n'arrivait pas à saisir son caractère.

La voix de Charles retentit quelque part derrière les murs et Timmy se remit à l'ouvrage. Le devant de sa chemise était trempé et moulait sa forte musculature qu'il mettait en action pour desserrer la vis de la presse à l'aide du cabestan. L'empilement de feutres qui s'y trouvait déjà fut remplacé par un nouveau porce[11] et la vis fut tournée en sens inverse. L'eau s'écoulait des feutres jusque dans une fosse creusée sous la presse pour la récolter. Cette étape permettait une cohésion plus importante des fibres du papier, augmentant ainsi sa résistance.

Cela fait, Timmy s'occupa à séparer le papier des feutres de la pile pressée. C'était la fonction du leveur. Les feuilles étaient empilées sur une chèvre, nom donné au plateau de levage. Une fois cette chèvre suffisamment lourde, elle était portée sur un monte-charge qui dirigeait les feuilles à l'étage, où elles étaient mises à sécher. C'était le travail des femmes.

— Tu les pinces trop fortement, Timmy, gronda Charles qui venait de surgir d'une porte à quelques pas d'eux.

Le visage de Timmy se ferma d'un coup.

— Je fais ce que je peux, marmonna-t-il avec agacement.

— Ça, je le sais. « Ce que je peux » est toujours *tout* ce que tu peux faire ! Applique-toi. Cela ne te fera pas mourir.

Quelques feuilles présentaient des déchirures aux coins, là où le jeune homme les avait saisies pour les retirer des feutres. Mais ces feuilles, qui n'étaient que légèrement « cassées », pouvaient simplement être raccourcies après le séchage. Celles qui étaient trop abîmées retournaient dans la pile hollandaise pour être refondues dans la pâte.

Une terrible odeur provenant de l'endroit d'où était sorti son oncle souleva l'estomac de Dana. Une vapeur blanche s'échappait de la pièce.

— Qu'est-ce que vous faites là-dedans ?

— La colle, lui expliqua laconiquement Charles, occupé à examiner la qualité du travail fait.

---

11. Ensemble des feuilles de papier et des feutres que l'on met sous presse.

Logan élabora sur les techniques de collage du papier, qui lui assurait imperméabilité et résistance accrue, de martelage, qui lissait le papier, et de l'ébarbage des rames. L'odeur infecte provenait des déchets animaliers que le tanneur de Portsburgh leur fournissait. Ils les faisaient bouillir pour en récolter une substance grasse et gélatineuse dans laquelle le papier était trempé avant d'être pressé et séché de nouveau.

Dana était fascinée par tout ce procédé. Pour celui qui le manipulait quotidiennement, le papier devenait un accessoire banal. Car l'habitude faisait oublier l'importance des choses. Et le papier en était une si merveilleuse. Il était l'ultime support permettant l'expression scripturale ou picturale de l'homme. Et, pour Dana, que ce fût pour dessiner, pour lire ou pour écrire, le papier était le centre de sa vie.

◆◆

L'après-midi fut consacré comme prévu à une visite d'Édimbourg. Mrs Nasmyth et la jeune femme partirent sitôt le déjeuner avalé. Elles se couvrirent d'un spencer et d'un chapeau. L'air était frais malgré le soleil qui faisait luire comme des paillettes de nacre les centaines de carreaux de verre des fenêtres dans Grass Market. De là, elles prirent Cowgate jusqu'à South Bridge, près duquel l'université était en reconstruction. Avec un pincement au cœur, Dana visita des yeux l'endroit où Jonat avait vécu pendant trois années. Ensuite, elles déambulèrent dans quelques ruelles des vieux quartiers.

Coincés entre leurs murs fortifiés, ces quartiers avaient au fil des siècles grandi en hauteur ; les maisons, qu'on appelait *lands*, s'empilaient les unes par-dessus les autres, parfois jusqu'à une dizaine, rivalisant en altitude avec les tours des églises. Ainsi, la Old Town n'était rien d'autre qu'un labyrinthe obscur de murs noircis de suie constitué en gros d'environ six artères principales entrecoupées de plusieurs dizaines de *closes*[12] et de *wynds*[13]. Si on levait la tête vers les sommets de ces falaises de pierre, on pouvait voir quelques corniches ou pignons se découper sur d'étroites tranches de lumière.

Ici, une cour si sombre qu'on hésiterait à s'y aventurer seul en plein jour. Là, des draps flottant à l'appui des fenêtres comme des spectres volants dans ces couloirs lugubres. Et pourtant, il n'y avait rien de sinistre dans ce dédale de ruelles. Elles étaient les veines qui pompaient la vie dans cette ville : des enfants, pieds nus, criaient et couraient entre les chevaux et les piétons ; des femmes, fortes de taille et larges de visage, vêtues de robes et de châles souvent aux couleurs des Highlands, vaquaient à leurs affaires, ignorant ou saluant les nombreux passants. Les avocats croisaient les éboueurs, lesquels cédaient le chemin à des dames coiffées de plumes d'autruche qui lançaient quelques pièces à des jeunes mères entourées de petits visages faméliques.

Contrairement aux nouveaux quartiers apparaissant en ceinture, ici les contrastes se fondaient encore en une masse hétéroclite unique. Mais sans doute n'était-ce qu'une question de temps pour que les classes supérieures se penchent au-dessus des rambardes des ponts de South et North Bridge pour regarder la misère de haut.

Au fil de leur promenade, Tante Flora indiquait les endroits qu'elle fréquentait : boutiques, manufacturiers, épiceries et autres. Elle saluait des gens et les présentait à sa nièce. Une fois hors de portée de voix, elle donnait son opinion sur chacun d'eux. Cela amusa Dana, qui retrouvait un peu de sa mère. Elle aimait bien Flora et sentait que sa tante éprouvait une réelle affection pour elle.

L'itinéraire aléatoire les conduisit dans Old Assembly Close. Ce qui les mena, après une éprouvante escalade de marches, dans High Street, l'épine dorsale d'Édimbourg. Les ruelles qui s'y rattachaient se déroulaient de part et d'autre en côtes plus ou moins abruptes,

---

12. Impasses.
13. Ruelles.

de la Canongate jusqu'à Castle Rock. De là, elles se dirigèrent vers la forteresse. Elles passèrent devant la Mercat Cross[14] et la City Chambers et débouchèrent dans Parliament Square, d'où on pouvait mieux voir la cathédrale St. Giles.

Dana fut à la fois impressionnée et déçue par la cathédrale. D'abord, il y avait le vieux Tolbooth[15], mieux connu en Écosse sous le nom de Heart of Midlothian. La vieille prison s'appuyait contre sa façade ouest et la masquait en grande partie. St. Giles, construite au Moyen Âge par la monarchie catholique, avait été à quelques reprises le siège de l'Église épiscopale en Écosse, d'où son appellation de cathédrale, avant de tomber définitivement aux mains de la Kirk protestante. Après qu'elle eut subi une multitude de transformations et d'ajouts au fil des siècles, il ne devait plus rien rester de l'église originale. Et aujourd'hui, elle avait grandement besoin d'être restaurée. Des travaux de nettoyage étaient d'ailleurs en cours. Quatre chapelles individuelles, l'Assemblée générale de l'Église d'Écosse, un poste de police et une citerne mobile à incendie se disputaient l'espace sous son toit. Tante Flora lui raconta même qu'il n'y avait pas si longtemps l'église avait abrité la fameuse Veuve, cette guillotine qui avait été si bien baptisée en hommage à toutes les épouses des hommes qui y avaient été condamnés. De toute évidence, l'idée grandiose qu'elle s'était faite de l'endroit avait été instillée par la ferveur que mettait son père dans ses discours sur John Knox, qui avait maintes fois prêché devant des foules immenses sous le toit de St. Giles aux temps de la Réforme.

Le prédicateur avait en outre eu sa place au-dessus du buffet de la salle à manger du presbytère de Kirkcaldy. Le pasteur Cullen avait commandé ce tableau à Mr Whyte. L'homme avait peint le père fondateur de l'Église protestante d'Écosse en ne se fiant qu'à une vieille gravure. L'homme de chair avait possiblement eu une image différente de celle qui les avait épiés à partir du mur à chacun

14. Croix du marché.
15. Prison.

de leurs repas. Mais, pour son père, que le visage fût vraiment celui de Knox ou non importait peu.

Janet Cullen avait laissé le tableau accroché sur le mur du presbytère.

Après une si longue promenade, la récompense méritée d'une vue incomparable de la ville les attendait sur l'esplanade du château. Tante Flora s'étonna et se réjouit de l'énergie de sa nièce. «Vous pourrez m'accompagner lors de mes balades hebdomadaires.» Sa tante observait depuis des années l'habitude de faire une excursion par semaine. C'était merveilleux pour fouetter le sang dans ses vieux membres. «Et pour donner un teint de pêche», avait-elle rajouté en tapotant en riant la joue rose de Dana.

Malgré le vent frisquet qui balayait l'esplanade de Castle Hill et cette vague odeur d'œufs pourris provenant des usines d'acide sulfurique de Prestonpans, Dana était ravie de tout ce qu'elle voyait. Elle regrettait de ne pas avoir emporté avec elle quelques feuilles à croquis et des crayons. Partout où se posait son regard, un paysage grandiose l'enchantait. Quand on levait les yeux, on apercevait Arthur's Seat et les falaises rouges des Salisbury Crags. Plus loin, la vaste chaîne montagneuse des Pentland Hills dominait le paysage. C'était à couper le souffle.

Dans l'axe de High Street, on captait la flèche couronnée de St. Giles et celle, plus sobre, de la Tron Kirk. Elles se découpaient sur le Firth de Forth que constellait à travers une fine brumasse grise une pléiade de voiles lumineuses. Tante Flora l'entraîna sur le bord sud de la terrasse et pointa les cheminées de leur maison. Un sentier à pic dont le sinueux tracé contournait les affleurements granitiques leur permettrait d'atteindre Portsburgh.

Portant leur attention vers le nord, elles admirèrent le chic quartier de la New Town qui formait d'élégants et spacieux croissants et quadrilatères que Tante Flora lui promit de lui faire visiter une autre fois. Il ne fallait surtout pas manquer de grimper Calton Hill, où avait été érigé en 1807 le monument commémoratif de Nelson, et qui donnait une vue d'Édimbourg sous un angle différent. Il y avait tant de choses à voir et à faire. Dana en devint tout d'un coup fébrile d'impatience.

— *Dieu a créé la campagne. C'est l'homme qui a créé les villes…* dit-elle au vent qui faisait voler des mèches autour de son visage empreint de contentement.

— William Cowper, souligna sa tante.

— Vous connaissez?

— Bien entendu. Nous avons une copie de *The Task*[16] coincée quelque part entre les livres de la bibliothèque du salon. Si je me souviens bien, vous aimiez beaucoup la lecture.

— Je l'aime toujours.

— Dans ces conditions, il faut que vous participiez à mon club de lecture. Je réunis chez moi un petit groupe d'amis tous les mois. Nous discutons de nos découvertes. C'est très intéressant. Vous y ferez de nouvelles rencontres.

Le sourire lumineux de la jeune femme exprimait un bonheur inégalé. En définitive, quel mal y avait-il à tenter sa chance de trouver le bonheur ailleurs?

---

16. *La Tâche.*

Chapitre 4

Son bonheur, Dana le tissa à travers un quotidien qui l'installait dans sa nouvelle vie. Étant pour ainsi dire la dame de compagnie de sa tante, elle l'accompagnait pratiquement partout : du marché jusque chez le drapier, de l'église au moulin où elles allaient souvent porter des collations et rafraîchissements. Il y avait aussi ces après-midi à jouer au whist ou à lire. Sans oublier le club de lecture et les promenades hebdomadaires que la jeune femme attendait avec impatience.

Petit à petit, la vie de Dana s'intégrait à celle des Nasmyth. Que son oncle exigeât de sa nièce qu'elle travaille au moulin deux journées par semaine – pour gagner le pain dans leur assiette, tous les enfants Nasmyth vivant sous le toit de leur père devaient mettre la main à la pâte, disait-il – lui donna le sentiment qu'il la considérait comme l'une des leurs. Ces jours-là, elle devait se lever à trois heures de la nuit et prendre le chariot avec son oncle et Timmy. Sur la route, son cousin engageait la conversation, n'abordant toutefois que des sujets qui n'entraient pas dans l'intimité. Bien qu'il demeurât plus distant que son frère à l'égard de sa cousine, Timmy essayait de se rendre agréable.

Dana appréciait ses efforts pour s'intéresser à ses activités et elle commença à lui poser des questions. Timmy était un jeune homme plutôt secret et il passait rarement son temps à la maison. Il veillait parfois au salon avec sa famille. Il parlait peu, ne lisait jamais et préférait jouer aux cartes. Mais, le plus souvent, il allait rejoindre ses amis dans une taverne quelconque. Elle l'entendit à maintes reprises rentrer au beau milieu de la nuit pour ne prendre que deux ou trois heures de sommeil avant d'entreprendre une autre dure journée de travail.

L'automne écourtait dramatiquement les heures de soleil, mais allongeait celles au moulin. L'hiver paralyserait la production et il fallait accumuler les stocks. Flora aidait Dana et les autres femmes qui travaillaient dans l'étendoir situé sous les combles du moulin. Si le travail en avait été un plaisant à son début pour Dana, il était devenu fastidieux, et le froid et l'eau crevassaient ses doigts, la forçant à abandonner le dessin pour un temps.

Sa tâche consistait à suspendre les feuilles sur des cordes de chanvre tendues entre les poutres de la toiture pour les faire sécher. Pour ce faire, elle grimpait sur une table. Malcolm, un garçon de douze ans qui s'occupait aussi à chasser les pigeons qui venaient s'abriter sous le toit, tenait le plateau pour elle. Elle posait les feuilles sur le ferlet – une baguette de bois en forme de T – et les faisait délicatement glisser sur les cordes. L'opération était laborieuse, car elle devait éviter de déchirer ou de déformer le papier encore fragile à cause de l'humidité. Quand elle le pouvait, elle grattait les feutres pour les nettoyer des résidus de pâte. Après dix heures de travail, ses bras et son dos la faisaient horriblement souffrir. Le soir, pendant que Dana restait étendue sur son lit, Tante Flora lui appliquait des bouillottes d'eau chaude pour la soulager un peu. Elle tombait souvent endormie dans cette position, ne se réveillant qu'à l'aube, sans avoir soupé.

Un matin de décembre, l'oncle Charles ordonna à Dana de seconder Logan aux prises avec un surcroît de travail dans la boutique. La rivière avait gelé. C'était inespéré pour Dana, qui souffrait de ses profondes gerçures. Elle s'occupa de la clientèle tandis que son cousin préparait les commandes des relieurs qui préféraient se fournir dans West Port, plus facile d'accès que le moulin. Elle s'entendait bien avec Logan. Ils parlaient littérature, musique et théâtre. Cette nouvelle situation durait maintenant depuis une semaine et ses mains avaient commencé à guérir. Dana soupçonnait qu'elle en était redevable à sa tante.

La papeterie Nasmyth dans West Port offrait toute une gamme d'articles et aussi de fins papiers, en plus de sa propre production, pour satisfaire une clientèle diversifiée et de plus en plus difficile. Les étagères croulaient sous des piles de cartons de grammages divers. On y trouvait quantité de papiers de soie ou d'Ingres, papiers vergés ou vélins, lisses ou gaufrés, d'Arches ou de Hollande, papiers blancs à lettre et jaunes à croquis. Il y en avait de joliment imprimés, florentin, jaspés ou marbrés, d'autres brunis ou teints de couleurs foncées pour emballer les dentelles et linges blancs délicats.

C'était un endroit merveilleux où venaient des gens de divers milieux : avocats et médecins, relieurs et imprimeurs, écrivains et étudiants, épouses de soldats et mères esseulées. Que ce fût pour affaires ou par amour, tous avaient besoin d'écrire. Et Dana s'amusait à imaginer les intentions de chaque client. Après leur départ, elle racontait leur histoire inventée à Logan, qui en riait et en rajoutait parfois. Le temps filait et l'ennui ne venait jamais.

◆◆

Malgré le froid qui sévissait, deux jours avant Noël la pluie tomba, drue et glacée. La journée avait été plutôt tranquille. Assise sur un tabouret devant la fenêtre de la boutique, un carton sur ses genoux, Dana croquait sur le vif une femme qui se tenait debout dans l'enfoncement du portique de l'établissement de l'autre côté de la rue.

Tante Flora avait obtenu pour sa nièce une main de papier défectueux, impropre à la vente. Dana s'en servait pour ses esquisses lors des promenades ou quand le temps lui permettait de dessiner. Elle manipulait ses bouts de crayons comme une baguette magique, faisant apparaître sous les traits l'émotion d'un moment. Ses œuvres, elle les envoyait à sa mère et à ses sœurs. Elle en donna quelques-unes à sa tante, qui avait épinglé dans le salon celle la représentant sur un banc dans Charlotte Square, lieu de leur deuxième excursion.

La dame aux bouquets se tenait là depuis près de trois heures, surveillant le passage des gens, leur souriant et leur offrant des fleurs de soie aux coloris affadis. Ses cheveux étaient collés sur son visage rougi, comme l'étaient ses mains nues. Les rares passants marchaient d'un pas trop pressé pour la remarquer. Un homme portant un parapluie, comme les autres, ignora le bouquet qu'elle lui présentait. Mais pour une raison inconnue, il s'était immobilisé un peu plus loin, pour revenir sur ses pas. Il avait pris tout le lot qui restait dans le panier de la femme, avait payé et était reparti.

Qu'avait fait le passant avec les petits bouquets défraîchis, Dana ne le savait pas. Mais la vendeuse avait regardé ce client s'éloigner pendant plusieurs longues minutes, sa main serrée sur les pièces qu'il lui avait données, essuyant ses joues avec sa manche élimée. C'est ainsi que Dana la saisit dans son esprit et sur son papier : le cadeau du ciel. Sa main bougeait rapidement, la pointe du bâton de sanguine reproduisant le gonflement de la jupe, les plis du châle, les rides du visage, la courbure des lèvres comme autant de détails qui donnaient vie à son esquisse. Dana finissait toujours ses œuvres à la sanguine. La teinte de l'hématite rouge imprégnait de sa chaleur les êtres qu'elle dessinait. C'était la couleur de la chair, du sang, de la colère et de l'amour. Le rouge était le frisson d'une volupté, l'impétuosité d'une passion, l'intensité d'un drame, la couleur qui nuançait la vie.

Elle aimait usurper ces instants d'intimité sans que ses modèles s'en rendent compte. Il y avait dans ce crime quelque chose d'à la fois insolent et respectueux. Pour reproduire une émotion, elle devait la ressentir. Pour la ressentir, il fallait pénétrer l'âme…

La dame aux bouquets se détourna. Son regard traversa la rue, croisa le sien à travers la vitrine ruisselante de pluie. La porte s'ouvrit soudain et une clochette tinta. Dana se leva d'un bond et son carton glissa au sol. Flora secoua sa pelisse trempée en maugréant. La jeune femme se pencha prestement pour récupérer le dessin avant que sa tante ne le voie. Quand elle se redressa, la dame aux bouquets avait disparu.

— Eh bien! fit Flora de fort mauvaise humeur. Je ne damnerai jamais assez le ciel d'Écosse et ses caprices.

— Où est votre parapluie, Tante Flora?

— Je l'ai laissé ici.

Le soleil avait effectivement régné dans le ciel jusqu'à midi. Et Flora avait quitté la maison vers dix heures du matin. La femme alla suspendre sa pelisse dans l'arrière-boutique. Dana l'entendit s'entretenir avec Logan, qui copiait les chiffres de vente de la journée dans un livre de compte. La porte s'ouvrit de nouveau, laissant un froid humide pénétrer avec un client. Dana se dirigea vers le comptoir pour l'accueillir. L'homme, habillé d'une longue houppelande brune, retira son chapeau pour le vider de son eau avant de refermer la porte et de venir vers elle. Il se déplaçait en boitillant légèrement.

— Bonjour, si bon jour on peut dire, mademoiselle. J'ai besoin de deux mains de papier vergé d'Arches et de trois bouteilles d'encre de chine noire.

Un visage agréable, avenant mais fatigué, les cheveux clairs ébouriffés, grisonnants sur les tempes, des yeux profondément bleus injectés de sang sous des sourcils broussailleux. «Un écrivain», pensa-t-elle tout de suite. La jeune femme déposa son carnet sur le comptoir et commença à préparer la commande qu'elle devinait urgente pour que le client brave un temps pareil.

Elle repéra la qualité de papier demandée et compta cinquante feuilles. Puis, revenant vers le comptoir, elle vit l'homme occupé à examiner son dessin qu'elle n'avait plus pensé à cacher.

— C'est vous qui l'avez fait? demanda-t-il.

Dana jeta un œil vers la porte de l'arrière-boutique d'où lui parvenaient toujours les voix de sa tante et de Logan.

— Oui, monsieur.

— C'est… très réussi. Vous êtes étudiante à la Drawing Academy?

— Non, monsieur.

Il hocha la tête, approuvant ou non qu'elle ne le fût pas. Son dessin était inachevé, mais elle n'osa pas le lui faire remarquer. Feignant d'ignorer toute l'attention qu'il y portait, elle commença à emballer la pile de feuilles.

—Combien demandez-vous pour ça?

—Pour l'emballage, c'est gratuit, monsieur…

—Je parle du dessin, mademoiselle.

Dana leva une mine incrédule vers le client. Le visage de l'homme était sérieux.

—Vous voulez acheter mon dessin? Mais…

—Je suis certaine que Miss Cullen serait honorée de vous vendre ce dessin, Mr Scott.

La jeune femme dévisagea plus attentivement l'homme; son cœur se mit à battre rapidement. Flora s'approcha et jeta un œil au dessin, secoua la tête pour approuver.

—Tante Flora… chuchota Dana en rougissant violemment. Je ne peux pas…

—C'est ma nièce, continua sa tante en ignorant les protestations. Elle a vendu ses derniers dessins cinq pence chacun. C'est très peu, mais elle est si modeste que…

—J'offre dix pence à Miss Cullen pour ce dessin… Enfin, si elle accepte de me le vendre.

La mâchoire de Dana tomba, lui donnant une allure de demeurée. Flora lui pinça légèrement le gras du bras.

—Je… eh bien… j'accepterais de vous vendre ce dessin, monsieur, mais il n'est pas terminé.

—C'est vrai, il manque votre signature, fit remarquer avec humour Mr Scott.

—Ma signature… répéta bêtement la jeune femme, cherchant son bâton de pierre noire des yeux.

Il avait roulé en bas du comptoir. Sa tante termina l'emballage des feuilles.

—N'oubliez pas l'encre, rappela le client en fouillant dans une poche de sa redingote.

— Trois bouteilles, oui, fit Dana en se dirigeant vers le présentoir après avoir signé son nom au bas du croquis d'une main nerveuse.

Mr Scott la suivait des yeux, notant sa démarche clopinante et sa chaussure particulière. Elle revint avec les articles manquants et prépara deux emballages séparés. L'homme souriait en la regardant s'activer.

— Je m'occupe de préparer la note, dit Flora. Nous ajoutons cela à votre compte, Mr Scott ?

— La fourniture, oui. Je réglerai le dessin au comptant avec Miss Cullen.

Il pigea dans son porte-monnaie et déposa les pièces sur le comptoir. Puis il considéra Dana avec intérêt.

— Celui qui observe les gens avec les yeux du cœur arrive toujours à trouver une étincelle de joie dans les visages les plus tristes. Je vous remercie, Miss Cullen. Vous êtes mon inspiration de la journée. Et je ne vous cacherai point qu'en ce jour elle me manquait cruellement.

Il ramassa ses achats, les fit disparaître sous sa houppelande, s'inclina et sortit.

— Eh bien ! Vous avez subjugué Walter Scott avec votre dessin, ma fille. Vous en avez d'autres comme ça ?

La voix de Flora parvenait à peine à traverser l'esprit médusé de la jeune femme, qui continuait de fixer la porte.

— C'était bien Mr Scott ?

— Eh bien oui, ma foi !

— Le vrai Mr Walter Scott ?

— Allons, ma fille. Mr Scott est un homme de chair comme vous et moi. Il mange, pisse et dort comme nous tous. Et il apprécie votre talent. Grand Dieu, bénissez-le ! Maintenant, dites-moi si vous avez d'autres dessins comme celui-là ?

— Peut-être, fit évasivement la jeune femme qui n'en revenait toujours pas.

Elle avait lu les poèmes médiévaux de *Lay of the Last Minstrel*[17] et *The Lady of the Lake*[18], deux œuvres de cet écrivain auquel elle vouait une profonde admiration. Il avait souffert de paralysie infantile, tout comme elle.

◆─◆

Tout au long du dîner, Flora ne cessa de répéter les éloges du fameux écrivain à l'endroit de sa nièce. Il fallait permettre à Dana de vendre d'autres dessins.

— Nous vendons du papier, Flora, répliqua en grognant Charles. Nous ne sommes aucunement une galerie d'art.

— Quelques-uns, seulement. Nous pourrions les placer dans la vitrine. Cela pourrait attirer des clients, Charles.

— Moi, je trouve que c'est une bonne idée, commenta Logan. Dana pourrait ainsi gagner un peu d'argent.

— Mr Scott a accepté de débourser dix pence, renchérit la tante avec enthousiasme. Oh! J'aurais dû lui demander plus. Je suis certaine qu'il aurait été prêt à payer jusqu'à un shilling.

La jeune femme écoutait les Nasmyth parler d'elle et de son talent comme si elle n'était pas là. Il était vrai que dix pence était une belle somme. Mais elle se sentait peu à l'aise de vendre ses œuvres dans la boutique de son oncle. Pour lui, rien ne se gagnait facilement. Il fallait peiner pour mériter son dû. Et elle voyait bien que la conscience de l'homme se débattait avec ce principe.

— Je suis certaine que Mr Scott reviendra, ajouta Flora en enfournant une bouchée de purée de navet.

— Il revient toujours, c'est pourquoi nous lui faisons crédit, fit ironiquement observer Charles.

— Pour un autre dessin, je veux dire. Il faudra lui offrir un choix.

---

17. *Le Lai du dernier ménestrel.*
18. *La Dame du lac.*

L'oncle émit un grondement de vieil ours agacé et piqua sa fourchette dans son assiette en regardant la place vide de Timmy. Curieusement, le jeune homme n'avait pas paru pour le repas du soir. Il n'était jamais rentré du moulin. Cela faisait deux fois cette semaine et ce manquement irritait Charles.

— D'accord, fit-il avec humeur, deux dessins. S'ils ne sont pas vendus avant une semaine, on les retire.

Flora tapa des mains, heureuse de sa victoire. Dana ferma les yeux de soulagement. Cette chance que lui donnait son oncle lui permettrait peut-être de réaliser enfin un rêve qu'elle caressait secrètement depuis que Jonat lui avait donné son coffret à peinture, qui était devenu par la force des choses un coffret à dessin. Un rêve que Mr Scott avait fait surgir de l'oubli : la Drawing Academy of Edinburgh. C'était l'école des arts par excellence. C'était là qu'elle voulait aller. Et cette école, comme par hasard, était située juste à côté, dans Grass Market.

La voix jubilante de sa tante ne cessait de lui faire des suggestions.

— Il faudrait des paysages et des portraits. Pourquoi pas des aquarelles ? Un peu de couleur attirerait davantage l'attention.

— Deux dessins, trancha Charles pour mettre fin au babillage de sa femme.

— Oui… deux dessins, pour commencer, acquiesça Flora, un sourire entendu en coin.

Elle lança un clin d'œil vers Dana.

— Merci, Oncle Charles, bredouilla la nièce.

— Humph…

Le chapitre était clos.

❧

Comme dans un rêve, la voix de son père perçait l'embrouillement de son esprit. Celle de Jonat répliquait, véhémente, rebelle. Dana ouvrit un œil et étira son bras dans le lit.

— Harry? murmura-t-elle d'une voix ensommeillée en palpant les draps.

Il n'y avait qu'un vide froid.

Où était sa sœur? Les vitupérations de son père persistaient hors de son rêve… En proie à une peur viscérale, la jeune femme s'assit sur le lit.

— Jonat…

Elle sauta du lit et s'orienta à tâtons vers la porte. Son orteil heurtant un meuble qui ne devait pas se trouver là finit de la réveiller douloureusement. Elle réalisa où elle se trouvait. Sous l'emprise de l'angoisse, son cœur martelait fortement sa poitrine. C'était la première fois depuis des années que cette scène terrible entre Jonat et son père lui revenait. Et cela ramena, avec les images, les douleurs.

Elle s'appuya contre la commode, la bouche sèche, cherchant à remettre de l'ordre dans sa tête. La voix de Timmy traversa le mur.

— Je fais comme j'en ai envie! Bon Dieu! J'ai plus de vingt-cinq ans! Allez-vous régenter ma vie jusqu'à votre mort?

— Je le ferai tant que tu vivras sous mon toit, Timothy Nasmyth.

— Timothy? fit Dana en frottant ses paupières.

Les deux hommes parlaient fort. Comme elle, les locataires de l'étage supérieur devaient avoir les oreilles grandes ouvertes.

— Et combien de temps devrai-je y vivre? Puis-je faire autrement, père?

— Je ne te retiens guère!

Il y eut un moment de silence pendant lequel Dana entendit des pas faire craquer le bois du plancher dans le corridor. Quelqu'un d'autre épiait la dispute. Tante Flora?

Un claquement sec dans la cuisine la fit sursauter.

— C'est ça, fais le coq, ironisa Charles. Tu ne fais que ça, provoquer, parader, picorer comme un petit coq de rien du tout. Un coq ne règne que sur la basse-cour, je te le rappelle. Et que dois-je répondre quand on me demande ce que fait Timmy Nasmyth? Qu'il fait le coq? La belle affaire! Cela fait de moi un éleveur de coqs!

—Arrêtez !

—Ah, non ! Je ne m'arrêterai que quand j'en aurai décidé ainsi. Je ne recevrai jamais d'ordre de toi ou de quiconque sous ce toit. Et ce toit, je le gagne à user ma vie dans ce moulin qui te donne un travail honnête.

—J'en ai rien à foutre, de votre moulin. Ce damné moulin est votre vie, père. Il est l'héritage de James, que Dieu lui vienne en aide. Cela vous plaît bien de nous rappeler votre grande bonté de nous garder sous cet honorable toit, non ? Et vous vous assurez que votre petite cour y demeure en refusant de nous laisser choisir notre vie. Dommage que vous n'ayez pas eu plus de trois fils, hein ? Vous auriez pu faire tourner ce moulin à si peu de frais.

—Ce moulin te nourrit et t'habille. Tu n'y travailles pas gratuitement.

—Et pour ne pas crever de faim, je dois continuer d'y travailler ? Moi, j'en ai assez ! J'ai envie d'autre chose…

—Autre chose ? Je me demande bien ce que tu peux faire d'autre, petit coq ! Tu arrives tout juste à aligner trois mots sur le papier et à faire la somme de deux chiffres. Tu bois, tu joues, tu te bats ! Tu aspires à gagner ta vie en te battant, peut-être ? Mais peut-être que c'est à taper sur la gueule des autres que tu arrives à te sentir un homme. Tu veux te mesurer à moi ? Tu veux voir comment un vrai homme se bat, petit coq ?

—Taisez-vous.

—Allez, viens par ici que je voie un peu ce que tu sais faire, petit coq ! Pe-tit-coq !

—Vous n'avez pas assez de vous-même pour vous donner l'image d'un homme. Il vous faut abaisser, asservir, diminuer et écraser pour arriver à vous hisser le bout du nez au-dessus du monde. Jusqu'où irez-vous pour vous voir les chevilles, père ?

Les mots avaient claqué comme coup de fouet sur peau nue. Il y eut un bruit mat, un gémissement, puis le silence retomba dans la cuisine. Dana n'entendait plus qu'un faible son de l'autre côté de la porte, quelque chose qui ressemblait à des sanglots. Après un moment, le plafond craqua. Le spectacle était fini ; les voisins retournaient se coucher.

❦

Au petit déjeuner, le lendemain, un silence absolu régnait autour de la table et coupait l'appétit. Charles entamait ses petits pains à coups de dents furieux pour faire passer sa colère. La tension était palpable et personne n'osait prononcer un mot, de peur d'allumer l'étincelle qui ferait tout exploser.

Timmy était toujours absent de la table familiale.

Tante Flora, la mine basse, offrit encore du café.

— Non, merci, répondit tout bas Dana avec l'impression qu'elle hurlait dans une église.

— Logan, tu viens avec moi au moulin ce matin, décréta Charles en gardant son regard fixé sur sa tasse de café que remplissait sa femme.

Le jeune homme ouvrit la bouche pour répliquer. Sa mère lui fit signe discrètement de ne rien dire. Le teint de Logan s'empourpra d'indignation. Dana comprit qu'il écopait pour les bêtises de son frère. Bien que la production de papier fût suspendue pour quelques semaines, il restait encore beaucoup à faire avant le nouvel an.

— Ma mère t'aidera à la boutique, Dana. Tu crois que ça va aller ?

La voix de son cousin contrôlait admirablement bien ses émotions. Mais ses yeux parlaient.

— Ne t'en fais pas pour moi.

Il hocha la tête, empocha un petit pain et un scone aux raisins, puis se leva, l'air songeur.

— Mama, vous pourriez me procurer un exemplaire du *Edinburgh Evening Courant* ?

Flora regarda son fils, puis son visage s'éclaira d'un coup.

— Ils l'ont publié ?

Logan aurait aimé trouver un moment plus approprié pour annoncer la bonne nouvelle. Mais la veille, il n'avait pas voulu ravir les moments de bonheur de Dana, qu'elle méritait grandement. Il avait pris le parti d'attendre au petit déjeuner. Et voilà que Timmy lui avait usurpé son petit moment de gloire. Il en était profondément amer, d'autant plus qu'il avait attendu cet évènement depuis si longtemps.

— Oui, ils l'ont publié.

Le jeune homme lança un regard en biais vers son père.

— Ils m'ont payé pour mon article et m'en ont commandé un autre pour l'édition de mercredi prochain.

— Humph…

L'homme se leva, observa son fils d'une manière indéchiffrable. Dana ne sut s'il ressentait de la colère ou de la fierté.

— Oh, Logan ! s'exclama Flora en se levant et en s'élançant vers son fils pour l'étreindre. C'est merveilleux ! Je savais que tu y arriverais. Un journaliste… N'est-ce pas que c'est merveilleux, Charles ? Logan, un journaliste.

— Tout ce à quoi j'aspire, c'est écrire, Mama. Le journal n'est qu'un moyen pour exercer ma plume. Un jour, j'écrirai vraiment.

Il s'était tourné vers sa cousine, qui le regardait l'air sincèrement heureuse pour lui.

— Et tu pourrais illustrer mon premier livre, Dana. J'ai déjà l'idée de…

— Pas trop vite, jeune homme, le coupa Charles. Il faut commencer par faire tes preuves… et le travail attend au moulin. Allons !

La main du père serra l'épaule du fils sans force ni mollesse. Mais pour Logan, ce fut suffisant et l'effet fut immédiat. Le jeune homme attrapa les mains de sa mère et les embrassa. Sur le même élan d'emportement, il fit pareil avec celles de sa cousine, qui rougit jusqu'à la racine des cheveux. Puis, un ressort aux talons, il suivit son père hors de la pièce.

❦

L'heure du déjeuner. Après avoir accroché le panneau FERMÉ dans la porte, Dana passa dans l'arrière-boutique qui servait d'entrepôt et escalada le petit escalier dissimulé derrière des étagères jusqu'à l'étage. Timmy se trouvait à la cuisine avec sa mère. Habillé pour sortir, il lui tournait le dos. Elle vit ses épaules se redresser à son arrivée. Réalisant qu'elle interrompait un entretien privé, confuse, elle s'excusa et se retira vers sa chambre.

— Dana. Venez manger, ma fille.

La jeune femme se retourna et allait inventer une excuse quand la vue du visage de son cousin la rendit muette de stupéfaction. Il avait un œil horriblement tuméfié, plusieurs ecchymoses marquaient ses pommettes et sa mâchoire, et sa lèvre inférieure était fendue.

— Timmy ?

Son cousin essaya de sourire, sans y parvenir vraiment. Ce n'est qu'alors qu'elle avisa les yeux rouges de sa tante. Elle avait pleuré. Son regard allait de l'un à l'autre et elle ne savait que faire, que dire. Timmy brisa ce moment d'embarras en ramassant son chapeau et en l'enfonçant sur sa tête. Il tourna ses yeux noirs vers elle. Ils reflétaient une réelle tristesse, mais elle décela quelque chose d'autre au fond de ce regard, quelque chose de terriblement froid et dangereux.

Il la salua, embrassa sa mère sur les joues et s'en alla.

— Tante Flora…

La femme hochait la tête, ses mains sur sa bouche comme pour empêcher quelque chose de terrible de s'échapper. Ses yeux s'emplirent de larmes et elle éclata en sanglots. La jeune femme l'entoura de ses bras et la fit asseoir.

— Ça va aller… ça va aller, dit Dana pour la consoler.

Les sanglots redoublaient en force et Dana se sentit vraiment impuissante à aider sa tante. Alors elle se tut et attendit que le chagrin se calme tout en caressant les épaules de la pauvre femme. Elle avait l'impression de consoler sa mère après les altercations entre Jonat et son père.

— Où est parti Timmy, Tante Flora ? demanda la jeune femme après que les sanglots eurent diminué.

— Il-il est pa-parti au mou-moulin.

— Au moulin ?

Flora acquiesça d'un mouvement de la tête et renifla. Puis elle se moucha bruyamment dans le mouchoir qu'elle gardait dans sa manche.

— Pour relever Logan. Timmy… il-il s'est battu, poursuivit-elle en regardant sa nièce. Je savais que-que cela arrive-verait un jour. Il va fi-finir par partir, je le sens…

— Partir ? Pour où ?

— Pour l'armée… Il en parle depuis deux ans. Mais son p-père refuse d'en entendre pa-parler. Et moi… j'ai peur qu'il se décide enfin. Charles et lui ne se sont ja-jamais entendus. Toujours à se disputer, à s'affronter. Il a la-la tête dure, mon Timmy. Mais, au fond, c'est un bon ga-garçon. C'est seulement qu'il manque d'un peu de discipline. Il lui faudrait u-une femme pour le remettre dans le bon chemin. Je suis certaine que mon Timmy chan-changerait d'idée… Il faut lui do-donner une raison de rester.

— Il n'a point de petite amie ? Je veux dire… il est beau garçon et…

— Ha ! Des femmes, il en a rencontré plu-plusieurs, dit Flora avec une pointe de mépris dans le cœur. Mais c'est pas des femmes pour mon Timmy. Des coquines, des petites écervelées sans éducation et sans ma-manières. Non, je parle d'une vraie femme, patiente, et qui saurait le comprendre…

— Allons, Tante Flora, il finira bien par trouver.

Le regard que posa à ce moment-là sa tante sur elle lui noua l'estomac. Elle courba la nuque pour fuir ces yeux qui ne cachaient rien de ce qu'ils espéraient. Elle était donc victime d'un complot. On avait bel et bien l'intention de la marier à ce cousin rébarbatif et taciturne. Le problème était que Timmy ne s'intéressait pas le moins du monde à elle.

Cette fête étant considérée comme une festivité papiste par les protestants[19], Noël passa, gris et morne, un jour comme les autres. Après le triste incident, bien que Timmy fût demeuré sagement tous les soirs à la maison, le père et le fils ne se parlaient pas, chacun donnant l'impression d'ignorer la présence de l'autre. Le premier jouait aux cartes avec Dana et Flora pendant que Logan et Charles fermaient les livres de comptes pour l'année. Cette situation attristait Flora et rendait Logan morose. Ce premier jour de l'An loin des siens pesait soudain tellement lourd à Dana. Le soir, avant de s'endormir, elle s'imaginait chez les Chalmers parmi les rires de ses neveux et nièces. Harriet lui manquait cruellement. Et sa mère… Elle aurait voulu lui écrire pour lui dire qu'elle rentrait à la maison.

Le dernier jour de l'année avait été consacré au grand ménage destiné à préparer la maison pour le premier jour de l'an. C'était une vieille tradition selon laquelle tous les âtres devaient être balayés de leurs cendres avant le premier son des cloches de minuit pour recevoir le feu de la nouvelle année. La cuisine avait fleuré bon les pâtés, le haggis et le traditionnel cake noir aux raisins et aux noix. Flora, Dana et Alice avaient cuisiné pendant des jours pour préparer le repas de Hogmanay[20], les mains dans la pâte et le *mincemeat*. La bonne humeur était graduellement revenue dans la maison.

James vint pour le repas avec son épouse, Hellen. De minuit aux petites heures du matin, de nombreuses connaissances rendirent visite aux Nasmyth qui partagèrent avec eux nourriture et whisky. Certains en profitèrent pour rembourser leurs dettes; il était reconnu qu'une nouvelle année devait se commencer du bon pied.

---

19. Les célébrations de la fête de Noël ont été bannies des traditions écossaises de la Réforme, qui a eu lieu au XVIIe siècle, jusqu'en 1950. Ce jour n'était donc pas férié.
20. Jour de l'An.

C'est en suivant cet ordre d'idées que Timmy s'était excusé auprès de son père juste avant que tous se joignent ensemble pour chanter le sacro-saint *Auld Lang Syne*. Les Nasmyth possédaient un petit piano carré Stodart sur lequel Logan jouait plutôt bien. Sur l'insistance de sa tante, bien qu'elle n'aimât aucunement se produire publiquement, Dana accepta d'en jouer aussi pour l'occasion et on l'accompagna en chantant.

Puis, quand James fit l'annonce de la venue prochaine d'un premier descendant Nasmyth, s'évaporèrent les derniers relents d'amertume qui nuançaient encore la joie de la fête. Sur l'invitation de ses cousins, Dana se risqua même à faire quelques pas de danse. Un menuet avec James, une contredanse avec Logan et une gigue avec Timmy, au terme de laquelle son cousin, un peu ivre, l'embrassa sur la joue. Ce fut la tête encore pleine de rires et de chants joyeux que Dana s'écroula sur son lit au lever du soleil. Ses regrets s'étaient envolés dans le tourbillon de folie qui s'était emparé d'Édimbourg en ce premier jour de l'an 1814. Elle s'endormit en même temps que les violons et les cornemuses, l'empreinte du furtif baiser de Timmy sur la peau.

Chapitre 5

La neige s'était accumulée dans les ruelles et sur les toitures, confinant chez eux les frileux et invitant les plus braves à sortir profiter des joies hivernales. Des patins avaient été installés sous les chariots, leur permettant de circuler plus facilement. Dana avait remarqué que les habitudes religieuses des gens de la ville différaient de celles qu'on trouvait à Kirkcaldy. Le sabbat étant considéré comme un jour de détente plutôt qu'un jour de recueillement spirituel et de prières, on préférait s'adonner aux menus plaisirs de la vie que d'écouter de longs sermons. Que ce fût pour aller patiner sur le loch de Duddingston, écouter un récital au St. Cecilia's Hall ou tout simplement pique-niquer dans le salon quand le temps ne leur permettait pas de sortir, Tante Flora et Logan s'étaient mis à rivaliser d'originalité pour désennuyer Dana lors de ses jours de congé. Si la constance de l'attention de son plus jeune cousin lui était maintenant totalement acquise, celle de Timmy semblait être restée au même stade qu'avant la Hogmanay. Sans doute, il ne se souvenait plus du petit baiser qu'il avait donné à sa cousine et ce geste ne s'était jamais renouvelé.

Flora avait à maintes reprises essayé de provoquer un rapprochement entre les deux jeunes gens en les laissant seuls au salon ou en demandant à Timmy d'accompagner sa cousine pour faire telle ou telle course. Dana commençait à apprécier sa compagnie. Il la complimentait souvent pour ses dessins, qui se vendaient bien en fin de compte, et il lui suggérait de nouveaux endroits qui lui offriraient des vues superbes à esquisser lorsque l'arrivée du printemps le permettrait. Il lui avait même proposé de lui donner des leçons de danse. Malgré tout, Dana n'arrivait pas à se défaire de son attitude distante et réservée, qui devait décourager toute tentative de séduction de la part du jeune homme, si, à tout le moins, il avait eu quelque intention dans ce sens. Il fallait bien se rendre à l'évidence : Timmy ne s'intéressait pas à elle, et la jeune femme avait accepté l'idée que leurs relations en restent à ce point.

Dans l'espoir de voir sa mère la rappeler à Kirkcaldy, Dana en fit discrètement mention dans une lettre. Mais Janet ne releva pas l'allusion à l'échec de son plan. Elle lui répondait, lui répétant que l'état de sa santé demeurait stable, que les Chalmers allaient bien et que Maisie, qui avait accouché d'un gros garçon à la troisième semaine de janvier, se remettait bien. L'enfant, qui se portait à merveille, avait été baptisé Scott, comme son père, mais on l'appelait Scotty, pour éviter les confusions. L'épouse de Thomas attendait un deuxième enfant pour l'été et Harriet avait reçu une invitation à un bal chez les Whyte. Dana imagina assez facilement l'agitation que cette sortie officielle avait dû provoquer. Sur le marché du mariage, les bals étaient l'endroit de prédilection pour trouver un parti intéressant.

Ainsi passa l'hiver et vint le printemps, modifiant la routine. Le moulin s'était remis en marche en mars, mettant un terme aux cours de danse et aux parties de cartes avec Timmy. Logan étant de plus en plus occupé à écrire pour le *Evening Courant*, Dana ne le voyait plus très souvent en dehors des heures d'ouverture de la boutique.

À part les changements climatiques qui remodelaient lentement le pays, rien ne vint plus bouleverser la vie de Dana.

Jusqu'à la fin d'avril...

❧

Le dernier jour de ce mois en était un de fête. On préparait la Beltane, qui célébrait l'équinoxe du printemps. C'était une tradition païenne qui datait du temps des Celtes. Un énorme bûcher avait été érigé sur Arthur's Seat. Une reine et un roi de mai avaient été élus par suffrage et devaient être couronnés lors de la fête. Le couple, habituellement déjà marié, représentait la fertilité de la terre qui se réveillait.

Dana devait assister à la danse autour du poteau de mai avec Logan. Mais, au dîner, se confondant en excuses, le jeune journaliste annonça qu'il ne pourrait accompagner sa cousine. Il n'avait pas eu le temps de terminer l'écriture de son article et l'heure de tombée était le lendemain, à l'aube. Devant la mine déçue de sa nièce, Tante Flora se tourna vers Timmy, qui n'avait encore rien dit.

— Et si tu y allais avec Dana, mon garçon?

Les sourcils du jeune homme s'arquèrent de surprise. Il avait prévu autre chose. Un combat de boxe était organisé au Black Swan, une taverne réputée pour ce type de tournois, et il tenait vraiment à y être présent. Il avait parié sur l'un des deux adversaires. Mais il ne pouvait donner cette excuse à sa mère à qui il avait promis de ne plus assister à de tels évènements.

— Je suis certaine que Timmy a mieux à faire ce soir, intervint vivement Dana.

Elle avait jeté un regard vers son cousin, qui la dévisageait d'un air plutôt embêté.

— Je ne tenais pas particulièrement à assister à la fête, Tante Flora. De toute façon… je sais comment cela se déroule.

Timmy sentit le rouge lui monter aux joues. Il se sentait vraiment nul. Il savait que sa cousine cherchait à trouver une excuse pour le libérer de cette obligation. Pas qu'il n'eût pas envie de l'accompagner à cette fête, mais il avait vraiment envie de voir ce combat de boxe. Comment se sortir de cette impasse?

— Tu avais autre chose à faire, Timmy? demanda Charles avec un accent narquois en balançant sa fourchette devant lui.

— En fait… oui. J'ai rendez-vous avec des amis au Blue Oyster Cellar.

Ce qui était vrai. Mais il omit d'ajouter où il devait finir la soirée.

— Je ne pense pas que tes amis s'offusquent de la présence de Dana à votre table! s'exclama sa mère, ravie. Et ta cousine raffole des huîtres. N'est-ce pas, Dana?

Sa nièce ouvrit la bouche. Après en avoir avalé une douzaine d'affilée une semaine plus tôt, répondre le contraire eût été mentir effrontément et s'obstiner à chercher des excuses eût paru dire à Timmy qu'elle n'aimait pas sa compagnie.

Quant à lui, il comprit qu'il n'avait plus vraiment le choix. Il sourit à sa cousine, souhaitant que sa sincérité soit convaincante.

— Alors, ça me fera plaisir d'y emmener Miss Dana.

Il n'arrivait pas à l'appeler par son seul prénom, comme Logan. Il ne comprenait pas pourquoi, même après sept mois, il ressentait toujours un certain embarras en sa présence. Mais peut-être était-ce à cause de cette supériorité qu'elle affichait bien malgré elle et qui chatouillait son orgueil mâle.

✦✦

Le cellier à huîtres était enfumé et bruyant, comme toujours. Situé dans Boyd's Close, à la tête de Canongate, l'enseigne voisinait celle du Dumbreck Hotel, où transitaient les diligences arrivant de Londres. C'était un endroit convivial, dépouillé de tout préjugé social, où les gens se réunissaient autour d'une montagne d'huîtres et du bon vin pour discuter et rire entre amis.

Comme dans tous les débits de boisson à Édimbourg, l'ambiance y était relâchée et les hôtes s'exprimaient sans gêne. Dana remarqua que plusieurs femmes qui se mêlaient sans retenue aux hommes portaient des chapeaux à large bord qui masquaient les traits de leurs visages, protégeant ainsi leur identité. Certaines se dissimulaient carrément derrière un petit loup; montrer leur figure au grand jour aurait pu nuire grandement à leur réputation si jamais l'alcool les inclinait à commettre quelque impair.

Timmy invita Dana à le suivre dans le fond où étaient attablés ses amis. Il lui présenta Miss Mary Swann, Miss Lucy Coldwell et Miss Julia Alexander. Les hommes s'étaient levés.

— Et voici Mickey Maclure, Andrew Hogg, John Walter et Nathan Swann.

Les salutations faites, tous prirent place et commandèrent des pichets de clairet, qu'on leur apporta avec les huîtres. Trois chandelles éclairaient leur table, transformant les traits en masques dorés que les ombrages rendaient parfois grotesques ou comiques selon les expressions.

La conversation se porta d'abord sur la qualité des mollusques et du vin. Puis, tout naturellement, on parla de la dernière nouvelle qui faisait les manchettes de tous les journaux depuis quelques jours. Napoléon Bonaparte avait signé le traité de Fontainebleau et ainsi renoncé à ses droits de souveraineté sur la France et ses possessions. La guerre était pour tout dire finie. Ce qui avait soulagé Tante Flora.

Dana comprit que Hogg était un étudiant en droit à l'université tandis que Walter poursuivait un cursus médical. Le premier, un jeune homme aux traits fins de ceux qui possédaient du sang bleu, avait ouvert presque toutes les huîtres de Miss Alexander, à qui il ne cessait de faire les yeux doux. À l'opposé, le visage large et rustique de Walter trahissait ses origines plus humbles de fils de tanneur. Mais ses manières témoignaient d'une éducation correcte.

Maclure travaillait à la boucherie de son père. Son embonpoint et sa calvitie naissante lui donnaient une allure de joyeux luron. Mais ce qui plaisait le plus à Dana chez cet homme, c'était la limpidité de ses prunelles. Tel n'était pas le cas de Swann, dont le regard creusé dans un visage anguleux fuyait comme s'il craignait qu'on y décèle quelque secret. Son père possédait une taverne et Swann y travaillait. Les garçons avaient tous grandi ensemble dans les ruelles d'Édimbourg et en connaissaient les moindres recoins, les plus infimes secrets. Mary était la jeune sœur de Nathan. La nature l'avait dotée d'un physique plus aimable que celui de son frère. Lucy était une grande rousse plantureuse qui cachait constamment son sourire derrière sa main. Et Julia, que tous surnommaient

Sweet Pea[21], sans doute à cause de son joli minois tout rond, était indéniablement la plus jolie.

Dana avait noté l'attention marquée qu'elle portait à Timmy.

Après avoir englouti plus de la moitié des huîtres, les convives en vinrent à se porter mutuellement des toasts. C'était une coutume dans les établissements fréquentés par les gens issus des milieux plus aisés de « sauver les dames », comme on le disait. Cela se déroulait comme un jeu : chacun honorait à tour de rôle une dame en soulignant sur une note spirituelle l'une de ses qualités.

— À Miss Julia ! s'écria Hogg en se levant, son vin lui dégoulinant entre les doigts. Son intelligence n'a d'égale que sa beauté… Que Vénus coure se rhabiller et qu'Ève vous ouvre les portes de son verger…

La grivoiserie fit beaucoup rire. Les joues de Dana s'empourprèrent. Elle sentit Timmy se tendre près d'elle. Il aurait dû savoir qu'elle n'avait pas l'habitude de ce genre de propos.

— À Miss Lucy…

Les voix s'empâtaient et les verres oscillaient. Dana écouta, un sourire aux lèvres, la réplique courtoise. Puis se leva John Walter, son verre dans sa direction.

— À Miss Dana…

Il la regarda intensément, la forçant à baisser les paupières.

— Que ces yeux-là soient les derniers qu'il me soit permis de contempler avant de mourir, j'en saurai gré à Dieu.

Timmy, mal à l'aise, vida son verre et le posa dans un bruit sec sur la table, proposant de partir immédiatement pour Calton Hill.

— Timmy ! fit Julia en fronçant les sourcils. Quelle rudesse ! Et Mary ?

Oublier une dame était un manquement impardonnable à l'étiquette. Timmy se rassit et attendit que le toast aux charmes vertueux de Miss Swann fût prononcé. Mais l'atmosphère de gaieté qui avait enveloppé le petit groupe s'était désormais envolée. Prétextant

---

21. Pois de senteur.

un mal de tête, Mary décida de rentrer. Lucy choisit de partir avec elle et Hogg alla leur héler une chaise à porteurs.

—Peut-être devrais-je rentrer aussi, Timmy, dit Dana, mortifiée par le comportement aussi inattendu qu'impertinent de son cousin.

—Je croyais que vous vouliez voir le bûcher…

Pour se jeter dedans? Elle avait récupéré sa cape accrochée au mur. Comment Timmy pouvait-il la mettre dans un tel embarras devant ses amis? La croyait-il si… si coincée, qu'il ne pensait pas qu'elle pût trouver flatteur le compliment de John? Il en avait été choqué. Ça, c'était assez clair. Et il avait manqué de respect à Mary à cause de cela. Donc à cause d'elle.

La honte l'envahissant, elle chercha à mettre sa cape qui lui glissa des mains et tomba à ses pieds. Son cousin se courba pour la prendre et la posa sur ses épaules.

—Vous nous quittez aussi, Miss Dana? demanda Nathan Swann.

—Euh… oui. Il est déjà près de minuit.

—Si c'est votre vœu de rentrer, Miss Dana, alors…

Timmy avait chuchoté dans son oreille, sa moustache frôlant sa nuque dégagée et la faisant frémir. C'était son vœu le plus cher, surtout que son effleurement, délibéré ou non, n'avait pas échappé à Julia qui pinçait les lèvres.

—Raccompagnez-moi, s'il vous plaît…

—Tu nous rejoins au Black Swan, Timmy? Puisque Miss Dana décide de t'abandonner. C'était le programme du début, non? Tu ne veux pas voir comment se débrouillera Stuart contre ce vieil ours de Burlow?

Le jeune homme braqua Julia. Elle releva le menton, le défiant.

—Vous les rejoindrez ensuite, dit Dana à son cousin.

—Allez-y sans moi, répondit-il sèchement à ses amis.

Puis il les salua et, prenant le bras de sa cousine, il l'entraîna vers la sortie. Quelques flâneurs traînaient encore dans la ruelle et Timmy les dépassa en prenant soin de se placer entre eux et Dana. Portée par le vent, la rumeur de la fête qui battait son plein sur

Arthur's Seat leur parvenait comme un sourd bourdonnement ponctué par quelques cris de joie. Le poteau de mai avait été levé et le feu serait bientôt allumé. Il s'en voulait d'avoir gâché la soirée de Dana. Il avait sincèrement pris plaisir à la voir rire avec lui et ses amis. Il avait vraiment espéré que cette soirée lui fût agréable.

— Trouvez-moi une chaise, je ne souhaite pas vous déranger plus longtemps, lui dit Dana d'une voix larmoyante.

— Vous ne me dérangez pas du tout, Miss…

Elle marchait rapidement, le devançant, essayant de contenir sa peine. Elle refusait de se répandre en sanglots devant Timmy. Cela la mortifierait au-delà de toute expression. Mais elle y parvenait difficilement. Le vin mollissait sa résistance.

— Miss Dana !

Il la rattrapa et lui prit le bras, la forçant à le regarder. Loin d'être disposée à discuter avec lui, elle se détourna.

— Je vous prie de me croire…

Les épaules de sa cousine sautillaient et un hoquet s'échappa de sa gorge. Timmy se tut. Il se sentait le dernier des imbéciles.

Dana leva enfin ses yeux mouillés vers lui. Ils étaient si grands dans son visage mince et pâle. Il ne voyait plus que ces iris étranges ; lui revint alors l'hommage de John. Pourquoi en avait-il été troublé ? Qu'avait vu son ami dans ce regard en seulement trois heures que lui n'avait pas su voir en plusieurs mois ?

Il avait bien senti que quelque chose en elle l'attirait. Mais quoi ? Depuis la Hogmanay, il ne cessait de l'épier de loin. Cette attirance le troublait d'autant plus que Dana n'était vraiment pas le genre de femme qu'il côtoyait d'ordinaire. Encore moins possédait-elle ce charme auquel il se soumettait si facilement. Celui qui émanait d'elle était d'une tout autre nature.

Et pourtant, dans la profondeur de ces yeux bizarres, il avait vu quelque chose se réveiller. Surtout lorsqu'il l'avait embrassée, comme ça, sur le coup de l'émotion après avoir dansé avec elle la nuit du jour de l'An. Elle qui était d'habitude si timide s'était laissé emporter dans ses bras, oubliant sa maladresse et le suivant avec entrain en riant de ses propres faux pas. L'espace de cette danse, elle avait consenti à oublier qu'elle était la fille handicapée du pasteur Cullen, comme elle l'avait fait un jour lointain, celui du mariage de Maisie.

Et c'était grâce à lui.

Elle pleurait maintenant. L'enveloppant de ses bras, il la serra contre lui un peu gauchement.

— Là, là, Miss Dana ! Ça va aller !

Il se sentit encore plus bête qu'un âne. À son grand soulagement, la jeune femme se calma assez rapidement. De peur de commettre une autre bourde, il attendit qu'elle démontre le désir de s'écarter de lui la première. Mais Dana prit de longues minutes à le faire. Elle était bien dans l'étreinte de cet homme. Elle aimait entendre les battements de son cœur et sentir les muscles de sa poitrine jouer sous ses doigts. Elle réalisait avec consternation qu'elle touchait ainsi un homme pour la première fois de sa vie. Et elle venait d'avoir vingt-six ans.

Elle s'écarta, s'excusant d'être un si lourd fardeau.

— C'est moi qui dois m'excuser. J'ai très mal agi envers vous. Aussi, pour me faire pardonner, je voudrais vous inviter à faire une promenade avec moi, dimanche après le prêche. Si cela vous plaît, bien entendu.

Il lui proposait quelque chose. Par contrition peut-être. Mais de son plein gré. Tant pis ! Elle avait envie de faire cette promenade. Elle désirait vraiment la faire avec lui.

❖

Il avait attelé le buggy et y avait hissé un panier d'osier contenant quelques provisions. Pour eux, le soleil s'était fait complaisant et brillait très haut dans un ciel d'un bleu pur. Dana lui tendit son coffret à dessin et il l'installa près du panier pour ensuite l'aider à grimper. L'attelage fut guidé hors de l'écurie, vers la porte cochère, que Zac tenait ouverte. L'homme à tout faire des Nasmyth était muet et ses gestes lui donnaient parfois des airs d'épouvantail secoué par le vent. Le fouet claqua et le cheval s'engagea dans

West Port. Au grand plaisir de la jeune femme, ils se dirigeaient vers Arthur's Seat. Elle n'y était pas retournée depuis l'automne et se réjouissait déjà de la vue splendide que le temps clair leur offrirait.

Timmy sifflotait un air gai en conduisant l'attelage à travers la ville. Avec son haut-de-forme, son frac vert et ses bottes de cavalier, il était très élégant. Comme la dernière fois que Dana avait partagé le siège du buggy avec lui, le jour où elle avait quitté Kirkcaldy. Les sentiments qu'elle avait éprouvés alors étaient si différents de ceux d'aujourd'hui. Mais elle n'osait pas chercher à les analyser. Ils la berçaient agréablement ; c'était suffisant pour le moment.

La voiture longea les communs. Les pâturages se teintaient d'un vert tendre qui tranchait joliment contre les sombres Salisbury Crags. Ils débouchèrent dans la place de Holyrood Palace, où plusieurs promeneurs profitaient de la beauté des lieux. Le palais, ancienne résidence royale, ne servait plus que rarement depuis la dissolution du parlement écossais, en 1707. Le plus souvent, il servait à héberger des personnages influents en visite ou en exil au pays, comme en 1793 pour le comte d'Artois, le frère aux mœurs frivoles du roi décapité pendant la Révolution française.

Rattachée au palais par son angle nord-est se trouvait l'abbaye. Pillée et incendiée à plusieurs reprises au fil du temps par les Anglais et les réformistes, puis ayant souffert d'importants dommages lors d'une violente tempête en 1768, l'abbaye n'était plus que ruines, dont quelques portions des murs gris de style gothique de la nef et une tour carrée qu'un velours de mousse verte couvrait par endroits.

On racontait que le roi d'Écosse, David 1er, après avoir été miraculeusement sauvé par un crucifix qui lui serait apparu entre les mains alors qu'un cerf furieux le chargeait, avait fondé l'abbaye augustinienne en 1128 pour exprimer sa gratitude à Dieu. Pendant des siècles, l'abbaye avait servi de sanctuaire pour les débiteurs insolvables qui, pour éviter la prison et après avoir obtenu du bailli de Holyrood une lettre de protection, jouissaient du privilège d'immunité tant qu'ils vivaient sur le territoire concédé à l'ordre.

Aujourd'hui encore, l'ordre émettait des lettres de protection à ces *lairds* de l'abbaye, comme ces criminels en sursis étaient facétieusement appelés. Ils étaient logés dans les maisons d'Abbey Strand.

Le buggy passa tout près des jardins du palais, adjacents aux ruines. Une jeune fille blonde y déambulait, ses boucles volant autour de son visage levé vers la fenêtre de l'abbaye qui ouvrait sur l'est. Elle se déplaçait lentement, rêvassant. À quoi ? Dana l'imagina soudain vêtue d'un long surcot évasé de coton cramoisi sur une cotte verte. Elle vit la longue chevelure dorée onduler en cascade jusqu'à ses reins. La jeune femme admirait la magnificence des vitraux qui avaient depuis longtemps disparu. Comme la *Rapunzel*[22] des frères Grimm.

Dana aimait reconnaître dans son monde à elle les personnages des contes qu'elle lisait. De cette façon, elle s'imaginait vivre un peu dans leur monde à eux.

— Vous voulez peut-être en faire un dessin ? suggéra son cousin.

L'idée lui plut. Ils s'arrêtèrent et Timmy lui apporta son coffret. S'installant dans son siège, elle traça les lignes des jardins. Ensuite, elle esquissa les contours du palais et de l'abbaye. Timmy l'observait, fasciné par sa rapidité d'exécution. Jamais elle ne reprenait un détail. Il reconnut la silhouette de la visiteuse dans l'allée gravelée. Il constata toutefois que sa cousine l'habillait différemment et que l'abbaye avait retrouvé son toit d'origine. L'effet donnait l'impression d'une scène romantique datant d'une autre époque. Un peu comme si Dana avait dessiné une vision d'antan. C'était très beau.

La pierre noire s'immobilisa après quelques minutes. L'artiste étudia le croquis, puis le montra à Timmy.

— Qu'est-ce que vous en pensez ?

— Il est superbe.

Elle le gratifia d'un sourire charmant et rangea son matériel dans le coffret, qu'elle conserva sur ses genoux.

Ils atteignirent un pan de mur en ruine percé d'une porte et de quelques fenêtres. La chapelle de St. Anthony était accessible par

---

22. *Raiponce.*

un sentier qui contournait la petite éminence de Haggie's Know et escaladait la face nord d'Arthur's Seat. Situé sur un plateau, le site était fabuleux et offrait une vue panoramique de la ville et de la côte. Sur leur droite se dressait le mur basaltique de Whinny Hill, derrière eux, l'éperon rocheux d'Arthur's Seat.

Dana décrocha sa robe de l'un des nombreux buissons d'ajoncs qui poussaient le long du sentier et, tout émerveillée, contempla le spectacle. Timmy dénicha un endroit à l'abri du vent pour déposer le panier. Puis il s'assit sur un affleurement. Des moutons broutaient dans les communs, tout en bas. Quelques-uns s'étaient aventurés sur les pentes de Haggie's Know. Les jupes de Dana claquaient sur ses jambes. Tenant son chapeau d'une main et, de l'autre, protégeant sa vue du soleil, elle se promenait ici et là, comme si le paysage allait changer dramatiquement quelques yards plus loin. De temps en temps, elle se tournait vers Timmy pour lui indiquer un bâtiment qu'elle reconnaissait ou pour tout simplement sourire de bonheur.

Elle portait une robe à rayures roses sur fond ivoire, son spencer grenat et un châle de crêpe noir brodé de coquelicots rouges. Il ne put s'empêcher de la trouver jolie dans ce décor bucolique. Parce qu'elle était jolie, Dana Cullen. Il fallait prendre le temps de la regarder pour le constater. Ce qu'il avait fait depuis quelques jours, à l'insu de la jeune femme. Pourquoi ne l'avait-il pas remarqué avant ? Il avait fallu que John lui ouvre les yeux.

La jeune femme revint vers lui en sautillant d'excitation, sa jambe diminuée traînant légèrement.

— J'adore cet endroit, lui dit-elle en prenant place sur le roc près de lui.

Elle soufflait, le regard pétillant comme celui d'une enfant qui revenait d'une course folle.

— Vous avez déjà vu le soleil se lever sur la ville ?

— Non… fit-elle, soudain plus sérieuse.

Dana se détourna vers la ligne d'horizon. Elle se figurait le paysage aux aurores.

—Cela doit être magnifique, murmura-t-elle doucement en peignant mentalement le ciel de ses premiers rayons de lumière.

—Ça l'est. Il faudra que vous veniez un de ces matins.

Elle hocha la tête, approuvant. Puis elle revint vers lui.

—Vous venez souvent ici, Timmy?

—Parfois. Quand j'en ressens le besoin.

—Et quel besoin vous attire ici?

—Le besoin de réfléchir.

—Puis-je être indiscrète en vous demandant ce à quoi il vous arrive de réfléchir, mon cher cousin?

C'était la première fois qu'elle l'appelait ainsi. Il en ressentit un doux plaisir, comme lorsqu'il laissait fondre un sucre d'orge sur sa langue.

—Eh bien, commença-t-il en pivotant brusquement vers la ville qui se déroulait comme un tapis hérissé de pignons à leurs pieds, quand j'ai une décision à prendre. Ou quand j'en ai tout simplement assez.

Dana ne dit rien. Le vent sifflait faiblement dans les ouvertures du seul mur qui restait. La petite chapelle avait été construite au haut Moyen Âge par l'ordre des Chevaliers hospitaliers de Saint-Antoine, qui administraient un hôpital à Leith, la ville portuaire la plus importante de la région d'Édimbourg. Mais comme pour la majorité des édifices appartenant aux institutions religieuses catholiques, le passage de la Réforme avait été grandement destructeur.

—Vous seriez venu ici avant de décider définitivement de vous engager dans l'armée?

—Ma mère vous en a parlé, hum?

Il la regarda. Que savait-elle de lui? Il se demanda tout d'un coup ce que sa mère avait bien pu lui raconter au sujet de son fils cadet. Le mouton noir des Nasmyth.

—Ma tante s'inquiète beaucoup pour vous, Timmy.

—Je sais. Je n'y peux rien.

Il avait dit ça comme on s'excuse de quelque chose qu'on aurait pu éviter avec un peu plus de vigilance. Elle l'observa du coin de l'œil.

Ses lèvres formaient une moue boudeuse. Une cicatrice traçait une fine ligne rose transversale sur celle du bas. Il y avait des enfants qu'on pouvait battre sans voir les meurtrissures atteindre les profondeurs de l'âme. Ces enfants se servaient de la haine comme d'une armure qui les protégeait de la folie. Puis il y avait les autres…

Le visage de Jonat lui revint tel qu'elle l'avait vu la nuit où le pasteur Cullen avait frappé son fils aîné. Elle savait ce qu'avait brisé dans le cœur de son frère cette simple gifle. Parce qu'il fallait regarder dans les yeux et non se fier à l'attitude pour voir et comprendre. Et dans ceux de Timmy? Ils étaient insondables quand elle arrivait à les saisir. Comme en ce moment. Et pourtant, elle ressentait quelque chose…

Tante Flora avait vaguement recommandé que Logan les accompagnât. Sans insister. Par principe. Logan avait pincé les lèvres, n'appréciant d'aucune manière ce que sa mère lui demandait. Pas qu'il fût jaloux. Logan et elle s'entendaient très bien. Mais c'en était resté là. Et puis, elle était de deux ans son aînée. «Elle et moi avons plus de vingt-cinq ans, Mama», avait répliqué Timmy en riant. Dana se demandait maintenant s'ils n'auraient pas mieux fait de se soumettre aux conventions.

—Oui, bon, fit-elle, un peu embarrassée. Il faudrait peut-être voir ce que nous a préparé Tante Flora.

Elle se leva et alla chercher le panier. Ils s'installèrent à l'abri du mur, assez près de l'ouverture de la porte pour épier les promeneurs sans être vus. Flora leur avait fait la surprise d'une orange qu'ils se partagèrent après s'être régalés de jambon et de fromage. L'écorce était un peu raide, mais la pulpe était encore juteuse.

Puis, discutant de la boutique et du succès des dessins de Dana auprès de la clientèle, ils burent ensemble le vin de cerise que leur envoyait chaque année le frère de Charles, qui vivait près des Borders.

—Avez-vous des projets pour cet argent, Miss Dana?

Appuyé sur un coude, le jeune homme s'était allongé sur son flanc dans l'herbe de façon à pouvoir profiter de la vue.

— Oh! fit-elle, un peu gênée. J'aimerais peut-être m'inscrire à la Drawing Academy.

Il la considéra, la tête de travers.

— C'est votre rêve?

— Pour l'instant.

— Le seul?

— Qui trop embrasse n'a rien.

Timmy plissa les paupières et éclata de rire.

— Qui trop embrasse mal étreint.

— Je sais. J'invente de faux proverbes selon mes besoins.

Elle rit avec lui.

— Et vous? Je vous ai dévoilé mon rêve. Il faut faire bonne figure et me dévoiler le vôtre.

Son cousin redevint sérieux. Il se perdit dans la contemplation de l'horizon en arrachant distraitement des brins d'herbe.

— N'avez-vous jamais rêvé de voyager? reprit-il après deux minutes.

— Voyager?

S'était-elle déjà posé la question? Elle voyageait déjà, à travers les récits, dans la peau de personnages divers.

— J'aimerais bien, je suppose. Et vous?

— Oui...

Les cheveux noirs de Timmy se soulevaient par épis et retombaient en désordre. Il caressait distraitement sa fine moustache, le regard perdu dans les jolis motifs que composaient les lichens ocre et gris sur la pierre.

— Pour aller où? demanda-t-elle en se détournant vers le panier qu'elle commença à remplir.

— Partout où me mèneront le vent et la mer. En Afrique, en Asie ou en Océanie, où je pourrais enfin voir les moaïs, ces mystérieuses statues de pierre dans l'île de Pâques. Ou encore goûter le paradis de Tahiti et contempler le monde du haut des fabuleuses montagnes de la Nouvelle-Zélande. Aurai-je assez d'une seule vie pour tout vivre?

Il avait roulé sur le dos et, les yeux vers l'immensité, il avait ouvert ses bras pour embrasser la grandeur de son rêve, comme un oiseau prêt à prendre son envol dans un ciel aux coloris fantastiques. Les bras retombèrent et Timmy reprit sa position initiale, son esprit resté ailleurs. Dana contempla son visage songeur. Sans doute s'imaginait-il marchant sur la plage de l'une de ces exotiques îles du Pacifique.

— Mon frère m'a déjà dit que les rêves d'aventures n'éveillent que les esprits ouverts au changement et que les gens qui acceptent le changement sont ceux qui changent le monde.

Timmy la regarda. Dans ses prunelles passa un rayon de soleil, et un magnifique sourire éclaira son visage.

— Vous saviez que les indigènes dans les îles du Pacifique sont anthropophages? On raconte qu'il y flotte une perpétuelle odeur de chair humaine grillée…

Dana secoua sa tête, affichant une grimace de dégoût pendant que son cousin continuait à dresser la liste des horreurs commises par les naturels des îles.

— Il y a les Papous, les Maoris…

— Qu'est-ce que c'est?

— La tribu indigène de la Nouvelle-Zélande. Ils se tatouent le corps et le visage.

— Où avez-vous appris tout ça?

Les yeux du jeune homme brillaient de malice.

— Eh bien, je l'ai lu, Miss Dana. Dans *Les Relations de voyage autour du monde* de James Cook ainsi que dans une traduction des *Voyages* du Français Bougainville. Ils parlent de kangourous et de fleurs dont les teintes n'existent pas ici. J'ai appris que pour saluer en Tahiti il faut porter sa main à la poitrine et crier *tayo*. Malgré qu'ils fassent des sacrifices humains, les Tahitiens sont des gens très accueillants.

— On accueille toujours son repas avec joie, souligna avec humour Dana.

Ce qui fit sourire Timmy, qui poursuivit:

— Et selon les récits de ce Bougainville, leurs mœurs seraient très… très libres.

— Euh, oui, je suppose qu'ils doivent l'être, commenta Dana, voyant ce à quoi il faisait allusion. Ces peuples sont païens, non ?

— Comme nous le sommes pour eux.

La religion devenait toujours un sujet épineux. Elle préféra l'éviter.

— C'est votre rêve ? Découvrir le monde ?

— J'aurais vécu dans les souliers de Cook.

— Je me souviens avoir appris que James Cook a été tué alors qu'il se trouvait là-bas.

— Il a été dévoré par les Hawaiiens. Bah ! Mourir à la guerre en la joyeuse compagnie de centaines de ses compatriotes est-il mieux ? Cook est mort poignardé. Pour le reste… il n'en a rien souffert. Mais quelle vie il a eue !

— Vous aimez le risque.

— Qui ne risque rien n'a rien, non ?

Les coins de sa bouche s'ourlaient dans un air narquois.

— Je constate que l'érudition de mon cousin s'étend même en matière de proverbes.

— J'ai obtenu mon diplôme de la Grammar School, mais je dois vous faire l'aveu que j'ai l'étude en horreur.

— Certes, toutes les lectures ne sont pas intéressantes. Mais il n'y a pas que les traités philosophiques et les essais politiques…

— Les romans m'ennuient tout autant.

— Même celui de Jonathan Swift ?

— Swift ?

— Les histoires de Lemuel Gulliver. Vous m'aviez déjà dit avoir lu ce livre. Vous vous souvenez ? Il raconte des voyages dans des mondes nouveaux…

— Oui… répondit-il, étonné qu'elle se souvînt de ça. Mais je ne me suis jamais rendu plus loin que le pays de Brobdin[23]… enfin, je ne me rappelle plus le nom. Et puis, ce ne seront jamais que des

---

23. Brobdingnag : pays des géants.

mondes imaginaires et des héros de papier. Je préfère l'action de
la vraie vie. Vous voyez, pour moi, les livres sont écrits par des
gens insatisfaits de leur propre réalité qui leur échappe. Par conséquent, pour se faire croire qu'ils contrôlent leur destin, ils se font
les créateurs de leur propre petit monde. Ils décident de sa fin et
écrivent ensuite le début de son histoire. Tout n'est qu'encre et
papier. Du factice. La vie, ce n'est pas ça. La vie, c'est le sang et la
chair. Dans la réalité, si l'intrigue vous semble trop banale ou bien
si les décors vous paraissent trop insipides, vous avez toujours la
possibilité de les changer. La seule chose que vous ne pouvez modifier, c'est la fin de votre histoire.

— Tant pis si un auteur s'invente un monde où il peut fuir le
sien, rétorqua-t-elle, en tempérant sa voix du mieux qu'elle le pouvait. Cela ne fait de mal à personne, en fait. Et qu'il veuille partager
le fruit de son imagination ne regarde que lui. À vous de choisir de
le lire ou non. Vous oubliez seulement qu'un roman, aussi farfelu
puisse-t-il vous paraître, peut aussi ouvrir l'esprit sur de nouveaux
horizons. Sur de nouvelles perceptions des choses. Chacun de nous
ne voit que par une seule fenêtre. Il peut être intéressant d'en
ouvrir plusieurs sur ce qui nous entoure et de laisser entrer un peu
plus de lumière dans notre esprit.

— En autant que cette lumière ne vous aveugle point, Miss Dana.
Trop de lecteurs se servent des romans pour vivre par procuration.

Les traits du visage de la jeune femme se modifièrent imperceptiblement. Elle fixa son cousin, cherchant dans ses yeux noirs
l'envers de ce double sens.

— Chacun choisit sa façon de vivre, commenta-t-elle en tournant son visage vers le vent.

Elle l'entendit soupirer.

— Pardonnez-moi, Miss Dana, se reprit Timmy après un moment. Je ne voulais d'aucune manière vous blesser. Logan est plus
doué que moi avec les mots, vous l'aurez remarqué. Il sera écrivain
un jour, je le sais. Moi, mon père voulait que je fasse mon droit,
comme Andrew Hogg.

— Pourquoi ne pas l'avoir tenté ?

— Ce n'est pas ce qui m'intéresse.

Il roula de nouveau sur le dos. Il n'avait pas vraiment envie de raconter à sa cousine, qui lisait les livres comme un enfant avale des sucreries, qu'il éprouvait des difficultés à écrire et même parfois à se concentrer sur ses lectures. D'où sa relation amère avec les livres. Alors, faire son droit… Et, pour avoir brisé le rêve de son père, il en payait douloureusement le prix. Charles Nasmyth le lui reprocherait toute sa vie.

— Qu'est-ce qui vous intéresse?

— Je suis doué pour les affaires. Négocier, innover, produire… enfin, toutes ces choses qui ne s'apprennent pas sur les bancs d'école. La papeterie reviendra à James. Alors, moi, je dois trouver autre chose.

— Pourquoi ne pas vous associer avec votre frère? Cela ne pourrait que plaire à votre père.

— M'associer? James sera toujours le propriétaire de l'affaire, celui qui prend la décision finale. Je ne peux pas lui reprocher d'être venu au monde le premier. Mais je ne veux pas me plier aux ordres des autres toute ma vie, vous comprenez? J'entends mener ma propre barque.

— Hum… Un domaine en particulier?

— Oui, dit-il, rêveur. J'aimerais avoir ma propre distillerie.

— Je suis certaine que vous réussiriez à bâtir un empire dans le whisky, Timmy Nasmyth. Vous en avez parlé avec votre père?

Il poussa un long soupir.

— Mon père ne discute point. Il dicte. Si je ne suis pas parti, c'est uniquement à cause de ma mère. Je sais qu'elle en souffrirait.

— Et c'est dans l'armée que vous vouliez aller?

Sa bouche se tordit au fil de ses pensées.

— Plus maintenant.

— Les îles du Pacifique, alors?

— Non, pas exactement. J'avais plutôt pensé à un endroit où la liberté de choix de vie a un sens.

Il s'était assis, posant ses coudes sur ses genoux. Dana le dévisageait, perplexe.

— Existe-t-il un tel endroit en ce monde ?

— Vous savez ce qu'est la Déclaration de l'indépendance ?

— De l'indépendance américaine ? Oui.

— Eh bien, c'est en Amérique que j'aimerais aller.

— À cause de cette déclaration ?

— Pour les Américains, la liberté est une vertu. Chaque homme est maître de sa propre destinée.

— C'est une métaphore, Timmy. Comment un pays esclavagiste peut-il vraiment parler de liberté ? À moins que cette déclaration n'indique les races qui peuvent jouir de cette prétendue liberté. Même ce Thomas Jefferson, qui a signé la déclaration, possédait des esclaves.

Elle marqua une courte pause avant de poursuivre.

— Mon père disait que nous sommes égaux devant Dieu seul. Devant les hommes, il y aura toujours des inégalités. Conséquemment, tant que les hommes gouverneront existera l'injustice. Mais… cela n'empêche pas que l'Amérique puisse offrir certaines possibilités.

Elle avait rajouté cela en voyant le regard de son cousin s'enfoncer sous ses sourcils.

— Si je me souviens bien… la déclaration dit que si un gouvernement devient trop…

— Despote, l'éclaira Timmy.

— Oui, c'est ça. Les hommes doivent posséder le droit d'abolir tout gouvernement despote qui brime leurs droits fondamentaux, qui sont la vie, la liberté et la recherche du bonheur.

« Et un homme qui rêve de liberté est un homme qui croit ne point la posséder », conclut-elle en silence. Mais comment dire à Timmy que cette déclaration ne donnait pas la liberté de se défaire d'un père despote qui soumettait tout à ses propres règles sans égard pour les droits fondamentaux de ses enfants ? Elle ne connaissait pas grand-chose de Timmy sauf qu'il souffrait de cette relation difficile. Mais elle pouvait très bien comprendre ce qu'il vivait. Henry Cullen avait été un homme intransigeant et sans appel. Pour ses fils autant que pour ses filles. Toutefois, à la différence des filles,

les fils avaient toujours la possibilité de s'affranchir. Soumises à leur père et plus tard à un mari, cette liberté dont rêvaient tant les hommes, les femmes ne la posséderaient jamais. Les mots «déclaration de l'indépendance» et «liberté» avaient quelque chose d'ironique. C'étaient des concepts totalement masculins, écrits au féminin. Mais ces choses-là, personne n'en parlait.

— Je pense qu'au fond, enchaîna-t-elle, cette notion de liberté totale reste du domaine de l'utopie. Comme le noir s'opposera toujours au blanc ou le bien au mal, il y aura toujours des opprimés et des oppresseurs. La liberté de l'un s'exerce au détriment de celle d'un autre. Il n'existera jamais un monde si parfait que toutes les inégalités soient abolies.

Le jeune homme exprima une certaine hésitation.

— C'est ce que vous croyez vraiment, Miss Dana?

— C'est ce que mes yeux ont toujours vu.

— Si tel est le cas, je devrai prendre l'avis d'un autre pour le faire mien. Mais vous en tenez-vous toujours à ce que voient vos yeux? Qu'en est-il de Dieu?

Un bêlement de mouton les éloigna de leurs propos ambigus, et Dana étira le cou pour voir d'où il venait. Un chien se mit à japper, exacerbant les plaintes de l'ovin. Timmy s'était levé et secouait sa culotte beige des brindilles d'herbe morte.

— Là! indiqua-t-il en pointant une tache blanche et noire qui bougeait en contrebas.

Un agneau était poursuivi par le chien du berger, qui le talonnait de près. Le garçon attrapa non sans mal sa bête effrayée par les jappements. La course fit rire Dana. Le berger s'éloigna vers le troupeau, qui avait suivi, et rendit le petit à sa mère.

— En voilà un qui devra trouver un autre moyen de tromper son destin, dit Timmy d'une voix grave.

La jeune femme se retourna vers lui, choquée et déçue.

— Dites-moi, cher cousin, que feriez-vous si vous n'aviez pas ce travail au moulin?

Le regard noir la sonda, cherchant dans les traits du visage de sa cousine l'expression de la raillerie qui avait teinté sa phrase. Il ne vit rien que la désolation, ce qui le rendit encore plus morose.

— Je suis désolée, fit-elle en constatant l'effet des mots qu'elle avait laissés échapper. Timmy…

Il haussa les épaules et se détourna. Dana regrettait.

— Vous voulez profiter du beau temps avant qu'il ne se gâche pour dessiner, Miss Dana, ou vous préférez rentrer tout de suite ?

Le ciel d'Écosse étant ce qu'il est, de gros nuages s'amenaient des basses terres, roulant sur les courants d'air comme une coulée de suie qui allait bientôt les couvrir d'une obscurité précoce. Mais ils avaient encore un peu de temps devant eux.

— Et vous ?

Il la dévisagea un moment sans rien dire. Son visage était redevenu calme. Il forma même un mince sourire pour la convaincre qu'il ne lui en voulait aucunement.

— Nous sommes ici pour ça, non ?

Elle secoua la tête, en accord avec lui, et sortit ses feuilles et ses crayons. Elle s'installa sur l'affleurement où s'était assis Timmy plus tôt. Lui s'allongea en retrait pour la regarder travailler. Pendant qu'elle dessinait, il lui parla de choses et d'autres. De ses amis et des courses de chevaux sur la plage de Leith. Aimait-elle les chevaux ?

— J'admire ces bêtes. Elles sont si élégantes et se meuvent avec tant de grâce. Mais je n'ai jamais monté un cheval, dit-elle en gardant son attention sur son travail.

— Jamais ?

— Jamais. Nous n'avons jamais eu qu'un âne qui refusait qu'on le monte.

— Vous aimeriez l'essayer ?

— Je ne sais pas…

— Avec moi, ajouta-t-il pour la rassurer.

Elle se tourna vers lui. Les dents de son cousin brillaient.

—Il n'y a pas que le dessin et les livres, Miss Dana, qui puissent vous amuser. Je sais que vous aimez danser, malgré ce que vous en dites.

Elle sentit ses joues s'empourprer et trouva refuge dans les traits de crayon sur la feuille de papier qui se battait contre le vent en train de se lever. Elle l'avait fixée sur un carton avec des épingles.

—Je monterai un cheval quand vous aurez lu un livre, mon très cher cousin.

—C'est noté.

Le reste de l'après-midi se déroula sous le signe de la plaisanterie et de la gaieté. Les premières gouttes de pluie ne tombèrent qu'au moment où ils traversaient Grass Market et le ciel leur tomba dessus en trombes d'eau noires quand ils stoppèrent la voiture dans la cour. Les chiens s'étaient abrités dans l'entrée de l'écurie. Timmy sauta dans la boue et appela Zac en hurlant à travers le vacarme. L'homme ouvrit plus grande la porte de l'écurie et fit déguerpir les chiens à coups de simagrées. Le buggy fut rapidement mis à l'abri.

Dana serrait contre sa poitrine son coffret pour le protéger de l'eau. Le bas de sa robe était complètement trempé.

—Miss Dana…

La main de Timmy était tendue vers elle. La jeune femme lui remit son bien précieux, qu'il déposa sur le sol. Puis il se redressa. Sa cousine s'était levée et cherchait à empêcher sa jupe de lui mouler les cuisses. Il allait se détourner lorsque la courbe bien nette d'une hanche l'arrêta.

—Je crois… que… je suis aussi trempée que vous, observa-t-elle, horriblement gênée en le regardant.

—Je suis certain que ma mère a prévu de préparer des vêtements de rechange pour le dîner…

Timmy allongea ses bras pour la recevoir. Les doigts glissèrent doucement autour de la taille, l'enveloppant presque totalement et le surprenant de sa finesse. Elle lui sembla soudain si fragile.

—Attention! fit-il en la soulevant d'un coup.

Son poids était celui d'un oiseau qu'il fit doucement atterrir sur le sol. Dana, trop consciente de ces mains sur ses hanches, n'osait lever les yeux. On entendait le caquètement des poules dans les cages, les cliquetis métalliques du harnais que Zac défaisait en silence et les reniflements de Sugar Plum qui attendait son fourrage. Timmy retira ses mains, sans toutefois s'écarter. Il était si près de Dana qu'elle pouvait sentir son souffle sur son visage.

— Je… commença-t-il d'une voix basse.

Elle attendit. Rien.

— Merci, dit-elle tout bas. Ce fut une belle journée, Timmy.

Il réagit enfin, s'écartant et fourrageant dans sa chevelure mouillée qui plaquait son crâne comme le plumage d'un freux.

— Oui… ce fut agréable, Miss Dana. Je suis…

N'arrivant plus à contenir son inconfort, il se tourna vers la porte qui menait à l'arrière-boutique. Les épiait-on ?

— Je viens de me rappeler que j'avais promis… à John Walter…

— Oui, je comprends, Timmy, dit Dana pour lui éviter d'inventer une excuse qui ne tiendrait pas debout.

Le jeune homme hocha la tête, acquiesçant. Sur la colline, au milieu de l'infini, la suite des évènements ne lui avait pas paru poser de problèmes. Mais là, il désirait éviter le regard interrogateur de sa mère et le masque suspicieux de son père. Il avait besoin de mettre son esprit au clair. Tout allait trop rapidement. Il n'avait pas prévu ça. Jamais. À n'en pas douter, sa cousine ressentait ce même malaise.

— Dites à ma mère que je serai en retard… que j'avais…

— … à récupérer mon châle oublié sur la colline.

— Votre châle ?

Elle le retira de sur ses épaules et le lui mit entre les mains.

— Vous me le rendrez ce soir.

Sur ce, elle s'éloigna en courant vers l'arrière-boutique, oubliant son précieux coffret à dessin. Timmy écouta ses talons claquer sur le plancher et disparaître dans l'escalier. Sa main s'était crispée sur le bout d'étoffe qui pendait mollement. Il le regarda un instant, songeur. Puis il le porta à son visage. Le parfum de Dana…

❧

Elle lui avait offert cette chance de s'évader en espérant ne pas se tromper sur ses intentions. Elle avait supporté seule l'interminable interrogatoire de Tante Flora et évité du mieux qu'elle le pouvait le regard scrutateur de son oncle. Seul Logan semblait comprendre son terrible désarroi. Elle avait passé l'après-midi seule avec Timmy, dans un endroit désert. On pouvait imaginer ce que l'on voulait bien. Elle et Timmy n'étaient plus de jeunes enfants.

Dana réalisait seulement à cet instant dans quel piège cette banale promenade les avait fait tomber, Timmy et elle. Et Tante Flora, la renarde, se réjouissait de les y avoir poussés. Timmy avait ressenti le même désir qu'elle : s'éloigner un peu l'un de l'autre. Les repas à partager, les soirées au salon, les rencontres dans le corridor… annonçaient une promiscuité difficile à vivre qui les mettrait à l'épreuve.

Il était passé dix heures et son cousin n'était pas encore rentré. Devait-elle s'en inquiéter ? Où était-il allé ? Vêtue de sa chemise de nuit, elle s'était couchée avec *The Italian*[24], d'Ann Radcliffe, qu'elle lisait pour la troisième fois. Les tribulations de Vivaldi et de son amante Ellena n'arrivaient plus à retenir son intérêt et elle baissait constamment son livre pour écouter le silence dans la maison. La pluie avait cessé dans la soirée, mais un vent coulis s'était levé et gémissait dans les ruelles comme un vieux spectre perdu.

L'incertitude la gagnant, elle se repassa leurs conversations, cherchant dans les expressions de Timmy un indice sur ses sentiments. Elle l'avait blessé, oui, peut-être… non. Elle revenait sur l'idée qu'il avait voulu fuir le malaise de se retrouver face à l'inquisition dirigée par Tante Flora… Oh Dieu ! Voilà qu'elle mélangeait Timmy et le Vivaldi de Radcliffe.

Un gros soupir gonfla sa poitrine et elle referma son livre.

Le châle…

Le plancher était froid sous ses pieds. Le tiroir accrocha légèrement. Il faudrait frotter les lisses à la cire. Insérant une main dans

---

24. *L'Italien.*

l'ouverture, elle tâta sous les vêtements. Le papier craqua. Elle retira l'enveloppe brune et la posa sur la commode, indécise à en sortir le contenu. C'était trop tôt… Mais elle avait envie de voir l'effet que cela aurait.

La dentelle glissa dans sa main, légère comme l'écume. Ce châle avait été fabriqué par une femme de Brechin, dans le comté d'Angus, pendant les années que celle-ci avait vécues en exil en France après la défaite des clans highlanders à Culloden, en 1746. Florence Gilmour Reid avait pris huit années à l'achever. En 1758, son mari ayant enfin reçu le pardon du roi sous la condition qu'il serve en Amérique dans l'armée britannique, Florence était revenue dans sa terre natale pour y mettre au monde à l'âge de trente et un ans sa fille aînée, Janet Reid. Deux autres filles avaient suivi, Gertrude et Flora. Puis un garçon, James, mort à la naissance. Dana devinait ce que représentait cette merveilleuse pièce de dentelle aux yeux de sa mère. Une seule fois elle l'avait portée : à son mariage.

La jeune femme caressa amoureusement le châle, en admira les délicats détails. Il n'était pas parfait ; les points étaient trop serrés ici, trop lâches là. Mais c'était l'œuvre de sa grand-mère maternelle.

« Je le chérirai toute ma vie, Mama, murmura-t-elle en le posant sur ses épaules. Même si je devais ne jamais le porter… »

Un craquement. Les yeux de Dana s'agrandirent et son cœur fit un bond. Immobile comme une statue de marbre, elle attendit. Timmy ne frapperait pas à sa porte, elle le savait. Mais il était là, juste de l'autre côté, ça elle en était certaine.

Un bruissement. La jeune femme hésitait à bouger. Attendait-il qu'elle lui ouvre ? Il voyait assurément le filet de lumière passer sous sa porte.

Un froissement. Quelque chose apparut dans l'interstice, sur le seuil. Elle se pencha et ramassa le bout de papier. Il avait été griffonné à la hâte ; les lettres étaient plus ou moins lisibles.

Utopia, *de Thomas More ? Timmy*

«Qu'est-ce que ça veut dire?» murmura-t-elle en plissant le front.

Thomas More était un auteur du XVIe siècle.

Le livre… Si Timmy lisait un livre, elle devait monter un cheval et *Utopia* était le livre choisi par son cousin.

Un étrange sentiment de soulagement l'inonda.

Dana rangea soigneusement le châle de dentelle et se glissa entre les draps. Puis elle souffla la chandelle. Elle entendit le grincement dans la pièce voisine. Paupières closes, elle sourit.

Chapitre 6

Le lendemain matin, le châle noir attendait Dana sur la table de la cuisine. Timmy était déjà parti pour le moulin.

À partir de ce jour, les deux cousins durent composer avec leur nouvelle réalité. Un frôlement de jambes sous la table au dîner ou un jeu de coudes sur la table à cartes provoquait des remous jusque-là inconnus dans le cœur des deux jeunes gens. Et le corridor leur semblait maintenant trop étroit. Pour éviter que cette situation ne les enlise dans un malaise malsain, Timmy avait recommencé à sortir presque tous les soirs. Et c'est avec quelques inquiétudes que Dana l'entendait rentrer très tard.

Le jeune homme consacrait toutefois ses dimanches à sa cousine. Après une partie de cartes ou les soins donnés aux poules, il l'invitait à faire une promenade. Mais si Flora ou Logan ne pouvaient les accompagner, sa cousine choisissait des lieux fréquentés, où ils ne pourraient plus risquer de se compromettre. Leurs rapports respectaient désormais les convenances et suivaient la rigidité de l'étiquette, comme le souhaitait Dana. Préférant éviter les sujets intimistes pour un temps, elle choisit comme thème aprioriste de leurs conversations le livre de More. Le choix du titre avait été inspiré par la discussion qu'ils avaient eue dans les ruines de la chapelle St. Anthony. Sitôt après avoir quitté l'écurie, il s'était rendu chez son ami John. En attendant que ce dernier finisse de recopier un texte pour un cours de chimie, il avait parcouru les étagères de la bibliothèque des Walter et était tombé sur le mot *Utopia*.

Ayant encore fraîchement en mémoire ce que Dana avait dit concernant sa vision de la liberté, il avait estimé que ce classique de la littérature anglaise serait le livre tout désigné pour remplir sa part du marché. En outre, ce n'était pas le plus volumineux de la bibliothèque.

Dana écrivit à sa mère qu'un rapprochement favorable s'était enfin réalisé entre elle et son cousin Timmy. Prudente dans ses mots, elle ne voulait nullement la nourrir de faux espoirs. Mais elle souhaitait que cette nouvelle suffise à apaiser son mal. Elle priait pour qu'elle recouvre sa santé. Une lettre de Harriet lui était parvenue à la mi-mai, lui expliquant que leur mère n'allait pas mieux et qu'il y avait des risques qu'elle ne passe pas un autre hiver. Le précédent l'avait beaucoup affaiblie et son affection aux poumons s'était aggravée, écourtant considérablement son souffle. Dana se tourmentait. Elle pensa qu'il serait préférable de retourner à Kirkcaldy. Mais sa mère, ne voulant pas qu'elle « gâche » ses chances, lui intima de rester à Édimbourg. Comme si elle était l'ultime fil qui retenait sa mère à la vie, Dana obéit.

❖❖

Mai se termina après une semaine de pluie ininterrompue qui causa quelques problèmes au moulin. Résultat de son trop grand âge, la roue n'avait pas résisté au furieux débit causé par la crue soudaine de la rivière. La production avait été suspendue le temps que le niveau de l'eau baisse suffisamment et que le bris fût réparé.

Timmy arriva pour le dîner le lendemain de l'incident, posant sur la table, sous le nez de son père, un formulaire d'embauche de la distillerie Sunbury. Charles avait d'abord regardé le bout de papier avec incrédulité. Puis son visage s'était enflammé.

— Ils ont besoin d'un contremaître.

Le jeune homme, solide comme l'arbre qui va affronter la tempête, se tenait immobile, le regard défiant. L'orage éclata, faisant fuir Flora, Dana et Logan, qui se réfugièrent dans le salon. Les cris fusèrent, blessants pour tous ceux qui les entendaient.

— Ne pousse pas mon indulgence au-delà des limites !

— Quelle indulgence ? Peut-on éprouver de l'indulgence quand on soumet un esclave ?

Les mots aiguillonnèrent Dana comme le dard d'un frelon géant. C'étaient ses mots à elle et Timmy les crachait au visage de son père comme du venin.

— Quoi ? Tu te considères comme un esclave, maintenant ?

— Je vous considère comme un despote !

Les murs avaient tremblé et Logan avait empêché sa mère de se précipiter dans la cuisine. Il fallait les laisser régler ça entre eux. Tante Flora craignait que les deux hommes en viennent encore aux mains. Puis la porte avait claqué. Timmy ne rentra qu'après trois jours. Des traces d'ecchymoses marquaient sa mâchoire ; il s'était engagé dans une bagarre à l'issue d'une veillée bien arrosée au Black Swan.

À son réveil, le lendemain du retour de Timmy sous le toit familial, Dana apprit qu'il était reparti pour le moulin. Combien de temps cela allait-il durer ?

Elle ne savait que faire ou lui dire.

— Vous n'y êtes pour rien, Miss Dana, faisait-il, la mine sombre.

Ce malheureux incident avait nuancé les plaisirs de leurs promenades. Même s'il demeurait souriant et prévenant, Timmy s'était refermé sur sa douleur. Dana se surprit à souffrir avec lui.

Juin les accueillit sous un ciel plus clément. Les rosiers embaumaient les jardins et le coton des robes s'allégeait. Logan continuait d'écrire pour le *Evening Courant*. Dana l'aidait parfois à corriger ses textes qui prenaient plus d'importance. Tout en lisant son dernier article publié, qui décriait les conditions de vie misérables dans les *charity poorhouses*[25], elle tomba par hasard sur un entrefilet qui concernait la disparition d'une jeune prostituée dont le corps

25. Originellement des maisons de correction pour les délinquants, ces institutions ont aussi servi par la suite à fournir un foyer aux pauvres sans abri.

avait reparu deux jours plus tard sur une table à dissection de l'université. Deux étudiants, dont l'anonymat avait été conservé, l'avaient reconnue. Elle en parla à Logan, qui haussa les épaules.

— Les docteurs, tu sais… Ce n'est pas la première fois que ça arrive. Qui sait si la fille n'est pas tout simplement morte d'intoxication à l'alcool et que sa maquerelle n'a pas choisi de vendre le corps au lieu de payer pour l'enterrer? Ce n'était tout de même qu'une prostituée.

— Qu'une prostituée! Logan! s'était indignée Dana. Toute cette affaire ressemble à un meurtre, et que la fille fût une prostituée ne justifie pas qu'on l'ignore.

— Je suis apprenti journaliste, je ne fais que rapporter des faits. Je n'enquête pas, Dana.

Cette histoire avait bouleversé Dana. Avait-on seulement songé à enquêter? On racontait qu'une autre prostituée et deux jeunes mendiants avaient disparu sans laisser de traces depuis le début de l'année. Avaient-ils fini sur des tables à dissection eux aussi? Cette affaire avait fait ressurgir celle, lointaine, du corps déterré dans le cimetière de la vieille paroisse de Kirkcaldy. Jonat s'était âprement défendu devant les accusations de son père. Elle savait qu'il n'avait pas commis ce crime-là, qui, selon ses souvenirs, ne s'était reproduit qu'à deux reprises en dix ans par la suite. Et cela après que son frère fut mort. Mais depuis des décennies les cimetières d'Édimbourg étaient victimes des résurrectionnistes, et ils prenaient un alarmant aspect de gruyère sous leurs pieds. Les médecins en étaient-ils venus à tuer pour s'approvisionner en cadavres?

Timmy avait un ami étudiant en médecine. Dana interrogea son cousin à ce sujet. Il avoua ne pas spécialement s'intéresser au sort des morts et passa bientôt à autre chose. Ce qui obligea la jeune femme à faire de même. Quelques jours plus tard, tout était oublié.

Dana continuait d'afficher ses œuvres dans la boutique de son oncle et elle arrivait à en vendre environ une par quinzaine. Comme l'avait prédit Tante Flora, l'écrivain Walter Scott revint en acheter une autre: celui de la demoiselle dans les jardins de Holyrood Abbey, que Dana vit partir avec regret. Elle avait déjà accumulé plus de trois livres qu'elle conservait dans une boîte de pastilles au citron vide. Mais elle réalisait qu'il lui en faudrait beaucoup plus pour s'offrir ne serait-ce que le matériel nécessaire pour réaliser son rêve.

Quand Flora l'invitait à faire des courses, même si ses sorties avec Timmy demandaient qu'elle se fît élégante, Dana ne s'achetait rien. Sur l'insistance de sa tante, elle avait toutefois accepté de prélever un shilling pour se procurer un nouveau ruban, question de raviver son chapeau un peu défraîchi. C'était tout ce qu'elle pouvait… ou voulait se permettre. Un nouveau chapeau lui aurait coûté ses trois livres bien comptées. Deux jours plus tard, un grand carton l'attendait dans sa chambre, sur son lit. Un mot avait été laissé dessus.

Avec toute mon affection, Flora.

Dans la boîte elle découvrit le plus beau des chapeaux cabriolets qu'elle eût jamais possédé. Confectionné en taffetas vert olive, il était composé d'un fond plat peu profond et d'un large bord doublé de soie crème et de tulle brodé qui encadrait son visage et attirait davantage l'attention sur ses yeux. Une délicate guirlande de marguerites de soie décorait la partie intérieure du bord. C'était un cadeau trop somptueux pour une nièce qu'on hébergeait par charité. Mais pas si on considérait cette nièce comme un futur membre de la famille. Comment Dana devait-elle interpréter la générosité de Flora?

❦

Coiffée de son chapeau neuf, Dana se promenait au bras d'un Timmy d'humeur particulièrement joyeuse. Juillet rayonnait. Il l'emmenait manger une glace dans un petit café bien fréquenté de Prince's Street. La jeune femme n'avait jamais mangé de glace auparavant. Pas plus qu'elle n'avait visité l'un de ces chics établissements.

Elle fut enchantée par l'endroit. Une suave odeur de café et de chocolat aromatisait l'air de la salle. Affichant des airs distingués, les clients dégustaient et sirotaient boissons et gâteries autour de petites tables rondes. Mais ce qui émerveilla surtout Dana, ce fut ce monticule de crème en neige dans une jolie coupe de verre qu'elle dégusta avec une longue cuillère en argent. Un délice onctueux au goût sucré qui engourdissait sa langue. Timmy avait laissé la moitié de sa portion. Intentionnellement. Il aimait voir les yeux de Dana se commettre dans la gourmandise. Un spectacle adorable.

Sa glace terminée, la jeune femme lorgnait avec convoitise celle qui fondait devant Timmy. Il feignait de ne pas s'en apercevoir et s'amusait à faire tourner le pied de la coupe sur la petite table. Tout en parlant, elle suivait chacun de ses mouvements comme un chat avec une souris.

— J'ai terminé la lecture de More, dit-il de but en blanc, coupant ainsi le dialogue qu'ils avaient sur le dernier article de Logan.

— More? C'est un nouveau journaliste au *Evening Courant*?

— Thomas More.

Elle le regarda, un peu déconcertée. Il prit sa cuillère, creusa dans la glace et balança la bouchée devant le visage de sa cousine.

— Ouvrez la bouche.

— Quoi?

— Vous la voulez, oui ou non?

— Timmy!

Son visage avait pris la teinte d'une pêche mûrie à point; le velours de ses joues était bien rose.

La cuillère attendait. Timmy était déterminé à briser la rigidité de cette cousine aux yeux troublants. Les émotions ne se vivaient pas qu'à travers des personnages. Au fil des dernières semaines, il avait découvert que derrière ce masque de porcelaine de convention se cachait une jeune femme d'une sensibilité à fleur de peau. La rigueur presbytérienne dans laquelle Dana avait grandi l'avait modelée. Quel défi cela serait de la casser…

Elle ouvrit la bouche. Il eut envie de rire tant elle était comique. Ses grands yeux de verre allaient et venaient autour d'elle. On aurait dit une enfant s'apprêtant à commettre le forfait du siècle.

— Ainsi, comme je disais, j'ai fini de lire l'*Utopia* de More.

— Oh! Thomas More! fit-elle. Mais qu'est-ce qui me prouve que vous l'avez lu, Timmy Nasmyth?

— Si je n'avais pas vraiment eu l'intention de le lire, je n'aurais pas attendu aussi longtemps pour vous le faire croire.

Il lui souriait en lui offrant une autre bouchée de glace, qu'elle prit après s'être assurée que personne ne les épiait.

— Vous aviez raison.

— Sur quoi?

Elle avait légèrement fermé les paupières et pincé les lèvres pendant que la glace fondait sur sa langue.

— L'utopie. Un monde parfait relève de l'utopie, de la seule *Utopie* de More. Jamais un homme n'échangerait sa liberté pour vivre dans cette paix qu'il nous dépeint. Tout est trop calculé, mathématique. Où est passée l'improvisation des moments de folie et du plaisir? Dieu! Quel monde d'ennui!

— Pour ceux qui trouvent leur plaisir dans la foi et dans l'ordre, le bonheur est assuré.

Il avait planté la cuillère dans le reste de glace, qu'elle lui vola en gloussant.

— Est-ce le genre de monde dans lequel vous trouveriez le bonheur, Miss Dana?

La jeune femme leva le menton pour le regarder, songeuse.

— Celui dans lequel je vis me satisfait.

— Vous vous contentez de bien peu, chère cousine, commenta-t-il un peu narquoisement.

Elle ne releva pas le trait et reporta son attention sur le fond de la coupe qu'elle grattait.

— Et vous, quel monde considéreriez-vous comme parfait, Timmy?

Elle introduisit la dernière bouchée entre ses lèvres vernies par le sucre. Il la considéra avec plaisir, imaginant… Dieu ce qu'il pouvait imaginer des choses ces derniers temps !

— Un monde où de jolies femmes mangent des glaces du matin au soir…

Les yeux vairons prirent l'aspect de ceux d'un poisson hors de l'eau ; la cuillère demeura coincée dans la bouche ; les joues se peignirent brusquement du plus tapageur des carmins. La bouche s'ouvrit enfin pour laisser passer l'air.

— Timmy… murmura-t-elle en cachant sa bouche derrière son gant.

Le lilas du cuir allait merveilleusement bien avec son teint. Le regard de l'homme s'abaissa sur le décolleté, qui se soulevait et s'abaissait au rythme des émotions qu'il avait suscitées. Il pouvait presque entendre le cœur de Dana cogner. Satisfait, il glissa la main dans la poche intérieure de son frac gris colombe tout neuf et en sortit un papier. Il le déplia et le posa sur la table, devant sa cousine.

C'était une annonce publicitaire découpée d'une page du *Caledonian Mercury*. Une annonce de course de chevaux. L'évènement devait avoir lieu le samedi suivant, dans l'avant-midi, sur la plage de Leith. Dana comprit… ou pensa comprendre ce que cela voulait signifier. Et elle en oublia la dernière phrase de son cousin.

— Qu'est-ce que ça veut dire, Timmy ? C'est une course, je ne peux pas… Je n'ai jamais… Timmy !

Elle levait des yeux désespérés vers lui, le dévisagea le temps d'imaginer l'inimaginable. Elle s'empara du bout de papier froissé et lut fébrilement la liste des coureurs.

— Je sais, c'est une course…

— Oh ! fit-elle soulagée, en reposant le bout de papier. Je croyais…

Timmy éclata de rire devant son air affolé.

— Mais qu'est-ce que vous vous imaginiez ? Que je voulais vous faire participer à une course de chevaux ?

— Vous, peut-être ? mentit-elle d'une petite voix.

—Moi?

Son hilarité redoubla.

—Timmy, s'il vous plaît…

—Regardez-moi, Miss Dana. Ai-je le gabarit d'un jockey? Fair Lad est un très bon cheval, mais, sous mon poids, il ne passerait pas la ligne dans les trois premiers.

—Fair Lad?

Elle relut la description des coureurs et trouva un hongre gris, appelé Fair Lad, appartenant à Mr Andrew Hogg; Oliver Young, jockey; livrée de course, satin bleu.

—C'est le cheval de votre ami Andy?

Il étira un coin de sa bouche, posant avec un petit air d'importance.

—Ce cheval est à moi.

—À vous? Mais il est écrit que…

—Je ne peux aucunement prendre le risque que mon père tombe sur cette publicité. C'est Andy qui a inscrit Fair Lad pour moi. En dehors de mes amis, personne ne sait que j'ai ce cheval. Les Hogg possèdent une vaste écurie de purs-sangs. Je connais Andy depuis que nous sommes gosses. J'ai passé une partie de mon enfance à brosser et à nourrir leurs chevaux avec lui. Ils ont accepté de prendre Fair Lad comme pensionnaire.

—Mais un cheval de cette classe coûte cher, Timmy.

—Ne vous en faites point, Miss Dana. Je ne l'ai pas volé. Il a été payé rubis sur l'ongle.

Le regard plein de scepticisme que lança la jeune femme vers son cousin exprimait trop bien ses pensées. Timmy se courba sur la table, se disant qu'il y avait bien des choses qu'elle ne savait pas sur lui… et sur la vie.

—Il n'y a pas que le moulin, vous savez. Je vous l'ai déjà dit, je me débrouille assez bien en affaires.

—Quelles affaires, Timmy?

«Quelles combines»? eut-elle surtout envie de lui demander.

— Je vous raconterai une autre fois. J'aimerais que vous assistiez à cette course, avec moi. Comme porte-bonheur pour mon Fair Lad, si on veut.

Cela plaisait à Dana. Une course de chevaux sur la plage. Il y avait bien longtemps qu'elle n'avait pas marché sur le sable. Voir la mer. Entendre sa voix lui chuchoter ses histoires…

— Votre père… il refusera de vous accorder un jour de congé. Logan ne peut plus vous remplacer. Et pour moi…

Comme chaque fois qu'ils abordaient le sujet de Charles Nasmyth, le visage de Timmy se ferma et il recula sur sa chaise.

— Ma mère s'occupera de la boutique. Quant au moulin… c'est mon problème, Miss Dana.

La jeune femme restait sceptique.

— Écoutez, tant que je travaille pour mon père, je m'assure le vivre et le couvert. Et lui, en refusant de me payer le salaire qui me reviendrait normalement ailleurs, s'assure de me garder au moulin. Je n'accepte plus de continuer à vivre de cette façon.

— Il a refusé que vous postuliez pour l'emploi à la distillerie Sunbury.

Il baissa les yeux et ouvrit la bouche, s'apprêtant à répliquer. Il aplatit sa main sur la table et la fixa pendant un long moment avant de se décider.

— Je n'ai pas postulé… parce qu'il n'y a jamais eu de poste de contremaître d'ouvert chez Sunbury. Si tel avait été le cas, je vous assure que cela aurait été fait sans même qu'il le sache. Croyez-vous que j'ai besoin de son approbation pour m'engager ailleurs?

Pourtant, il ne le faisait pas et continuait de se plaindre.

— Pourquoi avoir provoqué votre père dans ce cas?

— J'ai essayé d'inciter mon père à augmenter mon salaire… J'ai voulu voir jusqu'à quel prix il tenait à ce que je reste dans l'affaire familiale. Maintenant je sais.

La main de son cousin bougea, se refermant en un poing serré qui fit blanchir les jointures de colère et de rancœur. Le poing se souleva et retomba sur le bois, faisant tinter les cuillères dans les verres.

— Il se moque bien de moi, au fond. Pour lui, je ne suis rien de plus que de la main-d'œuvre bon marché. Vais-je attendre toute ma vie les miettes qu'il me donne ? Est-ce avec ça que je pourrai… Enfin… je voudrais pouvoir offrir autre chose à une épouse que la charité d'un beau-père.

À une épouse… Les mots percèrent l'esprit de Dana comme un hameçon. Timmy envisageait-il un mariage prochain ? Elle sentit son pouls s'accélérer, se maudit de rougir si violemment. Allait-il la demander en mariage ? Cette idée aurait dû la remplir d'un bonheur inespéré. Cependant, c'était une vive angoisse qu'elle ne pouvait s'expliquer qui l'envahissait brusquement.

Timmy désirait-il sincèrement l'épouser ?

Persuadée qu'aucun homme ne la remarquerait, pour ne pas déplaire à sa mère, elle avait accepté de venir à Édimbourg. Qu'elle puisse vraiment s'y marier tenait du prodige. Elle n'avait donc aucunement considéré cette possibilité en profondeur. Mais depuis des semaines son cœur n'était plus tranquille. Son esprit lui recommandait la prudence pendant que ses sens ne demandaient qu'à s'exprimer. Et elle craignait que les derniers n'enflamment le premier, la précipitant dans le mauvais rôle d'une mauvaise pièce qui ne pouvait que mal se terminer.

Les doigts de Timmy s'agitaient sur la table, tout près des siens qui reposaient, tendus sur l'annonce. Les contemplant, elle prit la parole.

— Non, en effet. Je suis certaine que celle que vous épouserez un jour voudrait un mari responsable et qui a le sens du devoir.

La main de Timmy s'immobilisa. Une femme, pénétrant dans le café par la porte laissée ouverte en cette chaude journée, éclata de rire, couvrant le vacarme des voitures qui circulaient dans Prince's Street. Dana leva son visage vers celui de l'homme assis en face d'elle et rencontra les yeux noirs d'un garçon qui raffolait des sucres d'orge. Puis elle sentit une douce chaleur lui envelopper la main.

Tout à coup, ils étaient seuls dans le Baxter's Coffee House.

❖❖

Timmy avait très tôt attelé le buggy et y avait fait monter sa cousine. Dana avait redouté de voir cette sortie annulée quand son oncle aurait vent des projets de Timmy pour la journée de samedi. Curieusement, il n'y eut pas de dispute, sinon quelques grognements de sa part. La jeune femme se doutait que Tante Flora y fût pour quelque chose. Elle avait bien l'intention de profiter pleinement de cette permission qui ne se renouvellerait certainement pas de sitôt.

Une pluie fine et tiède était tombée toute la nuit, transformant la chaussée déjà mal en point en bourbier. À l'aube, les précipitations avaient cessé, mais le ciel était resté lourd de nuages. Pluie ou non, les chevaux coursaient. Il en avait toujours été ainsi ; les traditions écossaises étaient choses sacrées.

Depuis des siècles le tracé du chemin de Leith Walk était le fil qui reliait Édimbourg à la mer. Et c'est par ce chemin d'environ deux *miles* de long que les marchandises humaines et matérielles débarquées des navires se rendaient à la ville. D'abord un simple sentier surélevé emprunté par les piétons, il s'était progressivement élargi jusqu'à devenir un chemin carrossable.

Le buggy filait sur cette route qui s'enfonçait dans le néant. Sugar Plum trottait, encouragé par les claquements du fouet sur sa croupe. La brume opaque qui persistait à dormir dans les champs escamotait la campagne qui séparait les deux villes. Cet espace s'amincissait dramatiquement d'une décennie à l'autre. Le port de mer attirant Édimbourg vers le nord, la barrière de l'eau poussant Leith vers le sud, les deux villes se tendaient la main. Chose ironique quand on savait que, de mémoire d'homme, les habitants de l'une et de l'autre agglomération s'étaient toujours opposés dans une guerre de droits et de liberté.

Édimbourg étant un bourg royal depuis les temps médiévaux, ses bourgeois jouissaient de privilèges qui étaient refusés à ceux du petit village de Leith. L'un d'eux était de pouvoir commercer à travers le pays sans obligation de payer les taxes, ou *toll*, qui étaient exigées aux portes des villes qui ne possédaient pas la charte royale. Ainsi, un marchand de vin édimbourgeois pouvait vendre sa marchandise à Leith sans passer par le Tolbooth[26] tandis que le fermier des environs, dont Leith, devait payer une taxe sur le poulet qu'il voulait vendre au marché d'Édimbourg.

Un second privilège permettait aux seuls négociants des bourgs royaux de commercer outre-mer. De ce fait, Leith ne pouvait taxer la marchandise qui transitait dans son port avant d'être transportée à Édimbourg, mais ses habitants devaient en payer une quand ils achetaient ces mêmes biens. Légitime ou non, le monopole qu'exerçait Édimbourg pour son seul bénéfice irritait les bourgeois et les nobles de Leith, provoquant altercations et jalousie qui perduraient encore aujourd'hui.

Le buggy contourna un luxueux phaéton dont l'essieu avant s'était brisé. Le cocher et deux hommes débattaient avec animation d'une solution au problème pendant qu'une femme et son enfant attendaient patiemment, assis dans le carrosse. Ce genre d'accident était toujours à prévoir. La route de Leith était reconnue pour sa mauvaise condition.

— En voilà qui manqueront forcément le départ, lança Timmy en manœuvrant le cheval pour éviter une grosse pierre. Par le diable!

— Timmy! s'offusqua la jeune femme.

La roue heurta l'obstacle et elle sentit son corps se projeter violemment vers le côté. Une poigne solide l'empêcha de glisser sur le banc. Le cœur palpitant d'émoi, Dana se redressa et réajusta sa tenue.

— Ce n'est rien, dit-elle en souriant à Timmy qui la dévisageait.

La main du jeune homme lâcha son genou et elle lissa sa jupe sur ses cuisses.

Sugar Plum se remit au trot; la voiture passa devant Halfway House. Nichée dans une petite agglomération appelée Shrub Place, cette maison, comme son nom l'indiquait, marquait le milieu du trajet et la frontière entre les deux villes. Derrière les quelques habitations qui l'entouraient, sur la colline de Shrub Hill s'était

---

26. En plus de servir de prison, le Tolbooth était l'endroit où les négociants devaient passer avant de vendre leur marchandise au marché. Les biens y étaient évalués et taxés.

autrefois élevée une petite éminence : Gallowlee, un gibet lugubre où les condamnés étaient suspendus par des chaînes pendant plusieurs jours après leur exécution, souvent sans la tête qui restait exposée aux regards de tous à la Mercat Cross. Aujourd'hui aplani par l'exploitation de son sable fin employé dans le mortier pour la construction de la New Town, Gallowlee n'était plus qu'un souvenir que les légendes gardaient bien vivant.

· L'odeur de la mer se faisait plus intense, et Dana ferma les yeux pour mieux la sentir. La concentration d'habitations devenait plus dense au fur et à mesure qu'ils approchaient. Repoussée par une brise tiède venant du large, la brume s'effilochait maintenant en minces lambeaux, laissant apparaître un ciel crayeux. Leith Walk se divisa en une fourche et Timmy fit bifurquer le buggy vers la droite, dans Constitution Street. Tout au bout, on pouvait apercevoir la Forth.

La foule qui se pressait rendait la rue hasardeuse. Il fallut abandonner la voiture dans une écurie à quelques minutes de marche du site, où avaient lieu les Edinburgh Races. Ces courses équestres, organisées par la magistrature d'Édimbourg, étaient reconnues depuis des décennies pour être les plus fréquentées d'Écosse ; des gens arrivaient de partout pour voir les jockeys se disputer le Silver Plat, qui avait une valeur de cinquante guinées.

Au jusant, les battures formaient un vaste terrain qui servait à diverses activités. À la marée haute, les flots venaient presque lécher la promenade de Tower Street. C'était à la limite de cette frontière entre terre et eau qu'étaient encore pendus les prévenus coupables de piraterie en mer. Elle bordait la ville sur tout son front, des corderies et des manufactures de verre jusqu'à Signal Tower, un ancien moulin à vent du XVIIe siècle ayant servi de tour Martello pendant la menace d'invasion de Napoléon, puis converti en 1805 en tour de signalisation pour le contrôle de la circulation des navires dans le port. De là, un môle s'arquait gracieusement dans l'estuaire, protégeant l'embouchure de la rivière Leith et les quais du port.

Une main sur sa poitrine, Dana respira un bon coup. La brise portait cet entêtant parfum qui lui manquait tant et elle s'en emplit largement les poumons. Son regard naviga sur les flots agités. Quelques schooners, sloops, cotres et goélettes étaient ancrés en rade. Comme le dos émergeant d'un énorme monstre marin endormi au fond de l'eau, Inchkeith s'exondait en face de Leith. Au début du XVIe siècle, cette île avait été le refuge des victimes de la peste. Sa position en faisant un point stratégique d'importance dans l'estuaire, ses fortifications avaient été à tour de rôle l'hôte des attaquants et des défenseurs d'Édimbourg. Un phare dont le feu était nourri au charbon y avait été construit en 1803.

Des oiseaux planaient, criaillant par-dessus la rumeur de la cohue qui réduisait au silence les bruissements de la mer. Dana se félicitait d'avoir revêtu son spencer. Il faisait plutôt frisquet.

— Par ici, l'orienta la voix forte de Timmy, qui la précédait.

Vêtu d'un frac de *broadcloth* marine, d'une culotte de daim fauve, de ses bottes et de son haut-de-forme, son cousin n'avait rien à envier au plus pimpant des dandys. Et il était de fort belle humeur. Le jeune homme lui prit la main et la conduisit vers un accès à la plage.

Des kiosques et des tentes étaient montés un peu partout. Des gitans dansaient et chantaient au son de tambourins et de violons au milieu d'un cercle de spectateurs. Plus loin, des acrobates faisaient rire un groupe d'enfants avec des singeries. On vendait des rafraîchissements et de la nourriture de toute sorte. Dana se sentait comme une petite fille à la foire. Elle n'avait jamais assisté à une foire. Tant de nouveautés, de couleurs, de gens, de rires et de vie!

Elle tirait maintenant sur la main de Timmy. Elle voulait voir les jongleurs. Et l'équilibriste! Et encore le drôle de petit singe habillé en soldat qui faisait des pirouettes en équilibre sur les épaules et le chapeau de son maître. La jeune femme caracolait telle une jeune pouliche, et Timmy jubilait de la voir si vive. Mais il fallait trouver Andy Hogg. Timmy voulait saluer Fair Lad avant la course qui allait bientôt commencer et le présenter à Dana.

Il l'entraîna à travers l'attroupement jusqu'à la piste qu'on avait dégagée des curieux. Deux hauts poteaux auxquels claquaient des rubans vivement colorés et distancés d'environ un *mile* marquaient les limites du parcours. Il y avait là des gens de l'aristocratie et des bourgeois comme des marins et des habitants. Son cousin repéra un groupe de jeunes gens.

— Là ! fit-il, soudain fébrile.

Dana vit un cheval gris pommelé tiré par un jeune garçon. Ce devait être Fair Lad. Andy les accueillit avec joie et les deux hommes procédèrent ensemble à une dernière inspection du cheval. Il y avait aussi Maclure et le sympathique John Walter. C'était la première fois qu'elle revoyait les amis de Timmy depuis l'épisode du Blue Oyster Cellar. Le cœur était à la fête et nul ne songea à rappeler à la jeune femme cette soirée, sauf peut-être John, qui la salua en lui demandant, sans malice, comment se portaient ses « précieux yeux ».

Fair Lad était une bête superbe. Pour ce qu'en savait Dana. Sa robe avait la couleur d'un ciel incertain et sa crinière et sa queue étaient blanches comme neige. Oliver Young, le jockey, était un jeune homme de dix-huit ans engagé par les Hogg. Dana, qui l'avait d'abord pris pour un enfant, fut surprise par sa petite taille. Il dépassait à peine les épaules de Timmy.

Un clairon annonça le départ imminent et Fair Lad et son cavalier s'éloignèrent vers la ligne de départ. Les chevaux devaient parcourir cinq fois l'aller-retour entre les deux poteaux. Timmy était silencieux et soudain plus nerveux. Il observait le déroulement des préparatifs de départ. Tout aussi fébrile, son Fair Lad piétinait le sable. Cinquante livres allaient se jouer en quelques minutes.

Les gens se pressaient maintenant tout le long du parcours. Timmy leur trouva une place près de la ligne de départ. Un reflet dans le sable attira l'attention de Dana, qui se courba. À la pointe de sa chaussure, à moitié enterré, un demi-penny de cuivre un peu terni et percé en son centre. Elle l'offrit à Timmy.

— Pour la chance.

— Eh bien… fit-il en prenant la pièce pour la fourrer dans la poche de son frac. Elle sera doublée pour moi.

Et il lui sourit. Les quatre coureurs étaient alignés, prêts à partir. Un officier de la magistrature municipale en tenue de parade prononçait son discours d'ouverture d'une voix forte qui parvenait à peine à se faire entendre des gens qui maugréaient d'impatience. Mais quand se leva le pistolet, un silence subit tomba sur la plage. La main de Timmy trouva celle de Dana et il la serra fortement.

Le coup de feu détona.

Les quatre chevaux partirent en même temps qu'une clameur s'élevait de l'assistance qui encourageait ses favoris. Couchés sur l'encolure, les jockeys frappaient énergiquement de leur cravache la croupe de leurs montures qui, l'écume à la bouche, fonçaient devant en soulevant des galettes de sable mouillé derrière elles. Le sol vibra.

Au premier virage, Fair Lad réussit à prendre la deuxième place. Timmy hurla de joie en sautant. Emportée par l'émotion du moment, Dana l'imita, criant le nom de Fair Lad lorsqu'il passa devant eux. La masse compacte que formaient les bêtes donnait l'impression d'un seul animal fantastique dont les innombrables pattes labouraient les battures avec une puissance terrifiante. C'était fascinant.

— Allez, Fair Lad ! Pousse à fond, mon vieux ! criait Timmy, ses mains en porte-voix.

Après le deuxième virage, les chevaux se distancèrent légèrement. Fair Lad conserva son rang pendant trois autres virages. Au cinquième, une monture grise frôla de trop près le poteau ; son cavalier le heurta et fut désarçonné et piétiné par le cheval qui le suivait de près. Une vague d'exclamations d'horreur déferla sur les spectateurs. Dana se détourna, le cœur liquéfié. Elle n'avait pas eu le temps de remarquer la couleur de la livrée du jockey ; deux chevaux gris participaient à cette course.

— Par la barbe de St. Andrew ! murmura Timmy en s'avançant d'un pas.

L'accident avait eu lieu à l'autre extrémité de la piste et il était difficile de distinguer les couleurs des vestes des cavaliers pratiquement couchés sur leurs chevaux qui revenaient. Un moment d'intense inquiétude passa, réduisant le jeune homme et ses supporters au silence.

— Il est là ! explosa John.

Le cheval pommelé qui passa devant à folle allure en soulevant des gerbes de sable était bien Fair Lad. Le cavalier portait une livrée bleue.

— Dieu merci ! souffla son propriétaire en retirant son chapeau pour essuyer son front moite de transpiration.

Il ne restait plus que trois participants. Au sixième virage, Fair Lad glissa au dernier rang et Timmy jura entre ses dents. Ses amis lui tapaient sur l'épaule pour l'encourager.

— Il en reste trois, lui dit doucement Dana.

La course n'était pas finie, mais les chevaux se fatiguaient et remonter la piste devenait plus improbable.

Contre toute attente, l'écart entre Fair Lad et le cheval qui le précédait s'amenuisa. Les espoirs revenaient. Oliver fouettait inlassablement la bête qui mordait dans son mors. Comme les autres, la jeune femme se remit à crier. L'improbable arriva. Fair Lad doubla son adversaire, le coupant au virage. Malgré tout cela, Timmy restait silencieux dans la foule en délire. Quelques yards séparaient encore les deux premiers coureurs.

— Il peut y arriver, Timmy, l'encouragea Dana en s'approchant de son cousin.

— Alors priez pour lui, Miss Dana, fit-il tout bas sans quitter la piste des yeux.

Ce qu'elle fit.

Au huitième virage, Fair Lad conserva le deuxième rang. L'écart s'était aminci, laissant espérer le miracle. Voyant sa chance lui revenir, Timmy saisit la main de la jeune femme.

— Donne tout ce que tu as dans le ventre, mon vieux. Je sais que tu en es capable. Allez !

Le dernier virage approchait et une sorte de folie s'emparait des spectateurs. Dana s'était tue ; ses doigts étaient broyés par ceux de son cousin, qui semblait avoir oublié qu'il les tenait. L'estomac crispé par l'appréhension, elle ferma les yeux un instant.

— Allez ! Vide-toi ! Tu peux y arriver, Fair Lad ! s'égosilla Timmy.

Les nasaux écumants de la bête frôlaient la croupe du premier coureur. Il remontait la piste. Quelques yards encore… Le cœur de la jeune femme battait à lui rompre la poitrine. Les chevaux arrivaient à pleine vitesse, les muscles bandés dans un dernier sprint.

—Vas-y, Fair Lad! hurla-t-elle à pleins poumons.

Les juges attendaient à la ligne d'arrivée. Les chevaux martelaient furieusement le sable, les deux premiers pratiquement à égalité. Dana se sentit soudain brusquement tirée. Timmy l'entraînait vers la ligne. L'arrivée des chevaux allait être serrée.

Les chevaux leur passèrent sous le nez. Des hurlements de joie fusèrent autour de Dana. Les bras de son cousin la soulevèrent dans les airs et la firent tournoyer comme dans un manège. Fair Lad avait remporté la course. Lorsque ses pieds touchèrent le sol de nouveau, elle se sentit enveloppée d'une puissante étreinte qui lui coupa le souffle, et deux baisers humides lui écrasèrent les joues.

Timmy ne portait plus à terre. Il flottait d'ivresse au milieu du délire de ses amis qui le félicitaient. Saisie d'émoi, la jeune femme le regarda savourer cette incroyable victoire avec plaisir.

La cérémonie protocolaire de remise du prix terminée, le groupe se réunit pour célébrer. Andy avait apporté des bouteilles de clairet, qu'il ouvrit, et on trinqua à la santé de Fair Lad et à celle d'Oliver, qui fêtait aussi sa part de gloire. C'était la première victoire de Fair Lad et on jura en crachant au sol que ce ne serait pas la dernière.

L'après-midi se déroula dans l'allégresse. On assista à une représentation de théâtre, on rit et on dansa sur la musique des gitans. Timmy acheta des petits pâtés de crabe tout chauds et un *penny loaf* [27] qu'il partagea avec Dana en buvant de la limonade. Si épris du bonheur de ce triomphe, ils n'avaient même pas remarqué que le soleil avait percé les nuages et faisait miroiter la mer, qui reprenait tranquillement possession de son territoire.

Les pieds pratiquement dans l'eau, on démonta les tentes et les kiosques. Les gens regagnaient la ville; les aînés retournaient

---

27. Petit pain.

vaquer à leurs occupations tandis que les plus jeunes continuaient la fête. Des courses de chevaux avaient lieu dans Leith Walk. Les tavernes s'emplirent des marins et des gens de la société. Timmy entraîna sa cousine au Royal Stallion, dans Water Lane, où les rejoignirent leurs amis. Ils y soupèrent d'un potage à l'orge et de poisson poché. Le temps passa dans le même esprit de joie qui les avait portés depuis la fin de la course. Ils trinquèrent et dansèrent, trinquèrent et chantèrent, trinquèrent encore et rirent jusqu'à épuisement.

La tête posée sur la table, John ronflait. Andy le bouscula pour le réveiller. Il était onze heures passées et le groupe d'amis se dispersait pour rentrer. Maclure était parti depuis un bon moment. Avant de la quitter, Mary embrassa Dana, lui promettant de l'inviter à sa prochaine soirée de poésie. Puis elle suivit son frère Nathan. Après avoir chaleureusement félicité son ami une dernière fois, Andy leur emboîta le pas. Timmy guida sa cousine dans les ruelles éclairées par quelques lampes à huile. La jeune femme avait la tête qui tournait. Et d'avoir tant dansé, elle en avait mal à sa jambe qui réclamait un peu de repos.

— Vous vous souvenez où est l'écurie? demanda-t-elle, la voix un peu molle.

Son cousin s'était arrêté et regardait d'un côté et de l'autre dans Water Lane, cherchant à se situer.

— Nous avons toute la nuit pour la trouver, dit-il en riant.

Il prit son bras et la dirigea vers Chapel Lane. La jeune femme faisait en vain des efforts pour ne pas tituber. Sa jambe droite la laissait lâchement tomber. Son pied dérapa sur le pavé humide. Son cousin la rattrapa juste à temps. Ils en rirent. Ils retrouvèrent non sans quelques difficultés l'endroit où ils avaient logé Sugar Plum. Timmy régla l'hébergement au propriétaire qui ne manqua pas de faire un commentaire sur l'heure tardive, attela le buggy, et ils prirent le chemin du retour.

Le cheval trottait, et la voiture cahotait sur les inégalités de la chaussée. Le parfum de la nuit se composait de ceux des champs et du fumier. Une grosse lune ronde était suspendue au-dessus de la campagne. Elle éclairait la route et les toitures des maisons.

Le monotone grincement des ressorts et le crissement des roues agirent comme un doux soporifique sur Dana. Épuisée, elle tentait de combattre le sommeil qui la prenait d'assaut. Le vin alourdissait ses paupières. Après avoir retiré son chapeau qui la gênait, elle posa sa tête contre le dossier du siège. Les soubresauts du buggy la firent glisser lentement contre l'épaule de Timmy.

L'air était tiède et imprégné de rosée. Les cheveux décoiffés de la jeune femme collaient sur ses joues, la chatouillaient. Elle frotta son visage contre l'étoffe de la veste. L'odeur rassurante de l'homme lui emplit les narines et Dana se lova contre lui. Timmy enveloppa sa main dans la chaleur de la sienne et ils demeurèrent ainsi sans bouger ni parler. Le jeune homme sentit le poids de sa cousine s'alourdir contre lui. Dana s'abandonnait. Quand Timmy pressa sa main pour l'embrasser, elle ne réagit pas. Sa tête dodelinait doucement et la lune caressait la courbe de sa joue. Il hésita, puis se pencha et posa sa bouche sur cette joue, accrochant délibérément au passage le coin de ses lèvres.

Dana s'était endormie.

—Miss Dana…

Tout bougeait. Dana tanguait comme sur un navire qui allait chavirer. Ses mains cherchant quelque chose où s'accrocher, elle ouvrit un œil hagard. La voiture était immobile et s'enveloppait d'une épaisse obscurité. Elle entendait le bruit d'une respiration près d'elle. Incertaine d'où elle se trouvait, elle chercha à se redresser. Une poigne l'en empêcha.

—Je suis là, la rassura Timmy.

Sa vue s'habituant à la noirceur, sans parvenir à bien le voir, elle distingua les contours de ses épaules.

—Où sommes-nous? demanda-t-elle, confuse, en prenant conscience qu'elle s'était endormie.

—À la maison.

—À la maison?

Il remua et elle sentit les bras puissants glisser sous ses genoux et derrière son dos. Avant qu'elle réalisât ce que fabriquait Timmy, elle était soulevée dans les airs. Par réflexe, elle s'accrocha au cou de son cousin pendant qu'il la descendait du buggy. Sugar Plum, encore attelé au véhicule, renâclait d'impatience, secouant sa crinière et faisant cliqueter les boucles et anneaux du harnais. Les poules caquetaient faiblement au fond de l'écurie.

Ses sens lui étant revenus, Dana demanda à être posée par terre.

— Vous en êtes certaine ? dit-il en ricanant.

— J'arriverai bien à me rendre jusqu'à ma chambre.

C'était la première fois qu'elle buvait autant. Si l'ivresse du vin lui avait fait perdre un peu de sa timidité et de sa retenue, celle que lui procurait le contact du corps de Timmy les lui fit recouvrer d'un coup. Ses pieds retrouvèrent le sol et elle cligna des paupières pour regarder autour d'elle. Par l'entrebâillement de la porte de l'arrière-boutique, une lampe à huile éclairait faiblement le chemin. Elle s'y dirigea avec précaution, ses mains se guidant par les murs et les meubles qu'elle rencontrait. La pièce était tranquille, comme le reste de la maison. Quelle heure pouvait-il être ? Sentant que son cousin la suivait de près, elle se retourna.

— Vous pouvez dételer Sugar Plum. Je vais arriver à me débrouiller, je vous assure, Timmy.

L'épaule appuyée contre le chambranle, il était redevenu sérieux et la dévisageait bizarrement, sans parler. Ses cheveux ébouriffés pointaient en tous sens et ses yeux noirs luisaient. L'ombre de ses sourcils lui empêcha d'y lire ce qu'ils recelaient, mais elle eut le sentiment qu'ils brillaient pour elle.

— Je voudrais… vous remercier. Cette journée fut…

Elle s'interrompit, nerveuse. Il ne bougea pas, continuant de la fixer avec cette troublante expression.

— Je suis heureuse pour vous, Timmy, vraiment, dit-elle en redressant le buste pour se donner contenance. Pour la victoire de Fair Lad. Ce sera notre secret.

Il hocha la tête et croisa les bras sur sa poitrine. Elle soupira, ne sachant quoi ajouter. Le sol encore instable sous ses pieds l'obligea à prendre appui sur une étagère. Le silence que lui imposait Timmy commençait à la rendre mal à l'aise.

— Bonne nuit, Timmy, murmura-t-elle.

Il décroisa les bras et bougea. Elle crut un moment qu'il allait venir vers elle et la soulever pour la porter jusqu'à sa chambre, mais…

— Bonne nuit, Miss Dana, répondit-il d'une voix basse.

Elle lui sourit et se détourna vers l'escalier qu'elle grimpa en se concentrant sur chacun de ses mouvements. La cuisine était déserte. Tout le monde dormait. Dana s'adossa contre le mur et, les mains crispées sur sa poitrine, ferma les yeux. Son cœur battait si vite…

— Il est plutôt tard pour rentrer. Où étiez-vous ?

Dana laissa échapper un petit cri de frayeur. Sa tante se tenait à l'autre bout de la cuisine, enveloppée de son châle, une chandelle à la main. Sous la frange du bonnet perçait un regard suspicieux, mais elle ne semblait pas en colère.

— Tante Flora, bafouilla Dana en cherchant à prendre un peu d'aplomb pour ne pas trahir son état. Nous… nous sommes allés dîner avec des amis et le temps… eh bien, il a filé sans qu'on s'en rende compte.

Dana gloussa.

— Hum… Où est Timmy ?

— En bas. Il s'occupe de… Sugar Plum.

La femme la détailla encore quelques secondes pendant lesquelles Dana put presque lire ses pensées sur son visage mobile.

— Timmy a été correct avec vous ?

— Mais oui, fit Dana en ne pouvant se retenir d'afficher une certaine surprise.

N'était-ce pas de son propre chef que Flora acceptait que sa nièce sorte sans être accompagnée d'un chaperon ? Toutefois, sa tante sembla soulagée. Elle secoua la tête et le volant de son bonnet comme pour chasser quelque persistant soupçon.

— Allez vous coucher, ma fille. Il est passé minuit depuis bien longtemps.

Surprise, la jeune femme se tourna vers l'horloge accrochée au mur. L'aiguille indiquait effectivement quelques minutes avant la première heure. Le trajet de Leith à Édimbourg ne prenait pourtant qu'une demi-heure. Par où était passé Timmy ?

❧❧

Il sentit son haleine parfumée du vin qui parcourait encore les veines de sa cousine endormie. Il pensa que cette scène en ferait une délicieuse dans un roman et qu'elle la lirait sans doute avec une certaine gêne si elle ne refermait pas tout simplement le livre. Il la contemplait, hésitant à la réveiller, comme il l'avait fait dans le buggy en arrivant dans l'écurie. Et de sentir la chaleur de Dana blottie contre lui…

Il ne leur restait que peu de temps avant le lever du jour. Il se résigna et secoua doucement la jeune femme, qui grogna en se retournant. La longue chevelure brune masquait la moitié du visage qui se tourna vers la source de lumière. Ses paupières se plissèrent et battirent légèrement avant de s'entrouvrir sur un regard encore perdu dans de lointains mondes auxquels elle seule avait accès.

— Miss Dana, chuchota-t-il près de son oreille.

Les yeux s'agrandirent brusquement et Timmy plaqua sa main sur la bouche qui s'ouvrait.

— Chut ! C'est moi, Timmy. Ne craignez rien…

La jeune femme remua et fixa son cousin d'un air hébété.

— Habillez-vous. Faites vite !

La lumière du jour ne traversait pas encore le rideau. Ses esprits embrouillés, Dana s'assit dans son lit. Que faisait Timmy dans sa chambre en pleine nuit ? Pourquoi lui demandait-il de s'habiller ?

— Pour faire quoi ? Y a le feu ? demanda-t-elle, perplexe.

Elle vit luire une rangée de dents sous la moustache.

— Je souhaite vous montrer quelque chose.

— Mais il fait nuit, Timmy!

— Pas pour longtemps. Allez, dépêchez-vous sinon nous raterons tout.

— Rater tout? Mais de quoi parlez-vous?

Il ramassa la chemisette tombée au sol. Sans doute l'avait-elle abandonnée là en se déshabillant. Il la lui présenta. Embarrassée, elle prit le vêtement de corps et le pressa contre sa poitrine.

— Je vous attends dans la cuisine. Et de grâce, ne réveillez personne.

Il sortit de la chambre, la laissant seule avec la chandelle qui vacilla dans les remous de l'air.

Quelques minutes plus tard, ils se retrouvaient dans l'écurie, où Sugar Plum les attendait, sellé pour une promenade. Dans sa hâte, Dana n'avait réussi à faire de ses cheveux qu'un chignon un peu lâche d'où s'échappaient des mèches folles qu'elle tentait sans cesse de replacer.

— Montez, lui dit Timmy.

Tenant l'étrier pour elle, il affichait un air énigmatique.

— Je ne peux pas, renâcla-t-elle en reculant. Timmy…

— Allons, Miss Dana. Ce n'est pas compliqué pourtant. Vous mettez le pied dans l'étrier et…

— Je ne suis pas tout à fait ignorante de la manière dont on doit monter un cheval, rétorqua-t-elle.

C'était complètement insensé. Il l'avait réveillée pour lui donner des leçons d'équitation?

— S'il vous plaît. Je veux vraiment vous montrer quelque chose.

Il la suppliait apparemment avec sincérité. Mais que pouvait être cette chose si importante pour qu'il la réveillât en pleine nuit? Elle pensa bizarrement à un enlèvement. On parlait parfois de ces jeunes amoureux qui prenaient la fuite vers Gretna Green. Depuis 1754, en Angleterre, l'Acte du mariage réglait à vingt et un ans l'âge obligatoire pour une union sans le consentement des parents. L'Écosse n'étant pas soumise à cette loi, les jeunes fiancés anglais se rendaient à Gretna Green, qui était le premier village écossais rencontré sur la route de Londres-Édimbourg. Bien qu'elle pensât à cette idée romantique, cela ne pouvait être l'intention de son cousin. Encore aurait-il fallu qu'il fût épris d'elle. Et puis, ils avaient tous deux depuis longtemps dépassé l'âge permis par la loi écossaise, qui était de quatorze ans pour l'homme et douze ans pour la femme. Alors quoi ? La curiosité l'emportant sur la prudence, elle mit son pied à l'étrier et se hissa sur le dos de la bête en prenant maladroitement position en amazone.

— Passez la jambe de l'autre côté, lui ordonna-t-il.

— Quoi ? Mais, Timmy !

— Vous ne tiendrez jamais dans cette position. Faites ce que je vous dis et tout ira bien.

Elle s'exécuta, passant sa jambe pour chevaucher la monture comme un homme. Sa robe lui remonta jusqu'au-dessus des genoux. Profondément embarrassée, elle tenta de les recouvrir. Mais Timmy tirait déjà sur les rênes et le cheval se mit au pas, ce qui la força à se retenir au pommeau.

Ouvrant et refermant les portes derrière eux, son cousin fit sortir le cheval de l'écurie. Puis il grimpa à son tour sur le dos de l'animal, devant elle.

— Accrochez-vous solidement. Si quelque chose ne va pas, pincez-moi.

À peine avait-elle entouré la taille de Timmy de ses bras qu'il enfonçait ses talons dans les flancs de la monture, la poussant au trot. Les sabots résonnaient sur les façades de pierre. La joue collée contre le dos du cavalier, ses doigts fortement agrippés au gilet, Dana regardait défiler les maisons encore endormies, se disant qu'elle devait être folle d'avoir accepté de suivre son cousin dans cette petite escapade qui, elle le réalisait trop tard, pouvait la perdre irrémédiablement.

Ils trottèrent dans la Cowgate, passant sous l'arche romaine du South Bridge. Après une chevauchée de quelques minutes, ils atteignirent les communs. Le cheval piétina le pâturage humide qui grimpait en pente raide sous les Salisbury Crags, et la fraîcheur de la campagne leur piqua agréablement les narines. Sous un ciel indigo, la masse sombre d'Arthur's Seat les surplombait, tel le gigantesque lion accroupi dont il prenait l'aspect vu de l'ouest. Sugar Plum hennit doucement quand Timmy tira sur les rênes. Docile, l'animal pivota sur la droite, puis sur la gauche, obéissant à l'indécision de son maître.

Timmy regarda l'étroite bande verdoyante des pâturages qui se déroulait devant eux. Une idée lui traversa l'esprit. Il sauta du cheval et rebondit aussitôt derrière Dana, qu'il coinça solidement entre ses cuisses.

— Je suis certain que vous avez lu l'histoire de Persée et d'Andromède, Miss Dana, murmura-t-il dans le cou de la jeune femme en reprenant le contrôle des rênes. Ovide raconte comment la belle vierge fut emportée par son sauveteur sur le dos du puissant Pégase. On pourrait assez bien imaginer les frémissements des chairs provoqués par une telle envolée fantastique. Mais savez-vous vraiment ce que c'est que de voler sur le dos d'un cheval ? Avez-vous seulement une idée de ce qu'Andromède a pu ressentir lors de cette extraordinaire chevauchée ? Savez-vous ce que c'est que de sentir le vent siffler dans vos oreilles et vous fouetter le visage alors que vous filez à toute allure dans l'obscurité, totalement subjuguée par la puissance de votre monture, complètement à sa merci ? De sentir votre estomac se nouer de peur en même temps que d'exaltation ? C'est grisant, Miss Dana. C'est formidablement grisant.

Tout en lui parlant, il avait glissé un bras autour de sa taille et avait plaqué la jeune femme contre son torse. Il la sentit se tendre d'appréhensions.

— Qu'avez-vous l'intention de faire ?...

Le jeune homme avait saisi ses mains et les avait posées sur le pommeau.

— Tenez-vous bien, Miss Dana. Je vais vous faire vivre quelque chose que vous n'avez certainement jamais connu auparavant.

Dana allait répliquer, protester, mais le souffle lui manqua quand le cheval se cabra et partit au grand galop. Ses mains se crispèrent sur le pommeau comme si sa vie en dépendait. Rudement secouée, elle sentit son estomac descendre dans ses talons et ses poumons s'emplir d'un cri qui resta coincé dans sa gorge nouée de terreur. La course folle ne dura que quelques secondes ; ahanant bruyamment, Sugar Plum s'immobilisa enfin, laissant Dana pantoise et sans voix.

Courbée sur l'encolure du cheval, elle souffla par saccades. Penché sur elle, Timmy en faisait tout autant. Il n'avait pas desserré sa prise.

— Est-ce que… ça va ? s'enquit-il doucement.

Encore sous le choc, la jeune femme acquiesça de la tête. Un son sortit de sa gorge, quelque chose entre un sanglot et un gémissement. Timmy la sentit frémir. Il se pencha davantage sur elle, jusqu'à lui effleurer la nuque de ses lèvres.

— Vous voyez, Miss Dana, il y a des émotions qu'on ne peut vivre autrement.

Elle se redressa, se heurtant à son torse. Une colère sourdait en elle et elle eut cette soudaine envie de le gifler. Que cherchait-il à lui prouver ? Dans un accès de rage et de frustration, elle tourna la tête vers lui et planta son regard choqué dans le sien.

— Ne me refaites… plus jamais… plus jamais…

Mais les remontrances s'évanouissaient. Son cœur pompait son sang à une vitesse vertigineuse et lui fit tourner la tête. Monta alors un irrépressible besoin de se vider les poumons et le ventre de cette trop forte tension. Elle éclata de rire. D'un rire fort et libérateur qui lui fit monter les larmes aux yeux.

— Ya ! cria joyeusement Timmy en éperonnant leur monture.

Le rire de Timmy se joignit à celui de Dana alors qu'ils chevauchaient jusqu'au rocher qui marquait l'emplacement du puits de St. Anthony. Le jeune homme sauta au sol et coinça solidement les rênes entre deux grosses pierres. Puis sans attendre il aida sa compagne à le rejoindre.

— Venez ! lança-t-il en lui prenant la main.

— Pourriez-vous enfin m'expliquer ce que nous fabriquons ici, Timmy ?

— Vous ne devinez pas ?

Sans donner plus de détails, il l'entraîna sur le sentier qui grimpait la colline jusqu'aux ruines de la chapelle. La jeune femme n'avait d'autre choix que de le suivre. Elle glissa à quelques reprises sur l'herbe mouillée et il s'arrêta chaque fois pour l'aider. La journée d'hier avait été si merveilleuse. Il désirait qu'elle ne finisse pas, jamais. Ni pour lui. Ni pour elle.

C'était fou, hardi et insensé. Mais c'était justement cela qui ferait de cette aventure un fabuleux souvenir. L'idée lui était venue tandis qu'il l'avait regardée dormir dans le buggy. Il avait voulu la lui suggérer en la réveillant. Mais elle était si éreintée ; il n'avait pas osé. Puis, après s'être couché, le visage tourné vers le mur qui le séparait d'elle, il n'avait pu trouver le sommeil.

Le jeune homme aurait voulu la faire grimper plus haut, au moins jusqu'à l'éminence de Crow Hill, située à mi-chemin entre la chapelle et le sommet de la colline. Mais le temps manquait ; le ciel pâlissait et les constellations qui étincelaient sur le velours turquin s'estompaient peu à peu. Il ne voulait pas qu'elle rate une seconde de la représentation.

— Voilà, fit-il en soufflant. Je vous offre le plus beau spectacle de la terre, de la création… Je vous offre le réveil du monde… à vos pieds, Miss Dana Cullen.

Il s'était incliné avec grâce devant elle. La jeune femme s'immobilisa, le cœur éprouvé par la périlleuse grimpette, son attention rivée sur la ligne d'horizon. Lui vinrent une multitude d'images, de souvenirs d'autres levers de soleil.

— Oh, Timmy, murmura-t-elle, très émue.

Prise d'un délicieux vertige, elle s'appuya contre le mur de pierre. Timmy la rejoignit, son épaule frôlant celle de sa cousine. Le visage tourné vers l'est, ils attendirent en silence. Un coq chanta quelque part dans la campagne. Retomba cette paix qui précédait ce moment où la nuit basculait dans le jour.

Le chant du coq… Cela évoqua un souvenir : un poème sur le chant du coq écrit par Prudence, un poète lyrique latin de l'Antiquité : *Hymnus ad Gallicinium.*

L'oiseau messager du jour
Annonce la lumière toute proche
De nos esprits l'Éveilleur
Le Christ appelle la vie.
C'est pourquoi nous croyons
Qu'à l'heure de notre sommeil
C'est le Christ ressuscité
Que chante le coq avec exultation.

Dana serra fort les paupières.

Un vœu. Il lui fallait faire un vœu.

La main du jeune homme effleura doucement la sienne. Le contact l'émut davantage. Que pouvait-elle bien souhaiter de plus que cet instant de pur bonheur? La main emprisonnée dans celle de Timmy, elle allait assister à la naissance d'un jour nouveau et à celle d'une vie nouvelle si Dieu en décidait ainsi.

Un mince fil doré dessinait progressivement un arc dans le néant blafard. Puis le ciel, coupé de la terre par cette ligne de lumière diffuse, se teinta de rose, infusant la brume qui embrouillait encore l'horizon. Peu à peu les toitures se couvrirent de feuilles d'or. Dana attendait, fébrile, l'apparition de la couronne du roi des astres, le char de feu d'Ouranos. Sans s'en rendre compte, elle serrait plus fortement la main de son compagnon, qui ne regardait plus que le profil de sa cousine, en train de prendre les couleurs du ciel.

Puis s'embrasa un point qui bientôt mit le feu à toute la mer. Une eau de feu rouge. Un rouge qui ne pouvait mieux exprimer la véhémence des émotions qui étreignaient le cœur de Dana. Et fondirent les feuilles d'or des toitures sur les façades des édifices d'Édimbourg. La lumière ruisselait du ciel comme une ondée de couleurs qui s'intensifiaient et s'approfondissaient.

Une larme coula le long de sa joue. Timmy l'essuya d'un doigt léger.

— Pourquoi pleurez-vous, Dana?

Elle se tourna vers lui. Les yeux noirs qui la fixaient brillaient du même feu que le ciel.

—Je… je ne pleure pas…

Le jeune homme prit le visage dans sa main et le leva vers le sien. Dana n'opposa aucune résistance. Il courba la nuque. Ses lèvres effleurèrent celles de la jeune femme, puis s'éloignèrent. Elle le fixait maintenant sans rien dire avec ses yeux un peu bizarres. Il s'en troublait à chaque fois. Il sentit l'émotion la faire frémir. Les livres ne racontaient pas tout. Possiblement, ils pouvaient évoquer des sentiments, les provoquer. Mais ce n'était rien comparé à ce qu'un corps pouvait réellement vivre dans des moments de pure exaltation.

Voilà la leçon qu'il avait voulu donner à la fille du pasteur Cullen.

Et maintenant ?

Maintenant qu'il savait ce qui se cachait à l'intérieur de ce parangon de vertu, il avait envie d'autre chose…

Il se pencha de nouveau sur elle et, glissant une main derrière le cou de Dana, l'autre l'attirant contre lui, il l'embrassa encore, plus longuement, plus langoureusement. Le dos de la jeune femme se cambra sous sa caresse. La nuque plia dans le creux de sa main et la tête bascula vers l'arrière.

—Timmy… il ne faudrait pas… aller trop vite.

Pantelante, elle chercha à maîtriser ses émotions et repoussa son cousin avec douceur.

—D'accord, fit-il en lui embrassant le front. D'accord, Dana.

Cet accord, il le faisait avec le temps. Le temps qu'il réduirait bien assez tôt à ses désirs.

Accolés l'un à l'autre, ils regardèrent la ville se réveiller à leurs pieds.

Chapitre 7

La plume grattait le papier à un rythme régulier. Quelques pauses pour refaire le plein d'encre et elle reprenait son travail. Par la fenêtre ouverte, les bruits provenant de la cour de la tannerie voisine dérangeaient. Mais pas autant que les odeurs pestilentielles que dégageait l'industrie. Dana s'y était habituée. Et il faisait trop chaud pour s'enfermer. Elle relut les dernières lignes. Ajouta encore quelques mots pour exprimer sa profonde gratitude, signa et déposa sa plume.

Pendant que l'encre séchait, elle se leva pour s'habiller. Elle contempla sa robe verte étalée sur le lit. Elle commençait à se défraîchir. Avec ses manches écartées du corps, elle avait l'air d'une mue abandonnée. «*Ma* peau de grenouille», songea Dana. À côté, dans un paquet, elle avait plié celle de mousseline blanche, la plus belle qu'elle possédait. Mais il s'agissait d'une robe d'après-midi qui ne convenait pas pour les sorties officielles. Si Harriet avait été là, elle lui aurait donné une seconde vie en changeant les volants, en ajoutant des rubans, une broderie ou des boutons. Sa mère n'aurait aucunement été obligée de payer les frais coûteux d'une couturière.

Dans sa dernière lettre, Janet Cullen avait demandé à sa sœur de parer sa fille pour le bal donné à l'Assembly Hall[28] dans George Street et qui aurait lieu dans trois semaines. C'était un évènement

---

28. Salle communautaire.

auquel les Nasmyth se faisaient un devoir religieux d'assister. Ce serait la première fois que Dana irait à un bal. Elle n'y tenait pas vraiment. Bien qu'elle eût dansé à quelques reprises avec Timmy dans des soirées familiales, le faire dans une occasion aussi officielle serait pour elle une expérience traumatisante. Aussi parfaitement pouvait-elle apprendre les mouvements, son pied bot suivrait toujours comme une brique dans sa chaussure disgracieuse. Mais Tante Flora insistait. Toute jeune femme de bonne famille devait se présenter en public, ne fût-ce que pour apprendre les bonnes manières et le langage de la société. S'en faisant une raison, la jeune femme enfila sa robe verte, retoucha sa coiffure et mit les feuillets dans l'enveloppe adressée à sa mère. Puis elle sortit rejoindre sa tante, qui brodait en l'attendant dans le salon.

Les boutiques offraient tout ce que l'argent permettait d'acheter. Ce qui signifiait bien peu pour Dana. Flora l'emmena tout de même dans Alison's Close, situé à la tête de la Cowgate, chez Mrs Elgin, sa modiste. Peut-être qu'elle pourrait faire quelque chose avec cette robe. Cette boutique était une vraie caverne d'Ali Baba. Pendant que sa tante discutait avec Mrs Elgin, Dana parcourait les murs tapissés de marchandises de toutes sortes provenant des quatre coins du monde. Elle admira les ballots de crêpe et de taffetas lyonnais aux teintes suaves et les soies de Chine miroitantes qui chuchotaient quand on les froissait ; les mousselines françaises qui allaient du blanc crémeux au jaune paille le plus doux, à pois ou imprimées de fleurs minuscules ou de rayures allongeant la silhouette ; les riches cotons indiens ou ceux, plus épais, de Moravie ; les fines batistes de Cambrai et les soyeuses popelines anglaises.

Des étagères mettaient en évidence des arcs-en-ciel de rubans et des yards de dentelles manufacturées ; des garnitures de chenille, des cordons de lamé ou de satin, des franges de soie, des écheveaux de fils et des boîtes de boutons de toutes formes et de matières variées.

Dana était particulièrement sensible aux textures, aux couleurs et aux mouvements des étoffes. Elles évoquaient tantôt un ciel d'hiver, tantôt un pétale de lys, tantôt la surface d'une mare un soir d'été. Mates, veloutées, moirées, translucides, elles devenaient matière d'expression d'une nature nouvelle.

Elle caressa un crêpe diaphane d'un rose très pâle. Elle aimait le rose. Lueur d'aurore en janvier. Elle suspendit un pan du tissu devant elle et bougea une jambe pour en admirer la fluidité, imaginant…

Elle vérifia le prix exigé pour un yard : six livres. Jamais elle ne pourrait se permettre une robe dans ce crêpe.

— Ma chère Dana, lui parvint la voix de sa tante. Venez ici et donnez-nous votre opinion.

L'attention de sa nièce se tourna dans la direction des deux femmes penchées sur sa robe. Visiblement excitée, sa tante s'exprimait avec vivacité, en bougeant ses bras de haut en bas et de droite à gauche. Dana enroula précautionneusement le crêpe sur son ballot, le rangea à sa place et les rejoignit. Des croquis de mode masquaient la robe. Flora en prit un et le lui montra.

— Que pensez-vous de celui-ci ?

Dana étudia le modèle. La robe, lourde d'ornements, ne lui plut pas. La jupe découpée en dents de scie bordée de franges laissait apparaître un jupon rebrodé.

— Ne pourrions-nous pas tout simplement reprendre le corsage et raccourcir les manches ?

— Vous allez à un bal, ma chère, lui rappela Flora, et non à un récital en après-midi. Il vous faut une robe neuve. Celui-là, alors ?

— Tante Flora…

Elle ne regarda pas le croquis. Jamais sa mère ne pourrait payer le prix d'une robe neuve.

— Je crois que ce modèle est tout à fait vous, Dana.

La coupe était simple, sans fioritures. Formé d'un adroit drapé, le corsage taillé juste sous le buste à la mode Empire mettait en valeur une encolure plongeante en V des plus flatteuses. Les manches, courtes et bouffantes, enserraient le bras d'une étroite bandelette. La jupe se composait d'une première pièce, très ample, taillée dans une matière transparente qui la couvrait sur trois quarts de la longueur du vêtement. Une élégance classique qui charma Dana d'emblée.

Mais elle contemplait le croquis, essayant de trouver le moyen de faire comprendre à sa tante qu'elle ne pouvait se permettre une telle folie. Ne voyait-elle pas combien cette situation pouvait être humiliante pour elle ?

La modiste attendait son approbation et accumulait les chiffres en colonne, calculant mentalement les quantités de tissu et le temps de confection. Dana lança un regard chargé de détresse vers sa tante, qui saisit enfin son tourment. Elle posa sa main gantée sur le bras de sa nièce et s'excusa auprès de Mrs Elgin.

— Votre mère m'a donné carte blanche, Dana. Elle a précisé dans sa lettre qu'elle voulait que la robe soit à la hauteur de votre qualité. Et elle a ajouté… que vous étiez inestimable.

— Je ne comprends pas, fit Dana d'une voix modulée par l'émotion. Tout cet argent pour une robe. Ce n'est qu'un bal, après tout. Je ne la reporterai sans doute jamais.

— N'en soyez pas si sûre, ma fille.

Le ton cachait un sous-entendu que Dana ne releva pas. Flora pressa le bras et sourit affablement. La relation entre Timmy et elle avait certes pris un nouveau tournant le jour de la course de Leith, mais il n'était pas encore question de mariage entre eux. Les préoccupations de son cousin découlaient plus de ses rêves, qui lui tapissaient l'intérieur du crâne comme des peintures aux plafonds des châteaux, que de la réalité dont *elle* faisait partie. Mais elle se contentait de cette amoureuse amitié qui ne les engageait encore à rien.

Tante Flora retourna vers la modiste, lui donnant son accord pour le dernier modèle. Mrs Elgin sortit alors son carnet de commandes. La robe serait prête dans deux semaines. Il resterait donc assez de temps pour les retouches, si nécessaire.

Ensuite vint le choix des tissus. Flora suggéra un satin vert.

— Point de vert ! clama Dana.

— Le primerose ne met guère en valeur votre délicate carnation. Ce taffetas violet ? Oh ! Trop voyant.

— Je pense que Miss Cullen apprécierait ce crêpe rose. J'ai remarqué qu'elle l'admirait tout à l'heure.

Le teint de Dana s'assortit tout d'un coup à celui du crêpe en question. Flora en étudiait l'effet en plaçant un bout du tissu autour du visage de sa nièce.

— Hum… flatteur. Rien de trop… ou de pas assez.

— Nous pourrions tailler la doublure dans un satin ou une soie du même ton.

— Oh! Mrs Elgin, je vous fais confiance! s'écria Flora.

Mrs Elgin tournait autour de sa cliente pour prendre ses mesures. Muette, Dana écoutait les deux femmes deviser sur la visite récente du roi de France et du tsar de Russie à Londres, au début de l'été. De jeunes filles, dissimulées derrière un rideau bleu, riaient dans l'atelier.

Elle ne voulait pas de cette robe. Elle voulait être avec ces jeunes filles, en train de coudre des robes pour celles qui méritaient de les porter. Elle ne voulait pas aller à ce bal. Pas avec ses horribles chaussures. Mais Mrs Elgin faisait comme si elle ne les voyait pas et Tante Flora les ignora totalement. C'était mortifiant!

✦✦

Les boîtes s'accumulaient sur le lit. Dana regardait la pyramide avec la même horreur que si elle voyait la tour de Babel. L'une venait du gantier Smith, dans Bristo Street. Deux autres venaient de chez Woods, dans Lawn Market, l'une contenait un charmant réticule de satin crème, et l'autre, trois délicats mouchoirs de lin. Puis il y avait le jupon et le corset souple, et les bas brodés, et quoi encore. Tout était de beau et de neuf. Tout sauf ses chaussures, que Dana avait peintes en blanc pour l'occasion. À l'intérieur du plus grand carton, celui qui formait la base de cet échafaudage d'objets de luxe ostentatoire, reposait la robe.

La jeune femme s'efforçait de croire que sa tante avait payé la plus grande part de sa toilette. Jamais Janet Cullen n'avait possédé ne fût-ce que le quart de ce qu'elle lui offrait. Il y en avait pour…

Combien? Cinquante livres? Sa mère retirait tout juste cette somme en rente annuelle. Elle ne comprenait pas. C'était absurde et elle s'en inquiéta. Sa mère avait-elle perdu l'esprit? La maladie l'avait-elle attaquée au point de?…

On frappa à la porte.

— Alors, Dana? la pressa la voix de Flora à travers la cloison.

— Laissez-moi le temps, Tante Flora.

— Voulez-vous que j'envoie Alice pour vous prêter main-forte?

— Ce ne sera pas nécessaire.

Le claquement des talons s'éloigna. Flora, sur le bord de la crise de nerfs, se demandait si Timmy était rentré. Dana revint sur l'objet de ses soucis, qu'elle considéra encore quelques instants. Lui vint alors cette idée que cette robe pourrait être celle de son mariage.

Ébranlée par cette possibilité, elle entreprit de s'habiller.

◆◆

Des carrosses rutilants défilaient, éclairés aux flambeaux. Des valets en livrées noires soutachées de jaune, portant perruques blanches, accueillaient les invités à l'entrée de l'Assembly Hall. Les Nasmyth ne possédant pas de voiture assez spacieuse pour les transporter, tous firent le trajet à pied jusque dans la New Town. Revêtue d'une cape à capuchon qui protégeait sa coiffure dans laquelle avaient été tissés des rubans et piquées des fleurettes blanches, Dana évitait du mieux qu'elle le pouvait les flaques d'eau sur le pavé qu'une froide bruine de septembre rendait glissant. Flora lui tenait le bras, la supportant sans s'en rendre compte. Sa tante ne cessait de se plaindre de leur retard. Timmy était rentré il y avait une heure à peine. Il avait eu des problèmes avec le chariot lors d'une livraison à Dalmeny.

Ils furent introduits dans la salle de bal et annoncés par les valets. Accrochée au bras de Timmy, Dana suivait son oncle Charles et sa tante, qui redressait pour la troisième fois la plume d'autruche piquée dans sa chevelure. Logan s'éclipsa vers un groupe de journalistes aussitôt après les présentations protocolaires.

Sous les feux des énormes chandeliers suspendus et des murs de miroirs, la salle était grandiose et les gens s'y entassaient comme un troupeau de moutons à l'heure du rassemblement. Il y faisait très chaud. Les danseurs évoluaient au centre de la pièce ; un orchestre installé sur une estrade exécutait un menuet. Dana sentit des regards se poser sur elle. Elle s'efforçait de prendre une démarche moins chaloupée, affichait un sourire crispé quand on lui présentait des hommages.

Elle repéra assez rapidement Miss Alexander et Miss Swann, qui parlaient avec deux gentilshommes. L'un d'eux, un jeune homme aux cheveux d'un roux très clair, se tourna dans leur direction et la dévisagea un bref moment avant d'apercevoir Timmy, à qui il fit un salut de la tête. Des membres du club de lecture de Flora les abordèrent, complimentèrent la jeune femme sur sa toilette et engagèrent aussitôt une discussion sur la nouvelle publication du poète anglais de l'heure, Lord Byron.

— Puis-je considérer que vous êtes en agréable compagnie, Miss Cullen ? lui demanda suavement Timmy dans l'oreille.

— S'il vous plaît, ne me laissez pas…

— Je reviens dans quelques minutes, la rassura-t-il en faisant glisser son index sur la partie nue de son bras entre la manche et le gant.

— Timmy…

— Réservez-moi votre première danse.

Tournant le dos au désappointement de sa cousine, il s'éloigna. La tête noire du jeune homme disparut dans le troupeau.

Refusant de s'abandonner à sa détresse si tôt dans la soirée, Dana s'intéressa à la conversation de ses compagnes et de Flora, qui donnait son opinion sur *Childe Harold's Pilgrimage*[29]. Charles, qui avait déjà ingurgité une quantité appréciable de vin en attendant que tous fussent prêts à partir, repéra quelques relations

---

29. *Le Pèlerinage de Childe Harold.*

d'affaires et s'éloigna à son tour après avoir servi un rafraîchissement à ses dames.

Se joignit à elles un jeune peintre, William Cumming, avec qui Dana avait déjà eu le plaisir de converser lors d'une promenade dominicale avec sa tante. Ils s'entretinrent avec assez d'intérêt pour lui faire oublier l'absence prolongée de son cousin. Comme elle terminait son punch, Cumming lui sollicita l'honneur de la prochaine danse. Le sang de Dana afflua vers son visage. Elle n'avait jamais prévu être invitée par d'autres hommes que ses cousins. Et Timmy la lui avait réclamée…

Elle lança des regards préoccupés parmi les gens, mais ne vit pas son cavalier. Il serait très malvenu de refuser cette danse avec le jeune homme. Elle était prise au piège et se sentit défaillir.

— Monsieur… bredouilla-t-elle en reportant son attention sur Cumming.

— Vous m'aviez promis votre première danse, Miss Dana, dit une voix dans son dos.

Un soulagement immense la libéra d'un nœud dans la gorge et elle fit demi-tour.

— Timmy…

John Walter s'inclinait devant elle.

— Oh !

Affichant une moue déçue, William Cumming s'inclina et s'éloigna.

— Mr Walter… fit Dana.

— Miss Dana, pardonnez cette petite manœuvre impudente, mais je me disais que si je ne venais pas vous demander cette première danse, mes chances de pouvoir vous avoir comme cavalière seraient perdues pour le reste de la soirée.

Rouge de confusion, la bouche ouverte, elle demeura coite.

— Vous êtes… d'une telle beauté, Miss Dana.

— Mr Walter, je vous en prie…

Profondément embarrassée, elle se détourna. Dans son mouvement, son œil repéra la chevelure noire lustrée de son cousin penchée vers celle de la splendide Miss Alexander. Dana en ressentit une douleur fulgurante au cœur. Comme elle dédiait de nouveau toute son attention à John, son teint avait considérablement pâli.

— Je serais honorée de danser avec vous, Mr Walter.

Une contredanse fut bientôt annoncée; les danseurs prirent place dans le *longway*[30]. Les mains de Dana étaient moites et elle n'arrivait pas à contrôler le tremblement de ses genoux. Elle prenait de grandes goulées d'air, essayant de se remémorer la séquence des mouvements. Debout en face d'elle, John lui souriait.

La musique commença avec une ritournelle de soliste. Dana s'inclina pour saluer son partenaire. «Ne point se regarder les pieds», se répétait-elle. Elle refaisait la figure dans sa tête comme Timmy la lui avait enseignée. «Pied droit devant… pas de bourrée… demi-contre-temps.» Elle exécutait les mouvements, les yeux rivés sur son vis-à-vis.

— Sur votre droite, la corrigea discrètement John en lui prenant la main.

— Oh! Merci…

Elle obéit en serrant les mâchoires. Ils firent un demi-tour de moulin et descendirent d'une place dans le *longway*. Les gestes s'enchaînèrent, coulaient sur la musique, et les reprises se répétaient.

— Détendez-vous, Miss Dana, lui dit encore son partenaire en passant près d'elle, épaule droite en regard. Vous vous en sortez très bien.

Elle le gratifia d'un sourire tendu. Dans son énervement, elle avait oublié Timmy. Elle reprenait sa place dans la colonne. Un temps de pause pendant lequel les danseurs voisins évoluaient autour d'elle lui permit un regard vers l'endroit où elle l'avait vu en compagnie de Miss *Sweet Pea*. Il n'y avait plus personne. Une goutte de cire tombant des lustres lui passa devant le nez; le plancher en était constellé.

Trois pas vers l'avant…

— Je vous demande l'honneur de la prochaine danse…

John lui avait repris la main.

---

30. Colonne formée par les danseurs dans une contredanse anglaise.

—Mr Walter, lui chuchota-t-elle en continuant de chercher des yeux son cousin, inquiète qu'il la découvre en train de danser avec son ami. Vous me demanderiez de traverser la Forth à la nage, que je serais plus à l'aise.

—Je n'oserais jamais vous faire une telle demande, mais j'insiste pour la danse…

Elle croisa le danseur voisin, lui sourit aimablement et descendit sur la piste en louvoyant. John se tenait de nouveau en face d'elle. Soudain, parmi les spectateurs derrière lui, elle aperçut Timmy. La nouvelle figure l'obligea à se détourner et elle le perdit de vue. Quand elle lui refit face, elle le vit toujours accompagné de la demoiselle Alexander, qui lui tendait ce qu'elle devina être un bout de papier.

—Alors, Miss Dana?

—Je…

Timmy glissa le billet dans la poche de sa veste et, affichant son expression la plus charmante, prit la main gantée de Julia Alexander et l'embrassa. Quand il releva la tête, le regard noir croisa le sien. Le visage de Timmy se figea dans une expression que Dana n'osa interpréter. Un coup de sang fit monter la couleur à ses joues et elle se détourna vivement.

—Je serais heureuse de vous accorder une autre danse, Mr Walter, murmura-t-elle à son vis-à-vis d'une voix troublée en exécutant un demi-tour de moulin. Vous êtes doué…

—Le mérite d'un danseur n'a d'égal que celui de sa partenaire.

—Merci, vous êtes trop indulgent. Dites-moi… vous terminez votre cours en médecine à la fin de l'hiver prochain?

—Il me reste encore deux semestres d'hiver.

Se détournant complètement de son cousin, elle engagea une conversation à bâtons rompus avec John Walter, descendant et remontant dans le *longway*.

La deuxième danse se termina dans les applaudissements. Dana était restée auprès de son cavalier, qui, à son grand soulagement, n'avait pas poussé l'audace de lui demander une troisième danse, ce qui aurait été de toute façon inconvenant. Timmy ayant disparu avant la fin de la contredanse, elle désirait maintenant partir, rentrer chez son oncle et se mettre au lit.

Elle ne comprenait pas son cousin. Dans les jours qui avaient suivi cette fabuleuse chevauchée aux dernières minutes de la nuit, comme chaque fois qu'elle croyait enfin se rapprocher de lui, il s'était esquivé. Il avait recommencé à sortir et à rentrer tard. Ce qui lui avait valu de se quereller encore avec son père. Parfois même une excuse attrapée au vol l'avait empêché de l'accompagner dans leurs promenades habituelles du dimanche. Il l'évitait visiblement.

Vivre sous le même toit que Timmy devenait trop compliqué et démoralisant. Comment pouvait-il faire fi de ses sentiments à ce point? Ne se rendait-il donc pas compte de ce qu'il lui faisait subir? Et ce baiser qu'il lui avait donné, n'avait-il pas signifié quelque chose?

Et maintenant, en plus d'avoir été si cavalièrement délaissée pendant presque toute la soirée, elle le retrouvait en si charmante compagnie; que devait-elle penser? Elle avait bien plus qu'à son tour courbé l'échine devant les désagréments que la vie lui imposait, mais cette gifle la blessait au-delà de ce qu'elle pouvait accepter. Il lui fallait prendre un peu de recul et réfléchir. Si Timmy ne se déclarait pas, elle ferait mieux de repartir pour Kirkcaldy avant l'hiver.

— … que je vous apporte…

— Pardon? fit-elle en sursautant.

— Désirez-vous que je vous apporte un verre de punch?

— Ce serait gentil. Merci, Mr Walter.

Elle aurait volontiers bu le bol de punch en entier tellement elle avait la bouche sèche. Son cavalier s'éloigna et elle s'occupa à gratter une tache de cire sur le cuir ivoire de son gant. Elle devina que la séance de brossage de cheveux allait être pénible. Flora passerait une partie de la matinée à retirer les perles de cire de sa coiffure. Heureusement, sa robe semblait avoir été épargnée.

Un cotillon avait débuté, signe que la soirée tirait à sa fin. Son cousin n'avait pas posé le pied sur la piste de danse. Fait étrange, puisqu'il était d'habitude toujours le premier à proposer ce divertissement lors des veillées chez les Nasmyth. Ce soir, il brillait par son inertie.

John revint. Il ne semblait pas vouloir la lâcher d'une semelle, ce qui l'empêchait de s'isoler de la foule. Le jeune homme lui parla de sa famille; il bavarda de ses études qu'il payait en travaillant à la Royal Edinburgh Infirmary, à recopier des heures durant dans le registre général des patients les informations notées par les médecins de la maison pendant la journée. Dana ne put s'empêcher de penser que Jonat avait possiblement fait ce même travail pour payer sa licence, lui aussi. Ce fut donc avec un intérêt sincère qu'elle prêta l'oreille au discours de John, jusqu'au moment où Timmy fit une nouvelle apparition.

Cette fois-ci, il était en compagnie de l'individu aux cheveux roux clair qu'elle avait entrevu à son arrivée. Les deux hommes échangeaient des propos en aparté près de la sortie. L'air sérieux de Timmy s'aggrava et il hocha la tête de haut en bas.

John s'était arrêté de bavarder et avait suivi le regard de la jeune femme qui ne l'écoutait plus. Ses sourcils se froncèrent, accentuant la rudesse de ses traits.

—Tiens, murmura-t-il comme pour lui-même, il est revenu, celui-là.

—Vous connaissez cet homme? demanda Dana, qui s'en était aperçue.

—Oui. C'est Christopher Aitken. Il est aussi étudiant en médecine.

—C'est l'un de vos amis?

Il hésita…

—Je dirais plutôt une connaissance.

Il ne dit rien de plus. Mr Aitken partit et Timmy se tourna vers eux. Il ne souriait pas. Ce qui fit une désagréable impression à Dana, mais aussi à John, qui se mit au garde-à-vous quand son ami marcha vers eux d'un pas raide.

—Miss Dana, John, les salua-t-il poliment, vous passez une agréable soirée ?

—Assez agréable, Timmy. Je vois que tu entretiens toujours certaines relations, l'apostropha John sur un ton où perçait une pointe de reproche.

Les lèvres de Timmy se pincèrent en une mince ligne blanche. Il fit glisser son doigt entre son cou et le col empesé qui lui encadrait la mâchoire. Il faisait souvent ce geste quand il était agacé. Conscient du malaise qu'il causait, John s'inclina respectueusement vers Dana en la remerciant de sa charmante compagnie. Puis il leur souhaita bonne nuit et s'en alla. La jeune femme se retrouva seule face à son cousin, qui fulminait derrière un masque placide.

—Puis-je vous raccompagner ? dit-il.

La rudesse de la voix indiquait un ordre plus qu'une offre courtoise. Sans attendre la réponse, il lui présenta le bras, qu'elle accepta de mauvaise grâce.

Le temps avait empiré. Le vent soufflait maintenant sur la ville, faisant frémir les ardoises des toitures et gémir les cheminées. Emmurée dans un silence nourri d'indignation, Dana retenait son capuchon serré autour de son visage. Des tourbillons de détritus dansaient dans chaque recoin de la rue. Un passant fila, une main sur son chapeau, l'autre retenant les pans de sa redingote.

Après avoir déverrouillé la porte, ils franchirent l'entrée de la boutique. Timmy la referma sur les bourrasques et s'y adossa en poussant un soupir. Le balancement grinçant du panneau FERMÉ stoppa spontanément. Son sang bouillant de colère, Dana s'orienta d'un pied ferme vers l'arrière-boutique.

—Dana !

La voix était forte, impérative. Dana s'immobilisa, la main crispée sur le chambranle. Elle entendit son cousin se déplacer. L'obscurité avalait toute forme d'objet et aiguisait l'acuité des sens. Quelque chose frôla sa cape, remua l'air autour d'elle.

—Vous m'aviez promis votre première danse, chuchota-t-il dans son oreille.

Elle n'osa bouger, puis vit son ombre passer devant elle et masquer la lueur qui venait de la cage de l'escalier. Sa vue s'habituant graduellement à la noirceur, elle arriva à distinguer le contour du corps massif de Timmy.

— Vous m'avez demandé de vous la réserver. En revanche, si je me souviens bien, je ne vous l'ai jamais promise. Où étiez-vous passé tout ce temps ? Vous saviez pertinemment que je ne me sentirais pas à l'aise dans cette soirée. Vous m'avez abandonnée à mon angoisse.

— Pas à l'aise ! fit-il dans un éclat de voix. Pas à l'aise ? ! À vous voir avec John, n'importe qui aurait pu penser le contraire.

— Votre ami a eu la gentillesse de me tenir compagnie pendant que vous… que vous vous employiez à des choses plus *intéressantes*. Votre comportement… a été l'un des plus grossiers qu'il m'ait jamais été donné d'observer. Comment avez-vous pu me faire ça, Timmy ? Comment avez-vous pu m'humilier de cette façon ?

— Qui a humilié qui ce soir, dites-moi ?

Elle écarquilla les yeux d'étonnement. Mais il était complètement bouché ! Elle retint un cri de frustration et le repoussa rudement pour passer.

— Dana !

Elle ralentit dans l'escalier, se retournant pour le regarder.

— Vous me décevez, Timmy Nasmyth. Je croyais… Oh ! Et puis vous avez peut-être raison, je me fais des romans.

Retroussant sa robe, elle grimpa au premier, son cousin sur ses talons. Il la rattrapa dans la cuisine, lui saisissant le bras pour la faire pivoter. Une lampe à huile lançait sa lueur ambrée dans la pièce et elle put voir les yeux noirs qui se posaient sur elle. Ils reflétaient de la colère, mais aussi autre chose qu'il ne lui donna guère le loisir de déchiffrer, car il baissa les paupières. Il la relâcha, levant les bras en signe de paix.

— D'accord, j'ai agi comme un goujat, avoua-t-il d'une voix plus posée. Je m'en excuse. Vous vous faisiez un tel sang d'encre avec ce bal. J'ai cru que vous ne seriez pas si pressée de… enfin, Dana. Je sais combien cela vous embarrasse de danser en public.

—Il ne s'agit pas de la danse, Timmy. Mais de moi. Vous m'avez laissée seule pendant plus de trois heures.

—J'avais des gens à voir… pour affaires.

—Les affaires ne se font pas dans un bal. Du moins, pas quand on accompagne une dame.

—Je n'ai pas choisi de régler ça ce soir. L'affaire… était urgente.

—L'*affaire*, oui! fit-elle avec mépris en revoyant Miss Alexander suspendue à son bras comme un grotesque réticule à fanfreluches.

Voilà qu'elle était jalouse!

Timmy demeura silencieux. Il exécuta quelques pas, lissant sa chevelure dans une attitude pensive. Dana crut qu'il allait s'expliquer. Il n'en fit rien. Il n'y avait donc plus rien à dire.

—Bon… soupira-t-elle, je suis fatiguée. Je vais me coucher.

Dénouant l'attache de sa cape, elle se détourna. Elle déposa le vêtement sur le dossier d'une chaise, hésitant encore à s'éloigner. Quelle affaire Timmy avait-il à traiter ce soir? Il ne voulait pas lui en parler. Pourquoi? Cela l'inquiéta.

—Dieu que tu es belle…

Les mots lui firent l'effet d'une giclée d'eau chaude dans le dos. L'air se coinça dans sa gorge. Ensuite, une chaleur lui imprégna la peau, pénétrant dans ses muscles, mollissant leur tonus. Toute cette chaleur convergeait vers son ventre, allumait une boule de feu.

Timmy s'était approché et avait posé les mains sur ses épaules. Elle en sentit la brûlure à travers le fin crêpe qui les recouvrait. Puis celle de sa bouche sur sa nuque… Cela provoqua une décharge électrique dans sa colonne vertébrale.

—Dana… murmura-t-il en parcourant sa peau d'une épaule à l'autre, quand je vous ai vue avec John… j'ai voulu… Oh Dieu! Vous n'avez pas idée de ce qui m'est passé par la tête.

—Je n'ai fait que danser avec lui, Timmy.

—C'était avec moi, Dana, avec moi que vous deviez danser.

Les mains de l'homme glissaient le long de ses bras, s'attardant sur l'étroite bande de peau nue, faisant rouler les gants pour découvrir le reste. Il huma la chevelure, s'y frotta le nez.

— Je l'aurais fait si vous me l'aviez demandé… S'il vous plaît, arrêtez.

Dans un mouvement brusque, il la fit pivoter entre ses bras et lui enserra la taille. Cette taille si menue qu'il pouvait presque l'encercler de ses deux mains.

— Vous voulez vraiment que je m'arrête ?

— Il le faut, vous le savez.

— Parce qu'il le *faut* ou parce que vous voulez vraiment que je m'arrête ?

Il se pencha sur elle et chercha sa bouche. Mais Dana l'esquiva en se détournant. Il s'écarta légèrement, l'enserrant plus étroitement pour lui apprendre qu'il ne s'en tiendrait pas là.

— Vous êtes d'une telle beauté, Dana.

Il flattait son orgueil de femme, se disant qu'il arriverait bien à briser sa perfection. Même la fille du pasteur devait posséder quelques défauts. Il caressa doucement le dos. À travers le tissu il sentit la fine musculature se tendre, trembler. Il pressa le corps souple, qui lui ne s'embarrassait aucunement d'accès de modestie. Il savait ce qu'elle ressentait profondément. Comme toutes les femmes, Dana n'était pas insensible aux compliments. Il en avait usé à maintes reprises rien que pour le plaisir de la voir rougir. Mais ce soir, elle méritait toutes les éloges. Vraiment. Il en oubliait la jambe tordue. Et dans cette robe, sa démarche un peu chaloupée avait un quelque chose de sensuel qui le charmait, le provoquait.

— Votre cœur souhaiterait-il que je réveille encore une fois le monde à vos pieds, Dana ?

Elle ouvrit la bouche, incapable de prononcer la moindre syllabe. Le goût du sucre d'orge revint sur la langue de Dana comme dans ce premier baiser qu'il lui avait donné.

Timmy vit le masque de porcelaine bouger, s'altérer. Il avait touché son point sensible, le corrompait. Il sentit avec un innommable plaisir passer dans ses doigts les vibrations du désir qu'il faisait naître dans le corps de cette femme. Il plongea dans les yeux vairons. Ces yeux intelligents qui, quand elle acceptait qu'on les pénétrât, ouvraient la porte sur un monde qu'on avait envie d'explorer.

Il y avait là des voyages fantastiques qui auraient rendu Cook jaloux. Et dans ces voyages, la sensualité légendaire des Tahitiennes n'avait plus rien d'aguichant. Dana pouvait parler la voix de toutes les femmes. Il suffisait de la laisser s'exprimer en dénouant cette pudeur féminine, si molle dans les mains de celui qui savait la manipuler. Lui seul alors goûterait enfin à la plus fougueuse et violente des passions.

Nul autre que lui ne s'abreuverait à cette source qu'il avait fait sourdre.

Le jeune homme approcha de nouveau ses lèvres de celles de Dana. Le geste fut impérieux et sa cousine ne sut y résister plus longtemps. La boule de feu dans son ventre s'enflamma davantage et elle s'accrocha à lui, empoignant sa veste encore froide.

— Timmy…

Il y avait dans la voix une nuance de peur qui éperonna le jeune homme. Il s'enhardit, explora la courbe du cou, le creux de l'épaule avant de revenir à la bouche. Frissons et tremblements. Gémissements doux comme des miaulements de chatons. Il la pressait plus qu'il ne la caressait. Ses mains disaient : « Tu es à moi, à moi seul. »

C'était un langage que Dana ne décodait pas. Elle commençait à peine à apprendre à traduire certains gestes, certains regards. Elle cherchait les mots qu'elle désirait comprendre et s'en faisait un conte. Conte d'amour dont elle était l'héroïne. Elle était Héloïse : *couvre-moi de baisers… je rêverai le reste.*

Le souffle court, elle sentait les mains parcourir ses hanches comme des petits animaux affamés, la bouche glisser sur son cou comme une brise venant du large, piquante et humide des embruns salés. Chair de poule et soupirs. Et dans le plus profond de ses entrailles un tambour battait très fort. C'était douloureux. Tout son corps lui faisait mal. C'était la souffrance de celui qui se noie, qui manque d'air.

Un bruit résonna dans la maison : un claquement. Puis des voix. Son esprit se rallumant, Dana s'écarta brusquement de Timmy. Son cœur se débattait comme une bête prise au piège. Elle vit son corsage défait, son épaule nue, son sein blanc. Timmy la regardait, ses prunelles noires comme des billes d'ébène à la dérive dans des bols de lait. Il avait le souffle rauque, l'haleine brûlante. La voix aiguë de Flora venait de l'arrière-boutique et approchait l'escalier.

Timmy réagit. Il emmena Dana vers le corridor, vers sa chambre. Il y vit une pyramide effondrée de boîtes et de papiers de soie sur le lit. Il y vit des livres et des dessins, des plumes et des crayons. Partout du papier. Et cette odeur de femme qui imprégnait tout. Il voulait s'enfermer dans ce monde et y rester pour toujours. Mais les voix de Flora et de Charles l'en dissuadèrent. Un dernier baiser. Un gage. Un sceau.

— Dieu que tu es belle, répéta-t-il avant de la quitter.

La porte se referma comme les Nasmyth entraient dans la cuisine. Où était Dana ?

— Elle a eu un malaise et m'a demandé de la raccompagner. Rien de grave. Elle est couchée.

La jeune femme entendait Timmy mentir à ses parents. La main sur son sein à moitié dénudé, elle prenait conscience de la gravité de ce qui aurait pu se produire si sa parentèle n'était pas rentrée aussi tôt.

❦❦

Dana écoutait la maison dormir. Elle craquait et gémissait comme une vieillarde. Dehors le vent s'était essoufflé. Un fil de lumière s'allumait et s'éteignait entre les deux rideaux. Elle ne la voyait pas, mais elle devinait la lune jouant à cache-cache derrière les nuages. Le fil traçait son chemin jusqu'au mur derrière lequel dormait Timmy. Elle entendait son lit grincer. Dormait-il vraiment ? Ou rêvait-il éveillé comme elle ?

Le lit grinça encore, longuement. Il n'en finissait plus de se plaindre de l'insomnie de son occupant. Craquement. Tiens ? Elle prêta l'oreille plus attentivement. Quelques faibles bruits, un léger cliquetis et d'autres craquements. Dans le corridor cette fois-ci. Timmy s'était levé.

Elle tourna la tête vers la porte de sa chambre, s'attendant à la voir s'entrouvrir. Rien. Ou bien il hésitait ou bien il était dans la cuisine. Elle réfléchit un moment. Il valait mieux ne pas lui permettre d'entrer. Elle se leva et s'avança jusqu'à la porte, y colla son oreille et attendit. Des bruits de pas. Ceux d'un loup. Que faisait-il à cette heure ? Mais quelle heure était-il donc ?

Dana ouvrit doucement et passa sa tête dans l'entrebâillement. La cuisine était sombre. Toute la maison était plongée dans une mer d'encre. Il n'y avait plus personne. Avait-elle fabulé ? Elle se rendit jusqu'à la chambre de son cousin. La porte était close ; elle hésitait encore quand un bruit lui parvint du rez-de-chaussée : le grincement du fer. Elle comprit soudain. Elle n'hésita pas une seconde de plus et ouvrit la porte : la chambre était vide. Timmy était vraiment parti. Elle courut jusqu'à la fenêtre qui donnait comme la sienne sur la cour. L'obscurité l'empêchait de voir.

Dana allait sortir quand son œil capta un reflet bleuté dans un rayon de lune sur un petit bureau. Elle s'en approcha. Timmy avait laissé un mot. Saisie d'angoisse, elle le prit. Il y avait quelque chose de griffonné. Plaçant le papier dans la lumière, elle le lut :

L'Éden revit dans le premier baiser de l'amour.

Dana regarda le papier, perplexe. Qu'est-ce que ça voulait dire ? Une énigme ? Un poème… pour elle ? Puis elle se souvint du billet qu'avait donné Miss Alexander à Timmy. Ses paupières se plissèrent de suspicion. S'agrandirent d'appréhension. Il allait la rejoindre. Non… elle imaginait encore des choses. Forcément, Timmy ne devait être sorti que pour prendre un peu d'air.

… L'Éden revit dans le premier baiser de l'amour.

Le vers lui revenait comme un aveu de culpabilité. Dana sortit de la chambre ; ses pieds volèrent pratiquement au-dessus du sol jusqu'à la cuisine. Elle voulait seulement s'assurer…

Ses chaussures. Ses horribles chaussures ! Elle retourna dans sa chambre et les mit, puis revint prendre sa cape restée sur la chaise. Le froid ! Ses yeux survolèrent le mur près de la porte où étaient suspendus divers manteaux et chapeaux. Il lui fallait quelque chose de plus pratique, de plus chaud. Voilà! La redingote de Logan. Et son chapeau. Un coup d'œil sur l'horloge lui apprit qu'il était une heure du matin. Travestie en rôdeur de nuit, elle dévala l'escalier et se rendit à l'écurie. Sugar Plum renifla, rêvant de verdoyants pâturages.

Dana se glissa dans la cour jusqu'à la porte cochère qui grinça doucement. Un tumulte angoissant s'emparait d'elle, comme si elle allait commettre un crime terrible. Quel côté prendre? Un chat feula. Un ricanement trouva son écho dans Tanner's Close, qui reliait West Port à Castle Road. Sans réfléchir plus avant, Dana se dirigea de ce côté. Cet endroit, majoritairement habité par des immigrés irlandais, était plutôt malfamé. Les édifices jetaient leur ombre sur la chaussée. Plus loin devant, la faible lueur d'une lampe à huile se balançait doucement, éclairant trois silhouettes. Timmy?

Et si ce n'était pas lui? Elle prit soudain conscience de sa témérité. Elle se trouvait toute seule, sans protection, dans les ruelles d'Édimbourg où disparaissaient régulièrement des habitants imprudents.

Mais si c'était lui avec ces deux hommes? Où allait-il comme ça, au beau milieu de la nuit? Puis, troublée, elle se souvint.

L'affaire.

Cette affaire si urgente qu'avait réglée Timmy au bal. Elle s'inquiéta; il allait se mettre dans le pétrin. Il allait encore être en froid avec son père et tout recommencerait comme chaque fois. Il se refermerait et s'éloignerait d'elle. Sans plus argumenter avec elle-même, déterminée à l'empêcher de commettre une bévue, elle leur emboîta le pas. Elle devait raisonner cette tête de nigaud.

Pour éviter de mettre les pieds dans les déchets balancés à la rue par ces irréductibles qui considéraient la tradition du *gardy loo*[31]

---

31. Corruption de l'expression «gardez l'eau». Passé dix heures du soir, les habitants d'Édimbourg avaient coutume de jeter par les fenêtres les déchets et contenus de pots de chambre accumulés pendant le jour. Cette habitude a progressivement disparu après l'installation de canalisations d'eau et d'égouts vers la fin du XVIIIe siècle.

comme sacrée, elle marchait dans le centre de la ruelle. Les odeurs empestaient. Les éboueurs ne passaient qu'à l'aube. Ses chaussures peintes de blanc formaient des taches claires qui apparaissaient çà et là sous la redingote qui frôlait presque le sol. Le vêtement était lourd et trop ample. Mais il la gardait au chaud.

Pendant que le bruit des pas de ceux qui la précédaient résonnaient, assourdis, les siens se répercutaient clairement sur les façades des bâtiments. Après avoir emprunté vers l'ouest le bout de route qu'on appelait King's Stables, le trio arriva tout près des Livingston Yards. Une brume opalescente nappait la place. Les silhouettes s'y fondirent. Dana s'immobilisa et regarda autour, se demandant où ils étaient passés, quand une voix chuchotée perça le voile mouvant. Prenant soin de rester dans l'ombre, elle se remit en route.

Des bouchons de brume masquaient certaines portions de la route. Elle fit une pause pour repérer le trio encore une fois. Un éclat de rire, suivi d'une réprimande, la guida. Accélérant la cadence, elle les fila sur la route qui contournait le siège rocheux de la forteresse de la ville. Puis lui revint cette pensée : si finalement ce n'était pas Timmy ?

L'incertitude la torturait. D'un regard lancé par-dessus son épaule, elle vit la route plongée dans une épaisse obscurité derrière elle. Il était trop tard pour rebrousser chemin. Il suffisait de rester à l'écart et d'attendre pour voir…

Les hommes avançaient rapidement en silence. Ils dépassèrent la propriété de Mr Comb. De peur d'être repérée, Dana demeurait à une certaine distance derrière eux, profitant des lambeaux de brume qui débordaient des terrains vagues pour masquer sa présence. Après un moment, elle conclut qu'ils se dirigeaient vers la New Town.

Pour y faire quoi ?

« Oh, Timmy, non… » souffla-t-elle en souhaitant se tromper.

Il y avait eu dernièrement une série de vols par effraction commis dans les belles demeures qui bordaient George Street et dans les rues avoisinantes. Elle savait Timmy rebelle et audacieux, mais jamais elle ne l'aurait cru capable de commettre un acte criminel aussi grave. Perdue dans ses consternantes déductions, elle n'avait pas remarqué que la lampe s'était immobilisée à la fourche que formaient le chemin de Maryfield d'un côté et celui qui menait au presbytère de la paroisse de St. Cuthbert's de l'autre. Seuls ses pas à elle résonnaient maintenant dans l'air cru. Elle s'immobilisa à son tour. L'un des hommes la repéra assez rapidement et prévint ses compagnons de sa présence. Plus personne ne bougea, chaque parti attendant le prochain mouvement de l'autre. Ses sens cernés par la peur, ses yeux prenant l'aspect de ceux d'une hulotte surprise sur son perchoir, Dana jugea qu'il était temps de rebrousser chemin. Elle détala.

— Hé! Vous, là!

Elle entendit des pas se précipiter. Folle de terreur, elle glissa dans le fossé qui bordait la route. Ses pieds s'enfoncèrent dans la boue, la retenant prisonnière. Le gravier crissa et l'herbe se froissa derrière elle. Elle allait hurler quand un poids la plaqua au sol et la vida de son air. Elle ne réussit qu'à pousser un gémissement.

— Alors on nous suit? fit la voix de son agresseur.

— Timmy! fit avec soulagement Dana en le reconnaissant.

L'homme resta muet le temps de réaliser qui il tenait ainsi à sa merci.

— Dana?

Ses deux compagnons les avaient rejoints. La lueur de la lampe formait des ombres mouvantes dans l'herbe, dévoilant les traits distordus par l'angoisse de la jeune femme. Son chapeau avait roulé un peu plus loin. Timmy la dévisagea le temps de comprendre que c'était bien elle sous le déguisement.

— Par la queue du diable! Que fais-tu ici?

— Et toi?

— Ce que je fais ne te regarde en aucune manière.

Elle pinça les lèvres.

— Par conséquent, c'est la même chose pour moi.

Il lança un coup d'œil en direction de ses compagnons, qui attendaient à portée de voix. Quand il reporta son attention vers sa cousine, il affichait un agacement grandissant.

— Tu me suivais ?

— Où allais-tu, Timmy ? Tu cherches à te mettre les pieds dans le plat encore une fois ?

— Rentre à la maison !

— Seulement si tu rentres avec moi.

— Je n'ai pas à t'obéir.

— À moi, sans doute pas, mais à ton père, certes !

— C'est un gars de Rattray ? T'as un problème avec lui, Timmy ? Tu veux peut-être qu'on t'aide à le régler ?

Les hommes commençaient à s'impatienter. Timmy se tourna vers eux. Un éclat métallique à la ceinture de son cousin souleva l'intérêt de Dana. La crosse d'un pistolet…

— Je m'en occupe, répondit-il en revenant vers Dana qui le fixait maintenant éberluée, les yeux agrandis de frayeur.

En fait, il ne savait trop comment le régler, son problème. Il ne pouvait obliger Dana à rentrer seule dans West Port. C'était trop dangereux, même pour un homme seul. Et lui ne pouvait laisser tomber la commande. Ses compagnons lui en voudraient de les priver d'une si belle somme. Il jura et cracha par terre.

— Dis-moi que tu n'allais pas voler, Timmy, demanda-t-elle d'une voix assez basse pour ne pas être entendue des deux autres.

— Voler ?

Mais que savait sa cousine de ses activités ?

— Et que volerais-je donc ?

Un lointain crissement de roues et un martèlement de sabots perçaient l'épaisse brume qui les entourait. Nerveux, Timmy tourna la tête en direction de Lothian Road, située au bout du chemin Maryfield qui traversait la glèbe moissonnée de la paroisse.

— Tu t'amènes, oui ou non ?

C'était la voix de Nathan Swann.

— Tu sais qu'il aime pas attendre après nous, le docteur. Alors, grouille-toi, Timmy ! lui lança l'autre.

Encore indécis quant au sort de Dana, Timmy la regarda. Puis il lui prit le bras pour l'aider à se relever et, après avoir récupéré le chapeau, il la tira hors du fossé.

—Hé, tu vas pas l'inviter à se joindre à nous, quand même? Moi, je partage pas ma part avec lui.

—Je m'occupe d'elle, Digby. Fais ce que tu as à faire et tout ira bien.

—Elle? s'écria le compère en dévisageant Dana d'un air des plus étonnés. Dis, Nasmyth, elle ferait pas l'affaire?

—Ta gueule, Digby! On procède pas comme ça.

—C'est toi qui feras l'affaire du docteur, Digby, si tu te la fermes pas! grinça Nathan Swann.

—De quoi ils parlent, Timmy? questionna Dana, craintive.

La lampe se leva à la hauteur des yeux. Les faciès des hommes prenaient une apparence lugubre que la situation et l'endroit rendaient encore plus sinistre.

—Eh bien, siffla Swann, en contorsionnant ses traits disgracieux dans une moue surprise, c'est Miss Dana! Qu'est-ce qu'elle fait ici? Elle te file les talons, Timmy? Qu'est-ce que ce sera quand vous allez être…

—La ferme, Swann!

La dernière remarque le contraria.

—Tu ne me donnes point le choix, Dana, gronda-t-il pour marquer son mécontentement. Tu vas venir avec nous et tu vas te tenir tranquille et faire ce que je te dirai.

—Je ne veux aucunement participer à tes petites combines malhonnêtes, Timmy Nasmyth. Je veux que tu rentres avec moi.

—Quand on aura terminé. Pas avant!

Il la poussa devant avec rudesse. Elle trébucha sur les irrégularités du chemin de terre labouré par les roues des voitures.

—Timmy… hoqueta-t-elle.

—Miss Cullen, la coupa-t-il d'une voix qui n'invitait pas à la réplique. Faites ce que je dis et ne posez pas de questions.

Sous le poids des regards menaçants, elle obéit. Elle ne reconnaissait plus Timmy. Où était passé l'homme qui l'avait emmenée voir le soleil se lever sur Arthur's Seat ? Celui qui l'avait embrassée avec passion dans la cuisine, il y avait quelques heures à peine ?

Les trois compères se mirent en route. Malgré que la jeune femme peinât pour les suivre, en quelques minutes ils avaient traversé les jardins du presbytère. La tour de la vieille église se dressait derrière une haie d'arbres.

— De quel côté ? demanda l'un d'eux.

— Par là, indiqua Timmy.

Ils se retrouvèrent bientôt devant le mur de pierre haut de huit pieds qui entourait le cimetière abritant des os dont certains pouvaient avoir deux cents ans. Ils le longèrent en direction du sud-ouest, jusqu'à sa portion plus récente arrachée aux marécages du North Loch, après son drainage en 1789. Timmy s'éloigna vers un fourré. Il en tira un grand sac de toile qu'il amena vers eux.

— Le bedeau a bien fait son travail, déclara-t-il en récupérant un rouleau de corde placé dedans avec quelques pelles. À nous de bien faire le nôtre, maintenant.

Il se tourna vers Dana, qui vit avec horreur les hommes s'équiper. Des voleurs de cadavres ! Timmy était un résurrectionniste !

— Qu'est-ce que tu croyais ? lui demanda-t-il, narquois, en constatant sa surprise. C'est pas criminel de voler les cimetières en autant qu'on laisse les vêtements et les bijoux dans le cercueil.

— Pourquoi tu fais ça, Timmy ? Tu voles les âmes des morts ! Tu voles les morts !

— Je le fais pour dix livres la pièce. Après avoir soudoyé le bedeau et partagé le reste, il m'en revient trois. Ce qui équivaut à plus de trois semaines de travail en une seule nuit.

Elle le regarda s'éloigner vers le mur, muette de stupéfaction. Timmy lança le grappin qui cliqueta sur la pierre avant de s'arrimer fermement et il tira sur la corde pour en vérifier la solidité. Ignorant totalement la présence de Dana, les trois hommes s'exécutaient en silence avec rapidité et agilité. Ils n'en étaient pas à leur première excursion. Un résurrectionniste grimpa et disparut de l'autre côté.

— C'est à ton tour, chuchota Timmy en lui prenant le bras.

— Non, je vais vous attendre… Ooooh !

Elle se sentit propulsée sur les épaules du jeune homme, qui s'était accroupi devant le mur. Digby la maintint en place tandis que Timmy se redressait. De cette façon, elle atteignit le haut du mur.

— Traverse !

— C'est trop haut, geignit-elle en s'agrippant à la pierre moussue qui s'effritait sous ses ongles. J'ai peur, Timmy. Je ne veux pas traverser.

— Je dis : tu traverses ! ordonna son cousin d'une voix autoritaire qui s'enflait dangereusement.

— La prochaine fois, tâche de pas emmener ta bécasse, Timmy ! se plaignit Digby.

— Je ne suis pas une bécasse !

— Prouve-le, la relança Timmy.

Se félicitant d'avoir pris avec elle l'ample redingote de Logan, elle retroussa sa chemise de nuit et passa une jambe par-dessus le mur. La pierre était désagréablement froide et râpeuse et la sensation la fit grimacer. Positionnée à califourchon, elle jeta un regard sur le terrain qui s'étendait de l'autre côté. Émergeant d'un tapis opalescent de brume mouvante, tantôt droites, tantôt de travers, les stèles s'alignaient çà et là dans la lumière cendrée de la lune. Une vision des plus lugubres qui lui donna froid dans le dos. Elle se dit qu'elle aurait mieux fait de laisser Timmy se débrouiller avec la discipline de son père.

— Passe ça à Nat, chuchota Timmy.

Il lui présentait le manche d'une pelle. Après avoir récupéré les outils qu'elle lui présentait, Nathan attendit pour la cueillir. À contre-cœur, elle se mit sur le ventre et se laissa glisser dans ses bras. Puis les deux autres compères vinrent les rejoindre.

— C'est tout près, expliqua Timmy. Une tombe ornée d'une urne de pierre.

La végétation perlée d'eau mouillait le bas de leurs vêtements. S'aidant de la lampe, ils louvoyèrent entre les pierres, éclairant ici un ange soufflant dans une trompette, là un crâne sur deux fémurs croisés, un sablier ou encore un mystique symbole maçonnique.

Tout pour rappeler la brièveté de la vie, le courroux du Tout-Puissant et le Jugement dernier. Il y avait quelque chose de doublement lugubre dans les cimetières écossais. Cette étrange relation qu'ils entretenaient avec la mort qu'ils respectaient autant qu'ils la craignaient prenait la forme d'un art cynique, que quelques vers gravés soulignaient parfois dans cet humour noir qui leur était propre.

Ils contournèrent une stèle encroûtée de lichen. Un mouvement dans l'herbe les fit sursauter. Un chat bondit sur le monument et s'y assit, les fixant avec calme. Les yeux effilés de l'animal brillaient d'un éclat funeste, comme si une quelconque entité errant en ces lieux l'habitait. Timmy éclaira les inscriptions gravées sous une urne de pierre qu'il reconnu comme étant une devise latine. Elle était usée par le temps, effacée à maints endroits. Le sol qui entourait la pierre n'avait pas été remué depuis des années. Ils passèrent à la prochaine.

Ils prirent cinq minutes à localiser l'endroit. Il y flottait une odeur d'humus. Deux sépultures étaient couvertes de terre noire.

— L'urne, rappela Timmy.

— Tu es certain ?

— Rosie est venue à l'enterrement ce matin. C'est celle-ci. Dans l'autre on a enterré un vieillard. Le docteur veut Mrs Watts.

— Il a des goûts vraiment particuliers, ton docteur, Timmy.

— C'est lui qui paie. Alors on lui apporte ce qu'il demande et on oublie le reste. Toi, dit-il en se tournant vers Dana, tu montes la garde. Le cimetière est surveillé par des gardiens et des chiens. Je n'ai nullement envie de me faire mordre les fesses cette nuit.

Il déposa la lampe dans l'herbe et s'arma d'une pelle. Les trois hommes se mirent à la tâche, creusant sans relâche, en silence. Il n'y avait plus que le bruissement du feuillage et le son étouffé des pelles mordant dans la terre encore molle. Dana les regardait, comme hallucinée, ayant l'impression d'être plongée dans le pire de ses mauvais rêves. Un son mat retentit bientôt. La pelle de bois frappa de nouveau un obstacle dur.

— On l'a ! s'écria l'un d'eux dans un chuchotement fébrile.

Le cœur de Dana se débattait dans sa poitrine comprimée par l'affolement. Récitant toutes les prières qui lui venaient à l'esprit, elle gardait les yeux ronds, balayant la noirceur qui les encerclait. Une faible brise poussait la brume. Les nuages s'éclaircissaient, dévoilant un ciel étoilé. Bientôt la lune allait apparaître pour de bon. Elle entendait le sinistre trio s'affairer dans son dos et n'osait se retourner.

— Ce qu'elle est lourde… Retourne-la.

— Hé! Il faut tout lui enlever.

— Même les bas?

— Les bas aussi. On pend les voleurs, ne l'oublie point.

— Si toutes les femmes se laissaient mettre à poil aussi docilement… Hum, pas mal celle-là, même dans son état.

— C'est pas le moment, Digby.

— Ben quoi, on peut apprécier la nature morte, quand même!

— Tu es dégoûtant, pauvre débile.

On poussa des grognements et des jurons étouffés. Puis plus rien.

— Dana, prends les pelles, intima la voix de Timmy.

— Je ne veux pas regarder.

Silence. Les pelles atterrirent près d'elle l'une après l'autre. Évitant de se retourner, précautionneusement, Dana les ramassa. Nathan et Digby passèrent près d'elle, chacun tenant une extrémité du sac. Une affreuse odeur les narguait. Dana ressentit un malaise. Elle cherchait son cousin des yeux quand un froissement la surprit. Elle s'immobilisa, paralysée par des transes incoercibles. Un spectre? Le fantôme de la malheureuse?

— Timmy… souffla-t-elle en brandissant l'une des pelles.

— Qu'est-ce qu'il y a?

— J'ai entendu…

Un grognement. Dana tourna la tête et rencontra deux petites billes noires qui la fixaient. Le chat? Le long et sourd grondement lui indiqua qu'il s'agissait d'autre chose. Un chien se rua sur eux en jappant.

— Sauve qui peut! s'écria Digby en laissant tomber son bout du butin.

— Hé! gronda Swann en tirant sur le sac comme un forcené. Le poltron! Il me laisse porter le corps tout seul.

Le sac s'ouvrit et en glissa sous les yeux horrifiés de Dana une forme livide. Le corps de la femme obèse gisait nu dans une position inusitée. Son ventre, disproportionné, lui donnait une allure grotesque. Dana ne put retenir son cri qu'étouffa aussitôt la main qui se plaqua sur sa bouche. Son estomac se contracta, provoquant un spasme dans sa gorge que Timmy perçut.

— Ferme les yeux et respire fort, ordonna-t-il froidement.

Elle lui fit signe que ça pouvait aller.

— Dieu tout-puissant! souffla-t-elle en se détournant.

— C'est pas Dieu qu'il faut implorer ici, observa cyniquement Timmy en s'éloignant.

Le chien, à peine plus gros qu'un chat, grognait et montrait ses crocs. Considérant l'animal plutôt inoffensif, Timmy se porta à la rescousse de Swann aux prises avec le transport du sac. Pendant ce temps, Dana cherchait à tenir la bête à distance avec ses pelles.

— Laisse le cabot et arrive, Dana.

Après avoir donné un dernier coup en direction du chien, elle fit demi-tour, déployant sa redingote autour d'elle. Une secousse la tira par derrière : le chien mordait dedans, bien décidé à la retenir dans le cimetière jusqu'à l'arrivée des gardiens qu'on entendait maintenant appeler.

— Va-t'en! Laisse-moi! siffla-t-elle sourdement entre ses dents.

L'animal ne lâchait pas prise. L'affolement s'emparait d'elle. Elle ne voyait plus Timmy ni Swann. On l'avait abandonnée à son sort.

— Timmy! cria-t-elle, maintenant sous l'emprise d'une terreur folle.

La pelle rata le chien par deux fois. La troisième tentative la libéra dans un hurlement de douleur. Dana partit en direction du mur. Mais ses pieds se prirent dans l'ourlet du vêtement trop encombrant et elle perdit l'équilibre. La chute fut brutale; le choc de l'impact, terrible. Elle sentit sa tête éclater. La douleur paralysante s'irradia dans tout son corps. Elle resta allongée dans l'herbe à gémir.

Une poigne solide saisit la redingote. La jeune femme hurla en cherchant à se dégager. Mais en vain : elle fut propulsée sur ses pieds et traînée sans manières.

— Arrête de crier, tu vas ameuter toute la ville, gronda Timmy.

— Le chapeau…

— Quel chapeau ?

— Mon chapeau… répéta Dana, tout étourdie. Il est resté…

— Au diable le chapeau !

— Il est à Logan, Timmy.

Un râle de mécontentement. Son cousin rebroussa chemin et ramassa le chapeau.

— Hé ! Arrêtez ! cria au loin un gardien qui avait perçu le mouvement dans l'ombre.

La rejoignant en jurant comme un grenadier, il la poussa derrière un mausolée érigé non loin d'eux et dégagea son pistolet de sa ceinture.

— Maintenant tu restes tranquille, Dana Cullen.

La tête de la jeune femme élançait douloureusement. Dana porta la main à son front et y sentit une substance poisseuse.

— Je saigne, constata-t-elle bêtement.

Timmy, qui surveillait l'arrivée du gardien, se tourna vers elle et lui lança cette remarque cynique :

— Remercies-en Dieu. C'est signe que tu es encore en vie. Les morts, ça ne saigne pas.

Le ton était incisif. Elle estima qu'elle méritait sa colère et ne dit plus rien.

Ils attendirent encore quelques minutes. Le chien se remit à japper. Un hurlement de chat suivit, glaçant le sang dans les veines de Dana. Le vacarme eut le bonheur de retenir l'attention du gardien qui changea de direction. Profitant de ce répit, Timmy localisa le mur et supputa mentalement l'espace qui les en séparait.

— J'ai la tête tout embrouillée. Je n'arrive plus à réfléchir.

— Tu aurais dû le faire quand tu en étais encore capable et ne pas me suivre jusqu'ici.

Il la dévisagea d'un air mauvais. Elle se retenait difficilement de pleurer. Ce n'était vraiment pas le moment. Il soupira et s'assit près d'elle.

— Laisse-moi voir, dit-il plus doucement en palpant sa tête.

— Aïe !

— Ouais ! C'est une belle entaille que tu as là. Ça fait mal ?

Elle le regarda, se demandant s'il se moquait d'elle. Mais son ton s'était adouci et il semblait sincèrement soucieux.

— Un peu.

— Peut-être que le docteur pourrait t'examiner, s'il en a le temps.

— Je ne souhaite en aucun cas voir ce… docteur.

Timmy étira son cou de l'autre côté du monument.

— Qu'est-ce qu'on fait maintenant ? demanda-t-elle d'une petite voix.

— On attend. Quand le gardien verra qu'il nous a loupés, il s'en ira boire un coup.

— Et s'il nous découvre ?

Elle regardait le pistolet qu'il tenait dans sa main. Il le remarqua.

— Les gardiens sont parfois armés. Je ne m'en servirai qu'en cas de légitime défense.

— Tu as déjà tiré sur l'un d'eux ?

— Non. Et que Dieu m'en garde.

— Je n'ai jamais eu aussi peur de toute ma vie, dit Dana en tremblant de tous ses membres. J'ai eu une de ces trouilles.

Le jeune homme passa un bras autour des épaules de sa cousine et la serra contre lui. Les effluves de savon parfumé au camélia qu'elle dégageait avaient quelque chose d'incongru en ce lieu. Mais il apprécia. Le corps de Dana remuait contre lui. Resserrant l'étreinte, il mit son nez dans la chevelure nattée. Il adora la sentir ainsi contre lui et, avec le souvenir de cette brûlante étreinte dans la cuisine, qu'avaient heureusement ou malheureusement interrompue ses

parents, lui revint cette tension dans l'aine. L'amour dans un cimetière devait avoir quelque chose de drôlement excitant. Il n'y avait
jamais vraiment songé.

Ils demeurèrent dans cette position le temps que son désir se
calme. Puis Timmy décréta qu'il était assez prudent de tenter une
sortie.

Sans avoir été davantage inquiété par les gardiens, le quatuor
reformé attendait sur le bord de la route qu'on appelait la Lothian
Road. Le *colis* avait été dissimulé dans le fossé qui les séparait de la
glèbe de St. Cuthbert's. L'attente fut de courte durée. Un attelage en
tandem surgit à l'angle de Prince's Street et vint vers eux au galop.
Se tenant à distance du sac qui dégageait une odeur des plus terribles, Dana attendait assise sur une borne de granit. La voiture noire
qui brillait sous la lune maintenant accrochée bien haut dans le ciel
leur passa sous le nez, son conducteur se fondant dans l'obscurité.
Elle s'immobilisa quelques yards plus loin. Puis le silence retomba
sur eux. On attendit encore quelques secondes.

Une silhouette allongée d'un haut-de-forme et enveloppée dans
un ample carrick à trois collerettes en descendit. Elle reconnut le
docteur. Timmy et Nathan récupérèrent le corps qu'ils transportèrent jusqu'à la voiture. Le sac de toile claire disparut rapidement
dans le ventre du véhicule. Nathan revint aussitôt tandis que le
client réglait sa commande avec Timmy. Son chapeau sur les
genoux, la tête douloureuse, Dana n'aspirait plus qu'à rentrer et à
se mettre au lit pour réaliser au réveil qu'elle n'avait fait que rêver
toute cette incroyable aventure.

Son cousin revint à son tour et remit leur part à ses compagnons.

— Viens, dit-il en s'adressant à elle.

— C'est terminé? On s'en va?

— Le docteur accepte de regarder ta blessure.

Dana eut un mouvement de recul.

— Non, je ne veux pas…

— Tu ne peux pas rentrer dans cet état.

— Je refuse que ce docteur me touche.

—Allons, s'impatienta Timmy en l'attrapant par le poignet. Il ne te croquera pas, tu es bien trop vivante pour ça.

Digby et Nathan éclatèrent de rire. Lançant un regard mauvais vers son cousin, Dana le suivit jusqu'à la voiture. Le chirurgien lui montra d'un geste l'entrée de la voiture. Elle hésitait.

—Il m'est impossible de vous examiner à la lueur de la lune, monsieur. Allons, dépêchez-vous.

—Je ne suis pas…

—Grimpe et ne discute surtout pas, lui suggéra Timmy dans l'oreille. Allons, on n'a pas toute la nuit. Il faut rentrer avant l'aube.

Dana monta dans la voiture. L'horrible puanteur que dégageait le corps la força à se couvrir le nez du col de sa redingote. Son cousin s'installa près d'elle. Le chirurgien prit place sur le siège d'en face, occupé par son cadavre. Quand il passa près d'elle, un doux effluve d'eau de Cologne lui chatouilla les narines… soulagement fugace des sens.

L'homme frappa contre la paroi du véhicule avec le pommeau argenté de sa canne. L'attelage s'ébranla.

—Où allons-nous? demanda-t-elle, soudain inquiète.

—Chez le docteur, l'éclaira Timmy. Il ne veut pas rester ici. C'est trop dangereux.

Elle porta son attention vers l'homme en question dont elle ne pouvait distinguer que la silhouette. Il ne disait rien et s'appuyait contre le sac pour l'empêcher de leur tomber sur les genoux. L'horreur monta en elle. C'était le comble: on la forçait maintenant à voyager avec la morte!

Cahotés par les soubresauts de la voiture, ils parcoururent la Lothian Road sur un peu plus d'un quart de *mile* avant de prendre une autre route qui passait devant les installations de la distillerie Lochrin. Puis ils bifurquèrent sur une route secondaire qui contournait le terrain de la brasserie de Drumdryan pour finalement s'engager dans une avenue bordée d'arbres. La douleur s'intensifiant à chaque soubresaut, Dana referma ses paupières lourdes de fatigue. La cuisse qui se pressait contre la sienne la sécurisait.

Mais elle était si furieuse contre Timmy qu'elle la repoussa. Il l'avait déçue et offensée. C'étaient là les affaires qu'il traitait: voler des morts pour les vendre aux médecins. Il aurait à se justifier, demain, quand elle se serait calmée.

L'attelage effectua un nouveau virage vers la droite dans une petite allée gravelée. À l'horizon, sur leur gauche, on pouvait voir la masse sombre d'Arthur's Seat se découper sur le ciel maintenant complètement dégagé. Plus près d'eux, elle devina les silhouettes de maisons cossues aux nombreuses cheminées et aux pignons auxquels les tuiles d'ardoise luisantes conféraient une sorte d'aura bleutée.

Le trajet n'avait duré en tout que quelques minutes. Mais pour Dana, c'était l'équivalent d'une éternité et elle n'avait aucune idée où elle se trouvait. Lorsque la voiture s'immobilisa enfin, elle en sortit avant même que le cocher ne soit descendu de son siège pour leur ouvrir la portière. Le parfum des champs couverts de rosée lui fit grand bien. Là, elle respira un grand coup.

— Vous savez quoi faire, Spittal, fit le chirurgien en s'adressant au cocher.

— Oui, monsieur.

L'interpellé fit claquer son fouet et la voiture se remit en mouvement pour disparaître derrière l'imposant et sombre bâtiment qui se dressait devant eux. Une petite lueur parut à l'angle ouest de la maison et vint vers eux.

— Par ici, les invita le chirurgien en se dirigeant vers elle.

Un visage à l'aspect inquiétant apparut dans le halo.

— Des invités, monsieur?

— Un blessé, Halkit. Introduisez-les dans mon cabinet de travail. Je les y rejoindrai après avoir aidé Spittal.

— Oui, monsieur.

L'homme se tourna vers les deux visiteurs et leur indiqua de les suivre.

On les fit passer par une porte secondaire qui donnait dans un petit vestibule où brillait le vernis de deux portes latérales.

Le majordome les referma derrière lui et tira une solide targette de laiton brillant pour les verrouiller.

— Par ici, leur indiqua-t-il encore en ouvrant la porte de droite pour les laisser entrer.

Une poignante odeur de vinaigre et d'alcool les accueillit. Le majordome déposa la chandelle sur une applique murale prévue à cet effet et alluma deux lampes à huile au-dessus d'une longue table de bois nu placée le long du mur. Il prit ensuite un énorme pichet de faïence sur une étagère et vida une partie de son contenu dans une bassine qu'il apporta ensuite sur la table avec une pile de carrés de lin propre. Puis il demanda à Dana de lui donner son manteau. Elle refusa, le resserrant sur elle. Le majordome n'insista pas et, emportant sa chandelle, il se retira par où ils étaient entrés.

— Écoute, Dana…

— Pour le moment, je ressens l'envie de t'étrangler plutôt que de te parler, Timmy Nasmyth, grinça-t-elle en lui tournant le dos.

— C'est toi qui m'as suivi, je te le rappelle.

Haussant les épaules, il s'éloigna vers un petit secrétaire dont le panneau coulissant était resté ouvert. Il s'y assit.

Évitant de regarder son cousin, Dana visita des yeux le cabinet, qui lui parut des plus sinistres. Une forme recouverte d'un drap blanc au fond de la pièce qui se perdait dans l'obscurité capta son intérêt, la détournant momentanément de ses préoccupations au sujet de Timmy. Comme un fantôme flottant au-dessus du sol, la chose était suspendue à une potence de bois par une chaîne. Frissonnant, elle s'en détourna. Les murs se cachaient derrière des rangées de contenants de verre de tous formats luisant dans la pénombre. Des étiquettes étaient collées dessus. Elle estima qu'il valait mieux éviter de savoir ce qu'ils contenaient.

Une grande armoire vitrée près d'elle attira son attention. Déposant son chapeau sur la table, elle s'en approcha. Il y avait des seringues de cuivre de tailles variées, des abaisse-langue de corne, des bains oculaires de verre coloré, une balance de Roberval de cuivre et son support de bois contenant une série de masses étalons, un pilon et son mortier de marbre et toute une collection de loupes. L'une d'elles, plus élaborée, était équipée de lentilles pivotant sur une charnière qui permettait de les superposer à deux ou à trois pour augmenter la capacité de grossissement.

Un objet assez intéressant ressemblait à une petite lunette d'approche installée sur un trépied. Elle était reliée à une tige de métal coulissante et ajustable par deux vis à boutons. Sous la lunette, un système de plateaux de verre et un petit miroir pivotant complétaient l'appareil. Était-ce l'un de ces microscopes dont lui avait parlé son frère ? Il lui avait un jour fait le croquis de ce merveilleux instrument qui permettait de voir des choses invisibles à l'œil.

Elle poussa plus loin son exploration. Dans un compartiment séparé brillait une panoplie d'instruments d'acier qui n'avaient rien de rassurant. Elle se pencha pour mieux les examiner. Il y avait des scalpels, des couteaux de tailles et de longueurs différentes, une série d'aiguilles, courbées et droites, des forceps, des explorateurs avec embouts de porcelaine, des pinces à os et des scies, certaines fines et d'autres plus robustes. Même si elle ne pouvait commenter l'usage de chacun de ces instruments, ils lui semblaient vaguement familiers. Elle se souvint du coffre de chirurgien que lui avait un jour montré son frère. Il avait caressé ses outils presque avec amour. Jonat avait-il lui aussi payé pour obtenir des cadavres à disséquer ?

Elle réprima un frisson de dégoût en l'imaginant penché sur le corps nu de Mrs Watts : armé de l'un de ces scalpels effilés, il plongeait dans la chair grise de son gros ventre et en extirpait le bébé. Car Mrs Watts était enceinte au moment de sa mort.

Dana serra momentanément les paupières. Le souvenir de son frère surgissait partout où elle posait les yeux. Cette pièce et tout ce qu'elle renfermait avait fait partie de son monde, de sa vie. Il aurait pris un plaisir immense à tout lui montrer, expliquer, démystifier. C'étaient ses passions. Toute une gamme d'émotions la prit d'assaut.

Elle se redressa, s'intéressa à quelques figures anatomiques accrochées sur le mur peint en blanc à côté de l'armoire. Elles représentaient diverses parties du corps humain.

—Tu crois que c'est pour faire ça que le docteur achète des morts?

—Ça ou autre chose, répondit Timmy dans son dos.

Elle s'attarda sur l'image d'une main sectionnée juste sous le poignet et nettoyée de toute sa chair. Il ne restait plus que le réseau compliqué des vaisseaux sanguins, les os et les ligaments. Elle examina sa propre main. Est-ce que le dessin du pied, du crâne ou de toute autre partie de Mrs Watts allait se retrouver accroché sur ce mur avec les autres?

Timmy remua. Timmy… elle lui en voulait.

—Tu fais ça depuis longtemps?

—Quoi?

—Ton petit «commerce» avec les docteurs, précisa-t-elle avec un accent de reproche.

—Euh… deux ans.

—Deux ans… oh!

—C'est un métier comme un autre. Il n'existerait pas s'il n'y avait pas de chirurgiens pour payer.

—C'est dégoûtant.

—On s'y fait.

Elle lui lança un regard consterné. Timmy s'occupait à curer ses ongles avec la pointe aiguisée d'une plume. Elle revint vers l'armoire. Elle examinait maintenant une curieuse jarre de verre emplie de rognures de feuilles d'or. Elle était positionnée à l'horizontale entre deux pièces de laiton fixées sur des supports du même métal et dont l'un était équipé d'une manivelle destinée à faire pivoter la jarre sur son axe. Sous la jarre, un morceau de feutre était maintenu par une sorte de pince de façon qu'il l'effleure. Dana n'avait aucune idée de l'usage de cet objet.

—Comment tu savais qu'il s'agissait d'une dame Watts?

La chaise sur laquelle prenait place Timmy craqua.

—Le docteur Seton commande habituellement des sujets spécifiques. Le plus souvent, c'est un patient de l'hôpital où il travaille. Rosie parcourt…

— Rosie ? fit Dana, intriguée, en lançant un regard en biais vers son compagnon.

Occupé à fureter dans le secrétaire, Timmy grimaçait. Un soupir précéda sa réponse.

— Une… connaissance. Elle parcourt les cimetières pour découvrir où est enterré le mort commandé. Il arrive même qu'elle assiste à l'enterrement. De cette façon, elle peut m'indiquer si le cercueil est encaissé dans une cage d'acier. Cela nous évite de creuser pour rien.

Résonnait maintenant un claquement régulier. Intriguée, Dana se retourna vers Timmy et fronça les sourcils. À moitié affalé sur le secrétaire, le menton confortablement calé dans le repli de son coude, il s'amusait à ouvrir et refermer une petite boîte métallique décorée d'incrustations nacrées.

— Pourquoi une cage d'acier ?

Elle reporta, songeuse, son regard vers les objets hétéroclites. Mrs Watts avait-elle été une patiente de ce docteur Seton ?

Son cousin entreprit d'expliquer les méthodes qu'employaient les gens pour décourager les résurrectionnistes de s'emparer du corps de leurs chers disparus.

— Il faut parfois être prudent. Des familles vont même jusqu'à installer autour de la tombe des ficelles reliées à un pistolet. Quand Rosie découvre de tels pièges, elle nous en avertit et on n'a qu'à les éviter.

Tombant de fatigue, Dana prit place sur la table sur laquelle avait été déposée la bassine remplie d'eau et elle prit note de sa dégaine : ses chaussures n'avaient plus rien de blanc ; l'ourlet de sa chemise de nuit était souillé de boue. La redingote de son cousin était aussi en fâcheux état. Il allait se douter de quelque chose. Elle prenait conscience qu'en voulant éviter des problèmes à Timmy, elle risquait de lui en causer encore plus. Imbibant d'eau un carré de lin, lasse d'attendre, elle entreprit de nettoyer une tache sur la manche.

Un claquement plus fort que les autres la fit sursauter. Dana leva la tête. Son cousin la dévisageait d'un drôle d'air. Il ne dit rien, mais elle eut l'impression de le voir pâlir.

— Ça ne va pas?

Il hocha la tête.

— C'est toi…

Le jeune homme, qui la regardait de face pour la première fois depuis leur arrivée dans le cabinet de travail, découvrait soudain à la lumière la gravité de la blessure de sa cousine. Elle était à faire peur. La moitié de son visage était barbouillée de traînées écarlates qu'elle avait essuyées avec la manche de la redingote. Des mèches de cheveux s'étaient engluées et collaient au front.

Le bruit de pas qui approchait l'empêcha de parler. Un homme entra par une seconde porte, cachée dans l'ombre au fond de la pièce. Le fantôme oscilla, sa chaîne cliquetant doucement. Dana fixa le docteur Seton, étonnée par son apparence. Elle s'était imaginé un homme beaucoup plus vieux et à l'aspect plus sinistre. Élancé et de belle taille, le chirurgien devait avoir dans la trentaine. Ses traits étaient rigides comme l'étaient ceux des gens qui exprimaient trop souvent l'arrogance. Toutefois, sa chevelure, d'un beau blond doré, qui retombait en larges boucles indisciplinées sur son front et sur sa nuque, adoucissait l'ensemble. Les longs favoris soigneusement taillés qui encadraient un visage mince mais énergique, curieusement, étaient d'une teinte plus rouge. Malgré son allure austère, rien dans son physique n'inspirait de la crainte à Dana.

L'homme lui lança un bref regard, sans plus, et lui dit de pencher la tête. Son ton était sec, mais il demeurait poli: comme celui d'un seigneur habitué à être obéi sur-le-champ. Elle s'exécuta. Le chirurgien se plaça devant elle et trempa un carré dans l'eau. Pendant que les doigts fouillaient sa chevelure, elle fixa ses chaussures crasseuses.

— Comment est-ce arrivé?

Quelques secondes s'égrenèrent. Le chirurgien se tenait immobile. Ne sachant s'il s'adressait à elle, Dana releva lentement le menton. Elle croisa un regard gris aux reflets métalliques qui la détaillait avec une surprise non feinte. Puis les paupières se plissèrent, le vif-argent pénétrant en elle. Elle prit peur, redressa le tronc. Puis elle comprit. Ses yeux! Il venait de noter la particularité de ses yeux à elle. Elle les referma, à la fois prise de gêne et troublée.

— Elle s'est frappé la tête sur un socle de pierre, expliqua Timmy.

Le chirurgien Seton s'éclaircit la gorge et entreprit de nettoyer la plaie qu'il examina ensuite en silence.

— Rien de très grave, déclara-t-il en se déplaçant vers l'armoire vitrée qu'il déverrouilla avec une clé. Quelques points et on n'y verra plus rien. Vous recrutez les jeunes dames, maintenant, Nasmyth?

L'apostrophe mit le jeune homme mal à l'aise. Il se leva.

— Non, monsieur. Elle m'a suivi… sans mon consentement.

Francis Seton se tourna vers la jeune femme, qui gardait la tête penchée, son visage entre les mains. C'était la deuxième fois que lui était donnée la chance de voir des yeux vairons. Quelle magnifique étrangeté de la nature…

Revenant à ce qu'il faisait, il récupéra une longue aiguille courbée et un écheveau de fil de soie.

— Dana, je… peux t'attendre dans le vestibule? demanda Timmy en sautant d'un pied à l'autre.

— Ça va aller, Timmy.

Le chirurgien avait enfilé son aiguille et rapprochait les lèvres de la plaie. Sans avertissement, il piqua dans le cuir chevelu.

Dana retint un cri de douleur entre ses dents et subit dans une attitude digne de son amour-propre les trois points que nécessitait l'intervention. Cinq minutes plus tard, le chirurgien rinçait ses mains et rangeait son matériel.

— Dana, c'est votre nom? Il faudra enlever les fils dans une semaine. Je m'arrangerai avec Nasmyth pour les frais de l'opération, dit-il simplement.

Rajustant ses manches, le chirurgien lui indiqua la sortie et lui souhaita bonne nuit. Mot de la fin somme toute banal pour une nuit des plus rocambolesques. Elle récupéra son chapeau et rejoignit son cousin qui l'attendait.

C'est dans un silence tendu qu'ils prirent tranquillement le chemin du retour à travers Hope Park, chacun ruminant ses griefs contre l'autre. La jambe boiteuse percluse de fatigue empêchait Dana d'aller aussi vite que Timmy le voulait. Tête baissée, les mains dans les poches de sa veste, il affichait sa mauvaise humeur.

— Tu veux bien m'expliquer ce qui t'a pris? commença-t-il en frappant du pied un caillou qui alla voler plusieurs yards devant.

— M'expliquer? rétorqua-t-elle en se retenant de lever le ton. Ce serait à moi de m'expliquer?

— Cette idée de me suivre. Avoue qu'elle n'est pas des plus intelligentes.

Elle ne l'était pas, effectivement. Mais ça, elle ne lui ferait pas le plaisir de le lui concéder. Ils marchaient en silence vers la silhouette de la forteresse au-dessus des arbres qu'illuminait la lune. Dana se rendit compte qu'elle avait oublié la raison qui l'avait poussée à le suivre.

— *L'Éden revit dans le premier baiser de l'amour*, murmura-t-elle.

— Qu'est-ce que c'est que ça?

— À toi de me le dire, Timmy Nasmyth.

Le jeune homme avait raccourci sa foulée et dévisageait sa cousine d'un air perplexe.

— Le premier baiser de… se répéta-t-il mentalement.

Il repensa au baiser dans la cuisine. Était-ce ce à quoi elle faisait allusion? Voulait-elle le lui reprocher?

— C'est un vers, non? dit-elle pour l'éclairer.

— Un vers?

Un poème? *Le* poème! Cela lui revint. Il s'arrêta brusquement. La jeune femme continua quelques pas avant de s'immobiliser à son tour.

— Tu as fouillé ma chambre?

Il ne put dissimuler le sentiment de colère qui montait en lui.

— J'avais entendu du bruit. Je voulais vérifier si tu étais dans ta chambre… J'ai trouvé le billet…

Ne sachant comment mieux expliquer son geste, elle se tut.

Timmy respira profondément pour se contrôler. Il contempla la silhouette de Dana perdue dans l'amplitude de la redingote de son frère. Il se souvint du petit sein tout rond, tout blanc. Cela suffit pour le calmer. Il ne comprenait pas pourquoi elle s'offusquait pour ce vers. Évoquait-il pour elle un mauvais souvenir ? Se serait-il trompé ?

— *The First Kiss of Love*[32], supposément de Lord Byron, dit-il plus doucement.

— Lord Byron ?

— Je croyais que tu aimais la poésie. C'est pourquoi j'ai demandé à Julia de m'écrire un vers… Je voulais…

Ce fut à son tour de ne pas trouver les mots. Face à face dans le noir, ils demeurèrent silencieux quelques secondes. Dana se rappelait vaguement le poème de ce poète controversé. Elle commença à saisir les intentions de son cousin. En fait, elle espérait plutôt les avoir compris.

— Ce vers t'était destiné, Dana, confirma-t-il, gêné. J'avais l'intention de te le susurrer à l'oreille lors de ta première danse… avec moi. Mais un autre a eu cet honneur.

Il avait craché les derniers mots avec amertume. Elle se sentit la plus sotte des sottes. Un drôle de son s'échappa de sa gorge et elle mit ses mains sur sa bouche.

— Timmy…

Ce fut tout ce qu'elle trouva à dire.

Elle devina qu'un sourire se dessinait subrepticement sur le visage du jeune homme.

— Qu'est-ce que tu croyais ?

Elle haussa les épaules. Mais qu'avait-elle cru ? Il n'était pas question qu'elle se ridiculise davantage en le lui disant. Elle secoua la tête. Timmy s'approcha d'elle et entoura ses épaules de ses bras.

---

32. *Le Premier Baiser de l'amour.*

—Ma surprise est gâchée, dit-il d'une voix qui se voulait attristée.

—Je suis… désolée. Je ne le savais pas, Timmy.

Il la serra plus fort contre lui, cherchant les formes du corps dissimulées sous l'épaisseur des vêtements. Il avait cette folle envie de reprendre là où ils avaient été interrompus par l'arrivée de Charles et de Flora. Jusqu'où la fièvre qui s'était emparée d'eux les aurait-elle menés ? Les réticences de la fille du pasteur tombaient devant lui comme des barrières de carton dans un ouragan. Et cet ouragan, c'était lui qui le soulevait. Ce pouvoir qu'il exerçait sur sa cousine le grisait. Cette femme intelligente, qui croyait tout savoir, n'en était qu'aux premiers balbutiements des choses de l'amour. Et c'était lui qui allait les lui faire découvrir.

Mais pas cette nuit.

L'intensité des étoiles dans le ciel avait diminué. L'aube ne tarderait pas à les surprendre. Il fallait rentrer dans West Port avant qu'on ne remarque leur absence. Ils devaient repartir. Mais avant il se permit de l'embrasser tendrement. Le geste arracha un gémissement à Dana, qui se retenait de pleurer de honte.

À pas de loup, elle se coucha entre ses draps depuis longtemps refroidis. Sa tête lui faisait encore mal. D'un doigt prudent, elle explora la région lésée et sentit l'ourlet de chair bien refermé par les fils. Sa chevelure la dissimulerait complètement. Le cœur encore bercé par les mots de Timmy, elle songea à cette nuit hallucinante. L'image du chirurgien lui revint. Elle l'imagina penché sur son nouveau sujet d'étude, Mrs Watts.

Le visage de Jonat se superposa à celui du docteur Seton.

« Le cercueil n'est pas un puits du savoir ! » avait déclamé Henry Cullen. « Les morts expliquent la vie ! » s'était défendu Jonat la nuit où son père l'avait définitivement mis à la porte.

Comme le juge qui aurait à trancher entre le bien des âmes et celui des corps, Dana sombra dans un sommeil agité.

Chapitre 8

Dana se réveilla quelques minutes avant l'aube. Quelle chance! Son lit était placé en face de la fenêtre et, au-dessus de la toiture du bâtiment voisin, un bout de ciel était visible. Elle pouvait l'observer sans avoir à se lever. Quelques étoiles scintillaient encore faiblement sur un fond de nuit pâlissant. Elle adorait ce moment. C'était l'heure où les créatures nocturnes se taisaient, mais où les autres revenaient lentement à la vie. Une parenthèse entre deux mondes. Un hiatus dans le temps.

Contre le mur derrière elle, elle entendit frapper un coup suivi de deux autres plus rapprochés: «Bon matin.»

Elle répondit de la même façon.

Timmy frappa deux autres fois, attendit et frappa un troisième coup: «Bien dormi?»

Dana donna deux petits coups secs: «Oui.»

Elle rit. Il leur faudrait élaborer un peu plus leur système codé. Le lit de Timmy grinça et le plancher craqua sous son poids. Elle pouvait presque deviner tout ce qu'il faisait. Ainsi, elle savait qu'il n'avait pas renouvelé ses escapades nocturnes dans les cimetières depuis une semaine. Elle le lui avait fait promettre.

Ce matin, il n'allait pas au moulin. Des livraisons étaient attendues à Musselburgh, Prestonpans et Haddington et il ne rentrerait pas avant la tombée de la nuit. Charles avait accepté de lui confier cette tâche. L'ambiance familiale s'était grandement améliorée depuis quelques jours. Son oncle avait-il deviné ce qui se passait entre son fils cadet et sa nièce ? Avait-il intercepté, lors des dîners, les longs regards lourds de désir que lançait Timmy et qui faisaient rougir violemment Dana ? Quoi qu'il en fût, Charles tempérait son humeur et avait cessé d'abreuver son fils de ses reproches habituels.

Toutefois, le petit manège qui se déroulait sous la table – frôlements de jambes et coups de pied – n'avait pas échappé à Logan, qui s'amusait parfois à y participer, confondant les deux tourtereaux. À l'étonnement de Flora, les trois éclataient ensuite de rire, sans autres commentaires. Pour expliquer à son jeune cousin la raison du mauvais état de son chapeau et de sa redingote, Dana dut lui raconter qu'elle était sortie prendre un peu d'air dans la cour et avait glissé dans la boue. Si Logan soupçonnait une histoire destinée à en camoufler une autre, il n'en dit mot.

Se livrant entière à son bonheur nouveau, Dana chercha la fine chaîne en or attachée à son cou.

Les sons familiers de la ville en éveil lui parvenaient petit à petit : le grincement continu des roues du chariot de l'éboueur qui prenait son quart de travail ; le cri du vendeur de bois au loin, celui du porteur d'eau qui approchait ; un cocorico ; et là, un chien puis un autre qui jappaient.

La chaîne glissait entre ses doigts, s'enroulait autour de son index. Timmy la lui avait offerte deux jours après l'épisode du cimetière. Pour se faire pardonner ? Cela lui importait peu. Il s'était comporté en parfait gentleman depuis et ce bijou qu'il lui avait offert lui prouvait la profondeur de ses sentiments.

Repoussant les draps, Dana s'étira en grognant de contentement tandis que son estomac se plaignait. L'odeur du bacon frit lui taquina doucement les narines. Elle s'habilla et se rendit à la cuisine, où déjeunaient sa tante et Logan. Timmy vint les rejoindre, passa derrière la chaise de Dana, lui effleurant la nuque d'une caresse furtive qui jeta le trouble chez la jeune femme. Elle avalait son porridge les yeux baissés, évitant ainsi l'incendie qu'allumaient ceux de son cousin, qu'elle savait posés sur elle. Le regard de Timmy avait ce pouvoir de faire naître un délicieux picotement juste sous la surface de sa peau. Et elle en rougissait, comme s'il devinait tout de ce qu'il provoquait en elle.

Quelle étrange situation que de vivre sous le même toit que son amoureux! Car c'était de toute évidence de l'amour qu'il s'agissait, cette émotion qui la saisissait au cœur et le faisait battre si fort, ce sentiment qui lui faisait voir les plus subtiles nuances des couleurs; des teintes vibrantes dont elle n'avait encore jamais soupçonné l'existence jusqu'à ce jour, lui brossaient un tableau nouveau de la vie. Un tableau dans lequel elle avait envie de figurer… avec Timmy.

Le petit déjeuner terminé, son cousin embrassa sa mère, salua Logan et Dana, puis partit. Dana descendit à la boutique pour accueillir les premiers clients de la journée. Logan devait la rejoindre dans une heure, après son retour du journal où il devait aller porter le fruit d'une nuit d'insomnie dont les traces marquaient son visage de sombres cernes sous les yeux.

Timmy allait forcément la demander en mariage, pensa-t-elle brusquement en déplaçant six exemples de papier marbré plus en avant dans la vitrine, juste sous la liste des qualités de papiers disponibles dans la boutique. Elle disposa autrement les deux jolis modèles d'encriers de faïence hollandaise. Puis elle épingla son dessin sur un carton qu'elle avait suspendu avec de la ficelle. Il représentait une femme avec un livre ouvert sur ses genoux, la mine contemplative. Son visage était levé vers une fenêtre; son regard se perdait dans des rêves inconnus.

La clochette de l'entrée sonna. Elle laissa en plan son travail pour aller servir la cliente. Mrs Watson venait régulièrement acheter du papier à lettres. Trois de ses fils vivaient à l'étranger. L'un d'eux était dans la marine, les deux autres s'étaient expatriés en Amérique. Pour faire la conversation, la femme lui racontait la teneur de ses correspondances. Son plus jeune, Daniel, allait bientôt se marier avec une femme de New York. Il réclamait sa présence au mariage.

Mrs Watson hésitait à traverser cette mer qui lui avait ravi deux maris. Le baleinier sur lequel travaillait le premier, un capitaine, avait sombré au large des îles Shetland, noyant tous ses passagers. Le second, un lieutenant de la Marine britannique servant sur le Conqueror, avait péri lors de la bataille de Trafalgar où le glorieux amiral Nelson avait aussi perdu la vie, l'empêchant ainsi de goûter sa fameuse victoire sur la flotte de Napoléon en 1805.

La femme paya ses huit feuilles de papier et partit. Sachant très bien qu'elle allait revenir chercher huit autres feuilles la semaine prochaine et lui raconter la suite de sa vie, Dana retourna terminer l'arrangement de la vitrine. Un type était penché sur le dessin qu'elle avait eu le temps d'épingler : celui de Tante Flora croqué pendant un moment de rêverie. Pour ne pas détourner l'attention d'un client potentiel, elle allait s'éloigner lorsque son regard capta celui de l'homme à travers la vitre. Le temps de se reconnaître, ni l'un ni l'autre ne bougèrent. Le visage de l'individu exprima d'abord la surprise, puis ses sourcils se froncèrent, et ses traits se durcirent. Il se précipita vers la porte et fit irruption dans la boutique.

Son instinct l'avertissant d'un danger, Dana se dirigeait vers l'arrière-boutique quand elle sentit une main se refermer sur son bras et la tirer en arrière. Ce geste la fit brusquement pivoter et la repoussa vers le comptoir contre lequel elle se heurta rudement.

— Petite voleuse ! gronda l'intrus d'un air mauvais en la braquant de ses yeux gris métallique.

Dana devina sur-le-champ que Timmy avait omis de régler la note de frais du docteur Seton.

— Je vous rembourserai ce que je vous dois, Mr Seton, bredouilla-t-elle en souhaitant sincèrement pouvoir y parvenir.

— Me rembourser ? fit le chirurgien dans un éclat de voix teinté de sarcasme. La valeur de cette tabatière est inestimable. Vous ne pourrez me la rembourser qu'en me la rendant. Elle appartenait à mon père.

La tabatière ? De quoi parlait le chirurgien ? Une tabatière ? Elle prit une expression indignée et leva le menton.

— Je ne sais pas de quoi vous parlez, monsieur.

L'homme pencha sa face menaçante sur elle. Il soufflait fort et dégageait un vague parfum d'eau de Cologne qui la dérangea.

— Cessez de vous moquer de moi, Miss. Vous savez très bien de quoi je parle. Nasmyth et vous êtes restés seuls dans le cabinet de travail assez longtemps pour dérober bien plus que cet objet. Qu'en avez-vous fait ? Où est Nasmyth ?

Son cœur pompant à une vitesse folle le sang qui se chargeait d'adrénaline dans ses veines, Dana se mit à trembler. Elle se souvint tout à coup de la petite boîte de métal décorée de nacre avec laquelle s'était amusé Timmy. Elle n'arrivait pas à croire que son cousin eût pu voler l'objet. Le chirurgien pouvait tout simplement l'avoir égaré et croire qu'eux l'avaient pris. Elle devait en parler à Timmy. Elle pria pour que toute cette affaire ne soit qu'un malentendu.

— Il est absent, bégaya-t-elle.

— Où est-il ?

— Il fait des livraisons…

— Des livraisons, répéta mécaniquement le chirurgien.

Fulminant, il la relâcha avec brusquerie, exécuta quelques pas et revint vers elle. Il regarda autour de lui comme s'il prenait soudain conscience de l'endroit où il se trouvait.

— Nasmyth Papermaker & Stationer.

— Le commerce appartient à son père, Charles Nasmyth.

— Quand Nasmyth doit-il revenir ?

— Ce soir.

— D'accord, je reviendrai ce soir.

Non, elle devait éviter que le chirurgien Seton revînt ici. Son oncle saurait alors tout de la petite escapade dans le cimetière. Et si c'était vraiment Timmy qui avait pris la tabatière ? Les conséquences en seraient désastreuses. Elle pensait à toute vitesse. Qu'aurait pu en faire son cousin ? Peut-être l'avait-il encore en sa possession. Elle l'obligerait à la restituer. Elle devait trouver une solution qui lui ferait gagner du temps sans faire peser les soupçons sur lui.

— C'est inutile de revenir, Mr Seton, dit-elle en baissant les yeux. Timmy… est innocent.

C'était tout ce qu'elle avait trouvé. Il fallait se débrouiller avec la suite.

L'homme la considéra avec un souverain mépris. Il passa une main sur son visage.

— Je devrais vous rapporter à la police.

Les yeux de Dana s'emplissaient de larmes.

— Qu'avez-vous fait de la tabatière, Miss?

— Je l'ai… apportée chez un prêteur sur gages…

— Lequel?

Elle ne sut quoi répondre. Ce qu'elle était bête! Elle ne connaissait aucun prêteur sur gages.

— Lequel? répéta le chirurgien en la toisant froidement.

— Je ne me souviens pas de son nom, gémit-elle, en proie à la panique. S'il vous plaît, monsieur. Je suis désolée pour votre tabatière. Revenez demain matin. Je vais retourner chez le prêteur et la récupérer.

Francis Seton étudiait cette jeune femme au regard intrigant. Il réfléchit. Quelque chose lui faisait croire qu'elle lui mentait.

— Vous travaillez ici?

— Oui…

Devant Dana qui se morfondait de honte et de peur, le chirurgien hocha la tête. Il commençait à comprendre la situation.

— Veillez à la retrouver, sinon… je serai obligé de me rendre directement au poste de police et de déposer une plainte contre vous. Puisque c'est vous la voleuse…

La porte s'ouvrit; la voix d'humeur joyeuse de Logan résonna dans la boutique.

— Dana! J'ai une bonne nouvelle! Imagine donc qu'on m'offre…

Le jeune homme se tut devant l'air effondré de sa cousine. L'homme qui se tenait devant elle redressa le buste et s'éclaircit la gorge. Francis Seton contempla un dernier instant les yeux vairons suppliants qui se levaient vers lui. Il recula lentement pendant qu'un étrange sentiment l'envahissait. Puis il pivota, salua sèchement de la tête le jeune homme qui venait d'entrer et sortit de l'établissement.

Après le dernier tintement de la cloche, le silence retomba dans la boutique. Dana n'avait pas bougé. Logan la regardait sans comprendre.

— Qu'est-ce qui se passe? Un client insatisfait?

Brusquement tirée de sa torpeur, elle se tourna vers son cousin.

— Si on veut.

Elle courut vers l'arrière-boutique jusque dans l'escalier et grimpa au premier pour ensuite se réfugier dans sa chambre où elle laissa ses larmes couler librement.

✦✦

Une lumière diffuse pénétrait les carreaux poussiéreux de l'écurie. Seule à la recherche des mots qui sauraient la réconforter, Dana feuilletait son psautier, se déplaçant de la stalle de Sugar Plum jusqu'aux cages des poules qui caquetaient tranquillement. Mais les bons mots n'y faisaient rien. À la vérité, elle nageait dans la plus grande confusion.

Le psautier se referma dans un claquement. Dana fixa les lettres d'or à demi effacées gravées dans le cuir noir usé qui brillait faiblement dans la lumière du soir. Ce livre de prières avait appartenu à Jonat, enfant. Son frère aurait su la comprendre et aurait certainement trouvé une solution à son problème.

Si seulement…

Sentant une présence, Dana tourna sur elle-même. Le psautier alla choir sur les tomettes dans un bruit mat. Timmy se tenait dans l'encadrement de la porte. Il s'approcha et se pencha pour ramasser le livre. Elle le toisa avec colère.

— Qu'as-tu fait de la tabatière, Timmy?

La pâleur soudaine du teint de son cousin confirma ses soupçons.

— Je n'arrive pas à y croire, dit-elle en prenant sa tête entre ses mains. Toi, Timmy, un voleur!

Elle était déçue, profondément déçue. Elle sentit son cœur se décrocher dans sa poitrine et tomber pour se fracasser en mille morceaux à ses pieds. Tête basse, son regard fuyant vers le sol, son cousin sautillait d'une jambe sur l'autre comme un pauvre chien qui n'attendait seulement qu'on lui ouvre la porte pour filer dehors.

— J'ai dû mettre l'objet dans la poche de ma veste par mégarde, raconta-t-il, la mine désolée. J'étais nerveux. Tout ce sang sur ton visage…

— Timmy! s'écria-t-elle. Tu aurais pu la lui rendre aussitôt après t'en être aperçu.

— Et passer pour un voleur?

Elle allait et venait dans l'écurie. Son cousin n'avait pas la moindre idée que c'était elle qui passait pour la voleuse. Lui restait immobile, la suivant des yeux, l'air grave.

— Et maintenant? Où est-elle?

— Je ne l'ai plus, Dana.

— Tu ne l'as plus? répéta-t-elle, désespérée.

— Je l'ai vendue.

— À qui?

— Craw's Pawn Shop.

Il l'avait donc confiée à un prêteur sur gages.

— Alors elle doit toujours s'y trouver. Combien Mr Craw t'en a-t-il donné?

— Euh… quatre livres…

Elle ouvrit la bouche. Quatre livres?

— Il faut retourner là-bas et la récupérer, Timmy.

— Pourquoi?

— Comment crois-tu que je l'ai appris? Le chirurgien Seton a bien l'intention de revenir la chercher.

— Il est venu ici? Tu n'as tout de même pas raconté au docteur Seton que j'avais pris sa tabatière?

— Non. Mais si tu crois que le docteur est assez bête pour croire le contraire, c'est que tu es plus bête que lui. Timmy, la tabatière se trouvait sur le bureau à notre arrivée et elle a disparu avec nous. Que crois-tu qu'il en a déduit? Il voulait revenir te poser des questions ce soir. Je voulais éviter que ton père apprenne ce qui s'est passé, alors... j'ai dit que c'était moi.

Le visage de Timmy devint aussi blanc que de la craie.

—Tu as fait quoi?

—J'ai dit que c'était moi qui l'avais prise. Je n'avais pas le choix. En croyant sincèrement retrouver la tabatière, j'ai pris le risque... pour t'éviter la prison, Timmy, et peut-être même pire. Il t'aurait dénoncé à la police. J'ai pensé qu'il serait peut-être plus indulgent envers une femme.

Il demeura coi le temps de réaliser ce que Dana avait fait pour lui. Il regarda attentivement sa cousine. Au fond, cela ne le surprenait pas. Il connaissait sa nature généreuse. Mais là il découvrait en plus la force de ses sentiments pour lui. Sa poitrine se gonfla de fierté.

Puis il estima les conséquences. Qu'allait faire Seton quand il verrait qu'elle ne pouvait lui restituer son bien? Car en vérité il avait échangé la tabatière contre la chaîne qu'elle portait au cou. Et ça, il ne pourrait jamais le lui dire. Et il ne pouvait d'évidence pas lui demander d'offrir la chaîne à Seton en guise de remboursement.

—Demain à la première heure, je retournerai chez Craw, affirma-t-il pour la rassurer.

Il lui fallait trouver un moyen de récupérer la tabatière. Des dix livres qu'il avait en sa possession ce matin, il n'en restait que six. Sur son retour de Haddington, il s'était arrêté au Black Swan pour jouer quelques parties de cartes. Avec les trois livres de la vente du corps, il possédait un total de neuf livres. Cela devrait suffire pour racheter la tabatière au prêteur, qui voudrait gagner son profit.

◆◆

Depuis plus d'une heure, Dana surveillait la porte de la boutique, appréhendant de voir le chirurgien arriver avant Timmy.

Logan l'observait. Il savait qu'elle avait été bouleversée par ce client insatisfait venu la veille. Sa sensibilité avait été grandement éprouvée par quelque parole déplacée. Elle en avait perdu l'appétit au dîner. Même Timmy n'avait pu la réconforter. Il arrivait parfois que des gens se plaignent d'une commande en retard, allant dans leur colère jusqu'à menacer de détruire la réputation de la papeterie. D'habitude, les choses se tassaient d'elles-mêmes. Elle oublierait bien vite ce petit désagrément du commerce.

Dana finissait de replacer pour la troisième fois les piles de vélin, alignant les coins des rames avec une précision presque pathologique.

—Il ne reviendra pas, Dana, dit Logan pour la tranquilliser. Ce n'était pas l'un de nos clients réguliers. Il ira ailleurs, c'est tout. Il existe assez de papier à Édimbourg pour en paver toutes ses rues sur trois épaisseurs.

La cloche tinta. Le cœur de Dana s'arrêta. La voix de Timmy retentit. Elle se précipita. Son air grave lui apprit qu'il n'avait pas récupéré la tabatière. Elle paniqua. Après l'avoir entraînée dans l'écurie où ils pourraient discuter plus librement, il raconta qu'elle avait été vendue la veille, quelques minutes avant la fermeture. Il n'y avait plus rien à faire. Il s'approcha de Dana. Coupable, il sortit une pochette de cuir et la déposa dans la paume de la jeune femme.

—Voici vingt-cinq livres. Cela devrait suffire pour le rembourser.

Vingt-cinq livres? La conscience de la gravité du geste de Timmy la heurta au ventre. Incertaine, rouge d'étonnement, Dana regarda la pochette, se demandant où il avait déniché une telle somme.

—Et si ça ne suffit pas?

—Il doit bien y avoir un moyen de le convaincre d'accepter.

—Le docteur tient vraiment à cette tabatière, Timmy.

Logan passa la tête par la porte, une expression préoccupée chiffonnant ses traits.

—Dana, le client est revenu... J'ai tenté de m'occuper de lui, mais il tient à te voir personnellement.

La jeune femme lança un regard chargé de détresse vers Timmy. Il ne dit rien, garda les yeux fixés sur le sol. Bizarrement, elle avait espéré qu'il la somme sur-le-champ de mettre un terme à cette comédie, qu'il propose d'affronter lui-même le docteur pour lui expliquer l'erreur et lui offrir de le rembourser lui-même. Mais il n'en faisait rien. Il l'abandonnait lâchement. La colère et l'amertume remplissaient petit à petit l'espace laissé par ce cœur brisé qu'elle avait cru pétri d'amour pour son cousin.

Francis Seton se retourna en entendant arriver la jeune femme. Elle était d'une pâleur excessive qui lui laissa présager qu'elle ne pouvait lui rendre sa tabatière, ce qu'il savait depuis le début, et ce qu'elle lui confirma quelques secondes plus tard. Dégoûté sous son masque impassible, il écouta les excuses et l'offre de remboursement qu'elle lui fit. Un long silence s'installa ensuite, rendant la situation encore plus inconfortable pour Dana.

—Je crains que cela ne soit insuffisant, dit-il avec morgue. Je vous l'ai dit, cet objet me vient de mon père, qui est décédé. J'y tiens comme à la prunelle de mes yeux et sa valeur ne pourra m'être remboursée qu'en me rendant l'objet lui-même.

Le visage de la jeune femme se décomposa. Elle cherchait Timmy du regard. Il demeurait invisible. Elle lui en voulait terriblement. Allait-elle payer pour lui sans qu'il cherchât à la tirer d'embarras?

—S'il vous plaît, monsieur, supplia-t-elle d'une voix qui cachait difficilement son angoisse. Que voulez-vous que je fasse pour vous rembourser?

L'homme la considérait en silence. Qu'elle lui rende la tabatière n'était plus du domaine du possible. Jetant un regard vers l'arrière-boutique, où Dana regardait sans arrêt, il prit la pochette de cuir et la soupesa. Que Nasmyth ne se montrât pas confirmait ses soupçons. Il savait que le jeune homme était là. Il l'avait fait suivre par Spittal. Comme prévu, Nasmyth s'était rendu chez Craw et en était revenu, il le savait, bredouille. Où il avait trouvé la fara-mineuse somme qui pesait dans sa paume, c'était le cadet de ses soucis.

Le chirurgien n'avait aucune idée de la valeur réelle de cette tabatière. L'objet, qu'il croyait être de vermeil, venait de l'Inde. Pos-siblement un de ces souvenirs que son père avait achetés à un arti-san local. Il pouvait accepter les vingt-cinq livres sans se soucier un instant d'avoir été floué. Mais il tenait à cette tabatière pour d'autres raisons que sa simple valeur marchande et il désirait qu'on comprît la valeur réelle de ce dont on avait voulu le déposséder. Et que Nasmyth acceptât que Dana porte tout le blâme de son mal-heureux geste le révulsait au plus haut point. Un tel comportement était pour lui inadmissible. Il avait menacé de dénoncer la jeune femme aux autorités dans le seul but de lui faire peur. Il avait cru qu'elle aurait fini par lui confesser la vérité. Mais devant l'évidence qu'elle garderait le silence, il ne savait plus trop que faire. Il refusait toutefois de laisser Nasmyth s'en tirer à si bon compte.

— Vous travaillerez pour moi, comme servante, jusqu'à ce que le montant des gages que je devrais vous verser rembourse la somme manquante qui s'élève à… dix livres.

Le chirurgien avait parlé fort, avec autorité. C'était une somme odieusement élevée. Mais il était persuadé que, si Nasmyth avait une once de conscience, il s'obligerait à se livrer enfin. Sinon, Dana pourrait toujours le dénoncer.

— Dix livres ? Mais c'est l'équivalent d'un an de salaire pour une servante ! Vous n'avez aucunement le droit de me demander ça ! Je travaille pour mon oncle et…

— Au contraire, j'en ai tous les droits. Votre oncle le re-connaîtra.

Froid, implacable, déterminé, le regard gris pénétra les yeux vairons qui clignaient d'affolement.

— Et le temps que vous y mettrez dépendra de vous. C'est à prendre ou à laisser. Si vous refusez…

Il lui tendait une perche, souhaitant vivement qu'elle la saisît.

Dana sentit le sol se dérober sous ses pieds. Toute sa vie, ses projets, s'écroulaient. Et Timmy ne venait pas à sa rescousse. Elle voulut crier à l'aide, mais sa gorge se serra d'amertume et de colère. Elle devinait la réaction de son oncle et de sa tante. Et de sa mère, quand elle apprendrait ce qu'avait fait sa fille.

Il n'existait aucune issue. À moins de dénoncer Timmy, ce qu'elle ne ferait jamais. Il s'était certainement endetté pour lui procurer ces vingt-cinq livres. Elle craignait que de lui en demander dix de plus le pousse à commettre un autre larcin.

— Quand dois-je commencer ? demanda-t-elle avec résignation.

Pris de court par la réponse, le chirurgien la regarda avec étonnement. Il avait mésestimé son interlocutrice.

— Lundi… Présentez-vous chez moi lundi matin… à sept heures.

— D'ici un mois tout sera terminé, la rassura Timmy un peu plus tard.

Il avait raison. Possiblement. Elle ne le savait plus vraiment.

Logan avait presque tout entendu et n'avait rien dit jusqu'ici. Les détails de cette histoire lui échappaient. Que s'était-il passé ? Qu'avait fait Dana de si répréhensible ? Avait-il si mal jugé cette cousine aux airs irréprochables ?

Gratifiant Dana de baisers et de caresses, Timmy promit de tenter de trouver une solution à son problème. Parce qu'il considérait qu'il s'agissait de *son* problème à *elle*. Il la quitta tandis qu'elle était encore sous le choc.

— Aurais-tu l'obligeance de m'expliquer de quoi retourne toute cette affaire, Dana ? lui demanda alors Logan.

Lui expliquer quoi ? Elle ne le savait trop. Quel nouveau mensonge inventer ? Pour sauver Timmy de la prison, elle se déshonorait aux yeux des Nasmyth. Torturée, elle devinait la peine qu'aurait Logan en apprenant ce qui s'était vraiment passé. Il la forcerait à dire la vérité. Ce qu'elle ne pouvait faire.

— C'est le docteur Seton. Je dois…

Quelle attitude adopter ?

— Je dois rembourser un objet…

Son cousin plissa le front. L'esprit de Dana fonctionnait à pleine vapeur.

— Quel objet, Dana ?

— Un objet de grande valeur… enfin, c'est ce que le docteur affirme.

Logan attendait la suite des explications pendant qu'elle se débattait avec sa conscience. Mentir… mais elle refusait de mentir à Logan !

Elle devait faire le choix de ses vertus.

— Un objet que j'ai brisé alors que je me trouvais… chez lui.

— Chez lui ?

— Je me suis blessée lors d'une promenade avec Timmy, ajouta-t-elle en voyant ses déductions imprimer la surprise sur les traits de son cousin.

Comment faire de tous ces bouts de vérité une trame de mensonge crédible ?

— Sur une pierre… Ma tête. Là. Tu vois ?

Elle écarta sa chevelure, lui montrant la plaie et les fils qui pointaient encore. Logan hochait la tête, essayant de suivre. Il se souvint de ces mystérieuses taches brunes indélébiles sur son chapeau. Et de la boue sur sa redingote. Il commençait à comprendre l'embarras de Dana. Une escapade nocturne avec Timmy. Dana déguisée en homme pour ne pas se compromettre. Il avait bien remarqué les changements dans le comportement de ces deux-là depuis le bal.

— Que vas-tu raconter à mon père ?

Dana ne répondit rien ; elle réfléchissait. Elle pesa les conséquences. S'en tenir à cette version de l'histoire lui parut la meilleure solution. Pour tout le monde… sauf peut-être pour elle. Mais, de tous les maux, le sien serait le plus supportable.

— Ce que je viens de te raconter, Logan. Il finira bien par le savoir.

Son cousin comprit-il qu'elle lui mentait? Il la dévisageait avec la tendresse d'un frère. Jonat lui manquait soudain. Elle en eut les larmes aux yeux.

◆◆

— Je suis présentable? demanda Dana en essayant de replacer sa coiffure.

Elle était nerveuse et ne cessait de répéter cette phrase. Elle lissait sa robe après l'avoir froissée entre ses doigts agités.

— Tu es très bien, murmura Timmy pour la rassurer.

Des gouttes de rosée perlaient sur les baies écarlates des buissons de houx. Tintaient au loin les clochettes des moutons qu'on menait vers les pâturages. Il y avait des bêlements que le chien du berger réduisait au silence sous ses jappements. Dana secoua la veste de son cousin. Elle respira profondément; il redressa le buste.

— Tu es prête?

Dana hocha la tête, mais ne bougea pas. Alors, Timmy la prit par les épaules. Bien qu'il voulût paraître confiant, elle sentit toute sa nervosité passer dans la poigne serrée.

— Que peut-il t'arriver, dis-moi?

Elle regarda la maison grise de deux étages émergeant de derrière un reste de brume matinale qu'elle voyait pour la première fois à la lumière du jour. Construite en L et coiffée d'un dôme de verre étincelant sous le soleil, elle avait été conçue sur sept baies de façade dans le plus pur style géorgien. Les fenêtres multiples encadraient symétriquement le portique qui, lui, était couronné d'un fronton classique supporté par deux colonnes de style dorique.

La maison était si grande qu'elle pourrait s'y perdre.

— Ça va aller. Je ne manquerai pas de parquets à cirer ni de draps à repasser.

— Je reviens te chercher à neuf heures.

Timmy regarda tout autour. Ils avaient quitté West Port à l'aube. Une brume matinale formait un tapis vaporeux sur l'herbe. Tout n'était encore que silence. Il attira la jeune femme contre lui et l'enlaça dans une étreinte serrée. Il se sentait un peu coupable de lui imposer cette situation. Mais que pouvait-il y changer? La sagesse de Dana avait choisi la bonne solution. Elle ne pouvait réfuter sa part de responsabilité dans toute cette affaire. Si elle ne l'avait pas suivi, cette nuit-là, rien de tous ces malheurs ne serait arrivé. Et lui n'aurait pas une dette de vingt livres à rembourser à Andy. Il avait mis la prochaine victoire de Fair Lad en gage.

Ils s'embrassèrent une dernière fois, et Dana s'éloigna dans l'allée qui montait en pente douce vers la maison. Devant le portique, le chemin encerclait un parterre au centre duquel une statue baignait ses pieds dans une vasque de pierre. Dana se tourna vers Timmy, qui attendait à l'autre bout de l'allée gravelée. Il la salua de la main. Elle en fit de même. Puis elle monta les marches qui menaient à l'entrée et frappa du massif heurtoir de fer la porte surmontée d'une fenêtre en éventail.

La porte s'ouvrit après un court temps d'attente. Elle reconnut le majordome qui l'avait introduite dans le cabinet de travail du chirurgien Seton. Ce matin, l'homme était affublé d'une perruque blanche et d'une livrée sombre. Il la toisa, la contenance indéchiffrable, et haussa un sourcil.

— Je suis…

— Dana, je présume?

— Euh… oui. Mr Seton m'attend, fit-elle en esquissant une révérence.

— Entrez.

Elle pénétra dans le vestibule, qui se prolongeait jusque dans un hall au centre duquel se dressait un grand escalier de pierre vivement éclairé par le soleil qui pénétrait sans doute le dôme. Le sol dallé de marbre dans lequel s'incrustaient des cabochons d'ardoise reflétait la lumière plus douce des pièces attenantes dont les portes étaient ouvertes. Le reste demeurait plongé dans l'ombre, intensifiant le foncé des boiseries.

Trois chaises s'alignaient d'un côté du vestibule. Contre le mur opposé, s'y trouvait une console sur laquelle étaient posés deux plateaux d'argent destinés à recevoir les cartes de visite de chacun des maîtres. Dana en conclut que Mr Seton était marié. Le majordome lui indiqua un siège et s'éloigna vers le fond du hall. Il poussa enfin une porte et disparut.

Dana s'assit, les mains serrées sur son réticule. Une délicieuse odeur de petits pains et de café se répandait. Elle écouta les bruits. Des tintements de verres et des cliquetis métalliques lui disaient que des domestiques s'activaient dans la cuisine à préparer le petit déjeuner. Des pas précipités résonnèrent dans le hall. Une silhouette menue le traversa sans la voir, les bras chargés d'une pile de serviettes. La jeune fille grimpa à l'escalier. La lumière vive qui l'inondait mit le feu à sa chevelure rousse sous son bonnet blanc lumineux. Combien de maîtres devrait-elle servir?

Servir?

De toute sa vie, elle n'avait servi que Dieu… et sa famille. Jamais Dana n'avait eu à travailler comme domestique. Sa mère s'y était fortement opposée après la mort de Henry. «Tu vaux mieux que ça, Dana.»

La porte par où avait disparu le majordome s'ouvrit de nouveau, laissant s'échapper le bruit d'un remue-ménage. L'homme surgit, suivi d'une femme corpulente au visage rougeaud. Au pied de l'escalier, le majordome dit quelques mots à la dame et monta au premier étage. La femme se dirigea directement vers Dana, qui se leva.

—Je suis Mrs Rigg, la femme de charge de Weeping Willow, la maison des Seton. Tout ce qui se rapporte à la domesticité féminine passe par moi. Je comprends que vous êtes cette Dana dont m'a parlé Mr Seton, dit son vis-à-vis en l'évaluant de la tête aux pieds comme si elle eut été une pièce mise aux enchères. Vous avez des références?

Cette Mrs Rigg ne perdait pas son temps à élaborer des préambules. Mr Seton lui avait certainement donné la raison de son embauche.

—Non, je…

—Vous avez déjà travaillé, mademoiselle?

—Oui, dans une librairie et une papeterie.

— Une librairie? fit l'autre d'un air de reproche.

Mrs Rigg prit l'une des mains de Dana et l'examina. La peau était douce et blanche.

— Nous verrons bien ce que ces mains peuvent faire, Dana. Ici, on ne tolère point l'oisiveté. Venez avec moi. Où sont vos affaires?

— Mes affaires?

— Vos bagages, Dana.

— Mais je n'en ai pas… Je ne croyais pas que… Je désire voir Mr Seton.

Manifestement agacée, la femme de charge tapa du pied.

— Mr Seton ne s'intéresse aux domestiques que lorsqu'un problème grave se pose, Dana.

— Mais il y a un problème! Je dois le voir, insista-t-elle, en proie à la panique.

Elle ne pouvait habiter ici. Comment expliquer cela à son oncle?

— Pour l'instant, il est occupé.

Déçue, Dana n'eut d'autre choix que de suivre Mrs Rigg à travers le hall dont les murs étaient chargés de tableaux. Le cliquetis des clés qui se balançaient à sa ceinture cadençait chacun de ses pas jusque dans la pièce d'où elle était sortie et qui se trouvait être la cuisine. C'était la plus vaste cuisine que Dana eût jamais vue. Une jeune fille blonde à la charmante frimousse ronde travaillait à la longue table qui était couverte d'œufs, de pain, de fromages, de viandes froides et de fruits. Une troisième femme s'affairait au-dessus de la plaque de cuisson de fonte aménagée sur le fourneau qui occupait la plus grande partie du mur du fond. Dana remarqua qu'il y avait même un évier de pierre sous l'une des fenêtres.

— Mrs Dawson! appela Mrs Rigg d'une voix autoritaire.

La petite femme au fourneau se retourna.

— Voici Dana. Elle sera parmi vous quelque temps. Veillez à ce qu'elle ne travaille pas le ventre vide. Je reviendrai la chercher plus tard pour lui expliquer ses tâches.

Sur ce, la femme de charge sortit.

— Celle-là! grommela Mrs Dawson en pinçant les lèvres.

Elle donna un coup de spatule sur le bacon qui cuisait, déposa son ustensile et essuya ses mains potelées sur son tablier blanc.

— Bon, fit-elle en se dirigeant vers Dana, qui n'avait pas bougé. Voyons ce qu'on m'amène ici. Dana, c'est ça ?

— Oui, madame.

— Tu m'appelles Mrs Dawson, petite. La cuisine, c'est mon royaume et quiconque y met les pieds doit se soumettre à mon autorité. Sauf cette pie sèche de Rigg, bien entendu.

La fille à la table ricana et enfourna un morceau du fromage qu'elle coupait en tranches. Mrs Dawson examina Dana, les poings sur ses hanches rondes avec l'air de se demander ce qu'elle allait faire d'elle.

— On ne m'a pas avertie qu'une nouvelle domestique avait été engagée. On t'a dit si tu devais être à la cuisine ou bien à l'étage ?

— On ne m'a encore rien dit, Mrs Dawson. Mr Seton n'a rien spécifié sur ce que je devrai faire dans sa maison.

— Hum… bon. Le petit déjeuner est prêt.

— J'ai déjà mangé, Mrs Dawson.

— Pas assez, à mon avis, observa-t-elle en retournant vers son fourneau. Rachel, tu as fini de préparer l'assiette de Mr Seton ?

— Oui, Mrs Dawson.

Halkit entrait dans la cuisine au même moment. Il inspecta le contenu du plateau que venait de garnir la jeune fille.

— Trois œufs ?

— Depuis quelques jours, je trouve le teint de Mr Seton un peu bilieux, Mr Halkit, lui dit-elle avec un accent chargé d'inquiétude.

Le majordome soupira et roula les yeux. Il sortit en emportant le plateau. La cuisinière déposa des œufs brouillés dans une assiette et la mit sur la table. D'un petit coup de spatule, elle frappa la main de Rachel qui pigeait dans le panier à pain.

— Va chercher les hommes, mon agneau. Tu mangeras après.

La fille obéit en courant et sortit par une porte située tout au bout d'un petit couloir à la droite du fourneau.

— Eh bien ! Tu vas rester plantée là à faire pousser tes figues jusqu'au nouvel an ?

Mrs Dawson s'était adressée à Dana, qui tressaillit.

— Non… j'attendais vos instructions.

La femme retroussa les coins de sa bouche en un large sourire avenant qui creusa ses joues rougies par la chaleur.

— Les débutantes, hum… Il faut même leur dire comment s'asseoir. Allons, petite, prends une chaise. Dans cette cuisine, on fait point de manières. C'est l'heure du petit déjeuner pour tout le monde. Tu vas bien manger avec nous.

— C'est que j'ai déjà…

— Je sais, je sais, fit la cuisinière en balayant l'excuse de sa main. Une tartine à la confiture ne te fera aucun mal.

Les domestiques mangeaient avec appétit sous la présidence de Mrs Dawson qui veillait à ce que personne ne manquât de rien. On parlait de choses et d'autres, du temps à venir et des travaux à exécuter avant l'hiver. Seule Mrs Rigg manquait à la table ; la femme de charge mangeait généralement seule dans sa chambre. Dana avait noté le peu de sympathie qu'elle inspirait aux autres membres de la domesticité de la maison Seton. La propriété, qui appartenait à la famille depuis trois générations, avait été baptisée Weeping Willow en souvenir d'un vieux saule pleureur mourant qui avait été abattu vingt-deux ans plus tôt pour permettre d'agrandir le verger.

Le personnel masculin se composait essentiellement du majordome, auquel se rapportaient le cocher, Spittal, le jardinier, Mr Dawson, qui était l'époux de la cuisinière, et William Jones, le valet d'écurie, qui faisait aussi office d'homme à tout faire et que tous appelaient Will'O[33]. La mère de Will'O, une femme des environs, était venue assister à l'évènement de l'abattage du vieux saule. Elle était grosse de huit mois et Dieu avait voulu que son travail débutât au moment même où la scie entamait l'écorce du vieil arbre. Mr Seton père, lui aussi médecin, l'avait fait porter dans la

---

33. Will'O est l'homophone de *willow*, qui signifie saule, en anglais.

maison où elle avait mis son fils au monde. L'accouchement avait été difficile et le petit William en portait des séquelles permanentes, soit une certaine lenteur d'apprentissage.

Mrs Jones était une femme très superstitieuse et elle avait décrété que son fils avait été victime de la vengeance des fées qui habitaient l'âme du vieux saule et qu'elles lui avaient jeté un sort dont il ne serait libéré que lorsqu'un autre saule l'aurait remplacé. Pour calmer les angoisses de la femme, qui rendait les Seton responsables de son malheur, Mr Seton avait fait planter un autre saule à l'extrémité nord du verger. L'arbre avait poussé et son ombre s'était élargie. Mais le pauvre Will'O demeurait toujours aussi lent. Fort heureusement, la nature l'avait doté d'une forte stature et d'un caractère souple. Pour soulager la mère, Mr Seton l'avait pris à son service.

Sous la férule de Mrs Rigg se plaçait la domesticité féminine. Il y avait la fille de cuisine, Rachel, ce qui n'était pas son prénom véritable, dont l'âge se situait quelque part entre l'enfance et l'adolescence. Il était de mauvais goût pour une domestique de porter le même prénom que sa maîtresse. La jeune fille avait donc adopté celui de sa mère. Il y avait ensuite Mrs Dawson et enfin Alison Mackay, une servante d'environ seize ans assez mignonne. Cette dernière entretenait le gros de la conversation, faisant rire la tablée avec des histoires drôles. Sa frimousse mouchetée de taches de son et encadrée d'une épaisse tignasse frisée d'un orange vif exprimait mieux ses personnages que ses mots, qui étaient teintés d'un lourd accent des Highlands. Parfois, elle y glissait une expression en gaélique que Dana ne comprenait pas.

Mrs Rigg se présenta une minute exactement après la fin du repas. Dana la suivit dans l'escalier de service qui donnait directement dans la cuisine. Le bois grinçait sous le poids de la femme de charge, mais pas sous celui de la jeune femme.

— Cette partie du premier abrite les quartiers des employés de la maison, souligna-t-elle en marchant d'un pied étonnamment leste pour sa corpulence. Je vais vous donner des vêtements plus appropriés pour travailler. Mrs Seton tient à ce que les filles portent cette tenue et qu'elle soit impeccable en tout temps. Vous en aurez une de rechange en cas d'avarie. L'entretien de vos tenues est pris en charge par Mr Seton.

Elle déverrouilla la porte d'un obscur réduit où elle s'engouffra. Dana attendit qu'elle en ressortît. Ses bras étaient chargés de vêtements identiques à ceux que portaient Alison et Rachel. Sur l'ordre de la femme, elle la suivit dans un étroit et sombre couloir. Mrs Rigg ouvrit l'unique porte sur sa gauche.

— Voici la chambre des filles.

Se tournant vers Dana, elle ajouta, sur un ton plus grave :

— Et demain, tâchez d'apporter vos bagages.

Le plafond était bas, mais la pièce, plutôt grande pour une chambre de domestiques, était propre et bien éclairée. Trois lits dont un double étaient placés dans chacun des coins, le quatrième coin étant occupé par un poêle en fer. Des tables de chevet ainsi que deux commodes et une grande armoire complétaient l'ameublement. Au centre de la chambre, un tapis rond un peu élimé ajoutait une touche de confort.

Mrs Rigg déposa les vêtements sur un des lits.

— Vous avez dix minutes pour vous changer. Je vous attends dans le couloir.

Dana mit six minutes pour enfiler la chemisette blanche et la robe grise. Son réticule… qu'allait-elle en faire ? Elle ne voulait à aucun prix le laisser dans la chambre. Elle examina sa tenue, tira l'une des épingles qui maintenaient le tablier en coton craquant d'empois sous son buste, glissa le petit sac sous son jupon et repiqua l'épingle de façon à le retenir en place. Il n'y avait pas de miroir dans la chambre pour vérifier l'effet. L'ampleur de la jupe arrivait assez bien à cacher l'objet dont elle sentait bien le poids contre son ventre qui se nouait d'angoisse. Elle lissa ses cheveux et sa jupe. Soupirant, elle enfonça sur sa tête un bonnet identique à ceux d'Alison et de Rachel et sortit.

La femme de charge commença par lui faire visiter la maison. L'étage était divisé en deux sections : celle des domestiques et celle des maîtres. Dans la première, qui ne représentait que la moitié de la surface de la deuxième, s'entassaient cinq des domestiques. Le couple Dawson dormait dans une pièce située derrière la cuisine. Le cocher et Will'O vivaient dans un logement aménagé au-dessus de l'écurie.

On avait accès aux appartements des maîtres par un petit escalier de cinq marches qui compensait pour la dénivellation des planchers. Irrégularité volontaire ou non, il fallait savoir que les domestiques ne dormaient jamais sur le même niveau que leurs employeurs. Les chambres se répartissaient autour d'un spacieux hall carré que surmontait le superbe dôme de verre supporté par six colonnes de marbre blanc et qui permettait à la lumière d'éclairer le grand escalier. Cinq chambres et une nursery, dont les portes lui demeurèrent fermées, occupaient le premier étage.

— Ici se trouve la réserve de draps et de serviettes propres, expliqua la femme en ouvrant une porte située dans un angle du hall, juste entre celle de la chambre de Mr Seton et celle de la chambre de son épouse. Il faut changer les lits une fois par semaine. Toutes les deux semaines en hiver. Le linge sale doit être descendu à la cave et y rester jusqu'à ce que le service de lessive passe. Ce qui arrive deux fois par mois. Oh, oui! Un conseil: évitez de passer par le grand escalier quand les maîtres sont à la maison. Pour un domestique, la discrétion ne doit pas être qu'un simple atout. Vous comprenez?

— Oui…

La visite se poursuivit avec le rez-de-chaussée. Leurs semelles se répercutaient en écho dans le grand escalier. D'autres toiles étaient accrochées en paliers, suivant les degrés. Dana les examina au passage. Des portraits d'hommes, surtout. Elle croisa deux regards gris et eut l'étrange impression qu'ils la suivaient. Qu'ils la surveillaient.

La voix de Mrs Rigg la tira de sa contemplation. Elle débuta par les pièces situées à la droite de l'entrée principale.

— Le salon, commenta la femme en traversant la pièce tendue d'une soie jaune soleil qui enchanta Dana.

La position nord-est de la pièce avait déterminé le choix d'une couleur aussi chaleureuse. Elle faisait agréablement ressortir le marbre gris sculpté de la cheminée et le bleu du plafond sur lequel des appliques de staff peintes en blanc imitaient parfaitement les bas-reliefs sur les médaillons de jaspe bleu ciel Wedgwood qui garnissaient le magnifique pianoforte Broadwood.

— Mrs Seton aime passer du temps ici pour travailler sur sa dentelle ou pour jouer de son pianoforte, mentionna la femme de charge en indiquant un petit fauteuil de style Louis XV placé devant une fenêtre. Vous ne venez dans cette pièce que lorsque votre service y est requis.

— Oui, madame.

Son regard levé vers le plafond, où étaient suspendus deux lustres de cristal, Dana reconnut les silhouettes d'Euterpe jouant de sa lyre, et celles de Thalie et de Melpomène, tenant à bout de bras les visages de la comédie et de la tragédie. Elle en déduisit que les appliques représentaient les neuf muses, filles de Zeus que célébrait d'évidence cette pièce décorée au goût français. Le même bleu avait été repris pour les meubles et les tentures.

Deux portes encadraient la cheminée. La femme poussa l'une d'elles et passa dans la pièce attenante : la salle à manger. Ici, la décoration offrait un stimulant contraste avec celle de la pièce précédente. Le rouge dominait les murs. Une réplique plus élaborée des lustres du salon pendait au-dessus d'une massive table en bois blond que Dana estima de l'époque élisabéthaine, tout comme l'énorme buffet qui faisait toute la longueur du mur opposé qu'encadraient encore deux autres portes. Elles menaient à la cuisine. Le bruit de la vaisselle résonnait.

Dana s'immobilisa devant une grande toile suspendue au-dessus de la cheminée de marbre blanc. Un homme, qui ressemblait étrangement au chirurgien Seton, était assis sur un fauteuil entouré d'une femme et de trois enfants.

— Les Seton, précisa Mrs Rigg en se plaçant à ses côtés. Elle a été exécutée en 1788.

La main posée sur le renflement dissimulé par l'ampleur de sa jupe, la jeune femme examina plus attentivement les trois enfants : deux filles, puis un garçon. Dana s'attarda sur le garçon, dont l'âge se situait entre sept et dix ans. Sa main blanche et fine était posée sur celle de son père. Il avait les cheveux d'un blond lumineux et les yeux gris.

— Les plats se passent par cette petite porte, ici, reprit la femme de sa voix sèche en s'éloignant. Lors du service, on évite autant que possible d'ouvrir les portes de la cuisine. Et prenez garde de toujours marcher sur le lé de tapis qui fait le tour de la table. Les maîtres trouvent déplaisant d'entendre les talons des domestiques claquer sur le parquet.

— Je m'en souviendrai, murmura Dana en quittant le tableau pour la suivre hors de la pièce.

Elles passèrent par la porte double qui ouvrait sur le hall qu'elles traversèrent en faisant résonner leurs pas sur les murs. Mrs Rigg frappa à une porte située tout près de l'escalier. En l'absence de réponse, elle fit pénétrer Dana dans ce qui s'avéra être la salle de billard, qui était aussi curieusement déserte que le reste de la maison. La femme ne s'attarda pas et franchit l'espace qui les séparait d'une seconde porte à l'autre bout de la pièce.

— Ce côté-ci de la maison est considéré comme étant le territoire de Mr Seton. Habituellement, c'est Mr Halkit qui s'en occupe. Sauf pour le ménage et les serviettes propres qui doivent être régulièrement portées dans le cabinet de travail.

Ce disant, elle frappa sur le bois verni. Rien. « Mais où se trouvaient donc les maîtres des lieux ? » se demanda Dana en même temps que la porte s'ouvrit. Un drap suspendu à une chaîne ondula dans le courant d'air.

Le fantôme du cabinet de travail.

Dana hésitait à entrer. Elle revit la longue table, l'armoire vitrée et les étagères chargées de la collection de contenants de verre dans lesquels flottaient des choses qu'elle préférait ne pas regarder. Mrs Rigg se tourna vers elle et la fixa avec autorité.

— Cet endroit est formellement interdit à quiconque n'y a pas été invité. Si je vous permets d'y entrer, c'est pour la seule raison que vous devez savoir où ranger les serviettes.

La grande armoire était dressée dans le petit vestibule par où Halkit les avait fait entrer, Timmy et elle.

— Frappez toujours et attendez avant d'entrer. Cette porte-ci donne accès à la bibliothèque, chuchota Mrs Rigg en montrant la seconde porte du vestibule. Mr Seton s'y réfugie plusieurs heures par jour pour s'occuper de ses affaires. Seuls Mr Halkit et Mrs Seton y ont accès. À moins d'y avoir été autorisé. Une fois toutes les deux semaines, vous disposerez d'un avant-midi pour la nettoyer.

Dana opina de la tête, devinant que le mystérieux Mr Seton s'y était isolé.

De retour dans la cuisine, la femme de charge l'abandonna aux mains de Mrs Dawson, qui supervisait les opérations minutieuses d'une mise en pot de conserves. Dana fut mise à contribution. Elle aida Rachel à dénoyauter les prunes pendant tout le reste de la matinée tandis qu'Alison préparait les pots.

— La lavandière! cria une voix forte de la porte arrière.

— C'est pas trop tôt, grogna Mrs Dawson en essuyant ses mains rouges d'avoir manipulé les pots brûlants. Alison, dépêchez-vous. Il faut faire de la place. Ah! Qu'on me sorte ce chat d'ici!

Un gros matou *tabby*[34] gris marbré avait filé entre les jambes de la cuisinière. Rachel se précipita vers la porte de la dépense pour la refermer.

— La cave! s'écria Mrs Dawson, paniquée.

— Elle est fermée, la rassura son mari.

Alison se pencha sous la table.

— Bonjour, Mr Bogus, murmura-t-elle doucement à l'animal en lui prodiguant une caresse.

Puis elle continua de débarrasser la table des derniers pots qui refroidissaient et passa un chiffon humide dessus. Une lourde caisse

---

34. Motif de la robe d'un chat qui peut être marbré, tacheté ou rayé.

de bois sur les bras, Mr Dawson entra, suivi de Will'O. Ils les déposèrent sur les tuiles reluisantes du plancher. Ils en transportèrent trois autres identiques. Les filles se mirent aussitôt au travail et firent le tri des draps, des nappes et des serviettes propres, soigneusement pressés et pliés, qui s'y entassaient. Dana comprit avec soulagement qu'elle évitait la fastidieuse tâche du jour de lessive : les Seton se payaient ce service.

— Tu vas pouvoir me donner un coup de main, dit Alison en désignant une pile de draps à Dana. D'habitude, c'est Abigail qui le fait avec moi, mais elle ne sera pas de retour avant plusieurs jours. Moi, je me tape tout son boulot. Quelle chance que tu sois là, en fait. Est-ce que tu ronfles ?

Dana leva les yeux.

— Si je ronfle ?

— Mais oui, quoi ? Ronfler en dormant. J'ai horreur des ronflements. Il y en avait une… Peggy Ann. Ah ! C'était terrible ! Je n'arrivais pas à fermer l'œil de la nuit. C'est pas qu'elle était méchante, mais moi, je n'arrivais plus à travailler, alors…

Alison lança un coup d'œil vers Mrs Dawson, qui rangeait les nappes dans une armoire. Elle se pencha vers l'oreille de Dana.

— Je me suis arrangée pour qu'elle parte, confia-t-elle dans un chuchotement.

La servante gloussa et fit un clin d'œil à sa nouvelle consœur.

— Viens, je te montre où on doit porter tout ça.

Dana la suivit dans l'escalier de service. Une certaine inquiétude l'envahissait. Elle n'avait jamais envisagé de vivre ici vingt-quatre heures sur vingt-quatre. Comment expliquer ça à son oncle ? Il lui fallait mettre au clair certains points avec Mr Seton. Il était impératif qu'elle le vît.

La servante trottait en riant, laissant des mèches folles échappées de sa coiffure flotter autour du volant de son bonnet. Elle la guida dans les étroits couloirs du quartier des domestiques. Elles surgirent dans la lumière du hall. Des taches aux couleurs de l'arc-en-ciel agrémentaient çà et là le parquet satiné de bois dont les essences différentes formaient des motifs géométriques selon un patron régulier. Les taches éclaboussaient aussi leurs tabliers et les draps que portaient les jeunes femmes.

—C'est joli, non? fit Alison en plaçant sa pile directement sous l'un de ces jets de lumière diffractée. Mr Seton dit que la lumière est un mélange de couleurs. Il m'a montré comment on fait pour les obtenir avec l'aide d'un morceau de verre.

—Avec un prisme, précisa Dana.

—C'est ça, un prisme. Tu sais comment ça marche?

—J'ai lu un peu sur les travaux de Newton. Mon frère avait une copie de son ouvrage *Optiks*.

Alison ouvrit des yeux étonnés.

—Tu sais lire des choses aussi savantes?

—Il m'arrive parfois... répondit Dana, réalisant soudain son erreur.

—Ça alors! Moi, je ne sais qu'écrire mon nom et, si c'est pas mon écriture, je n'arrive même pas à le lire.

Le bruit du heurtoir de l'entrée principale parvint jusqu'à elles. Alison se tut et avança à pas feutrés jusqu'à la balustrade du grand escalier. Elles entendirent les pas de Halkit dans le hall du rez-de-chaussée. Vue de leur perspective, la perruque du majordome donnait l'impression comique d'une hermine avachie sur le sommet de son crâne. La porte s'ouvrit. Accroupie, le nez entre les barreaux, la servante cherchait à voir le visiteur. La voix de Mrs Rigg retentit quelque part derrière elles. Alison se redressa dans un bond, reprit sa pile de draps et entraîna diligemment Dana vers l'endroit où la lingerie des maîtres était rangée.

Quelques minutes plus tard, elles étaient de retour dans la cuisine où les attendaient d'autres piles à ranger. Caressant le soyeux du coton égyptien, Alison soupira.

—Ce que je donnerais pour dormir une seule nuit dans des draps aussi fins.

—Alison, gronda la cuisinière, tu rêveras cette nuit. Il reste encore du linge à ranger. Ça c'est pour le cabinet de travail et ça pour le cabinet de toilette de Mr Seton.

La femme se pencha pour ramasser le chat qui léchait des éclaboussures de purée de prunes sur les tuiles et suivit son mari dehors après avoir enjoint à Rachel de commencer à éplucher les carottes.

— Porte celle-là, ordonna Alison à Dana.

Elle lui montrait la pile de serviettes destinées au cabinet de travail. La jeune femme grimaça. La servante le remarqua.

— Tu es la dernière arrivée, c'est normal que tu fasses des choses que tu aimes moins. Moi, je me souviens de la première fois que j'ai dû entrer dans la salle de travail du docteur. *A dhiamh!* Ça pue! C'est peut-être pourquoi le maître s'asperge d'eau de Cologne.

Elle attrapa les serviettes de Mr Seton et grimpa au pas de course l'escalier de service, abandonnant Dana devant la pile qui lui revenait. Rachel s'était installée au bout de la table devant une marmite noire et un bol de carottes. Elle épluchait lentement les légumes en sifflotant une comptine connue. Poussant un soupir, Dana prit son fardeau et sortit.

Elle frappa doucement à la porte du cabinet. Rien. Elle posa sa main sur la poignée, hésitante. Et s'il ne l'avait pas entendue? Frappant de nouveau, elle attendit. Toujours rien. Elle ouvrit prudemment la porte; il n'y avait personne… sauf le fantôme en sentinelle. Dana s'aventura dans la pièce qui n'avait rien d'engageant. Les fenêtres avaient été ouvertes. Le maître y était venu. La brise qui entrait faisait doucement tourner les pages d'un livre laissé sur la table. Un morceau d'os ressemblant à une côte d'animal marquait une page.

Sur la table, comme les restes d'un festin, s'étalait aussi un désordre d'ossements blancs: os longs ou aux formes insolites, certains sectionnés pour en dévoiler la structure interne. Parmi eux, un crâne, petit, environ de la taille de celui d'un enfant. Mais sa forme ne ressemblait aucunement à celle d'un crâne humain. Des feuilles de papier tapissaient le sol, éparpillées par la brise. Dana en prit une. Mr Seton avait tenté de faire un croquis du crâne. Pas mal. Mais les proportions étaient mauvaises. Elle rassembla les feuilles et les mit sur la table, sous le crâne.

Un instrument laissé là attira son attention : la loupe aux multiples lentilles. Dana allait la prendre lorsque des voix lui parvinrent faiblement du petit vestibule. Le chirurgien n'était pas seul. Il avait de toute évidence été interrompu pendant son travail. Elle se dirigea de ce côté et constata que la porte de la bibliothèque était entrouverte. Avec une infinie précaution, elle déposa le linge sur une chaise qui se trouvait là et ouvrit l'armoire. Ramassant quelques serviettes, elle chercha un espace où les ranger.

— Pourquoi pas ? chuchotait la voix suave d'une femme.

Craquement de bois. Bruissement d'étoffe.

— Je pars demain matin et je dois régler certaines choses avant mon départ.

Un grognement mécontent résonna.

— Elle pourrait très bien prendre une voiture de louage pour revenir à Édimbourg.

— Je dois absolument me rendre à Londres. Je dois passer prendre un instrument que j'ai commandé chez William et Samuel Jones.

— Fais-le livrer.

— Je ne me risquerai pas à faire livrer un instrument de ce prix, Amy. D'ailleurs, j'ai affaire à Mr Clift, le conservateur de la collection du Musée huntérien du Collège royal des chirurgiens et j'ai rendez-vous avec Jackson, mon agent commercial, concernant mes intérêts en Jamaïque.

Soupir de dépit.

— Tes affaires ! Toujours tes affaires ! Les os, le sang et la chair ! Et moi, de quoi suis-je faite ?

La femme laissa échapper une expression de frustration mal contenue.

— Tu sais très bien ce qu'il en est entre toi et moi, Amy. Nous avons passé une entente et je tiens à ce que nous restions sur ces termes.

— Oh, je sais combien vous êtes un homme d'une seule parole, Francis Seton. Et combien on respecte le chirurgien que vous êtes…

Il y eut de nouveaux froissements. Le parquet craqua. La voix de la femme reprit son discours, mielleuse et séductrice.

— C'est que vous connaissez si bien l'anatomie... et les fonctions du corps humain. Jusqu'aux plus intimes...

Un rire doux et chaleureux se termina dans un drôle de petit couinement. Les serviettes restées dans ses mains, les yeux de Dana s'arrondirent. Des sons suggéraient certaines images qui firent s'empourprer le visage de la jeune femme, qui avait une vague idée de ce qui se déroulait de l'autre côté du mur.

— Pour l'amour du ciel, Amy! gronda doucement la voix du chirurgien.

Un objet tomba sur le sol dans un bruit mat.

— N'as-tu point envie d'étudier ma chair, mon cher docteur? susurra la femme. Elle est douce, souple et chaude... et à ton entière disposition. Vois le sujet que je suis. Il ne te plaît point?

— Pas ici. Amy... mais qu'est-ce que tu fais?...

Un craquement de meuble et un autre bruit de chute. Suivit un petit ricanement étouffé.

Consciente qu'elle entendait ce qu'elle n'aurait jamais dû entendre, Dana recula vers la porte, puis accrocha au passage le pied de la chaise qui grinça sur le parquet de bois, la figeant sur place.

— Qu'est-ce que c'est? fit la femme.

Juste le temps de reprendre la pile de serviettes, Dana se faufila dans le cabinet, s'adossant contre le mur. Son cœur battait à tout rompre quand des pas s'approchèrent. Puis elle n'entendit plus rien pendant quelques secondes. Elle attendit encore un peu. Toujours rien. Croyant qu'on n'avait fait que refermer la porte, elle décida de finir son travail et de filer hors d'ici avant qu'on ne s'aperçoive de sa présence.

— Aaaaah!

Un regard gris un peu égaré était posé sur elle. La cravate dénouée, les cheveux ébouriffés, Francis Seton prenait appui au chambranle, la surplombant.

— Mon-mon-mon-sieur... fit-elle, une main sur sa poitrine, les serviettes tombées à ses pieds, je-je ne savais pas que vous étiez là. Je ne voulais en aucun cas vous déranger. Mrs Dawson m'a-m'a demandé de porter des serviettes propres dans l'armoire.

— Vous êtes ici depuis longtemps ?

— Non, fit-elle en secouant la tête. J'arrivais…

Le chirurgien constata que le vantail de l'armoire était déjà ouvert, puis il reporta son regard sur la jeune femme. Son expression agacée ne trahissait rien de ce qu'il pensait.

Une silhouette se dessina dans l'encadrement de la porte de la bibliothèque : la femme. La blondeur d'un ange vénitien, la peau aussi pâle que le marbre. Elle rajustait nonchalamment sa robe de mousseline d'un jaune paille dont la transparence laissait entrevoir la courbe de ses jambes dans le contre-jour.

La femme redressa les épaules et pencha la tête de côté dans une attitude étudiée pour séduire. Ses paupières s'abaissèrent, ne laissant voir qu'un mince regard, brillant de la vanité de ceux qui se savent touchés par la grâce.

— Qui est-ce ? s'enquit-elle d'une voix un peu rauque en détaillant la jeune femme avec suffisance. Une nouvelle domestique ?

— S'il te plaît, Amy. Laisse-nous.

Le beau visage de la femme exprima une moue d'arrogance. Elle émit un faible hoquet et se retira. Francis Seton n'avait pas bougé et continuait de fixer Dana.

— Faites votre travail, dit-il simplement sur un ton sans réplique.

Puis il retourna dans la bibliothèque. Sous l'emprise de la crainte, Dana resta plantée là à regarder la porte qu'il prit soin de bien refermer derrière lui. Plus aucun son ne lui parvint de la pièce. Elle finit de ranger les serviettes et s'en retourna en courant à la cuisine où l'attendaient les pommes de terre.

❦

Le pâté tout juste sorti du four fumait sur le comptoir. Les carottes étaient gardées au chaud. La cuisinière pilait les pommes de terre, y ajoutant de gros carrés de beurre et un peu de crème.

— Combien de couverts ? demanda Alison.

—Je ne sais pas, répondit Mrs Dawson en vérifiant l'assaisonnement. Mr Seton n'a pas donné d'instructions pour le dîner. Il est resté invisible toute la journée. Il a tant à faire avant de partir pour un si long voyage.

—Il était dans la bibliothèque avec Mrs Seton quand je suis allée dans le cabinet, répondit Dana.

Elle s'apprêtait à passer dans la salle à manger avec la nappe quand elle croisa le regard étonné d'Alison.

—Mrs Seton est à Londres, Dana !

—Oh !

Les joues de la jeune femme se peignirent de rouge.

—Tu as certainement vu Miss Stanfield. C'est une… amie de Mr Seton. Encore heureux que tu ne te sois pas adressée à elle en tant que *banamhaighstir*.

—C'est quoi, ça ?

Rachel ricana. Mrs Dawson lui fit les gros yeux.

—La maîtresse de maison, précisa Alison en gloussant avant de retourner à son travail.

—Dana ! appela la cuisinière.

—Oui, Mrs Dawson.

—Vous savez que les trois premières qualités que doit posséder une servante sont d'être sourde, aveugle et muette.

L'air que lui fit la femme appuyait la gravité de sa déclaration.

—Oui, je le sais, Mrs Dawson.

—C'est bon. Montez la table pour une seule personne. Nous aviserons s'il y a lieu.

Dana sortit.

❦

La vaisselle était nettoyée et rangée. Les torchons avaient été mis à tremper dans une solution savonneuse. Profitant d'un moment de détente, Mr Dawson était installé dans une chaise et fumait tranquillement sa pipe. Son épouse était assise à la table avec Rachel, que Dana savait maintenant s'appeler Evelyn de son vrai nom, et lui lisait des passages dans le livre de prières. Alison était partie allumer les lampes à huile à l'étage. Dana venait d'allumer celles qui éclairaient le hall.

Mrs Rigg, portant les affaires de la jeune femme, entra dans la cuisine. Pendant un bref moment de joie, Dana pensa qu'on la délivrait de ses obligations. La femme de charge posa les vêtements sur la table, la regardant de haut.

— Prenez vos affaires et suivez-moi. Mr Seton veut vous voir.

Sous les regards étonnés des gens présents, Dana obéit. Mrs Rigg la conduisit devant la porte de la bibliothèque et frappa. La voix de Mr Seton répondit et la femme ouvrit, indiquant à Dana d'entrer.

Celle-ci exécuta quelques pas et s'immobilisa. Ses effets pressés contre sa poitrine, elle attendait, le visage tourné vers le sol. Elle entendait un grattement de plume et le craquement du cuir du fauteuil. Puis une pause de silence.

— Mrs Rigg vous a expliqué quelles sont les exigences d'un travail de domestique ?

— Oui, monsieur.

— Une porte ouverte n'est pas une invitation à l'indiscrétion.

— Je le sais, monsieur. Cela ne se reproduira plus.

« Quand on désire plus d'intimité, on ferme les portes », eut-elle envie de rétorquer. Et puis, qu'il eût une maîtresse ne la regardait pas. Mais elle devinait qu'il devait craindre qu'elle pût se servir de cette information pour lui faire oublier la petite affaire de vol qui les concernait.

Francis se cala contre le dossier de son fauteuil pour mieux étudier la jeune femme devant lui. Elle était plutôt grande pour une femme et peut-être aussi un peu maigre. Ses jointures pâlissaient sur le tas de vêtements qu'elle tenait. Il était prêt à lui donner une dernière chance. Il n'aimait pas sévir ; il ne le faisait que lorsque cela s'avérait nécessaire. Toutefois, un bon avertissement avait ses effets bénéfiques.

— J'ai toujours le choix de vous dénoncer à la police, souvenez-vous-en.

Le chirurgien voulait s'assurer qu'elle avait bien saisi. Dana releva complètement la tête pour le regarder en face. Ses narines se dilatèrent et elle serra les dents, mais elle resta muette.

— Je vous rappelle que la journée d'une domestique débute à six heures, Dana, commença-t-il en changeant de ton devant l'air buté qu'elle lui opposait obstinément. Habituellement, elle se termine quand ses services ne sont plus requis. Comme les autres, vous aurez droit à un après-midi et à une soirée libres par semaine, ainsi qu'à une journée de congé complète par mois.

— Mrs Rigg m'a donné toutes les règles, monsieur. C'est que cela me pose un problème. Comment vais-je expliquer cela à?…

— Ce n'est pas à moi de trouver une solution à *vos* problèmes, mademoiselle. Il aurait fallu penser aux conséquences de vos actes avant de les poser.

Elle gardait les lèvres serrées, ses joues rosissant sous le coup de l'émotion. Francis étudiait chacune de ses réactions.

— Vous êtes d'accord que ce vol doit être puni, n'est-ce pas?

Elle acquiesça.

— Je croyais… monsieur, que nous pourrions nous entendre sur des journées écourtées. Ainsi, je pourrais rentrer…

— Vous voulez abréger vos heures de travail? Je coupe sur vos gages. On s'entend là-dessus?

Elle avait craint d'avoir à se plier aux obligations faites à tous les domestiques. Ce qui compliquait sa position face à son oncle. Mais, d'un autre côté, si elle voyait ses gages diminuer, elle serait forcée d'allonger son séjour ici.

— Me laissez-vous la possibilité d'y réfléchir, monsieur? Je suis certaine que Weeping Willow fonctionnait très bien sans moi. Que je me libère plus tôt ne devrait pas vous nuire autrement.

Francis Seton tapa du bout de son index sur le bureau.

— Je dois considérer les autres. Je ne peux pas me permettre de vous servir un traitement de faveur sans avoir à l'expliquer. J'ai toujours traité mes employés avec le respect qui leur est dû.

Dans la mesure où ils accomplissent leur travail avec loyauté. Vous comprenez ce que je vous dis, Dana ?

Ses allusions étaient très claires.

— Mrs Rigg ne m'a pas informé du montant des gages pour la fonction que j'aurai à remplir sous votre toit.

— La fille de cuisine gagne onze livres par an, la femme de chambre, seize. Ce qui est très généreux puisque je ne déduis pas le coût et l'entretien des tenues.

— Et moi ? Combien je vaux ?

— Votre valeur ?

— Mes gages, Mr Seton. Vous avez dit que mes gages rembourseraient la somme que je vous dois.

— Sans doute que… treize livres par an serait un montant équitable.

Francis attendit une réaction. Il se dit qu'elle allait enfin tout lui avouer. Un an de travaux forcés. Que Nasmyth fût le frère ou l'amant de Dana, il ne méritait pas qu'une femme s'abaisse à ça pour lui.

Dana considéra ce montant, qui était mieux que ce qu'elle avait souhaité. Inspirant profondément, elle prit un air plus sûr d'elle et le fixa sans ciller. Elle se lança.

— Dix livres, vous aviez dit, monsieur, que je vous devais encore pour compléter les vingt-cinq que je vous ai déjà données.

Il la dévisagea, désarçonné et intrigué par cet abrupt changement d'attitude.

— C'est exact. Je ne reviens jamais sur ma parole.

« L'homme d'une seule parole », avait dit Miss Stanfield.

Elle tira sur l'épingle de son tablier. Un bruit mat se répercuta sur le plancher. Elle se pencha pour ramasser son réticule, remarquant le tapis : un magnifique tapis d'Orient. Puis, se redressant, elle fit glisser le contenu de son sac, qui tinta dans sa paume moite.

Elle avait redressé les épaules, ce qui lui donnait presque la taille d'un homme. Un homme qui cherchait à négocier sa peine.

— Voici six livres, huit shillings, cinq pence et trois farthings à soustraire des dix livres que je vous dois, monsieur. Le solde que je vous dois encore est d'exactement trois livres, onze shillings, six pence et un farthing. Si je considère que je vaux... attendez... vous permettez que je calcule ça sur du papier?

Il la regarda, incrédule. Elle avait tout préparé, tout calculé. D'où venait cet argent qu'elle lui offrait encore?

— Euh... oui, faites, fit-il en lui indiquant le bureau.

Elle trempa la pointe d'une plume dans l'encre et griffonna rapidement des chiffres sur une feuille vierge, biffant et reprenant quelques calculs.

— Voilà, s'exclama-t-elle en se relevant. Cela prendra quatorze semaines et quelques jours pour tout vous rembourser. Ce qui veut dire que je serai libérée de mes obligations envers vous juste autour du nouvel an.

Le chirurgien prit la feuille qu'elle lui montrait et vérifia ses calculs. En plus de posséder un esprit fin, cette jeune femme savait parfaitement compter.

— Vous m'impressionnez, Dana.

Elle se tenait droite comme une lance, faisant un effort titanesque pour soutenir le regard qui l'examinait avec minutie. Sa main qu'elle tenait serrée sur toute sa fortune, qu'elle sacrifiait, tremblait.

— Je voudrais que cela soit fixé par écrit, monsieur, réussit-elle à articuler dans un ultime effort. Et en deux copies, s'il vous plaît.

Ses genoux mollissaient. Elle allait s'évanouir.

— Vous voulez que je vous rédige un contrat? Comme s'il s'agissait d'un simple remboursement d'emprunt?

— C'est ce que je veux, monsieur.

Elle en avait, du culot! Francis eut envie de rire, mais devant l'expression de la jeune femme, qu'il voyait pâlir de seconde en seconde, il conserva un air grave.

— Asseyez-vous.

Dana prit le premier siège placé à sa portée et s'y laissa tomber avec soulagement. Jamais elle n'aurait cru y arriver. Toute la journée, ce qu'elle avait résolu de faire lui avait taraudé l'esprit. C'était le prix à payer pour recouvrer sa liberté le plus rapidement possible. Et pour s'assurer qu'elle l'obtiendrait quand le moment serait venu. L'idée audacieuse lui était venue pendant ses heures d'insomnie la nuit précédente. Elle avait craint que Mr Seton refuse de s'y soumettre.

Elle se concentra sur le décor pour ne pas penser à ce qu'elle sacrifiait. Elle huma cette délicieuse odeur du papier et de la poussière. Le bureau où prenait place Francis Seton était un îlot de lumière dans la sombre pièce. Des objets et des meubles qui la décoraient, elle ne voyait que les linéaments. Mais elle devinait là un globe terrestre, là des vitrines cachant quelques rarissimes trésors, et partout des livres. Des centaines de livres. Ce lieu ressemblait à un paradis où elle vivait le pire des enfers.

Francis Seton parcourut son texte en le lisant tout haut.

— Il ne me manque que votre nom de famille.

— Dana Cullen, monsieur.

Francis Seton déposa sa plume et regarda fixement Dana.

— Cullen ?

— C'est ce que je viens de dire.

Il se leva, contempla la feuille devant lui, réfléchit, se rassit et reprit sa plume. D'une main hésitante, il inscrivit le nom complet, prépara silencieusement la deuxième copie du contrat et signa.

— À vous, dit-il en lui présentant la plume.

Dana s'approcha. Pendant qu'elle signait à son tour, il l'observa attentivement, se répétant le nom qui évoquait en lui des souvenirs douloureux.

— Quelle relation entretenez-vous avec Nasmyth ? Je croyais que vous étiez… sa sœur, peut-être, ou bien…

Le ton du chirurgien avait changé. De faibles effluves d'eau de Cologne enveloppaient Dana. Ce parfum, pourtant agréable, la rendait mal à l'aise. Comme le souvenir d'un vieux rêve dont on ne se rappelait que les sensations qu'il avait provoquées. Elle se troubla.

— Je suis sa cousine, monsieur. J'habite chez mon oncle.

Ce fut à peine si elle entendit sa propre voix.

— Et il n'est pas au courant que vous êtes ici.

— Non. Mais cela ne saurait tarder. Je peux partir, maintenant? Timmy doit m'attendre depuis un bon moment déjà. Il va s'impatienter.

Elle conserva l'une des copies et, le ventre noué, déposa son argent sur celle qui revenait au chirurgien.

— Oui, murmura-t-il en cherchant à capter son regard. J'aimerais savoir…

Elle tourna son pâle visage vers lui. Il étudia les traits, le profil, la teinte des cheveux. Il cherchait le détail, la ressemblance qui confirmerait ses craintes.

— Vous habitez chez votre oncle depuis longtemps?

— Depuis un an.

— Et vos parents…

Pourquoi cet intérêt soudain pour sa personne? Dana cherchait à comprendre.

— Mon père est mort il y a un peu plus de deux ans, Mr Seton. Ma mère vit chez ma sœur, à Kirkcaldy.

— Je suis désolé pour votre père. Il était pêcheur?

— Pasteur, monsieur.

Elle attendit la suite de l'interrogatoire. Apparemment, ce qu'elle venait de lui dire lui suffisait. Elle récupéra ses effets, lui souhaita bonne nuit et quitta la pièce.

Pétrifié jusqu'aux os, Francis Seton continuait de fixer la porte qui venait de se refermer. Un courant d'air glacé lui parcourut la colonne vertébrale comme la main caressante d'un fantôme venu lui rappeler qu'il était toujours à ses côtés. Les hommes mouraient, les fantômes vivaient éternellement. Spectres du passé, de ses souvenirs.

Une boule se formait dans son estomac. Il se dirigea vers la carafe de cordial, y renonça. Ses jambes le portèrent finalement jusqu'à son fauteuil. Il s'y effondra. Que convenait-il de faire maintenant ? Il baissa les yeux sur le contrat. Le résilier ? Tout oublier ? Il devait éloigner la jeune femme d'ici avant qu'il ne soit trop tard. De toute évidence, elle ne savait pas qui il était. Mais lui savait qui *elle* était.

Dana Cullen. La fille du pasteur. La sœur chérie de Jonat.

Le regard vairon, il savait maintenant où il l'avait vu pour la première fois.

Chapitre 9

Les larmes lui montaient aux yeux, les sanglots, à la gorge. Elle venait de tout sacrifier : sa réputation, ses rêves d'entrer un jour à la Drawing School.

Pour un homme. Pour Timmy.

Son cousin lui tenait la main. Ils rentraient chez lui. Elle lui avait expliqué ce qu'il en était. L'affrontement avec Charles était inévitable. Elle le savait. Timmy aussi. C'est pourquoi ni l'un ni l'autre n'avait parlé pendant le trajet. Et puis, qu'y avait-il à dire de la journée de travail d'une servante ?

— Qu'as-tu raconté à ton père ? demanda Dana au pied de l'escalier.

— Mama lui a dit que tu avais été invitée par une amie à dîner. Elle sait la vérité. Celle que tu as racontée à Logan.

— Elle l'a crue ?

L'arrière-boutique était sombre. Seule la lueur de la lampe qui éclairait l'écurie perçait l'obscurité et faisait briller leurs yeux. Dana était très nerveuse ; ses mains s'agitaient sans raison, plaçant et replaçant les objets.

— Logan t'a bien crue ?

— Logan comprend beaucoup plus de choses qu'il ne le laisse entendre, Timmy. Il se doute que je lui ai caché la vraie histoire. Mais il est trop gentleman pour poser des questions.

Une soudaine froideur avait durci la voix de Dana. Un silence coupable s'ensuivit. Timmy prit les mains de sa cousine et les embrassa à tour de rôle. Il proposa de s'asseoir ; elle accepta. De voir Dana ainsi le bouleversait. Il savait au fond qu'il avait très mal agi envers elle et que tout était… non, c'était en partie de sa faute si elle souffrait. Mais il jugeait tout de même qu'il devait remédier à cette situation ambiguë.

— Dana, ne va pas croire que ce qui arrive me laisse indifférent…

Profondément consterné, il cherchait la formule magique, celle qui lui rendrait l'admiration de sa cousine qu'il sentait lui échapper.

Depuis le début de toute cette affaire de tabatière volée, il avait cette impression qu'elle se détachait de lui. Elle lui en voulait, et cela ne l'aurait pas agacé il y avait quelques mois. Mais tout était différent maintenant. Curieusement, il n'aurait jamais pensé que ce qui avait débuté par un simple défi personnel de conquête l'aurait mené aussi loin. Il devait être honnête avec lui-même. Il ressentait en présence de Dana quelque chose de différent. Il avait l'impression qu'avec elle, tous les rêves lui étaient permis. Qu'elle ne le jugeait pas pour ce qu'il faisait, mais qu'elle reconnaissait ce qu'il était. Il s'était laissé prendre à son propre jeu de séduction.

— Et crois-moi, si Seton avait été jusqu'à porter officiellement des accusations de vol contre toi, je me serais interposé. Mais ce qu'il offre pour qu'on efface tout est inespéré. Dans trois mois, tu reviendras et… tu m'as manqué ce soir, au dîner. Tu me manqueras tous ces jours où tu seras là-bas et moi ici. Dana… j'ai réfléchi aujourd'hui.

Troublé, Timmy marqua une pause. Il se leva et, mains jointes dans le dos, tête baissée, il se mit à parcourir l'espace libre dans la pièce. Puis, stoppant net sa parade, il se planta devant Dana, droit comme une pique, déterminé à dire ce qu'il voulait avant qu'il n'en trouve plus le courage.

— Dana… Je pense que ce qui serait le plus juste pour toi est que je te demande en mariage.

À ces mots, Dana ouvrit la bouche, aphone. Une chaleur couvrit son visage. Un lourd silence suivit. La surprise se lisait sur les traits de la jeune femme; et l'incrédulité. Cette discussion n'allait pas où elle devait aller.

— Le plus juste pour moi?

Le plus juste? Était-ce une forme d'arrangement pour se faire pardonner?

— De cette façon, tu pourrais expliquer un départ pour Kirkcaldy, jusqu'à la date du mariage... prétextant que cela éviterait que nous... enfin, tu sais. Des rapprochements trop précoces. Évidemment, tu viendras visiter ma mère à l'occasion, lors de tes permissions.

Dana demeura sans réaction. Timmy avait soigneusement concocté cette solution pour elle sans la consulter. Mais elle sentait qu'elle n'avait pas le choix de s'y soumettre. Quelle ironie! Il y avait quelques jours à peine, elle avait vraiment souhaité ce mariage. Elle avait sincèrement cru éprouver de l'amour pour Timmy. Mais ce qu'il lui proposait aujourd'hui n'avait plus rien à voir avec l'amour. Il le faisait pour une raison de convenances. Un contrat d'affaires, elle venait d'en signer un pour lui. Il lui demandait d'en signer un autre pour éliminer la crainte que Charles découvre la supercherie. Ainsi tout s'arrangerait pour tout le monde.

Un mariage fondé sur les bases du mensonge, du subterfuge et de l'hypocrisie. Ce qu'elle avait toujours abhorré. Elle avait imaginé autre chose pour elle.

Aussi, un mariage pour le plaisir des autres. Celui de sa mère, certainement, qui verrait son dernier souhait agréé. Celui de Tante Flora, qui ne lui avait jamais caché son désir de voir Timmy se stabiliser avec une femme *compréhensive et patiente*. Et Charles qui, sans le savoir, verrait son nom sauvé de l'opprobre.

Où était cette passion qui faisait s'agenouiller l'amant dans le désir d'offrir sa vie? Où était cette complicité qui rendait les mots superflus? Comme un vent soufflant dans un tas de cendres refroidies se dissipait l'exaltation d'une folle chevauchée, s'estompait la volupté d'un baiser volé aux feux de l'aurore. Les souvenirs qui lui restaient suffiraient-ils à compenser?

—S'il te plaît, laisse-moi seule, Timmy, dit-elle platement, laissant sa réponse en suspens. Je dois me changer. On ne va pas dîner chez une amie habillée en servante. Je dois être présentable devant ton père.

🙟🙝

Logan leva la tête le premier et ses doigts s'immobilisèrent sur les touches d'ivoire. La dernière note résonna longuement. Il ne dit rien et regarda vers son père, qui somnolait, son journal ouvert sur ses cuisses. Flora referma son livre dans un claquement. Son mari sursauta et, l'esprit un peu brouillon, reprit sa lecture là où il l'avait laissée.

Le couple se tenait dans l'entrée du salon.

—Donc, ce dîner? la pressa Flora en empruntant un air détaché.

—Il était très bien, Tante Flora.

Sans lever le nez de son journal, Charles dévia son attention vers les deux jeunes gens. La nervosité dévorait le ventre de Timmy. Flora invita sa nièce à la suivre dans la cuisine. Elle exigeait de connaître, devant une tasse de thé, tout des détails de ce souper.

—Logan, articula Timmy d'une voix mal assurée, peut-être aurais-tu envie d'une tasse de thé, toi aussi?

Le jeune homme abandonna l'instrument de musique et passa devant son frère, lui effleurant le bras comme pour l'encourager, et referma la porte derrière lui. Timmy les avait préalablement mis au fait, lui et leur mère, de ses intentions.

La panique s'empara brusquement de Timmy. Le doute l'assaillait par bataillons de questions sans réponses. Voulait-il se marier? Désirer une femme était-il l'aimer? Et même s'il l'aimait, cet amour serait-il suffisamment fort pour lui faire accepter le sacrifice de sa liberté? Cette liberté qui lui était si chère. Existait-il un autre moyen? Sa mère lui avait affirmé que c'était la meilleure chose à faire. Qu'il était temps qu'il s'établisse sérieusement. Mais encore…

Il ne doutait nullement de Dana qui, il en était persuadé, ferait une bonne épouse. Mais de lui…

—Qu'as-tu à me dire, Timmy, qui nécessite tant de discrétion?

Son père faisait mine de lire, tournait la page du journal dans un froissement de papier.

—Je désire vous entretenir de Dana.

—Dana?

—Euh… oui. C'est qu'elle et moi… nous nous fréquentons depuis un certain temps et… de vivre sous le même toit nous met dans une situation un peu… compliquée.

Le regard du père quitta les faits divers pour se fixer sur son fils cadet, qui ne cessait de s'éclaircir la gorge entre chaque bout de phrase.

—Tu l'as déshonorée?

Le ronflement du feu dans la cheminée domina le silence qui était soudain retombé. Charles observait son fils, pianotant durement le bras du fauteuil dans un geste destiné à contrôler sa fureur. Une partie du journal pendait mollement sur ses genoux. La musique des doigts, comme le tic tac d'une horloge, marquait le temps qui n'en finissait plus de s'étirer.

—Tu l'as déshonorée? répéta le père avec un accent râpeux.

Le jeune homme affronta le regard sans chaleur.

—Non.

—Si tu me mens…

—Je n'ai pas déshonoré Dana, fit grincer Timmy entre ses dents.

Il savait que son père trouverait le moyen de le réduire avec des remarques blessantes. Il en avait l'habitude. «Il a besoin de moi pour se défouler», se disait-il. Qu'avaient ses frères à ses yeux que lui n'avait pas? Il contempla le visage de son père. Ce visage bouffi par l'alcool et par l'abus de nourriture. Ce visage qui ne souriait jamais pour lui et si peu pour les autres.

Charles Nasmyth avait sué sang et eau toute sa vie pour bâtir son entreprise. Ses efforts le récompensaient aujourd'hui. Mais la fortune qu'il amassait avec tant d'opiniâtreté ne remplacerait jamais la vie qu'il y avait sacrifiée. Sa philosophie? Qui ne fait rien n'a rien. Dieu récompensait l'ardeur au travail et Satan, la fainéantise. Charles rappelait inlassablement à ses enfants et à sa femme que c'était grâce à lui qu'ils ne manquaient de rien. De rien? De rien sauf de l'essentiel: l'amour et la reconnaissance. Charles avait-il jamais pris le temps de regarder ses fils jouer, bouger, penser, vivre? Les avait-il seulement écoutés parler, respirer?

Et lui, Timothy, l'avait-il regardé autrement que pour le juger?

S'il avait un fils un jour…

— J'ai demandé Dana en mariage.

Son père remua sa corpulence d'une fesse à l'autre en grimaçant, comme s'il cherchait à déplacer le malaise qui l'habitait.

— Elle a accepté?

Sourcils levés, comme un coin de sa bouche, il affichait la plus vile des incrédulités.

— Parce que vous croyez qu'elle ne le voudrait point? Vous croyez peut-être que je ne peux plaire à une femme de la trempe de Dana?

— Est-ce qu'elle est au courant de tes petites activités qui rognent ton gousset? Tu es sans le sou, Timmy.

— Ce n'est pas nécessaire de me le répéter. Je sais mieux que quiconque combien il y a dans mon porte-monnaie. Et puis, cessez de vous montrer intéressé. Ce que je fais de ma vie vous importe peu, pourvu que mon existence ne nuise en rien à vos affaires. Je me débrouille mieux que vous ne le croyez.

Il se pencha vers son père et le fixa avec ce même mépris qu'il avait si bien appris à connaître.

— Vous savez, cette femme m'a donné en quelques mois plus d'affection que vous ne le ferez durant toute votre vie, père.

— Que cela ne te fasse pas trop rougir la crête, petit coq.

La haine noyait la rancœur. Ses yeux foudroyaient son père de toute cette agressivité retenue qui possédait son être. Timmy serrait les poings, masses de plomb, et se retenait de frapper cette bouche tordue de malice qui n'avait, depuis qu'il était en mesure de se souvenir, jamais émis autre chose que des observations cinglantes à son endroit. Fiel, venin, vitriol. Voilà ce qui coulait dans les veines de son père et il avait maintenant un furieux désir de voir ce sang empoisonné barbouiller ce visage et ses jointures. Timmy se redressa lentement, ressentant déjà la griserie du massacre.

Charles cilla. Quelque chose venait de bouger dans le regard de son fils. Quelque chose s'était mêlé au mépris. L'avait-il rêvé?

—Nous prévoyons nous marier après le nouvel an. La date n'est pas encore fixée. D'ici là, Dana retournera vivre avec sa mère, à Kirkcaldy.

Charles avait baissé les yeux et ramassé son journal, qui avait glissé au sol.

—Je ne pourrai m'y opposer, fit-il en affectant le détachement. Janet s'en réjouira sans aucun doute. C'est ta mère qui sera triste de la voir partir.

—Dana viendra visiter Mama à l'occasion.

Charles avait enfin relevé son regard sur son fils, qui le toisait.

—Alors soit! Et sache reconnaître ta chance.

Tout venait d'être dit. Charles Nasmyth retourna à sa lecture, mais les caractères d'imprimerie dansaient devant ses yeux. Il entendit Timmy sortir du salon et baissa son journal, le froissant entre ses mains.

Il venait de voir le meurtre passer dans les yeux de son fils.

❧

Le ciel était incertain. Un vent venant du nord-ouest soufflait et faisait bruisser les feuilles des arbres qui entouraient la propriété.

La voiture de louage avait été avancée devant le portique. Halkit veillait à ce que Will'O charge correctement les bagages de Mr Seton et que rien ne manque. Posté devant la fenêtre de sa bibliothèque, Francis surveillait l'opération. Depuis l'aube, un va-et-vient incessant provoquait un mouvement inhabituel dans le hall, comme chaque fois qu'un départ se préparait.

Revêtu d'un tablier de cuir maculé de boue et de son vieux tricorne difforme, Mr Dawson poussait à travers la terrasse une brouette de bois dans laquelle râteaux et pelles bringuebalaient bruyamment. Une fine vapeur blanche sortait de sa bouche. Une longue paire de cisailles pendait à sa ceinture, battait sa cuisse. Un chien jaune le suivait, son museau furetant dans l'herbe un peu longue et humide de rosée.

Un petit buggy remontait l'allée gravelée qu'ombrageait la haie d'arbres aux chauds coloris de l'automne qui s'amorçait. Nasmyth conduisait Dana Cullen. Le chirurgien les observa longuement. La jeune femme se tournait fréquemment vers son compagnon. Ses bras se levaient constamment, comme si elle expliquait quelque chose. Quelle relation entretenait-elle avec son cousin ?

La nuit avait été longue. La découverte faite sur Dana avait complètement bouleversé Francis. Il avait longtemps tergiversé sur ce qu'il ferait la concernant. Il devait partir pour Londres dans une heure et revenir à Weeping Willow avec sa femme Evelyn trois semaines plus tard. Il avait décidé que Dana resterait à son service pendant ce temps. Il avait sérieusement réfléchi aux risques qu'il prenait à garder la jeune Cullen ici. Mais la libérer de sa dette aussi rapidement et sans explications valables eût soulevé des soupçons chez Nasmyth, qui verrait dans ce geste inattendu de clémence une marque de faiblesse à exploiter. Il avait une idée de quoi était fait ce jeune homme. Christopher avait souvent eu maille à partir avec lui. Mais si Dana ne savait pas déjà qui il était et quel lien il avait eu avec Jonat, les chances qu'elle le découvrît pendant son absence étaient peu probables. Seuls sa famille et son ami Percy Elphinstone étaient au courant de cette amitié particulière qui l'avait noué au jeune Cullen et qui avait trouvé une fin abrupte dix ans plus tôt. L'armée retenait Percy en Angleterre. Quant aux autres membres de sa famille, la jeune femme ne les verrait pas.

Halkit délaissa momentanément le cocher pour aller au-devant des visiteurs. Will'O se chargea des bagages que lui donnait Nasmyth. Ce dernier se tourna vers Dana, manifestement mal à l'aise. Il regardait vers la façade de la maison, scrutant les fenêtres. Le rideau retomba. Le chirurgien se détourna et débarrassa la vaisselle de son petit-déjeuner pour reprendre le classement des papiers qui couvraient la surface de son bureau. Un sentiment étrange ne le quittait plus depuis la veille. Et si d'un autre côté Dana Cullen savait tout de lui, mais feignait de l'ignorer ? Qu'elle se fût trouvée dans sa salle d'étude n'était peut-être pas le fait du hasard mais une habile manœuvre, premier acte d'un plan inspiré par un certain désir de vengeance.

Il s'assit, songeur, et frotta son visage avec vigueur. Ses paupières picotaient de fatigue. Se pourrait-il que les Cullen fussent finalement au fait de ce qui s'était réellement passé ? Le terrible secret avait-il franchi des lèvres qui le conservaient sans qu'il fût mis au courant ? Dans ce cas, Dana ne lui aurait certainement jamais décliné sa véritable identité. Et le fascinant regard vairon ne montrait pas l'animosité qu'il aurait dû contenir.

Il prit une feuille de papier vélin lisse et blanche et la plaça sur le buvard devant lui. La plume se gorgea d'encre. Elle gratta doucement le papier, transcrivant les mots qui lui venaient à l'esprit. Le pasteur Cullen était mort depuis assez longtemps. Peut-être que le moment de mettre un terme à toute cette affaire était venu. Une seule personne pouvait lui dire ce qu'il convenait vraiment de faire maintenant.

Dans un cas comme dans l'autre, il n'avait d'autre choix que de briser l'entente qui avait été conclue. La présence de Dana sous son toit changeait tout.

❦

— On va à la cuisine, Miss Dana, dit le jeune homme en traversant le hall.

Leurs talons claquaient sur le marbre. Dana vit au passage la porte fermée de la bibliothèque. Elle se demandait si le chirurgien s'y était réfugié quand la voix autoritaire de la femme de charge la tira de ses pensées. Ses clés cliquetaient dans les plis de sa jupe. Alison la suivait, le visage souillé de traînées de suie, portant un seau plein

de cendres noires et une boîte en bois contenant un assortiment de
brosses, de pelles et de chiffons.

— Vous voilà enfin, Dana, gronda Mrs Rigg, qui sortait de la
salle à manger au moment où elle passait devant. Will'O, portez les
affaires de Dana devant la porte de la chambre des filles.

— Tout de suite, ma'am, fit le jeune homme avant de disparaître dans l'escalier de service.

— T'es revenue ? s'écria Alison, visiblement heureuse de revoir
Dana.

— Alison, montrez-lui où ranger ses affaires. Elle dormira avec
vous dans le grand lit. Dès son retour, Abigail prendra le vôtre.

— À vos ordres, Mrs Rigg.

La domestique se débarrassa de son fardeau et de son grand
tablier de toile et essuya rapidement sa figure.

— Viens, suis-moi, l'invita-t-elle joyeusement. Tu ne m'as toujours pas dit si tu ronflais.

— Ma sœur ne s'est jamais plainte de mes ronflements.

Serrant son coffre de bois rouge contre elle, Dana suivit la servante derrière le valet d'écurie.

— Merveilleux ! Quelle tête elle fera, Abigail, en voyant qu'elle
n'a plus le grand lit quand elle reviendra ! C'est la femme de chambre attitrée de Mrs Seton. Parce qu'elle occupe le rang le plus important de nous toutes, après Mrs Rigg bien entendu, elle se croit
maîtresse de tout dans notre chambre.

Elle jeta un œil par-dessus son épaule et baissa le ton.

— En parlant de maître, j'ai bien cru que Mr Seton t'avait ren-
voyée hier. C'est que tu l'as surpris avec Miss Stanfield, non ?

— Je n'ai pas...

— Allons ! s'esclaffa la rouquine, je sais bien que tu as dû surprendre quelque chose entre ces deux-là. Sinon pourquoi aurais-tu
cru avoir affaire à Mrs Seton ?

— C'est que...

— Tu n'as pas à t'excuser devant moi, Dana. Miss Stanfield vient
ici à l'occasion. C'est une amie des Seton. Mais quand Mrs Seton est
absente, elle s'enferme avec le docteur dans la bibliothèque pendant

des heures. Je suis certaine que c'est pas de médecine qu'ils discutent. De toute façon, on se moque bien de ce que peut fabriquer le maître avec cette pimbêche d'actrice. Et c'est pas moi qui vais aller raconter des histoires à sa femme. Mais, à l'avenir, tâche de demeurer plus discrète quand tu te trouves dans le domaine du docteur. Il aime pas qu'on mette notre nez dans ses affaires.

Elles s'engouffrèrent dans la pénombre de l'étroit couloir. Will'O, qui venait de déposer les bagages, les salua d'un sourire béat et s'en alla. Alison ouvrit la porte et seconda sa compagne pour les porter à l'intérieur.

— Je te dicte l'horaire : le réveil se fait à cinq heures trente et six heures pendant l'hiver. On se lave tous les matins sans exception. Je ne sais pas pour toi, mais moi je déteste me laver à l'eau glacée au sortir du lit. Mais le maître l'exige. Par contre, on a droit à un bain à l'eau chaude savonneuse par semaine. Ça c'est mieux. Après la toilette, on s'habille et on descend. Il faut faire le tour de toutes les pièces pour ouvrir les rideaux et vider les âtres de leurs cendres. Je partagerai cette tâche avec toi. Ça ira plus vite. Quand c'est fait, il faut rallumer les feux et s'assurer qu'il y a suffisamment de charbon dans les chaudières. Will'O s'occupe de porter le charbon. Seulement après on se rend à la cuisine pour le petit-déjeuner. Du bacon et du porridge tous les matins sauf pour le dimanche, où on a droit à des saucisses ou du hareng. Abigail s'occupe de la chambre de madame et Mr Halkit de celle du docteur. Nous, on fait celles des invités quand il y en a.

— Il n'y a pas d'enfants ? demanda Dana, qui n'avait remarqué dans la maison la présence d'aucun objet le laissant supposer.

— Non. Mais j'ai entendu dire que les Seton en auraient déjà eu un il y a des années. Je ne sais pas ce qui est arrivé au bébé. Je pense qu'il était malade. C'est ce que Will'O raconte, car il était là à cette époque. Mais il faut pas croire tout ce que dit le pauvre Will'O. Il est beau à faire craquer les cœurs mais plus sot qu'un âne. Mrs Dawson ne parle jamais du bébé des Seton et Abigail est arrivée après sa mystérieuse disparition. Moi, je pense que le docteur l'a peut-être utilisé pour faire des expériences et que ça a mal tourné.

— Il l'aurait?…

— Chut! fit Alison en refermant la porte après s'être assurée que personne ne les avait écoutées. Un conseil, évite de parler de certaines choses… Mrs Rigg est partout. Un rat avec des oreilles d'éléphant, celle-là. Ou devrais-je dire un éléphant avec des manières de rat. On ne l'entend pas venir et elle surgit comme ça!

Elle avait accompagné ses paroles d'un claquement de doigts qui retentit dans la chambre.

— Ils sont mariés depuis longtemps?

— Les Seton? Je sais pas. Peut-être une dizaine d'années, mais pas plus. Mais si tu veux mon avis, ils ont l'air d'être mariés depuis des siècles.

Elle se dirigea vers une commode et ouvrit un tiroir vide.

— Tu rangeras tes affaires ici et dans la moitié vide du deuxième tiroir. Tes robes iront dans la grande armoire. Deux crochets te sont réservés au mur, là.

Dana y suspendit son chapeau et son spencer.

Alison la regardait, un large sourire imprimé sur son joli visage rousselé par le soleil d'été. Une joie sincère l'illuminait.

— Ce sera vraiment chouette de dormir avec quelqu'un. Avant de me retrouver ici, j'avais toujours dormi avec ma plus jeune sœur. Lizzie est plus vieille que moi. C'est elle qui s'occupait de moi et de Hattie Mae.

Son sourire s'atténua au souvenir de sa famille.

— Où sont tes sœurs? demanda Dana en devinant son amie orpheline.

Elle commençait à sortir les vêtements qu'elle avait jugé nécessaire d'emporter avec elle. Sa belle robe de bal et les accessoires assortis étaient demeurés chez les Nasmyth. Alison entreprit de l'aider.

— Lizzie habite une maison dans Candlemaker Row, où elle travaille. Hattie Mae est morte il y a cinq ans.

— Je suis désolée… fit Dana, consternée.

Alison prit une mine peinée.

— À l'hôpital, ils ont bien essayé de la guérir. Mais elle était trop faible pour combattre la fièvre. Lizzie travaillait toutes les nuits ; elle partait le soir tandis que nous étions au lit et ne revenait qu'au moment où nous nous réveillions. Je ne voulais pas dormir seule la nuit dans notre petite chambre. Et Hattie pleurait constamment, à l'hôpital. Alors le docteur Seton m'a permis de rester pour la veiller jusqu'à l'aube. Cinq jours plus tard, elle est morte. C'est après ça qu'il m'a prise à son service. Avec Lizzie nous ne mangions qu'un repas par jour. Son argent, elle le dépensait pour le loyer et le charbon. Elle faisait ce qu'elle pouvait. Moi, je mendiais avec Hattie dans Grass Market pendant qu'elle dormait jusqu'au dîner. Même si parfois j'aime pas les choses bizarres qui se passent ici, je me dis que c'est toujours mieux que de continuer de mendier et de crever de faim.

— Quelles choses bizarres ?

— Des choses…

Elle se tut, referma le tiroir et poussa le sac sous le grand lit. Avisant le coffre rouge qui était resté sur le matelas, elle s'y intéressa.

— Qu'est-ce que c'est ?

— Un coffret à dessin.

— Tu dessines ? C'est vrai ?

— Quand j'en ai l'occasion.

— Tu voudrais en faire un de moi ?

— Quand je le pourrai.

Alison forma un sourire béat et pencha la tête de côté, prenant une pose comique.

— Comme ça ? Non, comme ça, ça fait plus chic, décida-t-elle en modifiant sa posture pour emprunter une attitude plus hautaine et sérieuse.

Elle éclata de rire et le coffret rejoignit le sac sous le lit.

— Change-toi vite. Mr Halkit a taillé les mèches des lampes à huile. Elles attendent d'être frottées dans la cuisine. Les mardis, c'est les cuivres ; les mercredis, les planchers. Les jeudis, il faut aider Mr Halkit au polissage de l'argenterie. C'est lui qui en est responsable. Les vendredis, on fait les courses au marché avec Mrs Dawson. Les samedis, c'est le changement de la literie ou le battage des tapis selon la semaine. Les dimanches matin, avant les tâches à la cuisine, nous allons à l'église avec Mrs Rigg. Mr Seton le permet, ce qui n'est pas le cas dans toutes les maisons. Les dimanches après-midi sont libres. Le service reprend pour le dîner. Nos soirs de congé sont attribués à raison de un par fille par jour. Moi c'est le lundi, Rachel, le mercredi et Abigail a le vendredi. Mrs Rigg te dira quand tu auras droit au tien.

Dana, qui tournait le dos à Alison, enfilait la robe grise. La jeune femme s'était tue. Quand elle se retourna, son amie tordait sa bouche, l'air un peu embarrassée. Elle regardait la jambe raccourcie et déformée de Dana.

— Ça te fait mal ?

— Non… enfin, pas vraiment. Je me suis habituée aux douleurs de la fatigue.

Comme elle s'était habituée aux regards curieux que les gens posaient sur elle.

— C'est arrivé comment ?

— Une maladie qui m'a paralysé les jambes.

Alison, qui s'était assise sur le lit en attendant que Dana fût prête, sauta en bas et aida son amie à épingler son tablier.

— Quel âge tu as, au fait ?

— Vingt-six ans.

La servante émit un sifflement.

— Si vieille que ça ? T'es veuve ?

— Non.

— Une vieille fille ?

— Si on veut, murmura Dana qui s'attardait à ajuster son corsage pour éviter les yeux d'Alison.

— Moi aussi, je serai vieille fille.

Étonnée par le ton déterminé de sa compagne, Dana leva un sourcil. La mine d'Alison s'était renfrognée.

— Les hommes ! fit-elle d'une voix chargée d'une émotion qui aurait pu ressembler à de la haine. *Brùidean fiar*[35] ! Lizzie dit

---

35. Brutes perverses !

qu'ils sont comme des bêtes. Pourquoi le docteur t'a engagée ? C'est bizarre qu'il engage une nouvelle fille juste avant de partir en voyage.

La main de Dana, qui replaçait une mèche sous son bonnet, s'immobilisa avant de reprendre son geste avec plus de lenteur.

— Ça, je ne pourrais te le dire. Mais pour ma part, j'avais besoin de ce travail.

Le visage d'Alison exprimait le doute.

— Pour une fille qui lit des livres de science, pourquoi pas avoir trouvé autre chose qu'un travail de servante ?

— C'est que… je travaillais déjà dans une papeterie. Mon patron m'a mise à la porte parce que j'ai… commis une erreur. Le docteur Seton se trouvait par hasard dans la boutique et il m'a offert le travail. Je ne pouvais pas me permettre de le refuser. Je trouverai bientôt autre chose. Dans une librairie peut-être. J'ai déjà travaillé dans une librairie, quand je vivais à Kirkcaldy.

— Tu viens du Fife ? Tu as trouvé difficile de t'habituer à la ville ? Moi, j'ai trouvé ça très dur.

— D'où viens-tu ? lui demanda Dana.

— D'où je viens n'existe plus aujourd'hui. Bon, dit-elle pour couper court à un sujet qu'elle ne voulait de toute évidence pas aborder. Il faut commencer si on veut finir, comme disait ma mère.

Alison sortit de la chambre, laissant la porte ouverte derrière elle. Perplexe, Dana entendit ses pas s'éloigner. Elle la suivit jusque dans la cuisine.

Mr Seton était assis au bout de la table devant une tasse de thé et mordait dans une épaisse tranche de pain tartinée de confitures de fraises. Dana sentit son attention se poser sur elle à son arrivée dans la pièce. Sans lever les yeux, elle s'inclina, le saluant du bout des lèvres, et se dirigea vers où Alison avait commencé à frotter un globe de verre avec un morceau de flanelle douce.

— Tu mets un peu de vinaigre avant de frotter, lui suggéra Alison.

Les deux jeunes femmes travaillaient silencieusement tandis que Rachel récurait la plaque de cuisson. Le grincement de la brosse d'acier sur le fer était agaçant. Mrs Dawson entretenait Mr Seton de certaines denrées rares qu'elle pensait utile de rapporter de Londres.

— Et de la vanille de la Jamaïque. Mr Robinson m'en promet depuis deux mois et j'attends toujours. Mrs Seton adore la vanille.

— Hum… fit Francis en mâchant son pain.

— Et peut-être aussi du safran d'Espagne. Mrs Seton a dit qu'il était moins cher chez Chadwick la dernière fois qu'elle s'était rendue à Londres. Et j'allais oublier : le rétameur doit passer la semaine prochaine.

— Faites réparer ce qu'il faut, Mrs Dawson. Halkit acquittera les frais.

— Merci, Mr Seton. J'ai justement deux chaudrons qui ont grandement besoin d'être étamés de nouveau. Et est-ce que Mr Dawson vous a parlé de ces nouvelles variétés de semences pour le jardin qu'il aimerait essayer ?

— Hum… J'ai noté tout ce qu'il désirait et me chargerai de passer la commande chez Harper.

Suçant le bout de son index, il finissait d'avaler sa tartine. Il observait la jeune Cullen à la dérobée. Il avait remarqué qu'elle glissait souvent son doigt sous son bonnet pour se gratter le dessus du crâne.

— Vous les avez fait retirer ?

Les quatre domestiques regardaient leur maître. Francis fixait Dana par-dessus sa tasse fumante. Il y eut un moment de silence.

— Retirer quoi, Mr Seton ? demanda-t-elle d'une voix hésitante, réalisant qu'il s'adressait à elle.

— Vos points de suture. Je vous avais demandé de les faire enlever après une semaine.

— Non.

L'affaire de la tabatière obnubilant complètement son esprit, elle n'y avait plus repensé.

— Venez avec moi.

Après avoir avalé son thé d'un trait, le chirurgien se leva et quitta la cuisine.

— Son panier! s'écria la cuisinière en levant les bras au ciel. Dana, apportez-lui ceci.

Elle lui remit un large panier lourd de victuailles. Le goulot d'une bouteille de vin dépassait la serviette qui le couvrait. Le chirurgien ne l'avait pas attendue. Elle entendit ses pas résonner dans la salle de billard. Il se dirigeait vers le cabinet de travail.

Les bras croisés sur sa poitrine, il regardait par la fenêtre. La vue donnait sur les vergers qu'entourait un muret de pierres. Le saule planté par le père de Francis était là, ses longues branches flexibles remuant comme une frange au vent et balayant doucement le sol. Le chirurgien entendit la jeune femme entrer dans la pièce.

— Mr Seton, dit-elle timidement.

— Asseyez-vous sur la chaise et ôtez votre bonnet, lui ordonna-t-il en se retournant.

Il avisa le panier.

— Euh... c'est Mrs Dawson qui m'a enjointe de vous apporter ça.

— Oui, Mrs Dawson a toujours peur que je manque de nourriture. Si j'avalais tout ce qu'elle me demande de manger, je ne verrais plus le bout de mes chaussures. Posez-le sur la table et asseyez-vous.

Elle obtempéra. Francis s'approcha et, avec la même douceur qu'il avait mise à la soigner, il écarta sa chevelure pour examiner la plaie.

— Elle a commencé à s'infecter. Les démangeaisons durent depuis longtemps?

— Non, deux jours, tout au plus.

— Je vous avais pourtant dit de faire enlever ces points après une semaine, Miss Cullen.

— J'ai oublié, monsieur.

Le chirurgien soupira. Il prit l'alcool, s'arma d'une pincette et d'une paire de ciseaux fins. Il coupa les fils et entreprit délicatement de les retirer. Dana ressentit une vive brûlure et serra les dents.

— Il en reste encore deux, dit-il en laissant tomber le bout de fil sur un plateau de faïence blanche.

Elle ne dit rien. Le retrait du deuxième point fut un peu moins douloureux. Le chirurgien s'attaqua au dernier. Puis il palpa les pourtours de la cicatrice tuméfiée. Elle ne semblait pas receler de poches de pus. Il l'épongea avec un peu d'alcool.

— Nettoyez régulièrement. L'infection devrait disparaître dans quelques jours.

— Je le ferai.

Elle se leva. L'homme la regardait étrangement.

— Dites-moi, qu'est-ce qu'une jeune femme comme vous faisait dans le cimetière en pleine nuit avec Nasmyth, Miss Cullen ?

« La même bouche », se dit Francis en contemplant la courbure des lèvres entrouvertes. Elles étaient plutôt fines mais bien dessinées. Et la lèvre inférieure était légèrement plus charnue que la supérieure. Comme celles de Jonat. Troublé, il laissa son regard remonter vers celui de Dana. Il était un peu écarquillé et le fixait. Il attendait la réponse à cette question qui lui avait trotté dans la tête depuis son réveil. Elle semblait ne pas l'avoir bien compris.

— Je sais que votre cousin a la réputation d'un homme qui use de moyens à la hauteur de ses ambitions. Mais de là à emmener avec lui une femme ressusciter les morts, je dirais qu'il exagère.

— Comme il vous l'a expliqué, c'est moi qui lui ai imposé ma présence. Je croyais que… Je l'avais entendu sortir. Je voulais savoir où il allait.

— Avez-vous l'habitude de commettre des gestes aussi téméraires ou bien…

— C'était la première fois que je faisais une chose aussi…

— Stupide.

— … aussi stupide, comme vous le dites si bien, monsieur.

— Je ne sais pas si vous avez pris plaisir à cette petite sortie nocturne, mais tant que vous serez à mon service, j'exige que vous vous absteniez de recommencer.

— La compagnie des morts ne m'intéresse guère, monsieur.

— La mort vous fait peur ?

Les yeux vairons se levèrent, croisant ceux du chirurgien qui la dévisageaient avec intérêt.

— Ce n'est pas que la mort m'effraie. Mais déterrer un corps mort n'a rien de plaisant à mon avis.

— Plaisant, sans doute pas. Mais on s'y habitue.

Le chirurgien la regarda encore quelques instants. Puis il ramassa ses instruments.

— Vous pouvez retourner à vos affaires, Miss Cullen.

— Oui, monsieur. Merci, monsieur, dit-elle en s'inclinant.

Elle recula de quelques pas vers la porte, tourna sur elle-même et manqua entrer dans le fantôme toujours suspendu à sa chaîne comme un spectre à l'éternité. Elle retint un cri dans sa paume et sortit de la pièce.

❧

Le lit aurait été trois fois plus grand qu'il lui aurait paru aussi petit. Alison s'était lovée contre elle dans le creux que faisait le matelas en son centre. Mais la chaleur que Dana retrouvait lui était agréable et compensait pour le manque d'espace. Depuis un an, elle s'était habituée à dormir seule.

À entendre son souffle régulier, Dana devinait que Rachel dormait déjà. Par contre, sa compagne ne cessait de gigoter. L'ajustement serait plus difficile qu'elle l'avait imaginé. Alison se retourna une autre fois, se retrouvant nez à nez avec sa compagne, et Dana vit qu'elle ne dormait pas non plus.

— Tu veux que j'aille dormir dans le lit d'Abigail cette nuit ?

— Non, fit la voix enrouée d'Alison.

Une fine vapeur formait par intervalles réguliers un petit nuage devant leur visage. La nuit était froide, mais pas encore assez pour brûler inconsidérément le charbon dans le petit poêle de fer.

— Tu as des frères et des sœurs ? demanda-t-elle après s'être éclairci la voix.

— Deux sœurs et j'avais deux frères. L'un est mort, répondit Dana.

— Ah! Elles vivent à Kirkcaldy?

— Oui, avec ma mère.

Trou de silence. Alison s'installa sur un coude et contempla les contours du visage de Dana qui se dessinaient faiblement, lignes de lumière brisées. Par l'interstice du rideau filtrait la lueur diffuse de la lune.

— Comment se fait-il que tu ne vives pas avec elles?

— Nous vivions toutes chez ma sœur Maisie, qui a six enfants. Nous étions un peu à l'étroit dans le logement.

Dana se tut, se disant que cette sommaire explication devrait suffire.

— Tu as fait quelque chose qui t'a forcée à partir?

— Dieu tout-puissant, non! souffla-t-elle, brusquement consciente que son laconisme pût engendrer certaines fausses déductions.

Mais elle n'avait l'envie ni de mentir ni de raconter sa véritable histoire.

Réalisant qu'elle ne tirerait rien de sa nouvelle amie, Alison reposa sa tête sur son oreiller, son visage tourné vers le plafond.

— Moi, il ne me reste que ma sœur Lizzie. J'avais aussi trois frères aînés. Le plus vieux, Tom, est parti avec le régiment Sutherland en 1800. Il avait seize ans. Il n'est jamais revenu. Angus s'est tué pendant qu'il travaillait pour la construction du Caledonian Canal. Quant à Murdoch, il a disparu peu de temps après les évictions. Papa croyait qu'il avait été tué en cherchant à venger ce qu'on nous a fait subir. De nombreux moutons du troupeau de lord Stafford ont été découverts égorgés un matin par leur berger. Le corps de John Matheson a été trouvé trois jours plus tard, sa gorge tranchée de la même façon. C'était le meilleur ami de mon frère. Mais on n'a jamais retrouvé Murdoch. Les autorités l'ont accusé du meurtre en plus du massacre des précieux *cheviots*[36]. Moi, je pense que Murdoch et John ont tué les bêtes et que des hommes de l'intendant de Stafford les ont surpris et ont fait régner leur loi à

---

36. Race de moutons de petite taille élevés en Écosse, reconnue pour sa robustesse.

leur façon. En se débarrassant du seul corps de mon frère, ils ont fait peser les soupçons sur lui. Plutôt malin. Mais c'est souvent comme ça que les choses se passent dans les Highlands.

— C'est là que tu es née ?

— Oui. Nous habitions le petit village de Farr, sur le bord de Torrisdale Bay. Papa était fermier. Enfin, il essayait de tirer ce qu'il pouvait de la terre avec les moyens dont il disposait. Mais nous ne manquions de rien sur la table et nous avions assez pour nous couvrir l'hiver. Grâce à nos quelques moutons, ma mère tissait les plus beaux lainages. Puis le propriétaire des terres de Strathnaver a un jour décidé qu'il voulait élever des troupeaux de *cheviots*, dont la valeur marchande est grandement supérieure à celle de nos moutons. Il a commencé par augmenter le loyer des lots occupés par les fermiers dans l'espoir de les endetter et de les pousser à partir. Mais c'était sans compter sur l'obstination des gens de mon pays. Nous nous contentons de peu. Alors, quand le peu diminue, les besoins diminuent aussi. Mais Stafford n'a pas renoncé. La présence des fermes empêche l'expansion des pâturages. Il a envoyé des avis d'expulsion aux habitants et construit des presbytères confortables aux pasteurs. Très malin, ça aussi. Ces derniers n'ont pas été longs à nous suggérer d'obéir à notre seigneur comme nous obéissons à Dieu. Papa refusait de tout abandonner. On lui offrait un petit lot quelque part, à environ une vingtaine de *miles* plus loin sur la côte. Et comme les autres, il a protesté. Mais le laird avait déjà fait son choix entre un seul berger et la centaine de fermiers qui occupaient la vallée depuis des générations. Un matin, l'intendant de Stafford est arrivé avec ses hommes.

Dana se souvenait effectivement de ces expulsions effectuées avec une sauvagerie peu commune qui avaient lieu un peu partout dans les Highlands. Les dernières s'étaient tragiquement soldées par la mort de plusieurs habitants, abandonnés sans toit aux rigueurs du temps ou tout simplement brûlés vifs en essayant de sauver leurs maigres possessions de leurs maisons en flammes.

Le phénomène avait d'abord débuté sur la côte ouest, dans le Morvern, le Knoydart, sur les terres des Ross et dans la région d'Assynt, dans le Caithness. Il se répandait progressivement, maintenant jusque dans le Sutherland. On avait d'abord procédé en engageant les Highlanders dans l'armée britannique que Napoléon décimait à un rythme effarant. Ensuite, on obligeait les familles à quitter leur vallée, les poussant vers la côte ou sur des terres marécageuses impropres à l'élevage… encore moins propices à l'agriculture.

Les lairds justifiaient ces déportations en alléguant qu'elles étaient nécessaires pour l'amélioration du système économique. Et, curieusement, malgré le malaise qu'elles provoquaient dans le reste de l'Écosse, personne n'y opposait de résistance, ou si peu. Fervents croyants et pratiquement sans ressources autres que celles de leur volonté qui s'érodait face aux rudesses de la vie, les Highlanders se soumettaient dans la crainte de la colère divine qui les menaçait de la damnation s'ils résistaient. Les pasteurs étaient vendus à l'idée que Dieu supportait le progrès dont ils récoltaient cupidement quelques bénéfices.

Était venu le temps où la loyauté d'un peuple face à son chef lui était retournée à la figure comme du fumier.

— Ça s'est passé il y a sept ans. C'était à la Whitsun[37], reprit Alison avec son lourd accent, et mon père était parti avec Angus et Murdoch couper de la tourbe. Lizzie et moi, nous nous occupions à surveiller le troupeau sur la colline quand nous avons aperçu une colonne de fumée noire s'élever dans le ciel. Abandonnant nos bêtes, nous avons descendu le sentier jusqu'au village. La toiture d'une maison était en flammes. Nous avions d'abord cru à un accident, mais nous avons réalisé qu'il s'agissait de quelque chose de bien plus grave quand nous avons vu le toit d'une deuxième maison s'embraser. Nous avons immédiatement dévalé le reste de la pente jusqu'à notre maison où ma mère était seule et grosse de plus

---

37. Fête chrétienne correspondant à la Pentecôte et autrefois célébrée le 15 mai – aujourd'hui le 28 mai. Dans le calendrier écossais du Moyen Âge, la Whitsun représentait la première moitié de l'année, le premier quart étant la Chandeleur le 2 février; venaient ensuite, le 1er août, la fête de Lammas et la Saint-Martin le 11 novembre.

de huit mois. Nous l'avons trouvée en train de forcer sur le gros coffre de cèdre pour le sortir de la maison. Il contenait nos effets les plus précieux. À nous trois, nous y sommes parvenues, mais il restait encore tous les meubles, la vaisselle, les vêtements. Lizzie et moi avons sauvé ce que nous avons pu avant que l'intendant ne surgisse devant notre porte. J'étais encore dans la maison, à chercher mon chat… Je savais qu'il devait se cacher quelque part, mais il faisait si sombre qu'on n'y voyait rien sans lampe. J'ai entendu Lizzie me crier de sortir. Puis les crépitements et la fumée… Je ne trouvais Missie nulle part. Je voulais retrouver mon chat Missie…

La voix d'Alison se brisa et elle hoqueta. Émue par son histoire et appréhendant la suite, Dana se tourna vers elle et lui enserra l'épaule de son bras.

—Ma mère est entrée pour m'obliger à sortir avant qu'il ne soit trop tard… Mais je m'obstinais. J'avais entendu Missie miauler… Il était là quelque part. Lizzie est intervenue et elles m'ont traînée de force hors de la maison. Le chaume brûlait. La chaleur qui se dégageait du brasier était si intense que nous avons dû nous en éloigner. Deux hommes de l'intendant étaient demeurés là à regarder avec nous la destruction de toute notre vie. Et c'est à ce moment que Missie est sorti. Je criais de joie et courais pour le récupérer. Mais l'un de ces hommes a été plus rapide et il l'a rattrapé. Il… il… a lancé Missie dans les flammes. *A Mhissie bhochd bheàg*[38].

Des teintes violentes de rouges et d'orangés dominaient le camaïeu de gris, qui allait du plus terne au plus sombre, du tableau que l'horreur de la scène inspirait à l'esprit de Dana. Gris, les visages et les larmes. Grise, la suie et la pierre. Rouge, la haine, la barbarie et l'éradication.

La jeune femme redevint fillette dans les bras de Dana. Elle sanglota sur la mort de Missie et l'arrachement de ses racines. Après ce terrible évènement, les Mackay avaient dû partir pour le nouveau

---

38. Pauvre petit Missie.

lotissement qu'on leur avait assigné près de Strathy Point. Trois jours plus tard, trop éprouvée, la mère était morte en accouchant de Hattie Mae. Deux semaines ne s'étaient pas encore écoulées que ce fut au tour de Murdoch de disparaître mystérieusement. Incapable de surmonter son chagrin, le père d'Alison avait sombré dans l'alcool. Le dernier fils s'était engagé dans la construction du canal calédonien qui permettrait aux navires de traverser les Highlands de la mer du Nord à l'Atlantique. Les deux filles s'étaient occupées du père comme elles s'étaient occupées de la petite Hattie Mae. Jusqu'au jour où la main du chef de famille s'était abattue sur Lizzie parce qu'elle avait renversé le lait du bébé.

—Mon père était un homme très sévère, poursuivit-elle en ravalant ses larmes. Il lui arrivait à l'occasion de frapper mes frères quand ils se confrontaient, question de leur faire comprendre qui était le chef. Mais jamais il ne posait la main sur l'une de nous. Pas même sur ma pauvre mère. Hattie pleurait beaucoup et Lizzie ne savait trop comment s'y prendre. La boisson rendait mon père intolérant et sa discipline, plus violente. Au printemps suivant, Lizzie, Hattie Mae et moi nous sommes embarquées sur un petit navire de transport de marchandises qui descendait la côte jusqu'à Inverness. Lizzie connaissait le fils du capitaine et avait réussi à le convaincre de nous prendre à son bord. Nous avons passé l'été à chercher du travail et à vivre de ce que nous mendiions. Hattie était malade. À bout de ressources, Lizzie a frappé à la porte d'un médecin qui a bien voulu la voir gratuitement. Mais nous n'avions pas d'argent pour les médicaments. Un soir, Lizzie m'a confié la petite en me promettant qu'elle reviendrait au matin avec de quoi soigner Hattie. Ce qu'elle a fait. Elle est belle, Lizzie. Will'O me dit souvent qu'il me trouve jolie, mais je trouve Lizzie encore plus belle. C'est elle qui a demandé au docteur Seton de me trouver un travail respectable. Elle ne voulait pas… que j'en sois réduite à faire la même chose qu'elle pour gagner ma survie. Elle n'aime pas les docteurs comme elle n'aime pas tous ces gens qui ont de l'argent. Mais elle sait très bien que c'est vers eux qu'il faut se tourner pour obtenir de quoi vivre. Il faut seulement espérer tomber sur les plus honnêtes.

— Vous êtes à Édimbourg depuis longtemps?

— Une fille d'Inverness que ma sœur a connue lui a raconté les avantages que leur offrirait la grande ville: la garnison de la forteresse et le flot d'hommes d'affaires qui ne demandent qu'à se désennuyer. Elles ont négocié nos passages sur un autre navire et nous mettions le pied sur les quais de Leith à la fin de septembre. L'année suivante, Hattie mourait et moi je me retrouvais ici comme fille de cuisine.

— Il est comment, Mr Seton?

— Je suppose que je peux dire qu'il est l'un de ces hommes qui traite honnêtement les employées. Jamais il n'a cherché à mettre la main sous mes jupes. Mais c'est un homme mystérieux qui fait des choses...

La jeune femme se tortilla.

— Tu verras, dit-elle simplement après réflexion.

Les deux jeunes femmes demeurèrent silencieuses à écouter le souffle haché de Rachel qui se trouvait en plein rêve. Elle poussa un faible geignement et bougea brusquement pour échapper au méchant qui la poursuivait dans sa tête. Puis elle se tranquillisa. Dana se remémora la conversation tenue avec Mr Seton juste avant son départ et le malaise qu'elle avait ressenti tout au long, aussi. Depuis la première fois qu'elle avait été en présence de cet homme, elle ressentait un indescriptible inconfort chaque fois qu'elle le revoyait. Et le mystère qui l'entourait ne venait pas de ce qu'il pouvait fabriquer dans cette maison. Car ça, elle en avait une petite idée. C'était autre chose, comme si un obscur secret l'habitait.

— Je peux t'embrasser?

La voix chuchotée d'Alison la tira de ses pensées avec douceur.

— M'embrasser?

— Comme je le faisais avec Hattie tous les soirs avant de m'endormir.

— D'accord.

La jeune femme se souleva et pencha son visage sur celui de Dana. Elle pouvait sentir son haleine réchauffer sa joue refroidie. Les lèvres d'Alison se posèrent sur la peau humide de vapeur puis elle se recoucha, se recroquevillant comme une enfant contre elle.

— Merci d'être là, Dana.

— Bonne nuit, Allie.

Chapitre 10

Les bras chargés de serviettes, Dana traversait le hall. Le dôme décomposait la lumière en une multitude de paillettes colorées qui rebondissaient sur les marches du grand escalier et sur le mur auquel étaient suspendus les tableaux de famille. Elle ralentit au pied de la volée et leva la tête pour admirer le jeu du soleil sur le verre. « Un œil gigantesque ouvert sur le ciel », songea-t-elle en se remémorant les explications que lui avait données Jonat sur le fonctionnement de l'œil humain. Pour l'aider à mieux comprendre, il avait fait des dessins. L'un d'eux, une coupe sagittale de l'organe, montrait en détail sa structure. Elle ne se souvenait que vaguement des noms de chacune des parties, mais elle avait bien saisi leurs fonctions. Et le chemin que suivait la lumière avant de composer une image sur la rétine.

Ces moments qu'il avait consacrés à lui expliquer des choses avaient été idylliques. Cela s'était passé pendant les années qui avaient suivi sa maladie, quand son frère avait commencé son apprentissage chez le docteur Balfour. Elle avait passé des heures à feuilleter les livres qu'il rapportait le soir pour étudier. « Dommage que tu sois une fille, petite Dana, lui avait-il si souvent dit. Je t'aurais prise comme apprentie le jour où je serai médecin. » Mais les filles ne faisaient de médecine que si elles étaient sorcières.

Il lui était arrivé de se demander si, avoir été un garçon, elle aurait pu empêcher la mort de son frère. Jonat aurait vécu ainsi lui aussi dans une belle maison. Peut-être pas aussi spacieuse et luxueuse que celle-ci puisque les Seton possédaient une fortune familiale que chaque génération s'appliquait à faire prospérer. Mais sans doute que cette maison lui aurait plu. Et cet escalier plein de lumière…

— Dana !

La tête d'Alison venait de surgir au premier étage, par-dessus la balustrade.

— Tu as terminé ?

— Il me reste le cabinet de travail.

— C'est bon. Dépêche-toi et monte. Je veux te montrer quelque chose.

Qu'avait encore Alison en tête ? Intriguée, Dana pressa le pas à travers la salle de billard et ouvrit la porte du cabinet. Se retournant, elle poussa un cri et vint près d'échapper les linges. Aussi surpris qu'elle par cette intrusion impromptue, le jeune homme qui était assis à la longue table de travail s'était levé. Il la dévisagea, abasourdi. Puis, réalisant à qui il avait affaire, il jeta prestement un linge sur son travail. Il lui sourit, les joues légèrement rosées.

— Oh ! Monsieur ! s'écria-t-elle, profondément embarrassée. Je ne savais pas… je suis désolée. Vraiment désolée, s'excusait-elle en exécutant révérence sur révérence. J'aurais dû frapper. Je sais, je dois toujours frapper avant d'entrer. Mrs Rigg me l'a dit. Mais Mr Seton n'est pas là. Par conséquent j'ai cru… qu'il ne serait pas ici. Enfin… il ne pouvait pas y être, évidemment. C'est pourquoi j'ai omis de frapper… Mais je ne croyais pas… que quelqu'un d'autre… Oh ! Dieu tout-puissant !

Un épais tablier de coutil brun couvrant sa chemise, les manches retroussées jusqu'aux coudes, le jeune homme se tenait immobile. Seules les commissures de sa bouche frémissaient sous la pression du rire qu'il retenait à grand-peine. Dans la lumière vive de l'après-midi, sa chevelure brillait des reflets du cuivre jaune comme une étincelle faisait briller d'insolence son regard d'un bleu très pâle.

— Mais c'est à moi de me faire pardonner, dit-il en la fixant avec curiosité. Je vous ai fait peur, mademoiselle. À qui ai-je l'honneur ?

—Dana… bégaya-t-elle, Dana Cullen, monsieur.

—Miss Dana. Je ne savais pas que Mr Seton avait engagé une nouvelle servante.

—C'est temporaire, monsieur. Je veux dire… pour quelques semaines seulement. Jusqu'à la Hogmanay.

—Je m'appelle Christopher Aitken. Il nous arrivera certainement de nous croiser dans cette maison. Je suis l'assistant de Mr Seton.

—Mr Aitken?

Ce nom… il évoquait quelque chose pour elle. La chevelure rousse. Mais oui, au bal! Il était l'homme avec qui Timmy s'était entretenu pour l'*affaire* du cimetière. Ne sachant trop si elle devait lui sourire ou lui être hostile, elle opta pour une attitude distante mais polie.

—Vous êtes étudiant en médecine?

Le jeune homme fit mine de s'examiner sous toutes ses coutures. Les doigts tachés de sang tenant dans sa main droite un scalpel, il éclata finalement de rire.

—J'en ai l'air à ce point? Quelle chance! Les dames ne verront plus en moi qu'un charcutier de première classe.

Elle esquissa un mince sourire, se demandant s'il se moquait d'elle ou s'il cherchait simplement à détendre l'atmosphère.

—Le semestre d'hiver commence dans une semaine, expliqua-t-il en reprenant un peu de sérieux. Je dois me remettre au travail.

—Mr Seton se trouve à Londres. Il doit revenir dans quelques jours avec son épouse.

—Je sais.

Il avait pincé les lèvres, son regard s'abaissant sur ses mains qu'il fit mine d'examiner.

Dana vit le linge que le jeune assistant avait lancé sur la table et qui se tachait maintenant de rouge. Le jeune homme suivit son regard.

—Aïe! fit-il en retirant le bout de tissu.

Il se pencha sur une chose épinglée sur une planchette.

—Il va falloir que je recommence, se plaignit-il en soupirant. La teinture s'est échappée du canal.

—Que faites-vous?

—Une préparation anatomique, répondit le jeune homme, un peu gêné.

—Vraiment? Je peux voir?

Surmontant son dégoût et sa gêne s'effaçant devant la curiosité, Dana s'approcha sans remarquer le visage empourpré du jeune homme et se pencha à son tour sur l'objet. Le bout de chair était sectionné sur toute sa longueur, soit à peu près celle d'un doigt, et, proprement épinglé sur la planchette, il mettait en évidence sa structure interne. Elle se dit que ce n'était en fin de compte pas pire à regarder qu'un cœur de bœuf qui attendait sur une table de cuisine.

—Qu'est-ce que c'est?

—Un organe, répondit-il d'une voix hésitante.

—Ça, je l'avais deviné.

Elle leva son visage vers lui, croyant vraiment qu'il cherchait à se moquer d'elle. Le jeune homme paraissait très mal à l'aise. Elle allait s'excuser encore une fois quand il reprit la parole.

—Je m'apprêtais à le préparer pour la conservation. Si vous êtes curieuse… À moins que cela ne vous rebute.

Les serviettes attendaient d'être rangées. Elle hésita. Elle se demandait comment ils s'y prenaient pour conserver toutes ces choses qui flottaient dans des liquides comme des marinades.

—Eh bien… si cela ne vous dérange pas.

—Non, non…

Christopher s'assit devant son ouvrage et prit une petite seringue remplie d'un liquide rouge.

—Je dois injecter une solution colorante dans ce petit canal. C'est un travail qui demande beaucoup de délicatesse, car si je mets trop de pression, je peux le faire éclater et le liquide ira teinter les tissus environnants.

—Et là, sur ce… mais qu'est-ce que c'est au juste?

Christopher regardait le bout de chair brunâtre qui dégageait une forte odeur de viande faisandée. Sa bouche se tordait pendant qu'il cherchait un nom qui fût acceptable pour la jeune femme.

— Un… *veretrum*, commenta-t-il laconiquement.

N'osant demander plus de précisions, Dana plissa son nez qu'elle enfouit momentanément dans la pile de serviettes qui sentait bon le savon.

Il installa l'aiguille de la seringue dans l'orifice du petit canal et il poussa avec douceur la teinture hors de l'instrument. Quelques secondes plus tard, une goutte rubiconde perla à l'orifice opposé.

— Je dois attendre que la solution fige. Ensuite, je vais procéder à une section longitudinale du canal pour révéler des lésions telles un rétrécissement dû à l'épaississement des parois internes.

— Ce travail doit aussi servir pour une démonstration dans un cours magistral?

— Oui.

— Et quel en sera le sujet?

Il esquissa un petit sourire.

— Les pathologies causées par certaines affections de l'*urethra*… *Urethra*…

Dana sentit le rouge lui colorer les joues en réalisant soudain sur quel organe Christopher travaillait.

— Je vois, fit-elle en se redressant. Bon… je vais ranger les serviettes et… je…

Muette de confusion, elle s'éloigna vers le vestibule, compléta son travail et s'obligea à revenir dans le cabinet. Christopher s'était levé et avait recouvert la chose de nouveau. Il la dévisageait avec sérieux.

— Miss Dana. Je ne voulais en aucun cas vous offusquer, croyez-moi.

— Monsieur, ce n'est pas que… plutôt si… que ce morceau de chair… cet organe… soit… Vous auriez pu… Vous auriez dû!

La peau de ses joues cuisait d'embarras. Elle fixait un bocal sur l'étagère derrière le jeune homme pour éviter de croiser son regard. Dans le liquide troublé, un œil unique était tourné vers elle, opaque comme celui d'un poisson mort. Il était écrit: *cataracta*.

— Je vous remercie pour votre patience. Ce fut très instructif, Mr Aitken.

Elle fit une rapide révérence et elle se sauva, oubliant de refermer la porte derrière elle.

Christopher la suivit jusqu'à la porte, la regardant s'éloigner en boitillant. Une vague impression lui disait qu'il avait déjà vu cette femme quelque part. Mais il n'arrivait pas à se souvenir où. Se disant que ce n'était vraisemblablement qu'une idée fausse et sans importance, il haussa les épaules, referma la porte et retourna à son travail.

✦✦

— Tu en as mis du temps ! s'écria Alison en la voyant arriver.

— Oh ! Je ne vole pas comme les oiseaux, si tu veux savoir.

— Non, tu traînes comme les escargots.

La servante, un ensemble de draps et de serviettes sur ses genoux, l'attendait assise sur une chaise placée contre le mur près de la porte de la chambre de Mrs Seton.

— Assez perdu de temps, dit-elle en se levant. Viens !

Elle jeta un coup d'œil dans le hall du premier étage et ouvrit la porte de la chambre de la maîtresse de la maison.

— Qu'est-ce que tu fais ? s'exclama Dana en la voyant entrer. On ne peut pas…

— Mrs Rigg a déverrouillé la porte pour que je prépare la chambre avant son arrivée. Viens, tu vas m'aider.

Elles pénétrèrent dans la pièce assombrie par les rideaux tirés. La servante déposa le linge sur la commode et se dirigea aussitôt vers les deux fenêtres. La lumière ruissela par flots dorés qui firent étinceler les porcelaines et les laitons. Les murs et les boiseries étaient peints de couleur ocre, ce qui donnait l'illusion de chaleur. Un lit à baldaquin de couleur verte et garni d'indienne imprimée d'un ramage dans les tons de rouge dominait la chambre. En face, une cheminée de marbre vert foncé était surmontée d'un trumeau peint d'une scène bucolique dans laquelle des moutons paissaient tranquillement sous le regard bienveillant d'une jolie bergère et de deux enfants. Dans l'angle situé entre la cheminée et une large penderie était installé un fauteuil.

D'une pression de la main, Dana en vérifia le confort. Elle y aurait volontiers passé des heures à lire devant un bon feu crépitant. Est-ce que Mrs Seton s'y calait pour lire? D'un regard circulaire, elle fit le tour des objets qui se trouvaient sur les meubles. Une pendule de bois peint de fleurs enguirlandées autour d'un motif en treillis, un chandelier à deux branches en laiton et une collection de boîtes de formes et de grandeurs variées sur la commode. Une lampe à huile, un encrier et un coffret contenant sans doute des plumes sur le petit bureau de bois d'acajou placé dans l'espace situé entre le lit et la cheminée. Un pot à eau, un bassin et des vases de porcelaine. Partout, s'y trouvaient des objets utiles pour occuper les yeux, mais nulle part des livres pour accaparer l'esprit.

Un magnifique châle de Paisley dont les teintes évoquaient celles de la saison avait été oublié sur le dossier d'une chaise placée devant une fenêtre. Dana s'en approcha.

De quoi avait l'air la femme du chirurgien? Jusqu'ici, quand on évoquait la maîtresse de maison, c'est le visage angélique et hautain de Miss Stanfield qui s'imposait à son esprit.

— Je me demande comment elle est, Mrs Seton, dit Dana en caressant distraitement le soyeux châle, perdue dans le paysage.

La fenêtre perçait la façade de la maison et offrait une vue splendide sur Hope Park que ces derniers jours d'octobre commençaient à dépouiller de ses couleurs. L'automne ne restait jamais gai bien longtemps.

— Triste, je dirais.

Dana pivota et dévisagea Alison qui tirait sur la couverture de lit, se demandant à quelle réflexion son amie répondait.

— Tu m'aides, oui ou non?

— Oui, j'arrive. Excuse-moi… je rêvais, fit-elle.

— Ne t'arrête surtout pas. C'est vraiment le seul luxe qu'on peut se permettre, non? dit Alison en lançant un peu fort la couverture roulée en boule dans un coin. Va porter les serviettes dans le cabinet de toilette. Ensuite, on retournera le matelas.

Une porte ouverte dans le coin nord de la chambre donnait sur la petite pièce dallée de marbre blanc veiné de gris. Deux fenêtres en angle l'éclairaient. Entre elles, s'y trouvait une coiffeuse où s'alignaient divers pots et fioles, brosses et houppettes de plumes. Et une luxueuse baignoire de cuivre rouge poli et garni de motifs de laiton occupait le centre du cabinet. Dans le coin opposé, il y avait une armoire où Dana rangea les serviettes avant de retourner dans la chambre.

Ensemble elles retournèrent le matelas de plumes.

— Pourquoi dis-tu qu'elle est triste ?

— Parce qu'elle l'est. Triste à voir… et à entendre, dit Alison entre deux coups de battoir.

Frappant avec force, Dana se mit de la partie.

— Elle souffre de nostalgie chronique, comme dit Mrs Dawson. Elle veut tout… et rien ne la rend heureuse. Une femme faite de secrets, tout comme son mari. C'est peut-être ce qui les retient ensemble, en fait. Comme c'est étrange, je n'y avais jamais pensé avant aujourd'hui. Tiens, cela devrait suffire comme ça, dit-elle en se redressant.

Elle prit un drap et le déplia, le faisant claquer comme une voile au vent, et en tendit un côté à sa compagne.

— C'est une maladie de riches, ça. J'ai pas le temps d'être nostalgique, moi. Et les secrets… je n'en garde aucun. Ça fait mourir le cœur. Ce n'est pas un peu injuste que ces richardes passent leurs journées à se plaindre de tout et de rien pendant que nous, on s'escrime à entretenir leurs petits royaumes dorés en chantant, remerciant chaque jour notre bon Dieu pour ce qu'il nous donne sans pouvoir espérer obtenir plus ? Il faut bien ne rien posséder pour réaliser qu'en fait on a tout. Et je te parle de la vie, Dana. C'est pour ça que je te dis qu'elle est triste, la femme du maître. Elle est triste à mourir de tristesse.

— Pourquoi est-elle aussi triste ?

— Ah, ça !

Elle haussa les épaules comme pour se débarrasser de la question.

— Parce qu'elle n'a pu avoir d'autres enfants ?

— Sais pas. Peut-être parce que son mari n'en veut pas. Ils ne dorment plus ensemble. Peut-être parce que c'est elle qui ne peut plus en avoir.

— Et physiquement, à quoi elle ressemble ?

— Triste à mourir ; belle à mourir… C'est bien, non ?

Après avoir replié les draps sous le matelas, elle se redressa en souriant.

— Miss Stanfield est très belle aussi, observa Dana en terminant son côté du lit.

— Oui, c'est vrai. Mais elles sont très différentes. L'une rit, l'autre pas. Au fond, je peux comprendre les écarts de Mr Seton.

— Melpomène et Thalie, murmura Dana qui n'avait pas écouté la dernière remarque d'Alison.

— Qui est-ce ?

— Les muses de la tragédie et de la comédie. Elles sont neuf en tout. On les voit en appliques dans les médaillons du plafond du salon. Tu les as certainement déjà remarquées. Il y a Calliope pour la poésie, Clio pour l'histoire, Euterpe pour la musique, Uranus…

Les sourcils d'Alison se fronçaient légèrement. Dana s'interrompit, se disant que la jeune femme n'avait décidément que faire du chant de Melpomène pour célébrer la tragédie de sa vie.

Alison considéra son amie pendant un long moment de silence.

— Je vais chercher la couverture de lit d'hiver, laissa-t-elle tomber abruptement.

Elle sortit de la chambre et revint quelques secondes plus tard. La couverture était en soie vermillon traversée de fines rayures ocre. Elle se mariait bien à l'acajou du bureau et au chêne de la penderie. Alison la déposa sur le coin du lit et s'appuya au montant, le tapotant du bout d'un index, l'air indécise.

Dana n'avait pas bougé.

—J'aimerais bien savoir ce que tu fais ici, Miss Dana Cullen, dit-elle, mi-envieuse, mi-choquée. Je suis certaine que tu as plus d'esprit que cette actrice de Stanfield qui croit connaître toutes les répliques de Shakespeare par cœur. Eh bien oui, je connais le nom de Shakespeare et je sais aussi qu'il a écrit *Roméo et Juliette* et bien d'autres pièces que je n'ai pas lues et que je ne lirai évidemment jamais, *moi*, parce que, pour *moi*, les mots écrits ressemblent à des chiures de mouches sur du papier que je trouve plus utile pour me torcher.

Sidérée, Dana sentit ses cheveux se hérisser sur sa nuque. Alison leva son visage au plafond en poussant un long soupir. Puis, plaquant sa paume sur son front, elle gémit comme un animal blessé.

—*A Dhia Mhór*[39]! Pourquoi n'es-tu pas mariée?

—Parce que la vie l'a voulu ainsi, commenta Dana d'une voix atone.

—Tous des imbéciles, ces hommes! Tous, sans aucune exception. *Gum faigh iad grodadh na h-Ifrinne*[40]!

Y mettant tout son poids, Alison s'assit sur le bord du lit et renifla.

—Pardonne-moi, Dana. Je ne voulais pas m'en prendre à toi. J'en veux aux autres. À tous les autres. Je t'ai dit que je ne gardais pas de secret, eh bien, je t'ai menti. Ça concerne ma sœur Lizzie. En réalité, si je suis chez les Seton, c'est parce qu'elle voulait me protéger. Lizzie est une prostituée. Je l'ai laissé sous-entendre, mais j'aime pas le dire tout haut. Même quand je suis seule. Mais c'est stupide d'avoir peur du mot. À mon avis, il en existe des pires. Comme le mot *haine*.

Les yeux fermés, elle se laissa mollement tomber sur le dos, les bras en croix.

—Et c'est de ça que Lizzie veut me protéger. Parce que je hais l'homme qui a tué Missie, lord Stafford, mon père, mes frères qui nous ont abandonnées. Et tous ceux que j'ai entendus ronfler dans

---

39. Grand Dieu!
40. Qu'ils pourrissent en enfer!

mon lit tandis que moi je dormais sur le plancher sous la table avec Hattie Mae. Lizzie faisait monter ses clients dans notre petite chambre minable à deux pence la nuit quand elle ne trouvait aucun autre endroit où aller. Pour que les clients ne nous voient pas, elle mettait sur la table un drap qui tombait jusqu'au sol. Une nuit, elle amena un client très ivre. Il était si soûl qu'il n'arrivait pas à faire lever… enfin, tu sais quoi. Et ça l'a rendu très furieux. Il en a mis la faute sur ma sœur et s'est mis à l'injurier, la traitant de sorcière et je t'épargnerai le reste. Quand elle lui a ordonné de partir, il a refusé. Il l'accusait de lui avoir jeté un sort et voulait qu'elle le renverse en lui rendant sa virilité. Que pouvait y faire Lizzie? Alors il a commencé à frapper et à frapper. Hattie pleurait, mais les cris de Lizzie couvraient tout. Je n'en pouvais plus. Il allait tuer Lizzie. Je suis sortie de ma cachette et j'ai pris le couteau que je gardais toujours à ma portée et… j'ai frappé à mon tour. Dans le dos, entre les deux omoplates. Il a cessé de frapper et Lizzie a cessé de crier. Je suis retournée sous la table pour consoler Hattie, qui s'est arrêtée de pleurer.

Le cœur gonflé d'horreur et de chagrin, Dana s'assit sur le lit à côté d'Alison et lui caressa la joue. La jeune femme eut le réflexe d'esquiver, mais ramena son visage vers son amie.

—J'ai pas l'habitude…

Dana hocha la tête avec compassion.

—Que s'est-il passé ensuite?

—Je me suis endormie avec Hattie. Quand je me suis réveillée, Lizzie avait fait un saucisson du corps de l'homme dans un drap. Elle m'a donné quelques pièces qu'elle avait sans doute trouvées dans les poches de son client. Elle les avait amplement méritées. Puis elle m'a demandé d'emmener Hattie manger. Quand nous sommes revenues, le corps avait disparu et la chambre avait été nettoyée. Lizzie n'a jamais plus ramené de clients à la maison. Mais elle gagnait beaucoup moins d'argent, car elle devait louer une pièce pour ses besoins. Nous avions moins de charbon et Hattie est tombée malade. Si seulement Lizzie avait su lire…

Étouffés par les murs, les bruits venant de la cuisine traversaient le silence de cette maison. Alison caressait distraitement les draps.

—Ils sont doux… murmura-t-elle d'une voix apaisée, aussi doux que la peau d'un bébé. Tu imagines combien ils peuvent coûter? Je suis certaine que le docteur ne gagne pas assez d'argent pour se permettre tant de luxe. Il n'est même pas lord!

—Son père est né avant lui.

—Il était docteur aussi. Ainsi que le grand-père et l'arrière-grand-père, à ce que j'en sais. C'est pour ça que je suis certaine qu'il se passe des choses sous cette maison. Des choses pas trop normales.

—Comme quoi? l'interrogea Dana en s'allongeant auprès d'elle.

Alison demeura silencieuse. Puis elle reprit la parole en adoptant une intonation qui se voulait lugubre. Elle avait cette déconcertante capacité de retourner les sujets de discussion dans un tête-à-queue. Mais, à se débattre dans les remous, on apprenait à suivre le courant qui risquait le moins de nous engloutir.

—Je vois parfois le docteur quitter la maison la nuit à cheval ou en voiture. Personne ne sait où il va ni ce qu'il fait. Et on raconte que des femmes et des enfants disparaissent à Édimbourg.

—Et tu crois que c'est lui qui en est responsable?

Alison imprima sur son visage les traits de l'enfant qui voit un monstre passer.

—On entend parfois crier la nuit. Et le docteur, il passe des nuits entières dans la cave. Quand il remonte à l'aube, il a les yeux rouges de sang et le teint mauvais comme la mort. Et il dégage une horrible odeur de pourriture. Comme celle de la mauvaise viande. Personne sauf Mr Halkit n'a le droit de descendre à la cave. Et surtout pas les animaux. De toute façon, je n'oserais y mettre le nez avec l'odeur qui s'en dégage. Je suis certaine qu'il cache des tas de cadavres sous nos pieds et que les cris qu'on entend sont ceux de ses pauvres victimes. Mais c'est pas moi qui vais aller raconter ça à la police.

— Tu imagines des choses, Allie.

— Je te jure que c'est vrai.

— Mr Seton est un chirurgien et non un monstre.

— Tu connais l'histoire de William Brodie ?

— Le diacre ?

— Celui-là même. Un habile et charmant ébéniste de bonne famille et respecté par toute la haute société qu'il fréquentait. Mais la nuit, il se changeait en vil criminel et volait les gens qui l'avaient reçu à dîner le soir même, ses clients ou ses amis commerçants. Pendant des années et sans que quiconque ne le soupçonne jamais, il a réussi à duper tous ces gens en prenant l'empreinte de leur clé à leur insu. Il entretenait plusieurs maîtresses sans que l'une soit au fait de l'existence de l'autre.

— Tout le monde sait aujourd'hui que Mr Brodie était un gros joueur et qu'il était endetté.

— Qu'importe pourquoi il l'a fait, dit Alison en roulant sur le côté pour la regarder. C'est la métamorphose de son âme qui est en cause ici. Des gens qu'on croit au-dessus de tout soupçon et en qui on mettrait toute notre confiance sont en fait l'opposé de ce qu'ils paraissent. Des gens qui vivent une double vie. Ils possèdent un pouvoir de persuasion terrible. C'est pourquoi je ne fais confiance à personne.

Elle prit quelques secondes pour réfléchir et ajouta :

— À part Lizzie et toi, bien sûr. Sinon, je ne me confierais pas comme ça. Pour finir, le bon et charmant William Brodie a été pendu et on raconte même qu'il avait l'esprit si ingénieux qu'il aurait réussi à tromper l'assistance en portant un collet d'acier, et qu'il a feint d'être mort au bout de sa corde. Le bourreau soudoyé l'aurait ensuite libéré et il se serait enfui en France.

Toutefois, le corps de Brodie avait bel et bien été enterré en 1788 dans le cimetière de Buccleuch. Dana se demandait s'il avait encore eu l'esprit assez brillant pour trouver un moyen de feindre d'être mort sous la lame des scalpels des chirurgiens qui l'avaient disséqué.

Des pas résonnèrent sur le parquet du hall. Alison se leva et poussa sur l'épaule de son amie qui était demeurée songeuse, étendue dans les draps froissés.

—Lève-toi si tu ne veux pas assister à la métamorphose de Mrs Rigg quand elle découvrira ce que nous faisons ici, chuchotat-elle. Comment tu l'imaginerais, toi?

—La métamorphose de Mrs Rigg? Je ne sais pas…

—Moi, je la vois bien avec une tête d'âne en train de nous fouetter avec d'énormes bouquets d'orties.

—Oh! fit Dana en riant tout bas, j'ajouterais à ça des tas de serpents sifflants à la place de la crinière et un regard pétrifiant.

Les deux jeunes femmes étouffèrent un éclat de rire dans leurs paumes. Elles se remirent au travail, étirant et lissant les draps en se lançant des mimiques complices. Le visage bouffi mais bien humain de Mrs Rigg se pointa dans l'encadrement de la porte au moment où elles ajustaient la couverture de dessus de lit.

—Alison!

—Oui, Mrs R-Rigg, fit la jeune femme en se redressant d'un bond et en retenant un dernier ricanement.

Dana feignit de se courber pour ramasser les draps sales et cacher le sourire qui ne voulait plus s'effacer de son visage. Suspicieuse, la femme examina la chambre d'un œil d'aigle. Tout était en place. Elle alla vérifier le cabinet et referma les rideaux.

—Préparez la chambre bleue.

—La chambre bleue? fit Alison, surprise.

—Pour Mr Aitken.

—Oui, madame…

—Et vous, Dana, il y a un bon moment que Mrs Dawson vous attend dans la cuisine.

La femme s'éclipsa et Alison lança un regard vers Dana.

—Eh bien, Mr Christopher Aitken est prêt à reprendre ses cours, à ce que je vois.

—J'ai fait sa connaissance tout à l'heure. Il était dans le cabinet de travail quand je suis allée porter les serviettes.

Le visage de Dana avait changé de couleur. Alison le remarqua et dut se méprendre sur la raison de ce changement.

— Joli garçon, hein?

— Hum… C'est un parent de Mr Seton?

— Eh bien, non! s'écria la jeune femme en s'éloignant de nouveau vers le réduit à rangement.

Elle s'y engouffra et en ressortit deux minutes plus tard avec un autre ensemble de draps et encore des serviettes.

— Mr Christopher est seulement son assistant. C'est un employé comme nous. Mais ça lui donne le droit de se faire servir. Tu sais, riches ou pauvres, les hommes ont préséance… Faut voir les grands airs que se donne Mr Halkit. Il est bien aimable, le majordome. Mais il donnera jamais raison à Mrs Rigg ou à Mrs Dawson même s'il a tort. Parce qu'il est un homme. Ils sont tous comme ça. Avec eux, on discute pas, on écoute. Quant à Mr Christopher, il n'a aucune famille, à ce que j'en sais. Il lui restait un oncle, médecin à Édimbourg. Il arrivait pour entreprendre ses études sous sa tutelle. Mais l'oncle serait mort subitement quelques semaines avant le début du premier semestre. Pris au dépourvu et sans le sou, Mr Christopher s'est présenté à la Royal Infirmary avec ses bagages et a sollicité du travail. C'est Mr Seton qui était de garde à l'admission ce matin-là. Il a interrogé le postulant sur ses connaissances et lui a proposé de travailler directement pour lui, en tant que copiste pour commencer. Mr Christopher apprenait rapidement, alors le maître lui a permis de l'accompagner à l'hôpital. Un an après, Mr Christopher a été admis à l'université. Quelle chance il a eue, tu ne trouves pas?

— Hum… fit Dana, songeuse.

— Tu dois descendre à la cuisine, Dana. Mrs Dawson va être mécontente si tu tardes plus longtemps. On se retrouvera pour le dîner. Et… Dana… pour ce que je t'ai raconté…

— Ne t'en fais pas.

De son index elle imprima un X sur ses lèvres scellées.

— Merci…

Un sourire et un regard. Elles se séparèrent.

L'air était un peu frais, mais le soleil brillait en ce dernier dimanche d'octobre. Une lettre de Harriet entre les mains, Dana lisait, marchant d'un pied léger sur le chemin de service qui longeait l'arrière de la propriété des Seton. Timmy l'accompagnait, le coffret à dessin sous un bras. C'était la première lettre qu'elle recevait de Kirkcaldy depuis des semaines. Les nouvelles étaient mauvaises. L'état de santé de sa mère allait de mal en pis.

— Mama sait pour le mariage, murmura-t-elle sans lever les yeux de la feuille de papier qui ondulait dans la brise.

— Ma mère lui a écrit trois jours après ton départ.

— Elle est… heureuse. Mais je crains qu'elle ne puisse y assister. Harriet s'inquiète pour elle. Ton père a vu cette lettre?

Elle leva un œil vers Timmy, dont le regard se perdait quelque part sur le sommet d'Arthur's Seat qui se dressait fièrement devant eux.

— Non. Ma mère a pris soin de la retirer de la pile de courrier avant son retour du moulin. Ta mère ne sait rien de ce qui se passe vraiment. Sa correspondance sera dorénavant subtilisée de cette façon et moi, je te la ferai parvenir.

Replongeant dans sa lecture, Dana opina de la tête.

— Trois des enfants de ma sœur ont été malades, soupira-t-elle. Harriet joue les infirmières jour et nuit. Je devrais être là-bas à m'occuper d'eux au lieu d'être ici à entretenir la maison de maîtres invisibles qui se passeraient bien de moi au fond. Je ne peux m'empêcher de me sentir coupable.

Timmy s'agita, secouant ses larges épaules et serrant ses poings dans son dos.

— Je ne travaille plus au moulin, laissa-t-il tomber de but en blanc.

Les yeux vairons quittèrent les tristes nouvelles pour se poser sur son cousin. Il s'obstinait à contempler le paysage que novembre ternirait bientôt.

— Pour faire quoi?

— Je travaille maintenant pour Mr Haig à la distillerie Lochrin.

Dana s'immobilisa. Devait-elle considérer cette nouvelle comme bonne ou mauvaise ? Timmy s'arrêta de marcher à son tour. Ses yeux noirs se posèrent enfin sur elle.

— C'est un travail honnête. Je ne suis pas encore contremaître, mais ça viendra. Le salaire suffira à subvenir à nos besoins.

Il avait espéré un cri de joie, des félicitations. Mais elle restait là à le regarder sans rien dire. Gêné, il s'éclaircit la voix avant de poursuivre.

— Nous devons nous marier en janvier, Dana.

— Je sais, fit-elle comme si elle sortait d'un rêve.

Le mariage. Il y avait une semaine qu'elle n'y avait plus pensé. Et maintenant qu'il en parlait, elle se demandait si cette solution qu'avait trouvée Timmy était encore valable. Maintenant qu'elle vivait de façon permanente chez les Seton et que son oncle n'avait pas posé plus de questions… Malgré les longues journées et le manque de liberté, elle se sentait bien ici avec Mrs Dawson, Rachel et Alison. Elle s'était construit un simulacre de famille. Elle retrouvait ce petit monde de femmes dans lequel elle avait évolué à Kirk-caldy et qui lui manquait tant. Avec Alison, elle avait retrouvé cette sorte de complicité qu'elle avait eue avec Harriet. Et puis elle ne pouvait nier que l'éloignement de Timmy avait ses bons côtés. De ne se revoir que le dimanche après-midi dans des lieux publics avait quelque peu refroidi leurs ardeurs. Mais le souvenir de ce qui aurait pu se produire après le bal la troublait encore.

Son fiancé lui présenta le bras et elle y appuya le sien. Ensemble ils reprirent leur marche.

— Qu'en a dit ton père ?

— Rien.

— Rien ?

— Ce qui ne veut pas dire qu'il en soit enchanté, souligna Timmy. Mais il n'a pas menacé de me déshériter ou de me mettre à la porte. Ce qui est déjà mieux que ce que j'aurais jamais pu espérer il y a quelques mois.

Bien que la relation ne se fût pas améliorée entre Charles Nasmyth et son fils depuis le jour où Timmy lui avait annoncé ses intentions de mariage avec Dana, le père avait cessé de le critiquer. Être ignoré blessait tout autant qu'être dénigré, mais cela calmait les esprits et ramenait un peu de paix dans le giron familial.

Ils approchaient de Causeway Side, une route bordée de jolies propriétés et qui menait au quartier de Mayfield. À gauche, une herbe encore verte ondulait doucement sur le vaste domaine de Grange Farm dont on pouvait apercevoir les bâtiments au loin. Plus près de la route, des ruines isolées des habitations attiraient Dana.

— J'ai envie de m'installer là, dit-elle en les pointant du doigt.

Timmy l'aida à traverser le fossé boueux et ils marchèrent dans le champ rocailleux jusqu'aux vestiges du monastère de Sainte-Catherine-de-Sienne dont il ne restait que des murs de pierre partiellement écroulés visités par le vent et les moutons. La jeune femme les contourna, en étudia la structure combinée avec le décor qui l'entourait, cherchant l'angle qui ferait le meilleur tableau. Celui qui avait la colline d'Arthur's Seat pour toile de fond était le plus inspirant. Et la haie d'arbres nus cachait assez bien les habitations dans Causeway Side.

Elle choisit un carré d'herbe couchée et s'y installa. Un peu morose, Timmy l'y rejoignit et lui rendit son coffret. Elle n'avait pas dessiné depuis trois semaines. Depuis son arrivée chez les Seton. Assis tout près d'elle, comme il l'avait fait devant Holyrood Palace et son abbaye, son cousin la contemplait tandis qu'elle croquait le paysage. Combien ses sentiments pour sa cousine avaient changé depuis! Quel surprenant retournement de la situation il subissait! Le séducteur séduit par la fille du pasteur. Il avait mésestimé le pouvoir d'un regard.

La main de Dana s'animait, voyageait au-dessus du papier par coups saccadés et mouvements circulaires, instrument d'un esprit absorbé par la beauté d'un monde qui lui était propre. Dana était si près de lui et à la fois si loin. Insaisissable. Il la désirait. Il voulait tant faire partie de son monde, dans un trait de crayon. Il se rendait compte qu'il ne savait rien de cette femme qu'il allait épouser. Elle ne lui avait jamais répondu quand il lui avait demandé sa main. Mais l'avait-il fait ? Il ne se souvenait plus très bien. Elle ne s'était toutefois pas opposée au projet. Or est-ce que Dana s'était déjà opposée à quelque chose ?

Subrepticement, il glissa sa main autour de ses hanches. Le crayon qui ébouriffait des touffes d'herbe sur le papier se reposa. Les bouts des doigts étaient rougis par le froid, comme les joues et les ailes du nez. Dana se tourna vers Timmy.

— Tu porteras ta robe rose, lui murmura-t-il avec douceur.

Elle le fixait de son regard étrange et esquissa un mince, trop mince sourire. Puis elle retourna à son dessin.

⤖⤛

Une effervescence frénétique bouillonnait. La voix de Mrs Dawson lançait des ordres, brusquait les filles qui allaient et revenaient dans la cuisine enfumée. Les maîtres étaient rentrés. L'esprit encore embrouillé de Dana s'ajustait trop lentement au rythme qu'on lui imposait. Les lèvres de Timmy étaient encore sur les siennes et ses mains caressaient encore son dos. Elle en ressentait toujours la pression entre ses omoplates, sur ses reins. Ce qui la troublait. Qu'un homme aussi séduisant pût la désirer aurait dû la transporter de bonheur. Pourquoi alors ressentait-elle ce malaise face à son mariage prochain avec Timmy ?

— Pas celles-là, la corrigea Alison avec brusquerie. Mrs Seton veut les assiettes de porcelaine blanche avec les motifs chinois d'oiseaux rouges.

Dana remplaça les assiettes de faïence jaune par celles de porcelaine pendant que son amie se chargeait des verres à vin. Alison se pencha vers elle et chuchota :

— Dis donc, le jeune homme avec qui tu te balades tous les dimanches, c'est qui ?

— Euh… mon fiancé, si on veut.

La jeune femme prit un air buté.

— Tu as un amant ?

— Non ! fit Dana en affichant une expression choquée. Il est mon fiancé. C'est que c'est très récent.

— Tu ne me l'avais pas dit, lui reprocha froidement Alison. Je croyais que nous étions amies.

— Tu es mon amie, Allie. C'est que…

— Les filles !

La voix de Mrs Dawson s'était élevée au-dessus du vacarme. Les deux jeunes femmes se remirent à la tâche, plaçant la vaisselle sur la table qui dominait la salle à manger et qu'éclairait le lustre de ses dizaines de chandelles. D'autres chandelles dans les appliques sur les murs faisaient fuir les coins d'ombre. Dana n'avait encore jamais vu une table aussi bien mise. Bien qu'elle considérât tout ce luxe superflu, elle ne put s'empêcher de se demander ce que cela devait être de manger dans un tel décor. Réchauffée d'un bon feu, l'ambiance était feutrée et plaisante. Tout le contraire de celle qui régnait lors du repas qu'avait pris seul le chirurgien à la lueur d'une simple chandelle le soir précédant son départ.

Alison déposa un peu rudement le dernier verre et passa près d'elle.

— Et il va vraiment te marier ?

— Mais bien entendu !

— Tu sais qu'il y a des hommes qui fiancent des filles dans le seul but de…

Halkit entra au même moment pour s'occuper des couverts d'argent. Des voix résonnaient dans le salon dont l'une des portes communicantes n'avait pas été refermée correctement. Dana reconnut celle de Christopher Aitken. Il parlait avec une femme. Certainement Mrs Seton, qu'elle n'avait pas encore vue en personne. Le chirurgien et sa femme étaient rentrés sains et saufs de voyage deux heures plus tôt. Un aussi long trajet n'était jamais sans risques. On craignait autant les brigands de grands chemins que les accidents.

— Halkit !

— Monsieur ? fit le majordome en se retournant vers son maître qui avait surgi du hall.

Le regard de Dana croisa rapidement celui de Francis, qui se déroba aussitôt pour revenir vers son serviteur.

— J'ai besoin de vous dans la cave.

— Tout de suite, monsieur. Miss Alison, vous savez comment placer les couverts ?

La jeune femme s'accrocha un sourire complaisant au visage. Mais qu'avait donc son amie, ce soir ?

— Oh oui, Mr Halkit ! Mrs Rigg m'a montré. Couteaux à droite et fourchettes à gauche. Et rassurez-vous, je ne ferai pas de marques de doigts dessus.

Un petit sourire étira la bouche du majordome, qui disparut après avoir compté les couverts laissés aux soins d'Alison. Dana appréciait le serviteur des Seton. Bien que l'homme fût un peu hautain et ne s'adressât à elles que pour le nécessaire, elle avait décelé dans le fond de son regard une étincelle de bienveillance.

Alison prit l'argenterie qui brillait.

— La fourche du diable à gauche, celle de la tentation, fit-elle en faisant mine de piquer l'ustensile vers Dana. Le glaive du Tout-Puissant à droite, celui qui punit, récita-t-elle ensuite en mimant l'attaque d'une épée, toujours sur son amie, qui en demeura perplexe.

— Qu'est-ce qui te prend, Allie ?

— Rien, lança la servante avec nonchalance en retournant une cuillère pour en vérifier la propreté.

Elle se mit à se mirer dedans.

— Tu as déjà remarqué que lorsqu'on se regarde dans la cuillère, on a la tête en bas ?

Dana prit l'une des cuillères et regarda dedans. Alison grimaçait en approchant et éloignant la sienne de son visage. Elle essuya l'ustensile avant de finalement le reposer sur la table.

— Il est gentil avec toi ?

— Timmy ?

— Timmy, c'est le nom de ton fiancé ?

—Oui, il est gentil.

—Tu aimes l'embrasser ?

—C'est un peu indiscret comme…

Un éclat de voix fit ravaler à la jeune femme le reste de sa réponse. Il était venu du salon. Sur la pointe des pieds, Alison s'approcha de la porte entrebâillée. Dana lui lança un regard désapprobateur. Étouffant les voix, la porte du salon se referma brusquement sur le nez de la jeune femme, qui retint un cri de surprise. Alison revint vers la table et chuchota sournoisement.

—Ils sont tous gentils quand ils veulent quelque chose, les hommes.

La servante regardait Dana, qui gardait les yeux baissés sur le motif délicat d'une assiette. Elle avait surpris son amie et l'homme en train de s'étreindre près du hangar. Mrs Rigg l'avait envoyée chercher Dana pour l'avertir que les Seton étaient rentrés. On avait besoin de son aide à la cuisine.

—Un petit mouchoir brodé pour un baiser… une bouteille d'eau de senteur pour autre chose… Ensuite, quand ils ont obtenu cette chose… Il t'a offert de l'eau de senteur ?

—Non, répondit prudemment Dana.

—Attends d'être mariée pour l'accepter, si jamais il voulait t'en offrir. Je vais avertir Mrs Dawson que la table est prête, ajouta-t-elle avec hauteur avant de sortir.

Restée seule, Dana réfléchit sur ce que venait de lui dire Alison. Elle effleura du bout de son doigt la fine chaîne en or que Timmy lui avait offerte et qu'elle portait au cou.

❧❧

—Dis-moi la vraie raison de ta présence ici, Dana ? chuchota Alison dans l'obscurité de la chambre.

Dana remua mais ne répondit pas. Alison savait qu'elle était encore éveillée. Elle n'avait cessé de se retourner depuis qu'elles s'étaient couchées. Le silence régnait dans la pièce depuis une heure environ. Apprenant les changements provoqués par l'arrivée d'une nouvelle servante dans la chambre, comme prédit, Abigail avait fait une scène. Tout ce qu'elle avait pu obtenir en compensation avait été que les lits soient déplacés de façon à regagner l'endroit où les filles dormaient précédemment.

—Tu es enceinte? C'est pour ça? Si c'est le cas... ma sœur connaît des méthodes pour...

—Je ne suis pas enceinte, Allie, riposta sourdement Dana. C'est que... je vivais chez mon oncle...

Il lui fallait offrir une explication plausible à Alison.

—Timmy est mon cousin. J'habite chez lui depuis un an. Tu peux comprendre que de vivre sous le même toit que lui devenait problématique.

—Et cette blessure que tu as reçue à la tête? Celle que le docteur connaît pour l'avoir recousue lui-même?

—Un accident, répondit Dana. Je suis tombée.

—Tu es tombée? C'est ce que raconte toujours Lisbeth quand son père vient la faire soigner.

—Lisbeth?

—Chut! fit abruptement Alison en plaquant sa main froide sur la bouche de Dana.

Elle s'était assise à moitié dans le lit et tendait le cou, tournant la tête d'un côté et de l'autre, écoutant comme un oiseau à l'affût d'un chat rôdeur.

—Qu'est-ce qu'il y a? chuchota Dana en se hissant sur ses coudes.

—Je suis sûre que c'est lui, dit Alison en sautant du lit.

Elle sautilla silencieusement jusqu'à la fenêtre. Dana frissonna dans l'air froid qui s'était engouffré entre les draps qu'elle tira sur elle.

—Qui ça?

—Le maître.

Le nez collé à la fenêtre, Alison scrutait l'obscurité.

—Il devrait passer sous la fenêtre dans quelques minutes.

Sa curiosité attisée, Dana alla rejoindre son amie.

—Comment le sais-tu?

—Il le fait régulièrement. Deux fois par semaine, il prend son cheval et s'en va. Parfois c'est avec la voiture. Je te le dis, le docteur mène une double vie.

Le corps grisâtre au ventre distendu de Mrs Watts revint hanter l'esprit de Dana et elle en frissonna de dégoût. Par la fenêtre elles pouvaient voir les étoiles scintiller au-dessus de la masse sombre d'Arthur's Seat. La lumière lunaire pâlissait la haie d'arbres qui séparait la propriété de celle du voisin, Walter Lothian. Elle surveillait l'allée qui la longeait jusqu'aux dépendances, à l'arrière de la maison.

—Mais qu'as-tu entendu au juste?

—Une lame de bois craquer dans le couloir.

—C'était probablement Mrs Rigg ou Mr Halkit qui se serait levé.

—Ou Mr Seton qui emprunte l'escalier de service pour sortir par l'arrière. Je l'y ai déjà croisé, une nuit que je m'étais faufilée jusqu'à la cuisine pour… emprunter un morceau de gâteau.

—Le docteur t'a vue?

—Oh, non! Mais moi, je l'ai bien vu, lui. Il portait une sacoche de cuir…

Un martèlement étouffé la fit taire. Un cheval au galop soulevait les gravillons de l'allée. Son cavalier était drapé d'un long manteau noir qui flottait sur la croupe de sa monture. Ils disparurent dans la nuit, en direction de la ville.

—Je te l'avais dit! Il ne rentrera qu'un peu avant l'aube, précisa Alison en retournant se réfugier dans le lit qui refroidissait.

Il faisait si froid dans la chambre qu'elles en tremblaient. Dana l'y rejoignit, glissant en passant un regard vers le poêle de fer, se demandant pourquoi on ne l'avait pas allumé.

—Je t'avais bien dit qu'il se passait des choses mystérieuses dans cette maison.

—Le docteur visite possiblement des malades.

—Régulièrement comme ça, en pleine nuit? Et en plus, tu sais quoi? Il est franc-maçon…

— Ce qui signifie ? demanda Dana, qui connaissait bien peu de cette organisation que son père qualifiait de société babylonienne.

— Eh bien, tu sais, ils suivent des rites particuliers. On raconte même qu'une chèvre participe parfois à ces rituels secrets. Tu dois savoir que la chèvre est un symbole de Satan.

Un hurlement retentit, lugubre dans le lointain. Les mains glacées d'Alison agrippèrent le bras de Dana.

— Tu crois que c'est lui qui se change en loup ?

— Ce n'est qu'un chien qui hurle à la lune.

— Tu as remarqué que les mains du docteur sont velues ?

— Tous les hommes ont du poil sur les mains, Allie. Les loups-garous ne sont que des interventions des histoires populaires.

Bien qu'elle ne crût pas à ces superstitions, Dana ne put s'empêcher de repenser au cadavre du cimetière de St. Cuthbert's qu'avait commandé le chirurgien. Qu'en avait-il fait au juste ?

— Tu savais que le maître s'est fait mordre par un chien alors qu'il n'était encore qu'un enfant ? L'animal errait depuis des jours autour de la propriété et Mr Seton avait voulu s'amuser avec lui. Son père l'a fait abattre. Je suis certaine qu'il était porteur du mal et qu'il l'a transmis au docteur. Tu ne trouves pas que son nez a la forme d'un museau allongé ? Et sa barbe est si rouge… C'est pas un signe du malin ?

— Les loups-garous n'existent que dans les histoires, Allie. Et si Mr Seton a les poils de la barbe rouges c'est parce qu'il y a sans doute du sang de roux dans la famille.

— Sa sœur Caroline est rousse…

— Tu vois ?

— Mais le docteur est blond.

— Il arrive souvent que des blonds aient des poils roux.

Alison demeura silencieuse le temps de trouver un autre argument.

— Mrs Dawson dit que Mrs Seton est atteinte d'un mal inexplicable depuis la naissance de son enfant. Une maladie de l'esprit, elle dit. Moi, je pense que le bébé portait peut-être les marques du loup et qu'ils l'ont caché dans une tour quelque part. Peut-être qu'il a été enfermé dans la cave et que c'est pour cette raison que c'est interdit d'y descendre. Ça doit être aussi pour ça que les animaux y sont formellement interdits. Ils se feraient dévorer.

« Le loup-garou préfère sans doute les cadavres fraîchement déterrés », se dit Dana.

— Allie ! Arrête ! C'est ridicule.

— Peut-être… peut-être pas. Mais le Tout-Puissant le sait, Lui.

— Par conséquent, Lui seul a le droit de le juger.

Alison ne dit plus rien. Dana l'écouta respirer. Que Mr Seton fût un loup-garou était farfelu. Mais elle ne pouvait nier le mystère qui entourait l'homme. Qu'était-il arrivé à l'enfant ?

⚜

Son estomac réagissant aux effluves qui lui parvenaient de la cuisine, Dana déroula le vieux bout de tapis qui protégeait le parquet lors du nettoyage de l'âtre. Elle retira le pare-étincelles et s'accroupit devant la cheminée du salon. C'est à elle que revenait cette tâche ingrate pendant qu'Alison nettoyait les lampes à huile dans la cuisine. Remplissant sa pelle et le seau, elle vidait la grille des résidus de charbon. Une fine poussière flottait dans les jets de lumière vive qui pénétraient par les deux fenêtres et qui projetaient des traits dorés sur le bois du parquet.

Un pépiement agréable résonnait comme un doux chant printanier pour faire oublier les froidures d'un automne avancé. Deux jolis pinsons chanteurs sautillaient dans une volière installée devant l'une des fenêtres à l'est. Mrs Seton les avait achetés chez un marchand de Londres. Qu'ils aient survécu au long voyage tenait du miracle.

Un ultime coup de torchon sur les laitons pour les faire briller et elle remplit l'âtre d'une bonne quantité de charbon noir et de petit bois qu'elle alluma avec la chandelle qu'elle emportait d'une pièce à l'autre dans une lanterne. Puis elle se dirigea vers la salle de billard. La lumière qui inondait le grand escalier l'attira. Elle leva les yeux vers le dôme, qui se teintait du bleu du ciel.

—Bon matin, Miss Dana.

Le visage souriant de Christopher Aitken lui apparut par-dessus la balustrade.

—Mr Aitken, dit-elle en rougissant violemment.

Lissant son gilet de drap beige, le jeune homme descendit quelques marches. Elle allait se sauver, mais la voix la retint sur place.

—Qu'admiriez-vous ainsi?

Tout en levant les yeux vers la voûte de verre, il retouchait distraitement les plis de sa cravate d'un *blanc d'innocence virginale* nouée à la Diana, un nœud relativement simple à exécuter. La cravate était devenue un élément des plus importants dans la bonne mise d'un gentleman. Son port était soumis à une sorte de code vestimentaire hermétique compris seulement des initiés, à savoir les hommes. La mode en prenait une ampleur sans précédent et donnait des noms d'un ridicule consommé aux formes de nœuds et couleurs des cravates. Il y avait entre autres la *couleur d'une cuisse de nymphe émue* et aussi la *couleur des lèvres d'amour* ou encore *yeux d'une fille en extase*. C'était Harriet qui lui avait appris cela.

—Euh… Je trouve que l'éclairage dans cet escalier est magnifique les jours de soleil.

—C'est vrai que ce dôme éclaire bien le cœur de cette maison. C'est Robert Adam qui l'a conçu. Mais peut-être ne connaissez-vous pas Mr Adam?

Il s'était immobilisé quelques marches au-dessus d'elle, la dévisageant de haut.

—Robert Adam, l'architecte? fit Dana, surprise. Bien sûr que je sais qui il est. Il est le créateur de Charlotte Square et de la Register House d'Édimbourg.

Le jeune homme sourcilla, manifestement étonné de découvrir qu'une servante ait de telles connaissances.

—Entre autres. Vous vous intéressez à l'architecture, Miss Dana?

—Pas particulièrement. C'est que Mr Adam est natif de Kirk-caldy, où je suis née.

—Je vois.

— Je ne savais pas que Mr Adam était le talent derrière cette maison.

Les yeux de Christopher firent une visite circulaire des lieux. Ils s'arrêtèrent sur l'un des tableaux accrochés au mur qu'il lui pointa du doigt.

— C'est le grand-père de Mr Seton, Francis James Seton II, qui a acquis cette propriété quelques années après la fin de la guerre de Succession d'Autriche. Les Seton habitaient alors Duddingston.

Oubliant la gêne qui l'avait paralysée un moment plus tôt, Dana s'éleva de quelques degrés pour mieux regarder le portrait. Arborant une perruque blanche, le sourire sibyllin, l'homme semblait pensif. Son nez, un peu long et étroit, rappelait celui du chirurgien. Elle ne s'était encore jamais arrêtée à examiner de près les visages peints dans ces tableaux. C'étaient là les ancêtres du dernier maître de la maison.

Christopher poursuivit :

— Après avoir vu les travaux réalisés par le jeune Adam dans les appartements de Hopetoun House, Francis James a conclu qu'Adam était l'architecte à qui il voulait confier son projet. Mais à cette époque Adam s'apprêtait à partir pour un long voyage en Europe et il avait été convenu qu'il dessinerait les plans à son retour. Seton n'a jamais vu son projet se réaliser, car il est mort quelques mois avant le retour d'Adam en Angleterre. C'est sa veuve qui a procédé à la mise en marche du chantier. La construction a été complétée en deux ans et en 1760 les Seton emménageaient ici. La coupole ne faisait pas partie des plans originaux. Elle y a été ajoutée en 1789 par le père de Mr Seton, Francis senior. Elle est une reproduction réduite de celle du château de Culzean. Quoique la cage d'escalier ovale du château ait un effet beaucoup plus dramatique que celle-ci. C'est l'un de ses chefs-d'œuvre, à mon avis.

Dana reconnut les traits du père du chirurgien dans un autre tableau. Puis elle regarda le portrait placé tout en haut du mur.

— Qui est-ce ?

L'homme portait une volumineuse perruque brune dont les boucles cascadaient sur le vert profond de son habit. Il fixait l'artiste d'un demi-regard. Dans une main, il tenait un livre ouvert. Sur le dos, on ne pouvait lire que les mots *men chymicum* qui n'évoquaient rien pour elle. L'autre main reposait sur un crâne. Sous lequel un autre livre portait le titre bien lisible de *Alchemia transmutatoria*. Un traité d'alchimie, à ce qu'elle en déduisit.

— C'est Francis Alexander Seton, premier du nom. Il est issu de la famille des Seton de Dunfermline. Cette branche n'existe que dans les archives. Elle a perdu ses lettres de noblesse après la rébellion de 1688. Les Seton étaient des jacobites. Et aucune descendance reconnue du dernier comte de Dunfermline, mort à la fin du XVIIe siècle n'existe encore aujourd'hui.

— Si ce comte n'a eu aucune descendance…

— J'ai spécifié descendance reconnue. C'est que Francis Alexander est né illégitime. Il aurait été découvert sur les marches de Seton Castle. Un objet caché dans le lange de l'enfant aurait suffi à faire accepter l'idée qu'il était le fruit des œuvres d'un Seton de Dunfermline. Mais on raconte qu'il serait en vérité un descendant de l'alchimiste Alexander Seton. Enfin, c'est ce que tout le monde en déduit. Ce livre qu'il tient, *Novum lumen chymicum*, quoique revendiqué par un certain Sendivogius, a été écrit par Alexander, cet alchimiste qui était mieux connu en Europe sous le nom de « le Cosmopolite ». Mr Seton croit que cet alchimiste était originaire de Port Seton et qu'il aurait fui l'Écosse vers la fin du XVIe siècle. Une fervente chasse aux sorcières faisait rage à ce moment. Des écrits lui attribuent plusieurs démonstrations d'une transmutation du plomb en or faites en Flandres et en Allemagne. Chose curieuse, cependant, on ne trouve aucune trace de descendant de cet homme mort sous la torture en 1604. Sa femme était-elle enceinte à ce moment ? Qui sait ? Si un enfant est né de ce Seton, il a disparu sans laisser de traces. De toute façon, Mr Seton considère cette histoire comme une conclusion farfelue tirée de la présence de ce fameux livre dans le tableau. Aucun document n'atteste ce lien ou ne prouve le contraire, si ce n'est qu'on ne peut reculer plus loin que Francis Alexander dans l'histoire familiale de Mr Seton.

— Le livre existe-il toujours ?

Christopher regarda cet ouvrage que tenait l'ancêtre des Seton. Ne pouvant répondre à cette question, il haussa les épaules.

—A-t-il déjà existé? Personne n'a vu ce bouquin dans cette maison. On l'aurait fait disparaître ou peut-être n'était-ce qu'un caprice de l'homme que de l'inclure dans le tableau? Comme les trois générations de Seton après lui, il était un médecin et un franc-maçon initié à la loge de Canongate Kilwinning, qui est la plus vieille en Écosse. Et, comme pour ses contemporains, l'alchimie le fascinait. En a-t-il usé et abusé? Curieusement, l'argent ne manquait jamais chez les Seton. Qui sait s'il ne possédait pas le secret du grand œuvre. Cela pourrait expliquer les circonstances nébuleuses entourant sa mort. Il a été repêché dans le fleuve Tevere à Rome. Il n'avait pas encore quarante ans. Meurtre, suicide ou simple accident? Nul ne le sait.

—À Rome?

—Après la défaite des jacobites à Sheriffmuir en 1715, l'Angleterre a confisqué toutes les propriétés des Seton qui soutenaient le Prétendant Stuart. Et, comme bien d'autres, il s'est exilé en Italie. Sa veuve est rentrée en Écosse cinq années plus tard puis elle s'est installée avec son fils unique, Francis James, à Duddingston.

L'intérêt de Dana se reporta sur le portrait du grand-père du seul Seton qu'elle connaissait. Sous sa perruque blanche, il affichait une contenance énigmatique.

—Francis James est l'un des hommes qui ont signé la pétition envoyée à George II en 1731 pour l'obtention d'une charte royale pour l'Hôpital des pauvres d'Édimbourg, comme la Royal Infirmary était appelée à l'époque. La charte leur a été octroyée cinq ans plus tard. Depuis, les membres de la famille Seton ont tous siégé au conseil d'administration de l'hôpital. C'est une tradition familiale.

Elle étudia le portrait de la génération suivante, Francis Seton senior. Il avait le même regard gris que son fils, quoique ses traits fussent plus affables.

—Vous connaissez bien l'histoire de la famille. Pourquoi n'y a-t-il pas de portrait de Mr Seton?

— Je suppose qu'il n'a pas encore pensé le moment opportun d'en commander un.

— Et ses enfants ? demanda-t-elle naïvement tout en feignant d'étudier le dernier tableau.

Un court silence suivit la question. La voix de Christopher se fit plus basse, comme s'il se préparait à révéler un terrible secret.

— Mr Seton n'a pas d'enfants.

— Christopher, fit une voix rauque au haut de l'escalier.

Une ravissante créature les dévisageait avec suspicion. Les yeux clairs, un peu rouges, de la femme se posèrent sur la servante. Son front lisse se plissa sous ses mèches d'un blond lumineux. Elle passa négligemment une main dans sa chevelure défaite, entortilla une mèche autour de son index pour la laisser ensuite rebondir sur sa poitrine.

— Qui est-ce ?

— Miss Dana Cullen, Mrs Seton, expliqua Christopher.

— Dana Cullen, répéta-t-elle d'une voix un peu empâtée. Je ne me souviens pas d'avoir engagé cette fille avant de partir pour Londres.

— C'est Mr Seton qui l'a engagée, précisa le jeune homme.

— Francis ? Il ne m'en a rien dit, pourtant… Quelle heure est-il, Christopher ?

— Huit heures.

La femme s'appuya sur la balustrade en fermant les yeux comme si elle cherchait à se figurer les aiguilles d'une horloge dans son esprit encore un peu brumeux. Elle hocha mollement la tête et soupira.

— Où est Francis ?

— Je ne sais pas, répliqua Christopher en penchant la tête vers Dana comme pour lui transmettre la question.

— Je crois qu'il se trouve dans son cabinet, Mr Aitken. Il a pris son petit déjeuner vers six heures et je ne l'ai pas revu depuis.

— Il devait se rendre à la Royal Infirmary ce matin pour visiter ses malades. Sans doute est-il déjà parti.

Il releva son visage vers Mrs Seton qui avait levé le sien vers les rayons du soleil. Sa robe de nuit froissée était piquetée de taches multicolores.

— Ne le dérangez point, mon cher Christopher, dit-elle d'une voix languide. Dites seulement à Abigail de monter avec de l'eau chaude et un thé bien fort.

— Des toasts avec le thé ?

— Non. Je mangerai plus tard. Ce voyage m'a dérangé l'estomac et j'ai mal dormi cette nuit. Le dîner était trop lourd.

— Je vous apporte des cachets, alors ?

Elle se courba vers le jeune homme et esquissa un sourire charmeur.

— Ce serait très gentil…

Elle disparut comme un petit nuage blanc au-dessus d'eux. Appuyé contre la rampe d'escalier, Christopher demeura songeur pendant que le chant des oiseaux leur parvenait du salon.

— Elle est si fragile, murmura-t-il pour lui-même.

Puis, revenant vers Dana :

— Les journaux sont arrivés ?

— Mr Halkit les a déposés dans la salle à manger, monsieur.

— Merci.

Il descendit le reste des degrés jusque dans le hall et disparut. Dana, qui avait déjà trop perdu de temps, s'éloigna vers la salle de billard. Elle ne put s'empêcher de remarquer l'étrange ressemblance entre Mrs Seton et Miss Stanfield. Sauf que l'une riait et l'autre pas.

❦

Les jours se succédèrent les uns aux autres ; la routine faisait tourner la roue du temps. Depuis son retour de Londres, le chirurgien Seton se faisait discret. Dana ne le croisait que rarement, soit en allant porter les serviettes dans le vestibule du cabinet ou dans la cuisine, tôt le matin. Contrairement à Mrs Seton et à Christopher, il préférait prendre son petit déjeuner en compagnie des domestiques avec qui il discutait des problèmes de la maison. Il arrivait qu'il ne se montrât qu'aux dîners, qu'il prenait alors avec sa femme et son assistant, quand ce dernier arrivait à se libérer de ses obligations d'étudiant et d'employé.

Les discussions concernaient souvent Londres, que Mrs Seton se plaisait à encenser : les quartiers huppés de l'ouest dont Mayfair, St. James et Belgrave Square ; les boutiques de Bond Street et Regent Street. Elle racontait les fêtes auxquelles elle avait assisté au cours de l'été : les dîners et les nombreux bals donnés à l'occasion du retour de Louis XVIII sur le trône de France ; et cette folle chasse aux rois qui avait coûté une fortune à ceux qui avaient pu se permettre de payer jusqu'à cinquante livres une fenêtre donnant sur la parade du tsar de Russie, de la duchesse d'Oldenburg et du maréchal Blücher, sans même la garantie de voir les têtes royales.

Picorant dans son assiette, elle décrivait les fastes de la fête du grand jubilé organisée par le prince régent et qui avait occupé pendant des jours tous les parcs de Londres. Ces cérémonies grandioses avaient clôturé un été fabuleux passé à célébrer la fin des conflits avec la France. Ballons à air chaud, feux d'artifice ; la grande pagode construite sur le pont enjambant l'étang dans St. James Park sous lequel dérivaient de superbes cygnes blancs ; décors somptueux sortant tout droit des imageries chinoises. Une sorte de délire s'était emparé de la capitale à la suite de l'abdication de l'ogre de Corse[41], qui avait pris, sous bonne escorte, le chemin de l'île d'Elbe. Le prince régent était pressé de dilapider ce qui avait pu rester dans les coffres de l'État après une guerre longue de près de vingt ans.

Sans se départir de son flegme indéfectible, Halkit rapportait les plats que la maîtresse refusait sous prétexte qu'ils étaient trop froids ou trop assaisonnés, tandis qu'elle répétait à son mari son désir de retourner vivre là-bas.

— C'est toujours comme ça quand elle revient de Londres, chuchotait Alison en poussant à regret la nourriture dans le bol

---

41. Surnom que donnaient les Anglais à Napoléon Bonaparte.

pour le chien après avoir pigé quelques bons morceaux dans les assiettes.

Avant de parler de Mrs Seton, la jeune femme s'assurait qu'Abigail ne se trouvait pas dans les parages.

— Mrs Seton déteste l'Écosse. Elle a été élevée en Angleterre et éduquée à Londres, à l'Académie de Mrs Wharton dans Grosvenor Square. Son père était professeur de mathématiques au Magdalen College d'Oxford. Mais c'est un Hamilton de Kilmarnock.

— Mr Seton refuse de retourner vivre en Angleterre ?

— Il dit qu'il ne quittera pas Weeping Willow. Ils se disputent toujours à ce sujet.

Dialogue de sourds que suivait Christopher en silence quand il était présent. Quand il lui arrivait de desservir, Dana captait parfois le regard las du jeune homme. Elle devinait son envie de quitter la table sitôt le repas terminé. Mais sa présence tempérait l'atmosphère et il restait là.

Les jours passant, les discussions se faisaient de plus en plus âpres ; la femme reprochait sans relâche à son mari son manque d'enthousiasme et d'attention. À la Martinmas[42], le ton avait monté. Retenu en ville pour une raison inconnue, Christopher n'avait pas fait honneur au rôti traditionnel de cette fête qui marquait le début du temps de l'Avent et le moment de faire abattre le bétail qu'on ne pourrait garder pendant l'hiver. Pour la première fois depuis leur retour, le couple s'était vraiment disputé ; la patience de Mr Seton avait cédé devant le harcèlement incessant de son épouse. De la cuisine on avait pu suivre le fil de l'échange virulent.

— Brighton est un endroit merveilleux ; si tu te donnais la peine d'aller le visiter ! clama Evelyn.

— Brighton est trop lourd de tout. De musique, de nourriture, de parfums, de luxe et d'ennui, rétorqua Francis.

— Qu'en sais-tu ?

---

42. Fête de saint Martin de Tours, qui a lieu le 11 novembre.

— J'y suis allé une fois, Evelyn, souviens-t'en. Il y a cinq ans, nous avons assisté à ce récital donné par Viotti et sa Demoiselle au Pavillon royal. Si ce que j'ai vu là est le miroir de notre société, alors je préfère ne pas m'y mirer.

— Oui, cela me revient… Une voix sublime qu'elle possède, la fille de Viotti. Je ne comprends pas ce qui a pu te déplaire autant lors de notre séjour. Encore heureux que Percy sache, *lui*, apprécier les bonnes choses que nous offre la vie.

— Percy est né pour respirer l'air de Brighton. Pas moi.

— Pour mon malheur! Tu ne sais pas t'amuser, Francis. Tu devrais t'y rendre après la prochaine saison[43] pour y boire de leur eau. Elle est réputée pour ses vertus. À vivre dans une cave humide avec… tes sujets, tu en perds la santé, je te le dis. D'ailleurs, j'en ai commandé quelques caisses pour faire passer mes faiblesses.

— J'apprécie ton intérêt pour ma santé, mais je suis certain qu'elle va très bien. Quant à la *vôtre*, madame, si vous aviez le courage de faire un peu plus d'exercice et de penser à autre chose que vos *malheurs*, elle s'améliorerait notablement. Et ce n'est pas avec ça que tu vas y arriver, fit-il remarquer en désignant le verre de vin qu'elle avait demandé de se faire resservir pour la quatrième fois. Si tu en abusais un peu moins…

Le beau visage de la femme s'empourpra.

— N'est-ce pas toi qui viens de me verser ce vin, chéri?

— Ne retourne pas la situation, Evelyn.

— Je ne la retourne pas. Je te la montre telle qu'elle est.

Francis s'était levé, un sourire ourlé d'ironie courbant ses lèvres.

— Que peux-tu me montrer de ce que tu ne vois même pas? Il n'y en a jamais eu que pour tes malheurs.

— Tu sais de quoi ils découlent, Francis.

Un silence lourd de reproches suivit.

---

43. Saison de Londres: partie de l'année où la belle société londonienne était en pleine effervescence, de mars à juin. Par la suite, les gens aisés déménageaient pour passer l'été à la campagne ou dans les stations balnéaires qui étaient très populaires à cette époque. Brighton était l'une des plus fréquentées.

Les joyeux gazouillis des pinsons audibles du salon avaient quelque chose d'incongru dans le tableau. Le visage du chirurgien devint de marbre. Il ouvrit la bouche pour ajouter quelque chose, mais se ravisa. Ses yeux gris hantés par la tristesse, il se leva et quitta la salle à manger. Les sarcasmes d'Evelyn le poursuivirent tandis qu'il s'éloignait vers la bibliothèque.

— Que je meure! Peut-être daigneras-tu enfin t'occuper de moi!

Restée avec le fond de la bouteille et sa solitude, Evelyn Seton attendit le retour de Christopher.

Ce dernier était rentré au moment où elle terminait le vin. Ils étaient demeurés au salon à discuter bien longtemps après que Dana eut achevé d'aider à desservir et à laver la vaisselle. Le maître n'avait pas reparu de la soirée.

Après deux semaines, Dana était en mesure de prévoir assez justement le déroulement des journées de chacun des occupants de la maison Seton. Le chirurgien se levait généralement très tôt, mangeait un morceau et se retirait dans sa bibliothèque pendant une heure. Ensuite, il quittait la maison pour se rendre soit à l'hôpital, soit à l'université où il lui arrivait de donner des cours magistraux. Le lundi soir, Francis demeurait en ville pour assister aux réunions du conseil d'administration de la Royal Infirmary, auquel il siégeait depuis huit ans. Ces soirs-là, il ne rentrait que très tard. Tout comme le samedi soir, qui était consacré deux fois par mois à la «tenue» franc-maçonnique. La plupart du temps, il était absent pour le déjeuner.

Mais de cela, son épouse ne pouvait s'en plaindre. Elle se levait rarement avant dix heures, flânant au lit ou dans son cabinet de toilette jusqu'à une heure de l'après-midi pour ensuite se préparer à recevoir ou à visiter des amies. Il arrivait à l'occasion qu'elle assistât à un récital. Quand elle restait à la maison, elle s'installait au salon, devant la fenêtre, et travaillait sur sa dentelle ou bien jouait sur le pianoforte. Deux fois le couple sortit dîner à l'extérieur.

Ces soirs-là, les domestiques pouvaient se reposer. Dana en avait profité pour jouer aux cartes avec Alison et Abigail.

Du même âge que Dana, Abigail Miller était la huitième fille d'une famille de dix enfants. Ses parents étant tous deux des tisserands de Dunfermline, elle avait été élevée par ses sœurs aînées. Dès qu'elle eut atteint l'âge de puberté, elle avait été placée au service d'une dame d'Édimbourg, qui lui avait appris à lire entre autres choses. Mrs Towneley était une femme comme il s'en trouvait rarement. Elle accueillait de jeunes filles d'origine modeste et les éduquait suffisamment pour leur permettre de trouver un emploi intéressant dans les grandes maisons d'Édimbourg. C'est ainsi qu'Abigail avait pu décrocher le poste de femme de chambre de Mrs Seton pour qui elle se dévouait depuis maintenant six ans.

❧❦

Étalant les journaux du matin sur la table de la cuisine où elle était seule, Dana en profitait pour les parcourir. Lire les nouvelles du monde lui donnait la certitude qu'elle en faisait encore partie même si elle s'en sentait exclue. La première page du *Edinburgh Chronicle* décrivait le drame du naufrage d'un traversier sur le loch Lomond. Il y avait eu deux morts. Elle tomba par hasard sur l'annonce d'une course de chevaux sur la plage de Leith dans le *Caledonian Mercury*.

«Tiens!» fit-elle en s'asseyant pour la lire.

Fair Lad et trois autres chevaux se disputeraient le prix d'une selle et vingt-cinq livres sterling. Sciemment ou non, Timmy avait omis de lui faire mention de son intention de participer à cette course quand ils s'étaient vus deux jours plus tôt. Elle passa au *Evening Courant* de la veille et en tourna rapidement les pages, vérifiant les signatures des journalistes. Les chroniques de Logan apparaissaient de plus en plus régulièrement. Ses journées à la boutique et les conversations avec son jeune cousin commençaient à lui manquer.

Un crissement au sol la fit sursauter. Francis Seton surgit dans la cuisine, le visage pâle et les yeux rouges. Il arrivait de la cave. Elle fit mine de poser une poêle de cuivre devant elle, puis imbiba un linge doux de vinaigre, qu'elle trempa dans le bol de sel. Tout de suite elle se mit à frotter le métal terni.

— Bonjour, Miss Cullen.

— Bonjour, Mr Seton.

Le chirurgien se dirigea vers l'évier. Il se versa un verre d'eau fraîche d'un pichet que venait de remplir Rachel au puits creusé à l'extrémité de la propriété. Mr Dawson avait indiqué qu'un système de tuyauterie et de pompes permettant d'acheminer l'eau jusque dans la cuisine devait être installé bientôt.

— Il reste quelque chose à manger? demanda l'homme d'une voix éraillée par la fatigue.

Il restait toujours quelque chose à manger. Mrs Dawson s'en assurait et il le savait.

— Mrs Dawson a rangé le fromage et des petits pains au lait dans la dépense, monsieur. Vous voulez que j'aille vous en chercher? À moins que vous ne préfériez du jambon. Il en reste dans le garde-manger.

Le chirurgien observait Dana. Elle gardait la tête penchée comme une écolière prise en faute. Il avisa les doigts rougis et les traits tirés de la jeune femme. Elle n'avait pas l'habitude des durs labeurs.

— Je sais où se trouve la dépense, Miss Cullen.

Elle glissa un regard discret vers lui. L'éclat laiteux qui se déversait de la fenêtre sur la chemise froissée de Francis faisait ressortir les taches marron qui la marquaient à maints endroits. Surtout sur les manches, qui avaient été retroussées, laissant apparaître un poil doré sur les avant-bras. Ce qui rappela à la jeune femme la discussion sur les loups-garous. Il déposa son verre sur l'évier de pierre et disparut dans la petite pièce qui servait à entreposer les denrées sèches et qui séparait la cuisine du garde-manger, où les viandes étaient conservées.

Contrairement à son habitude, Francis Seton n'avait pas pris son petit déjeuner ce matin. Il était demeuré invisible jusqu'à ce moment. Mais Dana avait deviné comment le chirurgien avait passé la nuit. Une voiture avait roulé dans la cour peu après minuit. Elle avait entendu des voix dans la cuisine, qui était située sous sa chambre, puis, plus tard, un craquement de bois dans le couloir lorsque Halkit s'était retiré pour dormir. Sa chambre faisait face à celle des filles.

Une large tranche de fromage dans une main et une pomme de son verger dans l'autre, Francis revint se poster devant la fenêtre au-dessus de l'évier. Il mastiquait silencieusement, contemplant le paysage couleur de cendre. Lourds de pluie, les nuages formaient un collet vaporeux autour de la colline d'Arthur's Seat, masquant son sommet.

Dana frottait la poêle, fixait son reflet sur le métal lustré. Elle leva le regard sur les cuivres ternis qui attendaient sur la table. Alison viendrait lui prêter assistance après avoir fini de vider le bain de Mrs Seton avec Abigail.

Francis passa près d'elle. Ses vêtements dégageaient une fade odeur qu'elle commençait à reconnaître quand elle se rendait dans le cabinet de travail. Sous ce parfum désagréable perçait toujours celui de l'eau de Cologne.

Il fouilla sur une tablette dans un meuble de rangement, prit un carnet bleu foncé et le feuilleta. S'arrêtant sur une page, il parcourut les lignes du bout de son index, referma le carnet et le remit à sa place. C'était le livre des commandes de vin.

— La livraison d'Ainslie est en retard? demanda-t-il.

— C'est ce qu'a dit Mr Halkit, monsieur.

Pourquoi s'adressait-il à elle pour la commande de vin?

Le chirurgien croqua dans sa pomme. Il était resté debout devant l'armoire et la regardait travailler. Intimidée, elle n'osait lever les yeux de son ouvrage. Elle entendit de nouveau la pelure du fruit éclater sous la pression des dents. Curieusement, un goût de pomme lui vint sur la langue, mi-sucré, mi-acidulé.

— Est-ce que la chambre est assez chauffée la nuit, Miss Cullen?

Les sourcils bruns s'élevèrent et les yeux vairons croisèrent ceux qui l'examinaient.

— Les nuits sont toujours plus froides en novembre, Mr Seton.

Il allait croquer de nouveau dans son fruit, suspendit son geste.

— C'est pourquoi je vous pose la question, mademoiselle.

— Je suis suffisamment habillée pour dormir, déclara-t-elle en se remettant au travail.

— Vous savez où est Halkit?

— Non, monsieur.

Francis ne dit rien de plus et quitta la cuisine en direction du hall. Quelques secondes plus tard, Halkit entrait par la porte de la cour.

— Ce voleur d'Ainslie… ronchonna-t-il en ouvrant celle de la cave.

— Si vous cherchez Mr Seton, il est déjà remonté, Mr Halkit, l'avertit Dana.

Manifestement de mauvaise humeur, le majordome traversa la cuisine jusque dans le hall. Mrs Dawson entra en compagnie de Rachel, portant des paniers remplis des derniers oignons et bulbes d'ail du potager qui seraient mis à sécher dans la dépense. Les gelées sévères et précoces de l'automne avaient fait pourrir une partie de la récolte et on essayait de sauver ce qui restait.

— Où est Alison? demanda la cuisinière en apercevant Dana seule devant les cuivres.

— En haut avec Abigail.

Une douceur duveteuse lui caressa la cheville. Dana sentit de petites dents mordiller son bas, puis jouer avec les lacets de sa chaussure. Elle se pencha.

— Bonjour, Mr Bogus, chuchota-t-elle pour ne pas attirer l'attention de Mrs Dawson sur le chat qui s'était faufilé dans la cuisine.

Elle aimait bien le gros matou. Elle glissa discrètement une main sous la table et caressa la tête de l'animal, qui se mit à ronronner en léchant les grains de sel collés à ses doigts. Puis il s'en alla.

Alison descendait l'escalier de service avec Abigail. L'une portait un seau vide, l'autre, un plateau chargé de vaisselle sale.

— C'est pas trop tôt! s'écria la cuisinière. Alison, il faut finir de frotter tout ça avant le déjeuner. Abigail, le fer est sur le feu. Mrs Rigg veut que tu repasses la robe bleue de la maîtresse pour ce soir. Elle est suspendue dans l'entrée.

— Je sais, soupira la femme de chambre. Les maîtres se rendent au théâtre ce soir.

— Qu'y joue-t-on? s'enquit Alison sur un ton enjoué en s'asseyant près de Dana.

— Certainement une tragédie!

Alison gloussa. Le bruit assourdi du vacarme d'une algarade entre hommes dans la cour se répercuta soudain dans l'air tiède de la cuisine. La voix de Spittal, le cocher, s'éleva dans le couloir, de la porte de derrière. Il appelait Halkit.

— Il est parti trouver Mr Seton. Je crois qu'ils ont un problème avec le marchand Ainslie, les informa Dana.

— Ils ont toujours des problèmes avec Ainslie, avança Abigail en se dirigeant vers l'entrée. Pourquoi ils vont pas chez Barclay?

— Parce que le vin est meilleur chez Ainslie, décida Mrs Dawson.

On entendit Abigail parler au cocher et la porte se referma.

— Est-ce que Mr Halkit se trouve dans la cave? demanda-t-elle après un court moment de silence.

— Non, il en est sorti, répliqua Dana.

— C'est bizarre, il a laissé la porte ouverte.

— Quelle porte? interrogea Mrs Dawson.

Abigail revint dans la cuisine avec la robe bleue.

— Celle de la cave. Je l'ai refermée. Faites de l'espace pour ma planche, les filles, vous voulez?

Alison débarrassa la table des morceaux qui brillaient comme un sou neuf. Dana approchait d'elle les casseroles qui restaient quand elle se souvint de Mr Bogus. Elle se pencha pour vérifier sous la table. Rien. D'un regard circulaire, elle visita les recoins de la cuisine. Le chat n'était nulle part. La dépense était fermée et la porte du hall aussi. Son cœur se mit à battre plus rapidement.

— Tu as vu Mr Bogus? demanda-t-elle tout bas à Alison.

— Il est entré?

Les deux jeunes femmes échangèrent des regards nerveux.

— Je ne l'ai pas… oh! *A Dhia Mhór!* Le chat!

— Le chat?

Mrs Dawson poussa un cri d'affolement. À quatre pattes sur le plancher, Rachel se mit à appeler l'animal. Le fer fumant brandi au bout de son bras, Abigail pâlit.

— Le chat est à la cave!

— Alison! Descends le chercher.

— S'il vous plaît, Mrs Dawson, ne me demandez pas ça. Je ne suis jamais descendue dans cette cave et…

— Abigail? Fais quelque chose!

La femme de chambre ouvrit la bouche pour protester à son tour. Dana intervint.

— J'irai. Je savais que le chat était entré, avoua-t-elle en se levant. J'aurais dû le faire sortir.

— L'une ou l'autre. Que le chat soit sorti de la cave avant le retour de Mr Seton.

L'escalier de pierre était étroit et assez abrupt. Seule une petite lampe à huile accrochée au mur éclairait le passage. La jeune femme appela le chat, descendit encore quelques marches, attendit. L'air glacé exhalait une odeur fétide lui ramenant le souvenir du corps de Mrs Watts. Qu'allait-elle trouver dans cet antre lugubre? Elle en serait certainement étonnée. Un fracas de verre brisé la figea sur place.

— Mr Bogus?

— C'était quoi? lui parvint la voix apeurée d'Alison du haut de l'escalier.

— Le chat… enfin, je l'espère, ajouta Dana en repensant aux histoires de loups-garous d'Alison.

Son pouls s'accélérant, elle atteignit le plancher dont les tuiles d'ardoise brillaient faiblement dans la lueur roussâtre qui allongeait son ombre sur les murs. Elle s'aventura dans le long couloir qui semblait se perdre dans le ventre de la terre.

— Mr Bogus?

Évidemment, le chat allait lui répondre! Elle se sentit stupide.

Elle avança encore, tendant l'oreille. Le petit futé se terrait. Elle souhaitait seulement qu'il n'eût pas trouvé... ce qu'il ne devait pas trouver. Quoi que ce fût. Sa main heurta un cadrage de bois. Cette portion du couloir n'était pas convenablement éclairée. Elle tâtonna à l'aveuglette et fit grincer une porte mal fermée qui s'entrouvrit davantage. La respiration sifflante, elle se plaqua contre le mur, s'attendant presque à voir surgir le cadavre qu'elle savait se trouver dans ces catacombes. Mais rien ne se produisit. Les battements de son cœur faisaient trembler sa poitrine comme la peau d'un tambour. Rassemblant son courage, elle se décida. Il faisait très sombre et elle ne pouvait distinguer que le contour des obstacles. Elle avait remarqué de l'extérieur que des volets avaient été installés à l'intérieur des fenêtres de la cave et étaient en tout temps gardés fermés. Elle appela de nouveau le chat en avançant prudemment. Son pied heurta un meuble et des cliquetis métalliques résonnèrent.

— Dana!

Son cœur fit un bond jusque dans sa gorge et elle poussa un cri de frayeur.

— Dana, remonte, il arrive!

La jeune femme paniqua. Que le chat subisse son châtiment! Elle rebroussait chemin et revenait dans le corridor quand elle entendit la voix choquée de Mr Seton en haut de l'escalier. Celle d'Alison tentait d'expliquer la situation en même temps qu'un flot de lumière se mit à ruisseler sur les marches.

— Dieu tout-puissant!

Dana retourna dans la pièce et se dirigea instinctivement vers ce qu'elle devina être une table au centre. Un drap la recouvrait. Elle s'engouffra sous le meuble et attendit. Quelques secondes s'écoulèrent. Rien ne se produisit. Ce ne fut qu'alors que l'odeur la saisit solidement à la gorge, l'emplissant de dégoût. Elle ravala sa salive qui avait un goût amer de bile.

Le bruit des pas de Mr Seton résonna et son rythme cardiaque s'accéléra. Puis elle sentit quelque chose lui frôler le bras. La peur lui comprimant la poitrine, elle ne put retenir un cri aussitôt étouffé dans la paume de sa main. Trop tard. Elle attrapa le vilain Mr Bogus et le serra contre elle en fermant les yeux, priant que le docteur n'ait rien entendu. Le crissement de verre pilé et un juron étouffé suivirent immédiatement son amen.

La porte s'ouvrit toute grande, laissant entrer la lumière d'une lanterne. Un courant d'air frigorifiant fit onduler le drap. Le chat miaula et s'agita pour se dégager de son étreinte. Dana resserra sa prise, mais l'animal se débattit de plus belle, grondant dangereusement.

Le drap se souleva d'un coup. Dana poussa un cri et libéra Mr Bogus qui s'enfuit.

— Que faites-vous ici avec le chat ? gronda Mr Seton d'une voix furieuse.

— Ce n'est pas de ma faute, tenta d'expliquer Dana, il est entré…

— Laissez tomber et aidez-moi à le rattraper.

L'animal s'était réfugié sous un meuble. À quatre pattes, les bras sondant l'inconnu, Dana et Francis Seton essayaient de le coincer. Quelque chose de froid effleura la main de Dana, qui hurla de frayeur en se dégageant vivement. Se redressant d'un bond, sa tête heurta un plateau qui dépassait et, dans un horrible vacarme, l'envoya voler dans les airs avec tous les instruments qu'il contenait. Par réflexe, elle tenta de le retenir, mais ne réussit qu'à le faire dévier vers une étagère. Les deux bocaux juchés dessus basculèrent dans le vide. Le chirurgien réussit à en rattraper un ; l'autre alla se fracasser sur les tomettes. Une affreuse odeur se répandit aussitôt en même temps que Mr Bogus passait entre les pieds de Dana, traçant une piste de pattes mouillées jusque dans le corridor.

Se consternant devant l'ampleur des dégâts, Dana contint une nausée. Encore secoué par la succession rapide des évènements, Francis, stupéfait, contemplait sa préparation gâchée.

— Je… je suis désolée, monsieur, geignit Dana. Je voulais trouver le chat… je suis désolée… désolée…

— Miss Cullen!

Ignorant l'appel, les larmes au bord des cils, la jeune femme s'enfuit sur les traces du coupable.

❖❖

C'était la première fois qu'elle pleurait depuis son arrivée ici. C'était la première fois qu'elle versait autant de larmes depuis bien longtemps, en fait. Elles coulaient par flots qu'elle ne pouvait plus arrêter. La paille lui éraflait les joues, mais elle s'en moquait. Sa peine était plus douloureuse que tout.

«Mama…» sanglota-t-elle.

Sa mère lui manquait cruellement. À la fin, elle se dit qu'elle aurait mieux fait de rester à Kirkcaldy. C'était pourtant pour sa mère qu'elle était partie. C'était pour elle qu'elle allait épouser Timmy. Pour elle encore aussi qu'elle se trouvait ici à peiner comme servante pour rembourser une faute qu'avait pourtant commise son fiancé. Sauver les apparences. Sauver la face du monde. Elle en avait soudain assez de ne vivre que pour le bonheur des autres. Qui était Dana Cullen, en fin de compte? La fille boiteuse du pasteur Cullen. Celle qu'on pointait du doigt, celle sur qui tout le monde comptait pour être heureux. C'était lourd, si lourd à vivre. Elle étouffait dans son rôle. Elle étouffait dans ses sanglots.

Colère! Elle en était remplie à s'éclater le cœur. La colère lui sortait par tous les pores de la peau. Pourquoi ne lui permettait-on pas de vivre sa vie comme elle le désirait? Des hommes vivaient librement leur célibat sans être importunés par l'image qu'ils projetaient. «Une femme peut trouver le bonheur autrement que dans le mariage», avait-elle dit à sa mère. *Si elle est riche, elle le peut. Et encore doit-elle cultiver l'image de la vertu.*

Encore ici, vertu prenait un sens péjoratif. On ne désignait évidemment que l'image perçue par ceux qui jugeaient. Ô combien les vertus flattaient l'image des femmes et fuyaient celle des hommes!

«Si j'étais un homme pauvre et laid, je trouverais le bonheur plus facilement.»

Sa voix avait résonné dans l'écurie où elle s'était réfugiée après l'incident dans la cave. Elle n'avait voulu que sauver le chat d'une punition certaine. Elle avait offert de le faire parce qu'Alison et Abigail n'en avaient pas eu le cœur. Et voilà ce qu'elle récoltait. C'était de sa faute, elle en était parfaitement consciente. Personne ne lui avait commandé de descendre. Et elle savait pertinemment que le chat n'avait pas le droit d'entrer dans la maison. Elle le savait et n'avait rien fait quand Mr Bogus était venu lui caresser les chevilles de sa tendresse féline.

«Au fond, tu as ce que tu mérites, Dana Cullen!» se sermonna-t-elle entre deux sanglots.

Un objet piquant émergeait de la paille et s'enfonçait dans sa joue. La douleur lui fit du bien. Elle appuya plus fortement sa tête contre la pointe qui devait être celle d'un clou. Elle se concentra sur cette douleur. Elle imaginait très bien le fer percer profondément sa peau, faisant disparaître l'autre douleur… On ne comprenait la souffrance qu'en contemplant ses stigmates. Les catholiques, idolâtres des symboles de la souffrance du Christ, pensaient ainsi. Pourquoi les hommes ne pouvaient-ils voir au-delà de ce que voyaient leurs yeux? Pourquoi personne ne pouvait-il comprendre sa souffrance à elle?

La douleur devint difficile à supporter. Dana se laissa rouler sur le dos, reprenant son souffle. Elle porta la main à sa joue et regarda ses doigts. Un filet de sang rouge les marquait. Les yeux clos, elle se laissa aller au soulagement qui apportait un moment d'accalmie dans son esprit tourmenté. Elle lécha ses doigts. Le sang avait un goût de fer. Elle avait toujours trouvé curieux ce goût métallique du sang. De quoi était fait le sang?

Sa main glissa sur son menton. Il était petit et pointu. Comme ses genoux et ses coudes. Trop maigre… Pourtant, Timmy lui avait dit qu'il la trouvait belle. Elle l'avait senti dans son regard et dans ses gestes. Les mots mentaient, pas le reste. Et les gestes étaient le langage que Dana cherchait à décoder davantage. *L'âme est le moteur de la main.* Jonat lui avait un jour dit cela. Il y avait si longtemps. Jonat, son seul amour. C'était l'amour d'une femme pour un homme et d'un homme pour une femme, sans le sexe. Le respect de l'être au-delà de l'image qu'il représentait. Jonat lui avait toujours parlé comme à un frère. Elle n'aurait jamais pu épouser Jonat. Elle l'avait compris depuis bien longtemps maintenant. Mais ils avaient partagé ce genre d'amour qui ne risquait pas de s'effilocher avec les années. Contrairement à ce qui était arrivé pour ses parents, pour son oncle et sa tante. Comme aussi pour cet amour qui n'existait plus entre Mr et Mrs Seton.

C'est vrai qu'elle était triste, Evelyn Seton. Mais quelle tristesse elle avait aussi vue dans les yeux gris de Francis Seton.

Un doux ronron lui fit tourner la tête. Mr Bogus avançait précautionneusement sur la paille, comme s'il vérifiait qu'il n'avançait pas dans une zone de guerre. Le museau humide du chat frôla le bout de son nez gelé. La langue chaude et râpeuse lécha les traces de ses dernières larmes.

« C'est ta façon à toi de me dire merci, hein ? murmura la jeune femme en approchant l'animal d'elle. Vilain chat. Brrr… Il fait rudement froid… »

Dans sa colère et sa frustration, elle n'avait pas ressenti le froid de l'air dans l'écurie. Mais à présent il la pénétrait jusqu'à l'os et lui faisait claquer des dents. Il fallait bien qu'elle rentre. C'était étrange que personne ne se fût mis à sa recherche. Ce qui prouvait qu'elle était aussi utile à Weeping Willow qu'un cordonnier dans une cuisine.

Le chat se lova contre sa poitrine et se mit à la pétrir de ses pattes antérieures.

« Ta maman te manque à toi aussi ? »

Mr Bogus ronronnait, les yeux clos. Dana frotta son nez à l'épais pelage, puis elle ferma ses paupières gonflées.

La pluie commençait à tomber.

Chapitre 11

— Miss Dana ?

Ignorant la voix qui l'appelait, Dana se détourna. Cette voix persistait à travers un grondement de tonnerre et elle sentit le sol bouger. Elle finit de s'éveiller. Il faisait très sombre. Elle perçut d'abord la lourde odeur des chevaux. Puis elle vit la silhouette penchée sur elle.

— Miss Dana, vous êtes réveillée ?

— Oui, Mr Spittal, marmonna la jeune femme en prenant conscience des lieux où elle se trouvait. J'ai… j'ai dû m'endormir.

Mr Bogus était parti. Ou avait-elle rêvé sa présence ? Tout était encore un peu confus dans sa tête. Elle grelottait. Ses vêtements étaient imprégnés d'humidité. L'averse martelait la toiture du bâtiment. Elle s'assit et retira les brins de paille qui adhéraient à ses vêtements. Le cocher lui tendait la main pour l'aider à se lever. Il mit un pied sur l'échelle.

— Prenez garde au premier barreau, il est un peu bas, l'avertit Spittal tandis qu'elle se préparait à le suivre.

— Va bien, Miss Dana ? lui demanda Will'O, qui se tenait derrière le cocher.

— Oui, tout va bien.

Le valet d'écurie tendait ses bras musculeux.

— Vous avez tout froid, Miss, dit le jeune homme en frictionnant vigoureusement les bras frigorifiés de Dana. C'est pas bon pour les poumons.

Spittal lui présenta une couverture qu'il avait prise sur le siège de la voiture.

—Couvrez-vous, Miss. Vous allez attraper la maladie si ce n'est déjà fait. Que faites-vous ici? Tout le monde vous cherche depuis des heures.

—J'avais besoin… d'un peu de solitude.

Le visage émacié du cocher accueillit l'excuse avec un sourire entendu.

—Hum… Faudrait pas que ça vous prenne trop souvent. Les gens de la maison se sont fait un sang d'encre.

—Que le ciel soit loué! s'écria Mrs Dawson à la vue de Dana. Ah! mais dans quel état!

Elle nettoyait la chevelure hérissée de brins de paille de la jeune femme en maugréant.

—Qu'as-tu là?

—Rien qu'une éraflure, fit Dana en posant la main sur sa joue.

Le soleil tirait déjà sa révérence derrière les Pentland Hills et les lampes à huile avaient été allumées. La cuisine était tranquille. On entendait le ronflement du feu dans le fourneau et les craquements de la berceuse de Mr Dawson qui fumait sa pipe de fin d'après-midi. Rachel était assise au bout de la table, une serviette sur les épaules. Ses cheveux étaient mouillés. Les stries laissées par le peigne étaient encore bien visibles et lui donnaient l'aspect d'une statue de pierre. Un abécédaire ouvert devant elle, la fille de cuisine récitait l'alphabet, la bouche pleine de tartine à la confiture.

—Assieds-toi et bois ça, lui ordonna la cuisinière en déposant une tasse de thé bien fort sur la table. Ensuite, tu iras te présenter devant Mr Seton. Il veut te voir.

Les joues ridées de la femme gigotaient comme une gélatine qu'on venait de démouler. C'était toujours ainsi quand elle s'énervait.

—Mr Seton? s'alarma Dana.

—Il est très inquiet. Il n'a cessé de venir demander si on t'avait retrouvée. D'ailleurs, Alison est présentement à ta recherche.

— Je me suis endormie dans l'écurie, expliqua Dana, soudain confuse de tout le remue-ménage qu'elle avait provoqué.

— Encore heureux que Spittal ait eu à préparer la voiture pour les maîtres. Sinon tu y serais encore !

Le thé lui brûla la langue, mais la chaleur la réconforta. Elle garda son nez plongé dans la vapeur pour le réchauffer. L'odeur de la soupe la fit saliver. Elle avait sauté le déjeuner.

— Allez, ne tarde pas trop, petite. Les Seton dînent à l'extérieur avant d'aller au théâtre.

❦

Mrs Rigg l'introduisit dans la bibliothèque. Le chirurgien se tenait devant l'une des fenêtres, les mains croisées dans son dos. Le feu qui brûlait dans la cheminée conférait des tons chaleureux aux meubles et à la chevelure de l'homme. Absorbé par ce qu'il regardait, il ne bougea pas à son arrivée. Dana attendait qu'il prononce les premiers mots. Elle saurait ensuite à quoi s'en tenir. Quelle serait sa nouvelle peine ?

— Asseyez-vous, Miss Cullen, dit-il d'une voix grave, mais sans le grondement de la colère.

Elle s'exécuta et prit le même siège que la dernière fois. Allait-il déchirer le contrat et se décider à la dénoncer ? Il en avait le pouvoir. À la vérité, le contrat, ce bout de papier qu'elle lui avait demandé de rédiger, ne valait rien aux yeux de la loi. Il ne représentait qu'un simple engagement de bonne foi qui pouvait être résilié n'importe quand. Qu'était-elle, petite Dana Cullen, face à la fortune des Seton ?

L'homme se retourna enfin vers elle. Masque placide, regard à la froideur métallique ; vêtu en tenue de soirée, il était malgré tout superbe. Elle imagina soudain le digne couple Seton acclamé pour la meilleure prestation théâtrale de la soirée des masques. Un léger froncement de sourcils vint modifier les traits de Francis.

— Vous êtes blessée ?

— Ce n'est rien…

Elle voulut se couvrir la joue, mais le chirurgien était déjà courbé sur elle et repoussait sa main.

— Un rien qui s'infecte peut faire beaucoup à la fin.

Examinant la blessure à la lumière du jour qui se mourait, il plissa les paupières.

— Comment vous êtes-vous infligé ça?

— Avec un clou, je crois.

— Un clou?

— Dans l'écurie.

— Dans l'écurie?

Elle eut envie de dire une ânerie pour voir s'il allait la répéter.

Il se redressa et la considéra, un peu sombre et hésitant.

— Venez avec moi. Il faut nettoyer.

À contrecœur, elle le suivit jusque dans le cabinet que l'humidité de l'air refroidissait. L'âtre était éteint. Francis alluma une lampe sur la table qui chassa le gris de la pluie tambourinant sur les vitres. Un grand coffre de bois se trouvait là, ouvert. À l'intérieur brillaient des objets métalliques dorés. Des tubes et des sortes de loupes, sans doute des lentilles pour l'instrument qui était en pièces détachées.

Le chirurgien remarqua son point d'intérêt.

— Vous avez déjà vu un microscope?

— Un microscope?

Elle aurait bien aimé voir l'instrument monté et pouvoir le manipuler.

— Vous savez ce que c'est, non?

Lui tournant le dos, l'homme fouillait dans une petite armoire qu'il tenait fermée à clé. Il prenait des flacons, lisait les étiquettes.

— Oui. Mon frère… murmura-t-elle en examinant de plus près le fameux microscope. Mon frère m'a déjà parlé des microscopes. Mais je n'en avais jamais vu un vrai.

La main de Francis accrocha le contenant de tartre émétique qu'il rattrapa de justesse avant qu'il n'aille se fracasser sur le plancher. Il le reposa dans son espace et referma doucement le vantail de l'armoire à pharmacie qui occupait tout l'espace situé dans l'angle entre les fenêtres au sud de la pièce. Il attendit quelques secondes de plus avant de retourner vers la jeune Cullen.

— Votre frère ? fit-il dans un grattement de gorge.

Il la regarda droit dans les yeux, ne voyant que le noisette. La lumière jaunâtre de la lampe dorait la moitié de son visage et jetait l'autre dans l'ombre.

— Il était médecin.

— S'il vous plaît, dit-il en lui montrant la chaise du menton.

Accroupi devant elle, le chirurgien appliqua sur l'éraflure un morceau de coton imbibé d'un liquide qui dégageait des effluves épicés très agréables. Ses gestes étaient doux.

— Qu'est-ce que c'est ?

— De la teinture de myrrhe.

Elle hocha la tête.

— Votre frère… reprit-il en faisant mine d'examiner la blessure, il ne pratique plus sa profession ?

— Il est mort.

Les yeux vairons croisèrent ceux de Francis, qui ne cilla pas, au prix d'un effort titanesque. Leurs visages ne se trouvaient qu'à quelques pouces l'un de l'autre. Le parfum balsamique de la myrrhe se répandait autour d'eux.

— Je suis désolé, murmura-t-il en baissant enfin les paupières.

Le chirurgien se redressa et referma le flacon qu'il rangea où il l'avait pris.

— Vous savez ce qui se trouve dans la cave, n'est-ce pas ? Et ce que j'y fais ?

— Oui, monsieur. Je suppose qu'il s'agissait d'un autre… corps volé dans le cimetière ?

— Je les prends au seul endroit où je peux les trouver, Miss Cullen.

— C'est Timmy qui l'a déterré pour vous ?

— Non, pas celui-là.

Soulagée, elle souhaitait vivement que son cousin abandonnât à tout jamais ce commerce.

— Vous comprenez pourquoi je fais ça ?

—À la limite, je peux comprendre. Mais je désapprouve cette façon de faire, monsieur.

—À savoir?

—Déposséder les âmes de leurs corps…

Francis Seton haussa les sourcils.

—Parce que vous croyez que les âmes habitent toujours leur enveloppe charnelle après le trépas? Je vous assure que, si tel était le cas, aucune d'elles n'a senti le besoin de me le laisser savoir d'une façon ou d'une autre. Pour être logique, Miss Cullen, pourquoi les âmes s'entêteraient-elles à vouloir habiter un corps en décomposition alors que l'espace des cieux leur est permis? Enfin, c'est ce que la Bible nous enseigne.

Le visage de Dana prit une expression choquée. Francis retrouva ce masque de défi qu'il s'était plu à contempler sur les traits de la jeune femme quand elle lui avait demandé de rédiger le contrat.

—Ce que la Bible nous enseigne? s'opposa-t-elle avec conviction. Vous devriez savoir, monsieur, que la mort… enfin, la mort charnelle, n'est que la première mort, monsieur. Il reste celle de l'âme, la seconde mort, celle annoncée pour le pécheur au jour suprême. Au jugement final. Ce jour qui ne viendra qu'à la fin des temps. Et à ce moment l'âme reviendra reprendre possession de son corps pour se présenter devant Dieu. Ne connaissez-vous point les Saintes Écritures, Mr Seton?

Sachant qu'ils abordaient un sujet délicat, Francis posa une fesse sur le bord de la table et prit le temps de réfléchir avant de répliquer. La fille du pasteur Cullen n'accepterait pas facilement son point de vue. Avait-elle condamné son frère Jonat aussi implacablement que le pasteur l'avait fait?

—Je sais ce qu'est la révélation, Miss Cullen. La vision de Jean, les sept anges, les sept sceaux. À voir ce qui se déroule sur cette terre, j'en conclus que la fin approche. Mais je juge que nous nous trouvons encore loin du bris du septième qui nous ouvrira les portes du temple de Dieu. D'ici là, l'humanité doit continuer de survivre. Seulement, cela doit-il se faire dans l'ignorance et les souffrances inutiles? Ne sous-estimez pas ce que je sais et crois. Si j'ai choisi d'être chirurgien, c'est parce que je voulais le bien des hommes.

Les mots de Francis Seton rejoignaient ceux de Jonat dans l'esprit de Dana et elle s'en troubla. Pourquoi cette logique devait-elle aller à l'encontre de ce que lui avait enseigné son père, lui qui avait emprunté ses mots dans la parole même de Dieu? *Et la mer rendit les morts qu'elle gardait, la Mort et l'Hadès rendirent les morts qu'ils gardaient et chacun fut jugé selon ses œuvres*[44]. Les hommes se lèveraient de leurs tombes et marcheraient vers Dieu pour être jugés. Henry Cullen l'avait maintes fois clamé. Celui dont le nom est inscrit dans le livre de vie verra ses plaies guéries et accédera à l'éternité dans les cieux des cieux. Mais comment ceux qui ne possédaient plus leur corps pourraient-ils le faire? L'immatérialité était pour Dana un concept difficile à comprendre.

Le chirurgien poursuivit son plaidoyer en appuyant fortement sur certains mots.

— Je comprends votre répugnance face à ce que je fais. Elle reflète bien cette crainte de Dieu et de son jugement final que nous inculquent à coups de sermons nos bons pasteurs. Ne le craignons-nous pas tous, simples mortels que nous sommes? Avant de juger, sachez reconnaître ce que vous jugez, Miss Cullen. L'ignorance du bon chrétien est une tare aussi vile que la cupidité du pire des despotes.

— Je ne voulais pas porter un jugement sur… ce que vous faites, monsieur… bredouilla la jeune femme. En fait… ce n'est pas…

Le gris des yeux du chirurgien brillait d'un éclat particulier dans la lumière mortuaire de cette fin d'après-midi.

— À la vérité, la mort n'est rien de plus qu'une modification physiologique de la vie. La vie mène à la mort et la mort engendre la vie sous d'autres formes. Cela n'a rien de hideux si on se détache émotivement du concept. Je dirais même que la mort a ses beautés

---

44. Apocalypse, 20:13.

et ses mystères. Une solitude solennelle. Une cruelle passivité de l'âme. La mort est la seule justice.

Un silence.

— Seule justice? Que pensez-vous de ceux qui meurent injustement, Mr Seton?

— Je croyais que la mort suivait les desseins de Dieu. Penser autrement serait dire que Dieu ne maîtrise pas la destinée de Sa création. Maintenant, pourrions-nous dire de Dieu qu'Il est injuste? Qu'en pensez-vous, Miss Cullen?

Elle pensa qu'il se moquait d'elle. Mais les yeux gris n'exprimaient aucune ironie.

— Je ne sais pas, Mr Seton.

— Que connaissez-vous de la médecine, mademoiselle? Votre frère a dû vous parler de certaines choses.

— Bien peu, je dois l'avouer. Il est mort alors que je n'avais que seize ans. Et nous communiquions seulement par correspondance. Il vivait à Londres.

Dix ans. Cela faisait-il si longtemps? Vint brusquement à Francis l'image de cette petite fille qui l'avait remercié de l'avoir laissée visiter sa voiture. Il avait trouvé la jeune sœur de Jonat timide et charmante. Dana Cullen avait beaucoup grandi depuis.

— Et... et de la chirurgie? Que connaissez-vous? Votre frère était... devait reconnaître la chirurgie pour ce qu'elle est.

Réalisant d'un coup qu'il risquait de trop parler, il se tut, laissant l'émoi se dissiper avant de reprendre avec plus de calme:

— Vous savez que le banal geste de recoudre un cuir chevelu revient à un chirurgien, n'est-ce pas? Mais il n'y a pas que des cuirs chevelus à recoudre. Vous avez déjà traversé l'aile chirurgicale d'un hôpital? Vous connaissez la nature des blessures que les gens s'infligent quotidiennement et qui nécessitent plus qu'un simple lavement ou plus qu'une saignée? Des fractures ouvertes, des ruptures hémorragiques de bulles variqueuses, des ulcères et fistules, des entailles si profondes...

Une lueur de vexation traversa les yeux de son interlocutrice.

— Monsieur, l'arrêta abruptement Dana. Je comprends votre point de vue plus que vous ne le croyez.

— Oh! Je suis certain que vous comprenez, lui dit-il en sondant le regard vairon.

Il s'attarda sur l'œil noisette, et comprit qu'elle ne serait pas facile à convaincre. Elle remua et se détourna pour fuir cette tentative d'intrusion dans son esprit.

— Je ne juge point les hommes de science, monsieur. Loin de là. Ce que je comprends difficilement, c'est que vous ayez à vous servir du corps de tous ces honnêtes gens enterrés et…

— Vous trouvez plus acceptable qu'un chirurgien fasse son apprentissage sur les vivants sans avoir préalablement appris comment ils étaient constitués? Vous savez, par son ignorance des fonctions anatomophysiologiques et des pathologies du corps humain, la médecine a largement contribué à remplir ces cimetières. Comme un sculpteur qui apprend le maniement de ses couteaux sur de vieux bouts de bois, nous devons apprendre à manipuler nos instruments sur des sujets appropriés. La comparaison est déplacée, j'en conviens. Mais elle exprime bien ce que j'essaie de vous faire comprendre. Il faudrait pendre plus d'un criminel par jour pour satisfaire les besoins de l'enseignement dans Édimbourg seulement. Ce qui n'arrive pas en ce moment et ce que je ne souhaite d'aucune manière. Or la demande de sujets d'étude ne cesse d'augmenter avec le nombre d'étudiants en médecine. C'est une réalité incontournable.

— Oui, monsieur, murmura-t-elle d'un ton qui ne le convainquit pas de sa totale compréhension.

Francis fit quelques pas dans la pièce. Son regard se promena sur les préparations anatomiques qui se multipliaient sur les tablettes. Il en prit une et la posa sur la table devant Dana.

— Regardez.

Elle obéit. Dans le bocal elle vit une chose qui ressemblait à un petit ver noirâtre entortillé.

— Vous savez ce que c'est?

— Je ne pourrais vous le dire.

— C'est un appendice iléocæcal enflammé. Il a été prélevé de l'abdomen d'un jeune homme de trente ans qui se lève encore tous les matins aujourd'hui pour uriner.

Francis redressa les épaules et s'éclaircit la voix en voyant l'expression choquée de Dana.

— Je vous prie d'excuser mon écart de langage... Mais cet homme ne serait plus de ce monde si je n'avais pu accomplir cette opération avec succès. Je dois humblement avouer qu'une lourde part de chance penchait de mon côté, car bien peu de chirurgiens arrivent à sauver les gens qui souffrent de ce mal. Même si l'opération est un succès, l'infection qui se déclare invariablement après a trop souvent raison du malade. Mais pour éviter de rompre l'appendice, ce qui provoquerait une hémorragie, il faut savoir comment procéder. Et je vous assure que ce n'est pas dans les livres qu'un tel enseignement se trouve.

L'ardeur qu'il mettait pour que Dana comprenne son point de vue la troubla autant que le regard qui le fixait. Il se détourna et replaça le bocal sur l'étagère.

— Vous êtes une femme intelligente, Miss Cullen. Et curieuse de savoir. J'ai réfléchi... Il serait plus avantageux pour vous comme pour moi de penser à vous faire faire autre chose que le nettoyage des cheminées et le frottage des cuivres dans cette maison. Il vous reste... quoi, huit, neuf semaines à passer ici ? Comme vous le savez, Mr Aitken en est à sa dernière année à l'université. Il a besoin de plus de temps pour préparer sa thèse et... enfin, j'ai pensé le décharger de quelques tâches dont vous pourriez facilement vous acquitter.

— Monsieur... s'agita Dana en cherchant à se relever.

Il lui toucha l'épaule pour la rassurer.

— Rien qui dépasserait vos capacités. Recopier des notes, faire l'inventaire de l'armoire à pharmacie, préparer des pansements. Des choses simples, mais qui vous permettraient de mieux voir ce que je fais.

« Mieux comprendre ce qu'avait fait Jonat », songea-t-elle. Elle regarda autour d'elle. Tous ces livres, ces instruments qui portaient des noms baroques et dont les usages lui étaient inconnus. Le chirurgien Seton lui ouvrait les portes du monde de Jonat. C'était magique, effrayant.

— Je travaillerais ici?

— Ici ou dans ma bibliothèque, selon le cas et la place disponible. Qu'en pensez-vous?

La bouche de Dana s'ouvrit. Elle opina de la tête. Francis vit les joues de la jeune femme se colorer, ses yeux s'agrandir davantage. Il entendait presque son cœur battre plus vite. Mais peut-être était-ce le sien? Cette folle idée avait quitté sa bouche sans qu'il y ait réellement réfléchi. Il l'avait lancée comme ça, sur un coup de tête. C'était du suicide. Si jamais elle découvrait... Mais bon, qu'elle se trouvât dans le cabinet ou bien dans la cuisine, elle demeurait sous son toit. C'était ça le réel danger. Et il ne se décidait pas à la délivrer de son obligation. Il savait qu'elle n'avait pas volé la tabatière. Il l'avait deviné depuis le début; il avait menacé de la dénoncer et surévalué la tabatière en croyant que Dana finirait par dire la vérité. Mais elle était décidée à protéger Nasmyth. Par amour?

Et lui, pourquoi s'entêtait-il au point de se pousser sur le bord de tels précipices en la retenant prisonnière avec de tels prétextes? Par curiosité, par fascination. Parce qu'elle était la sœur de Jonat, justement.

Chaque jour qui passait, il se plaisait davantage à observer Dana. Elle possédait ces mêmes qualités qu'il avait tant appréciées chez son frère. Il avait envie d'en apprendre plus sur elle. Il avait toujours aimé jouer à proximité du danger, mais là...

Désirant mettre fin à cette entrevue, il fit mine de regarder l'heure. Evelyn devait être dans le salon. Elle se plaindrait encore qu'il la faisait attendre. Ne savait-elle pas que la vie n'était rien de plus qu'une longue attente? Une attente de la mort... qu'il fallait tromper en s'occupant de la vie.

— Je vous retarde, bredouilla Dana en se relevant complètement.

Francis n'essaya plus de la retenir. Il la raccompagna jusqu'à la porte de la salle de billard. Sur le point de l'ouvrir pour elle, il se tourna pour la regarder.

— Pourquoi vous êtes-vous cachée dans l'écurie?

Déroutée par la question, Dana ne sut quoi répondre. Elle bafouilla quelques mots inintelligibles.

— Hum… Croyez-vous que j'allais vous punir pour une faute commise par un autre?

— Mr Bogus? Je craignais…

— Le chat n'est pas plus responsable que vous de ce qui est arrivé. Halkit m'a avoué avoir oublié de refermer la porte.

Elle avait oublié ce détail.

Il ouvrit la porte et lui céda le passage.

— Bonne soirée et bonne nuit, Miss Cullen.

— Bonne nuit à vous aussi, Mr Seton.

Elle s'éloigna vers la cuisine où l'attendait le dîner. Il referma la porte et éteignit les lampes avant de sortir rejoindre sa femme.

※

Le vent ronflait dans le tuyau du poêle, ce qui rendait la chambre confortable. Alison lui tournait le dos. Elle lui faisait la tête. Dana fixait le plafond. Des vagues lumineuses s'y reflétaient comme une aurore boréale, rien que pour elle. Les autres filles dormaient… ou faisaient semblant. Elle n'avait pas envie de dormir. Dans sa tête se déroulait sa conversation avec Mr Seton. Il lui avait offert d'être un peu comme son assistante. C'était à la fois excitant et perturbant. Pourquoi offrir une telle possibilité à une voleuse?

Elle revit les pièces du microscope. Combien pouvait valoir un tel objet? Sans doute plus que la tabatière décorée de nacre. Serait-il placé sous clé? Halkit allait-il monter la garde? Pourquoi le chirurgien lui témoignait-il cette soudaine marque de confiance?

— Qu'as-tu fait pour ça?

— Quoi?

Alison remua et tourna légèrement la tête vers elle par-dessus son épaule.

— Qu'as-tu fait pour obtenir qu'il te donne ce travail, Dana?

Les fins sourcils de Dana se froncèrent sur un regard perplexe.

— Mais, rien!

Alison se retourna complètement. Se soulevant sur un coude, elle braqua son regard dans celui de Dana.

— Le maître ne t'aurait pas dégagée des travaux ménagers pour t'offrir un si beau travail sans rien exiger en retour.

— Que veux-tu insinuer, Allie? s'indigna Dana, qui comprenait maintenant où son amie voulait en venir.

La jeune femme sembla indécise à poursuivre. Sa bouche forma une lippe boudeuse, puis la lèvre inférieure roula entre ses dents.

— Tu sais très bien ce que je veux dire. Les eaux de senteur ne sont pas gratuites pour des filles comme nous.

— Le travail que j'aurai à faire n'a rien d'un cadeau, si tu veux mon avis. Je sais lire et écrire, Mr Seton a jugé utile de se servir de ce que je sais faire. Mr Aitken sera très occupé ce semestre.

— Tu as de la chance, dit Alison après un moment de réflexion.

Dana soupira.

— Peut-être…

Tout dépendait de quel angle on étudiait sa situation. Elle estima plutôt bien égoïstement que Dieu allégeait sa peine pour récompenser son courage. C'était plus simple à comprendre. Mais devait-elle perdre l'amitié d'Alison pour ça?

❖❖

L'odeur du rôti embaumait la maison des Nasmyth. Alice, la servante, s'affairait autour du poêle. Raclant le fond de la marmite pour en détacher les sucs, elle ajoutait un peu de bouillon gras et du vin rouge qui s'évapora dans un petit nuage odorant. Les pommes de terre au four attendaient dans un plat au chaud et le pouding aux écorces de fruits refroidissait sur la table.

Charles aurait dû demander ce qui méritait une visite de Dana à Édimbourg. Faire un tel voyage en un temps si morne! Car la pluie n'avait cessé de détremper le sol depuis des jours. Les routes étaient devenues des champs de bataille où carrosses et boue s'opposaient dans une lutte à finir, et on en venait souvent à compléter le trajet à pied. Il ne demanda rien; il lui offrit plutôt un verre de sherry qu'elle sirota en attendant que le déjeuner fût prêt.

Logan l'entretenait des derniers évènements qui avaient changé le cours de sa vie. Il occupait maintenant un poste en permanence au journal. Il couvrait les faits divers, l'os qu'on lançait pour pratiquer les coups de dents des nouveaux chiots dans de telles entreprises. Mais il fallait bien passer par là. Plus tard, il ferait mieux. Il briguait la couverture des évènements sociopolitiques. Son côté philanthrope n'attendait que de donner une voix à son désir de réforme de la société britannique. Le jeune homme justifiait la liberté de presse, revendiquait avec la ferveur d'un prêcheur son droit de parole pour dénoncer les abus et les tares, la corruption et les écarts.

La révolution industrielle marquait brutalement et profondément la Grande-Bretagne sur tous les plans. L'ancien régime des grands propriétaires terriens déclinait; émergeaient de nouvelles classes sociales: les bourgeois et les ouvriers. Les structures sociales et politiques se transformaient inexorablement: exode rural qui drainait les campagnes, explosion démographique des grandes villes qui avaient du mal à supporter le flot incessant d'immigrés; en même temps que s'enrichissait la bourgeoisie, s'appauvrissaient les classes sociales inférieures. Le moment était venu d'analyser ces mutations et de tout revoir: les rapports humains, les conditions de travail et de vie des ouvriers, le système juridique.

Il fallait réveiller la conscience sociale.

Les oreilles molles, Charles n'émettait aucune opinion sur le sujet. Il était le parvenu, l'exploiteur, celui qui bousculait les vieilles traditions, celui que l'on méprisait aussi bien d'en haut que d'en bas. Telle était la place du petit bourgeois actif qui aspirait à sa part du marché économique. Conscient de sa position, il l'assumait et en récoltait jalousement les fruits.

De son côté, Timmy ne parlait que très peu. S'asseyant, se levant, tantôt attentif, tantôt l'air égaré, il observait Dana de ses yeux noirs brillants en faisant le mystérieux.

Après le déjeuner, Charles s'endormit dans son fauteuil. Il ronflait bruyamment. Les autres jouaient aux cartes pendant qu'Alice nettoyait la cuisine. Le tic tac de l'horloge se répercutait dans le silence de la concentration et les cartes claquaient sur la table. Flora s'informa auprès de Dana de ses nouvelles conditions de vie. Sa nièce la rassura. Mr Seton avait doublé leur ration hebdomadaire de charbon et elle mangeait plus qu'à sa faim.

— Il est cinq heures, annonça Timmy lorsque Dana et lui remportèrent le dernier rob.

— Déjà ? La terre tourne plus vite que moi, clama sa mère.

Elle s'étira comme une vieille chatte alanguie et ramassa les cartes. Le regard de Timmy se posa sur Dana, insistant, malicieusement brillant. La giboulée s'était changée en grésil et frappait dans les vitres comme des billes de verre. Qu'avait-il en tête ?

— Nous devrions nous remettre en route, observa-t-il dans un murmure.

Un pied s'introduisit sous l'ourlet de sa jupe, effleura son mollet jusqu'à son genou. Elle réagit en articulant muettement son nom d'un air de reproche. Les belles lèvres de son cousin s'étirèrent d'une oreille à l'autre.

— Tu ne crois pas qu'il serait préférable d'attendre un peu ? demanda Logan, qui pour une fois n'avait rien remarqué de ce qui se passait sous la table.

— Bientôt les routes seront impraticables.

— Il faudra revenir plus souvent, Dana, fit alors Flora d'une voix sincèrement peinée. Vous me manquez, ma chère nièce. Et des clients me demandent quand vous ferez de nouveaux dessins. Mr Scott est venu pas plus tard que la semaine dernière, déçu de ne pouvoir montrer vos œuvres à un ami qui l'accompagnait.

—J'essaierai de vous en apporter quelques-uns la prochaine fois, Tante Flora. Le déjeuner m'a plu énormément. Merci. Cela m'a fait du bien de revenir…

Cela lui avait surtout rappelé que le mariage approchait. La date venait d'être fixée au vingt janvier prochain. Dans moins de deux mois. Les bans seraient officiellement publiés dès qu'elle quitterait Weeping Willow pour de bon.

Tante Flora lui remit la dernière lettre reçue de Kirkcaldy deux jours plus tôt. Dana la fit disparaître dans son réticule.

Logan prêta trois livres à sa cousine : *The Seasons*[45], du poète James Thomson, *The Monk*[46], un roman d'horreur du genre gothique de Matthew Lewis « à lire avec discernement », et *Waverley*, publié anonymement, mais dont Logan assurait qu'on attribuait la paternité à sir Walter Scott. « Plusieurs ont fait un rapprochement entre son héros et Don Quichotte. Sans doute que Scott aura craint les mauvaises critiques qui nuiraient à son œuvre précédente. »

L'hiver s'annonçait plus tôt cette année. Dana se disait que le club de lecture, qui avait repris ses activités vers la mi-octobre, lui manquait beaucoup. Partager ses opinions sur ses lectures démythifiait beaucoup certains auteurs et en faisait découvrir de nouveaux. Elle se dit qu'elle pourrait le réintégrer après le mariage… si Timmy y consentait. Pourquoi s'y opposerait-il en fin de compte ? Parce que Janet Cullen n'avait pas eu la liberté de lire des romans ? Timmy n'était pas pasteur. Il n'était forcément pas Henry Cullen. Mais elle allait découvrir qui était vraiment Timmy Nasmyth.

Versant une larme, Flora caressa de sa main la joue de sa future bru et lui embrassa le front. Logan l'étreignit affectueusement. On transmettrait ses salutations à Charles quand il se réveillerait.

C'est avec le vague à l'âme que Dana quitta West Port pour retourner chez les Seton. Revisiter sa petite chambre verte où quelques croquis inachevés ornaient toujours les murs et retrouver la

---

45. *Les Saisons.*
46. *Le Moine.*

complicité de ses cousins et de sa tante l'avaient rendue nostalgique. Et elle détestait les départs.

Le grésil s'accumulait sur le pavé comme un tapis de verre mouvant. Assise sur le banc du buggy, Dana frissonnait. Le vent s'engouffrait sous sa jupe comme sous les lourds manteaux des quelques braves qui déambulaient. Leurs vêtements ainsi gonflés par les bourrasques, ils avaient l'allure de fantômes mécaniques. Le cheval avançait lentement dans les rues quasi désertiques. Il emprunta Candlemaker Row. Dana examinait les façades. Lizzie, la sœur d'Alison, se cachait derrière l'une d'elles. L'idée de demander à Timmy s'il connaissait l'adresse de Mrs Blake, la maquerelle, lui effleura l'esprit.

Ils bifurquèrent dans Lothian Street et ensuite dans Potter Row, dans le quartier de Easter Portsburgh. Ce qui n'était pas le trajet habituel.

— Pourquoi passes-tu par ici?

Timmy fit ralentir l'attelage, l'engagea dans une cour où il l'immobilisa.

— Que fais-tu?

— Je veux te montrer quelque chose, dit-il pour toute explication.

Il sauta du buggy et tendit une main à Dana.

— Quelqu'un que je connais?

— Viens!

La jeune femme le suivit dans un escalier de bois construit pardessus celui de pierre qui se désagrégeait. Ils atteignirent l'entrée de l'immeuble, très étroit, de quatre étages. L'escalier intérieur était plongé dans une épaisse obscurité et c'est sans l'aide de leurs yeux qu'ils atteignirent le troisième palier.

— Timmy, qu'est-ce qu'on fait…

La bouche du jeune homme fit doucement taire celle de Dana. Quand il s'écarta, un sourire sibyllin se dessinait sur ses lèvres. Elle ne le questionna plus.

Derrière les portes closes du *land*, on entendait la vie grouiller bruyamment. Timmy joua avec la serrure et un déclic se fit entendre.

Il poussa doucement la porte et entraîna Dana dans le sombre logement. Ils se trouvaient dans une grande pièce pauvrement meublée : une table et trois chaises, un banc, quelques étagères et un garde-manger. La cheminée était équipée d'un âtre assez petit, mais doté d'une bonne crémaillère et d'une grille de cuisson. Il y avait une seconde pièce, sans fenêtre, qui servait de chambre. Un lit aux draps froissés y était installé.

La jeune femme s'avança dans le coin cuisine, qui n'avait pas été nettoyé par l'occupant. De la vaisselle sale traînait sur la table. Une boîte de conserve ayant contenu du hareng avait été laissée là, une fourchette oubliée dedans. Timmy alluma une chandelle plantée dans un rustique bougeoir de fer. Elle se retourna vers lui, l'interrogeant du regard.

— Qu'en dis-tu ? demanda-t-il en écartant les bras. C'est petit, mais pour commencer…

— Commencer ?…

Elle fronça les sourcils. Lui s'approcha d'elle et la prit par la taille.

— C'est pour nous, Dana, susurra-t-il dans son oreille qu'il embrassa.

Dana le repoussa, plissa le front.

— Pour nous ?

Elle comprit enfin et l'émotion étreignit son cœur. Une maison rien que pour elle dans Potter Row ? *Sa* maison ! Elle se dégagea des bras de son fiancé et fit le tour de l'endroit, évaluant la solidité des meubles, les possibilités d'amélioration. Le plancher et le plâtre étaient en bon état. Pour le reste, ils pourraient toujours faire quelque chose. Comme c'était étrange, ce sentiment qui montait en elle. Elle était chez Mrs Nasmyth. *Elle* serait bientôt Mrs Nasmyth. Son ventre se serrait, et sa gorge, et sa poitrine. Tout se comprimait en elle, réduisant toute sa substance en un seul petit morceau de chair qu'elle sentit palpiter de bonheur. Bientôt elle ne serait plus la fille du pasteur Cullen, mais Mrs Timothy Nasmyth.

— J'ai autre chose à te montrer, dit son fiancé derrière elle.

Elle pivota. Timmy prit sa main et y déposa un petit mouchoir plié.

—Qu'est-ce que c'est?

—Ouvre-le.

Elle écarquilla les yeux de surprise. Ceux du jeune homme brillaient de satisfaction dans la lueur de la chandelle. Le grésil mitraillait toujours la fenêtre et les locataires du logement d'en haut martelaient leur plafond. Elle déplia délicatement le bout d'étoffe pour découvrir une jolie croix en or munie d'un petit anneau. Timmy détacha sa chaîne et y glissa le bijou.

—Timmy... murmura-t-elle, submergée par l'émotion.

Les bras de l'homme l'encerclèrent, ses mains la plaquèrent contre son torse.

Plusieurs secondes s'écoulèrent pendant qu'ils se regardaient sans parler à travers un nuage de vapeur blanche. Dana faisait presque la grandeur de l'homme, mais il atteignait deux fois sa largeur. Et son étreinte était si forte qu'elle ne pourrait jamais y échapper s'il ne la libérait de lui-même. Elle eut soudain le pressentiment qu'il ne le ferait pas, justement.

Timmy se pencha de nouveau sur elle et effleura ses lèvres des siennes tandis que ses paumes voyageaient dans le dos de Dana. Le geste était d'une tendre lenteur. Ses pieds bougèrent et la firent reculer. Puis ils l'obligèrent à avancer. Ils tanguaient et se balançaient, de gauche à droite, navire doucement ballotté par une mer calme.

—L'argent, dit soudain Dana, où l'as-tu trouvé? La croix... Et tu auras deux mois de loyer à payer de plus...

—C'est réglé, murmura-t-il. Tout est réglé. Ne t'en fais pas. Fair Lad a remporté une course la semaine dernière.

—Il a remporté la course? J'ai vu l'annonce. Pourquoi me l'avoir caché?

Le dos de Dana vint heurter le mur. Timmy soupirait dans son cou, haletait dans ses oreilles. Ses mains étaient partout sur elle et elle se tendit.

—Timmy... Pourquoi ne m'en as-tu pas parlé?

— Chut… souffla-t-il contre sa joue. Je ne veux pas discuter de ça maintenant. Et puis, c'est à moi de m'occuper de ces choses-là. Tu n'as pas à t'en faire, Dana.

— Timmy… protesta-t-elle bien vainement.

— Chut!

Elle se tut.

Dana pouvait sentir le cœur de Timmy battre follement dans sa poitrine pressée contre la sienne. «Il bat pour moi», pensa-t-elle en se sentant ramollir de nouveau.

— Doucement, fit-il en remuant toujours avec cette lenteur mesurée. Laisse-toi aller, mon amour.

Il s'était écarté d'elle et commençait à déboutonner la pelisse de *broadcloth* dans laquelle elle transpirait, l'embrassant après chaque bouton qu'il défaisait. Il écarta les pans du vêtement, fit glisser ses mains autour de la taille menue. La gorge nue de la jeune femme se soulevait et s'abaissait à un rythme effréné.

— Laisse-toi aller, dit-il encore d'une voix rauque d'enfièvrement.

Les paumes chaudes se moulaient aux courbes et aux aspérités du corps qu'elles exploraient sous le manteau. Timmy gémit faiblement lorsqu'elles épousèrent la rondeur des seins. Dana entrevit le feu dans ses yeux et sentit la douceur de sa chevelure dans son cou, la rudesse de sa moustache qui suivait la ligne du décolleté. Transportée, elle s'abandonnait petit à petit.

— Je t'aime, soupira-t-il. Je t'aime, Dana… Je t'aime, je t'aime…

Tout cet amour pour elle. Elle en devint tout étourdie; il la soutint. Elle en gémit; il s'enhardit. Il la souleva et la porta dans la chambre. Ensemble ils basculèrent sur le lit qui dégageait l'odeur de l'homme qui y avait dormi. Cet homme qui pesait maintenant sur elle, l'étouffant de son poids, de sa bouche. Elle chercha à se dégager, mais il lui prit les bras et les écarta.

— Doucement, lui dit-il encore pour la calmer.

Les caresses reprenaient de plus belle, se précisant en des endroits où elles n'avaient jamais osé le faire auparavant. Le souffle de Timmy s'alourdissait de désir. Il recherchait l'approbation, les remerciements, le désir et le plaisir. Timmy voulait tout d'elle. Tout et trop vite. Elle haleta, s'écarta ; il ralentit, souffla un peu.

— Timmy, arrête !

— Laisse-toi aller, mon amour. Je t'aime. Qu'as-tu besoin de plus ?

Il tentait de l'apprivoiser avec des mots. Elle remua le bassin pour se dégager de l'homme qui l'écrasait.

— Dana, fit-il un peu plus rudement, nous serons mariés dans quelques semaines. Pourquoi faire tant de manières ?

Il voulait dompter sa crainte avec des promesses. Dana sentit la panique l'inonder. Elle était prise au piège. La main calleuse de Timmy remontait sa jupe. Elle battit des jambes et usa de toute sa force pour le repousser. Il poussa un sourd grondement et roula sur le côté, la libérant enfin. Haletante, Dana se leva et courut jusqu'à la porte.

— Dana ! Pour l'amour du ciel, Dana, reviens !

Négligeant de refermer derrière elle, elle sortit du logis et se précipita dans l'escalier, venant près de trébucher sur des obstacles invisibles que les locataires laissaient sur les paliers. Le cœur en émoi, elle surgit dans le froid, fouettée par le grésil qui ne cessait de s'accumuler et blanchissait la boue qui durcissait. Alors seulement elle s'arrêta. S'appuyant contre le mur, ses mains cherchant frénétiquement à refermer sa pelisse ouverte, elle poussa un gémissement.

— Oh Dieu ! Oh Dieu ! Oh Dieu !

Elle leva son visage au ciel, avala sa salive et ferma les paupières. Ensuite vinrent les larmes.

De longues minutes s'écoulèrent. Sugar Plum renâclait, impatient de rentrer à l'écurie. L'esprit de Dana se refroidissait et ses sens se calmaient. Un grincement de bois et des crissements de pas lui firent ouvrir les yeux. Timmy se tenait devant elle, l'air contrit. Il inspira profondément avant de parler.

— Je te demande de me pardonner. Je ne sais pas ce qui m'a pris… j'ai…

Les mains dans les poches, la tête enfoncée dans le col de sa redingote, son regard fuyait celui de la jeune femme. Il s'agitait d'embarras, bougeait d'une jambe sur l'autre comme un pantin secoué par les bourrasques.

— Cela ne se reproduira plus, je te le jure. Pas avant que nous soyons mariés. C'est ce que tu veux?

C'était ce qu'elle voulait? Elle avait été sur le point de lui céder. Il le savait. Il l'avait prévu. Il avait tout préparé pour que cela arrive.

Elle fit oui de la tête.

Il leva la main pour la toucher, y renonça.

— Allez, viens avant que la noirceur ne nous surprenne.

Chapitre 12

Francis Seton, médecin et chirurgien
Edinburgh Royal Infirmary

Ce titre était inscrit sur tous les registres devant elle. Certains dataient de plusieurs mois. Des bouts de carton indiquaient les pages qu'elle devait copier dans un autre livre : *Rapports cliniques spécifiques*.

Assise au bureau de la bibliothèque, elle ouvrit le premier registre qui se trouvait sur la pile : *Rapports cliniques et commentaires, septembre à novembre 1814*. Elle devait recopier le cas du patient qui était inscrit sur le signet. Elle lut : *James Harvey, 33 ans, mâle, maçon. Admission : 15 septembre 1814. Congé : 18 novembre 1814. Diagnostic : syphilis.*

Elle ouvrit le deuxième livre sur la première page vierge. Ensuite, elle prit une des plumes que le chirurgien lui avait fournies et la trempa dans l'encrier qu'il avait pris soin de remplir avant de partir pour l'hôpital.

15 septembre 1814 : Le patient affirme qu'un petit chancre apparu sur son prépuce six mois plus tôt a disparu après l'application régulière d'une lotion caustique et un traitement au mercure qui a occasionné une sensibilité des muqueuses buccales ainsi qu'une hyper-salivation qui a duré deux mois...

Dana relut ce qu'elle venait d'écrire avant de retremper la plume. Elle ressentit un vague malaise. Comment ce James Harvey prendrait-il le fait qu'elle, une femme, transcrivait des détails aussi intimes de sa vie? La vie de combien de gens allait-elle fouiller de cette façon? Il y avait quelque chose d'indécent dans ce qu'elle faisait. Elle pria Dieu de ne pas la faire tomber sur le cas d'un Nasmyth de Wester Portsburgh et trempa sa plume dans l'encre pour poursuivre son travail.

Deux heures plus tard, elle finissait de transcrire le cas d'Andrew Hope, un ouvrier de vingt-quatre ans. atteint de fièvres intermittentes. Il avait souffert de torpeurs et de délires fréquents alternant avec des périodes d'accalmie. Traitement au laudanum, écorce péruvienne, juleps acidulés, poudre de rhubarbe, application de ventouses au sternum et lavements à l'eau salée. Le malade était décédé au bout de deux mois, soit le 12 novembre précédent…

«Notes après examen *post mortem* autorisé du cas…» murmura-t-elle en prenant une pause.

Elle réfléchit. À quelle date avait-elle vu le chirurgien remonter de la cave? Le quinze… trois jours après la mort de son patient. Elle poursuivit la lecture du rapport d'autopsie.

À l'ouverture de la boîte crânienne, on constate qu'une grande quantité de liquide séreux s'est accumulée à la base du cerveau et dans l'enveloppe de la medulla spinalis. *Une substance visqueuse, semblable à l'albumine coagulée d'un œuf très frais, remplit les* ventriculum. *Le réseau artériel irriguant le tissu à la surface du cerveau est anormalement gonflé. La* dura mater *présente quelques adhésions à la voûte crânienne, résultat de l'inflammation…*

Elle s'arrêta de lire. Mr Hope avait-il été le dernier cadavre dans la cave?

«Dieu tout-puissant!» souffla-t-elle en se calant dans le fauteuil.

Ses phalanges lui faisaient mal et elle plia et déplia ses doigts pour les soulager. Francis Seton savait qu'elle lirait ce rapport. «… Qui vous permettrait de mieux comprendre ce que je fais!» avait-il souligné. Elle reprit le registre des rapports cliniques. Après avoir hésité quelques secondes, elle remonta le temps dans les pages, scrutant les noms des patients vus dans le mois de septembre. Elle vit celui qu'elle cherchait :

Helen Macneil Watts, 28 ans, femelle en période de grossesse, proche de la délivrance. Admission : 20 septembre 1814. Décès : 21 septembre 1814. Diagnostic : indéterminé. La patiente se plaignait depuis plusieurs jours de maux de tête sévères et persistants, de bourdonnements d'oreilles et de douleurs épigastriques aiguës. Trouble de la vue : ne voit pas plus loin que ma main devant son visage. Pouls 126, fort. Présente un œdème important et général. Vomissements répétés. Trois heures après son admission, la patiente entre en convulsions. Deux saignées diminuent la force du pouls, mais ne soulagent pas la patiente. État léthargique et perte de conscience prolongée. Coma. Décès de la patiente dans les heures qui suivent. Examen post mortem *refusé par Mr Watts…*

Rien d'autre n'expliquait le cas de Mrs Watts. Ainsi le chirurgien avait passé outre le désir du mari. Elle prit le livre dans lequel elle transcrivait les cas et le feuilleta. Celui de Mrs Helen Watts s'y trouvait. Les notes d'un rapport d'autopsie aussi.

… Accumulation de liquide dans les alvéoles pulmonaires… ischémie des reins : contraction artériolaire?… hémorragie cérébrale… rupture du foie… rupture du placenta… mort fœtale in utero *?…*

Causes ou complications d'une crise épileptique? Francis Seton soulevait cette question. Pathologie directement liée à l'état de grossesse? Il était noté que Mrs Watts n'avait jamais souffert de crises d'épilepsie avant ce jour. Quoi qu'il en fût, le mal dont elle était atteinte n'aurait pu être traité adéquatement pour éviter le malheur. Le chirurgien écrivait aussi que le fœtus présentait des malformations: un retard de croissance important des membres comparé au volume du crâne. Le corps de Mrs Watts avait-il réagi naturellement à ces malformations en tentant d'expulser lui-même le fœtus? Le décollement placentaire pourrait en être un signe. Mais encore, un avortement spontané pourrait résulter de la mauvaise fonction des reins qui avait causé cet œdème si important et l'eau dans les poumons. En conclusion, pourquoi la rupture hépatique et l'hémorragie cérébrale?

L'examen *post mortem* n'avait pu expliquer qu'en partie la cause du décès de la femme. Le chirurgien avait discuté du cas avec le médecin en obstétrique, James Hamilton. Ce dernier disait avoir déjà rencontré un cas similaire, il y avait quelques années de cela, sans avoir eu la chance de procéder à une autopsie. Les deux cas ne pouvaient donc être analysés en comparaison approfondie. Ce qui aurait pu contribuer à élaborer une nosologie pour une affection grave possible. La seule corrélation qu'ils pouvaient tirer de ces deux morts était que les femmes, toutes deux corpulentes, vivaient leur première grossesse et qu'elles étaient mariées depuis peu. Plutôt vagues comme éléments de prédisposition…

Dana appuya sa tête contre le dossier du fauteuil. Le feu qui crépitait dans la cheminée diffusait une douce chaleur dans la pièce. Elle laissa son regard errer sur les rayons de la bibliothèque. Des livres et des livres… Les dorures sur les dos brillaient faiblement. Certaines étaient presque effacées. La curiosité l'arracha à son siège et elle s'approcha des étagères qui couvraient plus de la moitié des murs. Certaines étaient vitrées ou protégées de battants grillagés, d'autres étaient librement accessibles. Elle lut quelques titres: *Exotic Botany*, de Smith; *Philosophiae naturalis principia mathematica*, par Newton; *Essay Concerning Humane Understanding*, de Locke; *Essay on the Origin of Human Knowledge*, d'un certain Condillac qu'elle ne connaissait pas. Plusieurs ouvrages de David Hume, Adam Smith, Spinoza et Kant. Aussi, des philosophes français et grecs. Elle lut des noms tels Diogenes Laertius, Campanella, Telesio, More, Machiavelli, Descartes et Platon.

Il y avait aussi des œuvres littéraires, de poésie et des romans d'auteurs qu'elle connaissait bien, d'autres dont les noms n'évoquaient rien pour elle.

Tous les genres étaient représentés : des romans noirs gothiques, des romans d'amour et d'aventures, des études diverses. S'y trouvaient même les vingt volumes de l'encyclopédie Britannica publiée par les frères Black, à Édimbourg. Une section complète du mur était destinée aux ouvrages médicaux, récents et anciens : *Inventum novum*, par Auenbrugger ; *De sedibus et causis morborum per anatomen indagatis*, de Morgagni ; *A Treatise on Powers of Medecine*, de Herman Boerhaave ; *Thesaurus medicinae practicae*, de Thomas Burnet. Une série de livres écrits par John Hunter. L'œuvre complète de Sydenham. Et encore, *Sepulchretum, De humani corporis fabrica, Quincy's lexicon medicum*. Le nom de William Cullen souleva son attention. Elle se dit avec tristesse que celui de Jonat Cullen aurait pu aussi se trouver sur ces étagères.

Tout au bout du mur, des vantaux grillagés et verrouillés renfermaient une autre collection de livres dont la plupart semblaient être très anciens. Des auteurs qui lui étaient inconnus comme Henningus Grosius, Johann Georg Godelmann, Girolamo Menghi. Mais il y avait aussi Francis Bacon et Daniel Defoe. *The Anatomy of Sorcerie*, par James Mason, *An Interpretation of the Number 666*, de Francis Potter, *Daemonologie*, écrit par le roi d'Angleterre et d'Écosse, Jacques 1er. Des titres en allemand et en français, mais pour la majorité en latin : *Pandaemonium, Saducismus triumphats, Mallei maleficarum, De Magica daemonia, Hermippus redivivus* et *Steganographia*.

Des symboles secrets et des animaux fantastiques ornaient certains livres. Son regard s'était arrêté sur un ouvrage de maroquin rouge sombre, passablement usé, écrit par un monsieur Jean de Nynauld et intitulé *De la lycanthropie*. Elle ne connaissait rien de ce Nynauld, mais elle savait ce qu'était un lycanthrope. Pourquoi Francis Seton possédait-il un livre qui traitait des loups-garous ? C'était curieux. Toute cette section dédiée aux sujets obscurs touchant l'occultisme était en fait des plus troublantes.

— Bonjour, Miss Dana, fit une voix quelque part derrière elle.

La jeune femme fit demi-tour et, une main sur son cœur, s'adossa contre les portes soigneusement fermées à clé.

— Mr Aitken ? Vous m'avez fait peur…

— Vous m'en voyez navré. Je… cherchais Mr Seton. Je crois qu'il n'est pas encore rentré de l'hôpital.

Le jeune homme la dévisageait d'un air suspect.

— Euh… non. Je suis seule.

Il embrassa la pièce d'un regard entendu et posa ensuite les yeux sur le bureau où étaient ouverts les registres.

— J'étais en train de copier certains cas, tenta d'expliquer Dana en se dirigeant vers le fauteuil qu'elle n'aurait pas dû quitter. Mr Seton m'a chargée de ce travail… Il croyait que cela vous soulagerait un peu.

— Oui, avec raison. Il ne m'en a toutefois pas parlé. Je suppose qu'il l'aurait fait à son retour.

— Évidemment…

— Oui, évidemment.

Un silence embarrassant les sépara. Comme s'il venait de se souvenir de ce qui l'avait amené ici, Christopher se dirigea vers les ouvrages médicaux, fureta parmi eux et choisit un livre. Ses manches étaient retroussées et il portait un grand tablier brun que devaient maculer des taches invisibles de sang. Il allait quitter la pièce par la porte du petit vestibule quand il se retourna pour la regarder.

— Je trouve inhabituel que Mr Seton s'adresse à…

Il s'interrompit, visiblement gêné.

— Bah ! Ce n'est que de la copie…

Dana comprit néanmoins le sous-entendu et ne put s'empêcher d'en être offensée.

— Vous vouliez dire que vous trouvez insolite que Mr Seton s'adresse à une femme pour faire un travail de copiste, Mr Aitken ?

Les joues du jeune homme rosissaient.

— Savoir lire et écrire est suffisant pour le faire. Je suis sûr que Mr Seton…

— Peut-être que cela va vous surprendre, mais je suis apte à comprendre certaines des choses que je copie, vous savez.

— Je n'en doute point.

Devant l'embarras croissant de l'assistant, Dana sourit affablement.

— Sur quoi travaillez-vous aujourd'hui? demanda-t-elle pour changer le sujet.

— L'inflammation tissulaire, répondit-il en baissant les yeux sur le livre qu'il tenait: *Traité des membranes*, de François-Xavier Bichat.

— C'est pour votre thèse?

— En partie. Je dois aussi examiner au microscope des échantillons de différents tissus que m'a confiés Mr Seton pour mettre en évidence… mais je vous ennuie avec tout ça.

— Pas du tout! s'exclama Dana, soudain vivement intéressée par l'instrument. S'agit-il du microscope que j'ai vu dans le coffre?

— Celui que Mr Seton vient tout juste d'acquérir. Une belle pièce fabriquée par les frères Jones, à Londres.

Il hésitait.

— Vous avez déjà manipulé un microscope?

— Non, fit-elle, le regard brillant. Mais…

N'osant s'imposer, elle tut le désir qu'elle avait de le faire.

— Je peux vous montrer, si vous le voulez… si vous en avez le temps, c'est-à-dire, ajouta-t-il en désignant son travail laissé en plan sur le bureau. Quoique vous sembliez en disposer…

Ce fut au tour de Dana de rougir de gêne. Évidemment, il l'avait surprise à flâner.

— Je peux disposer de quelques minutes, si cela ne nuit pas à votre propre travail, Mr Aitken.

— Je ne serais pas offusqué que vous m'appeliez Christopher. Puisque vous en êtes à faire mon travail…

Il avait appuyé ses derniers mots d'un sourire qui se voulait convivial, mais le bleu de ses yeux s'était assombri.

— Venez, je vais vous montrer une chose ou deux qui pourraient vous intéresser.

Dana le suivit dans le cabinet qu'inondait par les quatre grandes fenêtres une lumière blafarde. L'instrument était installé sur le bureau, au milieu d'un fouillis de papiers et de bocaux de verre aux contenus plus ou moins attirants. Une odeur d'alcool flottait, masquant presque celle des spécimens organiques disposés sur un plateau de faïence. Il poussa cet étalage de morceaux de chair livide de côté et invita la jeune femme à s'asseoir devant le microscope. Puis il approcha et alluma un quinquet, qui dispensait l'équivalent en lumière de douze chandelles.

— Le principe est relativement simple. On regarde par la pièce oculaire ici. Le miroir concentre la lumière vers le condenseur qui la fait converger ensuite vers l'orifice situé ici, dans la platine. Le sujet à étudier est placé au-dessus de cet orifice, juste sous l'objectif choisi. Attendez…

Il sembla chercher quelque chose, se dirigea brusquement vers un meuble dans lequel il fouilla rapidement et revint avec une petite boîte de bois.

— J'ai ici peut-être des sujets qui pourraient vous plaire.

Il choisit une lamelle de verre. Il s'agissait plutôt de deux minces lamelles scellées par de la cire et entre lesquelles était emprisonné un sujet si minuscule à l'œil nu qu'il ne paraissait être qu'un petit poil noir et dru.

— Qu'est-ce que c'est? s'enquit Dana, maintenant excitée devant ce qu'elle allait découvrir.

— À vous de me le dire, Miss.

Il inséra la lamelle sous une pince et positionna le poil au centre du jet lumineux. Puis il regarda dans l'oculaire. Sa chevelure ondulée lançait des reflets orangés dans la lueur vive de la lampe.

— Je vais changer l'objectif… marmonna-t-il en passant en revue les tubes de laiton alignés sur un support de bois. Hum… oui, celui-là devrait faire l'affaire.

L'objectif changé, il se repositionna au-dessus de la pièce oculaire et ajusta à l'aide d'une vis la distance de la lentille de son sujet tout en jouant avec le miroir qu'il faisait pivoter sur son axe pour capter le plus de clarté possible.

— Voilà! fit-il après un court laps de temps.

D'un geste il invita la jeune femme à prendre sa place. Ce qu'elle fit. Elle vit une chose ressemblant à la lame d'une épée dont le centre était légèrement renflé. Le dernier tiers de la longueur de la lame, ou de l'aiguille, était hérissé de petites épines acérées pointant vers le bas de manière que si cette aiguille pénétrait un objet, les épines l'empêcheraient d'en ressortir, à la façon d'une multitude d'hameçons miniatures.

— Alors? demanda Christopher.

— Je ne sais pas... qu'est-ce que c'est?

— Vous regardez le dard d'une abeille.

— Un dard?

— Imaginez un peu ce minuscule dard perçant la peau de votre bras. Le venin passe à travers le tube qu'on peut remarquer dans son axe.

— C'est impressionnant, murmura Dana, qui se souvint très bien de l'effet de la brûlure que provoquait une piqûre de cet insecte.

— Voyons si ceci vous impressionne tout autant...

Il changea la lamelle et réajusta l'instrument. Dana se pencha dessus pour regarder la curiosité qu'il lui présentait: une créature à l'apparence répugnante possédant plusieurs pattes munies chacune d'un crochet acéré. Le corps avait la forme et l'aspect ridé d'un raisin sec.

— Un insecte, suggéra-t-elle en levant les yeux.

— Ce n'est rien de plus qu'un pou de tête, Miss Dana.

— Dieu tout-puissant! s'écria-t-elle en grimaçant de dégoût. Vous voulez dire que ce sont ces affreuses bestioles qui...

— Sucent le sang du cuir chevelu? Vous voulez voir une puce?

— Vous en avez un spécimen?

— Et bien d'autres... affirma Christopher en prenant une nouvelle lamelle. Tenez, essayez de l'installer vous-même.

Toute fébrile, elle s'exécuta. Elle regardait par l'oculaire, le mettant au point sur sa potence avec la vis macrométrique.

Placé derrière elle, Christopher guida ensuite sa main sur la vis micrométrique.

— Allez-y doucement. Vous verrez peu à peu l'image se clarifier.

— Je vois, oui…

Un bruit retentit dans la pièce. Le fantôme du cabinet ondula dans le courant d'air provoqué par l'ouverture de la porte de la salle de billard. Evelyn Seton se tenait dans l'encadrement, le teint maladif, les cheveux décoiffés, l'œil hagard. Christopher et Dana, qui s'étaient retournés de concert, demeuraient immobiles et silencieux devant l'apparition.

— Chris… Mr Aitken, dit la voix éraillée de la femme.

Elle clignait ses yeux rougis par les larmes ou l'alcool. Redressant le buste à la vue de Dana, elle fronça ses jolis sourcils dorés au-dessus d'un regard suspect.

— Evelyn, fit Christopher en revenant de sa surprise. Qu'est-ce qui arrive?

Abandonnant Dana à son microscope, il se dirigea vers la femme, qui chancelait sur des jambes flageolantes.

— Chris… j'ai besoin… de vous parler.

La femme du chirurgien agrippa le bras de Christopher pour éviter de s'effondrer au sol. Dana se leva.

— Je vous laisse, Mr Aitken, dit-elle. De toute façon, j'ai déjà trop abusé de votre temps et j'ai encore du travail.

Le jeune homme, manifestement bouleversé par l'état de Mrs Seton, se tourna vers elle.

— Ce fut un plaisir pour moi, Miss. Peut-être pourrons-nous nous reprendre un autre jour?

Dana lança un regard vers Mrs Seton, qui la dévisageait d'un air contrarié. La femme n'approuvait guère sa présence ici.

— Peut-être.

Sans attendre qu'on la salue, elle s'inclina et quitta le cabinet. La porte venait à peine d'être fermée derrière elle qu'elle entendit la voix d'Evelyn fuser.

— Que faisais-tu avec cette?…

— Evelyn, fit celle de Christopher. Calmez-vous…

— C'est une servante. Je ne tolérerai point que… et puis, que fait-elle dans la bibliothèque de mon mari ?

— Il faudra le lui demander toi-même.

Ne désirant pas être surprise une seconde fois à écouter aux portes, Dana regagna la bibliothèque et s'y enferma. Les voix résonnaient encore, étouffées par les cloisons. Il lui était maintenant impossible de distinguer les mots. Prenant une profonde respiration, Dana reprit sa place au bureau et se replongea dans son travail.

Le calme revint quelques minutes plus tard. On frappa à la porte, qui s'ouvrit. Christopher entra, le visage blême.

— Comment va Mrs Seton ? s'informa Dana.

— Mieux. Elle… elle est très fatiguée et…

— C'est inutile d'expliquer en détail l'état de la maîtresse, Mr Aitken. Cela ne me regarde pas.

Il acquiesça d'un geste de la tête et frotta son front en fermant les paupières comme si un mal de tête le saisissait soudainement.

— Je vous demanderais d'éviter de mentionner ce qui s'est passé à Mr Seton. Je le ferai moi-même.

— Comme je vous l'ai dit, Mr Aitken…

— Christopher… je vous ai demandé de m'appeler Christopher. Ce serait gentil…

— Christopher, dit Dana, gênée de cette marque de reconnaissance.

Ainsi il ne la considérait plus comme une simple domestique, mais comme une employée du chirurgien, au même titre que lui. Christopher n'affichait pas cette prestance guindée des gens de la haute société. Elle avait presque oublié que ses origines étaient aussi humbles que les siennes.

Il marcha d'un pas rapide vers les étagères.

— … Besoin d'un livre… déclara-t-il comme s'il exprimait tout haut la fin d'une pensée. Je ne serai pas long.

— Prenez tout votre temps.

Il prit cinq minutes en tout. Puis il s'approcha du bureau où Dana recopiait un nouveau cas clinique. Ses traits étaient plus détendus.

— Ceci devrait vous intéresser, dit-il en lui présentant un livre. Connaissez-vous Robert Hooke?

Elle fit non de la tête tout en prenant l'objet, qui lui parut bien vieux et fragile.

— Ce scientifique nous a apporté, entre autres, une théorie sur l'élasticité et l'invention de la fenêtre à guillotine comme celle de l'anémomètre. Il s'est penché sur les phénomènes de la gravité et de l'optique pendant des années. Mais son manque de connaissances mathématiques a laissé en grande partie ses travaux dans l'ombre de ceux de Newton, son contemporain. *Micrographia* est à mon avis son œuvre la plus originale. Vous y trouverez le dessin d'un pou et bien d'autres. Je suis certain qu'il vous plaira de le feuilleter.

— Mr Seton n'appréciera pas que je…

— Je suis certain que Mr Seton ne verra pas d'objection à ce que vous le consultiez en restant ici.

Indécise, elle regardait le livre sans l'ouvrir, comme si elle craignait de voir surgir de ses pages des créatures effrayantes dignes de ses cauchemars d'enfant. Christopher consultait sa montre de gousset. Il paraissait nerveux.

— Dites-moi… savez-vous à quelle heure doit rentrer Mr Seton?

— Nous sommes lundi. Il a l'habitude d'assister à la réunion du conseil d'administration de l'hôpital ce jour-là, non?

Hochant la tête de manière équivoque, Christopher restait songeur.

— Je pense que nous allons annuler la soirée au théâtre.

— Mr Seton n'avait pas spécifié cette sortie…

— Je devais accompagner Mrs Seton au théâtre. Dommage de gaspiller ces deux places…

Christopher dévisageait Dana, jonglant avec ses pensées. Elle crut un moment qu'il allait l'inviter à la place de Mrs Seton.

— Je devrai rester ici et m'occuper d'elle…

La jeune femme acquiesça, un peu déçue. Christopher dut le remarquer.

— Vous aimez le théâtre ?

— Oh ! fit-elle en balayant l'air d'une main molle et en chassant la question comme un insecte agaçant.

Le jeune homme attendit une suite à la réponse, qui ne vint pas.

— Peut-être que l'occasion se présentera un jour et que…

Les yeux étonnamment bleus de Christopher la fixaient. Ils étaient aussi bleus qu'étaient noirs ceux de Timmy, observa-t-elle intérieurement.

— Peut-être, dit-elle.

Plongée dans le plus grand désarroi, elle sentit son cœur battre plus fort. Elle se rappela qu'elle était fiancée et se dit que Christopher ne faisait qu'être gentil avec elle.

Le jeune homme l'évitait maintenant et contemplait plutôt la couverture de cuir du livre qu'il tenait entre ses mains.

— Je vais aider Mrs Seton à monter dans sa chambre. Ensuite, je vais sortir pour le reste de l'après-midi. Je serai de retour un peu avant le dîner.

Il sortit.

◆◆

Le lendemain matin et ceux qui suivirent, Dana s'habilla et descendit à la cuisine après que les autres filles se furent déjà mises à l'ouvrage. Elle se rendait dès que possible dans le cabinet où l'attendait le chirurgien ou Christopher. On lui expliquait ses tâches de la journée. Ce travail ne lui prenant plus autant de son temps, elle s'était remise au dessin, emportant en promenade avec elle son coffret. Les endroits offrant des paysages intéressants ne manquaient pas.

Quand la pluie l'empêchait de sortir, comme c'était présentement le cas, elle prenait son livre et se réfugiait dans le grenier de l'écurie pour lire jusqu'au dîner. Mr Bogus venait la rejoindre et frottait son doux pelage en ronronnant bruyamment et en quémandant sa gâterie. Dana avait pris l'habitude de garder quelques bouchées de son déjeuner pour les offrir en cachette au gros matou. Puis, après les avoir avalées, il se roulait en boule dans la paille contre sa cuisse et s'endormait. Il était strictement interdit de nourrir le chat. Son travail était de débarrasser l'écurie des souris qui l'infestaient, surtout au retour des grands froids.

La voix de Will'O faisait écho dans le bâtiment. Il bouchonnait les chevaux tout en leur parlant. La jeune femme l'écoutait d'une oreille en lisant Lewis. Elle avait déjà plongé dans le climat ténébreux du roman noir avec Walpole et Radcliffe, mais Matthew Lewis les surclassait tous avec son audace à décrire des scènes tantôt d'une volupté à faire rougir, tantôt d'une cruauté à donner la chair de poule. Dès sa parution, *The Monk* avait causé un incroyable scandale dans le monde littéraire et avait été perçu comme une œuvre immorale, frappée d'anathème. On avait même dû procéder à une censure du texte pour sa réédition. L'auteur, qui débordait d'imagination, surchargeait de tous les vices son héros, un moine sulfureux, profondément corrompu, qui ne reculait devant rien pour goûter aux plaisirs de l'interdit. Quitte à faire un pacte avec le diable.

Il faisait particulièrement froid aujourd'hui et l'humidité pénétrait les vêtements. Dana aurait volontiers fermé la fenêtre, mais c'était sa seule source de lumière. Bientôt, il lui faudrait trouver une autre cachette pour faire ses lectures. Elle baissa momentanément son livre et regarda le morceau de poulet encore intact. Mr Bogus était en retard. Peut-être que le chasseur avait le ventre trop plein. Elle reprit sa lecture. Le hennissement d'un cheval la déconcentra. Les murs tremblèrent et Will'O poussa un cri. L'une des bêtes avait rué dans son box. Il y eut un affreux moment de silence. La jeune femme pressentit un malheur.

— Will'O ? appela-t-elle.

Son livre était tombé sur ses cuisses et elle en avait perdu sa page. Avec un sentiment d'inquiétude grandissant, elle attendait une réponse qui la rassurerait.

—Will'O!

—Miss! Miss! cria le valet d'écurie. Venez vite! Faut le docteur! Miss Dana!

—Will'O! s'écria la jeune femme en se redressant brusquement.

Elle dévala l'échelle, manquant un barreau par deux fois.

—Will'O, est-ce que ça va?

—Miss! criait le jeune homme, le visage rempli d'horreur. C'est Mr Bogus! Il est blessé. Je vais chercher le docteur. Restez avec lui, s'il vous plaît…

Will'O détala à toute vitesse vers la maison, sous la bruine froide, son étrille encore à la main. Dana tourna la tête en direction des box. L'un d'eux était vide; son occupant avait été attaché plus loin à un anneau fixé au mur et qui servait lorsque les chevaux attendaient d'être sellés.

—Mr Bogus? appela-t-elle en s'approchant prudemment du compartiment. Mr Bo… Oh! Non!

Son cœur se brisa en voyant le gros matou affalé au pied de l'une des parois. L'animal tremblait et émettait des grondements sourds. Il n'y avait pas de sang visible, mais elle devinait qu'il était gravement atteint. Elle lança des regards désespérés autour d'elle. Les voix du chirurgien et de Will'O lui parvenaient de la cour.

Le cœur affolé, Francis pénétra l'obscurité du bâtiment qui empestait le fumier que Will'O n'avait pas encore ramassé. Il localisa Dana dans le box. Penchée, elle lui tournait le dos.

—Dana! Dana! cria-t-il en accourant vers elle. Est-ce que ça va?

—C'est le chat… Faites quelque chose, Mr Seton, supplia-t-elle en retenant les sanglots qui s'accumulaient dans sa gorge.

Elle leva son visage mouillé vers lui; à travers le cafouillage incompréhensible de son valet d'écurie, Francis avait saisi les mots *blessé*, *Mr Bogus* et *Miss Dana*. Refermant les paupières, il comprit avec un énorme soulagement qu'il ne s'agissait que du chat.

—Laissez-moi voir, fit-il en se courbant près de Dana. Vous pouvez m'apporter un peu de lumière?

La jeune femme s'exécuta et tint une lampe au-dessus de l'animal qui était entré en convulsions.

—Il... il a été... frappé par un des chevaux... un coup de sabot, monsieur, expliqua Will'O à son maître.

Placé devant l'évidence qu'il ne pourrait rien pour sauver l'animal, Francis se releva.

—Il est trop gravement atteint.

—Il souffre, monsieur... que pouvez-vous faire pour lui?

—Apportez la masse, Will'O.

Le jeune homme ne bougea pas. Il dévisageait le chirurgien comme s'il lui avait demandé de tuer l'animal lui-même. Comme rien ne se passait, le chirurgien se servit parmi les outils accrochés au mur.

—Miss Cullen, je vous demanderais de vous retirer.

Dana, qui n'avait pas encore compris ce que s'apprêtait à faire Francis, se retourna au même moment où la lourde masse se soulevait au-dessus de la bête blessée.

—Mais, il faut... que faites-vous? Noooon!

Son cri retentit dans l'écurie en même temps que l'outil retombait lourdement sur la tête du pauvre animal. La jeune femme sentit son estomac se contracter devant l'horreur du geste et elle se détourna. Will'O s'était sauvé vers la maison en hurlant.

—Vous... vous l'avez tué? gémit-elle, incrédule.

Le cœur sur les lèvres, elle mit une main sur sa bouche.

—Le chat allait mourir, Miss Cullen. J'ai abrégé ses souffrances.

—Vous l'avez tué! Comme ça? C'est horrible! Parce que, pour soulager un mourant, la seule façon pour vous est de lui écraser le crâne? N'avez-vous donc aucune compassion? Où donc est votre cœur, monsieur le docteur?

Elle ravala un filet de bile, réprima une nouvelle vague de nausées en prenant une grande respiration.

—Vous... vous êtes médecin, Mr Seton, fit-elle observer avec froideur. Votre rôle ici-bas est de soulager les malades et non d'abréger leur vie, qui est souvent une souffrance par elle-même. Je ne vois pas en quoi quelques minutes de moins l'adouciraient. Vous allez à l'encontre de la volonté de Dieu. Quel genre d'homme êtes-vous donc? Après ce que je viens de voir, je ne peux croire que des hommes tels que vous soignent des êtres humains. Oh Dieu! Vous êtes un assassin! Un assassin capable de tuer de sang-froid, sans considération…

Elle s'arrêta, son cœur se débattant dans sa poitrine, son estomac lui remontant dans la gorge. L'outil souillé du sang du chat pendant au bout de son bras, il avait posé sur elle le gris métallique de ses yeux, sondant scrupuleusement le regard qui l'accusait.

— Miss Cullen, dit-il d'une voix contrôlée. D'abord, il s'agissait d'un chat et non d'un être humain. Il souffrait d'une hémorragie interne massive. Je ne pouvais rien pour lui. J'ai fait ce qu'il fallait faire dans les circonstances. Maintenant, vous m'accusez de n'avoir aucune compassion et vous me reprochez d'avoir voulu abréger les souffrances de l'animal. Qu'est donc la compassion pour vous? Mais peut-être que cela vous plaisait de le voir souffrir. Peut-être que j'aurais dû le laisser mourir tout seul, dans d'horribles souffrances, en fin de compte.

Elle le fixa, un peu décontenancée.

— Non… répondit-elle en secouant la tête. Je vous rappelle que cet *animal* avait un nom, monsieur. Il s'appelait Mr Bogus. Et… j'aimais ce chat… monsieur…

N'arrivant pas à retenir plus longuement son chagrin, elle s'enfuit, bousculant au passage Mr Dawson qui arrivait avec Spittal. Surpris, les hommes regardèrent la jeune femme s'éloigner vers la maison en courant. Puis ils se tournèrent vers leur maître, qui contemplait les restes du malheureux chat. Il avait le teint maussade comme le temps; les accusations de Dana lui martelaient l'intérieur du crâne avec autant de force que celle qu'il avait déployée sur la masse. Le doute s'insinuait en lui.

— Dawson, enterrez le chat… euh, Mr Bogus dans un coin du jardin et placez quelque chose de joli sur sa tombe.

Il mit la masse dans les mains du cocher stupéfait en lui ordonnant de tout nettoyer et s'en alla à son tour vers la maison d'un pas raide.

✦✦

Dana se leva avec un léger mal de tête. Trop bouleversée et chagrinée par la mort de Mr Bogus, elle n'avait pas dîné la veille et était montée directement dans sa chambre. L'envie de lire des histoires d'horreur l'avait définitivement quittée pour le reste de la soirée. Elle avait plutôt choisi d'écrire à Harriet. Trois pages complètes de mots venant directement du cœur, pleurant sa détresse et disant à quel point elle s'ennuyait de sa famille. Puis elle avait roulé les feuilles de papier en boules et les avait fait brûler dans le poêle avec le charbon. Harriet ne pouvait apprendre où elle se trouvait ni ce qu'elle vivait réellement. Mais cela lui avait fait un bien énorme de se vider le cœur. Quel homme cruel, ce chirurgien. Quel homme froid et au cœur de pierre.

Quand Mrs Dawson la vit descendre l'escalier de service, elle se mit en devoir de lui préparer un petit déjeuner copieux.

— Je n'ai pas faim…

— Faux, Miss. Ton estomac a faim même si toi tu n'as nulle envie de faire l'effort de lui envoyer quelque chose pour le sustenter. Ça te ramènera pas Mr Bogus de te laisser mourir de faim, pauvre petite. Allons, avale-moi tout ça et tout de suite.

La jeune femme traîna son chagrin jusqu'à la table. Son pied bot lui semblait plus lourd que d'habitude. Elle s'assit avec humeur et piqua sa cuillère dans son porridge. La purée d'un gris terne était aujourd'hui constellée de raisins secs et de noix.

— Je n'en ferai pas une habitude, petite, commenta la cuisinière sur un ton empreint de bonté. Et… Ah! j'allais oublier. Mr Spittal m'a demandé de te dire que tu avais oublié ton livre à l'écurie, hier. Halkit l'a déposé sur le bureau de la bibliothèque. Mr Seton m'a dit de te dire aussi que, si tu désirais emprunter un livre parmi les siens, tu es la bienvenue.

— Où est le docteur ce matin ?

— Parti accoucher Mrs Russel.

Dana finit de manger son porridge et s'enferma dans la bibliothèque avec tout le ressentiment que les livres qui ornaient les étagères de cette pièce pouvaient lui inspirer. C'était ainsi que le chirurgien essayait de se faire pardonner. En lui permettant de fouiller parmi ses précieux livres.

Aujourd'hui, un cas de blessure par balle dans une main, une lacération infectée de la cuisse, l'ablation d'un testicule ulcéreux, une paronychie de l'index, une fracture du fémur au-dessus du *trochanter minor*, sans hémorragie... Dana achevait de copier la dernière entrée : une lithotomie. Elle avait besoin de dégourdir ses jambes et de se changer les idées. Le soleil n'avait pas commencé à décliner. Par la fenêtre, elle pouvait voir Dukie, le chien jaune de Mr Dawson, courir sur la terrasse gazonnée. Elle repensa à Mr Bogus avec tristesse. Toute la journée, l'image du corps du chat tordu par la souffrance était revenue la hanter. Et le bruit qu'avait fait la masse en frappant la tête de la malheureuse bête. Même si elle pouvait comprendre l'esprit rationnel d'un homme de science, elle lui en voulait affreusement de n'avoir nullement tenu compte de ses sentiments à elle. Pour effacer ces horribles visions, elle frotta ses paupières, poussa un profond soupir et, tournant le dos à la bibliothèque, s'absorba dans ce qui se passait à l'extérieur.

Décembre arrivait dans quelques jours ; le jardinier rabattait les buissons au sol et recouvrait de paillis la base des plants pour l'hiver.

Après avoir rangé la plume et bouché l'encrier, elle empila les registres là où elle les avait trouvés à son arrivée. Ce faisant, elle lançait des regards vers les rangées de livres, se souvenant de certains titres qui avaient suscité son intérêt. Elle en était encore à tergiverser sur l'offre du chirurgien lorsqu'elle entendit un bruit provenant du cabinet. Francis Seton était rentré. N'éprouvant aucun désir de le voir, elle éteignit la lampe suspendue au-dessus du bureau et s'apprêta à sortir.

Un fracas figea sa main sur le bouton de la porte. Intriguée, elle tourna la tête en direction du cabinet. Il n'y eut plus rien. Mais la curiosité la gagna et elle se rendit doucement jusqu'à la porte du vestibule. Le cabinet était sombre et désert. Seul le léger grincement de la chaîne du fantôme habitait la pièce. Elle était pourtant bien certaine d'avoir entendu un bruit plus violent, comme celui du verre qui se brisait. Ce fut alors qu'elle s'aperçut que l'armoire à pharmacie habituellement fermée à clé bâillait. Ce qui était inhabituel. Elle voulut la refermer. Un crissement sous sa chaussure l'immobilisa : des fragments de verre et de petites pilules d'un bleu pâle terne.

Qui avait fait ça ?

Elle pivotait pour regagner la bibliothèque quand son regard en rencontra un autre, gris celui-là. Dana sentit ce regard fondre sur elle comme de la chaux vive.

— Mr Seton… arriva-t-elle à articuler. Vous rentrez plus tôt… Je croyais…

L'homme, l'air harassé par une rude journée, pénétra dans le cabinet et déposa sa trousse de cuir sur la table de travail.

— Oui, je voulais terminer…

Un pli barra le front du chirurgien, qui venait de constater le dégât. Il se déplaça prestement jusqu'à l'armoire à pharmacie, se retourna vers Dana et la braqua durement. Elle recula instinctivement vers la porte de la salle de billard, affichant malgré elle un air coupable.

— Ce n'est pas moi, j'ai entendu un bruit et…

— Que faisiez-vous dans cette armoire, Miss Cullen ? C'est Christopher qui devait noter l'inventaire et fermer à clé, aujourd'hui. Non ? Où est-il ?

— Il est absent. Je vous le jure, je n'ai touché à rien. J'ai fait tel que vous me l'avez demandé, se défendait-elle. J'ai copié tous les rapports cliniques et…

Si elle restait une minute de plus, elle allait éclater en sanglots. Elle préféra se sauver et fit demi-tour, fonçant rudement dans le fantôme qui se mit à danser sinistrement au bout de sa chaîne.

Le suaire glissa, dévoilant un squelette brunâtre aux orbites vides et au sourire carnassier.

Dana poussa un cri de frayeur et pivota dans une virevolte pour se retrouver face à face avec le chirurgien qui la saisit par les épaules. Pétrifiée, elle poussa un second cri.

— Miss Cullen !

— Mr Seton ! S'il vous plaît…

Les mains de l'homme enserraient plus fortement ses épaules.

— Calmez-vous, pour l'amour du ciel !

— Je n'ai rien fait… je n'ai rien… fait…

Elle éclata en sanglots. Francis Seton la relâcha et s'écarta promptement.

— Sortez ! ordonna-t-il en se détournant d'elle.

— Je vous prie de me croire, monsieur, geignit-elle, désespérée.

— Sortez ! réitéra le chirurgien plus doucement, sans toutefois se départir de sa froideur.

Elle se figea. Les épaules de l'homme ployaient. Réprimant l'impulsion qui la poussait à s'entêter dans un plaidoyer qu'il n'écouterait pas, elle obéit et se sauva par la bibliothèque en courant ; elle bouscula le majordome qui accourait pour voir ce qui se passait.

Seul dans le cabinet, Francis se pencha sur les morceaux de la bouteille, en ramassa deux qui tenaient encore ensemble par l'étiquette de papier sur laquelle était écrit *cuprum ammoniacum*, des pilules composées de sulfate de cuivre et d'ammoniaque utilisées dans le traitement de l'épilepsie. Que faisait la jeune Cullen dans cette armoire ? Il regarda d'un œil sombre le contenu du meuble. Il réalisa brusquement qu'il manquait une bouteille. Il fit un rapide inventaire ; son cœur cognait follement dans sa poitrine. Les contenants étaient rangés par ordre alphabétique… Il espérait se tromper.

— Monsieur… fit Halkit en entrant dans le cabinet. Qu'est-ce qui se passe ?

— J'essaie de le savoir, gronda Francis.

Ses soupçons se confirmaient. Ses doigts se refermaient fortement sur l'éclat de verre, qui lui entailla légèrement la paume, le faisant grimacer.

— Retournez vite chercher Miss Cullen, Halkit. Et ne perdez pas de temps.

Le domestique obéit sur-le-champ.

La tête du chirurgien s'inclina sur sa poitrine. Ses mains tremblaient presque. Oh! Elles tremblaient…

— Pourquoi, Dana Cullen? Pour venger le chat ou Jonat? murmura-t-il en fermant les yeux sur des images qui ne cessaient de revenir le hanter depuis des semaines.

❧

Le temps était morne et le tonnerre grondait au loin. Une colonne grise montait d'un bûcher. Il avait été allumé à l'extrémité sud-est de la propriété pour éviter que le vent repousse la fumée vers la maison. Mr Dawson y brûlait les branchages récoltés lors du nettoyage de la propriété. Les branches brisées des arbres fruitiers étaient conservées pour parfumer les feux de cheminée de la maison.

Dana jeta un coup d'œil aux alentours. Spittal attelait à la voiture deux des quatre frisons[47], ces superbes chevaux noirs comme du charbon: le chirurgien sortait. Son coffret à dessin sous son bras, la jeune femme contourna l'écurie et avisa la porte du hangar entrouverte. Alison devait s'y être cachée pour profiter de quelques minutes de repos avant de rentrer aider aux corvées de cuisine. Elle lui avait parlé d'un étang où des cygnes venaient souvent se reposer en cette période de l'année. Dana avait terminé la transcription des pages désignées et disposait encore d'une heure avant le dîner.

Deux jours s'étaient écoulés depuis l'incident et elle n'avait plus revu le chirurgien depuis. Après son départ du cabinet, Francis s'était rendu compte qu'une bouteille manquait dans l'armoire

---

47. Cheval originaire de la Frise, l'une des provinces des Pays-Bas. C'est un remarquable cheval d'attelage en raison de ses allures relevées et de sa puissance.

à pharmacie. Évidemment, elle avait été la première accusée du méfait. Après lui avoir fait subir un humiliant interrogatoire, Halkit avait fouillé sa chambre où elle était allée se réfugier. Rien n'avait été trouvé, si ce n'était un morceau de pain oublié depuis des lunes dans le fond d'un tiroir et un cœur de pomme moisi sous un lit. Le chirurgien avait dû accepter sa version des faits : elle avait entendu un bruit et était venue dans le cabinet pour vérifier. Il l'aurait surprise à ce moment. Elle n'avait rien pris dans l'armoire. Qu'il l'eût réellement crue ou non, elle sentait le regard de Halkit la surveiller depuis.

Elle poussa doucement la porte du bâtiment. L'intérieur du hangar était sombre. Brillait dans la pénombre brumeuse le bois lustré du tilbury qu'employaient les domestiques lors de leurs sorties. Y était aussi garé un grand et élégant phaéton peint de couleur claire qui servait aux déplacements de Mrs Seton lorsqu'il faisait beau.

— Allie ?

Elle avait cru entendre un ricanement. Appelant de nouveau son amie, elle attendit et écouta. Le ricanement lui parvint très distinctement du phaéton. Elle se dirigea vers le véhicule, qui bougeait dans un grincement de ressorts métalliques, et grimpa sur le marchepied.

— Allie, je…

— Dana ?

Une deuxième paire d'yeux se joignit à celle de la servante. La tête blonde de Rachel émergea de l'ombre, la bouche pleine de la pâtisserie qu'elle y avait fourrée en entier. Elle s'étouffa ; Alison lui envoya une bonne claque entre les omoplates.

— Ce n'est que Dana, pauvre idiote. Pas la peine de t'étouffer pour ça.

Un brin d'arrogance allumait les prunelles claires de la servante.

— Je t'aurais bien offert de te joindre à nous, Dana, mais tu es si occupée ces derniers jours que j'ai pas osé te déranger. Et là… j'ai donné le dernier biscuit à Rachel. Dommage.

La réplique se voulait intentionnellement blessante.

— Je n'ai nul besoin qu'on m'offre des biscuits en échange de mon amitié, Allie. Je l'offre gratuitement à ceux qui la veulent bien. Je voulais seulement savoir où se trouve l'étang.

La domestique la dévisagea un moment d'un air impénétrable, puis elle lui sourit suavement. Elle sortit de la voiture. Rajustant sa mise comme si de rien n'était, elle expliqua le chemin à Dana.

Alison lui en voulait toujours pour cette « promotion » obtenue et cela blessait beaucoup Dana. Mais elle refusait de se soumettre à ses manipulations enfantines pour regagner son amitié. Elle s'éloigna, se retenant de lui demander si c'était elle qui avait vandalisé l'armoire à pharmacie. La servante ne savait pas lire. Elle n'aurait pu savoir ce que contenait réellement la fiole disparue. Mais elle avait pu commettre ce larcin simplement pour lui nuire et se débarrasser ensuite de l'objet compromettant. Si elle avait pu manœuvrer pour se défaire d'une consœur qui ronflait un peu trop à son goût, elle pouvait aussi facilement tout faire pour que soit mise à la porte une consœur qu'elle jugeait dorénavant comme une pécheresse. Car Alison continuait de croire que Dana avait employé des moyens douteux pour gagner sa nouvelle affectation.

Reniflant, Alison regardait Dana s'éloigner en boitant. Une remarque acerbe lui vint aux lèvres. Mais elle la ravala, s'essuya la bouche et retourna dans la voiture où l'attendait Rachel.

❧❧

Les yeux injectés et la voix grinçante d'Evelyn provoquaient Francis. Il estima qu'elle avait largement usé de cette attitude d'intimidation pour obtenir ce qu'elle voulait au fil des ans. Usé et abusé, observa-t-il tristement.

— Tu ne te méfies pas assez de cette fille. Cette domestique…

Evelyn n'avait pas tort, mais jamais il ne lui donnerait raison.

— Miss Cullen ne fait plus partie de la domesticité, dois-je te le rappeler ? Elle travaille exclusivement pour moi.

—Elle n'est qu'une femme d'un niveau social inférieur. Que sait-elle de la médecine? Sois logique, Francis. Pas plus tard qu'hier, elle nettoyait les cheminées et frottait les cuivres. Demande à l'un des employés de l'hôpital de faire le travail. Ils ont l'éducation nécessaire et sont payés pour ça, non?

—Elle est assez qualifiée pour faire ce que je lui demande. Cela allège le fardeau de Christopher.

—Alléger son fardeau? Elle *ajoute* à son fardeau, je dirais mieux. Je les ai surpris en train de s'amuser avec le microscope. Il en oublie de faire son travail. Et puis, *elle* sait où est cachée la clé de l'armoire à pharmacie…

Le ton exprimait une certaine rancœur qu'il ne releva pas.

—Rien ne prouve que c'est elle qui a dévalisé l'armoire. Le méfait peut avoir été commis par n'importe quel autre domestique.

—Parce que tous les domestiques connaissent la cachette si bien gardée de cette clé, peut-être?

Elle marquait un point.

—On pourrait l'avoir découverte en surprenant Christopher en train de la replacer, qu'en sais-je?

—Et que ferait Alison ou Rachel avec ce poison, dis-moi, mon cher mari? Et Mrs Dawson ou même Halkit? Nos gens sont à notre service depuis des années et n'ont eu rien à se plaindre de leur situation. Nous savons très bien qu'ils ne commettraient jamais un tel délit par crainte d'être sévèrement punis. Je suis certaine que cette intrigante Miss Cullen ment effrontément. Tu attends que l'un de nous se trouve empoisonné pour agir? Jamais on n'a volé ton cabinet avant qu'elle mette les pieds ici.

—Halkit garde un œil sur le cellier et s'assure que personne ne s'approche des marmites. Je lui ai fait vider tous les contenants d'alcool non scellés que j'ai trouvés dans la maison.

—Tu as quoi?! Tout?

Francis souleva un sourcil; une expression sardonique remodela ses traits.

— Je croyais que tu craignais l'empoisonnement, Evelyn. Je pense que pour un temps il sera préférable de tirer ton vin au fur et à mesure. Tu n'auras qu'à demander à Halkit ce que tu désireras.

Son teint de lait s'empourprant, sa femme respira fort et serra les lèvres, mimant à la perfection le sentiment d'outrance extrême. Il se disait parfois que son épouse était meilleure actrice qu'Amy Stanfield. Il se demandait pourquoi ce genre de femme l'attirait.

Il s'en détourna et s'évada dans les paysages qui ornaient les pans de mur entre les fenêtres du salon. Une huile de Constable et une aquarelle de Turner. Tous deux maîtres amants de la lumière et des couleurs qu'elle engendrait. Le premier faisait de son art le vecteur principal de ses sentiments, tranquilles, mièvres parfois, mais indubitablement passionnés. Tandis que le second s'en servait pour exorciser le tourbillon d'ambiguïtés émotives qui l'habitaient, jamais très claires, et pourtant si palpables.

Pour l'heure, les états d'âme de Turner lui convenaient mieux.

Evelyn s'était approchée de lui. Il pouvait sentir son parfum, entendre le chuchotement de sa robe. Quand avaient-ils fait l'amour la dernière fois ? Il y avait eu un temps, pourtant… Puis était survenue la naissance de Lydia, comme une tempête de Turner dans une campagne de Constable.

— Je te mets en garde, Francis, susurra-t-elle très bas. Cette femme est un péril en notre demeure. Je le sens. Si tu n'agis pas, il va se produire quelque chose.

— Miss Cullen fait son travail à la perfection. Je ne peux rien lui reprocher… sinon…

Sinon… Il se disait que, si la jeune Cullen avait eu l'intention de lui faire payer quelque chose, elle s'y serait employée bien avant ce jour-là. Mais, encore une fois, il pouvait se tromper et Evelyn risquait de ne pas avoir tort. Qui sauf Dana aurait eu une raison de dérober le poison ?

— Peut-être te reprocherait-elle quelque chose ? La mort, la profanation du corps d'un proche parent ?

— C'est ridicule… murmura-t-il pendant que son teint prenait la couleur de la pierre.

Le visage adorable d'Evelyn esquissa une moue qu'il ne put interpréter avec certitude. Il n'en avait plus l'envie. Elle inventait de nouveaux personnages qui pensaient pour elle. Elle leur déléguait la charge de mimer ses humeurs. Elle les nourrissait de ce qu'elle refusait de digérer. Désirable et triste Evelyn. Aussi désirable qu'un bel objet de porcelaine dont on finit par se lasser. Car il n'y avait pas de chaleur sous les fards de son beau masque.

Il passa la main sur sa bouche. Pour éviter de reprendre là où ils en étaient, il fit mine de vérifier par la fenêtre.

— Je dois partir, annonça-t-il. Spittal attend avec la voiture.

— Où vas-tu?

— J'ai rendez-vous avec John Thomson pour discuter de cette chaire de pathologie que je veux créer.

— Je dîne seule, encore une fois, soupira-t-elle en se détournant.

Elle caressait distraitement la peau délicate de sa gorge et clignait ses grands yeux. Son jeu de séduction annonçait une requête.

— Pourquoi ne pas l'inviter à dîner ici? Il y a longtemps que nous n'avons donné une soirée. Je m'ennuie.

— Nous avons à discuter, Evelyn, dit Francis en enfonçant son haut-de-forme sur son crâne.

— Encore cette chaire de pathologie qui prend tout le temps que le reste ne te prend pas.

Dehors la pluie tombait dru et giflait les fenêtres.

Il ignora délibérément la dernière remarque, finit de boutonner son carrick et prit sa canne. Evelyn contemplait son mari, se demandant s'il ne se rendait pas plutôt chez sa maîtresse. Pourrait-elle le lui reprocher? Elle le trouvait toujours aussi séduisant. Si seulement cette idée de porter un autre enfant ne l'avait terrifiée au point d'inhiber son désir de lui. Depuis la naissance de leur fille, elle n'avait plus supporté qu'il la touche. Elle ne pouvait qu'admettre que cette situation avait contribué en partie à l'échec de leur mariage. Mais elle n'avait pu faire autrement. Elle était certaine que Francis Seton portait le mal, comme tous les autres Seton avant lui.

Elle savait des choses, maintenant… Des choses qui, si elles étaient rendues publiques, pourraient détruire la réputation de Francis.

On frappa discrètement à la porte. Francis estima que cette diversion tombait à point nommé et il alla ouvrir. Mr Dawson se tenait là, la tenue nerveuse.

—J'ai à vous parler, monsieur, dit-il d'une voix qui voulait n'être entendue que de son maître. C'est urgent.

—Réfléchis bien à ce que tu décideras, Francis, lança Evelyn par-dessus son épaule alors qu'elle se déplaçait vers le pianoforte.

Le chirurgien invita son jardinier à le suivre dans la bibliothèque.

—Monsieur, dit Mr Dawson. J'ai trouvé ceci il y a quelques minutes. Je ne sais pas de quoi il s'agit, mais… j'ai pensé que cela devait vous appartenir.

Refermant la porte sur leur intimité, Francis se tourna vers le domestique qui exhibait une petite bouteille de verre d'un brun opaque. Le temps de comprendre de quoi il s'agissait, il lui arracha le puissant poison des mains.

—Par le Christ! souffla-t-il.

Il lut l'étiquette: *atropa belladonna*. C'était effectivement celle qui avait disparu de l'armoire à pharmacie.

—Où?

—Je nettoyais les arbustes le long de la maison, monsieur. J'ai trouvé la bouteille dissimulée dans ceux qui se trouvent sur la face est.

—La face est? Où exactement?

—Juste sous la fenêtre de la cuisine, celle où se trouve l'évier.

Francis fronça les sourcils.

—On l'aurait lancée de là?

—De cette fenêtre ou de celle au-dessus.

Francis essaya de reconfigurer mentalement le plan de la maison. Mais il était trop énervé pour y arriver sans se tromper.

—Quelle fenêtre se trouve au-dessus, Mr Dawson?

—Celle de la chambre des servantes, monsieur.

Un son grave s'échappa de la gorge du chirurgien.

— Merci, Dawson. Avez-vous fait part de cette trouvaille à quiconque?

— Non, monsieur.

— Alors ne le faites pas. Ni non plus à Mrs Dawson.

— Très bien, monsieur.

Le jardinier attendait d'autres instructions. Perdu dans ses pensées, Francis examinait et manipulait la fiole comme si elle contenait le secret des génies d'Orient.

— Dites à Spittal de dételer. Je ne sortirai pas ce soir en fin de compte.

— Bien, monsieur.

Le domestique parti, Francis examina minutieusement le contenu de la bouteille. Comment savoir si on avait employé du poison? Si peu suffisait…

Ses muscles se crispèrent. Le doute le taraudait plus que jamais.

❖

— Où est Miss Cullen?

La cuisinière leva les yeux sur le maître qui faisait irruption dans la cuisine, l'air sombre.

— Monsieur?

Francis jeta un œil dans la marmite. Les oignons suaient dans le beurre et libéraient un suave et appétissant arôme de caramel.

— Miss Cullen n'est pas encore rentrée, monsieur, commenta Mrs Dawson.

— Elle est sortie? Il y a longtemps de cela?

Dana était partie… S'était-elle enfuie après s'être débarrassée de la belladone?

— Une heure certainement, reprit Mrs Rigg.

Il y avait une heure, les préparatifs du repas n'avaient pas débuté. Mais, bon sang, pourquoi Dana se serait-elle compromise en se défaisant aussi stupidement de la pièce à conviction? Dana était plus intelligente que ça! Elle aurait dû l'emporter avec elle et la jeter dans un endroit où personne ne l'aurait retrouvée.

— Elle avait ses bagages ?

On le dévisagea avec étonnement.

— Elle est partie avec son coffret à dessin, monsieur, expliqua d'un coup Alison, qui pelait les pommes de terre.

La jeune femme sentit le regard de Mrs Rigg lui vriller le dos. La règle était stricte. On ne parlait que lorsque notre opinion était sollicitée par le maître.

— Et Halkit, où se trouve-t-il ?

— Il vient de descendre au cellier, monsieur, l'instruisit Mrs Rigg.

Il lui avait pourtant donné des instructions concernant Dana. Quoiqu'il ne lui eût pas ordonné de la suivre dans ses moindres déplacements. Seulement de veiller à ce qu'elle reste éloignée de la cuisine à l'heure de la préparation des repas et de lui rapporter tout comportement suspect.

— Elle devrait être rentrée à cette heure, non ? Personne n'est parti à sa recherche ?

Mrs Rigg fit peser son agacement sur la cuisinière, qui fit mine de ne pas s'en apercevoir. Elle reporta son attention sur son employeur et s'éclaircit la voix en redressant dignement les épaules.

— Par un temps pareil, monsieur ?

— Raison de plus !

— Vous voulez que j'envoie Will'O ?

Il grogna de mécontentement.

— Non, laissez Will'O.

Il devait régler ça lui-même. En dehors de Halkit, de Christopher et d'Evelyn, personne n'avait été informé de la disparition de la belladone. Il avait intentionnellement gardé secret cet incident pour éviter de semer la panique dans la maisonnée. Il s'immobilisa sur le seuil de la porte de la cuisine.

— Dites-moi, Alison, avez-vous une idée où Miss Cullen pourrait être allée ?

— Elle m'a parlé qu'elle voulait se rendre jusqu'à l'étang, monsieur.

— L'étang ?

— Celui qui se trouve sur la propriété des Warrender.

— Mais c'est à plus de deux *miles* d'ici ! Que ferait-elle là-bas ?

— Dana voulait s'y rendre pour dessiner, monsieur.

— Dessiner ?

— Les cygnes, monsieur.

Francis exprima une moue agacée, repartit, puis revint sur ses pas.

— Alison, pourquoi n'avoir rien dit dès le début ?

La jeune femme coula un regard vers Mrs Rigg qu'elle avait sentie réagir derrière elle.

— Parce qu'on ne me l'avait pas demandé, monsieur.

L'homme resta un moment à contempler avec étonnement la servante, hocha la tête et disparut.

Le soufflet vint si rapidement qu'Alison n'eut même pas le temps de l'éviter.

— Petite impertinente ! gronda Mrs Rigg entre ses dents avant de sortir de la cuisine à son tour.

✦✦

Le vent glacé soulevait son carrick et des tourbillons de feuilles mortes autour de lui. La pluie torrentielle avait fait place à une pluie fine. Pataugeant dans la boue, il franchit le muret de pierre. Une brèche négligée s'élargissant d'un hiver à l'autre permettait un passage dans Bruntsfield Parks, propriété de Mr Hugh Warrender. Le terrain était relativement plat et boisé par endroits et servait de pâturage. La silhouette de Bruntsfield House se distinguait à peine derrière la brume qui se levait. Scrutant le paysage, il se mit automatiquement en marche en direction du sud-ouest.

Il lui venait constamment sur la langue un goût putride et nauséeux, comme celui décrit par l'homéopathe Samuel Hahnemann, qui avait fait des recherches plus poussées sur la belladone.

— Par le Christ ! murmura-t-il en levant son visage vers celui qu'il implorait, la bouche ouverte. Je deviens complètement paranoïaque.

Un frisson le secoua et il recracha l'eau de pluie avec un jet de salive bilieuse. L'étang lui apparut enfin, entouré d'une futaie de chênes nus. Le petit pavillon était là, comme dans ses souvenirs, tandis qu'il venait ici, enfant, pour pêcher seul. Il s'arrêta et demeura un instant immobile à écouter le vent siffler dans ses oreilles. Rien ne bougeait derrière l'unique fenêtre de la bicoque. Et si Dana avait menti à Alison et qu'elle se fût vraiment enfuie? Il se dirigea vers la construction d'un pas décidé.

La porte s'ouvrit en un coup de vent. Tout dégoulinant, Francis resta sur le seuil un moment, ajustant sa vue à la pénombre. Un mouvement souleva son regard. Elle était là. Un sentiment de soulagement l'envahit, sans toutefois arriver à dissiper les craintes qui lui nouaient le ventre.

— Mr Seton? Je…

Elle s'était levée. L'expression de froideur la fit taire. Elle se rassit.

— Pouvez-vous m'expliquer ce que vous fabriquez ici par un temps pareil?

— Je me suis perdue et ensuite l'averse m'a surprise… Donc je me suis permis… mais peut-être aurais-je dû rentrer immédiatement. Je ne croyais pas qu'on remarquerait… C'est que j'attendais que mes vêtements soient un peu plus secs. Il pleut toujours…

La succession des évènements des derniers jours avait tendu Francis jusqu'à un point extrême. Il en rêvait la nuit et se réveillait trempé de sueur. Il détourna la tête et serra fortement les mâchoires pour ne pas hurler la détresse qui lui vrillait l'estomac. Il prit une profonde inspiration. Il s'astreignit au calme.

« Tu es le maître de tes propres malheurs », lui revenait comme un refrain une voix du plus profond de son esprit. Sitôt qu'il avait appris qui était véritablement cette femme, il aurait dû la mettre à bonne distance de lui. Mais il s'était obstiné, l'abritant sous son toit, lui faisant aveuglément confiance. Et maintenant…

Refermant la porte derrière lui, Francis secoua son carrick. Il remarqua l'état pitoyable de la tenue de la jeune Cullen. Sa pelisse était suspendue à un crochet au mur. Elle grelottait, frictionnait ses bras, et ses lèvres étaient bleutées. Il baissa les yeux sur la robe mouillée. L'ourlet était détrempé jusqu'aux cuisses, les moulant indécemment. Il en apprécia les formes un moment, se disant que, tout bien considéré, il aurait mieux fait d'envoyer Halkit à sa place. Il faisait confiance à Halkit. Le majordome n'aurait pas mis plus de temps à revenir avec elle qu'il en aurait mis à la trouver.

Notant ce qui captivait Francis, Dana décolla promptement le tissu trempé.

Dans un geste qui marquait son mécontentement, le chirurgien décrocha la pelisse du mur.

— Nous rentrons, dit-il en lui rendant le vêtement lourd d'humidité.

Que lui méritait tant de dévouement de la part de Francis Seton? Pourquoi n'avait-il pas expédié un domestique à sa rescousse au lieu de venir lui-même la chercher? Ou bien le chien, à ce qu'elle en savait! Mais oui, pourquoi pas le chien, finalement? C'étaient des chiens qu'on lançait aux trousses des voleurs, non? Comme le canard boiteux qu'elle était, elle serait docilement rentrée, son maigre mollet coincé entre les crocs de Dukie, pour la plus grande satisfaction du maître.

Ruminant sa rancœur, elle revêtit le manteau et récupéra son coffret à dessin sur un banc.

— Qu'est-ce que c'est? interrogea Francis, soupçonneux, en indiquant l'article du menton.

— Mon coffret à dessin. Vous voulez le fouiller? Peut-être que j'y cache un objet *volé*. Sait-on jamais!

La frustration des derniers jours reprit le dessus, nuançant le ton de sa réplique qu'elle voulait sans ambiguïté. Francis suspendit sa réponse, le temps de se souvenir. «Elle est partie avec ses crayons…» avait spécifié Alison. Il se força à respirer plus lentement, en profondeur. Elle était vraiment venue pour dessiner.

— D'accord, fit-il en levant les mains comme pour demander une trêve. Nous attendrons que la pluie diminue d'intensité et que vos vêtements soient plus secs avant de repartir.

Il se dirigea ensuite vers le poêle. Il y lança du bois d'allumage et une bûche, prit son briquet et le battit plusieurs fois avant que l'amadou s'enflamme. Évitant toujours de la regarder, il se redressa et attendit que la lumière du feu nimbe l'intérieur du pavillon d'une teinte chaleureuse avant de s'éloigner vers une armoire. Le feu de la colère brûlant encore le ventre du chirurgien, Dana le vit fouiller dedans. Il revint vers elle avec une bonne couverture, une bouteille de whisky déjà entamée et deux verres à l'aspect douteux.

— Il n'y a pas de thé.

Il lui présenta la couverture.

— Qu'attendez-vous pour retirer votre manteau ? Couvrez-vous avec ceci.

D'un geste sec elle prit la couverture et, réfrénant son envie de la lui lancer à la figure, la secoua, l'examinant au cas où elle abriterait des punaises ou quelque excrément de souris.

Lui tournant le dos, Francis se posta devant l'unique fenêtre du petit pavillon et déposa la bouteille et les verres sur un guéridon placé devant. Puis il versa le whisky. Le feu qui crépitait maintenant dans l'âtre éclairait l'intérieur d'une douce lueur fauve. Son verre à la main, il s'était plongé dans la grisaille du mauvais temps qui assombrissait le paysage. L'éclat rubicond d'un bouvreuil pivoine traversa son champ de vision pour s'envoler vers l'étang. Il suivait l'oiseau des yeux quand ce dernier passa derrière le reflet du feu sur la vitre. Le regard de l'homme se fixa alors sur l'image floue de la silhouette de Dana qui se découpait devant le jeu des flammes. Le mince tissu de sa robe laissait plus que deviner les formes du corps. Il porta son verre à ses lèvres. L'alcool lui brûla la gorge. « Mauvais whisky », jugea-t-il en grimaçant. Il allait sans dire que le garde-chasse des Warrender s'approvisionnait auprès des contrebandiers. Le liquide lui réchauffa néanmoins l'estomac. Puis, son intérêt se reportant sur le coffret, il douta…

Elle avait pu conserver une petite quantité du poison et le mélanger au whisky. Mais comment pouvait-elle deviner qu'il serait venu jusqu'ici la chercher ?

Il allait devenir fou !

Emmitouflée dans la couverture, Dana s'était rassise sur le banc. Sa pelisse était déposée sur le dossier d'une chaise, mise à sécher devant le feu. Un long moment s'écoula pendant que chacun dans son retranchement s'efforçait de retrouver un peu de calme.

— Vous avez encore froid ?

— Non, merci, monsieur.

Francis lui apporta son verre.

— Buvez. Cela vous fera du bien.

Elle regardait le liquide ambré sans réagir.

— C'est que je ne bois pas de spiritueux, monsieur. Mon père désapprouvait.

— Considérez que c'est une ordonnance de votre médecin. Buvez, Miss Cullen.

Il avait appuyé sur les trois derniers mots.

— Combien de temps devrais-je encore travailler gratuitement pour vous rembourser les frais de cette consultation, docteur Seton ?

Francis tiqua. Il se retint néanmoins de répondre. Le léger tambourinement de la pluie sur le toit assourdissait les crépitements du feu dans le petit poêle de fonte. On entendait quelque part le clapotis d'une fuite. Dana hésitait toujours à accepter.

— Votre whisky vient de la même bouteille que le mien, fit insidieusement observer Francis.

Elle ne saisit pas le sous-entendu, crut même qu'il désirait la mettre à l'aise en cherchant maladroitement à se faire aimable. Montrant un peu de bonne volonté et se composant un visage plus détendu, elle prit la boisson offerte et en avala une gorgée en grimaçant.

Elle avait bu. Pour masquer son malaise, Francis s'éloigna vers l'autre banc. Le bois rouge du coffret luisait près de lui. Il arrêta son regard dessus. D'un geste incertain, il en caressa le couvercle.

— Ne vous gênez pas, lui dit Dana. De toute façon, tout doit être en ruine à cause de l'eau.

Il dévisagea la jeune femme. Elle soutenait son regard. Il déposa son verre et ouvrit le coffret avec prudence, comme s'il contenait une créature maléfique susceptible de lui sauter à la gorge. Rien que des dessins. Les bords des feuilles de papier étaient pour la plupart imbibés d'eau et le papier ondulait. Mais l'essentiel avait été sauvé. Il les examina l'un après l'autre en silence : un enfant s'amusant avec un cerceau ; une femme, Mrs Dawson, absorbée dans sa lecture ; un garçon se concentrant sur son écriture. Aucun des personnages esquissés ne regardait l'artiste. Leur pose n'avait rien de rigide. Leurs traits témoignaient des émotions vraies qui les habitaient à cet instant précis. Des scènes de la vie, des clichés, moments volés à l'insu des sujets. D'un naturel saisissant dénué de toute subjectivité.

Il s'attarda plus longuement sur un dessin d'Alison allongée dans l'herbe, le regard levé vers le ciel. On devinait le rêve, l'attente de quelque chose de merveilleux. Et le calme des émotions. Dana voyait ce que les yeux ne voyaient pas. Que pouvait-elle lire en lui, en cet instant même ?

— Vous avez du talent, Miss Cullen.

Une admiration non feinte perçait l'intonation qui se voulait détachée.

— Merci, monsieur, fit Dana, sensible à la sincérité du compliment.

— Les paysages dans la vitrine du papetier Nasmyth, ils étaient de vous ?

— Oui. Mon oncle me permettait de placer quelques-uns de mes dessins dans sa vitrine. Ma tante l'avait convaincu qu'ils pourraient attirer les clients.

Francis sourit, se souvenant très bien de ce qui avait attiré son attention dans la vitrine de cette boutique qu'il n'avait pas l'habitude de visiter. Mais aussi de ce qui l'avait poussé à y entrer. Il étudia encore un moment les dessins, revenant souvent sur ceux d'Alison et de la liseuse. La sœur de Jonat, une artiste. Il ne devait pas s'en étonner. De quoi aussi était faite la jeune Cullen ? Bien que formée dans la matrice de la rigueur de l'Église presbytérienne, elle possédait un esprit combien souple!

Il continuait de regarder le dessin qu'il tenait dans sa main. Le doute persistait toujours en lui et le goût du poison traînait toujours sur ses lèvres. Il devait trouver une façon de la forcer à avouer, sinon découvrir ce qu'elle savait de lui. Le dessin alla rejoindre les autres dans le coffret. Malgré lui, les lèvres du chirurgien s'ourlèrent pour lui donner un air narquois. Une idée germait tranquillement dans sa tête.

Francis releva le menton et étira nonchalamment une jambe devant lui. Le reflet des flammes mordorait le gris de ses yeux. Les mèches de cheveux enluminées commençaient à sécher en larges boucles autour du visage énergique. La respiration de Dana se fit légèrement plus lourde. Bizarrement, elle imagina ce visage prenant forme sous les traits de son crayon. La lueur du feu qui mettait en relief l'ossature lui conférait un teint de petit pain doré. De petit pain doré… Elle aimait les petits pains dorés, à la croûte dure et à la mie… si tendre.

C'était la première fois qu'elle considérait l'aspect physique du chirurgien. Elle se demanda quelle expression un doux moment de tendresse imprimerait sur ses traits. D'un brusque mouvement, elle redressa les épaules et la tête et détourna son regard de celui qui subvertissait maintenant sa raison. L'alcool lui piqua la gorge et la fit larmoyer; elle se concentra pour s'empêcher de tousser. L'effet désagréable de la boisson se volatilisa. Elle pria pour que le ciel se dégage rapidement.

Quand ils se mirent en route, la noirceur rampait derrière la brume dans la campagne. Dana suivait Francis sur la route crevée. Cette année, l'affreux automne tavelait le visage du pays comme la pelure d'une pomme trop tendre, pour les froidures d'un hiver hâtif. La pluie qui avait cessé n'était que partie remise. Et bientôt elle se figerait en légers cristaux, couvrant les rides de la terre comme un masque de jouvence jusqu'au prochain printemps.

Le silence était plein des bruits de la campagne. On rassemblait le bétail dans les pacages : bêlements, aboiements. À l'occasion, l'appel du berger et les derniers pépiements des oiseaux qui rentraient au nid. C'était l'heure du loup.

Le froid engourdissait les doigts de Dana qui se crispaient sur son coffret. Elle grelottait dans ses vêtements encore humides. Francis Seton marchait à quelques pas d'elle ; il se retournait de temps à autre pour la regarder. La lune, qui commençait à se dévoiler derrière les gros nuages poussés par un vent frisquet, faisait briller ses yeux dans l'ombre de son haut-de-forme. Son carrick flottait autour de son corps. Son aspect sinistre évoqua chez Dana le loup-garou d'Alison. Et de repenser à Alison lui fit soudain prendre conscience que le chemin que la servante lui avait indiqué pour se rendre au pavillon et où elle s'était égarée était différent et plus long que celui-ci.

Le retour du maître et de Dana provoqua tout un remue-ménage dans la cuisine. L'heure du dîner était passée, mais on avait gardé le repas au chaud. Mrs Dawson s'empressa ; une louche apparut dans une main. La fée des marmites mettait en branle le service pour Mr Seton. Mrs Seton souffrait d'un mal de tête et était montée à sa chambre.

La fille de cuisine s'activait. Dana prit le chemin de l'étage pour se changer. Mrs Dawson remuait la soupe qui fumait et diffusait son arôme dans la pièce.

— Qu'on dresse un deuxième couvert, lança Francis à l'endroit d'Alison, qui attendait près de la porte.

— Mr Aitken dîne à l'extérieur, lui rappela la cuisinière.

— Je sais, grogna Francis. Il sera pour Miss Cullen. Et veillez à ce que l'on ne nous dérange point.

Alison lança un air stupéfait vers Mrs Dawson.

— Mr Seton ! s'exclama cette dernière, comme s'il venait d'enfreindre les dix commandements d'un seul coup.

Mais le maître était déjà sorti.

Vingt minutes plus tard, Dana allait prendre sa place habituelle à la table des domestiques. Devant l'air ébahi que tous dirigeaient vers elle et remarquant que son couvert n'avait pas été dressé, elle crut bêtement que Francis Seton la privait de dîner.

— Tu dînes à la table du maître, lui expliqua la cuisinière sur un ton improbateur en mettant une deuxième tranche de bœuf sur la grille.

Désemparée, Dana resta soudée au plancher.

— Allons ! Ne le fais pas attendre.

Alison lui chuchota sournoisement dans l'oreille :

— Qu'as-tu fait pour mériter cet honneur, Dana ?

Un regard aussi meurtrier qu'une paire de pistolets de duel lui cloua le bec.

Un grand candélabre d'argent à cinq branches éclairait la table et créait des ombres multiples dansant autour de tout objet. Halkit attendait derrière la chaise qui lui était assignée, à la gauche du maître. Francis avait commencé à manger sans attendre qu'elle fût assise, trempant un morceau de pain dans le bouillon de bœuf. Le majordome approcha la chaise de la table. Elle posa doucement son postérieur sur la belle tapisserie qui recouvrait le siège. D'un geste magique, Francis fit disparaître le serviteur. Puis il plongea sa cuillère dans sa soupe, l'invitant à faire de même.

— Mangez pendant que c'est chaud. Après le refroidissement que vous venez de subir...

Il enfourna avec appétit un autre morceau de pain, puis une autre cuillerée de soupe. Dana n'osait même pas toucher à son ustensile. Le délicieux fumet qui montait de son bol eut toutefois raison de sa gêne et elle prit sa cuillère en tremblotant légèrement.

Ils mangèrent en silence, Francis sans plus de façon, Dana en contrôlant chacun de ses mouvements. Elle essayait de ne pas faire de bruit avec ses ustensiles, rompait son pain en minuscules bouchées pour éviter de mastiquer trop longuement et d'avaler bruyamment. Francis ne portait plus attention à elle. Furent ensuite servies les belles tranches de bœuf grillé avec des légumes à la crème.

La jeune femme s'appliqua sur son maintien et ses manières. Sa tranche de bœuf saignait dans son assiette. Elle n'avait jamais mangé de bœuf aussi cru. C'était dégoûtant.

Francis déposa sa fourchette et finit de mastiquer sa bouchée. La lumière mouvante des chandelles ciselait les traits délicats de la jeune femme qui refusait de le regarder en face. Elle piquait dans ses légumes et les portait à sa bouche avec lenteur, mastiquait sa viande en s'efforçant de ne pas grimacer, trop consciente qu'il la regardait.

— Vous n'avez pas faim? questionna-t-il après un moment.

— Si, fit-elle timidement.

— Auriez-vous préféré manger seule dans la cuisine? »

Elle ne savait quoi répondre. Elle n'osait lui avouer son dégoût pour la viande saignante. Tout bien pesé, elle aurait préféré manger seule dans la cuisine.

— Regardez-moi quand je m'adresse à vous, Miss Cullen.

Elle obéit. Il la considéra.

— Monsieur, je ne crois pas que ce soit une bonne idée de m'octroyer des privilèges et que… je veux dire. Que diront les autres?

— Je ne peux empêcher les domestiques de penser ce qu'ils veulent. Mais je ne tolère pas le manque de respect sous mon toit. Ils le savent.

Redevenu silencieux, le chirurgien pianotait sur la table, pensif.

— Le clairet vous plaît?

— Il est très bien, monsieur…

Pour appuyer son commentaire, elle prit son verre et le porta à ses lèvres.

— Château Lafite 1802. Un millésime particulièrement réussi. Il vient d'arriver. La guerre a beaucoup nui au commerce avec la France. Je n'aime pas beaucoup l'alcool, mais j'apprécie un bon vin quand il m'arrive d'en boire un.

Il souleva son propre verre et fit tourner le liquide rubigineux devant la lumière des chandelles pour en contempler la robe. Il le huma, hocha la tête d'un air satisfait. Puis il posa cette question étrange.

— Vous savez ce qu'est la belladone, Miss Cullen ?

Dana avala la gorgée qu'elle venait de prendre.

— Une plante médicinale, monsieur.

— C'est exact. Administrée à doses infimes, elle fait des miracles pour guérir certaines affections. Mais à doses plus importantes, elle provoque des états morbides qui peuvent provoquer de grandes souffrances.

— Je ne savais pas, admit-elle en enfournant un morceau de viande.

Il étudia consciencieusement les traits de Dana. Elle supportait l'examen avec équanimité. Ce qui le confondit dans ses appréhensions. Soit elle ne savait vraiment rien de la belladone, soit elle jouait merveilleusement bien son rôle de dissimulatrice. Comme son frère avait si bien su le faire. Car Jonat l'avait trompé jusqu'à la fin.

— Il provoque d'abord des frissons, des absences, des céphalées douloureuses et des vertiges. Ensuite surviennent une surexcitabilité, des larmoiements et des brûlures aux yeux qui entraînent des troubles pouvant aller jusqu'à la cécité. Puis une soif intense, des spasmes tétaniques et des périodes de délire…

— Monsieur, le coupa Dana en avalant sa bouchée avec répugnance, c'est inutile de me décrire tous les symptômes.

— Je croyais que votre *frère* vous aurait instruite de tout cela.

— Peut-être l'a-t-il déjà fait. Mais je ne peux pas retenir tout ce qu'il m'a appris…

Elle força une autre bouchée entre ses lèvres.

— Pourtant, tout le monde sait que les baies de *belladona* sont un poison violent, Miss Cullen.

Il calcula un temps de silence. Dana s'arrêta de mastiquer, avala sa bouchée et allongea le bras pour la faire passer avec un peu de vin.

— Je me demande bien pourquoi on aurait voulu en voler dans mon armoire à pharmacie. Et il en faut si peu qu'on ne peut détecter son odeur fétide dans les aliments ou… dans le vin.

Sa coupe au bord des lèvres, Dana suspendit son geste. Puis lentement elle la déposa. Elle venait d'apercevoir une fiole parmi les objets sur la table. Elle lut l'étiquette qui lui faisait face et pâlit. Puis elle pencha la tête sur son assiette, et encore sur son verre presque vide. Elle ne se rappelait pas avoir vu Francis le remplir devant elle à son arrivée. Il était déjà plein. Un serrement de gorge ; une crampe de l'estomac. Elle leva les yeux vers le chirurgien.

— Monsieur... parvint-elle à articuler d'une voix étranglée par l'angoisse. Je vous le jure... Ce n'est pas moi...

Sous l'impulsion de l'horreur de ce qu'elle appréhendait, Dana s'était levée. Une forte nausée la saisit.

— Pourquoi voudriez-vous user de ce poison, Miss Cullen ?

Il s'était dressé devant Dana, le visage rouge d'une fureur si subite qu'elle s'en pétrifia.

— Mais qu'avez-vous fait ! Qu'avez-vous fait ! Pourquoi ? Ce n'est pas moi... Je ne ferais jamais une telle chose !

— Même par vengeance ?

D'un froncement de sourcils, d'un hochement de tête, Dana exprima son incompréhension. Elle s'écarta de la table.

— Me venger ? Mais de quoi ? De ce que vous avez fait à Mr Bogus ? Comment pouvez-vous croire une telle horreur ? Même si la façon dont vous avez agi m'a révulsée, j'ai compris que vous n'aviez voulu que mettre fin à ses souffrances.

Une main tremblante sur son ventre et l'autre sur sa bouche, elle allait s'enfuir. Francis la rattrapa par le poignet et l'en empêcha. Dans le visage décomposé de Dana, il ne vit que la peur. Une peur incoercible. Il prit quelques secondes avant de comprendre ce qui arrivait. Il avait poussé le jeu trop loin. La crainte sournoise dans laquelle il avait vécu ces deux derniers jours avait atteint sa raison. Il en était venu à se convaincre qu'elle savait tout de sa relation avec Jonat. Qu'elle s'était immiscée dans sa vie dans le seul but de lui rendre justice. Il se rendait brutalement compte que cela ne tenait pas debout. Ça n'avait tout simplement pas de sens ! Il était maintenant clair qu'elle ne savait rien de lui et de Jonat. Pas plus qu'elle n'avait pris la belladone. Mais rien n'expliquait le vol du poison.

Le souffle court, la jeune femme se débattait pour lui échapper.

— Miss Cullen… Ne craignez rien, dit-il avec plus de douceur en la retenant avec fermeté.

Il sentit la délicate ossature jouer sous ses doigts, la tiédeur et la finesse de la peau qui se tordait, là où battait très fort le pouls.

— Votre vin provient de la même bouteille que le mien.

Elle gémit. Deux fois qu'il faisait cette remarque. Elle comprit tout à coup sa froideur, ses sarcasmes, ses brusqueries et les sous-entendus à peine voilés qu'elle n'avait su décoder. Il l'avait vraiment crue coupable. Il l'avait crue capable de l'empoisonner. Pourquoi ? Pour se délivrer de sa dette ?

— La bouteille a été retrouvée sous la fenêtre de votre chambre.

— Ce n'est pas moi. Je vous prie de me croire. Je vous le jure sur ce que j'ai de plus cher, monsieur, dit-elle d'une voix larmoyante.

— J'ai fait erreur, je le constate avec consternation, dit-il en relâchant lentement le poignet. Mais n'empêche que la belladone a été volée et je dois savoir par qui.

Son bras libéré, elle le ramena contre sa poitrine, le frictionnant. La chaleur communiquée par la main de Francis continuait de marquer sa peau.

— Peut-être qu'Alison… avança-t-elle.

Le stratagème de la servante avait été trop loin. Elle avait horreur d'accuser sans preuves, mais l'affaire était trop grave pour qu'elle garde le silence sur ce qu'elle soupçonnait.

— Alison ? Elle sait où est cachée la clé de l'armoire à pharmacie ?

— Elle peut m'avoir vue la replacer. Il est arrivé qu'elle soit entrée au moment où je fermais. Je… c'est de ma faute. J'ai été insouciante. J'aurais dû vous prévenir et cacher la clé ailleurs. Je ne croyais pas qu'elle aurait pu s'en servir.

— Pour quelle raison Alison aurait-elle volé la bouteille de belladone pour ensuite la jeter par la fenêtre ?

— Je crois… Oh! Monsieur, je ne suis pas assurée de ce que j'avance, mais… vous m'avez accordé certaines faveurs.

— Par jalousie?

— Je suis certaine qu'Alison ne voulait pas véritablement faire de mal. Elle est incapable de lire. Comment pouvait-elle connaître le contenu de la bouteille? Elle aurait seulement fait ce geste dans l'espoir que le vol me soit imputé et que vous me mettiez à la porte. Elle est presque… arrivée à pire…

Une profonde affliction mouillait les beaux yeux vairons. Francis les contempla longuement. Son visage ne se trouvait qu'à quelques pouces du sien. Il baissa son regard sur les lèvres, qui se serraient pour retenir les sanglots.

— Je suis… navré, vraiment, murmura-t-il, mortifié au-delà des mots. Je devais m'assurer de votre honnêteté, comprenez-vous?

— Je ne vous ai jamais menti, monsieur…

«Oh, si! Vous m'avez déjà menti, Dana Cullen. Pourquoi l'avoir fait pour ce bon à rien de Nasmyth?» eut-il envie de lui demander. Il pouvait lui dire quel genre d'homme était vraiment son cousin. Mais il préférait attendre. Il les avait vus ensemble, marchant main dans la main. Il en avait ressenti un vif malaise. Un trouble qu'il n'avait osé interpréter.

— Pour le vol de la belladone, je vous sais innocente, déclara-t-il pour clore l'affaire. Demain, j'interrogerai Alison.

— Soyez indulgent, s'il vous plaît, monsieur. Alison est jalouse, mais, au fond, ce n'est pas une mauvaise fille. Il faut savoir tout ce qu'elle a vécu.

— Je sais, oui. Je verrai… Je ne quitterai la maison pour l'hôpital que vers la fin de l'avant-midi. Vous travaillerez dans le cabinet avec Christopher, annonça-t-il comme si tout ce qui venait de se passer était d'une banalité sans importance.

N'osant le confronter à nouveau, elle opina. La frange raide de mèches brunes sur son front lançait des reflets de bronze. La coiffure était si tendue et si serrée que la lumière coulait dessus comme sur un casque d'airain. Il se prit à l'imaginer libre de rebondir sur les épaules. Les cheveux de Jonat bouclaient… Il ne pouvait empêcher les comparaisons d'affluer. Dana le captivait tout autant que son frère l'avait fait. Même finesse des os, même regard pénétrant. Sa vive intelligence et sa sensibilité à fleur de peau. La couleur des cheveux, aussi, et… cet œil noisette. Tout lui rappelait Jonat. C'était fascinant et terrifiant à la fois. Car il y avait que Dana était une femme…

Il éloigna son regard d'elle.

— Bonne nuit, Miss Cullen.

Sans répondre, Dana sortit. Il entendit ses talons claquer sur le marbre et dans le grand escalier qu'elle grimpait au pas de course. Le bruit s'estompa graduellement, mais non la lourdeur qui pesait sur son cœur. Pour la première fois de sa vie, mortifié du perfide jeu auquel il l'avait soumise, il se détestait. Encore plus se détestait-il pour ce qu'il avait accepté de faire, un matin brumeux sur le bord de la Tamise, il y avait de cela dix ans. Et cette réponse à la lettre qu'il avait expédiée à Londres qui se faisait attendre…

Chapitre 13

« L e cercueil n'est pas un puits du savoir… »
« Les morts expliquent la vie… »

Les voix de Henry et Jonat Cullen se disputaient quelque part dans le temps. Dana tournait sur elle-même, vers l'un, vers l'autre, cherchant à les réconcilier. Les deux hommes l'ignoraient, comme si elle n'existait pas. Henry brandissait la sainte Bible. « Blasphème ! Tu es condamné à la perdition éternelle ! » Jonat grognait et l'injuriait. Ses bras se couvraient de poils et son nez s'allongeait comme celui d'un loup. Effarée, la jeune femme s'interposait entre eux. C'est alors que Jonat se retourna vers elle et la fixa avec les yeux d'un animal qui n'avait plus rien d'humain.

Elle se dressa dans le lit, un cri étouffé dans sa gorge, ses mains se refermant sur le vide.

Les battements de son cœur tambourinaient sous la peau moite de ses tempes. Les yeux fixes de stupeur, elle s'efforçait de retrouver un souffle normal. De longues minutes s'écoulèrent. Le vent mugissait dehors, comme la plainte d'un mourant. Un cauchemar… Ce n'était qu'un cauchemar.

En prenant soin de ne pas réveiller Alison, elle s'assit dans le lit et alluma la chandelle sur la petite table. Son livre était posé là ; un ruban rose brodé de blanc par Harriet fendait la tranche rendue grise de saleté. Sa sœur lui avait offert le signet à son dix-huitième anniversaire de naissance. Jetant un œil sur les trois filles qui dormaient, elle prit son roman et l'ouvrit sur la page marquée. Lire. Lire pour chasser le rêve.

Depuis une semaine, avant d'éteindre, elle avait pris l'habitude de lire aux filles des passages choisis dans *The Monk*. Il leur arrivait aussi de jouer certaines scènes et leur préférée était celle où on racontait la ballade de Durandarte et Belerma qu'avait chantée la voluptueuse Mathilde au moine dissolu Ambrosio. Abigail, qui savait lire, jouait le rôle de la narratrice et commençait le texte ainsi :

« *Triste et terrible est l'histoire de la bataille de Roncevaux ; dans ces funestes champs de gloire périt plus d'un vaillant chevalier…* »

Rachel, Alison et Dana mimaient les chevaliers en action, se transperçant tour à tour de leurs épées invisibles. Puis, dans des soupirs et des ricanements étouffés, elles s'écroulaient au sol d'une noble mort. À ce moment-là, Abigail reprenait son récit :

« *Là tomba Durandarte : jamais vers ne nomma un chef plus noble. Avant que le silence fermât pour toujours ses lèvres, il s'écria :* »

La jeune Rachel, devenue Belerma par la magie du théâtre, avait rampé jusqu'à Dana et avait calé la tête de son héros sur ses cuisses, caressant sa joue et la regardant d'un air affligé pendant qu'Abigail plaçait le livre devant le visage du chevalier mourant. Et Dana récitait la suite :

« *Oh ! Belerma, ô mon adorée ; née pour ma peine et mon plaisir, sept longues années je t'ai servie, ô belle, sept longues années mon salaire fut le dédain…* »

Étant à la quatrième prestation de cette scène, les quatre filles mimaient maintenant la mort du vaillant preux avec tant d'émotions que Rachel la pleurait chaque fois de ses vraies larmes.

Et elles allaient se coucher sur cette note mélancolique. Quand elles se sentaient moins fatiguées, il arrivait à Dana de lire des passages plus solides, tel celui de l'exorcisme de Béatrix, l'affreuse nonne sanglante. Il avait fallu expliquer ce qu'était un exorcisme à Rachel. Alison, que le diable fascinait autant qu'il l'effrayait, avait tant et si bien rajouté des détails macabres à l'explication que la fillette n'avait pas dormi du reste de cette nuit-là.

Dana leva subitement la tête de son livre. Croyant avoir entendu un bruit, encore prise dans la matrice de son cauchemar, elle écouta attentivement : rien. Elle se dit que finalement elle ferait mieux d'entreprendre des lectures plus légères quand elle se réveillait la nuit. Elle avait sous-estimé le macabre ; mais, étant rendue à plus de la moitié du livre, elle refusait d'abandonner par simple frilosité. Pour l'instant, elle tenait à achever au moins ce chapitre qui n'avait rien d'horrifique à la fin ; il ne lui restait que deux pages. Elle retrouva la ligne qu'elle avait marquée du bout de son ongle et, plissant les paupières dans la faible lueur sautillante de la chandelle, reprit sa lecture.

« *Il était encore sous l'influence du déchaînement de ses passions lorsqu'on heurta un léger coup à la porte de…* »

Elle l'entendit de nouveau. Il n'y avait pas que le vent, dehors. Son regard s'orienta vers la fenêtre. Elle n'avait pas rêvé. Elle sauta du lit. Son ombre, immense sur le mur, l'accompagna jusqu'à la fenêtre. Une lumière fugitive, comme une luciole, apparaissait et disparaissait de façon sporadique à travers les branches nues des arbres de l'allée. Elle entendait maintenant bien distinctement le vacarme d'une voiture qui arrivait.

Le chirurgien était sorti prendre possession d'une nouvelle « commande ».

Elle laissa le rideau retomber. Les sabots de l'attelage frappaient maintenant le gravier de l'allée sous sa fenêtre. Un coup d'œil sur les lits lui apprit que les autres dormaient toujours.

En revêtant sa robe de chambre, Dana se faufila dans le couloir. Avançant dans l'obscurité, elle compta ses pas pour éviter les planches qui gémissaient sous le poids : un truc qu'Alison employait pour descendre dans la cuisine lors de ses nuits insomniaques et subtiliser des restes de table. Deux fenêtres permettaient d'éclairer le haut de l'escalier de service. L'une d'elles donnait sur la cour et les dépendances. La voiture était bien là, aussi sombre et luisante que la carapace d'un gros hanneton à la clarté d'une lune qui se dissimulait derrière des pans luminescents de nuages. Les premiers flocons de neige de décembre virevoltaient autour des silhouettes qui évoluaient avec promptitude. L'ample carrick à trois collerettes de Francis flottait au-dessus du sol comme un fantôme tournant autour de son tombeau. Spittal décrocha la lampe suspendue à l'arrière du véhicule et l'approcha de la portière ouverte où l'attendaient maintenant le chirurgien et Halkit. Ce dernier se pencha dans la voiture pour saisir quelque chose. Un grand panier apparut. Dana savait trop ce qu'il recelait…

« *Voici l'instant calme et terrible où les sorciers usent de leur funeste pouvoir, où les tombes relâchent leurs morts ensevelis, pour qu'ils profitent de l'heure accordée…*[48] »

« Dieu tout-puissant ! » implora-t-elle en s'éloignant de la fenêtre.

De retour dans son lit, Dana se recroquevilla comme un escargot qui veut entrer dans sa coquille pour retrouver un peu de chaleur. Alison se retourna, grommelant quelques incohérences dans son sommeil, puis se lova contre elle. Elle prit plusieurs minutes pour régler son souffle sur celui de son amie.

« Le cercueil n'est pas un puits du savoir… »

« Les morts expliquent la vie… »

Les voix de Henry et Jonat Cullen lui revenaient comme dans un conte d'horreur dont elle était dorénavant l'un des protagonistes. Pourquoi dans son rêve Jonat s'en était-il pris à elle ? Un terrible frisson la secoua. Les esprits hantaient les vivants. Et d'eux trois, elle était la seule qui pouvait encore goûter la chaleur du soleil. Jonat cherchait-il à lui dire quelque chose ?

❧

Un blanc linceul recouvrait le paysage. Assise à la table du cabinet qu'elle partageait avec Christopher, Dana laissait son regard glisser sur cette couverture glacée. Les branches des pommiers ressemblaient à des bâtons de sucre candi, les arbustes taillés en boule dans les urnes de pierre lui rappelaient la coupe de glace au citron

48. Extrait de « L'Hymne de minuit », chapitre VI, *Le Moine*, Matthew G. Lewis.

qu'elle avait dégustée chez Baxter's, dans Prince's Street avec Timmy. Cela lui parut si loin. Comme son mariage.

« Je vais me marier », se répétait-elle. Une voix qui sortait de sa bouche, mais qui ne lui venait pas du cœur. Elle était terrifiée. Cela ferait deux semaines que Timmy l'avait emmenée dans Potter Row. Il n'avait pas renouvelé la tentative. Il faisait des efforts pour lui plaire. Pour se faire pardonner. Trop, peut-être. Dans deux jours, il viendrait la chercher pour leur sempiternelle balade en buggy dans la campagne. Elle lui remettrait une lettre pour sa mère. Il l'échangerait peut-être pour une reçue de Kirkcaldy. Dans moins d'un mois, l'année serait terminée. Elle aurait vraiment aimé passer quelques jours dans sa famille et faire des biscuits aux écorces d'oranges confites avec Maisie et Harriet. Elle avait envie de boire un grog avec sa mère, les pieds posés sur le bord du pare-étincelles, à simplement écouter sa nièce Fanny lire quelques poèmes. Elle désirait un bonheur simple avec les gens qu'elle aimait. Ici, tout devenait si compliqué.

Son doigt effleura furtivement la petite croix en or en pendentif à son cou et elle se mit à jouer avec. Son regard quitta le tableau hivernal et replongea dans le registre : deux cas de catarrhe, un de dysenterie, un de jaunisse et encore un autre de variole. Ce dernier avait succombé deux jours plus tôt. Bref, rien de bien réjouissant. Ce qui lui rappelait qu'un hôpital n'était pas l'endroit tout désigné pour aider un malade à recouvrer la santé.

Elle n'arrivait pas à se concentrer sur son travail. Levant la tête du livre dans lequel elle copiait les rapports cliniques de la semaine précédente, Dana tourna son attention sur Christopher, qui finissait de reproduire en dessin le modèle de cire d'un pied écorché. Des os, des muscles et des ligaments. Réprimant un frisson, elle regarda l'objet avec circonspection, sachant que le chirurgien avait passé la nuit dans la cave avec un modèle entier de l'anatomie humaine.

« Nous en sommes réduits à piller les cimetières quand on nous refuse de pratiquer des autopsies… » avait clamé Francis Seton le jour où il lui avait expliqué le contenu des pages qu'elle aurait à recopier dans les registres. Le chirurgien tenait un double personnel des livres de l'hôpital. Il y complétait les cas de mortalité explicables uniquement par un examen *post mortem* auquel il procédait de manière illicite lorsque cela lui était refusé autrement. À l'expression qu'elle avait eue quand elle avait réalisé que certains des commentaires qu'elle transcrivait expliquaient l'état de ces cadavres dans sa cave, il avait jugé bon de clarifier son point de vue :

— Alors que nous en sommes à piller les cimetières quand on nous refuse de pratiquer des autopsies, les Français, eux, procèdent en toute légalité avec force mandats. On nous sert l'excuse que là-bas le haut taux de mortalité dans les hôpitaux leur donne plus de possibilités qu'à nous. Mais si nous maintenons nos taux de mortalité répertoriés à un niveau réduit, c'est simplement parce que les critères d'admission dans les hôpitaux britanniques sont plus stricts : pour faire bonne figure, on refuse la plupart des cas désespérés. Mais les gens meurent ici comme ailleurs. Si nous voulons avancer, il faut évoluer, et l'évolution passe par la clinicopathologie. Quand je palpe le rebord induré d'un foie ou que j'écoute le son creux d'un poumon, je peux diagnostiquer presque sans me tromper une cirrhose ou une pneumonie parce que j'ai pu préalablement faire le lien entre les symptômes du malade et les pathologies anatomiques observées lors d'examens *post mortem*. Les Français ont compris l'importance de ces nouvelles bases et nous, nous continuons de nous contenter de simples observations au lit du malade en les classant dans une nosologie fondée sur des connaissances épistémologiques. Je reconnais l'importance du travail de William Cullen dans ce domaine, mais il faut aller plus loin. Une autopsie devrait être un acte de routine lorsqu'un malade meurt dans un hôpital.

Ainsi aurait dit Jonat...

Christopher surprit son regard fixé sur le modèle de cire.

—Quel merveilleux organe qu'est le pied, clama-t-il. Il maintient l'équilibre de l'homme, le propulse et l'amortit. Sans parler du poids qu'il supporte… Que Dieu bénisse ceux de Mrs Rigg.

La remarque arracha Dana à ses rêveries.

—Dans son enveloppe charnelle, joli ou laid, le pied est tout ce qu'il y a de plus banal. Mais sous cette peau, que nous malmenons tous si irrévérencieusement, se cache une véritable merveille mécanique.

La jeune femme forma une petite mimique suspicieuse. Qu'on lui permît d'en douter! À son avis, le modèle était plutôt horrible à voir.

—Vingt-huit os, seize articulations, cent sept ligaments et vingt muscles à faire bouger, poursuivit Christopher. Et tout ça sans qu'on ait à y penser. Vous imaginez un instant devoir dicter à toute cette équipe les mouvements à faire pour vous rendre au pot de chambre quand une urgence survient au saut du lit et que votre esprit refuse de s'arracher au monde de Morphée?

La jeune femme éclata de rire.

—Vous riez, Miss Dana. Je vous suggère d'y repenser lorsque cela vous arrivera. Et considérez vos pieds avec le respect qui leur est dû.

Elle se tut, croisa ses chevilles et poussa ses pieds sous sa chaise. Christopher n'ignorait pas son pied bot. Élaborait-il en humour un discours inoffensif ou s'attaquait-il sournoisement à sa malformation?

Le changement soudain dans l'attitude de son élève fit réagir Christopher. En comprenant soudain la raison, il voulut se reprendre.

—Si les pieds sont le véhicule du corps, les mains sont celui de l'âme. Elles sont les outils de nos intentions. Et si j'en juge à ce que m'a dit Mr Seton, vous dessinez plutôt bien.

À la vérité, il avait pu admirer l'œuvre de la jeune femme, mais il préféra ne rien lui en dire.

—S'il vous plaît, Christopher, fit Dana, ne désirant d'aucune façon se remémorer ce qui s'était passé la veille.

Elle en voulait terriblement au chirurgien. Elle avait longuement pleuré avant de s'endormir. Le bras d'Alison l'avait à un moment enveloppée.

— *Qu'est-ce qu'il t'a fait au juste, le maître, Dana ? la pressa-*
t-elle.

Un hoquet fut tout ce que Dana put lui offrir comme réponse. Les
doigts tièdes de son amie lui caressèrent la joue, essuyant ses larmes.
Jugeant Alison responsable de tout ce qui lui arrivait, Dana eut le
réflexe de la repousser. La jeune servante n'en prit pas ombrage.

— *Oh, Dana ! Pardonne ma méchanceté de tout à l'heure. Je sais,*
j'ai été méchante sans raison. Et j'en suis pas très fière. Je suis jalouse
de toi. Et à cause de ma jalousie, le maître, il t'a grondée et tu aurais
pu te perdre et te retrouver malade et… que je suis bête. Pardonne-
moi. Je ne peux pas t'en vouloir simplement parce que tu sais plus de
choses que moi et que tu fais une plus belle vie pour ça… Quoique je
n'en sois plus très sûre à présent.

Les sanglots redoublant d'intensité, Alison vint se blottir contre
elle. Dana n'avait pas la force de la repousser. En dépit de tout ce dont
elle la soupçonnait, le geste de tendresse la réconfortait. La servante la
serra affectueusement contre elle.

— Dean gal, mo charaide[49]. *J'ignore pourquoi tu pleures exacte-*
ment, Dana, mais ce que je sais, c'est que cela fait du bien de le faire à
l'occasion…

— Vous avez déjà dessiné un nu ?

— Quoi ? fit Dana, au sortir de ses songes.

Christopher s'inclina devant elle en la gratifiant d'un sourire béat.

— Pardon, la question n'a rien de malhonnête, rassurez-vous. Je voulais simplement savoir si vous aviez déjà étudié la structure anatomique du corps humain… d'un point de vue purement artistique.

— Je… je n'ai jamais… comment aurais-je pu faire cela ?

---

49. Pleure, mon amie.

Le teint de Dana vira à l'écarlate.

— C'est que tous les artistes étudient habituellement l'anatomie. Vous avez déjà vu des planches anatomiques, non?

D'un ample mouvement du bras, il montrait celles qui ornaient les murs du cabinet comme autant de miroirs renvoyant de morbides reflets du corps.

— Oui… Mais je ne vois pas le rapport entre une planche anatomique et un portrait.

— Il vous plairait d'essayer de dessiner ce pied?

— Vous plaisantez?

— Non. Je suis sérieux. C'est un art très complexe que de reproduire des portions anatomiques.

Il avait une idée.

— Voyez, je suis plutôt médiocre avec un crayon.

Il exhiba le croquis sur lequel il avait travaillé avec acharnement pendant tout l'avant-midi. Dana ne pouvait qu'approuver son opinion.

— Si votre talent est tel que me l'a décrit Mr Seton, vous devriez arriver à produire quelque chose de mieux que moi.

Elle n'en doutait pas une seconde, mais…

— Il s'agit d'os et de… muscles mis à vif, protesta-t-elle. C'est trop affreux à dessiner.

— C'est un sentiment qui s'estompe avec l'habitude, vous savez. On finit par oublier le côté humain du sujet pour ne voir que l'aspect… mécanique d'une machine, si je peux le dire ainsi. Il me reste à mettre en ordre mes notes de cours avant de partir. Pourquoi ne pas vous exercer pendant ce temps?

Le jeune homme posa une feuille de papier vierge devant Dana, qui arrondit les yeux d'étonnement.

— Vous devez comprendre qu'il est important de savoir que chaque sillon, pli, saillie, cavité… en bref, chaque détail d'un modèle possède son importance et ne doit aucunement être lissé, arrondi, remodelé ou modifié de quelque façon que ce soit dans le seul but de le rendre plus agréable pour l'œil. Il ne s'agit pas ici de donner votre vision de la chose, mais de la reproduire le plus fidèlement possible. Les yeux de centaines d'étudiants doivent se poser sur vos travaux en croyant se poser sur l'original. Une structure déplacée d'un minime seizième de pouce peut avoir des conséquences inattendues sur la compréhension de l'anatomo-physiologie d'un organe. Vous me suivez ?

— Je crois.

La jeune femme plissait le nez, considérant le modèle, plutôt inoffensif en soi. Pendant ce temps, Christopher tentait de reconstituer en mots intelligibles les hiéroglyphes qu'il avait inventés pour prendre des notes pendant les cours magistraux. Mais son attention revenait invariablement vers Dana. Déposant son cahier, il se cala dans sa chaise et la contempla. Une expression comique sur son visage, elle examinait minutieusement le modèle, tirait un trait ou deux, revenait sur le pied, osant à peine y toucher.

Élevée humblement dans les traditions les plus strictes de l'Église d'Écosse, elle était l'image du charme pur de la modestie. Pour lui, Dana représentait la pureté de la vierge. L'Ève d'origine. Celle qui n'avait pas corrompu l'homme. Celle que le mal n'avait pas encore envoûtée. Pourtant, elle ne baissait pas toujours les yeux quand elle le devait. Il ne pouvait ignorer la curiosité qu'elle suscitait en lui. Il ne pouvait pas non plus ignorer l'intérêt que lui portait Francis Seton.

Il s'interrogea sur la raison qui avait poussé ce dernier à l'engager. Cette fille était trop érudite pour n'être qu'une insignifiante domestique, il le reconnaissait. Mais pourquoi s'obstiner à lui donner les tâches qui auraient dû revenir à un homme, si ce n'était un étudiant de l'université ? Dana courait un grave danger.

Quand il était rentré, la veille au soir, très tard, il avait trouvé Francis dans la bibliothèque, un plein verre de cordial entre les mains et les pieds appuyés sur son bureau. Francis n'avait pas l'habitude de boire en dehors des repas, sauf lorsqu'un invité l'accompagnait. Il supportait très mal l'alcool.

— *Longue journée, Chris ? observa le chirurgien en cherchant à effacer la fatigue de ses traits par une friction vigoureuse de son visage.*

Il s'apprêta à servir un verre à son assistant, qui s'empressa de refuser d'un mouvement de la main.

— Non, merci. J'ai déjà assez bu pour ce soir, déclara-t-il. Après le cours de Monro, les frères d'Asclépios se sont déplacés chez Dowie's pour y tenir leur réunion. Mais ne vous gênez pas pour moi, Mr Seton.

— Hum… tout change et tout reste comme avant…

Avec un soupir, Francis renifla le contenu de son verre qu'il n'avait pas encore entamé, finalement irrésolu à le boire. Christopher observa l'hésitation dans le geste et nota l'air assombri du chirurgien. Seton se remémorait-il une certaine époque où lui-même avait fait partie d'une fraternité estudiantine? Il savait que Francis avait déjà été membre du Cercle d'Esculape qui avait été dissous il y avait plusieurs années. Il savait trop ce qui s'y était fait.

— Nous avons tenu un débat sur la technique d'Auenbrugger.

— Voilà qui est intéressant. Quel était le sujet du litige?

— Nous n'arrivions pas à nous entendre sur la traduction exacte que donne Auenbrugger des termes sonus altior et altitudo major.

— Tout est relié à la profondeur du son perçu. L'important est d'abord de maîtriser le procédé de percussion thoracique.

— Tous s'entendent sur ce point.

— C'est l'expérience par la pratique qui apporte la connaissance, Christopher.

— Oui, évidemment, fit le jeune homme, un peu sombrement. Quand cela est fait dans les règles de l'art.

Ce dont les étudiants avaient également convenu. Cela dit, on avait suggéré de répéter les techniques. On avait commencé par les essayer sur deux volontaires parmi eux. Avec tout le branle-bas qui régnait dans la taverne, rien de concluant n'en ressortait. Et, le sérieux de la réunion se dissipant sous l'effet de l'alcool, l'un des étudiants avait proposé de vérifier si le son se manifestait de la même façon dans la cage thoracique d'une femme que dans celle d'un homme. Pour trancher la question, plusieurs d'entre eux s'étaient cotisés et avaient payé une volontaire pour l'expérience. C'est à ce moment que Christopher avait décidé de quitter ses confrères.

— *Vous avez raté votre rendez-vous avec Thomson ? s'informa-t-il pour parler d'autre chose.*

— *Si on veut… un imprévu, marmonna Francis en changeant de position sur son siège.*

— *Je l'ai croisé avec son fils, William, en quittant l'université. Je suis certain que le garçon s'apprête à suivre les traces de son père. Pour un gamin de douze ans, il en est au quatrième livre d'Hérodote. Pour ma part, je n'ai mis le nez dans cet ouvrage qu'à dix-sept ans. Vous avez lu comment les Égyptiens momifiaient les morts ?*

— *Avec du natron, si je me souviens bien.*

— *Exactement. Après avoir retiré le cerveau par les orifices nasaux et nettoyé les intestins dans du vin de dattes aromatisé aux épices.*

— *Hérodote a oublié de spécifier que le climat sec d'Égypte lui-même agit comme un puissant dessiccateur. Ce que ne fait pas l'air humide de l'Écosse.*

— *Vous l'avez déjà essayé ? fit le jeune homme, stupéfait.*

Est-ce que cette expérience était de celles auxquelles s'étaient livrés les membres du Cercle d'Esculape ?

Le pli de la bouche de Francis se retroussa légèrement à ce souvenir. Il hocha la tête.

— *Oui, une fois. Avec Ron Macnab. En fait, c'était sur son chien. La pauvre bête est morte empoisonnée par le voisin qui l'accusait de voler ses poules la nuit. Nous venions de parler de la momification dans le cours de chimie. Ron a voulu l'essayer. Il adorait ce chien et voulait le garder dans sa chambre. Plutôt lugubre comme projet, mais j'étais partant. L'expérience était intéressante. Le résultat n'a toutefois pas été très concluant. Et, curieusement pour le voisin, les poules ont continué de disparaître après le méfait.*

— *Alors, pour cette chaire de pathologie ? questionna encore Christopher en sautant du coq à l'âne.*

— *Rien de bien probant là non plus. Nous avons adressé une requête au secrétaire d'État Addington. Nous attendons une réponse. Je me demande s'il ne faudra pas mettre le projet dans du natron, nous aussi.*

Il regardait dans le fond de son verre, toujours indécis à y tremper les lèvres. Son sommeil s'en ressentirait et Dieu savait combien il en manquait depuis quelques nuits. C'est à ce moment que Christopher avisa les dessins éparpillés sur le bureau.

— Qu'est-ce que c'est que ça? Vous faites dans l'art, maintenant?

— Tu sais ce que je vaux dans ce domaine. Qu'en penses-tu?

Déposant sa lourde valise sur un siège, Christopher prit l'un des dessins. La qualité du travail ne faisait pas de doute.

— Vous songez enfin à commander votre portrait?

— Tu crois que je devrais? demanda Francis, un sourire équivoque au coin des lèvres.

— À défaut de passer à la postérité en ouvrant le premier département de pathologie à l'Université d'Édimbourg… Qui est l'artiste?

L'allusion ne passa pas inaperçue. Déposant son verre intact, le chirurgien poussa un faible grognement. Puis il sauta sur ses pieds comme si on venait d'allumer un brasier sous ses fesses.

— Miss Cullen… annonça-t-il en lui arrachant le dessin des mains.

Sans plus d'éclaircissements, Francis empila les feuilles et les plaça dans le coffret rouge que la jeune femme avait oublié dans la cuisine à leur retour du pavillon. Puis il souhaita le bonsoir à son assistant.

Pensif, Christopher fixait le verre de cordial abandonné. Il se pencha dessus. Le parfum acidulé des cerises lui piqua les narines.

Notant l'heure, Christopher réalisa qu'il allait être en retard. Il rassembla à la hâte ses cahiers et les fourra pêle-mêle dans sa valise de cuir, la gonflant dangereusement.

— Comment on se débrouille? se renseigna-t-il en se penchant par-dessus l'épaule de Dana. Hum… pas mal du tout.

Leur attention fut détournée par des éclats de voix qui se répercutaient dans le hall. Le chirurgien se disputait avec sa femme. Le regard alarmé de Dana croisa celui de Christopher, qui gagna la bibliothèque d'où il pourrait mieux saisir les mots.

—Mr Seton n'apprécie pas particulièrement les Williamson que sa femme a invités pour le dîner sans lui en parler avant. Il va devoir annuler encore une fois son rendez-vous avec Thomson…

Une porte claqua et fit vibrer les murs de la bibliothèque, les faisant tressaillir. Un cri de rage suivit. Le fracas d'un verre brisé. Puis le silence.

Sa valise de cuir suspendue au bout de son bras, lourde comme un boulet, Christopher posa sur elle un regard qui exprimait une sincère inquiétude. Peut-être même un peu de contrariété.

—Je suppose, commença-t-il comme pour excuser ce dont ils venaient d'être témoins, que vous avez remarqué que Mr et Mrs Seton rencontrent certaines… difficultés conjugales.

—J'avais remarqué, en effet.

Un long soupir s'échappa de la poitrine de Christopher.

—C'est toujours comme ça. Il y a des périodes plus calmes, d'autres, comme c'est le cas ces derniers jours, où Mrs Seton est plus perturbée.

—Elle souffre des absences de son mari.

—Ses absences?

—Il passe beaucoup de temps à l'hôpital et à l'université… quand il ne se trouve pas dans la cave.

—La source du malaise est beaucoup plus profonde, je le crains. Les absences du docteur, comme vous le dites, sont une façon de fuir l'hystérie d'Evelyn. Parce que, il faut bien l'admettre, elle a un comportement parfois… qui frôle l'hystérie.

—Qu'est-ce qui peut la mettre dans cet état?

—Difficile à dire. J'ai toujours pensé qu'elle ne s'est jamais complètement remise de la mort de son enfant.

—Vous m'avez dit l'autre jour que…

—Qu'ils n'avaient pas d'enfants. Je ne vous ai jamais dit qu'ils n'en avaient jamais eus.

Il posa sa valise sur le bord du bureau et la regarda.

—Il y a huit ans de cela. Une fille.

—Oh! Je ne savais pas… Que lui est-il arrivé?

—La petite était atteinte d'une affection rarissime.

Il plissa le nez et frictionna son menton échauffé par le feu de la lame.

— Je ne l'ai jamais vue, mais, selon ce que m'en a raconté Mrs Seton, l'enfant ne se développait pas normalement. Elle disait : «On dirait un petit oiseau déplumé qui ne veut pas grandir.» Les Seton vivaient à Londres à cette époque, et la carrière de Mr Seton débutait. Evelyn… Mrs Seton, craignait qu'on voie l'enfant. Elle voulait la protéger de la méchanceté des autres. Qu'auraient pensé les gens en apprenant que le docteur Seton avait engendré un phénomène de cirque? Vous savez combien l'ignorance peut abêtir le monde.

Si elle savait? Dana s'abstint de se prononcer sur cette dernière question.

— Elle est morte de sa maladie?

— Ça… je ne pourrais vous le dire. Quand la petite a eu quatre ans, son état s'aggravant, Mrs Seton n'eut plus la force de s'occuper d'elle. C'est qu'elle souffrait de mélancolie profonde. Je suppose que de vivre éloignée de la société londonienne a été une partie de la cause de son spleen. Quoi qu'il en soit, Mr Seton a ramené l'enfant à Londres pour la faire examiner par d'autres médecins. Ils sont demeurés là-bas pendant environ six mois, puis il est revenu seul.

— Elle est morte à Londres?

— C'est que personne ne sait vraiment ce qui s'est passé là-bas. Mr Seton dit qu'elle a contracté une affection des poumons qui se serait aggravée. La constitution de l'enfant était extrêmement fragile. Elle aurait succombé à de fortes fièvres.

Il s'était arrêté de parler, absorbé dans ses pensées. Ses sourcils se froncèrent et son visage devint grave.

— Mrs Seton n'y croit pas.

— Que voulez-vous dire?

— Elle croit que… je ne devrais pas vous entretenir de cela.

— Elle croirait que sa fille serait morte d'une cause autre que… naturelle?

Les traits de Christopher se durcirent.

— Je suis redevable au docteur Seton de beaucoup de choses, vous comprenez? Il est mon bienfaiteur en quelque sorte. Je n'aurais jamais eu les moyens de payer les frais d'une licence en médecine. Reconnaissant mes talents, il les a pris en charge. Dans ces conditions, je ne peux pas… mais d'un autre côté… Il aurait eu bien des raisons de vouloir voir cette enfant disparaître. Elle était une source constante de disputes entre sa femme et lui. La petite devait constamment être cachée au risque de nuire à son image de médecin. Les gens sont très superstitieux…

— Je sais.

— Il est fort probable que l'enfant ait contracté une infection des poumons. C'était l'hiver et, vu son état de grande faiblesse… Mais ce qui nous fait douter qu'elle soit morte… prématurément est que… Nous ne saurons jamais la vérité. Elle est morte et personne ne peut témoigner de ses derniers instants.

Il se tut, la fixant gravement. Qu'un père refuse d'aimer son enfant parce qu'il n'est pas «normal», Dana pouvait le croire. Mais qu'il en arrive à vouloir souhaiter sa mort… elle en frissonna.

— Vous connaissez les Seton depuis longtemps, n'est-ce pas?

— Depuis quatre ans. Je suis arrivé ici quelques mois après la mort de leur fille, en fait. Mr Seton me traite comme un fils, un frère. Mais c'est aussi un homme très secret. Je garde mes distances face à lui. C'est qu'il arrive parfois qu'une personne ne soit pas celle qu'on croit connaître.

Mille et une questions taraudaient l'esprit de Dana depuis son tête-à-tête dans le pavillon de pêche avec Francis Seton. Quel genre d'homme était-il exactement? Suffisant et froid, patient et affable, cruel aussi, selon l'heure et l'humeur. Un meurtrier? Comment en reconnaître un, d'abord?

— Je comprends aussi que vous et Mrs Seton êtes très proches… je veux dire… Plutôt, je ne veux en aucun cas dire que…

Elle se mordit la lèvre. Sans rien dévoiler de ses sentiments, Christopher leva un sourcil.

— Je suis effectivement très proche de Mrs Seton. Elle se sent souvent seule et vient me parler. Je suis un peu son confident,

voyez-vous, et elle remplace un peu la mère que j'ai trop tôt perdue. Ma mère est morte. Mon père... enfin... je préfère ne pas en
parler. Ma sœur m'a raconté qu'il a disparu peu après ma naissance.

La voix du jeune homme prit des inflexions plus graves et il
hésita à poursuivre, manifestement ému par ce qu'il racontait.

— J'avais cinq ans quand je me suis trouvé seul avec ma sœur.
Elle en avait douze. Nous avons d'abord été placés dans une maison de charité. Nous étions comme deux doigts de la main, vous
comprenez? On refusait de nous laisser vivre ensemble. Moins de
deux mois plus tard, nous nous évadions. Ma sœur a réussi à trouver du travail. Nous nous débrouillions très bien tous les deux,
jusqu'au jour... où elle est morte... par accident.

La voix du jeune homme tremblait d'émotion. Il s'éclaircit la
gorge. C'était la première fois qu'il se confiait au sujet de sa sœur
depuis l'évènement qui l'avait marqué. Il perçut dans le regard vairon cette pure compassion née de l'altruisme. Il loua Dieu pour
avoir placé cette créature sur son chemin.

— Je suis désolée, Christopher.

— Oui, tout le monde l'est toujours.

Comme une attaque-surprise, un air violent de pianoforte pénétra le silence qui avait suivi la dernière réflexion de Christopher.
Joué avec force et fureur, il dissonait telle une avalanche de cailloux
sur les notes d'ivoire et d'ébène. La frustration d'Evelyn Seton
s'abattait sur le pauvre instrument qui risquait de s'en sortir écorché. Christopher lançait des regards nerveux vers la porte du hall,
qui était fermée.

— Vous avez bientôt terminé de copier les entrées du registre?
s'informa-t-il en s'efforçant d'ignorer la guerre de nerfs et d'émotions qui faisait rage dans l'autre pièce.

— Euh... il me reste une page, je crois.

Frottant la peau irritée de son menton, il fronça les sourcils
dans un effort pour ne pas écouter l'horrible vacarme.

— Dites-moi... à quoi pensez-vous quand vous dessinez un
portrait?

— Oh! fit Dana, prise de court par la question. Je… je crois que j'essaie de penser à ce que pense mon sujet.

Il bougea mollement la tête comme pour approuver ce qu'elle venait de dire.

— Je suis certain que vous aimez le théâtre, Miss.

Le théâtre? Ils en avaient déjà parlé.

— C'est vrai, j'aime bien…

— Shakespeare? lança-t-il.

— Comment avez-vous deviné?

Il osa un sourire.

— Coup de dés.

Le sourire s'évapora.

— La meilleure sauvegarde est la peur. Après cela vient la folie.

— Que voulez-vous dire, Christopher?

— J'ai compris cela en lisant *Hamlet*.

De la dégringolade de notes sans harmonie, Evelyn passa au martèlement acharné des touches. Le malheureux instrument crachait des accords infernaux qui résonnaient dans toute la maison. Dans la tête de Dana, les propos de Christopher étaient tout autant chaotiques.

— Pour l'amour de Dieu… murmura le jeune homme en fermant les yeux.

Ses doigts agrippaient sa lourde valise comme pour se retenir de voler au secours de la femme furieuse quand soudain la musique s'arrêta. Des claquements de talons retentirent, des voix chuchotèrent. Ils entendaient les geignements d'Evelyn Seton qui refusait de monter à sa chambre.

— Christopher! appela-t-elle dans le hall. Christopher…

Un froissement sur le bois de la porte. Dana et Christopher se détournèrent en même temps.

— S'il te plaît… pardonne-moi, Chris. Je suis… désolée…

Au même moment résonna la voix de la femme de chambre de Mrs Seton. Cette dernière se fit insistante. Les femmes s'éloignèrent finalement dans le grand escalier. Dana imagina la beauté usée de Mrs Seton, éclaboussée de lumière violente et de petits arcs-en-ciel, passer sous le regard critique des hommes de la famille Seton qui ornaient le mur. Le visage de Christopher était livide. Les jointures de ses poings fermés étaient maintenant blanches. Dana le dévisagea avec inquiétude.

— C'est fini, souffla-t-il en rouvrant lentement les paupières.

Il se retourna, réussit à sourire. Une courbure qui se voulait convaincante de son soulagement. Et ses épaules mollirent en même temps que ses doigts.

— Vous vous faites du souci pour elle.

Comment interpréter le son qu'il émit en guise de réponse? Recouvrant d'un coup sa vigueur, le jeune homme saisit la poignée de sa valise et la souleva.

— Dites à Mr Seton que je ne rentrerai pas cette nuit. Je vais la passer avec les rats dans la bibliothèque de l'université.

Il s'en alla.

⁜

Ce soir-là, les Seton se trouvant au salon avec leurs invités, Dana en profita pour se réfugier dans la bibliothèque. Après son affreux cauchemar, elle jugeait préférable de donner congé au moine dépravé de Lewis pour un temps, et Abigail avait entrepris la lecture de *Waverley*. Elle avait remarqué la dernière publication de Jane Austen sur les rayons. Elle avait aimé *Raison et sentiments*, adoré *Orgueil et préjugés*. Austen possédait un humour spirituel particulier et un talent pour mettre en exergue les aberrations du code d'éthique sociale de leur temps. Elle décida donc d'emprunter le roman.

Les convives parlaient avec entrain dans le salon depuis un bon moment. La porte bâillait. Mais Dana ne les entendait plus. Confortablement assise dans un fauteuil qu'elle avait approché du feu qui brûlait dans la cheminée, elle était absorbée par sa lecture. Juste pour se faire une idée, elle avait d'abord feuilleté le roman. Puis, avant de s'en rendre compte, elle s'était plongée dedans.

— Je constate avec plaisir que vous avez accepté mon invitation…

Se redressant d'un bond, Dana referma prestement le livre. Francis Seton se tenait dans l'embrasure de la porte et la regardait, la contenance indéchiffrable, comme toujours.

— Pardonnez mon impertinence, monsieur. Je n'avais vraiment que l'intention de lire quelques lignes pour voir si le livre me plairait. J'allais remonter à ma chambre…

— Il vous plaît ?

Il vit le livre qu'elle tenait dans ses mains crispées : *Mansfield Park.*

— Euh… c'est le dernier Jane Austen.

— Ma femme l'a rapporté de Londres. Il est dédicacé par l'auteure.

— Oh ! Il était là, avec les autres, alors…

— De toute façon, Evelyn ne lit jamais, déclara-t-il comme pour soulager sa conscience. Elle achète des livres parce qu'ils sont à vendre. Et Miss Austen se trouvait par hasard dans la librairie qu'elle visitait.

Il avait fait cette dernière remarque en haussant les épaules et s'était dirigé vers les étagères. Un éclat de rire leur parvint du salon. Dana observa le chirurgien fureter en quête d'un livre. Il en choisit un, l'ouvrit et lut quelques lignes, puis, ayant changé d'idée, il le remit à sa place. L'homme ne s'occupait plus de sa présence. Elle ramassa son châle, qui était tombé sur le tapis, et le mit sur ses épaules. Devait-elle partir ? Seton perçut son mouvement et pressentit la raison de son hésitation.

— Est-ce qu'Alison dort, Miss Cullen ?

— Je crois bien, monsieur. Elle se met au lit sitôt ses tâches à la cuisine terminées et tombe endormie en quelques minutes.

Francis se redressa et étudia la jeune femme, qui tortillait nerveusement les pointes de son châle. La différence dans la couleur des deux yeux s'accentuait à la lueur du feu. Le vert devenait plus vif tandis que le noisette s'assombrissait. Il trouvait toujours fascinant de constater cet effet.

— Si vous désirez lire encore un moment, je ne vois pas quel mal il y aurait à vous permettre de le faire ici pour ne pas la réveiller.

— Je ne voudrais pas vous déranger, Mr Seton.

Elle demeurait plantée là, le livre serré contre sa poitrine, les doigts entortillés dans la frange. Il lui sourit, l'invitant à prendre le fauteuil dans lequel il l'avait découverte en entrant. Dana ne se sentait pas à l'aise en présence du chirurgien. Et elle lui en voulait encore amèrement pour tout ce qu'il lui avait fait subir ces derniers jours. Néanmoins, elle se rassit, droite comme une statue de marbre, et ouvrit le livre sur ses genoux.

— Je vous remercie, monsieur, de me permettre l'accès à votre bibliothèque. Je dois dire qu'elle est…

Elle cherchait l'expression qui, sans être obséquieuse, rendrait justice à ce qu'elle pensait vraiment.

— Diversifiée? avança-t-il pour elle.

Elle approuva le mot.

— Mille livres, mille clés du mystère de l'univers, lança-t-il en embrassant la collection d'ouvrages d'un mouvement des bras. À l'instar de ce qu'est l'argent pour le riche sot, pour l'érudit sans le sou le savoir est synonyme de puissance. Chaque livre ouvre une porte sur de nouvelles connaissances qui l'enrichiront davantage. Une bibliothèque est un peu le catalogue des vices et vertus de ce monde, et bien idiot est celui qui n'en prend pas connaissance pour en faire commerce.

Le regard de Dana s'était porté malgré elle sur la section gardée sous clé. Le notant, le chirurgien précisa:

— Il faut toutefois apprendre à discerner ce qui doit être saisi et retenu et comprendre que certains livres ne se destinent qu'aux initiés.

— Vous êtes de ceux-là, monsieur?

— Des initiés? Vous faites référence à la franc-maçonnerie?

— Le devrais-je?

Le livre qu'il allait repousser sur le rayon demeura immobile sous ses doigts. Francis considéra la jeune femme.

— Vous savez ce qu'est la franc-maçonnerie, n'est-ce pas, Miss ?

— J'en connais ce que j'en entends dire, monsieur, précisa Dana. Beaucoup de mystère entoure cette fraternité.

— Hum… le secret maçonnique et, je devine, tout le reste. Vous voulez que je vous dise ce qu'est ce secret ?

L'étonnement arrondit considérablement les yeux de la jeune femme.

— En fait, il n'existe rien de tel, Miss. Sauf certains signes reconnus des seuls membres initiés. Car il s'agit bien d'une société initiatique.

— Et vous en faites partie.

— Oui. Comme mon père et mes grands-pères avant moi. Robert Burns en faisait aussi partie.

Dana fit mine de réfléchir.

— Mon père condamnait cette société secrète. Il la disait athée.

— D'abord, je qualifierais la société de discrète plutôt que de secrète. Ensuite, de nous traiter d'athées parce que nous ne nous pénétrons pas de la religion est à mon avis une mauvaise perception des choses. La franc-maçonnerie est ouverte à toutes les fois, protestante, juive, catholique. Pour nous, tout est question d'ordre moral. Ce sont les croyances et les convictions voulant le bien de l'humanité qui lancent les bases de la franc-maçonnerie. Les préceptes religieux et la politique seuls gouvernent les hommes mal instruits. D'où le fanatisme. La raison doit être équilibrée par une dose de bon sens.

Se détournant, l'homme repoussa finalement le livre sur le rayon et en retira un autre, indiquant par ce geste qu'il n'avait nullement le désir de prolonger cette conversation. Attendant qu'il repérât celui qu'il cherchait et partît retrouver ses invités, Dana tenta de reprendre là où elle avait laissé le sien.

Francis Seton abandonna ses recherches et, s'installant derrière son bureau, se rabattit sur la pile de factures qui attendait. Dana l'entendit fouiller dedans et marmonner tout haut ce qu'il pensait de certaines dépenses avant de les inscrire avec un grattement de plume dans un grand livre noir. Les voix des convives continuaient d'égayer le salon, et la présence de l'homme la gênait. Elle n'arrivait plus à se replonger dans sa lecture.

Elle referma son livre et se leva.

— Vous ne lisez plus, Miss? questionna-t-il sans lever le nez.

— Euh… je vous dérange, monsieur.

— Vous ne me gênez point, Miss Cullen.

Elle hésitait toujours. L'homme ne s'occupait pas d'elle.

— Je croyais que vous alliez rejoindre vos invités, alors…

— Il est dix heures passées, dit-il simplement comme si cela expliquait tout.

Qu'arrivait-il à dix heures?

Il se changeait en citrouille? Dans les contes, les carrosses se changeaient en citrouilles. «Pas les chirurgiens», songea-t-elle en regardant l'homme penché sur son bureau qu'éclairait le quinquet. Elle imaginait une métamorphose plus funeste dans le cas de Mr Seton.

Il leva enfin la tête et surprit son regard sur lui.

— Qu'y a-t-il?

— Rien, monsieur. Je… réfléchissais, c'est tout.

Embarrassée, elle piqua du nez dans son livre, sentant le rouge lui couvrir les joues.

— À quoi?

— À rien, monsieur.

Il ne dit mot pendant un moment, puis déposa sa plume.

— Tiens, voilà qui est plutôt intéressant: réfléchir à rien. Cela vous arrive souvent?

La jeune femme perçut dans l'apostrophe ce même accent teinté de morgue qu'avait employé le chirurgien lors du repas qu'il lui avait demandé de partager avec lui et où il avait cherché à lui faire avouer le vol de la belladone. Ce qui la blessa. Elle baissa la tête et fit semblant de s'absorber dans les motifs compliqués du tapis d'Orient. La voix de Mr Williamson se répercutait maintenant dans le hall. Dana se tourna vers la porte, s'attendant à voir surgir l'invité délaissé. Francis, qui avait suivi son regard, devina ses pensées.

— Ils ne m'importuneront pas. Ils connaissent mes habitudes et les respectent.

— Vos habitudes?

— À dix heures, je me retire.

— Vous ne dérogez jamais à cette habitude?

— Je crois au respect de la méthode. C'est une qualité qu'un homme de science ne peut se permettre d'ignorer.

Le respect de la méthode! La retenue que s'imposait Dana fléchissait devant la force de la frustration des derniers jours qui la bousculait.

— Vraiment? La méthode au détriment de la politesse? Avez-vous déjà songé à ce que pouvaient en penser vos invités, monsieur? Leur *conception* de la méthode diffère peut-être de la vôtre. Mais il est vrai que les opinions… les sentiments des gens vous importent peu.

La stupéfaction souleva les sourcils du chirurgien. L'intonation révélait un fond de rancœur qu'il pouvait comprendre. Il referma l'encrier.

— Je me suis retiré de façon convenable, Miss Cullen. Les Williamson sont des connaissances londoniennes de mon épouse avec qui je ne partage aucune affinité. Ses invitations sont souvent lancées sans mon consentement. Donc, *par politesse*, je me retire pour ne pas les ennuyer de ma présence.

Son visage n'exprimant aucune émotion apparente, Francis s'était calé contre le dossier de son fauteuil et la regardait avec intensité. Mais l'éclat du vif-argent de ses yeux témoignait d'un singulier soupçon d'empathie soudaine.

— Je vous dois des excuses, Miss Cullen, déclara-t-il tout à coup. Je parle de mon comportement envers vous que je qualifierais, pour être franc, d'odieux, en ce qui concerne l'affaire de la belladone et… de Mr Bogus.

Dana leva son menton, affichant maintenant à son tour un masque impénétrable.

— Devrais-je les accepter, Mr Seton?

— Je le souhaiterais vivement. De plus, je tiens à vous féliciter de la qualité du travail que vous produisez. Toutes les entrées sont impeccablement retranscrites, la calligraphie, parfaitement lisible.

Déroutée par ce changement inattendu d'attitude, Dana ne sut quoi répliquer.

— Vous vous intéressez aux collections ?

— Aux collections ?

Il avait lancé cette question au hasard, cherchant un sujet de conversation qui mettrait fin au malaise qui les gagnait. Il sortit un trousseau de clés du premier tiroir du bureau, se leva et, prenant la lampe, l'invita à le suivre au fond de la pièce où une immense armoire vitrée contenant des préparations anatomiques et des ossements divers couvrait entièrement trois pans de murs.

Le chirurgien déposa la lampe sur une tablette installée de façon que l'endroit soit bien éclairé et déverrouilla les portes qu'il ouvrit. Une forte odeur d'alcool s'en dégagea. Dana avait déjà admiré cet étonnant étalage de spécimens préservés. Un curieux petit musée. Les sujets étaient assez différents de ceux qu'on pouvait voir dans le cabinet. Toutes des aberrations de la nature. Il y avait là, entre autres, un rat à deux têtes, une main humaine comptant six doigts, un lézard avec deux queues, une oreille sans lobe. Une série d'organes présentant des pathologies identifiées sur des étiquettes. Étaient aussi exposés des crânes de toutes tailles et de toutes formes. Des ossements aux contours variés. Mais le plus surprenant était un paysage surréaliste baignant dans un contenant de forme rectangulaire. On aurait dit une représentation de l'Atlantide au fond des abysses océaniques.

— Qu'est-ce que c'est ? demanda-t-elle, captivée.

— C'est une conception un peu fantasmagorique de la gestation. J'appelle cette œuvre « le don de la vie ».

Parce que la préparation ressemblait effectivement à un tableau. La jeune femme se pencha pour mieux l'admirer. Une minuscule créature recroquevillée sur elle-même semblait dormir dans le creux d'une main sous les branches délicates d'un arbre aux teintes irréalistes.

— Quel animal est-ce ?

— C'est un fœtus humain.

— Oh !

Elle regarda avec plus de minutie cette petite chose qui mesurait moins de deux pouces. La tête avait presque le même volume que le reste du corps. Mais les membres étaient tous formés. On pouvait même apercevoir les doigts repliés dans les minuscules paumes.

— Nous avons calculé qu'il devait en être entre sa dixième et sa quatorzième semaine de développement. La main est celle de la mère. Elle est morte des suites d'un empoisonnement au plomb. L'arbre a été fait avec les bronches d'un poumon injectées de cire colorée.

La vie et la mort liées en un tableau aussi fascinant que tragique.

— Vous en êtes l'artisan ? demanda-t-elle, ranimant le souvenir de la malheureuse Mrs Watts.

— Non… c'est un ami à moi qui l'a fait.

Le visage de Francis s'était assombri. Dana n'eut pas le désir d'approfondir davantage les détails concernant cette préparation. Elle se tourna vers la collection de crânes.

— Vous pouvez les toucher, si vous le désirez.

Elle en caressa un du bout d'un doigt. La surface brunâtre était lisse et douce.

— C'est le crâne d'une femelle.

— Comment faites-vous pour savoir qu'il s'agit du crâne d'une femme ?

— Elle a été l'une de mes patientes.

Elle retira aussitôt son index. Mrs Watts ? Elle n'osa plus y retoucher.

— Vous pouvez faire la différence entre le crâne d'un homme et celui d'une femme ?

— En comparant certains paramètres physiologiques. Chez toutes les espèces, le crâne d'un mâle est plus volumineux. Mais la différence est beaucoup plus marquée chez les spécimens civilisés que chez ceux de races inférieures. Par exemple, vous voyez ici un couple aborigène de la Nouvelle-Calédonie. Le crâne de la femelle n'est que légèrement plus petit que celui de son compagnon. Regardez la différence entre celui que vous avez touché et celui-là, qui a été prélevé sur un condamné à mort. La différence est nettement plus évidente. En plus de la taille, les arcades sourcilières et les empreintes musculaires sont plus marquées chez le mâle.

—Et ça?

Elle pointait un autre crâne. Les arcades sourcilières étaient beaucoup plus prononcées et la mâchoire, plus proéminente, montrait des crocs.

Elle repensa aux histoires de loups-garous.

—C'est le crâne d'un orang-outang.

—Un singe? Hormis la dentition et la mâchoire, il ressemble étrangement à celui d'un humain.

—Les primates sont considérés par plusieurs comme étant les prototypes de départ de la chaîne du règne humain.

Dana n'avait jamais vu de singes de grandes tailles autrement qu'en image. Elle imagina ce morceau de squelette couvert de peau et de cheveux. Le résultat eût été surprenant, voire troublant. Une créature mi-homme, mi-bête. Elle avait entendu Jonat souligner les ressemblances entre l'espèce humaine et les singes lors d'un dîner à la maison. Mais la discussion avait rapidement tourné au vinaigre. Leur père n'admettait pas cette théorie qu'il qualifiait d'hérétique. Le lendemain de cette altercation, tandis que son frère était absent, Henry Cullen avait brûlé tous les livres de Jonat dans le jardin du presbytère. Dans la chambre du jeune homme, ne restait plus qu'une copie de la Bible. Dana se souvint de certains des auteurs sacrifiés pour les avoir aussi aperçus dans la bibliothèque de Mr Seton: Hume, Voltaire, Toland, Collins, Tindall, Spinoza se trouvaient parmi eux. C'étaient tous des détracteurs religieux, libres penseurs adeptes de la raison et de la morale qui remettaient en question la révélation divine et tous les dogmes de l'Église qu'ils qualifiaient de superstitions inventées pour brider la pensée de l'homme. Autodafé de la liberté spirituelle de l'homme.

Cela s'était passé en 1799. Jonat, qui venait de terminer sa deuxième année en médecine à l'Université d'Édimbourg, était rentré à Kirkcaldy pour la saison estivale. Après cet incident, il avait rempli ses malles et était reparti pour la ville pour ne revenir qu'au mariage de Maisie. Seule la Bible était demeurée sur son lit comme un symbole de son renoncement à sa foi.

— Ce que vous dites est une grave atteinte à la Genèse, monsieur. Tout croyant contestera cette théorie…

— C'est vrai, mais si les hommes de science n'écoutaient que ce que les exégètes leur dictent, le vaccin contre la variole n'existerait pas de nos jours et on croirait encore que les épidémies sont des fléaux envoyés par Dieu pour punir les hommes d'un quelconque péché et non le résultat de l'action de virus pouvant être transmis d'un être à un autre par simple contact physique.

— Mais vous vous attaquez aux Saintes Écritures. C'est différent.

— Je ne nie pas l'existence du Créateur. C'est l'interprétation des écrits que je remets en question. Les hommes interprètent ces textes comme il leur plaît, selon le contexte de leur époque. L'Église catholique n'a-t-elle pas obligé Galilée à renier sa théorie qui plaçait le Soleil au centre de l'Univers au lieu de la Terre ? Nous savons tous aujourd'hui que Galilée avait raison, et pourtant son œuvre est encore inscrite à l'Index. Dieu a doté l'humain d'une intelligence ; les Églises cherchent à la circonscrire avec des doctrines qui font de l'homme le centre de l'Univers. Ce qui n'est point le cas. L'homme évolue dans un milieu qui évolue *avec* lui et non *pour* lui. Voyez cette main dans ce bocal. Celle qui a six doigts. Pourquoi est-elle déformée ? Un accident de la nature ? Sans doute. Dans ce cas-ci, la mutation a rendu la main inopérante. Mais beaucoup de naturalistes croient que des mutations bénéfiques aidant à la survie dans un environnement spécifique pourraient être la cause de l'apparition de nouvelles espèces vivantes.

— Vous pensez que l'homme est le fruit d'une mutation chez les singes ?

— Ce n'est pas impossible. Et pourquoi pas l'inverse ?

Dana examina la main qui flottait dans le liquide brouillé. Bizarrement, la forme du sixième doigt qui se juxtaposait au pouce donnait l'impression d'une main de primate. Elle demanda :

— Si l'homme est un descendant du singe ou vice-versa, pourquoi les deux existent-ils encore ? Et pourquoi existe-t-il une si grande variété de singes ? Et de races d'hommes ?

— Ça, je ne peux le dire. Il manque encore beaucoup trop d'éléments pour tout expliquer par une hypothèse unique. Mais une chose est certaine, c'est qu'un lien irrécusable relie plusieurs espèces vivantes entre elles. Et je ne parle pas que des singes et des humains. Ce fait se démontre par des études d'anatomie comparée.

— Qu'est-ce que l'anatomie comparée ?

— C'est, si on veut, l'étude des différences et ressemblances entre les organes de diverses espèces vivantes du règne animal. Sous la peau, les plumes ou la fourrure, il existe des similitudes qui soulèvent souvent de graves questions sur l'origine des espèces.

Il orienta son attention vers une série d'ossements ressemblant vaguement à des squelettes de mains, mais aux formes différentes.

— Vous voyez ici une étude d'anatomie comparée des membres antérieurs. Je m'en suis servi lors de la présentation de mon premier cours magistral sur le sujet. L'aile d'une chauve-souris, la patte d'une grenouille, celle d'un lézard, d'une tortue, d'un chat et un bras de chimpanzé. Il y avait aussi la nageoire de la baleine, mais j'en ai fait don à la collection de l'université.

Les membres présentaient tous cinq doigts de longueurs variées selon l'espèce se rejoignant aux huit petits os carpiens qui formaient le poignet.

— Évidemment, la forme et la taille des os varient. Mais on les retrouve tous placés dans le même ordre. Vous pouvez donc constater que ces structures sont homologues. Ce qui suggère que ces animaux dérivent d'un ancêtre commun.

— Les animaux… peut-être. On ne peut comparer l'homme aux animaux que Dieu a créés pour le servir.

— L'homme est différent des animaux en ce sens qu'il peut penser. Pour le reste, il leur ressemble. Ne doit-on pas se nourrir et se reproduire de la même façon qu'eux? Ne sommes-nous pas faits de chair et de sang tout comme eux? Un mécanisme composé de matières organiques condamnées à pourrir un jour.

Le chirurgien prit la main de Dana et lui allongea le bras.

—Vous savez combien d'os il existe dans un bras humain, Miss Cullen? Trente. Et dix-sept articulations assurent une mobilité parfaite de votre membre, ajouta-t-il en forçant un mouvement de rotation de son poignet et de son coude qu'il relâcha ensuite. Saviez-vous que la nageoire antérieure d'une baleine en contient exactement le même nombre, soit trente os et dix-sept articulations? Si je fige seize de vos articulations et ne conserve la mobilité que de celle située ici, expliqua-t-il encore en lui touchant l'épaule, vous effectuerez le même mouvement qu'une baleine pour nager. Ne pensez-vous pas qu'un seul os à la place des trente aurait suffi à la baleine pour lui permettre de nager? Pourquoi avoir compliqué inutilement la nature? Qu'en pensez-vous?

— Je n'ose vous suivre, monsieur. Cette question se confronte à tout ce que m'a enseigné mon père. Dieu a créé l'homme et tous les êtres vivants sur la terre tels que nous les connaissons aujourd'hui. Dans les Évangiles selon Matthieu, Jésus-Christ a dit aux fidèles: n'avez-vous pas lu que le Créateur, dès l'origine, les fit homme et femme. Il ne parle pas de singe précédant la venue de l'homme sur la terre. Dire le contraire, c'est parler contre la parole de Dieu.

—Pensée fondamentaliste.

—Mon père était pasteur, je vous le rappelle.

—Pratiquait-il tout ce qu'il prêchait?

«*Prêcher la charité et cultiver l'intolérance sont les vertus d'un homme capable de brûler en sacrifice son fils sur le bûcher à la gloire de Dieu. Mais Dieu ne le reconnaîtra point. Car c'est dans le cœur de l'homme qui sait faire la différence entre le bien et le mal que Dieu habite.*» Dana fronça les sourcils pendant que les mots de Jonat s'exhumaient du plus profond de ses souvenirs. Ébranlée, elle les chassa de son esprit. Son visage se colorait peu à peu et les inflexions de sa voix masquaient difficilement la colère qui montait en elle.

Colère contre son père pour avoir fait partir Jonat. Contre son frère pour s'être détourné des Saintes Écritures. Contre Francis Seton pour déterrer tous ces douloureux souvenirs.

— Nous nous égarons du sujet, monsieur.

Soudain conscient que sa pensée avait franchi le seuil de ses lèvres, Francis se tut et dévisagea la jeune femme. Il appréciait sa vivacité d'esprit et son intelligence qu'il apprenait à découvrir de jour en jour. Si elle avait été un homme, il aurait cherché sa compagnie sans réserve. «Une pure Cullen à n'en pas douter», se dit-il avec un pincement au cœur. Mais quel sang nourrissait son cœur et son esprit ? Il croyait commencer à le découvrir et cela jeta profondément le trouble en lui.

— Je comprends votre réticence devant de telles ébauches de théories, Miss Cullen, enchaîna-t-il en ne pouvant s'empêcher une note de sarcasme. Contredire le dogme de la Création est audacieux... Sans me vouer totalement à l'empirisme ou au rationalisme, je considère que la réalité qui se manifeste à travers les sens doit être analysée. De ce fait, je ne crois que ce que je vois et comprends.

— Toute théorie scientifique est réfutable, appuya-t-elle.

— *Toute* théorie est réfutable. La Bible est un livre de loi inspiré par les paroles de Dieu, mais écrit par des hommes et interprété par des hommes. Et que les Écritures présentent Adam comme le premier homme est à mon avis aussi une théorie. Que Dieu ait créé Adam demeure possible dans la mesure où l'on ne peut prouver le contraire. Mais d'abord, qui a vu cet Adam ? Il pouvait ressembler à n'importe quoi, en fait. Pourquoi pas à ce gigantesque lézard découvert il y a presque vingt ans sur le continent par ce Français, Cuvier, et qui a aujourd'hui disparu ? Ou bien à cette autre trouvaille en Sibérie, il y a quinze ans, d'un énorme mammifère qui ressemble étonnamment à un éléphant et que ce même Cuvier a baptisé mammouth ?

— Ce que vous dites est odieux ! Adam est à l'image de Dieu !

— Qui a vu Dieu ? L'avez-vous vu, Miss Cullen ? Pourriez-vous me le décrire ?

Les sens soudain enflammés, Francis avait parlé fort. Il respira à fond avant de poursuivre.

— Adam et Ève sont des symboles. Des symboles chrétiens représentant la première forme de vie, humaine, si on peut dire, sur terre. Étaient-ils l'homme et la femme tels que nous les connaissons aujourd'hui ou une autre forme de vie, des créatures qui auraient pu modifier leur apparence au fil du temps pour s'ajuster aux conditions de vie dans lesquelles elles devaient survivre ? Et si, comme l'indique la Bible, les espèces vivant sur terre sont aujourd'hui telles qu'elles ont été créées, d'où viennent ces autres créatures gigantesques qui ont disparu ?

— Je ne sais pas… Peut-être que Dieu a décidé de les empêcher de monter à bord de l'arche avant le Déluge parce qu'elles étaient trop mauvaises et trop grandes.

— Mais ce mammouth. S'il est vraiment cet énorme animal que Job nommait béhémoth et qu'il considérait comme la première création de Dieu, pourquoi est-il aujourd'hui disparu s'il a réussi à survivre au Déluge ?

— Je ne sais pas. La Bible n'explique rien. Elle est, c'est tout.

Les yeux vairons braqués sur lui exprimaient maintenant de la crainte. La crainte du doute. Bien que la jeune femme s'obstinât dans ses vues, qu'il considérait étroites, il savait qu'il avait ouvert une brèche. Il s'astreignit à maîtriser ses émotions.

— Sur ce point, vous avez raison, Miss. L'Église dément la théorie d'une possible évolution, car elle ne peut l'expliquer. Si on en croit la Genèse, en six jours Dieu a créé la lumière, le ciel et la terre, le soleil et les étoiles, les plantes, les animaux et enfin l'homme. Donc, logiquement, d'un seul couple provient chaque espèce animale, tout comme l'homme. Si on interprète *ad litteram* cette théorie, il ne devrait y avoir aucune raison pour que des liens physiologiques existent entre eux. Logiquement encore, la nageoire d'une baleine devrait n'être qu'une palme composée d'un seul os. Alors expliquez-moi ça ! termina-t-il en désignant les squelettes présents dans l'armoire.

Incapable de répondre, la jeune femme regarda la collection d'ossements. Rien ne s'expliquait autrement que par la Bible, avait toujours prêché son père. Mais la Bible avait ce défaut de ne rien expliquer, justement. Elle n'aimait pas ce sentiment de confusion, ce questionnement stérile qui naissait dans son esprit.

— Mr Seton! Comment pouvez-vous vous opposer ainsi aux Écritures saintes?

— Je ne m'y oppose point, Miss Cullen. Je les interroge. Je suis un homme de science, rappelez-vous. Avant de recevoir une théorie, il faut l'interroger, l'explorer, la prouver au-delà de tout doute. On appelle cela l'expérimentation. Je suis certain que vous pouvez comprendre ça. Vous êtes une femme intelligente, Miss Cullen. Je n'ai jamais ignoré l'intelligence des femmes qui se donnent la peine de la développer. Mais pour y arriver, il faut douter. Doutez, Miss Cullen. Doutez de tout, même de vous.

Les derniers mots avaient fusé avec force. Dana se détourna, bouleversée par la tournure qu'avait prise la conversation. Son cœur battant la chamade, Francis regretta de s'être emporté aussi vivement. Dans un accès de frustration, il referma l'armoire avec un claquement qui fit vibrer son précieux contenu. La voix de Dana glissa sur lui comme un ruban d'émotion, lui enserrant le cou.

— Mon frère me disait: «Il n'y aura pas de paix dans ce monde tant que les hommes s'obstineront dans leurs opinions.» Douter n'est pas refuser la vérité, c'est la chercher.

Mais douter n'était-il pas aussi remettre en question la parole de Dieu?

Francis contempla le reflet de la fille du pasteur Cullen dans la vitre de l'armoire. La chevelure brune se peignait de teintes cuivrées qui lui en rappelèrent une autre. La vérité, si elle la cherchait... si elle la découvrait...

— Votre frère avait raison, commenta lentement le chirurgien en faisant disparaître la clé dans sa poche.

— Je ne sais plus...

Il prit la lampe avant de faire face à Dana. Les yeux de la jeune femme brillaient. Il aurait voulu s'en détourner, mais il resta là, lesté de remords, à se noyer dans l'étrange regard qui le fixait.

— Vous aviez confiance en votre frère ?

Jonat avait toujours été là pour elle. Il avait été le seul à la comprendre, à trouver les bons mots pour la consoler. *Dieu juge les hommes selon leurs actes.* Jonat n'était pas athée. Il ne pouvait l'être. Il avait simplement choisi de prendre une voie différente de celle de son père pour suivre Dieu. Elle en était convaincue.

— Oui.

— Pourquoi ?

— Parce qu'il m'aimait.

— Il vous manque beaucoup ?

— Oui.

Il baissa enfin les paupières, de peur qu'elle voie les sentiments qui l'agitaient.

— Je suis certaine que mon frère vous aurait plu, Mr Seton.

Comme une lame, les mots pénétrèrent le cœur de l'homme.

Dana s'était détournée et se préparait à partir.

— Miss Cullen, l'appela-t-il doucement.

La jeune femme se retourna à demi vers lui. Dans son mouvement, elle échappa le livre qu'elle avait oublié dans sa main. Francis se précipita pour le ramasser en même temps qu'elle se penchait. Ses doigts enveloppèrent ceux de Dana sur l'objet. Ils demeurèrent sans bouger, galvanisés par ce contact physique.

Laissant la moitié de son visage dans l'ombre pour cacher son trouble, Dana s'interdit de lever les yeux vers le chirurgien. Lui osa un regard sur elle à travers ses longs cils.

— Pardonnez-moi si je vous ai offensée. Ce n'était guère mon intention. De tout ce que j'ai pu faire… je tiens à le spécifier. Je suis maladroit avec les mots. J'oublie trop souvent la fragilité des sentiments. Mais je ne les ignore point. Je me rends compte aujourd'hui de l'ignominie de ce que je vous ai fait subir, hier. Je craignais… Il s'agissait de belladone, et… Même si la situation était très grave, je n'avais aucunement le droit d'agir de cette façon. Je vous prie, Miss Cullen, de bien vouloir accepter mes excuses.

Dana ne décelait plus cette froideur habituelle dans le gris qui la sondait. Elle hocha lentement la tête.

Les délicates phalanges remuèrent sous les siennes et, à contrecœur, Francis la libéra.

— Je les accepte, Mr Seton, dit-elle d'une voix presque inaudible en se relevant. Je vous souhaite une bonne nuit.

— Bonne nuit à vous aussi.

Elle quitta la pièce presque en courant, le laissant seul au milieu de ses livres, le cœur étreint par un sentiment nouveau qui l'effraya.

✦✦

Les rires résonnaient dans l'air froid, aussi clairs que des tintements de porcelaine dans l'atmosphère feutrée d'un salon.

— Il est là ! cria Will'O.

Une ombre furtive traversa le potager jusqu'au buisson de houx. Mr Dawson suivit d'un pied ferme la piste de l'animal imprimée dans la neige fondante. Will'O courait derrière avec une large épuisette à poisson. La « pêche » au lièvre était ouverte !

— Faut pas le tuer, répétait sans cesse le jeune homme.

— Mr Dawson ne le tuera pas, le rassura Alison. N'est-ce pas, Mr Dawson ?

Elle lança un œil vers le jardinier qui, son chien Dukie en laisse, ruminait sa colère. Ayant visité le potager pendant tout l'été, le lièvre avait gâché une partie de la récolte des légumes et l'homme avait juré de faire un sac de la peau de l'animal dès qu'il mettrait la main dessus. Mais attraper un lièvre plus rusé qu'un renard n'était pas une mince affaire. En dépit du muret de pierre sèche qui ceinturait le potager et le verger, le voleur réussissait à y pénétrer en creusant des tunnels. Deux fois Mr Dawson les avait découverts et obstrués pour le décourager, mais l'animal récidivait.

Armée d'un râteau dont elle n'avait pas vraiment l'intention de se servir, Alison avançait prudemment vers le buisson épineux tandis que le valet d'écurie le contournait en soulevant son filet.

— Allons, petit, petit ! dit doucement Will'O.

— Je suis prête, annonça Dana, fébrile.

Brandissant bien haut son balai, elle attendait la sortie du vilain rongeur. Bien qu'elle dût abandonner son petit déjeuner pour prêter main-forte au jardinier, cette diversion l'empêchait de ruminer les perturbants évènements de la veille qui l'avaient empêchée de dormir une seconde nuit consécutive.

— Je crois que cette fois nous le tenons, exultait presque le jardinier.

Le chien grognait. Alison fit trembler le buisson avec son outil pour lever l'animal. Celui-ci détala à toute vitesse, allant par-devant, revenant en arrière, recoupant sa voie, zigzaguant entre les jambes qui sautillaient pour l'éviter. Tout le monde poussait des cris, affolant davantage l'animal en panique. Dukie se mit à aboyer furieusement. Mr Dawson le relâcha. Will'O s'élança et se jeta par terre avec l'épuisette, ratant le lièvre de peu. Abigail et Mrs Dawson, qui les observaient, éclatèrent de rire.

— Il va s'échapper ! gronda le jardinier.

Récupérant l'épuisette, Will'O se remit à la poursuite du lièvre qui allait droit vers la remise de jardin.

— Il m'échappera pas ! cria le jeune homme.

Dukie, excité par la chasse, aboyait et tournait autour des jambes du jeune homme, manquant à quelques reprises de le faire trébucher. Imprimant un tour de moulinet à l'épuisette, Will'O la lança au sol, coinçant enfin le voleur dans son filet.

— Je l'ai ! Je l'ai ! Je... Oh ! Mr Dawson !

Les autres s'étaient tous réunis autour de l'épuisette. Un air consterné se grava sur les visages.

— Il a disparu, fit bêtement le valet d'écurie en se grattant la tête.

Dukie geignait et reniflait le sol. Le jardinier souleva le filet et inspecta le terrain. Une sortie de secours camouflée par la végétation leur avait échappé. Tous les regards se projetèrent de l'autre côté du muret. L'animal bondissait sur des distances prodigieuses pour sa grosseur. La troupe se remit en chasse. Au sol, dissimulé par les hautes herbes, le lièvre restait invisible. Il filait droit vers le champ, le chien à ses trousses.

— Ha! ha! Il va le filer jusqu'à Glasgow.

— Grand bien si cela est fait!

Les chasseurs s'arrêtèrent de courir, ahanant en regardant le chien bondir dans les pâturages enneigés de Grange Farm comme une puce dans un plat de farine. Se promettant que la prochaine fois il se servirait de son fusil, grognon, le jardinier s'éloigna. Will'O le suivit en lui jurant que le lièvre ne reviendrait pas, qu'ils lui avaient donné une bonne leçon.

— Moi, je te gage mon chocolat chaud qu'il sera de retour dès cette nuit, ricana Alison.

— Et que Mrs Dawson en fera un civet avant la fin de la semaine, ajouta Dana en se retournant.

Elle s'immobilisa. Une silhouette avait capté son attention dans l'allée principale qui s'ouvrait du côté de Hope Park. Un cavalier et sa monture approchaient à vive allure, projetant le gravier derrière eux.

— Qui c'est? dit Alison en plissant les yeux.

— Sans doute quelqu'un qui vient chercher le docteur pour une urgence.

Le visiteur disparut de l'autre côté de la façade de l'imposante maison des Seton.

— Allez, viens, on va rentrer boire notre chocolat, proposa Alison en tirant sur la manche de Dana.

Dans la cuisine régnait une douce chaleur infusée par les arômes épicés de pâté de mouton. Dana et Alison retiraient leur manteau en frissonnant dans l'air froid qui s'était engouffré dans la maison avec elles. Elles entendaient des voix provenant du hall: le visiteur, assurément. La porte qui les en séparait s'ouvrit spontanément. Surgit la figure austère de Mrs Rigg, qui s'assombrit davantage à la vue de Dana.

— Dana, il y a quelqu'un qui désire vous voir.

Alison se tourna vers son amie, qui pressentait déjà le malheur. Dana demeura figée dans l'entrée, ses mains portées sur son cœur. Se pointa ensuite Halkit, affichant toujours ce flegme qui le caractérisait. Derrière lui suivait la crinière blonde et ébouriffée de Logan.

Il était arrivé quelque chose à Timmy !

— Dana, dit son cousin en l'apercevant au bout du couloir.

— Logan… quelle surprise ! fit-elle, mimant une fausse joie.

Il se dirigea vers elle. Alison les laissa seuls et sortit de la cuisine avec les autres domestiques.

— Dana, je suis venu… le plus rapidement que j'ai pu.

— Qu'est-ce qui se passe ?

Une enveloppe apparut de l'intérieur de son frac. Elle reconnut l'écriture de Harriet. Pourquoi l'urgence de lui faire porter son courrier par Logan ? Timmy s'en chargeait habituellement le dimanche quand il venait lui rendre visite.

— Ma mère a aussi reçu une lettre de ta sœur, Dana. Elle a cru bon ne pas attendre…

— Oh !

Pour tout dire, le visage de Logan n'annonçait rien de joyeux. Il lui toucha le bras. Avec une douceur empreinte de sollicitude qui ne fit que l'alarmer davantage, Logan l'entraîna dans la cuisine et la poussa sur une chaise. Il en tira une autre devant elle et s'y assit. Les yeux de la jeune femme étaient remplis de crainte. Elle déplia le feuillet et commença la lecture. Après quelques lignes seulement, elle poussa un faible gémissement.

— C'est Mama… je dois partir immédiatement, Logan. Elle… Oh ! Il est peut-être déjà trop tard ! Mama est peut-être déjà…

Sa voix se brisa sous la trop forte pression des émotions. Elle froissa le feuillet dans ses mains qui s'étaient crispées involontairement.

— Prépare tes affaires, je repars de ce pas chercher le buggy.

Paralysée par le choc de la nouvelle, elle acquiesça. Sa poitrine se gonfla d'air qu'elle expira par saccades. La boule qui roulait dans sa gorge l'empêchait de parler, de respirer. Logan lui serra très fort les mains pour lui témoigner son soutien.

— Bon, peut-être qu'il serait mieux que tu restes ici. Je vais demander qu'on les prépare pour toi.

La bouche ouverte, elle le regarda partir. Dans sa tête, la terre avait tourné dix fois avant qu'il revienne. Elle n'avait pas bougé. Francis Seton accompagnait son cousin, qui lui parlait de voiture et de malles et de départ dans l'heure. La voix autoritaire du maître appelait Alison. Mr Dawson sortait dans la cour prévenir Spittal. Halkit montait à l'étage. Dana tenta de se lever. Mais Logan la repoussa sur son siège.

— Laissez, il s'occupe de tout.

— *Il*?…

— Le docteur Seton. Il fait atteler les quatre chevaux à la voiture. Elle ira plus vite que Sugar Plum avec le buggy et ce sera plus confortable pour voyager dans un froid comme aujourd'hui.

— Où est Timmy? le pressa soudain Dana, se disant que c'était lui qui aurait dû s'occuper de tout ça.

— À la distillerie. Il ne pourra pas se libérer, tu le sais.

— Tu lui diras de ne pas venir jusqu'ici, dimanche, dit-elle bêtement. Explique-le-lui.

— Je le ferai, Dana. Ne t'en fais pas pour ça.

Chapitre 14

Penché sur le secrétaire à dos-d'âne, Francis en fouillait les multiples compartiments. Il cherchait un petit carnet relié de toile verte et de cuir noir qui avait autrefois appartenu à son père. Il le trouva et l'ouvrit sur la dernière entrée : 17 juin 1814. Dans une enveloppe glissée entre les pages avait été placé le montant exact du prochain dépôt semestriel. Il ne devait être versé que dans deux semaines. Il s'en occuperait en même temps. Le banquier pourrait comprendre la situation. Lui restait à retrouver l'enveloppe contenant les instructions sur les transactions à faire en cas de décès de la bénéficiaire. Le chirurgien déverrouilla un tiroir et l'ouvrit, récupéra ce dont il avait besoin et referma. Puis il plaça le tout dans la malle qu'il boucla. Halkit la fit porter en bas. La voiture était prête. Spittal y avait attelé les quatre frisons.

Debout dans le hall, Evelyn étudiait Francis depuis quelques minutes d'une manière soupçonneuse. Parfois, elle pensait que son mari menait une double vie : une avec les vivants, l'autre avec les morts.

— Où vas-tu? Pourquoi ces malles?

Francis se retourna, hésita une seconde de trop avant de répondre.

— Je pars pour quelques jours.

— C'est un peu précipité. Tu ne m'as pas parlé de ce voyage, Francis.

— Une affaire urgente.

Elle lui bloquait la sortie, intentionnellement.

— Avec elle ?

— Elle ?

— Tu sais très bien de qui je parle. Cette Miss Cullen. Sa mère est mourante, Mrs Rigg m'en a informé. Mais n'est-ce pas un peu exagéré que tu ailles jusqu'à lui offrir de l'accompagner ?

— Tu sais très bien qu'il est de mauvaise étiquette de laisser une jeune femme voyager seule sur une si longue distance. Et il se trouve que j'avais une affaire à régler à Kirkcaldy dans deux semaines.

— C'est très généreux de ta part de te préoccuper de la réputation d'une simple domestique.

— Je considère Miss Cullen comme une employée et non comme une domestique.

— Et le fait qu'elle soit une femme n'a rien à y voir.

L'allusion n'avait rien d'équivoque. Il ne la releva pas.

Sa femme était amaigrie et pâle. Plus pâle que dans ses souvenirs. Peut-être était-ce la lumière blafarde du dôme qui la noyait, lui volant ses couleurs. Le grain de sa peau lui parut soudain si fragile. La beauté était une chose si évanescente, si vulnérable… De fines ridules étiraient le coin de ses magnifiques yeux eau de mer cerclés de mauve. Les lèvres autrefois pulpeuses, émouvantes, faites pour être embrassées, se plissaient maintenant d'amertume et d'ennui. Replié sur lui-même comme il l'était, il n'avait pas noté le dépérissement de sa femme. Où était passé ce visage rayonnant auquel il avait souvent rêvé après leur première rencontre ?

Ce jour-là resterait gravé dans sa mémoire à jamais. Malgré tout. C'était en 1805, quelques mois après le *drame*. Son ami Percy Elphinstone et lui s'étaient rendus au Theatre Royal de Drury Lane, à Londres. Il ne se souvenait plus du titre de la pièce qui y avait été jouée. De toute façon, son attention avait été exclusivement captivée par cette charmante créature que lui avait présentée Percy : Miss Evelyn Hamilton. Il avait d'abord remarqué la ressemblance frappante avec la sensuelle Amy. Percy avait invité la jeune femme et les deux amies qui l'accompagnaient à se joindre à eux dans la loge que les Elphinstone louaient à grands frais. Pendant que Miss Hamilton riait, s'exclamait, frappait des mains, s'extasiait devant le talent des acteurs, colportait sur les gens présents et lui lançait des œillades intéressées, lui l'avait dévorée des yeux.

Après la dernière ovation, ils s'étaient rendus dans l'un de ces *gin-shops*, ces établissements de Drury Lane où se rassemblait après les représentations une partie des spectateurs autour d'un magnifique bar d'acajou français derrière lequel étaient alignés des rangs de fûts de gin peints de rouge, de vert et d'or. Miss Hamilton et les deux autres jeunes femmes avaient siroté un verre de porto sucré tandis que Percy et lui avaient porté toast sur toast, louangeant la beauté des dames, rivalisant pour les faire rougir et rire de compliments bien ficelés de mots farfelus, en levant un verre de *butter-gin*, de *cream-of-the-valley* ou encore du puissant *knock-me-down*.

Le lendemain, il s'était réveillé, allongé sur le canapé de velours vert du salon des Hamilton, avec une gueule de bois carabinée. Le visage angélique d'Evelyn, comme descendu du ciel, lui souriait. Elle lui tamponnait le front avec une serviette mouillée, s'informant de son état, le plaignant, se moquant gentiment de lui en riant. Le tintement de ce rire… C'était la plus douce gueule de bois qu'il eût jamais expérimentée. Jamais auparavant une femme ne lui avait fait autant d'effet. Moins d'un an plus tard, ils étaient mariés. Un an de plus et leur vie basculait dans le vide.

Longtemps il avait cherché à se raccrocher. Mais la naissance de leur fille les avait irrémédiablement éloignés l'un de l'autre et leurs mots les avaient blessés au-delà de toute possibilité de réconciliation. La femme avec qui il partageait maintenant ce qu'il voulait bien de sa vie était devenue pour lui une inconnue qu'il n'avait plus envie de connaître davantage. Elle vivotait de rêves impossibles et lui de projets audacieux dans lesquels ils vidaient leur énergie. Il avait pensé au divorce. Evelyn souffrirait d'autant qu'une femme divorcée n'avait pas sa place dans cette société qu'elle louangeait. Et, pour lui, le moment était mal choisi : un divorce ne ferait que ternir son image et nuirait à ses démarches pour obtenir cette chaire de pathologie pour l'université. Après, peut-être…

— Evelyn… je suis pressé, insista-t-il avec une note d'impatience.

La lippe mécontente, sa femme s'écarta, sachant qu'il serait vain de tenter de le retenir. Et elle était trop épuisée pour lui tenir tête. Il lui faudrait se renseigner sur cette Dana Cullen dont le nom évoquait quelque chose. Francis s'en souciait au-delà de ce qui aurait dû lui être permis. Une nouvelle maîtresse? Si ce n'était que cela.

— Où est Christopher? s'informa-t-elle.

— À l'université. Pourquoi ne vas-tu pas passer quelques jours chez Arabella?

Evelyn risquait de se mettre dans tous ses états en apprenant qu'elle se retrouverait seule. Christopher serait souvent absent de la maison. Il craignait que sa femme ne rechute. Elle pouvait être parfois si imprévisible. Et son agitation des dernières semaines lui donnait à croire qu'elle préparait une récidive. Si cela devait arriver, il aurait à considérer l'internement définitif. Evelyn pouvait devenir extrêmement dangereuse quand elle sombrait dans ces moments de folie.

— Il fait trop froid pour voyager, trouva-t-elle comme excuse. Et tu me laisses avec le phaéton.

— Duddingston est à quelques *miles* seulement.

Il haussa les épaules, capitula. Rien de ce qu'il pourrait dire n'arriverait à l'accorder à sa suggestion. Evelyn aimait les confrontations et il préférait les éviter.

— Comme tu voudras, Evelyn. Maintenant tu dois m'excuser, mais je dois vraiment partir.

Son carrick se déploya autour de lui quand il pivota pour se diriger vers le grand escalier. Il passerait dans la bibliothèque écrire un mot à Arabella avant de quitter Weeping Willow et le ferait porter par Halkit. Sa sœur viendrait rendre visite à Evelyn, question de la surveiller.

❧❧

Comme une enfant perdue, elle s'était laissé habiller et avait accepté l'aide du chirurgien pour monter dans la voiture. Logan l'avait serrée dans ses bras et lui avait prodigué des mots d'encouragement. Quoiqu'il sût qu'ils ne suffiraient pas lorsque l'inévitable se produirait. Mais à ce moment elle serait entourée de ses sœurs, neveux et nièces. Elle surmonterait l'épreuve.

La voiture voyageait depuis plus de quatre heures. Un malheureux incident avait marqué la traversée de la Forth et les avait retardés. Un cheval s'était emballé sur le ferry et avait causé tout un remuement. Un valet avait été atteint à une jambe en essayant de le maîtriser. Francis lui avait porté assistance et avait réduit sa fracture.

Ils roulaient maintenant sur la route de Burntisland. Le soleil n'était qu'un pâle disque derrière la couverture de nuages qui masquait complètement le ciel. L'intérieur de l'habitacle était plongé dans une froide pénombre. Recroquevillée en chien de fusil sur la banquette du fond, Dana somnolait, ou tentait de le faire. Trop agitée pour arriver à trouver la moindre parcelle de soulagement dans le sommeil, elle s'assit pour regarder défiler le décor. Occupant le siège d'en face, Francis faisait de même en silence.

Ballottée par le mouvement de la voiture, elle revoyait ce même paysage qu'elle avait admiré ce jour d'octobre, quand Timmy et elle avaient pris le chemin d'Édimbourg. Bien des choses avaient changé depuis. Les battures étaient désertes, l'herbe, qui avait pris une teinte de miel, s'était couchée sous les fréquentes giboulées de l'automne. Les champs étaient noirs de la terre retournée. S'il avait neigé, tout avait fondu dans la tiédeur des courants d'air marin. Le pays sombrait dans le sommeil qui le ferait traverser les longs mois de froid.

Elle aussi avait changé depuis ce jour-là.

Le battement incessant des sabots et le grincement continu de la voiture remplissaient l'espace. Il faisait froid, mais Dana reconnaissait le confort dont elle disposait. Voyager en buggy aurait été pénible et Logan et elle auraient dû s'arrêter souvent pour se réchauffer. Elle abandonna le tableau sans cesse changeant de la fenêtre pour observer le chirurgien. Malgré qu'elle ne comprît pas son mobile, elle ne pouvait qu'apprécier la bienveillance soudaine de l'homme à son égard.

Penché vers l'avant, les coudes calés sur ses genoux et ses doigts noués derrière sa nuque, il était maintenant absorbé par une méditation qui durait depuis plusieurs longues minutes. Qu'est-ce qui se passait dans la tête de Francis Seton? Elle aurait bien aimé le découvrir. Comme s'il se devinait épié, il redressa la tête et elle capta son regard. L'expression indéchiffrable qui semblait y résider en permanence l'empêchait de saisir la nature des sentiments qui l'habitaient. Bercés par l'état lamentable de la route, ils se dévisageaient sans parler, chacun contemplant les linéaments du visage de l'autre dans l'obscurité qui s'épaississait.

«Un jour, il feint d'empoisonner mon vin, l'autre, il abandonne tout pour me permettre de courir au chevet de ma mère…» songea-t-elle.

Tel était l'homme qu'elle regardait: une énigme.

— Pourquoi faites-vous cela pour moi? demanda-t-elle doucement.

Il redressa le buste. Pourrait-il répondre honnêtement? Pour lui-même, pour le moins, il pourrait dire: «Je le fais parce que tu es la sœur de Jonat.»

— Je le fais parce votre mère est mourante, Miss.

— Ma mère est mourante. En quoi cela vous touche-t-il? Vous semblez oublier pourquoi je suis chez vous. Votre bonté m'égare, monsieur.

— Je ne l'ai aucunement oublié. Je sais ce que c'est que de perdre un parent.

Elle allait continuer sur son ton sarcastique, mais s'en abstint devant la contenance chagrine que prit son interlocuteur.

— Vous avez toujours votre mère, Mr Seton?

— Ma mère vit toujours, confirma-t-il en se détournant.

Devant le trouble de l'homme, Dana dévia à son tour son attention vers la fenêtre.

— Elle vit à Glasgow depuis la mort de mon père, chez ma
sœur Caroline.

Le ton engageant l'invita à ramener son regard vers lui. Sans
sourire, il affichait une cordialité qui l'encouragea à poursuivre la
conversation.

— Vous ne la voyez que très peu souvent, donc.

— Juste assez, laissa-t-il tomber mystérieusement.

Des tensions familiales agitaient les Seton.

— Vous n'avez qu'une sœur ?

Bien qu'elle se souvînt de deux fillettes sur le portrait familial
de la salle à manger, elle avait posé la question. Lui montrer qu'elle
savait autant de détails de sa vie aurait semblé de l'indiscrétion.
Quoiqu'elle eût l'impression que toutes les questions qu'elle pourrait lui poser paraîtraient indiscrètes.

— J'en ai deux, en fait. Caroline est l'aînée de la famille. Arabella est née en deuxième. Je suis le dernier des Seton.

Et dernier de la lignée.

— Vous avez des neveux et des nièces ?

— Plusieurs. Les Douglas… Caroline a épousé Malcolm Douglas.
Il est avocat. Ils ont cinq enfants : deux garçons et trois filles. Quant
à Arabella, elle et son mari n'ont pas encore eu cette chance. Alors
ils voyagent la plupart du temps. Mon beau-frère, Edmund Foster,
est manufacturier de pompes à vapeur.

— Vous les visitez souvent ?

— Non.

Pause de silence. Ils entendirent le cocher crier de dégager le
passage. Ils pénétraient maintenant Kinghorn. L'odeur de la mer
qui saturait l'air humide piquait les narines.

— Et vous, Miss ? s'obligea à demander Francis, qui savait tout
de la famille Cullen.

— À part mon frère, qui est mort, j'ai deux sœurs et un autre
frère. Thomas est ministre du culte à Aberdeen. Il est père de deux
enfants. Maisie est mariée à Scott Chalmers, un ébéniste de Kirkcaldy. Ils ont six enfants. Harriet est plus jeune que moi et vit chez
les Chalmers avec… ma mère.

— Pourquoi vous êtes-vous retrouvée chez les Nasmyth ?

Le caractère humiliant de la question l'empêcha de répondre en toute sincérité.

— Pour soulager le fardeau de ma sœur.

Elle, le fardeau des Cullen… Et sa mère qui ne vivrait pas assez longtemps pour la voir mariée enfin.

Le regard gris du chirurgien se détacha du sien et se mêla à l'anthracite de la mer qu'ils longeaient. L'écume jaunâtre des déferlantes qui rongeaient la côte accidentée formait une mousse fondante sur les rochers noirs et les plages sablonneuses. Dana entendait presque le fracas des brisants percer le vacarme que faisait l'attelage. Il y avait si longtemps qu'elle n'avait revu Kirkcaldy et l'église de la paroisse avec sa vieille tour normande que l'éloquence de son père avait remplie de fidèles tous les dimanches, sans exception, jusqu'à ce qu'eût disparu Jonat. Elle retournerait se recueillir sur la tombe de son frère…

Dans cette pensée s'en imbriqua une autre. Elle réalisait brusquement que lorsqu'elle quitterait sa ville natale pour rentrer à Édimbourg, une deuxième tombe aurait été creusée.

… Mama perd de plus en plus souvent conscience. Et, lors de ses périodes de lucidité, il lui arrive d'être confuse. Nous craignons que ce ne soit la fin. Notre mère te réclame, Dana. Elle tient à te voir avant de partir rejoindre notre père. Je prie pour que son dernier souhait soit écouté de Celui qui l'accueillera dans Son royaume…

Les larmes avaient commencé à couler sans qu'elle s'en rendît compte, apportant un goût salé sur ses lèvres ; elle les pourlécha pour en saisir toute l'amertume. Puis elle se cala dans son recoin d'ombre. Les sanglots lui montaient à la gorge par vagues. Elle n'arrivait plus à les contenir. Les évènements des dernières semaines l'avaient rompue et le moindre soubresaut émotif devenait une épreuve de force. Et sa force était épuisée. Enfouissant son visage entre ses mains, oubliant sa retenue, elle laissa son chagrin s'exprimer devant l'homme qui l'accompagnait.

Une douce chaleur l'enveloppa. Le bras de Francis lui entoura l'épaule et l'attira contre son torse solide. Le drap du carrick était frais sous sa joue ; les gros boutons brillants étaient glacés. L'homme ne dit rien. Les gestes suffisaient. Ainsi enlacée, Dana pleura jusqu'à Kirkcaldy.

❧

Spittal et Scott déposaient la malle sur le plancher de la chambre que Dana avait autrefois partagée avec sa sœur et ses nièces. Rien n'avait changé, sauf les poupées de bois de Fanny et d'Agnes qui portaient des toilettes neuves confectionnées dans les robes irrécupérables des fillettes qui avaient considérablement grandi. Dana reconnaissait la touche de Harriet sur les modèles inspirés de la dernière mode.

Le cocher s'inclina devant elle. Son visage émacié lui sourit tristement. Il ne dit rien, mais Dana savait qu'il comprenait sa peine. Le chirurgien attendait dans la voiture. Il logerait au George Inn. Il avait des affaires à régler dans la région, lui avait-il précisé. Il viendrait la voir le lendemain.

— Ma mère n'a jamais accepté de voir un seul médecin, l'avait-elle averti. Sauf le docteur Collingwood avec qui elle correspond.

Francis Seton n'avait rien répondu. Il s'était détourné et avait appelé le cocher pour qu'il monte les bagages de Miss Cullen chez les Chalmers.

Dormant d'habitude avec les garçons, Janet Cullen était alitée dans une minuscule pièce créée en confinant un peu de l'espace du grand salon derrière deux paravents. De cette façon, la malade pouvait obtenir un peu de tranquillité et d'intimité dans cette bruyante maisonnée dans laquelle dix membres habitaient. Cette chambre improvisée était située près de la cheminée dont le feu était nourri jour et nuit au charbon. La chaleur accentuait une odeur de vomi qui prenait à la gorge. Janet était désespérément amaigrie. Et sa peau perlée de transpiration avait pris la teinte bilieuse de ceux qui souffraient du foie. C'est ce que soupçonnait le docteur Balfour, qui, bien que maintenant retraité et lui-même malade, était venu leur rendre visite deux semaines plus tôt. Dana se souvenait vaguement que sa mère avait déjà été atteinte d'une affection similaire qui jaunissait la peau et le blanc des yeux. Était-ce un mal récurrent qui se logeait dans l'organisme pour mieux l'achever quand la vieillesse en faisait une proie sûre ?

Si cela était, cette maladie, qui avait dormi dans le corps de sa mère pendant des années, s'était réveillée, vorace, et s'en était nourrie jusqu'à ce qu'il n'en subsistât plus que l'enveloppe charnelle sous laquelle saillaient indécemment les os. En un an seulement ? Comment cela se pouvait-il ?

Les poignets et le dessus des mains qui reposaient sur le ventre de la moribonde étaient couverts de plaques rouges et enflammées. Dana s'assit près d'elle, sur la seule chaise qui pouvait être placée dans l'espace réduit dont le lit occupait la plus grande partie. Elle prit ces mains qui ressemblaient à des brindilles de bois fragile et noueux. Si elle les pressait trop fort, elles se briseraient, Dana en était persuadée. Alors elle les caressa doucement de la même façon que ces mains l'avaient plusieurs fois caressée pour consoler ses chagrins d'enfant.

— Mama… murmura-t-elle doucement en s'approchant de l'oreille de sa mère. C'est moi, Dana. Ton petit canard…

Les paupières, bleutées, aussi fines que du papier de riz, se plissèrent et battirent telles de fragiles ailes de papillon.

— Petit canard… souffla la vieille femme.

Janet s'agitait. Mus par une étonnante énergie, les doigts pincèrent ceux de sa fille. Sa tête roula sur l'oreiller et ses yeux dans ses orbites. Dana réprima une moue de douleur en rencontrant ces yeux, autrefois si clairs et remplis d'amour pour ses enfants. L'amour qu'elle y puisait toujours, toutefois, se noyait dans la maladie qui teintait de jaune la sclérotique.

— Mama, dit Dana en pressant délicatement les mains qui s'étaient mises à trembler, calmez-vous. Je reste avec vous.

— Comment… Timmy ?

— Timmy ne pouvait quitter son travail. C'est… un ami qui m'a reconduite jusqu'ici.

Hochant la tête, Janet détendit ses maigres muscles.

— Jonat, dit-elle d'une voix à peine audible. Je dois… parler de Jonat.

Il vous attend, Mama… eut-elle envie de lui crier. Elle voulait éviter de parler de la mort. La mort lui volait tous ceux qu'elle aimait.

— Il veille sur vous, Mama, lui susurra-t-elle avec tendresse en ravalant ses larmes.

Elle estima qu'elle n'y arriverait pas. Elle ne pourrait se montrer la plus forte.

— Il veille encore sur moi… et toi, petit canard… faut pas juger… il t'aime… c'est parce qu'il nous aime…

Une main se posa sur l'épaule de Dana. Maisie apportait une tasse fumante de tisane à l'arôme un peu iodé.

— Écorce de saule et varech. C'est pour soulager son prurit, souligna sa sœur avant de se pencher sur le lit. Ça va, Mama ?

La poitrine de Janet émit un chuintement qui marquait une respiration difficile. Maisie se retourna vers Dana.

— Elle ne parle que de Jonat.

— Jonat… répéta Janet dans un long râle après le départ de son aînée.

— Cessez de parler, je vous en prie, pria instamment Dana, qui, le cœur écorché, se retenait de fondre en larmes sur le lit de sa mère.

Mais Janet Cullen s'obstinait. Comme des racines qui s'agrippaient au roc d'une falaise dans la tempête, ses doigts s'accrochaient à ceux de sa fille et elle réussit à soulever ses épaules du matelas.

— Prévenez… le docteur Colling… wood.

S'effondrant après ce soubresaut d'énergie, elle poussa un profond soupir sibilant.

— Oui, Mama… nous le ferons, murmura Dana dans un filet de voix.

Sa mère sombra doucement dans l'inconscience. Un sourire était resté accroché aux coins de sa bouche amincie par les mois de maladie. Autant de souffrances appelaient la mort. Devant la mort, on priait au miracle. Caressant les mains de sa mère, Dana se permit de pleurer librement. Puis, lorsque la fatigue l'appela, elle les déposa avec une douceur infinie sur la couverture et alla se coucher sans dîner.

❖❖

Un rayon de soleil chatouillait le bout du nez de Dana ; elle renifla. Un picotement s'intensifiait, irritant ses muqueuses nasales ; elle éternua.

Un cri étouffé se répercuta dans ses tympans. Se dressant dans le lit dans un sursaut, Dana fit le tour de la pièce du regard, le cœur en émoi, l'air égaré. Une paire d'yeux clairs la fixait avec la même confusion. La blondeur de Harriet lui indiqua l'endroit où elle se trouvait.

— Je… je t'ai réveillée ? dit-elle, encore un peu perdue.

— C'était toi ?

— Je crois bien, oui…

— Par St. Margaret ! J'ai cru… J'ai cru…

Dana attendit le reste, qui ne vint décidément pas.

— Quoi donc ?

— Je ne sais plus. Je devais rêver.

Se recouchant auprès de sa sœur, Dana contempla les deux dernières toiles qu'elle avait peintes avant d'abandonner son art. L'une représentait le port de Kirkcaldy au coucher du soleil. Une étude de la lumière que lui avait demandée Mr Whyte. L'autre était le portrait de sa mère. Janet avait le regard triste. C'était un an après la mort de Jonat. Mr Whyte l'avait estimé assez bien réussi. Il lui avait même laissé entendre que son talent lui permettrait de vivre de son art si elle persistait.

Quittant le portrait, qui n'était plus le reflet de celle qui se mourait dans le salon, Dana fixa les lattes de bois du plafond qui avaient grandement besoin d'être repeintes. La suie incrustée dans les interstices traçait de fines rayures. Pour éviter de penser à la chagrinante journée qui commençait, elle s'amusa à les parcourir de gauche à droite, suivant le trajet en lacet qu'elles dessinaient. Un, deux, trois... Le goût de lire lui prit. Dans son empressement, elle avait oublié d'emporter son livre.

Elle referma les paupières et fit des efforts pour faire le vide dans son esprit. Rien à faire. Le visage émacié de sa mère lui revenait sans cesse.

Scotty, le petit cadet des Chalmers, se mit à pleurer. Maisie n'arrivait pas à le consoler. Le tout-petit savait ce qu'il voulait et sa mère le fit taire enfin en le lui donnant. Pour un court moment. Couchée dans le lit placé perpendiculairement au pied de celui occupé par Harriet et Dana, Miss Martha commença à babiller une histoire à sa poupée de chiffon estropiée d'un bras qu'elle avait baptisée Cendrillon. Délaissée par Agnes, qui lui avait préféré sa nouvelle poupée de bois peinte, Cendrillon, poupée de chiffon mal aimée, avait hérité d'une marraine qui l'entourait de toutes les attentions. «Elle est peut-être pas belle, mais elle est plus douce que vos belles poupées de bois!» avait-elle déclaré.

—Martha, veux-tu te taire et te recoucher! gronda d'une voix empâtée sa sœur Fanny, qui partageait son lit.

—Je peux pas, le soleil est levé.

—C'est parce que tu l'as réveillé, petite pie! l'admonesta Grizel.

—C'est pas moi qui l'ai réveillé!

—Si, c'est toi...

—C'est quoi, une pie?

—Va voir dans la glace.

Le silence retomba dans la chambre. Dans la cuisine, des grincements de bois. L'homme de la maison s'activait. Il racla les cendres refroidies dans l'âtre et y jeta une pelletée de charbon. Soudain les petits petons de Miss Martha piétinèrent le plancher jusqu'à la commode.

Nouveau silence. Dana ressentit la tension d'un suspense s'installer.

— C'est juste moi qui suis dans la glace, Grizel!

— C'est ce que je disais.

Moment de réflexion.

— Je suis pas une pie! s'indigna la fillette avec sa logique d'enfant de trois ans.

Cachées sous leurs draps, Grizel et Agnes s'esclaffèrent. Ce qui révolta davantage la petite, qui se mit à pleurnicher. Son père passa la tête par l'ouverture de la porte entrebâillée et l'invita à venir l'aider à faire griller le bacon. La fillette se dépêcha d'enfiler la vieille robe de chambre raccourcie de Grizel et ses pantoufles, et fila dans la cuisine.

Se calant dans la douce quiétude de la famille Chalmers, Dana se mit à rêver d'enfants. Harriet se lova contre elle, s'appropria l'une de ses mèches et l'entortilla autour de son index.

— Je m'ennuie de toi, chuchota-t-elle.

— Moi aussi.

— Comment il est?

— Qui, *il*?

— Le cousin Timmy.

C'étaient les traits de Francis Seton qui étaient d'abord apparus dans l'esprit de Dana.

— Il est correct.

— Il est romantique comme dans les romans?

La question frappa Dana en plein centre de sa lucidité. Pouvait-elle considérer Timmy comme un personnage de ses fabulations, de ses rêves intimes?

— Alors? attendait Harriet.

— Si on veut.

— Tu as de la chance.

— Et toi pas? s'étonna Dana.

— Oh! Tu sais, quand ils sont beaux, ils sont bêtes. Quand ils sont gentils, ils sont... moins beaux.

— Tu n'es pas juste, Harry.

— Je sais. Je n'arrive pas à trouver celui qui fait vibrer mon cœur plus longtemps que vingt minutes.

— Vingt minutes ?

— Dix-neuf, c'est trop court pour se faire une idée.

— Je t'aime, Harry… Tu n'as pas changé pour un penny.

— Je vaux bien plus que ça, s'écria Harriet en feignant d'être offusquée.

L'arôme du lard grillé flottait sournoisement dans la pièce comme un hameçon grassement appâté, attisant les narines des filles qui se prélassaient paresseusement. Fanny et Agnes s'extirpèrent de leur lit et se faufilèrent jusque dans la cuisine. Grizel ne fut pas longue à suivre.

— Tout ça me manque, soupira Dana dans son oreiller.

— Comment c'est, chez les Nasmyth ?

Dana avait oublié que ses sœurs, comme sa mère, n'étaient pas au courant de sa nouvelle situation.

— Ça va.

Une altercation à propos de la distribution des couverts éclata entre Martha et Grizel. La voix de Maisie y mit fin d'un seul mot.

— C'est toujours comme ça, dit Harriet. Ensuite, tu vas entendre sir Graeme se plaindre que Fanny n'a pas mis assez de mélasse dans son porridge.

Elle fixait le plafond, l'expression songeuse.

— Il faut que je te le demande, Dana. Est-ce que tu aimes Timmy ?

La réponse se fit attendre assez longtemps pour que Dana n'eût pas à en produire une.

— C'est ce que je pensais. Tu voulais faire plaisir à Mama, hein ?

— J'aime bien Timmy, Harry…

— Aimer bien, c'est pas assez.

Surprise par la maturité qui s'était développée chez sa sœur, Dana se hissa sur un coude pour la regarder.

— Tu as bien changé, toi.

— Tu me disais le contraire, il n'y a pas deux minutes.

— Hum… fit la jeune femme en esquissant un sourire amusé.

—J'ai appris que dans l'amour il n'y a pas de demi-mesure. On aime ou on n'aime pas. Les «j'aime bien», on les garde pour faire poli quand il faut manger le collier de mouton de Mrs Todd.

—Qui est Mrs Todd?

—Une bonne femme que Scott a engagée pour venir prêter main-forte un jour par semaine. Parce que tu vois, Scott, c'est un bon mari pour Maisie. Ces jours-là, il l'emmène manger chez sa mère. ·

Le rire de Harriet résonna dans la chambre. Dans l'esprit de Dana sonnaient encore les phrases de sa sœur: *pas de demi-mesure… on aime ou on n'aime pas.* Dans un geste brusque, elle repoussa les couvertures. Au même moment, Graeme se plaignait de ne pas avoir assez de mélasse dans son porridge.

—Allons, assez bavardé. Mama doit être réveillée.

❖❖

—Tante Dana, y a ce docteur Seton qui demande à te voir, annonça Fanny en rentrant dans le logis avec un fardeau de bois d'allumage.

Occupée à rouler sa pâte, Maisie leva le nez.

Dana abandonna la lecture du journal pour se précipiter vers la fenêtre. Tout en bas dans Tolbooth Wynd, il y avait effectivement un homme qui arpentait la chaussée devant l'édifice.

—C'est bien lui, souffla-t-elle.

Maisie souleva un sourcil et essuya ses mains sur son tablier.

—Qu'est-ce qu'il te veut, ce docteur, Dana? Tu lui as demandé d'examiner Mama?

—Je lui ai dit qu'elle refusait de voir un docteur. Il vient seulement prendre des nouvelles de son état.

—Il est bien généreux, fit Harriet avec un accent suspicieux.

Pour ne rien dévoiler de ce qui l'agitait, Dana leur tourna le dos pendant qu'elle se couvrait de sa pelisse. Pour expliquer son voyage en compagnie de cet homme, elle avait raconté que le docteur Seton était une connaissance des Nasmyth.

—Tu devrais vraiment l'inviter à prendre le thé…

—Non! fit un peu trop vivement Dana. C'est… inutile. Il est très occupé. Il m'a dit qu'il avait plusieurs rendez-vous et…

Maisie et Harriet se concertèrent du regard.

—Il me semble qu'il a quand même réussi à ménager un peu de temps pour venir te voir, observa gravement la benjamine des Cullen. De l'inviter serait la moindre des choses pour le remercier, non? Sans son offre, tu aurais été obligée de voyager à bord d'une malle-poste.

Dana accusait les regards interrogateurs de ses deux sœurs et de sa nièce Fanny, qui, malgré qu'elle eût appris à ne pas se mêler des affaires des adultes, n'en était pas moins assez mature pour les comprendre.

—Je lui demanderai s'il veut bien accepter de monter quelques minutes, dit alors Dana pour dissiper tous les doutes qui auraient pu naître dans la tête de ses sœurs.

—Insiste, lui lança Harriet pendant que Dana sortait.

—Mr Seton?

Le carrick se souleva dans la virevolte.

Sous les joues rougies par une émotion quelconque, Francis vit Dana pâle et fatiguée.

—Dana…

Un homme à cheval passa entre eux, les forçant à retraiter contre les façades. Francis leva les yeux vers les étages de l'immeuble, qui en comprenait quatre, et scruta les fenêtres. Un rideau oscilla au deuxième. Il avait longtemps hésité avant de se décider à venir ici. Que savait-on du chirurgien Seton chez les Chalmers? Même si le sort de Mrs Cullen le préoccupait sincèrement, il ne pouvait se permettre de prendre davantage de risques.

—Vous voulez marcher un peu, Miss? suggéra-t-il en décidant d'emblée que l'endroit ne se prêtait pas à la conversation.

—Maisie vous invite à prendre le thé, dit Dana en souhaitant qu'il refusât.

Prétextant qu'il ne disposait que de quelques minutes, il déclina poliment l'offre, lui demandant de remercier sa sœur pour lui.

La jeune femme lui parut soulagée. Ils prirent la direction de High Street.

— Comment va votre mère ?

— Très mal, pour dire la vérité.

Ils marchèrent lentement. La rue principale était pratiquement déserte. L'apparence de bonne foi dans l'empathie de Francis fit du bien à Dana. Cela lui fit oublier les sentiments contradictoires qu'elle éprouvait à l'égard du chirurgien. Rien ne serait plus jamais pareil entre eux. Les bases sur lesquelles leur relation avait débuté s'enfonçaient. Le poison volé, le chat tué, l'étreinte dans la voiture… Comme un navire sans pilote, tous ces évènements l'avaient menée dans une direction et dans l'autre. Sans cesse elle prenait un tournant, sans savoir où elle se dirigeait. Elle comprenait seulement que quelque chose changeait en elle et que si Francis Seton lui offrait une seconde fois d'appuyer sa tête sur son épaule, elle le ferait sans hésiter.

— Votre sollicitude me touche beaucoup, Mr Seton.

Dana avait fait cette remarque en pivotant pour lui faire face. Il secoua ses épaules comme s'il eut frissonné. Puis, évitant de la regarder directement, il lui posa une question :

— Elle vous a parlé ?

— Un peu. À peine. Son esprit n'est plus très lucide. Quand elle arrive à le faire, c'est de mon frère qu'elle me parle.

Projetant sa tête vers l'arrière, Dana plaqua sa paume sur son front et poussa un soupir de profonde lassitude. Francis nota sa coiffure négligée, puis son tablier froissé et taché de déjections et de vomissures qui apparaissait sous le manteau déboutonné. Elle portait une robe jaune qui rehaussait malgré tout le crémeux de sa peau. Il remarqua aussi la courbe du cou, douce arabesque qui prenait sa source entre les frêles épaules. Les délicates saillies osseuses des clavicules. Les longs membres déliés qui exprimaient un fond de révolte devant les décisions de Dieu. En dépit de la gravité du moment, il la trouva jolie, séduisante même.

À la regarder ainsi, une sorte de gêne l'inonda et il baissa les yeux.

— Elle s'alimente?

— Elle ne garde que très peu de nourriture.

— L'aspect de ses selles?

— Pâles et molles.

— Et l'urine?

— Presque brune. Elle souffre de jaunisse, monsieur.

Le chirurgien notait tous les symptômes d'une cirrhose. Il savait qu'il pouvait s'agir d'une tumeur cancéreuse du foie. Mais il lui était impossible de poser ouvertement un diagnostic aussi catégorique.

— Elle souffre beaucoup?

— Ma mère a beaucoup trop enduré pour se plaindre de simples souffrances physiques, monsieur.

Il hocha la tête, s'accordant à son opinion. Il devinait ce qu'avait pu endurer la femme du pasteur Cullen. Ils déambulèrent en silence dans la rue, évitant les flaques d'eau boueuses et le crottin des chevaux.

— Écoutez... débuta-t-il en empruntant un ton plein de commisération, si vous avez besoin de quoi que ce soit...

Soufflant sur ses doigts pour les réchauffer – dans sa hâte elle avait oublié ses gants –, elle se concentra.

— Ma mère a demandé que j'avertisse le docteur Collingwood de sa mort, si cela devait survenir. Il pratique dans la région de Bath. Maisie dit qu'elle ne sait pas comment le joindre. Mama lui écrivait régulièrement, mais on ne trouve son adresse nulle part dans ses affaires. Vous pourriez peut-être le retrouver pour moi... si cela ne vous dérange pas trop.

— Si cela vous soulage.

Dana ne vit pas le trouble changer la physionomie du chirurgien.

— Ce serait très aimable de votre part, monsieur.

— Autre chose? demanda-t-il après s'être éclairci la voix.

— Un miracle si vous en avez un à m'offrir, monsieur.

— Miss Cullen...

Il avait levé les paumes vers le ciel, comme pour la convaincre de son impuissance face à la fatalité.

— La science ne croit pas aux miracles, n'est-ce pas? dit-elle pour interpréter le geste.

Elle le dévisageait d'un air si résigné qu'il l'aurait invitée à vider sa peine dans ses bras, encore une fois. Mais ce simple geste, d'une nature pourtant si humaine, aurait été un geste de trop. De venir s'enquérir de l'état de Mrs Cullen était déjà téméraire en soi. Il aurait sincèrement voulu faire plus: soulager le mal de cette femme, le chagrin des filles. Ce qu'il faisait déjà pour elles était tout ce qu'il pouvait se permettre de faire sans soulever le doute chez les Cullen. Il était passé chez le banquier ce matin même; toutes les dispositions avaient été prises pour la répartition de la rente.

Francis considéra la jeune femme avec une muette compassion. Un jour, les Cullen sauraient la vérité. Il souhaitait uniquement que Dana comprît les motifs qui l'obligeaient à se taire encore pendant un temps.

— Je pense qu'en cas de désespérance il faut croire en la prière, murmura-t-il.

Dana sourit tristement.

— Je suis heureuse de voir que vous croyez encore en quelque chose, monsieur.

Elle pensait vraiment ce qu'elle venait de déclarer.

— Je vous remercie d'avoir pris le temps de venir vous enquérir de la santé de ma mère, Mr Seton. Aussi, je ne voudrais en aucun cas abuser de votre temps… que je sais très sollicité. C'est pourquoi je désire vous assurer que, dès que je le pourrai, je louerai une place à bord d'une malle-poste en direction d'Édimbourg et serai de retour chez vous pour honorer… notre entente.

— Je dois rester dans la région encore quelques jours, mentit-il. Si… les évènements…

La bouche de l'homme se tordit de gêne. Elle comprit néanmoins le sens de sa phrase et le remercia.

❧

La famille s'était réunie dans le salon. Les enfants avaient eu congé extraordinaire de classe aujourd'hui. De Martha à Fanny, ils se tenaient en rang de grandeur le long du mur. Bébé Scotty babillait dans le giron de sa mère. La petite Martha ordonnait à sa jeune cousine, Rose Cullen, de cesser de bouger. Henry, le dernier-né de Thomas, était emmitouflé dans son lange, bercé par les bras de Mary. Il émettait des bruits bizarres avec sa bouche. Les autres observaient un silence sépulcral pendant que le pasteur disait les prières.

Les rideaux avaient été tirés et le feu avait été alimenté. Harriet et Dana étaient assises avec Flora sur un banc avancé près du lit. La dernière avait courbé l'échine dans une attitude de recueillement; les deux premières, le visage déformé par l'intensité de leur peine, gardaient les yeux fixés sur le lit qui avait été déplacé au centre de la pièce. Deux larges mains étaient posées sur les épaules de Dana, comme pour les empêcher de se courber dans la douleur de l'épreuve. Timmy respectait la solennité de l'instant.

Le regard que Dana croisait dans le miroir qu'elle tenait serré dans ses mains était cerclé de larges cernes. Ayant passé la nuit au chevet de sa mère, elle n'avait pas dormi depuis plus de vingt-quatre heures. Il lui semblait ne pas avoir dormi depuis des jours, d'ailleurs. Au retour de sa promenade avec le chirurgien Seton, elle avait trouvé sa mère comateuse. La moribonde n'avait plus émergé. Elle ne souffrait plus. Mais Dana aurait tant voulu pouvoir parler à sa mère une dernière fois.

La pression des doigts de Timmy lui rappela qu'il était là, derrière elle. Tante Flora et lui étaient arrivés à Kirkcaldy un peu après le déjeuner. La présence de son cousin lui avait fait du bien. Sentant que la fin n'était qu'une affaire d'heures, sinon de minutes, elle avait besoin d'un appui solide.

Le miroir lui échappait lentement et elle le rattrapa. Tournant son attention vers l'horloge, elle remarqua qu'une demi-heure s'était écoulée depuis le dernier mouvement de la tête de sa mère. Se libérant doucement de Timmy, elle s'approcha du lit et s'agenouilla près d'elle. Les longues semaines de souffrance avaient modelé une physionomie qu'elle ne reconnaissait plus. Devant elle reposait une vieille femme. On aurait facilement pu lui donner vingt ans de plus que ses cinquante-quatre ans.

Avec tendresse, elle caressa les joues sans chair, creusées de sillons qu'elle sentit comme les nombreux plis d'une étoffe soyeuse. La chevelure reposait par épis argentés sur l'oreiller. Dana fit glisser sa main sur le cou et le palpa à la recherche du pouls comme Jonat le lui avait déjà enseigné. L'avait-elle senti ou était-ce sa propre vie qui avait palpité au bout de ses doigts ?

— Mama ? murmura-t-elle en se penchant sur elle.

La voix de Thomas s'était tue. Plaçant le miroir devant la bouche entrouverte de sa mère, Dana attendit, comme tous les autres, fébrile. Rien ne venait voiler le reflet des traits anguleux de Janet.

— Mama ? répéta alors Dana en lui prenant les mains.

La jeune femme se retint de les serrer par crainte de les briser. Les mains de Janet demeuraient aussi molles que les siennes étaient tendues. En ce dimanche du 10 décembre 1814, tandis que ses enfants attendaient encore le miracle d'une manifestation de sa part, Janet Cullen les avait quittés sans un dernier soubresaut, dans la paix de Dieu.

La douleur comprimait la poitrine de Dana. Elle n'arrivait pas à libérer le hoquet qui se coinçait dans sa gorge. Un tintement de verre la fit sursauter. Le miroir venait de tomber sur le plancher. L'air s'expulsa de ses poumons dans un souffle silencieux. Des bras l'enveloppèrent, s'agrippèrent à elle. Les larmes de Harriet mouillèrent ses joues. Elle l'étreignit pour partager sa douleur.

— Harry... chuchota-t-elle pour la réconforter, Mama est mieux là où elle se trouve maintenant.

Puis elle fut réclamée par les menottes de la petite Martha, qui ne comprenait pas pourquoi tout le monde pleurait, mais qui pleurait avec eux. Et la grande Fanny, que les sanglots secouaient. Dana les consolait toutes en leur prodiguant quelques paroles pour les soulager. On formait un cercle autour d'elle. Refoulant ses propres larmes, la jeune femme se trouvait au milieu de cette famille accablée par le chagrin. On comptait sur elle comme sur le pilier de l'édifice familial.

Bien que cette délivrance fût prévue avant la fin du jour, elle les avait tout de même surpris et saisis tout à la fois. On espérait toujours jusqu'à la fin. Désormais orphelins, ils réalisaient tout à coup la signification profonde de cette situation. À partir de ce jour, ils ne pouvaient plus que se tourner vers ceux qui les suivraient. Pour Dana, cela voulait dire encore plus : elle se retrouvait irrémédiablement seule avec elle-même.

À la fin de la journée, Dana avait perdu tout son aplomb. Molle de fatigue et lourde de chagrin, elle s'effondra sur son lit. Avec quelque maladresse, Timmy chercha à la sortir de sa prostration.

— Viens, lui susurrait son fiancé en la secouant avec douceur. Tu as besoin de respirer un peu d'air. Tu dois te ressaisir, Dana.

Elle ne voulait nullement se ressaisir. Ce qu'il lui demandait était au-dessus de ses forces. Faisant fi de ses protestations, il l'habillait comme on habille une poupée de chiffon, la soulevant du matelas et poussant ses bras dans les manches. Elle refusait de le suivre, mais, résolu, il l'entraîna hors du logis qui empestait la maladie et la mort. L'air pur et glacé lui pénétra les poumons comme une multitude de petites lames d'acier lacérant les fragiles alvéoles qui se gonflaient. Elle en suffoqua. Timmy lui parla, l'obligeant à répéter son geste. Le dos raide, elle avait les mains pleines des revers du col de la redingote de son fiancé. L'air vivifiant continuait d'entrer, brûlant sa gorge au passage, la ranimant malgré elle.

Elle s'en sentit rapidement apaisée et son esprit en fut plus clair. Timmy finit de boutonner sa pelisse avec la même langueur qu'il avait mise à la déboutonner dans leur futur logement de Potter Row. Puis il caressa doucement le drap du vêtement dans son dos.

— Marchons un peu.

Sans plus protester, elle le suivit. Leurs pas les menèrent tout naturellement au bout de Tolbooth Wynd, là où finissait la terre et où débutait la mer. Timmy savait qu'elle aimait contempler cette masse d'eau mouvante. La marée recouvrait le sable. Bientôt l'eau viendrait lécher les coques des navires, certaines juchées sur des étais vermoulus, d'autres simplement couchées sur le côté : dizaines de créatures échouées dont le ventre blanc était exposé au vent du nord et que les embruns habillaient d'un scintillant manteau de givre.

Les pieds sur le sable durci par le froid, Dana laissa ce vent la gifler. La peau de son visage en devint vite rouge et ses lèvres furent bientôt asséchées. Ses mains coincées sous ses aisselles, elle fixait le large. Les mâts de quelques baleiniers hérissaient l'horizon. Des pêcheurs rentraient d'un long voyage au large des côtes d'Islande. Des pères retrouveraient leurs épouses et enfants jusqu'au prochain voyage. Chaque séparation pouvait être la dernière. La vie était si imprévisible, parfois. Bien que tous fussent conscients de leur finitude, nul ne pouvait prédire le moment exact où elle frapperait.

— Je sais que les jours à venir seront difficiles pour toi, commença son fiancé, préoccupé.

— Je m'y attends.

— Je dois repartir dès ce soir, Dana.

La voix de Timmy la heurta. Elle se tourna pour le regarder. Il était sincèrement désolé.

— Mama restera pour les funérailles. Mais tu comprendras que je ne le peux pas.

— Je sais…

Par-dessus l'épaule de Timmy, elle contempla la petite ville portuaire où elle était née et où elle avait grandi. Des colonnes de fumée montaient des cheminées, se fondant dans l'épaisseur des nuages, comme une centaine de filaments de soie grise ondulant, les reliant au ciel. Quelques goélands planaient, tissaient une trajectoire circulaire en criaillant parmi le faisceau. Des silhouettes bougeaient plus loin sur la plage, près des marais salants. L'extraction du sel de la mer en Écosse datait du temps de Marie d'Écosse, une taxe sur le produit encourageant ainsi l'expansion de cette industrie. Le sel était depuis ces temps lointains vendu en Angleterre. Aujourd'hui, jour du sabbat, les paludiers se reposaient, mais la mer continuait de faire son travail. À marée haute, elle propulsait l'eau de mer dans l'étier et remplissait progressivement un réservoir où l'eau restait emprisonnée. L'évaporation entraînait une concentration du sel qui se cristallisait à sa surface et qui était récolté ensuite.

Dana pensa qu'il ne fallait pas oublier d'en jeter une poignée dans le cercueil de sa mère avant qu'on ne le referme à jamais. Il était reconnu que ce geste empêchait le mal de s'emparer de l'âme du mort. Les larmes revenaient. Les paupières fermées, elle plongea son visage dans la chaleur de Timmy, qui referma ses bras sur elle. Il était le seul vers qui elle pouvait se tourner pour s'appuyer, et il l'abandonnait.

— Je voudrais vraiment rester pour toi, dit-il en enfouissant son nez dans la chevelure brune que la jeune femme n'avait pas recouverte. Je reviendrai dimanche prochain chercher ma mère…

— Je serai sans doute déjà repartie, Timmy, déclara-t-elle en reniflant.

Frottant doucement sa joue glacée contre la chevelure, le jeune homme fronça les sourcils avec circonspection. Il savait que le chirurgien avait offert de conduire Dana jusqu'ici. Il en avait d'abord été surpris. Même s'il alléguait avoir affaire dans la région, pourquoi un homme tel que Seton offrirait-il sa générosité à une femme étant censée l'avoir volé?

Les mains de Dana qui se retenaient à lui le rassuraient sur ses doutes. Il embrassa le dessus du crâne de sa fiancée et, humant son odeur, ferma les yeux. Au même moment, Dana ouvrait les siens.

— Dans moins d'un mois tu seras ma femme, mon amour, murmura-t-il. Je te rendrai le bonheur que tu mérites, tu auras…

— Timmy, l'arrêta-t-elle abruptement, pas de promesses, je t'en prie.

Il baissa son visage vers celui qui se levait vers lui. Leurs haleines se mêlaient, se condensant sur leurs joues et leur nez. Il fut sur le point d'embrasser cette bouche qui demeurait entrouverte, comme en attente de quelque chose. Elle esquiva. Dana n'avait aucune envie de ça. Pas en ce moment. Ce dont elle avait fondamentalement besoin, c'était d'une épaule pour pleurer enfin toute sa douleur sans s'en sentir coupable. Mais elle ne désirait pas blesser Timmy, qui ne cherchait qu'à la réconforter à sa façon. Alors elle décida de parler. De tout, de n'importe quoi, de rien qui lui ferait penser à cette réalité qui la désarçonnait.

— Comment va ton travail ?

Il n'avait pas le désir de discuter. Il ne savait jamais quoi dire dans des situations comme celles-ci. Il avait toujours l'impression qu'il dirait ce mot de trop qui ferait pleurer. Et les larmes d'une femme le déstabilisaient comme autant de reproches.

— Ça peut aller.

Il se rembrunit. Les choses n'allaient pas aussi bien qu'il l'aurait voulu. Il y avait incompatibilité de caractères entre lui et son contremaître. Ce qui entraînait de violentes disputes entre les deux hommes. Il songeait sérieusement à quitter la distillerie. Seul l'orgueil empêchait Timmy de retourner travailler au moulin Nasmyth. En attendant de prendre une décision, il avait repris ses activités de résurrectionniste. Par un drôle de hasard, il avait découvert une façon plus simple de trouver des cadavres pour l'université sans avoir à partager le prix du travail. Cela lui permettait d'amasser un peu plus d'argent au cas où il se déciderait à quitter son emploi. L'hiver était la saison haute pour ce commerce fort lucratif. Les besoins de l'université pour du matériel frais étaient à la hausse. Maintenant que la guerre était finie, il y avait eu beaucoup plus d'inscriptions en médecine.

— Et Fair Lad, tu le fais toujours courir ?

— Non, pas ces derniers temps. Peut-être la semaine prochaine. Alors je glisserai ma pièce de cuivre sous sa selle, comme la dernière fois. Elle nous a porté chance à tous coups.

— Ta pièce de cuivre ?

— Celle que tu as trouvée sur la plage, tu te souviens, le demi-penny percé ? Tu me l'avais offert comme porte-bonheur.

— Tu possèdes encore ce demi-penny ? s'enquit-elle, franchement étonnée.

— Si je le possède ?

Fouillant le fond de sa poche, il en tira la pièce en question.

— Comme tu le vois, j'en prends grand soin.

Le temps d'un sourire, il avait réussi à lui faire oublier que sa mère venait de mourir. Mais la tristesse voila rapidement les yeux vairons. Dana détourna son visage. Son regard vagabonda parmi les passants de High Street, qu'elle pouvait apercevoir au bout de Tolbooth Wynd, quand une ombre se détacha de l'immeuble où habitaient les Chalmers. Elle en était certaine, le personnage les épiait. Il portait un élégant haut-de-forme et un carrick à trois collerettes qui lui effleurait les chevilles. L'ample vêtement vola autour de l'individu et il s'éloigna, cadençant son pas d'un coup de canne sur le sol. Il disparut à l'angle de High Street en même temps que Timmy se retournait pour voir ce qu'elle regardait ainsi.

Francis ne ralentit qu'en arrivant devant le George Inn. La fureur lui battait les tempes. Ayant pris la décision de repartir dès le lendemain pour Édimbourg, il avait voulu en avertir Dana. Il rompait le « contrat ». Le sommeil l'ayant fui toute la nuit, il avait eu le temps de réfléchir sur la suite des évènements. Il jugeait fallacieux cet attendrissement qu'il se permettait soudain à l'égard de la jeune femme. Pour celui qui connaissait l'existence du contrat qui les liait, cette mansuétude qu'il déployait n'avait pas sa place. Et la mort imminente de Mrs Cullen le rendait plus mal à l'aise face à cette situation. Dana avait plus que remboursé sa dette envers lui : il la libérait.

Mais au moment où il allait entrer dans l'immeuble, ce couple enlacé sur la plage avait capté son attention. La femme s'était détachée de l'homme et s'était tournée dans sa direction. Ce port de tête, ces mouvements de bras… il les reconnaissait bien.

Dana dans les bras d'un homme, qui ne pouvait être nul autre que Timmy Nasmyth. La vision avait fait mourir toutes les bonnes intentions qui l'avaient habité une seconde plus tôt. De les avoir surpris ensemble lui déplaisait souverainement.

❖

Les obsèques eurent lieu deux jours plus tard dans le cimetière de la vieille paroisse de Kirkcaldy. Plusieurs amis et connaissances y avaient assisté. Le soleil plombait les pierres tombales qui émergeaient d'une fine couche de neige comme d'un nuage duveteux. Pour Francis, qui observait la cérémonie de loin, la scène était pathétique. Vêtue de noir, Dana soutenait Harriet. Des bribes de ce que disait le pasteur Hunter s'élevaient au-dessus de la petite foule rassemblée pour accompagner Janet Cullen jusqu'à sa dernière demeure terrestre. Francis ne manquait rien de ce qu'il voyait. Et son regard se reposait invariablement sur Dana.

La cérémonie terminée, les gens s'éloignèrent après avoir formulé quelques mots d'encouragement à la famille éprouvée. Dana les écoutait sans les entendre. Coulant des regards agacés vers la voiture du chirurgien garée dans Kirk Wynd, elle hochait la tête en guise de remerciement. Francis Seton l'attendait pour rentrer à Édimbourg. Elle avait espéré pouvoir rester à Kirkcaldy encore un jour ou deux, mais le chirurgien avait été ferme : il fallait rentrer.

Quand elle eut fait ses adieux à sa famille et que tout le monde eut quitté le cimetière, Dana alla se recueillir sur la tombe de son frère, située à la gauche de celle du pasteur Cullen. De la fenêtre du véhicule, Francis étudiait ses moindres mouvements. Il la vit s'accroupir, une main sur la pierre jaune, les doigts suivant les inscriptions qui y étaient gravées. Il crispa les siens sur le pommeau de sa canne tandis que ses mâchoires se resserraient à lui faire mal. Une douleur vive lui perça la poitrine. Cette comédie ridicule était plus qu'il ne pouvait endurer ; il se cala dans son siège et se força au calme.

Un peu plus tard la portière s'ouvrait. Un courant d'air froid pénétra l'habitacle, remuant les parfums du cuir et celui de l'eau de Cologne. Aidée de Spittal, Dana grimpa et s'installa sur le siège en face du chirurgien.

— Nous pouvons y aller, fit-elle en posant sa tête contre le dossier.

Comme répondant à son ordre, la voiture s'ébranla et ils se mirent en route. Les façades des bâtiments qui encaissaient High

Street défilèrent pendant qu'ils roulaient en silence, chacun absorbé dans ses propres pensées. Les doigts de Francis s'agitaient sur le pommeau de sa canne, qu'il tenait entre ses genoux. Il lançait des regards à la dérobée vers la jeune femme, qui gardait le nez collé à sa fenêtre. Il se décida à prendre l'initiative de la conversation.

— Vous comprenez pourquoi je vous impose un retour si prompt.

Elle n'avait pas bougé, ses yeux continuant de regarder, sans vraiment le voir, le décor qu'elle avait vu se métamorphoser au fil des années. Ici, une porte bleue avait été repeinte en rouge brillant ; là, un cabinet d'avocat avait changé de vocation et abritait maintenant la boutique d'un chapelier. Elle se dit qu'elle ne reverrait sans doute plus Kirkcaldy avant bien des mois.

— De toute façon… murmura-t-elle après quelques minutes sans se donner la peine de finir sa phrase.

Les champs s'ouvraient maintenant devant eux. Ils venaient de quitter la petite ville portuaire. Le chirurgien la dévisageait sans desserrer les lèvres. Il décroisa ses jambes pour les positionner dans l'autre sens. Sa main se referma sur la tête de lion aux yeux d'émeraude. L'objet brillant captivait Dana. Il évoquait vaguement quelque chose, mais elle n'aurait su dire quoi…

— Votre cousin, Nasmyth…

Sa question demeura aussi inachevée. Malgré un calme apparent, les doigts qui tripotaient le pommeau d'argent révélaient un tumulte intérieur. Elle attendit. Il demeura silencieux pendant un moment.

— Il est plus qu'un cousin, pour vous.

Il avait mis l'accent sur le superlatif. Peut-être avait-il même grimacé en le prononçant. Mais elle ne pouvait en jurer. Dans la lumière éteinte par les gros nuages qui couvraient le ciel, les ombres qui sculptaient les traits remodelaient sans cesse les expressions sur les visages.

— Nous sommes fiancés.

Le pli de la bouche de Francis se rigidifia.

Le reste du trajet s'exécuta sans qu'ils échangent un mot de plus. Leurs regards s'accrochaient parfois, furtivement, se fuyant aussitôt pour se perdre dans la vastitude de l'estuaire qu'ils pouvaient admirer des fenêtres. Dana avait espéré que le chirurgien lui offrît un peu de sympathie à défaut de lui offrir une épaule. Qu'il lui parlât simplement, qu'il simulât son affliction, rien que pour lui faire comprendre qu'il partageait sa douleur, même si cela le laissait indifférent. N'importe quoi pour lui ôter cette impression de solitude qui, pour la première fois, lui pesait terriblement.

Sur le ferry-boat, bercée par le mouvement de l'eau, elle s'endormit.

Francis la contemplait. Sous son maintien imperturbable bouillonnaient des remous sentimentaux. Les émotions raidissaient ses articulations et étranglaient l'air dans sa gorge. Il souffrait de la présence de cette femme auprès de lui, de l'opinion qu'elle se forgeait inévitablement de lui. Il ne la quitta pas du regard, osa même s'approcher d'elle pour remonter la couverture qui avait glissé des épaules. Il avait toutefois résisté au désir de la toucher. Ce désir qui décupla au souvenir du couple qu'il avait surpris enlacé sur la plage.

Il avait réagi sous le coup de l'impulsion. Il avait fui. Comme un condamné qui ouvre ses yeux au moment où le peloton d'exécution appuie sur la détente, en les voyant il avait découvert avec la force d'un coup d'estoc en plein cœur ce qu'il avait depuis le début cherché à ignorer : ce sentiment insidieux, avide, qui s'était immiscé sournoisement en lui et qui pouvait bêtifier le plus impitoyable des guerriers. C'eût été une autre qu'il l'aurait accepté. Peut-être qu'il aurait cherché à en faire sa maîtresse. Mais cette femme qui se couvrait de la couleur du deuil pour la troisième fois n'était pas une autre. Elle était Dana Cullen. Pourquoi le fallait-il ?

Il ressentit un soubresaut de haine l'animer. Il y avait longtemps qu'il n'avait pas été agité par cette colère, cette frustration d'avoir servi au bonheur des autres sans qu'on lui rende sa juste part. Cette prison de mensonges l'étouffait plus que jamais. Il avait une décision à prendre. Qu'est-ce qui serait pire ? De vivre avec ou sans cette épine au cœur ? Cela le blessait, cela le tuait.

parvenu depuis. Déterminé à briser ce trop long silence, il prit une feuille de papier vierge et ouvrit son encrier.

➤-◆

Après avoir déposé la lourde boîte sur la grande table du cabinet, Francis s'assit sur l'une des chaises. La lumière pénétrait les fenêtres et ricochait sur le vernis du bois, lui renvoyant le reflet du modèle de cire qui était resté là depuis le jour de leur départ pour Kirkcaldy. Une ébauche de l'anatomie du pied sur lequel avait œuvré Dana se trouvait là, elle aussi. Il la prit, la contempla avec le même étonnement et ravissement que la première fois qu'il avait admiré ses dessins dans le pavillon de pêche. Elle attestait du talent de la jeune Cullen. Dana maîtrisait son art. Il avait pensé à lui proposer de produire les dessins de ses travaux dans la salle de dissection. Mais il doutait que la jeune femme fût apte à le supporter.

Délaissant le dessin, il posa ses mains sur la boîte de bois qu'il avait exhumée d'un endroit secret de la cave et essuya la poussière qui s'était accumulée dessus. Il souleva le couvercle pour mettre à jour une pile de feuilles de papier sommairement reliées avec de la ficelle de chanvre. Une vague odeur de renfermé s'en dégagea. Par endroits, le papier gondolait et était noirci par la moisissure, mais dans l'ensemble il était encore en bon état. Il aurait mieux fait de le conserver dans un endroit plus sec. Il sortit le manuscrit de son cercueil et le posa sur la table. Puis il défit les nœuds de la ficelle. Il tourna les pages jaunies : index des morbidités expliquées, liste des planches anatomiques, rapports de dissection, notes d'observation et hypothèses faites il y avait de cela une douzaine d'années.

Le texte était prêt à être envoyé chez l'imprimeur, où il ne s'était jamais rendu. À cette époque, il suivait des cours à l'école de Hunter, dans Great Windmill Street, à Londres, et il travaillait au Guy's Hospital. Ce manuscrit représentait le rêve de deux jeunes chirurgiens : une première publication de leurs travaux sur les pathologies anatomiques comparées. Une bonne partie de ces travaux avait été dirigée et approuvée par Matthew Baillie, neveu et héritier du célébrissime chirurgien John Hunter. Mais un terrible évènement avait abruptement mis fin au rêve.

Une sorte de nostalgie s'empara soudain de Francis. Pendant toutes ces années, ce manuscrit qui les avait tenus éveillés des nuits entières, Jonat Cullen et lui, avait dormi dans sa boîte. Fouillant de nouveau dedans, il mit la main sur une enveloppe. Elle était lourde. Sur les huit planches anatomiques qui devaient accompagner l'ouvrage, deux seulement avaient été gravées selon les dessins de Jonat par John Menzies sur des plaques de cuivre. Il les fit glisser hors de l'enveloppe tachée d'encre. Une empreinte de doigt, celle de Jonat, marquait un coin. Francis se souvenait encore de l'expression de satisfaction qui avait illuminé les traits de son confrère quand les gravures leur étaient parvenues. Le travail respectait avec une précision exquise ses dessins. Le vieux graveur d'Édimbourg avait mis deux semaines à les exécuter.

Avec précaution, il inséra son index dans l'enveloppe pour faire sortir les six dessins qui restaient à reproduire. Il les étudia, son souvenir ranimant la main de l'artiste à l'œuvre. Parmi ces dessins s'en trouvait un autre. Celui qui devait orner la page frontispice. Il s'agissait d'un homme nu assis sur un rocher, la tête penchée dans une attitude de recueillement. Dans la courbure de son échine, on pouvait deviner sa soumission face à ses souffrances. Et dans ses mains, paumes ouvertes vers le ciel, une forme d'invocation muette. Sous le dessin était inscrit : « La rationalisation des données sensibles est le premier degré du processus de la connaissance. Le second passe par le creuset de la pratique. »

Francis se rappela. À cette époque, tâtonnant encore maladroitement parmi les diverses théories de la connaissance, à l'instar des contemporains continentaux, il privilégiait l'apriorisme de Kant alors que Jonat, suivant derrière Hume le courant anglais, appuyait ses hypothèses sur des bases purement empiriques. Combien d'échanges fiévreux ils avaient eus, chacun débattant de façon plus ou moins convaincante son point de vue.

Peu à peu leurs divergences avaient convergé vers un consensus : l'expérience des sens, considérée au mépris de la raison abstraite, et réciproquement, ne suffisaient pas pour orienter l'homme vers la connaissance. Si la perception de l'espace se faisait par l'œil, elle était invariablement contrainte par la logique. De là, pour eux, la raison sensibilisée ou la sensibilité raisonnée. Rien n'était totalement blanc ou noir.

Il existait en tout une zone grise.

Il contempla avec un certain détachement le dessin qu'il avait posé sur la pile de feuilles. Une musculature harmonieuse découpait le corps masculin aux proportions agréables. Les traits du visage avaient été dissimulés derrière un pan de chevelure tombant mollement. Seuls apparaissaient la ligne droite du nez et le profil d'un menton volontaire.

Personne ne connaissait l'identité du modèle. Personne sauf Jonat et lui. Francis n'avait pas reposé les yeux sur ce dessin depuis des années. Il lui rappelait trop les tragiques évènements qui avaient bouleversé sa vie. Qui avaient heurté sa raison…

⤜⤛

Déserteur d'une maison de charité retrouvé à l'université

Le titre accrocha son attention ; ses sourcils se froncèrent. Dana approcha le journal de la source de lumière. Elle lut l'article du *Edinburgh Evening Courant*, comme elle le faisait régulièrement dans l'espoir de tomber sur une colonne écrite par Logan.

Vendredi matin, la Edinburgh Charity Poorhouse située dans Bristo Port signalait la disparition de l'un de ses bénéficiaires. Fait curieux, le corps du déserteur, Joshua Dalrymple, aurait été reconnu lundi matin par l'un des étudiants en anatomie de l'Université d'Édimbourg qui s'apprêtaient à le disséquer…

« Eh bien… » murmura-t-elle en se rappelant un évènement similaire qui avait eu lieu quelque part au cours du printemps précédent et qui impliquait une jeune prostituée.

Les autorités ont été forcées de se pencher sur cette scabreuse
affaire après qu'une foule se fut assemblée pour manifester devant les
grilles de l'université, menaçant de les défoncer. Une enquête sera...

Un remue-ménage inhabituel dans la maison la déconcentra
de sa lecture et elle leva la tête. «Francis rentrait», pensa-t-elle
d'emblée. Elle replia le journal et se dépêcha de refermer les vantaux de l'armoire à pharmacie qu'elle prit soin de bien verrouiller
avant de glisser la clé dans sa poche. Dorénavant, la clé devait être
remise en mains propres à Francis. Alison s'était entêtée à nier le
vol de la belladone. Désirant oublier ce malheureux incident, le
chirurgien avait préféré ne pas insister, se disant que l'avertissement qu'il lui avait servi devrait suffire à la dissuader de tenter une
récidive.

Des éclats de voix se répercutaient dans le hall. Celle d'Evelyn
exprimait un plaisir évident. Cela ne pouvait être son mari. Sa
curiosité piquée, Dana gagna la salle de billard, jusqu'à la porte
qu'elle entrouvrit et qui lui donnait un point de vue sur l'entrée.

S'adressant à la maîtresse de la maison, une silhouette en grande
tenue militaire lui faisait face. Il devait s'agir de ce Mr Elphinstone
que tous attendaient. L'homme, appuyé sur une canne, penchait
son corps robuste vers l'avant et recoiffait d'une main gantée son
opulente chevelure châtain clair. Sous son bras, il avait coincé son
colback brun agrémenté d'une flamme écarlate, une sorte de poche
qui pendait sur la droite du chapeau, et d'un plumet. Une courte
pelisse également brune balancée par-dessus son épaule gauche
pendait en partie sur son dos. Sa taille était serrée par la tradition-
nelle ceinture écheveau rouge et ses jambes, moulées dans une
culotte hongroise de toile bleu foncé, qui descendait dans une paire
de bottes de cavalier noires décorées de cordonnets et de glands
dorés. Dana identifia l'impressionnant uniforme du hussard, que
venaient compléter un dolman d'officier et une sabretache qui battait la cuisse. Les brandebourgs d'or qui ornaient lourdement les
vêtements ainsi que les garnitures métalliques du fourreau du
redoutable sabre mamelouk suspendu au ceinturon brillaient dans

le jet de lumière qui ruisselait du dôme. Le hussard avait cette terrible et fière allure de prince oriental qui le distinguait des autres militaires.

Tiens… le sabre battait la jambe droite du soldat. Mr Elphinstone était gaucher. Il était notoire que les épéistes gauchers avaient un avantage sur les droitiers.

L'épouse du chirurgien s'animait et ses joues roses donnaient un peu de vie à son visage soudain mobile. L'homme répondait à ses questions. Il prit sa main qui battait l'air et s'inclina dessus pour la baiser. Evelyn Seton lui parut soudain radieuse. S'arrondissant de façon charmante, sa bouche murmurait des mots que Dana ne pouvait saisir, mais le mouvement de ses lèvres était agréable à suivre. Sans nul doute devait-il l'être aussi pour le visiteur, dont un sourire généreux sous une fine moustache ouvrait le visage d'une oreille à l'autre.

Un ruban de lumière traversa fugacement le vestibule ; Francis Seton arrivait de l'hôpital. Abandonnant sa lourde valise, sa canne et son haut-de-forme à Halkit, il s'élança vers Percy, qui lui ouvrit les bras. Les deux hommes s'étreignirent. Le visage de Francis s'éclairait d'un sourire sincèrement heureux. Ainsi donc, c'était là l'ami d'enfance du chirurgien Seton. Dana les observa : l'un, sobrement habillé de noir, l'autre, éclatant de lustre. Présentant tout l'opposé du chirurgien, le soldat annonçait un caractère ouvert et avide des plaisirs de la vie.

❦

Comme espéré, la venue de Percy ranima l'épouse et égaya même le chirurgien. Prolongeant les dîners jusqu'à des heures tardives, le soldat les entretint de récits relatant les évènements qui avaient marqué la campagne d'Espagne, longue de sept ans, mieux connue sous le nom de Guerre péninsulaire[50]. Il raconta la victorieuse bataille d'Orthez, qui avait eu lieu un froid matin de février

---

50. Aussi Guerre d'indépendance espagnole et Campagne ou Guerre d'Espagne.

dans les Pyrénées et où il avait reçu un coup de sabre au mollet. Une bonne partie des muscles avait été sectionnée. Après ces récits, ils levèrent leurs verres à la santé des braves et souhaitèrent longue vie de réclusion à Bonaparte. De retour en Angleterre depuis le mois d'août, le 7ᵉ régiment de hussards de la reine avait marché jusqu'à Romford, puis à Brighton où il était caserné. C'est là qu'il avait revu Evelyn et lui avait fait la promesse de les visiter à Édimbourg pour fêter le Premier de l'an. «Ce serait franchement mieux que de pâtir à Chelsea[51] avec tous ces estropiés», lui avait-elle déclaré pour finir de le convaincre.

Percy écoulait son séjour chez son frère aîné, tandis que William partageait son temps entre Charlotte Square pendant les saisons froides et Musselburgh pendant l'été. William avait hérité de leur père les houillères de Tranent qui avaient fait une bonne partie de la fortune des Elphinstone. Parmi les enfants Elphinstone, il y avait aussi Ewart, un marchand de la British East India Company qui vivait à Bombay, puis Miranda, l'unique fille, mariée à Ashby Rutherford, un tory affirmé, membre de la Chambre des communes à Londres.

L'amitié entre Percy et Francis datait de leurs premières années au High School. Comme pour ne pas faire mentir l'adage qui dit que les contraires s'attirent, le premier, adolescent assez turbulent et téméraire, s'était pris d'affection pour le second, réservé mais consentant à le suivre dans ses équipées les plus folles. De la culotte du directeur du collège accrochée au décor du Theatre Royal au seau de sang de bœuf vidé sur la tête du professeur de grec, ils avaient imaginé les pires bêtises, arrivant presque toujours à les faire passer sur le dos des autres. Sauf pour l'affaire de James Macdiarmuid, concernant un garçon d'un an plus jeune qu'eux.

Projetant de former une fraternité collégiale dans laquelle ne seraient admis que les plus intrépides et brillants des étudiants, ils avaient imaginé pour les postulants une série d'épreuves à subir, toutes plus originales les unes que les autres. L'une était de s'enivrer

---

51. Hôpital pour les invalides de l'armée britannique à Londres.

et de marcher, l'obscurité tombée, sur le mur des remparts de l'esplanade. Le malheureux avait chuté. La chance avait voulu qu'il reste accroché à un arbuste qui poussait dans une anfractuosité du roc. Il avait fallu deux heures pour dégager le garçon de sa fâcheuse position et le ramener en terrain sûr. Cette histoire leur avait valu d'être expulsés du collège pendant une semaine. Leur réintégration ne s'était faite qu'à la condition de dissoudre le club qu'ils avaient baptisé les White Stockings. Ils devaient également formuler des excuses devant le comité d'administration et devant tous les élèves de l'établissement éducatif et payer une amende qui avait fait gémir leurs pères respectifs.

Si cet incident avait assagi les deux garçons pendant le reste de leurs études collégiales, il ne leur avait pas pour autant donné une leçon retenue. Plus tard, les portes de l'université s'étaient ouvertes à eux, avec tous les plaisirs que pouvait leur offrir le monde des hommes. Avec la ferme intention de faire renaître de ses cendres leur fraternité d'élite sociale, ils avaient pris le temps de peaufiner les règlements et les épreuves, de façon à restreindre les risques.

Les Douze Templiers d'Olympe étaient de jeunes hommes issus de familles à la fortune établie, triés sur le volet, et tous fréquentant la faculté de droit ou celle de médecine. Chaque membre empruntait le nom de l'un des dieux grecs et était assujetti à un code moral strict établi par vote et qui respectait le leitmotiv « embrasse tout ce qui te rend heureux et oublie le reste ». Ce qui n'avait, pour eux, rien d'équivoque. Les assemblées se faisaient dans une taverne, où ils débattaient souvent très tard sur des sujets aussi variés que les effets de l'orgueil sur la nature de l'homme ou le galbe charmant des jambes de Miss Sophia, danseuse étoile du Theatre Royal.

Le temps allant, la lubricité et l'ésotérisme s'imposaient de plus en plus comme points d'intérêt de la fraternité. Ils trimballaient à l'université, fallacieusement dissimulés sous un titre se référant aux sciences naturelles, un exemplaire du roman pornographique de Cleland, *Fanny Hill*, quand ce n'était pas une copie du *Kama Sutra* camouflée dans une reliure du livre des prières de la Kirk, l'Église reconnue d'Écosse. Avec un humour pétillant, ils traduisaient des vers tirés de la poésie classique en latin macaronique qu'ils récitaient ensuite sur les places publiques jusqu'à ce que les constables viennent les déloger. Ils organisaient des enchères de vêtements féminins qu'ils dérobaient la nuit alors qu'on les avait mis à sécher sur les appuis des fenêtres. Ils calquaient les Hellfire Clubs londoniens et irlandais dont le plus notoire était celui de l'Ordre des chevaliers de St. Francis of Wycombe, créé par sir Francis Dashwood au milieu du siècle dernier, et qui parodiait le culte catholique en l'alliant au satanisme. Sans s'adonner totalement au morbide, les jeunes membres se plaisaient quand même à tenter certaines expériences occultes.

Certains des adhérents, désapprouvant la nouvelle direction prise par la fraternité, donnèrent leur démission. D'autres l'abandonnèrent tout simplement parce qu'ils quittaient Édimbourg. Ce qui fit que, deux ans plus tard, il ne restait plus que cinq membres qui décidèrent d'un commun accord de rebaptiser le groupe du nouveau nom de Cercle d'Esculape. Et ils firent du pentacle leur insigne. Autrefois considéré par les pythagoriciens comme étant le symbole de la beauté et de l'harmonie, le pentacle fut peu à peu jugé par l'Église comme un signe païen représentant le mal. Mais chez les initiés, tous savaient qu'il représentait l'étoile flamboyante de la franc-maçonnerie: la lumière qui éclaire l'humanité, celle vers laquelle on se tournait pour la connaissance.

Cependant, pour la fraternité, les choses avaient encore une fois mal tourné. Pour célébrer la fin de leur cursus, les cinq membres avaient organisé une fête qu'ils avaient voulue mémorable et adaptée au sens de leur devise. Pour ce faire, ils avaient fait appel à Mrs Pennycock, une maquerelle d'Édimbourg réputée pour la beauté et la propreté de ses filles. Ils avaient commandé douze bouteilles du meilleur vin d'Espagne disponible et trois de whisky. La soirée avait débuté sous le signe de la légèreté. Puisque le thème proposé était la messe noire, chaque participant devait revêtir un costume représentant le clergé catholique. Dans le respect des goûts vestimentaires qui les caractérisaient, Francis avait opté pour une tunique de moine, tandis que Percy avait déniché, on ne savait où, une cappa violette d'évêque et s'était confectionné quelques insignes *pontificalia*, dont la crosse et une mitre de carton à laquelle, ô suprême sacrilège, il avait ajouté des cornes.

À l'aube, les éboueurs avaient retrouvé l'une des filles de Mrs Pennycock morte dans un boisé sur le bord de la Water of Leith, à quelques pas du lieu de leur beuverie. Les jambes écartées dans une position des plus grotesques, le corps à moitié nu reposait face contre le sol dans une flaque de vomissure. Des marques au cou laissaient supposer une mort par strangulation. La police avait rapidement retrouvé la proxénète pour qui travaillait la prostituée et de là on avait fait le lien avec le Cercle d'Esculape. Les cinq membres avaient été mis aux arrêts et enfermés séparément dans le Tolbooth jusqu'à ce qu'ils fussent interrogés. On ne savait pas sur quelles bases accuser les suspects. La malheureuse avait tout aussi bien pu se noyer dans ses régurgitations. Il était impossible de le vérifier. Aucune autopsie n'avait été faite. Quelqu'un l'avait empêché. Avait-on eu peur de découvrir une vérité accablante ?

Supportant mal l'alcool, Francis ne se rappelait pas de la fin de la fête en raison des malaises éprouvés qui l'avaient obligé à sortir prendre un peu d'air. Il se souvenait, affalé dans un portique puant, sa tunique souillée de vomissures et trempée d'urine, avoir été réveillé par les premiers rayons du soleil. Le reste n'était que bribes, images arrachées à son esprit, floues comme des pans de brume : des bouts de textes particulièrement crus de *Justine*, du marquis de Sade, qu'avaient lus Grant et Berkeley ; des incantations, des rires étouffés ; un gobelet d'étain servant de calice se renversant sur le ventre nu d'une fille morte de rire ; l'éclat d'une grosse croix pectorale dorée sautillant entre les seins blancs veinés de bleu d'une autre dont il ne se souvenait pas le nom ; le goût de l'alcool entre deux fous rires ; Percy besognant Sis' Rosie sous sa cappa. Et cette même Rosie, qui jurait sans vergogne dans un lourd accent irlandais, ne portait rien d'autre qu'un voile épinglé sur une guimpe à la façon d'une nonne.

Francis se souvenait par contre très bien de la chevelure et des rondeurs de Holy Mary, la fille qu'il embrassait et pelotait. Il avait toujours eu un faible pour les blondes pulpeuses. Fait troublant, c'était justement cette fille qui avait été trouvée morte derrière un buisson, à quelques yards seulement d'où il s'était réveillé. Mais chaque fois qu'il essayait de se souvenir de ce qui s'était passé entre le moment où il était sorti prendre de l'air et celui où il s'était réveillé, il n'y avait qu'un trou noir.

Donc, à l'instar des autres, il n'avait fourni que des détails flous qui ne pouvaient concourir à l'éclaircissement de ce qui s'était réellement produit. Rien de solide qui pût appuyer une mise en accusation officielle contre un membre d'une des familles les plus influentes de la région. L'affaire avait donc été réglée hors cour. La victime n'était qu'une pauvre prostituée, après tout. Toute cette histoire avait déclenché un affreux scandale. Les fils n'avaient été accusés que de la simple charge d'avoir troublé la paix et des amendes substantielles avaient été payées. L'enquête s'était terminée là.

Par conséquent, Percy fut envoyé dans l'armée. Excédé par le caractère intempérant de son fils, qu'il s'était mis en tête de réformer, son père lui avait acheté une charge de major. Plus chanceux, Francis avait eu droit à un long sermon et écopé d'une interdiction de sortir de Weeping Willow durant tout l'été qui avait suivi. Évidemment, le Cercle avait de nouveau été dissous et Francis n'avait plus revu les trois autres membres, qui avaient été envoyés hors de la ville pour se faire oublier. Il avait appris qu'Alex Grant était mort deux années plus tard dans un accident de carrosse sur la route de Berwick ; Robert Mitchell, aide-chirurgien dans la Marine royale britannique, s'était suicidé juste avant de s'embarquer pour Copenhague en 1807. Curieusement, le dernier, Arnold Berkeley, s'était noyé l'été précédent alors que la petite embarcation dans laquelle il était seul à prendre place avait chaviré dans la Clyde.

Aujourd'hui, Francis gardait un souvenir doux-amer de cette période. Et, sans les conséquences de cette sale histoire, il n'aurait sans doute jamais fait la connaissance de Jonat Cullen. C'était en 1799.

❦

Pour Dana, décembre écoulait des jours de plus en plus froids qui figeaient le temps dans un camaïeu de gris moroses. De jour en jour, elle vit sa charge de travail fondre jusqu'à disposer de certains après-midi. La place qu'elle occupait maintenant dans la maisonnée était des plus enviables. Aux yeux des autres, certainement. Mais pour Dana, le désœuvrement l'enlisait dans une période de nostalgie. La mort de sa mère l'affectait plus qu'elle ne l'eût imaginé. Elle refoulait son chagrin en recopiant pendant des heures des textes de livres choisis au hasard dans la bibliothèque des Seton. Il fallait occuper l'esprit pour protéger le cœur.

Pour l'instant, les Seton recevaient pour un grand dîner. Il avait été décidé que le repas serait préparé par le traiteur Louis Bisset, maître de la *hot couisine*[52], tel que l'articulait le chef. La pauvre Mrs Dawson, qui ne pouvait que promener son air buté en rond dans sa cuisine prise d'assaut, considéra cette décision comme en étant une de «hot» trahison de la part du maître. «Ce vieux cabotin de Bisset, ronchonnait-elle en imitant la prononciation pompeuse de l'intrus, il n'est pas plus français que moi je suis polonaise! Et pourtant, je sais comment dire et cuisiner correctement un bortsch!» Il fallait savoir que la grand-mère de Louis, Lewis Bissett de son vrai nom, était une Française d'origine, et qu'elle préférait prononcer le prénom de son petit-fils dans la langue de son pays.

La carte dînatoire offrait pas moins de vingt-cinq plats: potage d'orge perlé à la Crécy; comme relevé de poisson, le turbot à l'anglaise, sauce au homard; six entrées, à savoir le sauté de merlan aux fines herbes, l'épigramme de poulardes et sa purée de céleri, l'anguille à la tartare, le vol-au-vent de quenelles à l'allemande, la côte de bœuf aux oignons glacés et les concombres farcis à la moelle; les grouses et le canard constituaient les plats de rôts; il y avait six entremets, soit les betteraves sautées au jambon, les épinards au

---

52. Haute cuisine.

gratin, les œufs brouillés aux truffes, les champignons à la proven-
çale, une gelée au madère et le fromage bavarois aux avelines.

Ensuite seulement venaient une salade et un choix de huit des-
serts. Tout devait être prêt pour six heures et servi à sept. Tout était
à organiser, à vérifier. En plus de leur rappeler l'étiquette de mise,
Mrs Rigg s'assurait que le service « à la russe », selon lequel les plats
étaient passés d'un invité à un autre autour de la table, était compris des trois servantes et des deux valets de pied qui avaient été
engagés pour l'occasion. Halkit comptait les bouteilles de vin et de
cordial, remplissait les carafes de cognac et de limonade, frottait
l'argenterie, s'occupait des couverts et du surtout de table, et veillait
à ce qu'il ne manquât ni de chandelles dans les lustres et candéla-
bres ni de charbon dans les cheminées. Abigail repassait les nappes
et les chemises, les jupons et les serviettes. Tandis que Rachel épluchait des montagnes de légumes avec Mrs Dawson, Alison frottait
les parquets, huilait les bois, essuyait les verres et allumait les lampes à huile. Toute la maisonnée était plongée dans une frénésie
quasi hystérique.

« Et ce n'est que pour douze convives ! » se plaignait sans répit
Mrs Rigg. Il manquait de bras et de jambes disponibles pour tout
accomplir. La maisonnée était en état de siège. Y voyant une occasion pour échapper à sa mélancolie et à son ennui, Dana offrit son
aide à qui voulait bien l'obtenir et revêtit sa robe grise. Ainsi son
esprit ne se languit pas plus de deux minutes pendant toute la
journée.

L'heure fatidique approchait. La cuisine était encore encom-
brée de caisses de légumes, de fromages et d'œufs frais. Abigail allait
et revenait dans des nuages de vapeur, aidée de Will'O, pour transporter les seaux d'eau chaude de la cuisine aux cabinets de toilette
des maîtres. On se sentait comme sur un bouchon de champagne
sur le point de sauter. Dana soulagea la femme de chambre du fardeau de remonter pour remplacer les serviettes mouillées.

—Mr Aitken a besoin d'un savon à raser, lança-t-elle en passant près d'elle. Tu peux aussi t'en occuper ?

Sans attendre son accord, la femme de chambre s'engouffra dans le couloir.

— Fais vite, Dana, lui cria Alison par-dessus le vacarme, il reste encore le buffet à dresser.

À l'étage, Dana respira une tranquillité bienvenue qu'elle absorba d'une profonde inspiration. Elle essuya son front perlé par la chaleur qui régnait dans la cuisine. « Dieu tout-puissant ! » L'enfer était sous ses pieds ! Se permettant un moment de répit, elle s'appuya contre le mur et s'égara dans le terne paysage qui lui apparaissait par la fenêtre et qu'animaient quelques arbres nus. Dans un peu plus d'une semaine, ce serait la Hogmanay. Cette année, la fête tombait le jour du sabbat et elle espérait pouvoir la passer chez les Nasmyth. Il y aurait le petit garçon de James, qu'elle n'avait vu que trois fois. De le retrouver la consolerait de l'absence de ses neveux et nièces. Puis il y avait Flora, qu'elle n'avait pas revue depuis l'enterrement de sa mère. Peut-être que cela lui ferait du bien de revoir sa tante.

Et Timmy… Timmy qui, impatient, avait parlé de devancer la date du mariage. Elle voulait plutôt proposer de la reporter. Elle ne se sentait pas prête. Le serait-elle jamais ? Tout était différent maintenant. Cela changeait tout. *Elle* changeait. Et elle ne savait pas pourquoi exactement. Depuis la mort de sa mère, elle ne ressentait plus l'urgence de ce mariage, qui n'avait eu pour but que de la rassurer sur son avenir.

Comme si une femme ne pouvait arriver seule à s'assurer un avenir… C'était pourtant ce que tout le monde croyait.

« Mrs Dana Cullen Nasmyth. Si c'est ce que Dieu a décidé pour moi… » murmura-t-elle, presque résignée.

Des craquements de bois indiquaient que Mrs Rigg était dans sa chambre sans doute en train de préparer les factures de la journée pour recevoir l'aval du chirurgien. Le visage collé sur la vitre glacée, Dana suivit le mouvement de quelques flocons qui flottaient doucement dans l'air. Le duvet cotonneux se posait dans un silence absolu sur l'appui de la fenêtre avant de fondre. Elle imagina un pays étale d'une blancheur liliale… un drap soyeux…

Un fracas fit éclater sa bulle. Les admonestations de Louis Bisset se répercutaient dans la cage d'escalier. Avec un soupir, Dana repoussa une mèche de cheveux qui pendouillait sur son front. Elle avait trop perdu de temps.

« Des serviettes pour les maîtres et un savon pour Christopher », marmonna-t-elle en se dirigeant vers le quartier des maîtres.

Elle fouillait depuis un moment dans la réserve. Il n'y avait aucun savon à raser, seulement trois savonnettes parfumées. Cela devrait convenir. Elle en prit une et sortit du réduit. Au pas de course, la jeune femme traversa le hall et frappa à la porte de Christopher.

— Oui ? Qui est-ce ?

Sans réfléchir et préoccupée par le précieux temps qu'elle perdait, Dana fit irruption dans la pièce.

— Voilà votre savon et vos serviettes…

Elle se figea sur le seuil. Debout à côté d'une baignoire de cuivre, s'empressant de ceindre ses hanches d'une serviette, Christopher la dévisageait, aussi surpris qu'elle.

— Eh bien… fit-il après un moment de silence, le rouge aux joues. Que me vaut… cette surprise, Miss Dana ?

— Votre… savon… monsieur.

Ne sachant que faire, que dire, elle tendit le bras et présenta la savonnette en fermant les yeux. Dans le silence qui suivit, Dana entendait le petit couinement produit par les pieds mouillés de Christopher sur le plancher à chacun des pas.

Le jeune homme prit l'objet.

— Ceci n'est pas un savon à raser, fit-il remarquer avec un peu d'agacement. Regardez, c'est une savonnette.

Le sang afflua au visage de Dana, qui aspirait à être n'importe où sauf là où elle se trouvait.

— Je ne peux pas, monsieur.

— Vous ne pouvez pas quoi ?

— Regarder…

Il y eut un silence prolongé pendant lequel elle demeura immobile et entendit le souffle de Christopher près d'elle.

— Et pour le savon?

— Je suis désolée, mais il n'y en avait pas d'autre.

Un autre silence.

— Je ne peux pas me servir de ce savon pour me raser, Miss. Il irrite la peau. Vous savez que les peaux claires sont plus irritables que les peaux mates, non?

La colère la gagnait et elle ouvrit les paupières d'un coup, allant lui rétorquer qu'il n'avait qu'à aller s'en quérir un lui-même. Mais sa réplique s'évapora sur ses lèvres quand elle croisa le regard bleu du jeune homme. Il respirait fort et la dévisageait avec sérieux.

— Vous avez déjà forcément... commença-t-il d'une voix rauque avant de s'interrompre, pris de gêne.

Son visage se congestionna brusquement. Sa pomme d'Adam montait et descendait comme un flotteur de pêche que taquine un poisson. Immobile comme une statue d'albâtre, dont sa peau prenait les reflets satinés, il la regardait fixement. L'attrait était plus fort qu'elle. Elle abaissa lentement les yeux, appréciant l'anatomie dévoilée de l'homme. D'abord les épaules, larges et rondes, où les muscles les enveloppaient. Les longs faisceaux musculaires se prolongeaient sur les bras, les enrobaient, les gonflaient agréablement pour l'œil. Et la poitrine, admirablement façonnée par la nature, était couverte d'un fin duvet roux couché sur la peau encore humide et rosie par le bain, et qui formait une pointe de lance qui descendait sur l'abdomen, qu'il contractait, jusque sous la serviette... qui glissa soudain.

Elle rabattit précipitamment les paupières sur ses joues brûlantes d'un indicible embarras.

— Demandez à Mr Seton...

Sans terminer sa phrase, Dana se précipita hors de la chambre en oubliant la porte grande ouverte derrière elle. Au même moment, le regard de Francis, qui quittait sa propre chambre, traversait le hall. En voyant le chirurgien, la jeune femme stoppa net.

— Miss Cullen? fit-il en soulevant la ligne de ses sourcils, comme s'il se demandait ce qu'elle fabriquait là. Vous vous sentez bien?

— J'ai… j'ai besoin d'un savon à raser, monsieur.

— Un savon à raser? Que voulez-vous faire d'un savon à raser?

— C'est pour Mr Aitken.

Comme pour confirmer les dires de Dana, Christopher apparut dans la tranche de lumière de sa porte ouverte. Couvert d'une chemise ouverte sur sa poitrine, il s'affairait maladroitement à refermer les boutons de la braguette de sa culotte enfilée à la hâte. Il allait rappeler la jeune femme, mais il se replia aussitôt que son regard croisa celui du chirurgien. L'attention de Francis se reporta sur Dana, qui le fixait, pétrifiée. La bouche de l'homme se tordit, exprimant un certain scepticisme. Quelques plis creusèrent l'espace entre ses yeux.

— C'est Christopher qui vous a demandé de lui apporter ce savon?

Que pouvait bien lui avoir réclamé de plus son assistant?

— Oui, monsieur. En fait… non. Il l'a demandé à Abigail, qui me l'a demandé à moi ensuite. C'est qu'il y a beaucoup à faire et… Et il n'en reste plus… de savons, monsieur, dans la lingerie. J'ai vérifié deux fois… des savonnettes parfumées… seulement.

— Il vous a fait quelque chose, Miss?

Il cherchait dans sa tenue un indice de ce qui aurait pu se produire dans la chambre pour la bouleverser à ce point. Elle serrait les poings. Curieusement, devant cet air dubitatif affiché, elle ressentait de l'humiliation. Soupçonnait-il qu'elle pût s'abandonner si facilement à de vulgaires amours ancillaires? Elle leva un regard courroucé sur lui. Finalement, il ne voyait en elle qu'une femme au service des hommes.

— Non, monsieur. C'est que je suis entrée de façon… impromptue dans la chambre de Mr Aitken…

— Je vois…

Il voyait bien mieux qu'elle ne le pensait.

— Je m'occupe du savon, dit-il d'une voix où perçait un peu de colère.

Dana sentit la menace et la prit pour elle. Elle s'approcha du chirurgien et fourra dans les bras de l'homme la pile de serviettes qu'elle tenait toujours.

— Vous pourriez vous occuper aussi de ça! laissa-t-elle froidement tomber avant de s'élancer en direction du quartier des domestiques.

Encore sous l'effet de la surprise, Francis dévia les yeux vers la porte de la chambre de Christopher, qu'il étudia d'un air songeur.

Dana courut jusqu'à la fenêtre en haut de l'escalier de service, où elle prit le temps de retrouver un rythme cardiaque relativement normal avant de redescendre.

Comment avait-elle pu se conduire de manière aussi sotte? Chez ses parents, elle avait appris à attendre d'être invitée à entrer dans une pièce privée. Pour avoir surpris Christopher dans une position aussi… inconvenante, elle ne pouvait s'en prendre qu'à elle-même. Quoiqu'il eût pu se couvrir pour… mais qu'avait-elle donc à chercher à l'excuser? Elle n'avait même pas eu le réflexe de ressortir sur-le-champ. Mais elle était restée si stupéfaite. Elle s'était conduite comme une… Qu'en avait déduit Christopher? Comment avait-il pu provoquer sa pudeur de cette façon, à la fin? La traiter d'une façon aussi cavalière, comme si elle n'était qu'une simple servante! Ce qu'il avait fait… était… inqualifiable! Refoulant des larmes de honte, elle serra les poings et souffla avec mesure pour se contraindre au calme.

❦

La glace craquait sous ses bottes: les flaques d'eau avaient gelé. Dana pressait le pas pour rentrer. Elle avait mésestimé la température. Mais la promenade lui avait suffisamment refroidi les esprits. Dressée contre un ciel crépusculaire avec ses cheminées crachant la fumée noire et âcre du charbon et ses nombreuses fenêtres brillant d'une lumière d'ambre, la maison Seton lui sembla invitante. Déjà les parfums du fastueux dîner que préparait Bisset infusaient l'air froid et lui dilataient les narines.

Elle passa devant l'écurie et eut envie de dire bonjour au nouvel employé de la maison. Un monticule de paille sale s'accumulait devant le bâtiment. Dana poussa la porte.

— Bonjour, Miss, fit Will'O en la voyant.

Le valet d'écurie étendait de la litière propre dans un box vide. Il avait dégagé un espace supplémentaire pour recevoir quelques chevaux de plus si cela s'avérait nécessaire.

— Bonjour, Will'O, fit-elle.

— Vous cherchez Pumpkin?

— Il est là?

Le jeune homme avait cessé de travailler et scrutait la pénombre pour voir si le chaton orange s'y trouvait.

— Je l'ai vu il y a quelques minutes. Il doit pas être bien loin. Il a toujours beaucoup à faire quand je défais un ballot de foin. Les souris y font leurs nids.

Les chevaux renâclaient. Elle regarda sur les étagères, où les tapis de selles étaient rangés. Parfois, le chat s'y faisait une place. Mais Pumpkin n'était visible nulle part.

— Il a dû sortir pour entreprendre sa tournée nocturne...

Un raffut venant de l'extérieur coupa court à leurs recherches. Will'O derrière elle, Dana sortit de l'écurie pour voir ce qui se passait. Un tombereau attelé à une jument louvette était garé devant la porte du vestibule qui donnait accès au cabinet du chirurgien. Un homme, visiblement de mauvaise humeur, discutait fort en gesticulant. Le visiteur empoignait le bras du passager, qui s'avéra être une jeune fille, et la forçait à descendre. Cette dernière, recroquevillée sur elle-même, poussait d'intenses geignements.

Surgi de nulle part, Spittal les avait rejoints. Puis, constatant de qui il s'agissait, il cracha au sol.

— Un jour, c'est son cadavre qu'il viendra porter, ce satané Cowan. Allez avertir le docteur, lança-t-il à Dana en s'éloignant vers le couple.

Se retenant de lui assener un coup de poing à la figure, le cocher repoussa rudement Cowan, qui trébucha et tomba à la renverse dans la boue givrée. Dana s'élança vers la maison. L'homme la remarqua et la toisa de son seul œil rouge : il était borgne. Mais dans cet œil, Dana vit quelque chose qui lui donna froid dans le dos et elle s'immobilisa. Devant sa mine effrayée, Cowan esquissa un rictus mesquin et passa sa langue sur sa lèvre inférieure. Ses habits, qui avaient connu de meilleurs jours, étaient sales. Ses cheveux hirsutes pointaient dans toutes les directions et il dégageait une odeur pestilentielle. Il se redressa en titubant, plissant son œil qui dardait sur elle tout le mépris qu'elle y avait décelé.

— Toutes des putes… éructa-t-il en vacillant. Toutes des putes, ces sacrées bonnes femmes !

— Tais-toi ou je te fais avaler les dents qui te restent, Cowan ! gronda Spittal. Miss, dépêchez-vous !

S'arrachant à sa stupeur, Dana se précipita dans la maison et appela à l'aide.

Les plaintes de la fille résonnaient jusque dans la cuisine, où s'étaient réfugiées les domestiques. La voix de Francis donnait des ordres, y causant un remue-ménage d'une tout autre urgence. Rappelant que les invités n'allaient pas tarder à arriver, sur le bord de la crise de nerfs, Evelyn exhortait les domestiques à reprendre leur travail sur-le-champ : il était trop tard pour annuler ce dîner. Nerveuse, elle replaçait sans arrêt les rangs de perles qui se balançaient sur sa poitrine.

Trop heureuse de récupérer le contrôle d'un espace de son fourneau, Mrs Dawson surveillait la marmite dans laquelle de l'eau avait été mise à bouillir, tandis que Mrs Rigg arpentait le couloir et surveillait la porte de la cour au cas où Cowan aurait l'idée de revenir chercher sa fille. Essuyant les verres de cristal vénitien, Alison maudissait tout bas tous les hommes de la terre. Rachel gardait le nez sur sa pile de rognures de navets, qui tombaient en longues spirales sur la table. Des pas se précipitaient dans le hall. Halkit se pointa dans l'encadrement de la porte. Son visage était d'une pâleur spectrale sous sa perruque poudrée.

— Où est Will'O ?

— Il attend les attelages des invités, expliqua Mrs Dawson.

Les hurlements avaient ralenti l'activité dans la cuisine. Le chef Bisset remit les employés en marche d'un coup de louche sur une marmite vide suspendue. Le majordome ruminait. Il passa en revue les femmes présentes.

— Miss Dana, venez avec moi.

— Mais… je… bafouilla-t-elle en se levant.

Le majordome avait déjà disparu. Dana pâlit et lança un regard vers les autres. Elle souhaitait que l'une d'elles offrît d'y aller à sa place. Faisant mine de n'avoir rien entendu, les femmes vaquèrent à leurs occupations.

Elle se faufila dans le cabinet comme une ombre sur le mur, attendant qu'on la remarquât, espérant le contraire. Frappée par l'horreur de la scène, elle se statufia. La fille émettait des hurlements qui faisaient frémir. Spittal et Christopher étaient occupés à la maintenir en place tandis que le chirurgien, revêtu de protège-manches et d'un tablier de grosse toile brune sur sa tenue de soirée, s'affairait entre les jambes écartées. Les jupes remontées jusqu'à la taille découvraient des cuisses poisseuses de sang qui tremblaient convulsivement.

— Miss Cullen, fit Francis sans lever la tête, prenez la place de Christopher.

— Monsieur… je ne pourrai jamais…

N'arrivant plus à détacher les yeux du visage convulsé de la fille, elle ne bougea pas.

— Il le faudra pourtant. Christopher doit m'assister.

Il devait bien se trouver quelqu'un d'autre pour faire ce travail? Pourquoi ne pas demander à Halkit, qui faisait deux fois sa corpulence? C'était lui qui devait se trouver à sa place. Les invités étaient bien en mesure de trouver seuls le chemin du salon. Elle n'avait rien à faire ici.

Le chirurgien pinça les lèvres et allongea le bras pour atteindre le fer à cautériser placé dans un brasero.

— Je vais la perdre… Par le Christ! Christopher, le fer, s'il te plaît!

— Oui, tout de suite.

L'assistant obtempéra. La main libérée de la fille bougeait sans but, agrippant le bois de la table, repoussant ses jupes relevées et un agresseur qui n'était plus là. Le fer fit grésiller les chairs : se cambrant, la malheureuse poussa un cri qui n'avait plus rien d'humain. Une écœurante odeur se répandit. Dana sentit ses genoux mollir. Le feu du fer retiré, la fille cherchait à libérer ses chevilles solidement attachées aux pattes de la table par des sangles de cuir épais. Les plaintes incessantes bourdonnaient dans les oreilles de Dana. Hypnotisée par la nature horrifiante de l'activité qui se déroulait, elle n'avait toujours pas bougé.

— Dana ! cria Francis. Faites ce que je vous demande !

L'ordre avait claqué comme un fouet.

Balayés par l'urgence de la situation, les nombreux livres qui avaient dû couvrir la table au moment où on avait averti Francis du drame étaient éparpillés sur le sol dans un désordre de papier froissé et déchiré. Dana les enjamba et regarda momentanément le bras gesticuler comme s'il était animé d'une vie qui lui était propre.

— Mon bébé… il veut tuer mon bébé ! criait la pauvre fille.

— Christopher, faites une pression sur l'artère. Elle perd trop de sang. Spittal, rattrapez son bras ! rugit le chirurgien.

Spittal faisait son possible pour tenir la fille immobile. Francis foudroya Dana du regard. Ce qui la fit réagir enfin. Lisbeth se tortillait, s'arc-boutant sur la table, comme saisie d'un spasme tétanique qui impressionna fortement Dana.

Elle attrapa enfin le bras. Surprise par la force que déployait la pauvre fille, elle le laissa échapper. Les ongles lacérèrent profondément son avant-bras. Elle grimaça de douleur.

— Miss Cullen, maintenez le bras de Lisbeth ou nous le sanglons ! Nous n'arriverons à rien autrement.

Reprenant possession du membre qui battait follement l'air, elle décupla son énergie et arriva à le garder plaqué sur la table.

— Vous n'allez tout de même pas l'attacher comme une bête ! Vous êtes incapable de sentiments…

— Je tente de la sauver !

— Cette fille souffre, fit Dana. Elle croit que vous voulez tuer son bébé.

Son sang-froid lui revenant, Dana baissa un regard circonspect sur la fille qui mugissait, écumait et poussait de sourds feulements, et elle fronça les sourcils. Il fallait calmer cette pauvre enfant. Se penchant sur elle, d'instinct, elle commença à lui parler.

— Il était une fois un meunier…

Au son lénifiant de la voix féminine, la fille, qui devait avoir près de quinze ans, cessa peu à peu de se débattre et la chercha d'un regard égaré. Francis et Christopher s'étaient remis au travail, ne lui arrachant plus que de faibles plaintes. La frayeur habitait les yeux verts. Ses cheveux bruns collaient sur son front et sur ses joues livides et moites de transpiration. Son visage était marqué de plusieurs ecchymoses violacées. Elle avait été battue.

— Mon bébé…

— Alors le chat, botté comme un brave mousquetaire, un sac rempli de belles laitues à son cou, s'en alla dans la garenne où foisonnaient les plus beaux et les plus gras lapins…

— Il l'a tué… Il l'a tué, mon bébé…

S'emmurant avec Lisbeth dans son conte pour enfants, Dana ne leva plus les yeux sur ce qui se déroulait autour.

— Votre bébé sera toujours avec vous, quoi qu'il arrive, mademoiselle, chuchota Dana en caressant le front perlé de transpiration. Vous savez ce qui est arrivé quand le chat s'est couché dans l'herbe ? Le futé a fait mine de dormir et a attendu qu'un lapin vienne renifler le contenu de son sac…

La fille ferma enfin les paupières, ses doigts ne pressant que de temps à autre ceux de Dana.

Les ciseaux cliquetèrent sur le plateau de faïence barbouillé de sang.

— C'est terminé, souffla Francis.

— … et attiré par tant de belle verdure, le lapin est entré dans le piège. Le chat a tiré sur les cordons et…

— Miss Cullen.

— … et il a emprisonné le lapin…

— Dana.

Elle se tut. Un silence alourdi par les halètements de la patiente était retombé dans le cabinet. Dans sa tête, Dana n'entendait plus que les battements de son propre cœur. Elle appuya son front contre l'épaule de la fille. Ses jambes tremblaient tant qu'elle n'arrivait plus à tenir debout. Une chaise se trouva rapidement sous elle. L'odeur du sang lui monta à la tête et un vertige la fit vaciller sur son siège. Une nausée irrépressible la saisit et elle eut un hoquet. Elle pencha son corps vers l'avant, une main ferme poussa sa tête entre ses genoux au-dessus d'une large bassine. Elle eut le temps de remarquer le joli motif paysager avant de le noyer avec ce qu'elle avait avalé pour son déjeuner.

La voix du chirurgien qui dictait ses commandements lui parvenait comme un bourdonnement. Spittal sortit, emportant un bassin débordant de charpie écarlate. Christopher libérait des sangles les chevilles de Lisbeth, qui semblait s'être assoupie. Ses sens lui revenant tranquillement, Dana regardait les deux hommes accomplir leurs tâches avec un détachement qui la sidérait, comme si ce qui venait de se produire était d'une banalité quotidienne. Mais ça l'était. Pour eux, du moins. Pas pour elle… Certainement pas pour elle.

— Venez.

Elle leva les yeux. Francis Seton se tenait devant elle, affichant un maintien qui disait de ne plus le mettre au défi. Elle obéit sans poser de questions. Il prit les devants et elle le suivit jusque dans la bibliothèque. Il lui proposa un siège, qu'elle accepta. Seulement alors il s'adressa à elle.

— Écoutez-moi bien, Miss Cullen. Je suis chirurgien. Quand j'opère, je n'ai guère le temps de m'attendrir sur les souffrances d'un patient. À d'autres le soin de s'épancher. Moi, je dois réparer…

Un soubresaut émotif qu'il ne put contrôler modula sa voix et il marqua une pause. Il nota bien l'effet de ses paroles sur la jeune femme avant de poursuivre et alourdit le poids de ses mots.

— Ne dites plus jamais que je suis incapable de sentiments.

Le gris métallique des yeux de Francis plongea en Dana aussi sûrement que l'aurait fait la lame d'un scalpel. Elle en frissonna. L'homme allongea vers le sien son bras encore couvert du protège-manche ensanglanté. Par réflexe, elle eut un mouvement de recul. Le geste ramena brusquement Francis à la réalité et fit fondre sa colère et sa frustration.

— Je veux voir votre blessure.

Dana fixait le chirurgien sans comprendre.

— Sur votre bras, les égratignures…

Elle abaissa son visage. La douleur s'était engourdie. Au moment même où elle constata la profondeur des griffures, une sensation de brûlure enflamma spontanément son bras, qui se mit à trembler.

— Francis ?

Dana et le chirurgien se tournèrent d'un bloc. Une large silhouette se dressait dans l'encadrement de la porte. Son colback sous un bras, la main sur le pommeau de son sabre, l'autre prenant appui sur sa canne, Percy Elphinstone avançait dans la pièce en claudiquant légèrement.

— Oh ! fit le soldat en s'apercevant de la présence de la jeune femme. Je suis désolé de vous interrompre… Je croyais que tu étais seul, Francis. Je… c'est qu'Evelyn m'a raconté pour la fille Cowan et…

Le soldat s'interrompit, visiblement intrigué par cette personne qui se trouvait en compagnie de son ami. Francis, qui aurait préféré un autre moment pour faire ces présentations, éclaircit sa voix.

— Miss Dana Cullen, je vous présente le major du 7e régiment des hussards de la reine, Percival Elphinstone. Mr Elphinstone est un ami de longue date.

Percy s'inclina avec raideur devant la jeune femme.

— Monsieur, fit Dana en exécutant une petite révérence en réponse au salut de l'homme qu'elle rencontrait enfin pour la première fois.

— C'est donc vous la nouvelle copiste de Francis, observa Percy en détaillant la jeune femme avec un intérêt marqué. Cullen… vous…

Pris d'un soudain malaise, Francis libéra le bras de Dana qu'il tenait toujours.

—Miss Cullen, commença-t-il nerveusement, retournez dans le cabinet. Je vous y rejoins dans quelques minutes pour nettoyer cette blessure.

Elle s'exécuta sans dire un mot. Sitôt que la jeune femme se fut éclipsée, Francis ferma la porte et se retourna vers Percy. Au doute qu'il avait vu passer dans le regard de son ami avait succédé l'appréhension. Puis Percy éclata de rire.

—Par la barbe de St. Andrew, pendant un moment j'ai cru que… C'est ahurissant ce que cette fille ressemble à ce jeune Cullen… comment s'appelait-il déjà?

L'homme dégrafait le ceinturon qui retenait son sabre et sa sabretache. Les pièces métalliques cliquetaient dans le silence qui suivit sa déclaration. Il déposa sa quincaillerie militaire sur le bureau. Pour contrôler ses nerfs, Francis peignait sa chevelure décoiffée avec ses doigts.

—C'est vraiment étrange, poursuivait le hussard, comme pour lui-même. Cullen qu'elle s'appelle, tu as dit? Ton ami médecin avait des sœurs… il me semble. Tu n'as pas pensé à lui demander si…

Quand le regard de Percy croisa celui de Francis, il ne sut si son ami se sentait gêné d'avoir été pris en flagrant délit de tentative de séduction sur la jeune femme ou s'il avait soulevé une question qu'il n'aurait pas dû évoquer.

—Dana Cullen… Francis, ne me confirme pas ce que j'imagine.

Le chirurgien redressa ses épaules et soutint le regard inquisiteur du soldat.

—Je dois vraiment te laisser, Percy. Halkit te servira quelque chose à boire. Moi, je dois m'occuper de Miss Cullen et je monte me changer.

Il allait suivre le même chemin que Dana, s'arrêta et se retourna.

—Ne pose de questions à personne, Percy. Je t'expliquerai tout plus tard.

Sans attendre la réaction de Percy, Francis regagna le cabinet.

━◆━

Le charbon qui brûlait dans l'âtre projetait des escarbilles qui s'éteignaient dans le pare-étincelles de laiton poli. Debout devant la cheminée, les yeux perdus dans l'ambre liquide qui tournoyait dans son verre, Francis serrait les dents.

— Tu dois la renvoyer, Francis. Cette fille ruinera ta réputation. Quand elle saura que tu… connaissais aussi bien son frère.

— Elle n'a aucunement à le savoir, laissa tomber le chirurgien en se retournant vers Percy.

— Elle va finir par l'apprendre. Un jour ou l'autre, quelqu'un se souviendra et ouvrira la bouche. Et quand Dana Cullen apprendra…

— Très peu de gens savent, Percy. Jonat et moi ne fréquentions point les endroits populaires. Et personne que je connaisse n'a le moindre intérêt à ce que cette histoire éclabousse de nouveau le nom des Seton.

— Ne sois pas aussi sûr de toi. Mais tu sais très bien que ce n'est pas moi qui parlerai.

— Je sais… murmura Francis en plongeant le nez dans son verre.

La brûlure de l'alcool soulagea momentanément ses angoisses. Il s'éloigna du feu qui dégageait beaucoup trop de chaleur et regagna la fraîcheur de l'espace devant une fenêtre.

Francis avait tout raconté à Percy, du vol de la tabatière jusqu'au rôle qu'avait joué Dana pendant l'opération de la jeune Cowan. La première fois qu'il avait entendu prononcer le nom de la copiste, Percy n'avait pas fait le rapprochement entre Dana Cullen et le jeune Jonat. Mais quand il eut posé les yeux sur la jeune femme… la ressemblance était si frappante qu'il avait failli lui demander d'emblée si elle était la sœur de ce dernier.

Bien qu'ils se trouvassent aux antipodes en ce qui avait trait au caractère, Francis et lui se ressemblaient à plus d'un égard. Et la maîtrise de l'art d'observer en était un. Un jour Francis lui avait expliqué les qualités qu'exigeait le regard médical: l'attention, l'exactitude, une grande dose de sagacité et, surtout, beaucoup de patience. Si le médecin usait de ces qualités pour diagnostiquer, lui les employait pour analyser les gens. Cette forme de détachement de l'objet étudié leur permettait de porter un jugement plus rationnel.

Et Francis parlait de la fille avec cette étincelle dans les yeux qui ne lui plaisait pas, qui lui faisait craindre le pire. Que son ami se fût amouraché d'une domestique, il n'en aurait fait aucun cas. Mais que cette fille fût la sœur de Jonat Cullen, cette histoire ne pouvait que mal finir. Il avait observé son ami depuis le début de leur entretien, qui tenait davantage d'une confession. Les mots sortaient de sa bouche comme de celle d'un enfant avouant naïvement son envie de savourer une friandise qu'on lui interdisait.

— Les journaux ont relaté les circonstances de la mort de Cullen à l'époque. Tu dois t'en souvenir, Francis.

— Ils en ont parlé si peu et sans en dévoiler les détails. Mon père s'en est assuré personnellement.

— Elle a forcément lu ces articles. Et si quelqu'un qui en savait plus lui avait parlé de toi ? Elle doit bien savoir quelque chose. Tu es certain qu'elle ne chercherait pas à se venger de la mort de son frère ?

— Tu crois que je n'ai pas songé à cette éventualité ? Pour le reste, si elle avait eu l'intention de se venger, elle l'aurait fait bien avant aujourd'hui. Non, elle ne sait rien, j'en suis persuadé maintenant. Si elle a lu ces articles, elle n'a d'aucune manière fait le rapprochement. Mon nom n'a jamais été publié et je n'ai jamais été accusé de quoi que ce soit, Percy.

— Le manque de preuves n'est pas pour tous une preuve d'innocence. Tu étais avec Cullen, le matin de sa disparition. Ça, tu ne peux le nier. Le voisin affirme avoir entendu une dispute éclater au beau milieu de la nuit. Et le sang sur ta chemise… Il l'a vu quand Cullen et toi êtes montés dans la voiture. La police a tous ces détails incriminants dans ses dossiers.

— Et l'hôpital a son nom inscrit dans le registre d'admission. D'autres médecins l'ont vu. La police a aussi appris cela pendant l'enquête.

Percy étudiait le masque que s'était composé son ami pour cacher les émotions qui refluaient. Il savait que Francis lui cachait une partie de la vérité. Lors de sa première permission à Édimbourg, un an après son départ pour l'armée, Percy n'avait plus retrouvé chez Francis le jeune homme insouciant de naguère avec qui il avait fait les quatre cents coups. Au début, il avait cru que le scandale de l'affaire du Cercle d'Esculape en était la cause. Puis Francis lui avait présenté ce jeune Cullen, le nouvel assistant de son père. Un jeune homme d'une beauté mystérieuse, aux manières raffinées et avec qui il partageait ses passions scientifiques et philanthropiques.

Percy avait aussitôt développé à l'endroit de ce Cullen une antipathie qu'il reconnaissait aujourd'hui comme le ricochet de la jalousie. Francis l'avait vite remplacé. Mais il y avait autre chose qui le dérangeait à propos de Cullen. Dans les casernes militaires, Percy avait appris à reconnaître certains regards, à décoder certains comportements punissables par la peine de mort. Il n'avait pas été long à découvrir que la nature avait fait de Jonat Cullen un criminel. Est-ce que Francis avait aussi détecté ce germe du mal en son nouvel ami ? Et si oui ?… Cette question le troublait depuis des années et il n'avait jamais osé la lui poser.

— Tout a déjà été expliqué, Percy, commenta Francis d'une voix blanche. Je n'entends pas revenir là-dessus.

— J'essaie seulement de te rappeler que rien n'a été élucidé.

— Tu souhaites rouvrir le dossier, peut-être ?

— Non, marmonna Percy dans son verre. Mais l'affaire peut te rebondir au visage à tout moment. Quelqu'un pourrait produire une preuve nouvelle qui relancerait toute l'enquête.

— Tu cherches à me dire que tu crois toujours que c'est moi ?

— Ne te mets pas dans un tel état… Evelyn ne me le pardonnerait pas. Mais dis-toi que rien n'est plus dangereux que l'eau qui dort, Francis. Un jour quelqu'un exhumera cette sale histoire et tu auras à y faire face.

La porte s'ouvrit sur le murmure qui remplissait le rez-de-chaussée. L'épouse en question se pointa le nez, mettant un terme à leur discussion. Magnifique dans sa robe de soie bleu azur, elle fit quelques pas dans la pièce et se planta devant les deux hommes, qui se levèrent d'emblée. La tunique de gaze aux reflets irisés et bordée d'un large galon brodé de fils d'or et de perles qui flottaient autour de la jupe lui donnait l'aspect irréel d'un ange. Ses yeux brillaient autant que la superbe broche de chez Rundell, Bridge & Rundell, à Londres, qui ornait le corsage : une aigue-marine gravée d'une intaille encadrée d'un délicat filigrane d'or. Un travail de maître. Un cadeau de Percy. Elle leur reprocha de délaisser si longtemps les invités. Francis se força à lui sourire. Après avoir vidé son verre d'un trait, Percy se leva et la rejoignit.

— Nous reparlerons de… tes placements demain, Francis, dit-il pour confondre Evelyn, à qui l'air morne de son mari n'avait pas échappé.

— Quels placements ? fit cette dernière, suspicieuse. On conspire en aparté tandis que la maison est pleine d'invités ?

— Bah ! s'exclama le hussard en bombant fièrement son torse richement orné des brandebourgs dorés de son uniforme. J'essayais de convaincre ton mari d'effectuer quelques bons placements. Dans son intérêt.

— Vraiment ? Dans les compagnies Elphinstone ?

— Si on veut, dit Percy en glissant un regard de travers vers son ami, qui levait les yeux au plafond en secouant la tête. Ma douce Evelyn, s'écria alors le hussard en prenant affectueusement la main de la femme, laisse tomber. Les problèmes financiers ne sont pas un sujet pour égayer une soirée déjà trop marquée par la navrante aventure de la petite Cowan.

— Tu as raison, mon très cher Percy.

Elphinstone porta la délicate main blanche à ses lèvres et la baisa pendant qu'un silence se faisait. Les joues roses, Evelyn se refit un personnage et s'excusa, les avertissant de ne pas tarder.

— Dis-moi, mon ami, reprit Percy après son départ, Evelyn et toi…

Francis attendait. Percy était mal à l'aise.

— Quoi?

— Je me demandais si... s'il vous arrive encore de... partager le même lit.

— Plutôt indiscret comme question. Je ne vois point en quoi mes relations intimes avec ma femme te concernent, aussi proches puissions-nous être, Percy.

— Tu vois encore Amy à l'occasion, non?

Francis resta un moment à observer Percy.

— J'ai cédé aux avances d'Amy après plus de quatre années de mariage dont trois d'abstinence complète, Percy. Tu aurais fait mieux?

Percy se mit à rire.

— Je ne suis pas celui qui te jugera. Je me disais seulement... Evelyn est une femme superbe. Il doit t'arriver tout de même de la désirer, non?

— Cela m'arrive. Mais sa beauté ne suffit plus.

Percy esquissa une petite grimace.

— Donc, si j'ai bien compris, il n'y a plus rien entre vous.

— Plus vraiment.

Mal à l'aise, Percy tiqua et s'éclaircit la voix. Son attitude devint plus sérieuse.

— Mais tu avoues la désirer toujours.

Francis leva les yeux vers son ami. Il déposa son verre à peine entamé sur le guéridon.

— Le désir et l'amour sont deux choses bien différentes, Percy. Tu ferais mieux de retourner au salon; le dîner devrait être servi bientôt. Avertis Evelyn que je dois voir Lisbeth pour m'assurer que son état n'a pas empiré. Je ne serai pas long.

❧❧

De suaves effluves de rôts flottaient, délogeant ceux du sang qui avait été nettoyé. Dans le cabinet, tout avait été ramassé et rangé: les instruments comme le tapis de pages étalées sur le parquet. Les dernières lueurs du ciel agonisaient. Un baudet avait été installé devant la cheminée. Abrutie par l'action d'un sédatif, la fille y dormait. Un bol de bouillon gras refroidissait. Lisbeth ne l'avalerait pas avant un temps.

Le bois du parquet craqua faiblement. Habillé de propre, Christopher s'amenait, un plateau chargé d'une assiette fumante bien garnie, d'une belle orange et d'un pichet de vin entre les mains. Il déposa le repas sur la table, y déploya le tout et versa un peu de vin dans un gobelet, qu'il offrit à Dana. La jeune femme regarda le contenant sans le prendre. Si les images du dernier évènement lui occupaient l'esprit, celles de ce qui avait eu lieu plus tôt à l'étage lui revinrent en mémoire à la vue du jeune homme et, avec elles, le trouble ressenti.

— Allons, Miss Dana. Vous n'allez pas vous laisser mourir de faim et de soif.

— N'allez pas croire, monsieur, que le déploiement de vos compétences médicales d'aujourd'hui me fera oublier votre manque de considération… en ce qui me concerne.

Elle dévisagea le jeune homme avec une froideur qui lui fit baisser le regard.

— J'ai mal agi, je le reconnais. Je n'hésiterais pas à implorer votre pardon sur les genoux, s'il le fallait, Miss. Mais dois-je vous rappeler que c'est vous qui êtes entrée comme la foudre dans ma chambre ? Je ne vous retenais pas.

— Peut-être, concéda-t-elle sur un ton bourru en prenant le verre de vin qu'il lui tendait. Il n'était toutefois pas nécessaire de prolonger inutilement l'embarras dans lequel me mettait… votre tenue. Et votre serviette… vous l'avez volontairement laissée tomber.

Il allait se défendre, mais se ravisa. La mine contrite, il la regarda dans les yeux.

— C'est vrai. Je voulais savoir ce que cela faisait de se trouver nu devant une femme.

Stupéfaite par l'explication qu'il lui offrait si candidement pour son geste disgracieux, Dana ne sut quoi répliquer. Elle marcha lentement vers la fenêtre située entre l'armoire à pharmacie et le petit secrétaire où s'était assis Timmy la première fois qu'elle avait mis les pieds dans cette maison. Elle appliqua une paume sur ses reins endoloris par toute cette tension et les massa pour les soulager. Le feu dans la cheminée derrière elle et celui du ciel d'hiver, devant, nimbaient la pièce de pourpres et d'orangés flamboyants. Dans la violence des couleurs elle rechercha un peu d'apaisement à celle qui brusquait encore son âme.

— Et qu'est-ce que cela vous a fait ? relança-t-elle plus calmement en esquissant un air narquois qui n'avait rien de bien méchant.

— Ce fut très étrange, en fait. Une sensation un peu angoissante, mais à la fois… exaltante.

— Hum… Exaltante… murmura-t-elle avec lassitude.

Se détournant, elle plongea son nez dans le gobelet et en but plusieurs longues gorgées.

— D'accord, n'en parlons plus. Les invités sont tous arrivés ? s'enquit-elle pour changer le sujet.

— Oui. Plusieurs sont des collègues médecins de Mr Seton. Il y a cet homéopathe allemand, un certain Johann Haxel, qu'accompagne Miss Amy Stanfield. Et le frère de Mr Elphinstone ainsi que monsieur le maire d'Édimbourg, Mr Marjoribanks. Ils ne parlent que de cette opération urgente. Le sujet meublera une grande partie du dîner, je le crains.

— Souhaitons qu'ils auront un peu de considération pour la présence de leur dame à votre table.

Elle décida de s'asseoir devant son plat. Dans le but de dissimuler sa déception, elle s'empara de la fourchette et entreprit de touiller la nourriture. Mais que faisait Miss Stanfield ici ?

— Vous voulez que je reste avec vous… le temps de votre repas ? demanda avec gentillesse Christopher, qui voyait l'occasion d'un rapprochement.

— Je me débrouillerai très bien toute seule avec ma fourchette et mon couteau, Mr Aitken.

Il rit et prit quand même place devant elle.

— J'aurais apprécié votre compagnie à notre table, ce soir. Vous auriez certainement aimé vous entretenir avec Mr Charles Bell ; il est chirurgien à Londres et artiste de talent.

— Christopher, vous savez que je ne suis pas…

— Vous êtes au contraire aussi digne que moi de vous asseoir parmi ces gens, Miss. Surtout après ce que vous avez accompli. Sans vous, je crains que Miss Cowan fût morte. Je sous-estimais le pouvoir lénitif de l'histoire du Chat botté.

— C'est la seule histoire qui m'est venue à l'esprit. Je me souviens, quand je souffrais de ce mal qui m'a laissée infirme, au pire de ma maladie mon frère me racontait comme ça des histoires. L'idée est de détourner l'attention du malade. De toute évidence, on ne peut enrayer la souffrance, mais de ne pas en faire le centre de nos pensées aide à passer au travers.

— Votre frère était aussi médecin, je crois.

— Il l'est devenu par la suite. Bien des années plus tard.

— Il serait fier de vous, aujourd'hui, Miss Dana. De ce que vous avez fait pour Lisbeth.

Un coup d'émotion fit monter une grosse boule dans sa gorge et modula sa voix. Pour Dana, la fierté résidait beaucoup plus dans ce qu'elle avait surmonté.

— Peut-être l'aurait-il été.

Christopher se pencha sur la table, fit mine d'étudier ses paumes avant de reporter ses prunelles bleues sur son interlocutrice.

— Votre cœur est-il libre, Dana ?

La question sidéra la jeune femme, qui se souvint d'un coup de l'existence de Timmy. Mortifiée, elle allait répondre que non. Il reprit brusquement la parole en se levant.

— Que je suis bête avec cette conversation. Vous êtes fatiguée. Peut-être devriez-vous monter vous coucher, finalement. Rester ici ne ferait que vous fatiguer davantage. Lisbeth dormira encore quelques heures…

— Après avoir mangé, je me sentirai mieux.

— Votre repas refroidit. Je veux m'assurer que vous preniez des forces avant de vous laisser.

Elle obéit. Prenant note du menu qui composait son repas, elle comprit avec émotion qu'on lui avait servi quelques-uns des plats de la carte dînatoire de ce soir. Les riches effluves de la nourriture suffirent à la mettre en appétit. Elle piqua sa fourchette dans un morceau de canard rôti qu'elle accompagna de gelée de madère et l'enfourna.

Tout en lui parlant de chacun des invités présents ce soir, Christopher demeura avec elle jusqu'à ce qu'elle eût tout avalé du contenu de son assiette. Ce qu'elle fit en peu de temps. La nourriture et le vin étaient excellents. C'était très différent de ce qui était habituellement servi aux domestiques. Dana se demanda à qui elle devait ce traitement de faveur.

Satisfait, le jeune homme se prépara à partir.

— Me permettez-vous de revenir après le dîner?

— Vous serez très occupé. Et moi, je dormirai sans doute.

Il acquiesça mollement de la tête.

— Alors nous nous reverrons demain. Bonne nuit, Dana.

— Bonne nuit, Christopher.

Le jeune homme s'éloigna avec le plateau vide vers la salle de billard. Enfin seule, Dana resta assise sans bouger. Elle s'entendait bien avec lui. Si elle faisait abstraction de l'incident de cet après-midi, elle devait reconnaître qu'il l'avait toujours traitée comme une égale, sans jamais lui demander autre chose que le plaisir de sa compagnie. Comme deux confrères de classe, ils discutaient de ses travaux en cours. Christopher lui expliquait des choses, soulevant des pans des mystères de la science médicale.

Un sourire incurva sa bouche au souvenir assez cocasse de cette fois où il lui avait expliqué en détail l'usage des divers instruments aux aspects baroques dans l'armoire vitrée du cabinet. Elle avait pris pour mieux l'examiner un cylindre conique d'argent muni d'une poignée en faisant observer d'un air intrigué que Mrs Dawson devait avoir égaré cet entonnoir. Avec un naturel déroutant, Christopher lui avait expliqué l'usage de l'objet insolite, le spéculum réinventé par un chirurgien français, Joseph-Claude Récamier. Il lui avait raconté qu'un modèle assez différent, très sophistiqué, mais assez terrifiant de cet instrument avait été exhumé des ruines de Pompéi. Plusieurs médecins, dont lui-même, questionnaient l'usage d'un tel outil qui suscitait la controverse et que les femmes considéraient comme barbare, comme une atteinte sérieuse à leur délicate condition.

Mal à l'aise et rouge de gêne, Dana avait écouté son exposé sans plus retoucher à l'objet. Après quoi il avait aussitôt enchaîné avec la description de l'appareil suivant : la bouteille de Leyde. Cette curiosité remplie de rognures de feuilles d'or servait dans les expériences électrostatiques et soulageait la torpeur des nerfs chez les patients atteints de paralysie. Elle se souvenait de l'avoir remarquée la nuit où elle avait fait suturer son cuir chevelu par le chirurgien.

C'était la première fois ce soir que Christopher lui témoignait autre chose que de la simple amitié. Elle ressentait une pointe d'orgueil à l'idée qu'un homme pût la désirer pour la femme qu'elle était et non uniquement pour ce que la nature de son sexe pouvait lui offrir. Ce que bien peu d'hommes arrivaient à faire. Les quelques prétendants qu'elle avait eus n'avaient vu en elle qu'une génitrice potentielle pour prolonger la lignée familiale. Quant à Timmy, il était si empressé…

Refoulant cette pensée qui la rendait morose, elle prit l'orange et la huma en fermant les yeux. Le parfum de l'écorce était frais comme un jour de soleil sur la plage. Elle fit rouler le fruit entre ses mains, le pressant, en appréciant la texture un peu rugueuse. Elle l'embrassa, fit glisser sa langue sur sa rondeur pour en deviner le goût. Il lui revenait comme un bouquet d'émotions aux couleurs de l'été : le piquant des embruns de la mer, acidulé comme les teintes des capucines du jardin de sa mère, sans oublier cette note sucrée, goutte de miel, mot doux glissé dans une oreille amoureuse. Se réservant ce doux plaisir pour plus tard, elle reposa l'orange sur la table.

La première fois qu'elle avait goûté le nectar ensoleillé de ce fruit, c'était au temps où Jonat commençait son apprentissage chez le docteur Balfour. Il lui avait offert une orange. Ils l'avaient partagée assis sur un muret de pierres, dans le parc de Ravenscraig. Il y avait si longtemps. À cette époque, elle se déplaçait encore avec des béquilles.

Il serait fier de vous, aujourd'hui, Miss Dana.

C'était la première fois depuis des années qu'elle se sentait si près de Jonat. Comme si pendant tout le temps de l'intervention chirurgicale la main de son frère s'était posée sur son épaule, lui insufflant la force de passer au travers de l'épreuve. Il était ici dans cette pièce, avec elle. C'était pourquoi elle aimait ce cabinet, comme elle aimait le dôme du grand escalier; le premier était un œil sur le microcosme alors que le second ouvrait sur le macrocosme. «Le savant peut s'émerveiller devant l'infiniment grand et l'infiniment petit», lui avait un jour dit son frère en citant un certain scientifique et théologien français dénommé Pascal. Que ce fût à travers une lunette cartésienne ou spirituelle, tout était à découvrir dans l'univers.

L'univers… quelle place significative était celle de l'Homme dans cette vastitude sans fin? Au centre de la Création pour l'Église et d'une si humble insignifiance pour la science.

Et sa place à elle, qui n'était pas un homme, où était-elle?

Elle se leva et alla à la fenêtre. Le ronronnement de la fête lui parvenait faiblement. Elle repensa à ce que Christopher lui avait dit. Était-il sincère quand il disait qu'il eût apprécié qu'elle fût des leurs, ce soir? La plupart des invités étaient des médecins. Cela lui aurait plu de pouvoir les écouter discourir. À l'instar de Christopher, ces hommes auraient-ils écouté ses opinions? Pour la première fois, elle se demanda s'il existait des femmes qui s'intéressaient aux sciences. Si on leur ouvrait les portes des écoles supérieures… Si Jonat était encore de ce monde, elle aurait pu être son assistante. Mais «dommage que tu sois une fille, petite Dana», lui avait-il dit souvent.

Le souvenir de son frère revenait souvent la hanter depuis son arrivée ici. C'est un homme comme Jonat qu'elle aurait voulu épouser. Un homme qui s'adresserait à elle comme à un pair. Une âme sœur. Un amour sans condition…

Elle posa ses mains à plat sur le verre des carreaux. Il était froid. Puis elle les retira et les plaça sur ses joues brûlantes pour les rafraîchir. Elle découvrit qu'elles étaient humides. *Au médecin rends les honneurs qui lui sont dus, en considération de ses services, car lui aussi, c'est le Seigneur qui l'a créé…*[53]

Dans son esprit, sur les traits de Jonat vinrent se superposer ceux de Francis Seton.

Absorbée qu'elle était dans ses songes, Dana ne vit pas l'ombre dans le bâillement de la porte du vestibule. Une épaule appuyée contre le chambranle, Francis Seton l'observait depuis un bon moment. De la conversation qu'elle avait eue avec Christopher, il avait compris une bonne partie. L'essentiel, en fait. Que Christopher désirât lui faire la cour, il aurait dû s'en réjouir. Doté d'une intelligence supérieure, son assistant était un jeune homme sérieux et loyal face à ses convictions. Il se souvenait encore de ce jour où Christopher s'était présenté à l'admission de la Royal Infirmary. Il pleuvait et les cheveux plaqués sur le crâne du jeune homme donnaient l'impression d'un casque de cuivre sur la tête d'un guerrier grec. Son état pitoyable n'annonçait rien de bon. Mais le regard reflétait un esprit vif et désireux de plaire.

Christopher avait raconté avec une émotion contenue qu'il ne savait plus où aller; l'oncle qui devait le soutenir pendant ses études venait de mourir sans laisser de dispositions le concernant. Il avait vingt ans et ne possédait même pas assez d'argent pour reprendre la diligence pour Stirling, où personne ne l'attendait. Sa charge de travail augmentant, Francis avait vu l'occasion de se soulager un peu de ce qui importait moins. Il avait confié certaines tâches à Christopher en échange d'un gîte. Au début, le jeune homme avait présenté un caractère taciturne, un peu sauvage, que Francis avait mis sur le compte de sa situation. Puis un jour, alors que lui était absent pour un voyage à Londres, Evelyn avait fait une rechute.

---

53. L'Ecclésiastique, 38:1.

Sans l'intervention rapide de Christopher, sa femme serait assurément morte. Le jeune homme lui avait prodigué des soins d'urgence et l'avait veillée jusqu'à son retour. Cet incident avait donné naissance à une tendre amitié entre Evelyn et Christopher. Le jeune homme identifiait sans doute Evelyn à cette mère qu'il avait perdue trop tôt. Quoi qu'il en fût, même si cette relation agaçait parfois Francis parce qu'elle mettait en évidence le fossé qui le séparait de sa femme, il ne pouvait nier son caractère bienfaisant sur la santé d'Evelyn.

Curieusement, avant ce jour, Francis ne s'était aucunement préoccupé de l'aspect sentimental de la vie de Christopher. Il réalisait qu'il ne connaissait rien de l'intimité du jeune homme. Christopher ne parlait jamais de sa famille. Tout ce que Francis en savait, c'était qu'il avait été élevé par sa sœur. Il n'évoquait pas non plus ses conquêtes féminines. Seton respectait cela. Christopher était beau garçon et sa nature timide et réservée plaisait à la gent féminine. Sans doute que son assistant n'avait eu que des aventures sans lendemain qu'il préférait oublier.

Qu'il fût attiré par Dana Cullen ne le surprenait pas.

Il contempla encore un moment la jeune femme qu'une lumière d'or fluide enveloppait. Elle satinait la peau de sa nuque dégagée, sur laquelle ondulaient quelques mèches aussi sombres que la robe qu'elle portait. L'image était à la fois déchirante et séduisante. Émouvante. Voilà ce qu'était Dana : émouvante.

La jeune femme n'avait pas vu tout de suite le reflet de la silhouette sur le verre. Flous, les traits ne pouvaient être définis, mais elle en identifia les contours. Elle essuya furtivement ses joues et se retourna pour lui faire face.

— Je suis navré de vous avoir obligée à vivre ça, Miss Cullen. Comment va votre blessure ?

La voix de Francis flottait jusqu'à elle.

L'intonation exprimait la sollicitude. Il remarqua qu'elle avait pleuré, se demanda si Christopher en était la cause ou si c'était les évènements de l'après-midi. Elle leva son bras pansé et le regarda d'un air indéchiffrable.

— Moi, ça va. Pour elle ?

Se penchant vers la patiente, il laissa échapper un soupir de déconvenue et redressa le buste.

— Il est encore trop tôt pour le dire. Si elle passe la nuit…

— C'est Cowan qui a fait ça ?

— Je le crains. Ce n'est pas la première fois que Lisbeth se retrouve dans mon cabinet. Je l'ai traitée pour des contusions diverses et deux fractures.

Il marcha jusqu'à la malade et l'examina. Puis il se posta devant les flammes qui enduisirent son visage d'une chaleureuse teinte de miel.

— Cet homme mériterait d'être pendu pour tout ce qu'il a fait subir à cette pauvre fille.

— Vous pourriez porter plainte.

Il tourna vers elle une expression dépitée.

— Lisbeth s'y est toujours opposée.

— Pourquoi ? Il a failli la tuer.

— Elle soutient que c'est un accident.

Indignée, elle leva les bras et serra les poings comme pour frapper.

— Un accident ? Elle a avoué sur la table qu'il avait voulu tuer le bébé. Vous l'avez entendue comme moi, Mr Seton.

— Oui… Mais il s'agit de son père, Miss Cullen, commenta Francis en la regardant avec gravité. Elle ne voudra jamais porter plainte contre lui. Elle a trois frères dont deux plus jeunes qu'elle. Cowan est une brute de la pire espèce, certes, mais il est tanneur et gagne passablement bien sa vie. S'il est condamné, ses fils se retrouvent sous la charge publique, dans une maison de charité, ou encore ils seront obligés de travailler dans des manufactures. Lisbeth préfère se sacrifier pour leur éviter une telle vie de misère. N'essayez pas de comprendre. Moi, j'y ai renoncé depuis longtemps. Et même si elle décidait de parler, que risquerait Cowan ? Il est sobre et se dit fervent pratiquant. Bien qu'il ait un caractère exécrable, son image sociale est sans tache. J'ai vu un homme ne prendre que six mois pour avoir crevé les yeux de son fils de quatre ans qu'il forçait à mendier dans la rue. Je vois trop souvent des enfants et des épouses sauvagement disciplinés sans que personne ne soit inquiété. La justice… est ainsi faite.

Le ton avait enflé et les narines du chirurgien frémissaient de fureur. Il souffla et se détourna. Une main sur la hanche, l'autre frottant son front, Dana réfléchissait.

La justice. La loi, écrite par les hommes, pour les hommes, excluait les femmes et les enfants de sa protection. La violence, qu'elle fût conjugale ou non, était jugée acceptable dans une société qui la considérait comme une composante de la virilité. L'agressivité était de la nature de l'homme. C'était comme ça. Or un homme qui battait sa femme pour des raisons d'honneur familial avait raison de le faire. Tant qu'il la battait *raisonnablement*. Face aux enfants, la violence était cause de discipline. Et les cas n'étaient traduits devant la justice que lorsque la mort en résultait. Et encore… la solidarité masculine effaçait souvent les bavures de cette facette de la nature de l'homme.

Si Henry Cullen n'avait jamais levé la main sur les siens, il avait néanmoins fait régner sa masculinité sur eux par la force de l'esprit. Opposer un refus au *pater familias* équivalait à commettre une offense extrême devant Dieu. Comme si le mot « non » devait être banni du vocabulaire des femmes et des enfants. Et la peur, cette peur viscérale de voir la main s'abattre, de sentir le jugement des autres peser bridait la révolte et laissait tout passer sous silence.

Abattue, la jeune femme se dirigea vers la table et prit un siège.

— Et si Lisbeth Cowan meurt ? insista Dana.

— Je pourrai porter plainte en son nom. Mais je ne serai en aucun cas surpris d'apprendre l'acquittement de Cowan. Lisbeth est fille et enceinte. Cowan a raconté à Spittal que sa fille a tenté de se débarrasser du bébé.

— En se poignardant le ventre ?

La bouche de Francis se tordit en une moue qui soulignait l'ironie de la situation.

— Qui va-t-on croire si Lisbeth meurt ? Un père qui clame qu'il a tout fait pour sauver sa fille déshonorée en l'emmenant chez le médecin ou elle-même, qui aurait attenté à la vie de l'enfant illégitime qu'elle portait? Si elle est morte, c'est que Dieu l'a voulu. Pour tout le monde, elle aura été punie par la loi divine. Et je vous assure que Cowan connaît très bien celle des hommes. Il saura en manipuler toutes les failles pour s'en sortir sans tache.

— Mais vous pourriez témoigner.

— Sur quelles bases? Je n'ai rien vu de mes yeux, Miss Cullen, et Lisbeth ne veut rien dire.

C'était sans espoir. Francis dévisagea la jeune femme qui semblait le supplier du regard.

— Et le bébé?

— Il est perdu. L'utérus a été perforé. J'ai suturé la lacération, qui est assez importante. Quand bien même, par miracle, le bébé survivait, les tissus ne seraient pas suffisamment cicatrisés pour résister à l'action d'une grossesse. La rupture la tuerait inévitablement.

— Mais il est encore là? en déduisit Dana.

— Je prédis un avortement spontané d'ici quelques heures. Elle est trop faible pour supporter de perdre encore autant de sang.

— Autrement dit…

Le chirurgien s'ébroua pour dissiper les images de l'après-midi qui flottaient encore dans son esprit. Quand il avait fait le constat de l'état de Lisbeth Cowan, l'idée de la laisser mourir sur la table lui avait effleuré l'esprit. Il lui aurait ainsi offert la délivrance d'une vie d'enfer pour un monde meilleur. Car la férule de son père, il le savait, finirait par avoir raison d'elle. Ce n'était qu'une question de temps. On disait que Cowan était veuf, mais la vérité était que sa femme s'était enfuie avec un amant alors que Lisbeth n'avait que six ans. Depuis lors, la fillette servait de bouc émissaire pour faire expier les péchés de toutes les femmes infidèles. Le pire, Francis croyait deviner le nom du père de l'enfant que portait Lisbeth. Rien que pour cela, il aurait étranglé Cowan de ses propres mains.

— Autrement dit, la prière est notre seul espoir.

Devant l'inanité de ses efforts, la lassitude s'emparait de Francis. Il s'assit sur le siège qui faisait face à Dana, celui qu'avait occupé Christopher un peu plus tôt. Les coudes appuyés sur la table, le front calé dans une paume, la jeune femme s'était plongée dans la réflexion. Il suivit le mouvement de la main libre qui dessinait des arabesques et spirales sur le bois lustré.

— Dieu ne devrait pas permettre que des enfants meurent de la main de ceux qui les ont mis au monde. Qu'en pensez-vous, Mr Seton?

La main qui soutenait la tête alla rejoindre l'autre, les doigts s'entrecroisant. Les yeux qu'elle leva vers lui captèrent un rayon rougeoyant du soleil. Il entrouvrit les lèvres pour répondre, mais une vague d'émotion inattendue déferla en lui et lui comprima la gorge, lui coupant la parole. Ses souvenirs se teintaient de rouge. Des souvenirs qu'il ne pourrait jamais oublier.

Une expression indicible modela les traits du chirurgien. Il y avait quelque chose dans le regard qui bouleversait et, d'instinct, Dana comprit qu'elle avait dit quelque chose qu'elle n'aurait pas dû dire.

De la voir là, devant lui, qui le fixait de cette façon presque suspecte troublait Francis affreusement. Le regard intelligent était si pénétrant qu'il lui arrivait de croire encore qu'elle savait tout de lui. De son passé, de ses sentiments présents. Surtout de ces sentiments qu'il avait appris à masquer depuis son tout jeune âge. «Un homme ne pleure jamais... un homme ne bouge pas de cette façon... un homme ne s'attendrit point devant la mort. Il doit se montrer droit et insensible devant l'adversité. C'est ainsi qu'il démontre sa force d'esprit, mon fils. Un homme trop sensible est comme une forteresse de bois. Un rien l'enflamme et le consume jusqu'aux cendres que n'hésiteront pas à fouler ceux qui le suivent.»

Sur ce point, Jonat était tout l'opposé de ce que lui était. Avec lui, il s'était permis des écarts. Il avait pu laisser poindre une nature sensible qu'on lui demandait de cacher.

Le geste s'exécuta sans préméditation. Une caresse furtive sur la joue, comme un père l'aurait fait sur celle de son enfant.

Cette main qui venait de toucher Dana avait exprimé bien mieux que des mots la tendresse qui l'avait animée.

La voix d'Evelyn brisa la magie du moment. Elle fit irruption dans le cabinet. Les perles et la soie de sa robe émettaient une douce musique qui célébrait la grâce de la femme. Le silence qui régnait donna à Evelyn la vague impression qu'elle interrompait quelque chose, encore une fois. Elle toisa la jeune femme, qui se leva. Francis se dressa à son tour et s'éclaircit la gorge.

— Vous pouvez aller dîner, monsieur, vos invités attendent. Je reste avec Lisbeth, fit Dana.

« Quel couple curieusement assorti », songea la jeune femme en contemplant Evelyn et Francis Seton. Elle, drapée dans des étoffes au lustre lumineux, voilée de gazes vaporeuses, chatoyait comme un bijou au soleil. Lui, un simple frac à queue-de-pie de drap de *broadcloth* noir, croisé devant sur un pantalon gris colombe long jusqu'aux chevilles, reflétait la sobriété et une élégance classique qui seyait parfaitement à l'homme qu'il était. Seule touche de galanterie : le nœud de cravate plus élaboré qui lui enserrait le cou jusqu'aux oreilles. Il leva vers elle son menton.

— Euh… oui, bon. Si jamais il y avait un changement dans son état…

— Je vous ferai prévenir.

Il hocha la tête. Avant de sortir, il appliqua sa paume sur le front de la malade. La peau était trop chaude. La nuit serait longue.

— Reposez-vous, Miss Cullen.

Le chirurgien sortit. Evelyn était demeurée dans l'encadrement de la porte.

— C'était à prévoir, murmura-t-elle en laissant poindre un sentiment d'empathie envers la fille alitée. Cowan est un animal, un soudard… comme bien d'autres hommes. Prenez garde, Miss.

Après avoir lancé un regard équivoque vers Dana, Evelyn emboîta le pas à son mari. En se refermant, la porte fit osciller le fantôme du cabinet.

◆◆

Une fois entré, dénouant la cravate qui lui enserrait le cou et sous laquelle il transpirait, Francis poussa doucement la porte. L'obscurité avalait le décor du cabinet. Abandonnant le carré de lin sur le dossier d'une chaise, il avança dans la pièce, qui s'était refroidie. Une âcre odeur flottait, éveillant ses appréhensions. Lisbeth remuait la tête dans son vomi, marmonnant des propos incohérents. Touchant le front emperlé de transpiration, il constata que la température avait grimpé dramatiquement. Il souleva la couverture ; la chemisette propre qui la revêtait était imbibée de sang au niveau de l'entrecuisse. Avec une infinie précaution, il palpa l'abdomen anormalement gonflé et sentit la contracture caractéristique sous ses doigts. La fille ouvrit des yeux hagards et poussa une longue plainte. Ses craintes se confirmaient.

— Lisbeth, vous m'entendez ?

— Hum…

— Lisbeth, regardez-moi.

Les yeux de la fille se révulsaient. Avec des gestes rapides et précis, le chirurgien souleva les paupières, vérifia les pupilles et prit le pouls. Puis il se débarrassa de son frac et retroussa ses manches.

— Je m'occupe de vous, Lisbeth…

Dans l'âtre ne rougeoyaient faiblement que quelques morceaux de charbon. Il en rajouta une pelletée comble, l'incorpora aux braises et souffla dessus pour accélérer l'embrasement. Bientôt les flammes s'élevèrent, irradiant une chaleur confortable et projetant une lueur orangée qui souligna le contour des objets qui l'entouraient. Il découvrit Dana à demi couchée sur la table, sa tête auréolée de fragments d'écorce d'orange. Les bruits l'arrachèrent à ses rêves. Le temps de faire le constat de la situation, elle était sur pied.

— Vous lui avez administré la décoction d'écorce péruvienne ?

— À la cuillère, monsieur. Jusqu'à la dernière goutte.

Pendant qu'il rassemblait ce dont il aurait besoin, Francis lui indiqua que la fièvre avait considérablement augmenté. Ses sens lui revenant graduellement, Dana comprit l'urgence qui s'imposait. Elle lança un regard vers la malade, qui délirait.

— Je me suis endormie, balbutia-t-elle, consciente des conséquences qui en découlaient maintenant.

— Et moi je dînais avec des amis, Miss. Ne vous en prenez pas à vous-même pour ce que vous n'auriez pu empêcher d'arriver.

— J'aurais pu vous avertir…

— Vous auriez pu. Mais je crains que moi-même je n'aurais pu y faire grand-chose. Comme je le soupçonnais, elle a fait une fausse couche. Du sang accumulé dans l'abdomen provoque une sérieuse infection : péritonite secondaire. Je ne peux la saigner sans risquer de la tuer.

Francis alluma le quinquet, qui chassa l'obscurité. Il déposa sur la table divers contenants : *senecio jacobaea*, solution d'antimoine diaphorétique, écorce rouge péruvienne.

— Allez chercher de l'eau chaude à la cuisine. Il faut la laver et lui faire boire une potion pour diminuer la fièvre.

Ce disant, il s'employa diligemment à mesurer les substances qu'il plaça dans le mortier.

Dana revint quelques minutes plus tard avec un chaudron d'eau fumante. Elle s'équipa de plusieurs serviettes prises dans l'armoire du vestibule. Pendant que Francis préparait la potion, elle s'activa auprès de la moribonde. Elle la déshabilla et la lava avec de l'eau savonneuse parfumée. Les gestes qu'elle faisait machinalement lui causaient un malaise physique qui lui donnait envie de fuir. Elle revivait les derniers moments de sa mère.

Lorsqu'ils eurent fait tout ce qu'il était humainement possible de faire, la nuit était à son plus noir. Le silence qui régnait maintenant dans la maison leur retomba tristement dessus. Débutait l'attente. Les prières ne servaient qu'à mesurer le temps.

Assis sur une chaise, les coudes plantés dans ses genoux, Francis fit courir ses doigts dans sa chevelure désordonnée et enserra sa nuque raide de fatigue, la massant. Rien que deux heures plus tôt, il était venu vérifier l'état de la malade. Le pouls était acceptable et la température était demeurée stable. Il avait quand même prescrit une décoction d'écorce pour la faire baisser. Mais l'infection avait fait une poussée fulgurante. Le médicament qu'il venait de lui administrer ne ferait que la soulager momentanément.

— Vous devriez aller vous reposer un peu, souffla-t-il. Vous le méritez largement.

— Je souhaite rester, murmura Dana en caressant doucement la chevelure de Lisbeth, qui s'était calmée sous l'effet d'un sédatif. De toute façon, je risquerais de réveiller Alison.

Assise sur le sol, elle avait posé sa tête près de celle de la fille. Elle porta une main sur sa gorge, là où pendait une petite croix en or, et elle referma ses doigts dessus.

Fermant les yeux, Francis se laissa aller contre le dossier de sa chaise. À la vérité, la présence de Dana le soulageait. Il n'avait nulle envie d'être seul. Pas que la mort lui fît peur. Il avait assez manipulé de cadavres pour être immunisé contre les frissons. Mais il détestait la voir ravir la vie de ses patients. Il se sentait alors si impuissant, si ignorant, si inutile. Toutes ces années à sonder les profondeurs de la nature, les mystères de la vie, pour se retrouver face à… rien. Il était las de toute cette frustration. Las de découvrir toujours et encore l'existence d'un nouveau chemin vers la mort.

— Combien y a-t-il de chemins?

— Quels chemins?

Il rouvrit les yeux, prenant conscience qu'il avait pensé tout haut.

— Vers la mort…

La jeune femme bougea la tête de façon à le placer dans son champ de vision. Leurs regards s'accrochèrent.

— Autant qu'il existe d'âmes pour les emprunter. Je crois que… si Dieu a décidé qu'il est temps pour elle de le faire, Lisbeth appréciera un peu de compagnie pour prendre son propre chemin.

Francis s'imprégna de la profondeur de ce que venait de dire Dana.

Mais après, ces âmes, où vont-elles? eut-il envie de lui demander. «L'homme expire, et où est-il?» Cette question, qui reformulait autrement la sienne, venait de Job.

Il était plus simple de répondre : nulle part. Quand la mort frappait, plus rien n'existait. C'était l'anéantissement final. Mais ce n'était là qu'une conception de l'inexpliqué. Chacun avait la sienne.

Pour lui, la chair s'animait d'une force engendrée organiquement. Des systèmes fonctionnant en synergie pour maintenir la vie dans un corps régi par un esprit et adapté physiquement pour assurer sa survie dans un milieu donné. Systèmes nerveux, vasculaire, lymphatique, musculaire, endocrinien, respiratoire… l'un ne pouvait fonctionner sans l'apport d'un autre. C'était rationnel. Une théorie développée après des siècles à tâtonner dans l'opacité de la tombe.

Quant à l'esprit, c'était la pensée, cette enfilade d'idées qui géraient et limitaient les rapports du corps avec le monde. Le conscient de l'être physique. Mais force lui était de reconnaître qu'autre chose régissait l'esprit. Cette chose qui faisait la différence entre le bien et le mal, qui savait donner l'amour comme la haine. Si l'amour survivait à la mort, alors les âmes ne pouvaient qu'être éternelles.

Se pouvait-il qu'il eût confondu l'âme dans l'esprit pour éviter un questionnement trop radical ? Simplement parce qu'il avait horreur de ce qui tombait sous ses sens, ses facultés intellectuelles, ses perceptions matérialistes ?

— Vous savez, Dana, j'aurais voulu pouvoir faire mieux pour Lisbeth.

— Vous avez fait ce que vous pouviez, selon vos connaissances, j'en suis convaincue. Si Dieu l'avait voulu, Il vous aurait permis de faire mieux.

Leurs regards étaient demeurés soudés et il parut à Francis qu'ils ne faisaient plus qu'un. Une symbiose parfaite. Il goûta pleinement ce moment de plénitude, sachant que l'aube aurait raison de cette douce complicité qui prenait naissance entre eux.

Dissimulée dans l'ombre de ses traits naissait une larme au coin de ses yeux. Dana rabattit les paupières pour contenir l'orage qui la tourmentait. Elle ne pouvait se permettre d'embrasser ce sentiment nouveau qui lui venait au cœur, et auquel elle n'avait pas pris garde. Semé par un curieux hasard, il avait sournoisement poussé et grandi. Comme une treille oubliée envahissant un jardin mal entretenu, il avait pris de l'ampleur, s'était solidement ancré, étouffant tout autre sentiment qui cherchait à germer.

Elle savait maintenant. Elle était amoureuse de Francis Seton. Cette constatation la mortifiait d'autant plus qu'elle savait aussi que cet amour lui était interdit.

Les minutes s'écoulèrent dans un silence que seuls les crépitements du feu brisaient. Le chirurgien se leva enfin. Il alla jusque dans la bibliothèque et revint avec un fauteuil. Puis il tira une bonne couverture de l'armoire. Dana n'avait pas bougé. Profonde et régulière, sa respiration contrastait avec celle de la moribonde. Dana s'était endormie. Il hésitait à la réveiller pour lui offrir le canapé, qui serait plus confortable que le parquet de bois. Il choisit enfin de la couvrir et prit place lui-même dans le fauteuil.

Chapitre 16

— Monsieur… monsieur, réveillez-vous.

Francis décolla une paupière lourde. Le visage qui se présentait à lui prenait lentement forme dans la lumière blafarde qui le nimbait. Christopher le dévisageait, ses sourcils se fronçant sur un regard bleu teinté d'inquiétude.

— Mr Seton, reprit l'assistant avec gravité. Je crois que…

Le jeune homme redressa le torse et porta son attention vers le lit de fortune. Le chirurgien tourna la tête. Dana reposait dans la même position. Il courba son corps ankylosé vers l'avant. Ses traits lissés par le sommeil, Lisbeth semblait paisible. Trop paisible. Il se rendit à son chevet et chercha un pouls.

— Elle est morte, monsieur, chuchota Christopher, confirmant ses déductions.

— Va prévenir Halkit.

— Qu'allez-vous faire ?

— La restituer à son père.

Le jeune homme pinça les lèvres. Un voile sombre passa devant ses yeux.

— Monsieur, si je puis me permettre… ne croyez-vous pas qu'il faudrait prévenir les autorités ?

— Et leur dire quoi, Christopher ?

Le chirurgien avait tourné un visage désillusionné vers son assistant.

— Que veux-tu qu'on leur raconte ? chuchota-t-il.

— Il s'agit d'un meurtre et vous le savez comme moi.

— Oui, je le sais.

Le jeune homme dévisageait Francis, attendant des explications. Voyant que rien ne venait, il se mit en colère.

— Et vous n'en faites rien ? Comment pouvez-vous laisser filer ce salaud de Cowan sans rien faire, Mr Seton ? C'est irresponsable !

— C'est ce que voulait Lisbeth pour assurer un avenir à ses frères. Le plus vieux héritera de la tannerie et les deux autres pourront être éduqués convenablement.

— Heriot's et Watson's[54] s'occupent de livrer des orphelins convenablement éduqués à la société. Je considère que ce serait de rendre service à ces garçons que de leur retirer ce modèle de sauvagerie. Cowan doit payer pour ce qu'il a fait, persifla Christopher, il doit payer comme doivent le faire tous ces hommes qui abusent d'innocentes créatures. Si vous ne le faites pas…

Son visage rouge dardait sur Francis un regard haineux.

— Pour l'instant, Christopher, il faut s'occuper de Lisbeth. Je… je verrai ce qu'il conviendra de faire par la suite.

La nuque raide, le jeune homme ne dit rien. Son regard effleura Dana qui dormait toujours, puis revint vers le chirurgien. Il sortit.

La conscience lestée de doutes, Francis se pencha de nouveau sur Lisbeth. La peau de la fille retenait encore la tiédeur de la pièce. Le corps n'ayant pas encore atteint le stade de *rigor mortis*, Francis jugea que sa mort avait dû survenir au cours des quatre dernières heures. Il ressentait un vague mélange de soulagement et de colère. Faire le constat d'une mort inévitable le laissait généralement dans cet état. Il espérait chaque fois le miracle. Il souhaitait un geste de miséricorde de la part de Dieu. Lisbeth l'aurait mérité. Comment croire en un Dieu qui laissait des hommes tels que Cowan profiter de la vie alors que des enfants mouraient à cause de leur violence ?

Il fallait réveiller Dana. La femme s'était recroquevillée dans le sommeil. La poitrine de l'homme se gonfla de toutes ces émotions

---

54. Heriot's et Watson's Hospitals étaient des orphelinats pour garçons.

ressenties la veille et il hésita, le temps de profiter du tendre tableau qu'elle offrait.

De sous la couverture qui avait glissé dépassait un pied étroit gainé d'un bas brodé de délicats motifs floraux. Dans le creux de son giron reposait une main. L'autre pendait mollement dans le vide. La joue s'appuyait sur la grosse toile matelassée du baudet. Il prit le temps de contempler le visage : son ovale parfait, la finesse de ses traits détendus, le grain délicat de sa peau, l'arc élégant des sourcils, l'étroitesse du nez. Des lèvres entrouvertes qui formaient un joli cœur carminé dépassait le bout des dents.

Le décolleté bâillait légèrement. Il y plongea le regard et se perdit dans les abysses du désir. Il désirait Dana. Plus que tout. L'attrait qu'elle exerçait sur lui était indéniable. Il approcha une main. Sans y toucher, il suivit les contours du visage, la courbure et le creux du cou, les effleurant seulement de ses pensées, imaginant la douceur et la tiédeur de la peau. Il posa enfin la main sur l'arrondi de l'épaule et la pressa avec la crainte de meurtrir la délicatesse d'un fruit parfaitement mûr.

Les muscles se mirent à jouer sous ses doigts, comme si son toucher leur avait imprimé une vie qui leur était propre. La vie se propagea au reste du corps, le ranimant tranquillement. La main suspendue dans le vide retomba sur les genoux, ce qui finit de réveiller la jeune femme.

Dana souleva lentement la tête. Francis s'était redressé. Il avait promptement recomposé le masque austère du chirurgien.

— Mr Seton ?…

L'esprit encore un peu confus, Dana se leva en titubant. Ses jambes coincées sous son poids étaient engourdies. Se souvenant spontanément de ce qu'elle faisait là, elle pivota vers le lit.

— Je suis certain qu'elle vous est reconnaissante, Miss, fit doucement Francis derrière elle en posant ses mains sur les épaules de Dana.

Alors que le cœur de Dana s'alourdissait de chagrin, la pression des mains se fit plus légère. Les pouces glissèrent délicatement sur la peau du cou. Ce geste aurait dû choquer sa pudeur. Mais cette forme de tendresse lui ouvrit plutôt le cœur en deux. Un hoquet la secoua. Sur le baudet, c'était Janet qu'elle voyait maintenant reposer. Sa mère qu'elle n'avait pu pleurer ouvertement. On avait eu besoin de sa force pour traverser l'épreuve. Maisie et Harriet, trop épuisées par les derniers mois de la maladie, lui avaient confié la tâche de préparer le corps. Elle l'avait fait. Sa tante Flora l'avait aidée, mais encore là, Dana avait cru nécessaire de se montrer maîtresse d'elle-même. Elle réalisait aujourd'hui qu'elle n'avait pas encore véritablement fait le deuil de sa mère.

Sentant la force de celui qui se tenait derrière elle, elle lui fit face. Ses larmes coulaient librement sur ses joues. Se méprenant sur la raison de sa peine, Francis tenta de la rassurer sur le sort de Lisbeth.

—C'est ma mère... dit-elle dans un hoquet. Elle... elle me manque terriblement...

La voix se brisa, le visage se décomposa. La jeune femme tenta dans un ultime effort de retenir ses larmes. Mais la force du chagrin fit éclater sa carapace de protection et elle inonda le gilet de Francis.

Sur le coup, désarmé, Francis ne sut comment réagir. Il souleva ses bras dans l'ébauche d'un geste destiné à la réconforter. Mais ils demeurèrent en suspens au-dessus du dos secoué par les violents sanglots. Dana cherchait un appui. Son corps se moula au sien pour tirer profit de sa solidité. Une vague de sensations saisit Francis. Il appliqua alors ses paumes sur les saillies osseuses des omoplates. Il la laissa pleurer.

C'est ainsi que les découvrit Christopher, que la surprise rendit muet. Il regarda le couple enlacé et sentit quelque chose remuer dans son ventre, comme le serpent dérangé pendant son sommeil.

—Monsieur, fit-il d'une voix forte.

Le chirurgien releva la tête, rencontra le regard bleu braqué sur lui. Saisie, Dana se détacha de Francis et réprima ses derniers sanglots. Elle essuya ses joues avec sa manche et renifla. Dans son mouvement, elle sentit la froideur de Christopher et en éprouva un malaise.

— Cowan est ici. Il réclame sa fille.

Francis allait répliquer. Mais un remue-ménage provenant de l'autre pièce le stoppa net. Comme Christopher se retournait, il fut projeté rudement contre le mur par Cowan, que son effroyable parfum avait précédé dans le cabinet. L'œil noir de rage de l'homme se posa d'abord sur le chirurgien, puis sur la morte qu'on n'avait pas encore recouverte d'un drap. Il était impossible de dire ce qui agitait l'esprit de l'homme à cet instant précis. Son visage demeura impassible et il ne dit rien.

— Lisbeth est morte pendant la nuit, expliqua Francis.

— Vous l'avez tuée ! Vous avez tué ma fille, espèce de salaud !

Sans avertissement, il se rua sur Francis, qui le reçut en pleine poitrine. Le chirurgien fut propulsé contre l'armoire à pharmacie, qui vibra sous l'impact. La vitrine, par miracle, résista. Les mains sur la bouche, Dana poussa un cri. Halkit et Christopher se précipitèrent pour maîtriser Cowan, qui se préparait à frapper de nouveau. Plié en deux, reprenant son souffle, Francis regarda fixement le père indigne. La fureur montait en lui, lui faisant momentanément oublier la douleur causée par le choc de la ruade.

— Votre fille est morte des suites de sa blessure, Mr Cowan, gronda-t-il sourdement. Et cette blessure, monsieur, c'est vous qui la lui avez infligée !

— Les accusations que vous portez contre moi sont graves, Seton. Je pourrais vous poursuivre pour diffamation.

L'homme se débattait avec vivacité pour se libérer de la poigne du majordome et de l'assistant.

— Osez, si vous en avez le courage, Cowan. Il y a dans cette maison assez de témoins pour prouver que je dis la vérité. Malheureusement, votre fille ne peut plus témoigner. Mais elle a tout raconté avant de mourir, Cowan. *Absolument* tout.

Le regard gris métallique du chirurgien pénétra celui, injecté, qui se mesurait à lui. La crainte relaxa les muscles bandés de Cowan. Une quiétude incertaine retomba dans le cabinet. L'homme soufflait fort, cherchait visiblement à se contrôler. Il regardait tour à tour les gens présents dans la pièce.

Blanche à faire peur, Dana retenait son souffle. Cowan lança un regard haineux dans sa direction et elle recula instinctivement, heurtant le fauteuil qui faillit la faire trébucher.

— Maintenant, vous allez quitter cette maison, ordonna plus posément Francis, qui avait repris tout son aplomb. Nous allons envelopper le corps et le ferons porter chez vous. Vous ferez ce qu'il faut pour lui offrir un enterrement digne d'elle.

Halkit et Christopher relâchèrent lentement leur prise. Les yeux du tanneur couraient nerveusement de gauche à droite. Il fit quelques pas en direction de la sortie ; Francis l'interpella.

— Cowan, si jamais vous osez revenir ici…

Le père indigne se retourna et plissa les paupières. Puis il disparut, abandonnant derrière lui son odeur fétide. Francis s'adressa au majordome :

— Je monte me changer. Que mon cheval soit prêt en même temps que moi.

❖❖

Si le dévouement de Dana récolta le respect de tous, il n'en demeura pas moins qu'Evelyn refusa à Christopher qu'il l'invitât à leur table ce soir-là.

— Je ne partage jamais mes repas avec les domestiques, lui avait-elle lancé avec morgue comme excuse.

— Miss Cullen n'est pas une domestique. Elle est…

— Une copiste ? Elle est une employée de Francis. Où est la différence ?

— Ne le suis-je pas aussi, Evelyn ? avait alors argumenté Christopher avec un accent de colère qui porta.

Dana fut donc invitée à la table des maîtres. Invitation qu'elle déclina poliment en prétextant ne pas s'être encore remise des évènements du matin. Si la mort de Lisbeth l'avait affectée, de s'être enfin avoué ses propres sentiments pour Francis l'avait perturbée au point qu'elle préférait éviter l'homme le temps de se « remettre » de cette folie.

Christopher lui rendit visite après le dîner. Il la trouva un peu pâle, en effet. Ils discutèrent de tout et de rien. Peu volubile, Dana n'allongeait pas ses discours au-delà de quelques phrases. Le jeune homme proposa de lui lire quelques passages de *Seasons*, de Thomson.

— Cette chambre ne vous convient plus, Miss, lui avait-il fait remarquer. Je vais demander à Mr Seton de vous octroyer le droit de prendre la chambre rose.

La chambre rose était située dans le quartier des maîtres. C'était l'ancienne chambre des filles Seton et elle possédait trois belles fenêtres permettant à la lumière du nord et de l'est d'entrer. Du lit, on pouvait voir le soleil se lever derrière Arthur's Seat. Mais Dana n'en avait pas envie. Elle se plaisait à partager son lit avec Alison.

— Vous dormiriez mieux sur un matelas de plumes, attesta-t-il pour tenter de la convaincre.

Les prévenances de Christopher la touchaient. Mais elle avait la désagréable impression de ne pas les mériter. Et elle songea : *Tu sais pourquoi je suis ici, Christopher ? Parce que mon fiancé a volé un objet appartenant à Mr Seton et que, pour lui éviter la prison, j'ai raconté que c'était moi la voleuse. Il me reste deux semaines pour rembourser ma dette… Et je suis tombée amoureuse de Francis.*

Cette nuit-là, alors qu'elle se réconfortait dans la chaleur d'Alison, la consternation lui vola son sommeil.

❧

Une froidure humide pénétrait la laine de sa pelisse et faisait frissonner Dana. Elle estima qu'il était temps de rentrer faire son sac. Timmy devait passer la prendre un peu avant le dîner avec le buggy. Demain, c'était le premier de l'an. Mais elle ne bougea pas du muret de pierres qui marquait la frontière de la propriété et sur lequel elle était accoudée. Elle regardait vers Arthur's Seat, que quelques congères tachetaient de blanc. Dans l'immobilité de ce qui l'entourait, Dana cherchait une réponse à ses questions.

Après la mort de Lisbeth, la vie chez les Seton avait repris peu à peu son rythme normal. Normal dans le sens où chacun mettait l'épaule à la roue du temps en reprenant la bonne vieille routine. Dana s'était accordée à ce rythme en sachant qu'il ne lui restait que quelques jours à le souffrir. Mais elle redoutait le moment de retrouver Timmy. Elle redoutait d'être incapable de lui cacher son désamour. Il en souffrirait, elle le savait. Car Timmy l'aimait, finalement. De continuer à lui laisser croire qu'elle partageait son amour devenait absurde. Elle blesserait aussi Tante Flora, qui avait tant fait pour elle. Et sans doute que Logan lui en voudrait de ne pas avoir été honnête face à ses propres sentiments.

« Il est marié, se répétait Dana pour se convaincre. Il a une maîtresse, il t'a humiliée plus d'une fois », continuait-elle pour se dégoûter de lui. Mais rien n'y faisait.

Elle n'avait presque plus revu Francis depuis leur nuit au chevet de Lisbeth. Le chirurgien se faisait discret pour ne pas dire qu'il l'évitait franchement. Si bien qu'elle se mit à croire qu'elle avait rêvé les évènements vécus dans le cabinet. Il lui donnait ses instructions le matin avant de partir pour ne la revoir qu'à la fin de l'après-midi. Il avait repris une attitude détachée et ses propos s'en tenaient à ce qui les concernait, professionnellement parlant. Quand il ne se rendait pas à l'hôpital ou à l'université, il partait seul faire de longues chevauchées ou disputait une joute de billard en compagnie de son ami Percy, qui venait quotidiennement à la maison. Mrs. Seton avait curieusement replongé dans un nouvel accès de lypémanie.

Il lui fallait réfléchir sérieusement sur son avenir. Elle allait épouser Timmy et partager sa vie tout en rêvant de Francis. Comme elle pouvait annuler le mariage et vivre seule tout en rêvant encore de *lui*. Elle se retrouvait face à un dilemme. Mais, en fin de compte, le résultat restait le même.

Elle n'entendit pas tout de suite la neige chuinter. Elle perçut une présence derrière elle et demeura immobile un moment. Elle attendit pendant que l'émotion la gagnait. Puis un doigt effleura doucement la courbe de sa nuque, lui arrachant un léger frisson qu'elle eut peine à dissimuler.

—Vous me paraissez bien concentrée, Dana.

La voix de Christopher la surprit et elle redressa l'échine d'un coup.

—On pourrait presque croire que vous attendiez quelqu'un d'autre.

Il posa ses coudes sur le muret près d'elle, mesurant d'un air sagace l'effet de sa remarque.

—Qui d'autre que vous aurais-je pu m'imaginer, Christopher?

Toute femme bien élevée aurait réagi violemment à cette caresse déplacée. Elle était prise au piège de ses émotions. Christopher lui sourit, se penchant vers elle, et plongea son regard scrutateur dans le sien.

—Ce serait à vous de me le dire, non? Mais il me fait plaisir de constater que je puisse, d'une simple caresse, faire naître en vous de doux sentiments.

Embarrassée, Dana se détourna.

—Je vous cherchais. Vous aimez le théâtre, si je me souviens bien. Cela vous plairait de m'accompagner à la prochaine représentation donnée par la troupe de Henry Siddons au Theatre Royal?

Dana resta muette de surprise devant une invitation aussi inattendue.

—La représentation a lieu mercredi le quatre janvier.

—Que joue-t-on? s'informa-t-elle d'une voix détachée.

—Une comédie en deux actes en première partie. Miss Stanfield jouera en deuxième partie. Elle campera le rôle de Desdémone dans *Othello*.

—J'adore Shakespeare.

—Ma sœur aimait bien *Roméo et Juliette* et *Hamlet*. Vous avez déjà lu *Othello*?

—Oui, plusieurs fois. Iago est un être cynique doté d'une grande intelligence qui ne possède guère de conscience. Mais je n'ai jamais eu la chance de voir la pièce jouée.

— Dommage. J'ai vu une représentation d'*Othello* au Drury Lane à Londres en mai dernier. Edmund Keane a rendu une version intéressante du personnage de Iago. On m'a dit que ce n'était toutefois pas sa performance la plus brillante. Peut-être qu'en effet son Iago manquait de mysticisme, de rigueur. Mais on ne va pas voir Keane pour assister à un jeu de scène de maître, mais plutôt pour admirer le génie d'un acteur qui transforme avec un talent peu commun les textes dans un langage qui lui est propre. Et la passion à laquelle il se livre dans certaines scènes est à faire vibrer le plus blasé des spectateurs. Je me souviens, plus particulièrement, du troisième acte de la pièce, celui où Iago sème le doute dans le cœur amoureux d'Othello, nourrit sa jalousie et le pousse vers la vengeance. À ce moment-là, son jeu était d'une telle puissance que j'en suis arrivé à croire que Iago l'habitait vraiment.

— Le vilain procède sans remords à une manipulation des désirs et des faiblesses des autres.

— Et quand il tue… ce n'est nullement par désespoir ou par colère. Il le fait pour des raisons plus pragmatiques : un obstacle sur sa route doit être écarté. Tout simplement. Il sème le doute, récolte la haine. Il arrive si bien à entortiller l'esprit de ses amis qu'on en vient à considérer ses mensonges comme la vérité, et la vérité comme des mensonges. Et merveilleusement servi par le hasard, le jeu de Iago triomphe…

— Votre analyse du personnage est très juste, Christopher.

Soufflant comme s'il venait de terminer une course, Christopher réfléchit un instant, les yeux rivés sur un oiseau qui picorait des baies de sorbier racornies. Du sol gorgé de la dernière neige fondue montaient des effluves de terre et d'herbe mouillées.

— Pourquoi Iago déploie-t-il autant de vilenies dans le simple but de détruire le mariage d'Othello et de la belle Desdémone ?

— Parce qu'il s'est senti spolié de son poste de lieutenant.

— Oh, je pense que son motif est plus subtil que ça, Dana. N'oubliez pas que Iago déteste les femmes. Il s'agit de quelque chose de plus profond, de plus complexe. Quelque chose d'inavouable.

Le silence retomba sur eux. Elle observa Christopher, qui s'était replongé dans la contemplation de l'oiseau. Elle rêvait d'assister à une représentation de Shakespeare au Theatre Royal. Elle n'avait jamais vu que des comédies insipides dont les drôleries n'avaient d'égal que la stupidité des textes. L'offre était tentante. Mais elle ne pouvait accepter l'invitation. Cela ne se faisait tout simplement pas.

— Je… je suis touchée par votre invitation, Christopher, mais je crains de… devoir la refuser.

— Pourquoi donc?

— Pour être honnête avec vous, je dois vous dire que je suis fiancée.

La bouche de Christopher se tordit d'une drôle de façon. Quoiqu'il ne démontrât aucune surprise.

— J'aurais vraiment… apprécié votre compagnie, Miss. Que votre cœur soit déjà pris brise un peu le mien. Je souhaiterais que notre amitié n'en soit pas altérée pour autant. Peut-être y verrez-vous un geste déplacé de ma part, mais je ne retire pas mon invitation. Elle se fait sous le signe de l'amitié. Vous avez le temps d'y penser.

Le vacarme d'un attelage qui approchait capta l'attention des deux jeunes gens. À travers la broussaille épineuse des branches encore lourdes de fruits d'un argousier, ils virent le grand phaéton de Mrs Seton remonter l'allée. Ses occupants paraissaient absorbés par leur conversation. Christopher suivait la progression du véhicule avec intérêt. Quand Percy Elphinstone mit un pied au sol et présenta la main à Evelyn, il avait déjà pris un air sombre.

— Mr Elphinstone est aux petits soins avec Mrs Seton, observa Dana, qui n'avait pas remarqué le changement d'attitude de son compagnon. Il la divertit tous les jours en l'emmenant déjeuner en ville, en l'invitant à des récitals ou en lui proposant de faire des courses.

— Elphinstone est effectivement un homme très attentionné envers Mrs Seton… quand il se trouve dans les parages. Ce qui n'était pas arrivé depuis longtemps.

— Parce qu'il se trouvait en Espagne.

Spittal secoua les cordeaux sur la croupe des deux frisons, qui se mirent au pas. La voiture s'éloigna sur le chemin qui menait derrière la maison, vers les dépendances. Dana allait se détourner des deux silhouettes qui étaient restées sous le portique, quand celle de Percy se pencha sur Evelyn pour l'enlacer. L'homme l'embrassa sur la bouche. Dana en eut le souffle coupé.

— Eh bien… maugréa Christopher. Bientôt ils le feront devant les domestiques.

Le jeune homme se détourna du spectacle et avisa l'air ahuri de Dana. L'ironie retroussa légèrement les coins de sa bouche.

— Maintenant vous savez, fit-il narquoisement.

— Mais… comment peut-il faire ça! C'est l'ami d'enfance de Mr Seton!

— Et il le restera tant que Mr Seton ne saura rien.

— Vous le saviez?

Elle s'était retournée vers Christopher et le dévisageait avec une expression d'étonnement mêlé d'indignation.

— Je le savais, confirma-t-il froidement en reportant son regard sur le couple qui entrait maintenant dans la maison.

— Cela dure depuis longtemps?

— Quand je suis entré au service de Mr Seton, sa femme et Elphinstone entretenaient déjà leur liaison. Au début, comme vous, j'ai pensé qu'une simple tendresse résultant d'une amitié de plusieurs années les unissait. Elphinstone vient rarement à Édimbourg. C'est Mrs Seton qui se rendait tous les étés à Londres, où il la visitait. Mr Seton ne l'accompagne pratiquement jamais, sauf pour affaires. Dans ce cas, il ne reste que le temps de ses rendez-vous. Il abhorre les foules et les mondanités, ce qu'adore sa femme. Si quelqu'un de la société londonienne s'est rendu compte de ce qui se tramait entre elle et le major, il en a gardé le secret. Quant au docteur, il est soit aveugle, soit consentant. Mais je pensais que tout était terminé entre eux. Peut-être ai-je été naïf de le croire. L'amour survit à tout, il paraît. Pour une raison que j'ignore, Elphinstone avait rompu juste avant de repartir avec son régiment pour l'Espagne,

en septembre 1813. Je me souviens de cet automne-là. Evelyn...
Mrs Seton a commis un geste qui, si je ne m'étais pas trouvé dans
la maison, aurait eu des conséquences graves... terribles. C'est à
partir de ce jour que je suis devenu un peu son confident.

Le visage de Christopher changea d'apparence. Comme s'il
s'était soudain transporté ailleurs, son regard s'éteignit.

— Je sais des choses...

— Sur Mr Elphinstone et elle?

— Ce culte doit être réprouvé... murmura-t-il d'une voix très
basse.

— Quel culte, Christopher? De quoi parlez-vous?

Les yeux dans le vague, il s'était perdu dans son monde intérieur. Dana attendit qu'il refît surface. Il cligna des paupières et
poussa un soupir.

— Je m'apprêtais à nettoyer le squelette d'un chat, annonça-t-il
tout de go, déconcertant Dana. Cela vous plairait-il de voir comment on fait?

— Je doute que cela soit agréable à voir. Je me contenterais
d'une explication sans tous les détails.

— Eh bien, c'est simple, Miss. On procède de la même façon
que pour un poulet. Il est plus facile de désosser un poulet bouilli
que cru. Je fais bouillir la carcasse du chat. Et de même pour les
squelettes humains.

Les yeux horrifiés de Dana s'étaient fixés sur le jeune homme.
Elle songea à Mr Bogus, à Mrs Watts et à toutes ces autres créatures
qui avaient peut-être trouvé le chemin des marmites de Weeping
Willow un jour ou l'autre. Sa mimique dégoûtée sembla plaire à
Christopher, qui en rajouta.

— D'où, croyez-vous, provient notre cher ami Fergus qui veille
jour et nuit dans le cabinet?

Fergus était le nom du fantôme du cabinet.

— Fergus Sinclair a été condamné à la pendaison en 1807. Il
est demeuré pendu depuis.

— Dieu tout-puissant! s'écria Dana.

— On gratte le plus gros de la chair et on fait bouillir les os dans une grande baignoire de cuivre. Mon chat ne devrait pas prendre plus de temps qu'un poulet de cinq livres. Ensuite, les os doivent être soigneusement nettoyés et séchés. Le plus long, c'est l'assemblage. Les restes de chair sont enterrés et...

— Assez, Christopher! supplia Dana en sentant son estomac se révolter.

— Je ne fais pourtant que vous décrire le travail d'un boucher, Miss. Vous avez déjà fait la même chose avec un lapin ou un faisan, j'en suis certain. Où est la différence? L'animal est mort: il ne souffre point. Ce n'est qu'une question de perception pragmatique de la chose. Et puis... il y a pire, n'est-ce pas? Comme la souffrance inutile. Si je vous parlais de vivisection. Vous savez que des chirurgiens pratiquent cette expérience sur des animaux vivants? Ils leur ouvrent la poitrine rien que pour voir battre un cœur.

— Je ne veux pas en entendre parler, Christopher!

— Pourquoi pratiquer une expérience d'autotransfusion sur un agneau et le disséquer dans l'espoir de découvrir ce qui l'a tué quand à la fin on n'obtient aucune réponse? Ou bien calculer combien de temps cela prend pour qu'un chien se vide de son sang et en meure?

— Je ne vous trouve pas drôle.

— Je ne voulais pas l'être, Dana.

La tristesse assombrit le regard de Christopher. Il s'approcha de Dana, allongea le bras pour la toucher, y renonça.

— Ce que je vous décris, ce sont des aspects morbides de la médecine, que je condamne. Un agneau innocent, un chien, sacrifiés... pour quoi? La science justifie-t-elle la cruauté?

— Les hommes de science ne s'adonnent pas tous à ces expériences.

— C'est vrai. Mais saviez-vous que Francis avait lui-même déjà fait ces expériences? J'ai dû assister à l'exécution par asphyxie d'un chien auquel il avait ouvert la cage thoracique pour appliquer une décharge électrique sur le muscle cardiaque dans le but de le faire revivre. Le cœur s'est remis à battre. Mais pour s'arrêter quelques secondes plus tard.

Pendant que des frissons glacés secouaient Dana, Christopher la saisit par le bras et la tira vers lui, plongeant ses yeux dans les siens.

— Il existe des hommes qui ne considèrent la vie qu'en fonction de leur autosatisfaction, Miss, déclara-t-il en empruntant un air de sinistre sérieux. Ils commettent des crimes sur des créatures naïves et innocentes et restent impunis. Voyez la pauvre Lisbeth.

D'un élan brusque, elle se dégagea.

— Le docteur Seton n'est pas comme Mr Cowan.

— Vous saviez que Cowan a seulement été condamné à payer les honoraires dus à Mr Seton? Il a si bien chanté sa ballade du père éprouvé que les magistrats l'ont cru. Il pleurait même de vraies larmes, Dana. J'étais là; je l'ai vu de mes yeux.

— Je ne le savais pas, murmura Dana, estomaquée. Comment cela peut-il être possible? Le docteur a témoigné… et vous, et Spittal…

— Oh! Mais rassurez-vous, Dana, poursuivit Christopher, son regard brillant étrangement. Cowan s'est rompu le cou en tombant de sa charrette en rentrant chez lui la nuit dernière. Il était ivre, à ce qu'on raconte. Il se serait sans doute endormi sur son siège. C'est Spittal qui vient de nous l'apprendre.

— Je vois, répliqua doucement Dana.

— La justice de Dieu s'est accomplie. Personne n'y échappe, c'est écrit. Malheur à ceux qui se détournent de Lui. Samarie et Jérusalem ont été les premiers à l'apprendre à leurs dépens. Mais les hommes ne retiennent rien de l'histoire. Jamais. Le Tout-Puissant fait œuvre de justice… vous vous souvenez de la suite?

— Il fait droit à tous les opprimés. Psaume 103, répondit Dana, troublée par la profondeur soudaine de Christopher.

Un sourire vint ourler la bouche du jeune homme.

— Il retourne contre eux leur méfait… poursuivit Christopher sur le même ton.

— Et pour leur malice, il les fait taire.

—Psaume 94. Vous connaissez bien les Écritures, Dana.

—Mon père était pasteur.

—Oui, c'est vrai. Vous savez conséquemment que Dieu finit par s'exprimer d'une façon ou d'une autre contre le pécheur. Au bout du compte, je ne vous ai pas mésestimée. Vous êtes bien celle que je croyais, Dana. Dommage que…

Le navrement restructura les traits de Christopher. Ses sourcils formèrent un trait rigide au-dessus de ses yeux et sa bouche fit une moue qui n'avait plus rien de cynique.

Un silence se prolongea.

—Je… je dois faire mes bagages. Je vais chez mon oncle. Mon cousin doit passer me prendre avant la fin de la journée, balbutia enfin Dana en se détournant du regard qui cherchait à épier son âme.

—Donc, je ne vous reverrai pas.

Christopher eut une mimique déçue. Il avait l'air sincèrement désolé de la voir partir.

—En ce cas… m'octroieriez-vous le privilège de vous souhaiter un bon début d'année… comme il se doit, Dana?

Elle hésita.

—Comme à une dame, ajouta-t-il, comme s'il pensait qu'elle eût pu imaginer une intention malhonnête de sa part.

Dana lui présenta sa main droite, qu'il couva d'abord entre les siennes pour la réchauffer. Ensuite, il se pencha dessus et y appuya sa bouche avant de lancer cette curieuse remarque:

—Prenez garde, Dana. Toutes les âmes qui savent résister devant la tentation obtiennent la protection divine. Pour ceux qui s'en prennent au troupeau du Seigneur, que le diable les emporte et qu'ils souffrent leur châtiment.

Il s'écarta, l'expression pénétrée d'une émotion indéchiffrable. Dana s'inclina et se contenta de lui adresser ses meilleurs vœux. Puis elle s'éloigna vers la maison, un trouble étrange remuant son ventre.

❈

Une activité fébrile avait accaparé la cuisine dont Mrs Dawson avait repris l'entier contrôle. La pièce fleurait bon les pommes rôties au four. Mrs Dawson préparait le mélange d'épices qui infuserait le cidre et la bière brune dans lesquels les pommes macéreraient pendant tout l'après-midi. Sur la table fumaient déjà des pâtés de bœuf et de mouton aux oignons. On attendait la livraison du haggis de chez le boucher Kilgour. Comme partout, on préparait la Hogmanay chez les Seton. L'esprit de Dana se transporta à Kirkcaldy où les Chalmers devaient aussi mettre la main à la pâte. Les sourires devaient être plus falots que les années précédentes. Elle comptait sur le petit Scott et la pétillante Miss Martha pour rendre un peu de joie aux visages des adultes.

Son sac était prêt. Alison préparait le sien tout en jacassant comme une pie. Comme il le faisait tous les ans, Mr Seton lui avait donné une permission spéciale pour lui permettre de visiter Lizzie à l'occasion de la fête. Cette année, elle tombait un dimanche. Les jours de fête qui coïncidaient avec le jour du sabbat n'étaient pas célébrés dans la joie qui les caractérisait habituellement. Il fallait respecter les traditions, qui demandaient aux fidèles de s'abstenir de consommer toute boisson alcoolique et de se garder de participer à toute festivité qui ne magnifiait pas le culte de Dieu. Si cette contrainte était respectée chez les Cullen, elle l'était moins chez la plupart des habitants de la ville, qui accumulaient bouteilles de vin et barillets de bière pour l'occasion, se promettant une nuit de réjouissances pleine d'entrain.

La femme de chambre parla beaucoup de Lisbeth. Sa mort l'avait bouleversée. Mr Seton avait-il porté plainte contre Cowan ? Dana raconta la situation à son amie, comme Christopher la lui avait expliquée. Alison en était soulagée et, à sa façon bien à elle, elle accabla les hommes de toutes les déficiences possibles pour soulager sa propre haine de l'espèce.

On frappa à la porte.

— Miss Cullen ?

Alison arrêta net son caquetage.

— C'est le maître. Il vient jamais frapper lui-même. D'habitude, il envoie Mrs Rigg.

— Elle doit être occupée, observa Dana sur un air faussement détaché en allant ouvrir.

L'homme qui attendait patiemment devant la porte pivota pour lui faire face. La gêne lui tordait comiquement les lèvres, qu'il s'efforça de rendre plus rigides à la vue d'Alison. Sur un ton de chef de l'armée, il s'adressa à elle.

— Venez me rejoindre dans la bibliothèque quand vous aurez terminé.

— Oui, monsieur.

Il disparut. Elle entendit ses pas s'éloigner, puis son cœur se mit à cogner en écho dans sa poitrine.

Sa copie du contrat reposait, ouverte, sur la surface du bureau. Francis se tenait debout devant la fenêtre de la bibliothèque. La neige avait complètement fondu et le paysage avait repris les nuances ternes d'un automne avancé. Ce qu'il allait faire dépassait l'entendement. Mais il n'avait trouvé aucun autre moyen justifiable pour retenir Dana près de lui.

Halkit introduisit la jeune femme dans la pièce. Francis entendit la porte se refermer et Dana s'approcher. Il se retourna. Elle s'inclina et attendit qu'il parlât. C'était la première fois qu'ils se retrouvaient seuls ensemble depuis la nuit de la mort de Lisbeth. Il avait espéré, en s'éloignant de Dana, refroidir son esprit enflammé. Mais, les nuits, son désir d'elle ne faisait que lui prouver qu'il n'y arriverait pas.

Francis affichait un calme olympien. Il lui désigna un fauteuil. Après quoi il prit le contrat qu'il avait rédigé il y avait un peu plus de trois mois. Il ne savait par où commencer. Il s'éclaircit la voix.

— Il reste deux semaines avant d'arriver au terme de notre entente.

— Je sais, monsieur.

— Dana… je… je pense que vous avez largement remboursé ce que vous me deviez. Je considère donc ce contrat comme une affaire classée dès ce jour.

Comme pour qu'elle comprenne bien qu'il la congédiait sur-le-champ, il déchira ledit contrat sous ses yeux ahuris. Ce geste la jeta dans la plus profonde des confusions. Elle ne le reverrait plus? Tout s'arrêtait ici?

— Maintenant, poursuivit-il sur la même lancée, je peux m'adresser à vous autrement… qu'à une débitrice. Vous êtes une artiste douée. Je voudrais vous proposer une entente d'un autre type. Je désire vous commander un portrait.

— Un portrait, monsieur?

Elle s'était levée et avait articulé les cinq syllabes avec incrédulité. Il attendit une réaction plus catégorique. Mais elle ne vint pas. La jeune femme se rassit plutôt, son regard se perdant dans les morceaux de papier déchirés sur le bureau.

— Combien? demanda-t-il.

— Combien? Pour quoi?

— Pour le portrait.

— Mais… je ne sais pas, monsieur. Je n'ai jamais peint… enfin… si, mais jamais sérieusement. Comment pourrais-je savoir le temps que cela me prendra?

— Je parlais de vos honoraires, Dana. Quatre-vingts livres?

Elle se leva de nouveau et ouvrit la bouche.

— Je sais, c'est peu si on considère que sir Lawrence en demande sept cents. Si le résultat me satisfait…

— Il y a des années que je n'ai touché à un pinceau, monsieur. Je ne sais pas si je pourrais exécuter un travail de qualité.

— Si j'arrondissais cette somme à cent livres?

— Cent livres!

Complètement abasourdie, Dana se laissa retomber sur son siège.

— Je ne possède rien du matériel nécessaire. Il ne me reste que quelques bouts de sanguines et un morceau de pierre noire, déclara-t-elle finalement comme si cela allait suffire à le convaincre de son inaptitude à exécuter ce travail.

Les doigts de l'homme tapotaient le bois du bureau sur lequel il s'appuyait. Il se redressa et l'invita à le suivre.

Sur la table du cabinet reposait un grand coffret de bois blond.

— Ouvrez-le et dites-moi s'il manque quelque chose.

Des souvenirs douloureux refluèrent des recoins cachés de l'esprit de Dana. Le jour où elle avait vu Jonat pour la dernière fois, il lui avait offert un coffre. Elle n'osa toucher l'objet.

Devant son immobilité, Francis souleva le couvercle pour elle. S'y trouvait soigneusement rangée une collection de flacons, de godets, de crayons, de pinceaux et couteaux, de contenants divers et de plusieurs pochettes de cuir. Mais aussi de l'huile de lin, de l'essence de térébenthine, de la poudre de marbre et de l'oligiste pour les charges, des pigments végétaux et minéraux pour les couleurs.

— Je vous ai épargné la fastidieuse tâche de broyer certains pigments. J'ai demandé qu'on les prépare pour vous. La peinture dans les vessies de porc est prête à être employée. C'est plus pratique.

De ses doigts tremblants, Dana toucha les objets dans le coffret. Un coffret à peinture, pour elle. Un mélange de joie et de tristesse étreignit son cœur.

— Alors? fit Francis, attendant son appréciation.

Elle bougea la tête, ravala un sanglot.

— Il ne manque rien, arriva-t-elle tout juste à articuler.

Percevant l'émoi que le cadeau suscitait chez Dana, Francis en ressentit le plus vif des plaisirs. Il avait sincèrement espéré que ce coffret lui plût. Il l'avait acquis chez ce même marchand de matériel d'artiste où Jonat avait eu l'habitude de faire ses achats.

— Il y a si longtemps que je n'ai eu si beau…

Elle s'interrompit à temps. Ce n'était pas un cadeau. Francis lui fournissait le matériel, simplement.

— Le portrait de qui devrais-je faire? demanda-t-elle pour se reprendre.

— Le mien.

Son portrait ! Un mouvement de panique lui broya la poitrine. Les longues heures à rester ensemble, à se regarder sans parler. Un degré d'intimité se développait invariablement entre l'artiste et son sujet. L'émotion ressentie, captée, se dégagerait inévitablement de l'œuvre. Il avait vu ses dessins. Il devait certainement savoir tout ça. Il ne pouvait ignorer ce que cela impliquerait. Ce qu'il lui demandait, c'était d'étaler sur un canevas les couleurs de son amour pour lui. Il *devait* forcément savoir quelles en seraient les nuances.

Un silence anxieux les plongea dans des pensées perturbées. Elle repensa à sa femme.

— Votre épouse est au courant, Mr Seton ?

La question portait son propre sous-entendu.

— Elle l'apprendra quand vous m'aurez répondu oui. Autrement... elle n'a pas à savoir ce que je vous ai demandé.

— Il existe des artistes de bien plus grand talent que moi. Pourquoi m'offrez-vous ce travail ?

La question poison.

— Je tiens à ce que ce soit vous qui l'exécutiez. Je suis certain que vous mènerez à bien le travail. Vous savez voir ce que l'œil ne voit pas.

Dana referma le couvercle du coffret et leva son visage vers lui.

— Comment savez-vous ce que je vois, Mr Seton ? Que devrais-je voir, en fait, que l'œil ne voit pas ?

— Vous le savez déjà. Vous voyez les âmes, Miss Cullen. Trouvez la mienne et peignez-la.

— Vous prenez le risque d'être déçu.

— Je prends le risque d'être satisfait.

La voix avait pris des inflexions touchantes qu'elle ne lui avait jamais entendues.

— Je dois méditer tout ça, Mr Seton.

— Si d'exécuter ce portrait ne vous intéresse point... plus rien ne vous retient ici, Miss Cullen.

Elle venait de voir passer dans les yeux gris quelque chose de nouveau. Une chose triste et secrète. Il leva une main vers son visage et fit doucement glisser un doigt sur sa joue, comme il l'avait fait le soir avant la mort de Lisbeth. Puis, il fit cette déclaration troublante :

— Vous ne saurez jamais assez la valeur que prend cette simple tabatière pour moi, Dana.

❖❖

Les notes musicales ponctuées de rires étouffés volaient comme une nuée de papillons colorés en plein cœur de l'hiver. Il y avait les chuchotements d'une conversation en aparté et les éclats d'une vieille rancune exhumée. Partout des visages réchauffés par l'alcool : certains souriaient, d'autres s'endormaient. Et les voix s'empâtaient.

Le bol de punch vide, on avait sorti un tonnelet de bière forte et des bouteilles de spiritueux. Les enfants tricotaient entre les jambes des grands. Plus les heures avançaient, plus le jeu devenait un défi amusant. Dans le cœur des convives, dans la chaleur suffocante du logis des Nasmyth, fondait le regret de terminer une autre année.

Il y avait des gens dans toutes les pièces. Les Nasmyth bravaient les règles d'abstinence le jour du Seigneur. Leur vingtaine d'invités aussi. Une année qui débutait sous le signe de la paix, et on se la souhaitait longue et douce. L'oncle Charles avait voulu célébrer à sa façon la victoire des Britanniques sur la France, et tout le monde trinquait à la santé de Bonaparte, afin qu'elle fût des plus mauvaises.

Pour Dana, le cœur n'y était tout simplement pas. Pour éviter de penser, elle n'avait cessé de bouger, surveillant le haggis et tranchant du gâteau aux épices. L'instant d'après elle devisait avec l'épouse de James ou aidait la vieille Mrs Norris à se déplacer. Et encore, elle changeait le lange du dernier-né des Nasmyth.

D'un endroit ou d'un autre, Timmy la suivait du regard, recherchant le sien. Elle ne pouvait toujours l'éviter ; alors elle le gratifiait d'un sourire à travers la pièce enfumée. À quelques reprises, il esquissa un mouvement vers elle. Il la sentait distante.

Elle s'était éclipsée pour descendre dans la boutique où elle espérait trouver un peu de tranquillité. La lampe laissée allumée dans la vitrine diffusait une lumière falote qui dessinait le contour des étagères chargées de rames de papier et de toute la gamme d'articles d'écriture que vendait Nasmyth Papermaker & Stationer. Dana les parcourut, caressant les vélins, replaçant les cartons, alignant les bouteilles d'encre. Ces gestes, elle avait l'habitude de les faire lors de sa tournée d'inspection quelques minutes avant l'ouverture de la boutique.

Ma place est-elle ici?

Elle avait pensé retourner à Kirkcaldy. Mais Maisie avait déjà beaucoup sur les bras avec sa propre famille, et Harriet n'était pas encore mariée. À la fin, épouser Timmy demeurait la meilleure chose à faire.

Et Tante Flora, qui venait de lui offrir les deux premiers volumes de l'encyclopédie Britannica en lui indiquant que les autres suivraient éventuellement.

Le vacarme de la fête traversait le plafond, assourdi. Elle effleura une pile de papier à croquis jaune. Songeant au coffret de peinture que lui avait offert Francis Seton, elle se replongea dans l'atmosphère feutrée de la bibliothèque de Weeping Willow. Quelques bribes de l'entretien qu'elle y avait tenu avec Francis lui revinrent. «Vous ne saurez jamais assez la valeur que prend cette simple tabatière pour moi, Dana.» Sans le geste qui l'avait accompagnée, la déclaration serait demeurée équivoque. Il avait déchiré le contrat… Elle était libre. Libre de choisir ce qu'elle ferait à partir de ce jour. Et elle n'arrivait pas à se décider.

Toute cette ambivalence l'affligeait et elle traînait les pieds entre les rayons. S'appuyant contre l'un d'eux, elle se réfugia derrière ses paupières. *J'aurai vingt-sept ans cette année.* Une partie d'elle ne demandait qu'à vivre enfin *sa* vie. L'autre ne souhaitait que le bonheur des autres. Il lui sembla que les deux étaient désormais incompatibles.

Le bois du plancher grinça faiblement. Quelqu'un venait. Comme Dana ouvrait les yeux, les mains de Timmy frôlaient les siennes, qui s'étaient posées sur ses joues humides.

— Dis-moi que c'est à moi que tu rêves ainsi…

Il avisa la peau luisante de larmes.

— Oh! Dis-moi plutôt que ce n'est pas à moi… Dana.

Il y avait de l'ironie dans la voix, mais la bouche de l'homme souriait avec douceur. Depuis son retour chez les Nasmyth, Dana s'était murée dans un silence préoccupant. Et cet isolement donnait à Timmy l'impression qu'elle réévaluait leur relation, qu'il voyait s'étioler à la vitesse d'une fleur dans un vase sec.

Trois semaines avant qu'elle fût sa femme. Il s'impatientait. Il prit les mains de Dana et les serra fort dans les siennes. Cette fois elle ne s'esquiva pas.

— Qu'est-ce que tu as?

— Rien…

— Personne ne pleure pour rien. Même pas les bébés. Il s'est produit quelque chose chez le docteur?

Elle détourna son visage, mais pas assez rapidement pour lui cacher son trouble.

— C'est ça?

— Une fille est morte… raconta-t-elle. Lisbeth Cowan. Son père l'a battue et…

— Ça va, fit-il tranquillement.

Il n'avait pas envie des détails. Il avait seulement besoin d'être rassuré.

Dana évitait tout contact prolongé avec lui depuis ce jour où il lui avait montré leur logement dans Potter Row. Qu'elle refusât de lui céder, il le comprenait. Même qu'il appréciait maintenant cette pudeur qu'il avait tant cherché à faire tomber au tout début. Il apprenait les délices de l'attente qui tapissait ses nuits d'images dont il rêvait le jour. Il imaginait le grain de sa peau, la courbe de ses hanches, le creux de la chute des reins. Il lui inventait un grain de beauté sur le ventre, un peu à la droite du nombril, qu'il voyait sombre et allongé, perçant le léger renflement. Pour aiguiser son appétit, il caressait en pensée les cuisses, longues et fines, qu'il devinait sous les jupes et les jupons.

Oui, il se plaisait même à jouer ce jeu. Mais le regard de Dana, qui se nuançait quand il cherchait à seulement l'embrasser, le préoccupait. Ses dérobades le piquaient au cœur. Il avait le pressentiment qu'elle lui échappait. Dana avait changé. Et cela depuis qu'elle vivait chez les Seton.

— Tu as besoin de t'amuser, observa-t-il. Viens…

Timmy faisait glisser une cape sur la triste robe noire de la jeune femme. Lui portait déjà sa redingote. Il aurait vivement aimé la redécouvrir dans cette magnifique robe de crêpe rose qu'elle avait arborée au bal en septembre dernier. Il voulait goûter de nouveau à cette peau veloutée comme de la crème fraîche.

— Timmy… il est tard.

— Il est tôt, la corrigea-t-il en riant. C'est jour de fête, Dana. Et les jours de fête, eh bien, il faut fêter. Je t'emmène dans un endroit où nous pourrons le faire avec des gens de notre âge. Je suis las d'écouter mon père raconter ses sempiternelles histoires. Tu te souviens d'Andy, Nathan, John et… enfin, j'ai envie de rejoindre mes amis.

— C'est le jour du sabbat. La loi est stricte et les punitions sont sévères. Les débits de boissons n'ont pas le droit de tenir boutique, Hogmanay ou non.

Un sourire sagace incurvait la belle bouche du jeune homme et les yeux noirs brillaient un peu du reflet de l'ivresse. Il avait déjà beaucoup bu.

— Viens, dit-il simplement en enfonçant son haut-de-forme sur son crâne.

Les jets de lumière jaune émis par la lampe qui se balançait rebondissaient sur le pavé mouillé. Les rues étaient désertes sauf pour quelques créatures nocturnes, humaines ou animales, qui furetaient dans les ruelles à la recherche de quelque nourriture. Une douce rumeur berçait le silence de cette première nuit de l'an nouveau. Malgré l'heure, des ombres bougeaient encore derrière les fenêtres des façades qu'ils longeaient. Ils marchèrent sans parler

jusqu'à la cathédrale St. Giles. Dana suivait son cousin, qui la gui-
dait par la main. Son regard balayait constamment les alentours,
comme pour vérifier qu'ils ne fussent pas suivis. Il les dirigea vers
Warriston's Close dans lequel ils s'engouffrèrent. L'écho de leurs
pas résonnait et couvrait le faible murmure de la vie qui se déroulait quelque part derrière ces murs de pierres vieux de plusieurs
siècles.

— Où allons-nous? s'informa finalement Dana, que l'exiguïté
et le silence des lieux rendaient un peu nerveuse.

— Là où personne n'osera venir.

Quelques lampes placées aux fenêtres éclairaient des draps et
vêtements suspendus à des cordes tendues d'une fenêtre à celle de
l'édifice d'en face. Une odeur infecte montait de la rigole qui creu-
sait le centre du chemin. Ils empruntèrent un étroit passage qui les
mena dans un dédale d'autres passages sombres et parfois voûtés.
Ils semblaient descendre sous la ville. Un rat passa près d'eux en
trottinant, ses petits yeux brillants disparaissant dans le mur opaque de l'obscurité qui se dressait maintenant devant eux. Ils pénétraient dans les souterrains.

La lampe n'éclairait qu'un mince cercle autour d'eux et laissait
les profondeurs des tunnels dans le noir.

— Nous nous trouvons directement sous la City Chambers[55],
précisa Timmy en explorant l'obscurité de sa main libre.

— Dans Mary King's Close?

Si Dana n'était jamais venue dans cet endroit, elle en avait toutefois entendu parler. Et de s'y trouver au beau milieu de la nuit ne
la rassurait guère. De cette ruelle, tout comme de celles de Pearson's
et Stewart's Close qui la jouxtaient, n'existait plus que le tiers qui
débouchait tout en bas de l'abrupte pente descendant vers le terrain verdoyant, où s'était jadis creusé l'infect North Loch, récep-
tacle des égouts de la ville. La portion du haut n'était plus qu'un
labyrinthe souterrain de pièces et de corridors entrecoupant ces
ruelles. Vers 1750, la Ville s'était approprié cette section du quartier

---

55. Bâtiment remplissant les mêmes fonctions qu'un hôtel de ville.

située le long de High Street, y avait rasé toutes les constructions, n'en conservant que les fondations, et s'en était servie pour l'édification de la Royal Exchange[56], qui était devenue en 1811 la City Chambers. La vie avait malgré cela continué à l'ombre de ces souterrains, quelques artisans et familles y vivant encore. Mais les habitants avaient peu à peu abandonné l'endroit et Mary King's Close était tombée en ruine.

Situé tout près de la place du marché, Mary King's Close avait autrefois abrité une communauté grouillante de marchands et d'artisans prospères, de taverniers et d'hommes de loi. La ruelle était si profondément encaissée entre les édifices de sept à onze étages que la lumière des lampes était nécessaire même en plein jour pour l'éclairer. Mais les conditions insalubres dans lesquelles ces résidants vivaient avaient fait de l'endroit un nid dans lequel florissaient vermine et maladies. Et en même temps que faisait rage la guerre civile dans le pays, une épidémie de peste transportée par des rats noirs arrivés d'Europe sur les quais de Leith s'était déclarée en Écosse, décimant la population édimbourgeoise, accablant particulièrement les habitants de petites ruelles, telles que Mary King's Close, où la moitié de la population périt.

Dix-huit mois plus tard, l'épidémie résorbée, les gens avaient peu à peu réintégré les logis « purifiés » par les *foul clengeris*[57], et la vie avait repris lentement son cours dans Mary King's Close. Mais, pendant les années qui suivirent, ses habitants déclarèrent être témoins d'étranges manifestations – apparitions spectrales et gémissements semblant venir d'outre-tombe –, ce qui engendra la rumeur que la ruelle était hantée par les âmes des malheureux qui y étaient morts. En dépit de l'explication avancée par un professeur de l'Université de Glasgow de l'époque, à savoir que ces

---

56. Lieu où les marchands de la ville pouvaient pratiquer leur négoce. Les marchands préféraient demeurer dans leurs traditionnels *luckenbooths* – petits stands – dans la rue, la Royal Exchange ne connut jamais le succès qu'on lui souhaitait.

57. Gens qui avaient la charge de nettoyer les logis ayant abrité des pestiférés en brûlant tout ce qui s'y trouvait et en fumigeant les appartements. Ils étaient reconnaissables à leurs tuniques grises marquées d'une croix de saint André blanche.

manifestations surnaturelles étaient possiblement causées par les émanations de méthane dégagées par les eaux putrides du North Loch, on racontait depuis que ces lieux étaient hantés.

Ils contournèrent encore trois angles de murs, grimpèrent et dévalèrent quelques étroits escaliers. Dana trébuchait sur les inégalités du sol. Timmy se mouvait dans ce dédale ténébreux comme un chat dans des catacombes. Il ralentit sa foulée et attendit. Dana, haletante et emplie de la crainte que lui inspirait l'endroit, se pressa contre lui. C'est alors qu'ils entendirent un joyeux bourdonnement venant de derrière une porte close. Il éteignit la lampe, tâtonna le mur et poussa la porte.

— C'est ici, attention à ta tête, l'avertit Timmy en tirant sur son bras.

Ils se retrouvèrent dans une petite pièce nue aux murs décrépits, éclairée par une chandelle posée à même le sol de pierres. Étendu à côté, un homme vêtu de vieilles hardes crottées dormait, une bouteille vide amoureusement serrée entre les bras. Il ronflait d'un sommeil heureux. Le bruit de la fête, maintenant très distinct, provenait d'une seconde porte, basse et de bois sombre, sur le mur du fond. Ils passèrent devant la sentinelle endormie.

Des tables et des bancs de fortune encombraient la pièce enfumée au plafond bas qu'aucune fenêtre n'aérait. Une odeur de vin aigre et de poisson flottait dans l'air humide que faisaient vibrer un violon et un harmonica. L'ambiance n'avait rien de mieux ni de pire que celle qui prévalait chez les Nasmyth, sauf que les fêtards étaient tous de jeunes gens.

Timmy repéra assez rapidement ses amis installés autour d'une table soutenue par des tréteaux et croulant sous une caisse de belles huîtres du loch Fyne et sous des bouteilles de bon clairet. Dana retrouva toute la bande du Blue Oyster Cellar, qui accueillit le couple avec enthousiasme. Ils ne furent pas sitôt assis qu'on trinquait à leur santé et à leur futur bonheur.

Le vin était doux et les huîtres étaient salées. La chaleur qui régnait dans le club clandestin mit du rouge sur les joues blafardes de Dana, et l'alcool, un peu de feu dans son sang. Pour le plaisir de

Timmy, elle s'amusa des pitreries de ses amis et dansa même avec eux et les ombres qui se multipliaient sur les murs. L'espace de quelques heures, Dana oublia le regard des fantômes qui les surveillaient d'un œil envieux. Elle oublia Weeping Willow et son maître. Quand le sol se mit à tanguer sous ses pieds, elle avait aussi oublié que la réalité l'attendait quelque part au bout de cette nuit de réjouissances.

Nathan Swann et sa sœur Mary étaient partis depuis maintenant un bon moment. Le corps allongé sur le banc, la tête posée sur les cuisses de Miss Alexander, Andrew Hogg somnolait. John Walter et le boucher, Mickey Maclure, discutaient ensemble de la meilleure méthode pour sectionner un membre au niveau de l'articulation, l'un se rapportant aux humains, l'autre au bétail. Timmy suggéra à Dana de partir ; elle venait d'appuyer sa tête sur son épaule et fermait les yeux. Il la prit par la taille et l'aida à se lever. Ils saluèrent le groupe d'amis. Julia venait de réveiller Andrew, qui demandait dans une suite de syllabes plus ou moins compréhensibles où il se trouvait.

Le violon chantait un air chagrin et la moitié des gens encore dans le club étaient affalés sur les tables ou assis contre les murs. Des coquillages vides et de nombreuses bouteilles vides encombraient le sol. Timmy les repoussa du pied, les faisant cliqueter. La sentinelle avait disparu et la chandelle était sur le point de s'épuiser. Il se servit de sa flamme pour rallumer leur lampe.

— Tu crois que ça va aller ? demanda Timmy à Dana.

— Oui… répondit la jeune femme, dont les esprits revinrent d'un coup dans l'obscurité glacée des souterrains.

Un sinistre silence les accompagnait. Dana avançait prudemment. Un frôlement contre sa cheville la fit tressaillir de peur et elle se réfugia dans les bras de Timmy. Ils demeurèrent un long moment enlacés, le temps que Dana se détende. Un courant d'air glacé lui caressa alors la nuque. Elle avait le pressentiment que des dizaines d'yeux invisibles la suivaient dans ces tunnels de pierres. Un malaise la fit se sentir nauséeuse.

— Je n'aime point cet endroit, marmonna-t-elle en tentant de reprendre son aplomb.

— C'est pourquoi on a décidé de faire la fête ici. Personne n'aime cet endroit et les quelques gens qui l'habitent encore ne se plaindront pas.

Ils allaient se remettre à marcher quand un gémissement sourd les immobilisa de nouveau. Dana sentit les poils se hérisser partout sur son corps.

— Qu'est-ce que?…

— Chut! fit le jeune homme, l'oreille en alerte.

Le gémissement se reproduisit. Timmy bougea et tourna la tête dans la direction d'où il croyait l'avoir entendu venir. Il s'écarta. Dana chercha à le retenir.

— Où vas-tu?

— Attends-moi ici…

Et être la proie idéale des fantômes qu'elle sentait la frôler?

— Timmy!

Trébuchant sur les irrégularités du sol, Dana rejoignit Timmy, qui s'aventurait dans un couloir au fond duquel une fine tranche de lumière découpait la pénombre épaisse. Son cousin lui arracha la lampe et l'éteignit. Puis sa main trouva la sienne et il approcha son visage du sien.

— Pas un mot…

Il avait chuchoté si bas que Dana eut peine à l'entendre. Il l'entraîna derrière lui jusqu'à la porte qui bâillait.

— Tu ne peux…

La large main du jeune homme couvrit presque tout le visage de Dana. Elle scruta le noir pour déceler le regard de son fiancé. La faible lueur faisait briller les yeux de Timmy.

De la pièce venaient de doux râles cadencés, hachés. Dana commençait à comprendre ce qui se déroulait de l'autre côté de la porte et en ressentit un vif embarras. Timmy retira doucement le bâillon pour le remplacer par sa bouche. Le baiser fut des plus doux, des plus langoureux. Pendant que la langue de Timmy s'enroulait autour de la sienne, à la chair de poule succédait une sensation étrange dans le corps de Dana. D'abord elle sentit une chaleur lui couvrir le visage, puis un léger picotement lui chatouiller le creux du ventre. Timmy s'écarta enfin, la laissant pantelante contre le mur.

Méprisant la discrétion, il poussa le battant de bois, qui s'entrouvrit à peine plus grand. D'où ils se trouvaient, ils ne pouvaient voir directement ce qui se déroulait dans la pièce. Mais la lueur vacillante d'une flamme projetait un jeu d'ombres aux mouvements lascifs sur le mur en face d'eux.

Pendant que les yeux de hulotte de Dana étaient obnubilés par le spectacle, les mains de Timmy sur ses épaules la maintenaient en place devant lui, la pressant contre son corps qui se tendait. On aurait dit qu'ils assistaient à une réminiscence, une scène déjà vécue dans cette pièce et que rejouaient des ombres du passé. Les gémissements prenaient de la vigueur, se muaient en feulements de chat sauvage. La voix masculine prenait des inflexions plus graves tandis que celle de la femme devenait plus aiguë, émettait presque un geignement de grande souffrance. Dana voulait s'éloigner de ce spectacle perturbant, mais ses pieds restaient soudés au sol. La bouche de Timmy mouillait sa nuque raidie par la stupéfaction. Elle l'entendit souffler dans son cou et elle frissonna en même temps qu'une longue plainte résonnait dans le souterrain.

— Je peux aussi te faire crier comme ça, mon amour, lui susurra-t-il dans le creux de l'oreille.

L'haleine tiède de Timmy quitta le cou de Dana. Il lui reprit la main et la força à le suivre dans le noir. Le silence était revenu dans les ruelles. Ils quittèrent Mary King's Close comme ils y étaient venus, sans que personne ne les vît. Le vent s'était apaisé ; un air humide et glacial stagnait maintenant dans High Street. À l'est et à l'ouest, les prolongements de la rue se perdaient dans des écrans ondulants de brume que l'aube infusait doucement de lumière. La pierre du pavé sonnait sous leurs pas. Main dans la main, ils regagnèrent Wester Portsburgh. Chacun se perdant dans ses pensées, ni l'un ni l'autre ne prononça un mot. Brouillé par les effets éthyliques du clairet et par ce qu'elle venait de vivre, l'esprit de Dana était plus perdu que jamais.

Comme toute la ville, la maison des Nasmyth dormait maintenant derrière ses volets clos. Le couple y pénétra par l'entrée de la boutique. Timmy verrouilla la porte et s'avança vers l'arrière-boutique pour vérifier si quelqu'un s'y trouvait. Dans les lames lumineuses qui tranchaient la pénombre, une poussière flottait et tourbillonna sur son passage. Encore grelottante de froid, Dana garda son regard fixe sur la danse aérienne des particules qui donnaient son odeur si particulière à cette pièce.

— Je crois que tout le monde dort, annonça Timmy en revenant vers elle. Tu as faim ? Il doit bien rester de quoi manger en haut.

Tout en déboutonnant sa cape, elle secoua la tête pour dire non. Elle n'osait lever les yeux vers lui. Les dernières impressions ressenties dans le souterrain s'étaient imprimées dans son corps. Les titillements lui chatouillaient encore le creux du ventre. Timmy lui retira le lourd vêtement, effleurant son cou au passage.

— Dis-moi… murmura-t-il en approchant son visage du sien. Ce que tu as vu et entendu tout à l'heure, cela t'a choquée ?

— Un peu… Peut-être…

— Tu as tremblé.

Les yeux noirs la regardaient avec insistance. Mentir serait vain, car elle avait vraiment tremblé pendant qu'il la retenait de se sauver du spectacle. Et son cœur avait cogné très fort dans sa poitrine qui s'était gonflée comme chaque fois que Francis l'avait touchée. Si Timmy l'avait entraînée dans Potter Row, elle ne savait si elle aurait su lui résister une seconde fois.

— Je crois… que c'est possible.

— Tu sais pourquoi, n'est-ce pas ?

— Timmy…

Elle détourna son visage qui s'empourprait d'embarras et d'émoi.

— Il me tarde de t'entendre gémir comme cette femme, Dana, susurra son fiancé près d'elle.

Il scella ses lèvres d'un baiser dans lequel il mit toute l'intensité du désir qui l'habitait. Toute son âme à elle criait de lui dire la vérité. Mais elle ne s'en sentait pas la force. Timmy avait été le premier homme à la désirer, à la faire vibrer. Mais elle avait découvert autre chose dans un regard aussi changeant que du vif-argent. Et ce frémissement de la peau, sans même l'effleurer, l'avait ébranlée.

Les caresses bien réelles de Timmy eurent quand même l'heur d'aviver ses sens. Ce qui la troubla davantage. Comment pouvait-on désirer un homme et en aimer un autre? Se trompait-elle sur ses sentiments pour Francis? Les mains de Timmy la manipulaient si bien qu'elle se laissa aller à leur tendre violence. Il la dominait avec douceur. Pendant qu'il lui disait des choses comme «je t'aime» et «j'ai envie de toi» et «mon amour» et encore «j'ai envie de toi» et toujours «je t'aime», sous ses paupières éclataient des couleurs. Elle s'en laissa pénétrer comme d'une musique silencieuse. Et elle lui répondait par une soumission muette en pensant *de l'ocre dans la chevelure… et une touche de garance sur les joues… ne pas oublier le rouge…* Une palette de couleurs se formait dans son esprit. *Au blanc de titane, du noir de suie pour les yeux… avec une pointe de bleu cobalt.*

Timmy l'embrassait, et un parfum d'huile de lin lui venait aux narines. Pendant qu'il la pétrissait d'envie, les couleurs se modifiaient dans son esprit. De suaves, elles devenaient violentes d'émotions. Lentement, l'ébauche d'un visage prenait forme.

—Je veux peindre… murmura-t-elle entre deux baisers ardents.

—Tu peindras… tout ce que tu voudras.

—Timmy… tu ne comprends pas.

Elle l'avait repoussé et le regardait maintenant dans les yeux, haletante de désir et d'angoisse.

—Tu veux peindre, j'ai compris, Dana. Peindre quoi?

Timmy sentait fort le tabac et l'alcool. Roulant sa lèvre entre ses dents, Dana se dit qu'elle n'avait guère choisi le moment idéal pour lui parler de ça.

—Un portrait.

—Quel portrait? répéta-t-il dans un sourire charmeur. Le mien?

Elle se tendit, à peine, suffisamment. Timmy se détacha d'elle pour mieux sonder le regard vairon qu'un ruban de délicate lueur aurorale traversait.

—Quel portrait, Dana?

L'appréhension crispait l'estomac de Dana. Les yeux noirs luisaient étrangement, d'un éclat qu'elle ne leur avait jamais vu.

—Un tableau commissionné, répondit-elle dans un filet de voix.

Il lui fut impossible de déchiffrer l'expression du visage de Timmy. Mais à la pression des doigts dans la chair de ses bras, elle comprit qu'il n'accepterait pas facilement.

—Qui t'a commissionné un tableau, dis-moi? D'abord, je ne savais pas que tu peignais.

—J'ai cessé de peindre il y a quelques années. C'était Jonat qui m'offrait le matériel. Je n'avais plus les moyens de le remplacer, dans ce cas…

—Et maintenant tu l'as?

La voix était rugueuse et le regard s'était aminci. La bouche de Timmy forma un rictus de contrariété.

—On… me fournira le matériel.

L'étagère oscilla derrière elle; il y eut le bruissement du papier qui s'éparpillait au sol et le cliquetis des bouteilles qui dansaient sur les rayons. Timmy avait frappé de ses poings contre le meuble, juste au-dessus des épaules de Dana, qui en tressauta de stupeur.

—C'est *lui*? cracha-t-il avec mépris. C'est le docteur qui t'a commandé ce portrait?

Le silence qu'elle lui opposa aurait dû lui suffire, mais il voulait l'entendre avouer.

—Dana! gronda-t-il en la saisissant de nouveau par les bras.

Il ne vit rien de l'affolement dans les yeux ni de la pâleur de la peau. La fureur l'aveuglait. Il la secoua plus rudement pour la faire parler.

—Oui…

Elle avait lâché le mot avec le souffle libéré de ses poumons comprimés par une peur qu'elle n'avait jamais ressentie auparavant. La poigne qui la tenait prisonnière se resserrait et elle en ressentit une douleur fulgurante qui hachait sa voix.

— Timmy… tu… me fais mal.

Le visage de l'homme se contorsionnait dans l'indécision. Il la relâcha brutalement et elle se heurta aux étagères, qui tremblèrent de nouveau.

— Il a dit que je ne lui dois plus rien, s'empressa-t-elle d'expliquer dans l'espoir de l'amadouer. Qu'il me paierait pour le tableau. Je n'ai plus à retourner vivre là-bas, Timmy. Je reviens m'installer ici, comme avant. Ce sera un travail honnête.

— Honnête! s'écria Timmy avec une note d'ironie en la toisant.

La fureur devenait plus difficile à brider. Il respira à fond pour la retenir encore un moment. Puis l'annonce que Dana était libérée le frappa. Plus rien ne les empêchait de se marier. Ils pourraient très bien devancer la date du mariage. Cette idée le rasséréna.

— Dana, pourquoi attendre pour nous marier, alors? Ta place est avec moi dans Potter Row. Oublie ce portrait. Oublie…

— Oublier que ma mère est morte il y a moins d'un mois, Timmy? Comment peux-tu l'avoir oublié, toi? Pour être franche, j'envisage remettre ce mariage à plus tard, avoua-t-elle enfin sur un ton aigre.

Un soupir s'échappa de sa gorge et elle avala sa salive en fermant momentanément les yeux, pour les soulager de la brûlure de la fatigue moins que pour fuir ceux qui la fusillaient.

— Repousser le mariage?

Il se mit à marcher de long en large devant elle, ruminant cette dernière requête. Elle voyait bien qu'il faisait des efforts pour rester calme. Mais cette force brutale qu'il retenait dans ses poings serrés lui faisait encore peur.

— De combien de temps as-tu besoin? demanda-t-il en se plantant devant elle.

— Je ne sais pas…

— Un mois.

Ce n'était pas une question, mais un délai non négociable.

— Quant au portrait... continua-t-il sans lui laisser le temps de répliquer.

— Timmy, le coupa-t-elle avec douceur, faire ce portrait m'aiderait à me remettre de la perte de ma mère. Pour la première fois de ma vie on reconnaît mon talent...

— Tu vendais très bien tes dessins dans la boutique.

— Ce n'est pas la même chose. Je suis certaine que tu peux comprendre ça. De plus, cela m'occuperait jusqu'à notre mariage. Rester ici à me morfondre...

— Et ça? fit-il en levant les bras pour embrasser la boutique dans un geste où perçait l'impatience. Tu te plaisais bien à travailler dans la boutique, non? Mon père a dû engager une nouvelle employée pour seconder ma mère.

— Il me faudrait travailler pendant au moins dix ans pour gagner les cent livres que m'apporterait ce portrait.

L'étonnement arrondit la bouche et les yeux de Timmy.

— J'ai bien compris? Tu as dit cent livres ou bien cent shillings?

— Cent livres, Timmy.

— Dieu du... Comment un homme aussi fortuné que Seton peut-il commissionner un tableau de cent livres à une femme dont il n'a jamais pu juger le travail?

Elle pinça les lèvres.

— Il a vu mes dessins.

— Tu n'as aucune expérience en peinture. Professionnellement, je veux dire.

Il frottait son visage pour effacer la fatigue et l'effet de l'alcool qui lui revenait lentement après le coup de sang passé.

— Cet argent nous sera utile, Timmy.

Il lui lança un regard de travers entre ses phalanges écartées. Puis sa main glissa lentement sur sa bouche, la couvrant dans une attitude de méditation. Il frotta sa fine moustache un moment et la main tomba mollement dans le vide.

—Tu crois que je suis incapable de te faire vivre? Tu penses sans doute que je vais accepter que tu travailles pour nous permettre de mener un train de vie satisfaisant?

—Il ne s'agit pas de cela, Timmy, et tu le sais très bien. Il s'agit d'une seule commande. Un tableau pour cent livres. Tu es assez riche pour nous permettre de refuser, peut-être?

Il ouvrit la bouche, la referma, la rouvrit de nouveau. Sur ses traits défilait une série d'expressions. Il jonglait avec ses pensées.

—Combien de temps cela te prendra-t-il pour le compléter?

—Je ne sais pas, murmura Dana, soulagée de le voir plier peu à peu. Quelques semaines. Cela dépendra du temps dont peut disposer Mr Seton pour les séances de pose.

—Les séances de pose, grinça-t-il avec aigreur. Pourquoi est-ce que le docteur s'est adressé à toi pour exécuter son portrait, Dana? Pour cent livres, il aurait facilement embauché un étudiant en arts beaucoup mieux disposé que toi.

—Parce que tu penses que je ne suis pas capable de peindre?

—Tout le monde peut peindre, Dana. Il suffit de tremper un pinceau dans les couleurs et de les étendre sur une toile. Seulement, pour cent livres, on peut s'attendre à obtenir une œuvre digne de ce nom.

Ses traits se crispant, elle allait répliquer, mais elle choisit de ne pas le faire. Il l'avait blessée et il le savait. Il ne s'en excuserait jamais, et cela elle le savait aussi.

Il la saisit par les bras, qu'il serra assez fort pour la faire grimacer. Les yeux noirs de Timmy vrillaient les siens. Elle eut peur, émotion qu'elle crut soudain aussi voir passer dans le regard sombre de Timmy.

Les doigts creusèrent dans les chairs une marque que son cousin aurait voulu imprimer là en permanence. Dana était sienne. Il s'assurerait que rien n'empêche ce qui devait être. Mais d'ici là il aurait à faire quelques concessions.

—J'accepte de repousser notre mariage dans le seul but de t'accorder un temps de deuil raisonnable. Mais tu seras bientôt ma femme et… si j'apprends… que le docteur n'agit pas honnêtement envers toi…

— Cela ne te préoccupait guère quand j'ai commencé à rembourser…

Devant le plissement des paupières de son fiancé, elle tut promptement le reste. La remarque lui avait échappé.

— C'est toi qui as raconté que tu avais pris la tabatière, si je me souviens bien. Le regretterais-tu, mon amour ?

Elle fit non de la tête.

Les bras de Dana gigotaient dans sa poigne. Et elle se plaignit. Réalisant qu'il les broyait, il la relâcha et s'écarta. Dana frottait ses membres endoloris.

Comme lorsqu'il jouait, la peur de perdre abêtissait Timmy. La peur de perdre l'affection de Dana lui était plus insupportable que tout. Et, pour mater cette peur, il laissait la colère l'investir. Alors il disait et faisait des choses…

Chapitre 17

Le lundi matin suivant, pour se calmer, Dana avait fait le trajet à pied. Le temps s'était adouci et elle en avait profité pour flâner un peu sur le chemin de Meadow Walk, à regarder une biche égarée grignoter un buisson dénudé dans Hope Park. Ce fut Christopher qui l'accueillit dans la bibliothèque. Francis avait répondu à une urgence : un homme avait reçu un coup de sabot sur le crâne. D'humeur plus gaie qu'avant son départ, le jeune assistant avait pris quelques minutes pour deviser avec elle avant de partir pour l'université. Il lui raconta la fête chez les Seton, qui avait été bien, sans plus. Mrs Seton mère et ses filles étaient en visite à Weeping Willow. Si les sœurs du chirurgien étaient des femmes agréables, en revanche, la mère était sèche et acariâtre. Dana ne manquerait pas de la rencontrer.

Une fois seule, question de passer le temps, Dana étudia la lumière qui pénétrait la pièce pour trouver le meilleur emplacement pour son sujet. Cela ne prit qu'une quinzaine de minutes. Alors elle fureta sur les étagères parmi la collection de livres. Mais le tumulte qui lui bourrelait l'intérieur l'empêchait de se concentrer sur les lignes qu'elle glanait sur les pages ouvertes au hasard. Elle referma le livre, songeuse.

Pour la première fois elle avait eu peur de Timmy et prenait conscience qu'elle ne le connaissait pas aussi bien qu'elle le croyait. Quoiqu'il s'adonnât à l'occasion à quelque acte de nature « douteuse », elle n'avait jamais vu son cousin se livrer à des gestes de violence.

Dana se laissa tomber dans le fauteuil de cuir, qui chuinta. Elle repensa à Lisbeth, morte des coups donnés par Cowan. Timmy portait également les séquelles de l'irrépressible irascibilité de son père. Risquait-elle aussi d'être frappée par la colère de Timmy? Irait-il jusqu'à battre ses propres enfants?

L'histoire du diacre Brodie ressurgit dans son esprit. Un homme de bonne famille, respecté de ses pairs qui, la nuit venue, se métamorphosait en vil criminel. On ne connaissait jamais assez bien le fond des âmes.

La porte s'ouvrit. Dana se leva prestement de son siège. Francis Seton se retourna et eut un sursaut d'épaules en la voyant. Il demeura un moment muet de surprise, la dévisageant comme s'il se demandait ce qu'elle faisait là. Ses yeux étaient striés de rouge, ses traits traduisaient la lassitude et sa chevelure, aplatie sur le dessus de son crâne, pointait en tous sens comme une couronne d'épines. Les bottes et la culotte de daim étaient couvertes de boue. Sa chemise froissée dépourvue de cravate sous un gilet entrouvert de velours brun présentait des taches marron que Dana attribua à du sang. Ainsi, son image se conformait trop bien à celle d'un maniaque pris sur le fait en rentrant de sa petite escapade nocturne.

L'homme déposa sa trousse par terre et remit maladroitement un peu d'ordre dans sa tenue. Puis, s'éclaircissant la voix, il s'adressa enfin à elle.

— Bonjour, Miss Cullen. Je… ne pensais pas vous trouver ici ce matin.

Prise de gêne à son tour, Dana forma une drôle de moue et souleva les épaules.

— Vous m'aviez fait une offre…

— Oui, dit Francis, soudain fébrile. Pour le portrait. Alors vous acceptez?

Son visage tendu par la fatigue s'éclaira spontanément.

— Il faudra organiser un horaire, vous comprendrez, dit Dana.

— Oui, bien sûr. Je peux vous consacrer deux après-midi par semaine et trois avant-midi. Deux soirées…

—Le soir la lumière sera inadéquate. Nous devons nous en tenir aux heures d'ensoleillement. Généralement, le mieux est le matin ou au crépuscule, quand la lumière est plus flatteuse. Mais cette pièce est située au nord. Je calcule que la lumière n'y sera jamais trop vive en après-midi.

—Oui… dit-il, un peu embêté. Je n'avais pas évalué cet aspect des choses.

—C'est bien ici, dans cette pièce, que vous voulez que je peigne, n'est-ce pas?

—Oui… le cabinet est mieux éclairé, mais ne s'y prêterait point. Christopher doit y avoir accès.

Dana opina de la tête. Elle tordait ses mains, regardait l'homme et ailleurs. Où poser les yeux?

—Avez-vous pensé à ce que vous vouliez comme portrait? En pied ou un buste? Désirez-vous que je vous y représente en allégorie, en symbole? Peut-être préférez-vous un portrait d'apparat? Je peux insérer un thème qui…

La nervosité la gagnait et elle parlait trop rapidement.

—Je ne désire qu'un seul portrait, Miss. En position assise, de préférence… Je supporterai mal de passer des heures debout.

—C'est un bon choix. Pour le reste?

—Peignez-moi comme vous me voyez. C'est ce que je veux.

—Comme je vous vois.

Elle ne savait trop comment elle le voyait, justement. Elle craignait de ne se fier qu'aux apparences.

—D'accord, dit-elle en bougeant. Si on commençait par… déplacer ce bureau. Vous y serez assis. Nous pourrions ajouter au décor quelques… humph… objets que vous aimez, représentatifs de votre profession, de vos goûts… humph… de vos réalisations. Enfin, ce qui vous plaira. Des livres, des instruments peut-être…

Encore sous le choc de la trouver là, Francis la regardait forcer sur l'énorme bureau en même temps qu'elle parlait.

—Mr Seton, laissa-t-elle tomber dans un souffle en posant ses paumes à plat sur la surface du mastodonte de noyer et d'acajou, j'aurais besoin d'un peu d'aide, si cela ne vous dérange pas trop.

Réagissant enfin, il s'excusa et lui demanda où elle avait l'intention de faire déplacer le meuble. Ensuite, il appela Halkit et Spittal, qui déployèrent leur force pour satisfaire la demande de l'artiste. Elle réclama aussi qu'on descende les lourdes tentures pour permettre le maximum de lumière. Le remue-ménage attira l'attention des autres domestiques, qui se rassemblèrent dans le hall. Alison, la lampe à huile qu'elle frottait encore entre les mains, vit son amie et s'exclama.

— Dana! Quel plaisir de te revoir! Nous croyions tous que…

— Miss Cullen va exécuter le portrait de Mr Seton, expliqua fièrement Spittal, qui déplaçait un fauteuil.

— Un portrait?

Une vague de murmures bourdonna dans le hall. Mrs Dawson, Abigail et Rachel appréciaient l'idée. Il était temps, disaient-elles, que le maître rejoigne ses ancêtres sur le mur de l'escalier. Dana vit l'air étonné de son amie. La rouquine fronça la ligne orangée de ses sourcils qui rendit son regard clair suspicieux. Puis Halkit, toujours avec son flegme naturel, repoussa toute la domesticité vers la cuisine, où elle disparut. La tranquillité revint dans la maison.

Dana finit de préparer le matériel nécessaire pour la journée et établit les dimensions du cadre à monter pour la toile. Elle se retourna vers le chirurgien, qui, la mine négligée, se tenait debout devant l'une des fenêtres. Le soleil qui la traversait faisait briller les épis ébouriffés. Le chaume qui couvrait ses joues donnait l'effet d'une fine poudre de cuivre qui miroitait au moindre tressaillement de sa mâchoire. Il avait été réveillé aux aurores pour se rendre au chevet d'un blessé. Un rayon capta le gris d'un iris. «Une pointe de bleu cobalt dans le gris», se dit-elle en fixant cet œil.

Au fil des jours, elle apprendrait à découvrir l'homme derrière le chirurgien.

«Pourquoi moi?» se questionna-t-elle soudain, comme si le doute de Timmy sur les intentions du chirurgien en l'engageant la pénétrait enfin. Cependant, dans ce gris qui la fixait, elle croyait savoir.

— Pouvons-nous commencer ? demanda-t-elle en allant refermer la porte.

— Je suis tout à vous, affirma-t-il d'un air grave. Du moins, jusqu'à l'heure du déjeuner que j'ai promis de prendre avec ma mère et mes sœurs.

— Oui, Christopher m'a dit qu'elles étaient ici.

Il ne rajouta rien sur ce chapitre et quitta la fenêtre pour se déplacer vers le fauteuil. Il s'y assit, fit le constat de sa tenue, se releva, embarrassé.

— Oh ! Je ne peux pas... mes vêtements... Je n'ai pas eu le temps...

— Votre tenue convient très bien pour le moment. Nous étudierons la pose.

Le chirurgien se rassit et attendit. Dana s'approcha et se planta devant lui. Elle comprit soudain que les rapports de force avaient changé entre eux. Elle était maintenant le maître, et lui, le sujet. Il y avait quelque chose de terriblement troublant dans ce revirement. Une exaltante griserie qui lui redonnait de l'assurance. Francis était étrangement silencieux, pétrifié presque. Rougissait-il, même, en cet instant, tandis qu'elle l'étudiait de si près ?

Comme un condamné attendant son tour sur l'échafaud, le modèle se tenait le dos droit, les bras appuyés sur les accoudoirs, les mains fermées en poings tendus.

— Pourriez-vous croiser les jambes ?

Il s'exécuta, prenant automatiquement une posture plus décontractée. C'était mieux. Les épaules avaient légèrement arrondi. La tête penchait vers la droite, à peine, mais assez pour assouplir la rigueur du maintien. Oui... elle l'avait souvent contemplé de cette façon pendant qu'il était absorbé par la relecture de ses notes. Il croyait alors que personne ne l'observait.

— C'est bien... Nous opterons pour un portrait dépouillé, sans ornements inutiles. Si j'ai bien compris, le but n'est pas de démontrer votre rang social ni d'évoquer le prestige de votre nom. Il faut par conséquent mettre l'insistance sur le caractère. Travaillons d'abord les mains. Elles doivent parler. Dans un portrait dépouillé, le message passe par le langage du corps. Vous savez, la façon dont on tient un objet, une main crispée ou molle raconte votre état d'esprit. Pour cette raison, je préfère les bustes aux seuls visages. Quant au portrait en pied… il tend à mettre l'accent sur le rang social plutôt que sur le caractère.

Francis souleva ses mains, paumes vers le haut, et les regarda comme s'il attendait qu'elles se placent d'elles-mêmes. Il prit une allure comique qui fit sourire Dana. Il la dévisagea, s'avisa de son amusement et en ressentit de l'embarras.

— C'est bien la première fois que je ne sais pas quoi faire d'elles.

Elle sourit et il rit. Ce qui détendit l'atmosphère. Dana s'accroupit devant lui.

— Votre main gauche, indiqua-t-elle sans oser la toucher, mettez-la sur votre genou.

Docile, la main se posa d'abord à plat, raide, les doigts légèrement écartés. Elle nota avec surprise que les ongles étaient rongés. Elle se ravisa et lui fit exécuter une légère supination. Indice d'ouverture? À peine! La main pouvait prendre ou donner, ce serait selon.

— Détendez-vous, murmura-t-elle.

Elle sentit lentement la tension quitter le poignet. La main mollit. Les doigts se replièrent doucement dans la paume. Elle hocha la tête, satisfaite de l'effet. Puis elle s'occupa de la main droite.

— Votre coude sur le bras du fauteuil… comme ça, oui. Maintenant, prenez une attitude pensive.

Les sourcils se froncèrent; les lèvres s'amincirent.

— C'est trop sérieux. Pensez à quelque chose de plus… joyeux.

— De joyeux?

— De plus gai.

La bouche se tordit et se pinça dans une mimique peu convaincante.

— Je me sens ridicule. Je suis mauvais comédien.

— Ne vous en faites pas pour ça, fit-elle en riant. Nous essayerons quelques positions. J'en ferai des études afin de mieux analyser le langage de votre corps. Ne vous en faites pas, je me suis sentie comme ça la première fois que j'ai posé pour un portrait. On a l'impression d'être une pâte que l'artiste modèle pour lui imprimer l'image qu'il veut d'elle. Mais j'ai appris qu'il n'en va pas ainsi. Du moins, pas pour l'artiste qui se soucie du véritable sujet que doit laisser paraître le portrait.

— Qui est ?

— L'être qui habite le corps, ou la pâte, si on veut. Vous voyez, quand je vous demande de modifier vos postures, je vois plus qu'un simple geste. Je note vos réactions. Vous êtes…

Elle s'interrompit, brusquement confuse de la familiarité qu'elle se permettait avec lui. Le sang colora ses joues. Elle baissa les paupières et enchaîna aussitôt.

— Bon, si on cessait de jouer la comédie. Essayez de penser à ce qui peut vous rendre heureux. Un doux souvenir, peut-être.

La main glissa sous le menton de la jeune femme pour le relever vers lui. Il la fixa dans les yeux. Son geste remua le parfum d'eau de Cologne qui l'accompagnait toujours et qui se mêlait ce matin à une trace de transpiration, de cuir et d'odeur chevaline.

— Je suis quoi ? Ne craignez rien. Je considère votre opinion avec intérêt. C'est pourquoi je vous ai engagée, Dana.

— Je ne suis pas certaine que tout ce que je pourrais dire vous plaise, monsieur.

— À qui d'en juger, Miss ?

Dana avala sa salive et acquiesça silencieusement. Son cœur battait la chamade et elle mit une main sur sa gorge de peur qu'il pût le remarquer.

— Je suis quoi ? insista le chirurgien.

Dieu tout-puissant ! Ne se contenterait-il pas d'un portrait visuel de sa personne ? Il aurait ensuite tout le loisir d'analyser sa façon de le voir. Autrement, elle n'arriverait jamais à accomplir le travail qu'il lui réclamait sans mettre en jeu sa raison. Devant la détermination du regard, elle répondit néanmoins :

—Sauf votre respect, monsieur, vous êtes un homme fermé sur vous-même. Je veux dire qu'en compagnie d'autres personnes vous êtes perpétuellement en position de défense.

Il ne répliqua rien, mais son regard s'assombrit.

—Pardonnez-moi, murmura Dana en cherchant à se relever. Je n'aurais pas dû…

Francis saisit son poignet.

—Vous êtes honnête. Et vous avez le sens de l'observation affûté. C'est un bon départ.

Les traits de l'homme se remodelèrent dans une attitude grave et il libéra le poignet. Mais le contact demeura au niveau des yeux, s'intensifia même.

—Avec vous, je suis aussi comme ça?

—Avec moi?

—Suis-je «fermé» avec vous?

—Il vous est arrivé de ne pas l'être à quelques reprises, lui avoua-t-elle.

—Et quand cela est arrivé, qu'avez-vous vu?

—Monsieur…

Elle rougit franchement.

—Dites-moi, Dana.

Le regard prenait des reflets de vif-argent, l'observait sans réserve, lui volant ses mots, son assurance.

—Un homme triste.

Il pâlit imperceptiblement. Elle avait vu juste. Elle percerait le mystère de cet homme et ferait éclater son âme véritable sur la toile. Une toile sombre dont la seule lumière irradierait des mains et du visage. C'était la première fois qu'elle détaillait le visage de Francis d'aussi près. Elle se prit à essayer de deviner son âge. Des ridules formaient de fines étoiles aux coins des yeux, deux plis encadraient la bouche. La trentaine bien entamée sans doute, pas encore la quarantaine.

Le silence se prolongeait. Francis caressa distraitement sa barbe naissante.

—Qui vous a appris à voir ainsi? demanda-t-il.

— Je ne sais pas, monsieur… J'ai toujours regardé de cette façon. Quoique mon frère m'ait appris certaines règles de l'art à respecter, comme les proportions, la composition… les formes, l'expression des couleurs et… l'importance de la lumière.

— Votre frère était aussi un artiste.

— Oui.

Francis se détacha enfin du regard vairon qui lui faisait perdre le contact avec la réalité du moment. Puis il se mit à penser à cette première fois qu'il l'avait croisé dans son cabinet. Sur le coup, il avait cru avoir affaire à un jeune garçon. Les yeux l'avaient hypnotisé…

— Ne bougez plus, murmura-t-elle d'un coup.

Comme ça, c'est parfait! nota mentalement Dana en se relevant doucement. Elle prit le carnet à croquis et un bâton de pierre noire et se mit au travail. Ses pulsations cardiaques rythmaient ses premiers traits. *Je fais le portrait de Francis Seton*, ne cessait-elle de se répéter. Ses yeux, son esprit et sa main travaillaient de concert, étudiant scrupuleusement le modèle, faisant la synthèse de ce qu'ils captaient. Les traits ne rendaient pas la vraisemblance d'un visage. Ils reproduisaient une expression profonde. C'était le modèle à travers le regard de l'artiste. Et Dana cherchait au-delà et en deçà de l'apparence pour trouver l'essence de l'être. Au fond, elle se moquait bien de l'apparence. Ce que l'œil voyait n'était qu'un fard. Ce qui importait véritablement, c'était l'effet que produiraient les subtilités dans la physionomie. Quand l'âme se cachait derrière un masque, le portrait ne pouvait être le parfait reflet visuel du modèle.

Après une heure de travail dans un silence complet, les paupières de Francis se mirent à papillonner; sa tête dodelinait. Le crayon ralentit sur le papier rugueux. Dana abaissa son carnet. Le modèle s'était endormi. Elle exécuta quelques pas dans la pièce, en profita pour prendre une pause, s'étirer et examiner ce qu'elle avait accompli jusque-là. Trois croquis lui révélaient trois êtres différents. À quoi songeait Francis? L'un paraissait très imprégné de ses pensées. L'autre, soucieux. Le dernier était plus détendu. Trois visages du même homme.

Dana étala les trois croquis sur le bureau et recula pour les examiner. Son attention dévia ensuite sur le modèle vivant qui somnolait. Sa tête avait basculé contre le dossier. Ses mains, molles, entrouvertes, reposaient sur ses cuisses. Elle les observa de plus près. Couvertes d'une pilosité roussâtre, elles possédaient la robustesse virile que marquaient davantage les veines et les tendons saillants sous la peau. Mais aussi elles dévoilaient une finesse singulièrement féminine par leur étroitesse, la blancheur de la peau et la douceur qu'elles inspiraient.

Ces mains étaient les premiers instruments du chirurgien. Elles étaient les outils de l'être, ceux qui accomplissaient ses désirs, exécutaient ses intentions. Elles pouvaient commettre le mal comme le bien. Celles de Francis la fascinaient. Elle imaginait tout ce qu'elles avaient fait et tout ce qu'elles pouvaient faire encore. Le bien ou le mal, c'était dans les yeux qu'on le découvrait. Et, curieusement, ce qu'elle y avait vu jusqu'ici ne lui faisait plus peur. Ce qui la terrifiait vraiment, c'était cette intimité à laquelle les forçaient les séances de pose.

Mais, d'un autre côté, n'était-ce pas aussi cela qui la poussait ici ?

Momentanément encore elle contempla le dormeur. Sa chemise bâillait. À la base du cou apparaissait une toison aussi rousse que celle qui couvrait ses mains. La poitrine se soulevait à un rythme régulier. La musculature de Francis n'était pas aussi développée que celle de Timmy, mais les formes et le gabarit du chirurgien étaient agréables à regarder. C'était la première fois que Dana se laissait aller à contempler ainsi un homme. Le corps nu de Christopher s'imposa par extension dans son esprit.

Il était temps de se remettre au travail. Elle reprit son carnet et la pierre noire, installa une nouvelle feuille. Près d'une heure plus tard, elle avait complété quatre croquis des mains sous différents angles qu'elle retouchait à la sanguine et à la craie blanche. Un craquement la déconcentra. Elle leva le menton. Se redressant dans son siège, Francis frottait ses paupières. Il ouvrit les yeux et les cligna comme pour ajuster sa vue avant de l'orienter vers Dana. Il prit une expression consternée.

— Je suis désolé… je me suis endormi, je crois.

— Vous vous êtes levé très tôt.

— Oui… et les dix *miles* aller-retour à cheval m'ont laissé fourbu. J'ai perdu l'habitude, je suppose.

— Comment va le blessé ?

— Il est mort, déclara gravement Francis. C'était un rétameur ambulant : Moyses Blythe. Un bête incident. Il s'était installé dans un box vide de l'écurie des Sinclair pour passer la nuit. Cela devait être plus chaud que son vieux chariot couvert. Mais Sinclair est rentré quelque temps après. Quand son cheval a réintégré son box, Blythe s'est réveillé et s'est mis à hurler. Le cheval a pris peur et s'est cabré. Le crâne du vieil homme n'a pas résisté.

— Un navrant accident, en effet.

— Du plus loin que je me souvienne, Blythe a rétamé les ustensiles et les miroirs de cette maison. Un curieux personnage. C'était un *tinker*[58] solitaire. Nous ne lui avons jamais connu de famille. Dans ses jeunes années, son métier de rétameur lui servait pour couvrir ses activités de contrebandier. Mon père le savait. Mais il n'a jamais voulu le dénoncer et, une fois l'an, Blythe venait offrir ses services. Même après avoir passé presque toute sa vie dans le Lothian, le rétameur ne parlait qu'un mélange de scots, de gaélique et de romani plus ou moins compréhensible. Nous arrivions à communiquer pour l'essentiel. Je me suis assuré que Sinclair s'occupe de lui fournir une sépulture chrétienne dans le cimetière de Rosslyn.

Francis se leva et, se souvenant de ce qu'il faisait avant de s'endormir, se rassit.

— Pardon, j'ai oublié…

---

58. Nom donné aux gitans d'Écosse.

—Il est passé onze heures, dit-elle pour l'excuser. Vous devez déjeuner avec votre famille. Je présume que vous aurez envie de vous changer avant.

Il baissa les yeux sur sa dégaine et émit un son qui exprimait son dépit. Les croquis sur le bureau attisèrent son intérêt. Il demanda s'il pouvait y jeter un œil. Dana fit oui de la tête. Le chirurgien se pencha sur les études sans mot dire. L'artiste l'observait.

—À quoi vous servira tout ça?

—À étudier les effets de la lumière, à schématiser le portrait.

—Hum…

Il examina les croquis encore une minute, puis se tourna vers la pendule dont les tic tac se répercutaient sourdement dans le silence qui venait de retomber.

—Est-ce que Nasmyth sait que vous allez faire ce portrait?

La question surprit Dana, qui mit un moment avant de répondre.

—Oui…

Le chirurgien s'était tourné vers elle et la fixait, la contenance impénétrable.

—Le montage de la toile sera fait demain. Je vous procurerai aussi un chevalet. Pensez-vous avoir besoin d'autre chose?

—Non. Il me semble que le coffret a été bien organisé.

Un sourire éclaira fugacement le visage de Francis, nuançant son expression qui en devint presque douce. Dana vit les lèvres reprendre cette rigidité dictée par le désir de camoufler la véritable nature de l'être. «Vous êtes meilleur comédien que vous ne le croyez, Francis Seton. Si bien que vous êtes devenu prisonnier de votre personnage», pensa-t-elle sans l'exprimer.

L'homme redressa le torse et lissa sa chevelure désordonnée. Puis il frictionna les poils drus sur sa mâchoire et les longs favoris qui la cadraient; le geste provoqua un bruissement qui évoquait celui d'une poignée de sable mouillé frottée entre les mains.

—Quand commencerez-vous à peindre vraiment? demanda-t-il.

—Avant la fin de la semaine. Il me faut apprêter le canevas et faire une ébauche du portrait.

— Vous aurez besoin de moi pour cela?

— Pour l'ébauche, oui.

Ils établirent un horaire convenant à l'emploi du temps du chirurgien. N'ayant plus rien à ajouter, Francis la salua et monta se rafraîchir.

Seul dans sa chambre, ankylosé par une immobilité prolongée, abruti par le manque de sommeil, Francis s'allongea sur son lit. Un frisson lui parcourut le dos. Il revivait cette émotion confuse que faisait naître le regard vairon qui se posait sur lui. Elle engendrait une pudeur nouvelle, bien différente de celle que l'exposition de son corps nu soulèverait. Car il savait qu'en l'étudiant ainsi Dana voyait plus profondément que la chair et, sous la peau, il y avait l'être. L'entité qui animait cette chair.

Francis commençait à remettre en question sa décision. À l'instant où il avait vu Dana ce matin, au soubresaut de son cœur, il avait compris qu'il était tombé amoureux fou de cette femme. Qu'elle découvrît la vérité sur lui et Jonat était peu probable. Mais cette passion ne pourrait que le conduire à sa perte.

Et n'était-il pas déjà trop tard?

❧

Le jeudi matin, Halkit fit passer Dana dans une bibliothèque bien tranquille: personne ne l'attendait. Elle inspecta la toile disposée sur le chevalet. Le gesso avait complètement séché. Elle pouvait le sabler et le polir. Réalisant qu'elle aurait besoin de quantité de chiffons, elle décida de prendre un vieux drap dans l'armoire du vestibule que le chirurgien conservait pour fabriquer des pansements. Une lampe était allumée dans le cabinet dont la porte était entrouverte. Elle passa la tête pour voir. Christopher était là, à demi couché sur le bureau, sa tête rousse appuyée sur ses avant-bras. Croyant qu'il dormait, elle allait se retirer.

— Vous pouvez entrer, Dana, l'invita-t-il en se redressant comme une vieille branche sur le point de craquer.

Il avait vraiment mauvaise mine! Barbe mal rasée, cheveux en broussaille, cravate dénouée et veste toute froissée. Puis elle avisa les vêtements de soirée de Christopher et se souvint que la veille avait eu lieu la représentation d'*Othello* à laquelle il l'avait invitée. Il avait dû se remettre aux études sitôt leur retour du théâtre et y passer la nuit.

— Je peux revenir plus tard, Christopher.

L'assistant du chirurgien éteignit la lampe.

— Non, faites ce que vous avez à faire.

— Je suis venue chercher des chiffons.

Le drap sous le bras, elle pénétra dans le cabinet et s'imprégna des odeurs qu'elle avait appris à reconnaître.

Christopher s'étira, fit jouer les muscles de ses épaules et de son dos et frotta ses paupières. Ses yeux étaient injectés de sang: manque de sommeil. Le plan de travail était encombré de cahiers et de feuilles de notes. L'encrier était resté ouvert, la plume fichée dedans. À côté, le pilon et le mortier de granit et divers contenants de produits médicinaux étaient rangés sur un plateau. Juste devant lui, elle reconnut la bouteille de teinture d'opium et un flacon sur lequel était écrit *digitalis purpurea*.

Remarquant qu'elle ne bougeait pas, Christopher lui ménagea un espace pour qu'elle puisse poser son fardeau.

— Oh! Ne dérangez rien pour moi. Comment a été votre soirée?

Christopher esquissa une grimace.

— Comme ci comme ça.

Dana le regarda d'un air intrigué.

— La pièce n'a pas été bonne?

— Oh! *Othello* a été à la hauteur. C'est Mrs Seton qui a eu un malaise. Il a fallu rentrer un peu plus tôt.

— Elle va mieux?

Il pinça les lèvres, comme agacé, et s'assombrit.

— Je ne sais pas. Elle dormait encore quand j'ai pris mon petit déjeuner.

— Que faisiez-vous?

Le jeune homme survola du regard l'attirail pêle-mêle du parfait apothicaire devant lui.

— Vous avez le temps pour un cours de *materia medica* ?

La jeune femme éclata de rire et déploya le drap dans un claquement pour le déplier. Puis elle s'assit sur la chaise en face de son interlocuteur et entreprit de déchirer de larges bandes de tissu.

— Le docteur Seton vous a demandé de préparer des ordonnances ?

— Un purgatif et des cachets de poudre d'écorce d'angostura pour un cas de dyspepsie.

— La digitale, c'est pour traiter l'hydropisie, non ?

Elle avait noté ce traitement dans les rapports cliniques.

— Oui, entre autres, répondit-il avant de marquer une brève pause pour la regarder. Vous ne cessez de m'étonner, Dana. Où avez-vous appris tout ce que vous savez ?

— Dans les livres du docteur, Mr Aitken, dit-elle avec un sourire. Vous vous souvenez ? Il m'arrivait de lire parfois ce que je copiais.

Il ne sourit pas. Le bruit du drap qu'elle déchirait résonna dans le silence qui suivit.

— L'opium et la digitale, c'est pour quoi ?

Christopher baissa les yeux sur les deux contenants placés à l'écart des autres.

— En fait, je les ai sortis pour m'aider à réfléchir sur une question philosophique.

Jetant un air suspicieux vers le jeune homme, elle commença à déchirer la bande en carrés. Elle savait pertinemment que des médecins abusaient de certaines des substances qu'ils prescrivaient parfois.

— Vous en avez pris ?

— De l'opium ?

— De ça ou de l'autre.

— Saviez-vous que si vous mélangez de la digitalis avec de l'opium, vous fabriquez un antidote des plus puissants.

— Vraiment ? Contre quelle affection ?

—La vie.

Le geste de Dana demeura en suspens et elle ouvrit grands les yeux.

—La vie?

Un petit sourire narquois courba la belle bouche du jeune homme. Il prit le flacon contenant la poudre de digitale pourprée.

—Vous voyez, avec une faible dose de cette substance, on ralentit les pulsations cardiaques. En administrant une dose importante, on cause un empoisonnement dont les symptômes sont plutôt désagréables. Vomissements, coliques, diarrhées et une soif insatiable. Les urines se teintent de sang, les pupilles se dilatent et le pouls ralentit considérablement. Puis survient la syncope. En ajoutant quelques généreuses mesures de laudanum, on accélère le processus et on le rend beaucoup moins déplaisant.

—Christopher! Vous n'avez pas préparé une telle potion pour un client?

Le visage du jeune homme s'assombrit. Il reposa le flacon sur le bureau devant lui et prit celui qui contenait le liquide rubigineux. Il retira le bouchon et renifla les arômes de cannelle qu'il dégageait.

—Sang de Morphée…

—Christopher! fit Dana, horrifiée.

Il leva les yeux vers elle.

—Non. Soyez sans crainte. Je ne ferais jamais une telle chose, Dana. Est-ce là la vocation d'un médecin?

—Non, accorda-t-elle en reprenant le drap, rassurée.

—De toute façon, continua-t-il en se calant contre le dossier de sa chaise, quand un homme décide d'en finir, il ne consulte pas un médecin.

—Un client pourrait se servir de cet… antidote pour un usage autre que mettre fin à ses propres jours, non?

Christopher se troubla et se pencha brusquement par en avant comme si un malaise subit l'avait saisi. Dana s'alarma.

—Vous allez bien? Christopher?

Il fit oui de la tête, frottant vigoureusement son visage.

— En êtes-vous certain ?

— Ça va, Dana. Je suis seulement un peu fatigué. Ces derniers jours, j'ai mis les bouchées doubles pour faire avancer ma thèse. Je n'ai presque pas dormi.

— Oui, je suppose que cela représente beaucoup de travail. De plus, vous passez plusieurs heures ici pour assister Mr Seton dans ses travaux.

— Je pense qu'il faudra que je lui donne ma démission.

Dana sentit une pointe de déception lui percer le cœur.

— Je suis certaine qu'il comprendra, dit-elle d'une voix sincèrement désolée.

Christopher lui plaisait beaucoup malgré tout. Il était demeuré gentil et attentionné envers elle.

Elle reprit son travail et déchira d'autres carrés de coton.

— Vous savez ce qui peut pousser un homme à s'enlever la vie ? demanda Christopher.

Dana releva le menton pour le regarder en face.

— Non. C'est une chose que je ne comprendrai jamais.

Elle attendit, mais il ne dit plus rien. Elle enchaîna donc.

— Au demeurant, je peux comprendre que parfois la vie n'est pas facile, que des évènements terribles peuvent survenir sans que nous y soyons préparés, que la chance nous abandonne sans cesse… mais je crois qu'il devrait toujours y avoir assez de courage dans le cœur d'un être pour tout surmonter. S'il sait se tourner vers Dieu.

Comme pour appuyer sa vision des choses, il hocha la tête.

— J'ai longuement réfléchi sur cela cette nuit. Et j'en suis venu à penser qu'il doit aussi falloir une bonne dose de courage pour passer à l'acte. Renoncer à la vie… Si un homme en a assez, qu'il est fatigué de sa souffrance de vivre et arrive à surmonter ses terreurs humaines face à la mort, peut-on dire qu'il a commis un acte de lâcheté ?

— Se tourner vers le refuge ultime est un acte contre Dieu. C'est refuser Sa création. C'est voler Ses pouvoirs sur la vie. Lui seul décide de la vie et de la mort, comme des tempêtes et des naufrages, du soleil et des moissons. Nous ne sommes que Ses instruments. Les hommes ont construit le temple de Salomon. Dieu a permis sa destruction et les hommes l'ont rebâti. Pourquoi? Persévérer fait grandir en sagesse. Comprendre ses erreurs fait avancer l'homme sur sa voie vers Dieu.

Christopher regarda Dana avec une admiration non feinte. Un mince sourire ourla les coins de sa bouche.

— Merveilleuse femme!

— Mon père savait faire entendre ses prêches.

— À n'en pas douter.

— Il était excellent orateur. Des gens faisaient des *miles* pour l'entendre.

— Il est mort il y a longtemps?

Elle ne souhaitait aucunement parler des dernières années de la vie de son père.

— Il y a un peu plus de deux ans.

— Je suis désolé. Le temps qui nous est accordé pour suivre notre voie fait partie des grands mystères de la vie.

— Et d'abréger ce temps modifie les desseins du Tout-Puissant.

Christopher reposa son dos contre le dossier de sa chaise et croisa les bras sur sa poitrine, la mine songeuse. Sa lèvre inférieure forma une lippe qu'elle trouva charmante.

— Un jour, Mrs Rigg a trouvé Mrs Seton dans son bain, les poignets entaillés.

Le dos de Dana se raidit. Le drap tomba sur ses cuisses.

— C'était quelques mois avant la mort de leur fille, commença le jeune homme en levant ses yeux bleus vers elle. Heureusement, Mrs Seton n'avait pas coupé la peau assez profondément pour ouvrir ses veines. Après cela, Mr Seton a emmené la petite à Londres. Vous connaissez la suite. Au retour du docteur, un froid s'est installé dans leur couple pour les raisons que vous savez. Je suis arrivé chez les Seton un an plus tard. Mrs Seton souffrait de nostalgie profonde. En vérité, elle reprochait à Mr Seton de n'avoir rien fait pour améliorer la santé de l'enfant.

— Il ne pouvait sans doute rien faire pour elle.

— Manifestement, mais Evelyn ne voit guère la situation d'un œil objectif. Et elle a sombré dans un état encore plus dépressif. Trois mois après mon arrivée à Weeping Willow, elle récidivait en ingurgitant une décoction de produits subtilisés à son mari dans l'armoire à pharmacie de son cabinet.

— Un antidote?

— L'antidote. Mr Seton était en voyage à Londres. Il avait refusé que sa femme l'accompagne. Par chance, ce jour-là j'avais oublié mes notes dans le cabinet et l'ai trouvée inconsciente sur une chaise. Les contenants étaient demeurés ouverts sur la table devant elle. Ce qui m'a permis de comprendre ce qui arrivait. Je lui ai administré de force un vomitif. Elle s'en est sortie de justesse. C'est pourquoi Mr Seton garde l'armoire verrouillée depuis, conclut Christopher. Mrs Seton est fragile. Un choc émotif suffit à la faire basculer dans un état de nostalgie. Le refus constant de son mari de retourner à Londres... Ils se disputent fréquemment depuis plusieurs semaines. Je crains... C'est pourquoi, depuis le vol de l'armoire, je marque les contenants. Je vérifie tous les matins si ce qui manque correspond aux quantités inscrites dans le livre des ordonnances. Mrs Seton est particulièrement perturbée, ces derniers jours. Ne trouvez-vous pas?

— Si...

Songeuse, Dana baissa les yeux sur les carrés de coton posés sur ses genoux. Elle les rassembla et se leva. Le jeune homme lui lança un regard impénétrable, se leva et alla ranger les contenants dans l'armoire à pharmacie, qu'il verrouilla ensuite. Puis il contourna la table et s'approcha de la jeune femme, qui se préparait à partir.

— Je vous admire pour vos convictions profondes, Dana. La religion sauve les âmes de la perdition. La vôtre est encore pure, je le sais. Je le sens, dans vos gestes, dans votre regard. Vous n'êtes pas comme les autres, ajouta-t-il en la forçant à croiser les yeux avec lui.

Il la sonda pendant qu'elle rougissait.

— Je suppose que vous commencez à peindre ce matin.

Le ton de sa voix s'était durci. Dana sentit poindre le reproche dans l'observation de Christopher.

— Peut-être.

Il la dévisagea d'un air indéchiffrable et, de sa main libre, caressa doucement sa joue.

— J'ai appris que Timmy Nasmyth est votre fiancé. Je ne vous cacherai point ma déception. C'est moi que vous devriez épouser. Je saurais vous préserver telle que vous êtes. Et d'avoir accepté de peindre pour Mr Seton… Vous commettez une grave erreur, Dana. J'ai vu la façon dont il vous regarde. Son choix de l'artiste n'est nullement désintéressé. Prenez garde.

Dana détourna les yeux et s'écarta. L'écho de cette remarque troublante encore en tête, elle quitta le cabinet.

La poussière du gesso[59] poncé tomba comme une fine neige sur le bout de drap étendu sur le parquet pour le protéger des gouttes de peinture qui l'éclabousseraient inévitablement. Dana essuya avec un chiffon sec la surface de la toile de lin. Il y avait longtemps qu'elle n'avait préparé de toile et l'odeur de la mixture ranimait des souvenirs du temps qu'elle suivait des cours d'art chez Mr Whyte. Sur ce chapitre, elle en connaissait suffisamment. Elle avait apprêté toutes les toiles du maître et broyé ses couleurs pendant plus d'un an. En échange de ces services, il lui donnait deux heures de cours hebdomadairement. Elle avait aussi eu à préparer elle-même le support qui se composait de colle de peau de lapin chauffée dans laquelle on incorporait une marne calcaire, soit du blanc de Meudon. Le gesso ainsi produit était ensuite étalé sur la toile de lin pour en saturer les fibres et boucher les pores. Cette étape était longue en vertu du temps de séchage du support. Mais elle était indispensable.

Un air de musique lui parvenait du salon. Quelqu'un jouait du pianoforte. Sans s'en préoccuper, Dana caressa la surface lisse de

---

59. Le gesso est un enduit qui sert à préparer le support à peindre en le rendant plus uniforme.

la toile, l'inspectant à la lumière pour en vérifier la planéité. Elle était parfaite, prête à recevoir les premiers traits de l'ébauche initiale du portrait.

La veille, pendant que le gesso séchait, elle avait fait encore quelques croquis de Francis. Les bouts de pierre noire raccourcissaient et les croquis se multipliaient. Duquel s'inspirer? Elle en aurait fait cent qu'elle découvrirait toujours un nouveau visage à cet homme. *Je ne saisis qu'un atome de votre essence, Francis.* Elle voulait l'entière structure, en étudier la complexité. *Vous dites que je vois plus loin que l'image…*

Dana doutait soudain de sa capacité à livrer une œuvre satisfaisante. Timmy avait raison. Elle ne possédait pas l'expérience nécessaire. Cent livres, c'était beaucoup pour un tableau peint par un artiste sans véritable savoir académique.

En attendant l'arrivée du modèle, elle prépara son matériel. Des objets avaient été placés sur le bureau, qui avait conservé son nouvel emplacement: un encrier ouvert et une plume oubliée sur la page d'un livre. Sous un crâne de singe, d'autres livres avaient été empilés, laissant suggérer que le chirurgien faisait des recherches au moment où un instantané de sa vie avait été capté par l'œil de l'artiste. Le microscope serait visible en arrière-plan, devant les étagères de la bibliothèque. On ne devinerait toutefois que les linéaments de ces symboles de la profession et de la connaissance. Dana avait une bonne idée de la composition du portrait. Elle avait suggéré à Francis de porter des vêtements sobres et de couleur foncée. L'accent serait mis sur le visage et les mains. L'éclat lumineux de la chair crèverait la pénombre qui entourerait l'homme de science. Demeurait le problème de l'expression du modèle.

Elle tergiversa encore un instant devant les croquis. Francis était parfaitement conscient des limites de son talent. Elle n'avait pas peint depuis huit ans. Il l'avait engagée en connaissance de cause. Il critiquerait avec discernement l'œuvre finale.

« Je peux y arriver », s'encouragea-t-elle.

Malgré son incertitude, une sorte d'excitation envahissait Dana. La pièce se remplirait bientôt des odeurs de l'huile de lin et de l'essence de térébenthine. Que faisait Francis ? Comme chaque fois, l'attente la rendait nerveuse.

N'ayant plus rien à faire, elle lança un regard circulaire dans la pièce. Tout était prêt et pourtant il lui parut que quelque chose clochait... Les rideaux ! On les avait remis en place. Le soleil célébrait aujourd'hui le ciel d'une lumière plus vive. Ce qui rendait la pièce plus claire qu'au premier matin. Voilà pourquoi elle ne s'en était pas rendu compte. Mais l'astre déclinerait assez tôt et la pénombre gagnerait rapidement la bibliothèque.

Elle déplaça le fauteuil repoussé contre les étagères. Le battant grillagé qui protégeait la section des livres pour initiés bougea. Il était déverrouillé. Dana se redressa et regarda le battant, songeuse. Puis, de son index, elle l'entrouvrit doucement. Les charnières pivotèrent sans un grincement. L'interdit s'offrait à elle. Elle parcourut du regard les dos dont les titres et décors dorés à chaud dans les entre-nerfs brillaient d'une douce patine. Quelques coiffes des livres étaient endommagées par l'usage et les tranchefiles, effilochées.

Elle n'osait les toucher, comme si de le faire risquait de libérer des démons ou autres entités dont les noms s'inscrivaient sur les pages. Elle fit mine de refermer le battant. Un détail retint son attention et elle suspendit son geste. Un livre avait été déplacé. En fait, il était toujours à sa place. Mais un chemin avait été creusé dans la poussière qui n'avait pas été ramassée depuis bien longtemps. Elle lut le titre à demi effacé par le temps : *Manuale exorcismorum*.

« Manuel de l'exorcisme, traduisit-elle dans un murmure. C'est étrange... pourquoi Francis aurait-il besoin de consulter un livre qui traite de l'exorcisme ? »

Elle approcha lentement sa main, hésita, battit en retraite et referma brusquement le battant qu'elle fixa en frissonnant. Dans une virevolte elle se tourna vers le fauteuil et le tira près de l'une des fenêtres avant de grimper dessus. Son bras prolongé du tisonnier atteignait tout juste les crochets.

Quand Francis ouvrit la porte, Dana s'était maladroitement hissée sur la pointe de son pied droit et cherchait à décrocher le rideau. Il entra. Elle ne l'entendit pas et il put la contempler un moment à son insu. Le moment en fut un des plus délicieux qui lui fût donné de goûter depuis le jour où il l'avait retrouvée dans le pavillon de pêche des Warrender. Debout devant la grande fenêtre, Dana invitait le soleil à dévoiler ses formes à travers la mousseline de sa robe noire.

N'arrivant pas à atteindre les derniers crochets avec le tisonnier, la jeune femme monta sur l'appui de la fenêtre. Elle pivota légèrement de côté, se retint au cadre et allongea le bras. Son œil capta la silhouette qui se tenait près de la porte et elle s'immobilisa.

—Oh! fit-elle en rougissant violemment.

Déconcentrée, elle sentit son équilibre vaciller. Le tisonnier lui échappa et tomba au sol dans un tintement métallique. Sa main accrocha le pan du rideau et elle s'y agrippa. Les trois crochets ne résistèrent pas et le rideau tomba lourdement sur elle, la recouvrant comme un spectre. N'y voyant plus rien, elle poussa un cri étouffé et battit des bras pour se dégager.

Francis se précipita.

—Appuyez-vous sur moi, Dana. Je vais vous aider.

Elle cessa de gigoter, se pencha vers l'avant et chercha à l'aveuglette la solidité des épaules de l'homme. Quand elle y prit appui, Francis la délivra du rideau. La lourde étoffe glissa au sol dans un froissement.

—Merci, murmura-t-elle en découvrant le pénétrant regard gris posé sur elle. J'aurais dû... demander à Mr Halkit...

Le coup d'émoi qui la saisit lui vola le reste de sa phrase, qui n'avait plus vraiment d'importance, de toute façon. Les mains de Francis avaient encerclé sa taille. Le visage toujours levé vers elle, il ne dit rien. Ses yeux exprimaient bien mieux tout ce qui l'agitait. Le cœur de Dana redoubla d'ardeur dans ses membres paralysés.

Elle sentit les mains épouser ses hanches, remonter vers la taille, hésiter, puis s'aventurer le long de ses flancs. Elle en oublia la position dans laquelle elle se trouvait. Électrisée, c'était à peine si elle pouvait respirer.

—Vous auriez dû, en effet...

La voix la ramena dans la réalité et elle cligna des paupières. Son corps pencha vers l'avant. Francis avait de nouveau encerclé sa taille et l'empêchait de basculer. Dana s'accroupit sur l'appui de la fenêtre ; leurs visages se retrouvèrent au même niveau. Leurs regards étaient soudés l'un à l'autre.

— Les rideaux… ils coupent la lumière, bafouilla-t-elle, le souffle court.

Elle essayait désespérément de rassembler ses esprits.

— Ils coupent aussi du froid…

Curieusement, elle ne sentait pas ce froid traverser le fin tissu de sa robe.

— Dana… fit doucement Francis en resserrant l'étreinte sur la taille.

S'il osait plus ? Si elle ne résistait pas ?

Si on les surprenait ?

— Monsieur, l'arrêta-t-elle en prenant peur. Je pense qu'il faudrait se mettre au travail.

Le visage de Francis s'assombrit. À contrecœur, il acquiesça et l'aida à descendre de l'appui. Il était maintenant clair pour lui qu'elle partageait les sentiments qui le perturbaient. Troublé au-delà des mots, il s'écarta, ramassa le rideau qui gisait en tas à ses pieds et le déposa sur le dossier du fauteuil. Puis il s'occupa de décrocher le second panneau.

Il demanda à Halkit de les ranger le temps que prendrait l'exécution du portrait. Quand il revint, par précaution, la porte demeura ouverte derrière lui. Dans le silence que meublait le tic tac de la pendule, il s'installa dans le fauteuil et prit la pose que Dana avait suggérée : les genoux croisés, le corps légèrement penché vers le bureau, un coude appuyé sur les pages du livre ouvert, la main gauche soulevée vers le menton, les doigts repliés l'effleurant. L'autre bras pendait mollement le long de son corps. Pendant qu'il adoptait une attitude songeuse, un livre dans la main droite était suspendu dans le vide.

Dana s'appliqua à tirer les premiers traits de l'ébauche. Elle corrigea l'angle du corps pour obtenir un triangle aux proportions mieux définies. Le visage fut tourné de manière à jeter un peu d'ombre sous les arcades sourcilières et les pommettes. Remuée par ce regard brillant dans la pénombre, qui l'épiait dans ses moindres mouvements, elle en brisa son bâton de pierre noire.

« Je n'y arriverai pas », songea-t-elle avec consternation.

Avec un pinceau, elle entraîna du jaune et du bleu sur la palette pour les mélanger. Elle y ajouta un peu de carmin, l'éclaircit avec le blanc et rajusta les quantités afin d'obtenir une teinte de marron assez pâle. Imprégnant un second pinceau de térébenthine et trempant sa pointe dans le marron, elle entreprit l'application des couleurs maigres qui définiraient les formes et mettraient en évidence les zones d'ombre et de lumière.

J'aime cet homme et je sais qu'il éprouve aussi pour moi du sentiment.

D'une touche de bleu dilué, elle approfondit l'ombre du cou.

De prétendre qu'il m'aime serait présomptueux, mais…

Le modèle bougea, soulevant son intérêt. Francis frictionna sa nuque tendue après les longues minutes d'immobilité. Il reprit la pose et lui dédia toute son attention. Le pinceau resta en suspens.

… il y a décidément quelque chose dans ces yeux-là. Comment une telle affaire a-t-elle pu arriver sans que je m'en rende compte?

Le visage de Francis changea d'expression. Son regard avait dévié. Dana se retourna. Une femme, petite et maigre, au visage anguleux et aux cheveux blancs comme l'hiver se tenait dans l'encadrement de la porte. D'une prestance digne du rang social qu'elle arborait dans la richesse de sa vêture, elle pénétra dans la bibliothèque.

— Mère… fit le chirurgien en se redressant dans le fauteuil.

— Voilà donc à quoi vous vous adonnez au lieu de vous occuper de votre épouse, mon fils? Evelyn m'a parlé de cette idée de portrait. Qui est-ce? demanda-t-elle en levant un sourcil hautain sur l'artiste.

Dana remarqua la ressemblance frappante entre la mère et le fils Seton. Même air austère, même bouche large aux lèvres minces. Quoique, à la place de l'argent, des reflets d'eau de mer coloraient le regard de la femme. Francis tenait ses yeux de son père.

— Ah, vous voilà ! s'écria Caroline en entrant à son tour.

Une femme, grande et de proportions agréables, venait de faire irruption dans la pièce. Elle exhibait fièrement une magnifique chevelure rousse. À l'arrivée de sa sœur, Francis se leva complètement. Il avait souhaité ne pas avoir à présenter Dana à sa famille. Mais sa mère avait décidé de profiter de son hospitalité plus longtemps que prévu. La rencontre devenait inévitable. Il aurait été plus judicieux de donner quelques jours de congé à Dana.

— N'y aurait-il ici aucune âme assez éclairée pour me présenter cette personne ? réitéra la vieille femme en toisant Dana.

Caroline avisa l'expression paniquée de son frère. Elle lança un regard de biais vers Dana, qui n'avait pas bougé.

— C'est sans doute l'artiste que Francis a engagée pour exécuter son portrait, mère, expliqua-t-elle finalement à Mary Seton. C'est bien cela, n'est-ce pas, Francis ?

Tiré de sa stupeur, Francis porta son attention sur sa sœur, qui le dévisageait d'un air contrarié.

— C'est bien cela.

— Une femme ? Et beaucoup trop jeune à mon avis pour posséder l'expérience des maîtres. Cher fils ! Votre père a réquisitionné les talents de Ramsay pour produire le sien. Vraiment !

— Son portrait a été peint par David Martin, mère. Allan Ramsay était commissionné par le roi et…

— Qu'importe. Martin était l'élève de Mr Ramsay. Tes ancêtres n'ont jamais fait appel qu'à des artistes de renom pour l'exécution des tableaux qui ornent les murs de cette maison. Pourquoi ne pas demander à William Owen, ou encore à Raeburn ?

— Dana Cullen est une artiste de talent, mère, l'interrompit brusquement Francis.

— Cullen ?

Francis sentit son cœur stopper en réalisant son erreur. Il n'osa se tourner vers Dana, de qui il sentait tout à coup le poids du regard sur lui.

— Je croyais que vous alliez déjeuner chez les Grant, mère, dit-il pour tenter d'aiguiller cette discussion sur une autre voie.

— Nous allions justement nous changer, observa Caroline, qui ne désirait en aucun cas voir sa mère gâcher cette sortie pour une chose aussi futile que le choix d'un artiste pour peindre un tableau.

— D'où vient-elle ? demanda Mary Seton.

Caroline lança un air agacé vers son frère.

— Tu aurais pu remettre cette séance, Francis. Au moins, le temps qu'Evelyn se remette. Elle est vraiment contrariée et…

Il serra les mâchoires.

— Ne l'est-elle pas toujours ? Je suis maître dans cette maison et personne ne me dictera quoi décider.

— Miss Cullen n'a rien d'une véritable artiste, fit une voix éraillée.

Tous se tournèrent vers Evelyn, que personne n'avait entendu entrer. Sa chevelure d'un blond si clair et son teint aussi pâle que sa robe de chambre de coton faisaient d'elle une apparition spectrale. Flottant presque sur le sol, elle avança vers le groupe rassemblé autour du chevalet et enchaîna.

— Elle dessine bien, sans plus. Je ne sais pas pourquoi Francis tient tant à ce que ce soit elle qui le peigne. Au moins, si elle avait possédé ne serait-ce que la moitié du charme de Miss Stanfield, j'aurais pu comprendre ses motifs…

L'allusion on ne peut plus claire poussa Dana dans un embarras profond. Francis allait répliquer quand sa mère, qui semblait la seule à ne pas l'avoir entendue, les interrompit avec un accent de reproche.

— Pourrait-on me répondre ?

— Oh ! Pardonnez-moi, mère, répondit Evelyn. Miss Cullen vit chez son oncle, Charles Nasmyth, un papetier qui tient une boutique dans Wester Portsburgh. Mais je crois qu'elle a été élevée à Kirkcaldy.

Elle avait ajouté cela en fixant son mari, qu'elle vit blêmir. Mary Seton sursauta comme si elle avait été piquée par une guêpe. Sa fille vint à son secours.

— Mama, vous allez bien ?

— Oui… oui…

Francis sentit le regard de sa mère s'alourdir sur lui. Un long silence s'ensuivit pendant lequel il n'osa l'affronter.

— Est-elle une parente de ce pasteur Cullen qui administrait la cure de la vieille paroisse de Kirkcaldy il y a quelques années? demanda-t-elle.

— Oui, de celui-là même, l'éclaira Evelyn.

— Evelyn!

La voix du chirurgien avait claqué dans la pièce et fait bondir les femmes présentes.

Son regard ahuri voyageant de l'un à l'autre, Dana suivait le cours de la discussion dont elle faisait l'objet comme si elle ne se trouvait pas dans la pièce.

— Je peux voir où vous en êtes, Miss Cullen? dit Mary Seton sur un ton autoritaire en ignorant la rudesse de son fils.

Dana leva la tête et redressa les épaules. Bien qu'aucune présentation ne fût encore officiellement faite, on daignait enfin s'adresser directement à elle. Elle hésita un court instant. Puis, les yeux baissés vers le sol, elle déposa son pinceau et exécuta une petite révérence en s'écartant du chevalet.

— Je n'en suis qu'à l'ébauche, Mrs Seton.

Personne ne vit la porte du petit vestibule bouger.

Impassible, la vieille femme regarda la toile, puis, pendant plusieurs longues minutes, elle examina les croquis étalés un peu partout sur le sol. Elle ramassa l'un de ceux qui détaillaient le visage de son fils et le brandit sous le nez de Dana, qui recula instinctivement.

— Je vois que les talents d'artiste sont notoires chez les Cullen quand il s'agit de dessiner les Seton, remarqua la dame sur un ton sarcastique.

Dana se tourna vers Francis sans comprendre.

— Mama, vous allez vous mettre dans un état tel que l'appétit vous abandonnera, appuya Caroline, qui n'aimait pas la tournure que prenaient les évènements. Venez ou nous serons en retard.

— Malgré tout le talent qui vous honore, Miss Cullen, insista Mary Seton, vous ne serez jamais plus qu'une…

— Mère! la coupa Francis dans un grondement terrible.

Foudroyant son fils, la femme commença à déchirer le dessin. Rouge de fureur, Francis franchit l'espace qui le séparait d'elle et lui arracha ce qui restait du croquis. Dana regarda, incrédule, les morceaux s'éparpiller autour des pieds de la dame. Humiliée, offensée, elle s'enfuit dans le hall. Francis la vit partir, impuissant à lui venir en aide. Il se planta devant sa mère.

— Ce que vous venez de faire est totalement irrecevable !

— C'est la fille du pasteur Henry Cullen, Francis ! Que fait-elle ici, dans cette maison ?

— Qui j'emploie ne regarde que moi. Elle dessine merveilleusement bien et j'ai besoin de ses talents.

— Ses talents ? Il existe plus d'un artiste de talent à Édimbourg.

— Je ne veux d'aucune façon discuter de ça avec vous.

— Son père était un homme qui prêchait la parole de Dieu en même temps qu'il engendrait le mal. Vous avez fait entrer ce mal dans notre famille, Francis. Et vous avez le culot d'accueillir un autre Cullen dans notre maison ? Je refuse de rester sous le même toit que la fille de ce suppôt !

— Taisez-vous, mère, siffla Francis. D'abord, cette maison est la mienne et Dana Cullen n'a rien à voir avec ce qui est arrivé il y a maintenant dix ans de ça !

— C'est inutile de ranimer toute cette histoire, Mama, tenta Caroline pour calmer sa mère.

Haletante de colère, Mary Seton regarda son fils, sa fille et sa bru tour à tour. Elle serra les lèvres à les faire blanchir.

— Je sens mon cœur encore faire des siennes, murmura-t-elle tout bas. Nous rentrons immédiatement chez Arabella. Je dois me reposer.

Sans un regard pour son fils, Mary Seton pivota et quitta la bibliothèque. Avant de lui emboîter le pas, Caroline se tourna vers son frère et adopta un ton dur :

— Comment peux-tu nous faire ça, Francis ? Après tout ce qui s'est passé ! Comment peux-tu ?

Evelyn ne fit rien pour les retenir. Elle contourna le chevalet en grimaçant et étudia d'un œil critique le travail de Dana.

— Ainsi le destin des Seton est *intimement* lié à celui des Cullen, murmura-t-elle, à l'affût de la réaction de Francis. Car c'est bien à Jonat que se référait ta mère, non ? Et il est bien le frère de cette fille ?

Elle vit la main de Francis se refermer en un poing serré. Elle devrait mesurer avec circonspection le poids de ses mots.

— Mère n'a jamais prononcé son nom. Qui t'a parlé de lui ?

La surprise se lisait sur les traits trop pâles de son mari.

— Personne. Depuis l'arrivée de cette fille ici, je me pose cette question : pourquoi diable mon mari s'en préoccupe-t-il autant ? Je me suis alors souvenue avoir vu le nom de Cullen quelque part dans les papiers de la famille. J'ai vérifié. Oh, Francis… quelle imprudence tu as commise ! D'abord, tu aurais dû faire disparaître certaines preuves.

— De quelles preuves parles-tu ?

Il était maintenant franchement livide et la peur se lisait sur ses traits.

— Dans le livre sur… tu sais. Il m'arrive de m'intéresser de temps à autre à ce que tu lis.

— Quel livre ?

Il emprunta une pose suspicieuse qui fit croire à Evelyn qu'il avait une idée de quel livre elle parlait.

— Peu importe maintenant. Ce que je n'arrive pas à m'expliquer, c'est la raison qui te pousse à la retenir ici avec autant d'acharnement alors que pour ta tranquillité d'esprit tu devrais l'envoyer à l'autre bout du monde. Qu'aurais-tu à gagner si elle apprenait la nature de ta relation avec son frère ? La pauvre ne sait rien, à ce que j'en déduis. Évidemment, sinon elle n'aurait jamais accepté de peindre le genre d'homme que tu es véritablement.

— Quel genre d'homme suis-je au juste, Evelyn ? Le sais-tu seulement ?

La femme perçut l'ombre de la crainte dans le ton de la voix.

— Le genre qui ne peut qu'engendrer des monstres comme celui que tu es. Je plains ta mère d'en avoir mis un au monde.

Francis demeura muet de stupeur. Les gazouillis des pinsons leur parvenaient du salon. Elle le toisa encore le temps de constater l'effet de sa diatribe sur lui, souleva l'ourlet de sa robe de chambre et sortit. Francis fit mine de la poursuivre. Mais, encore sous le choc de ce qu'il venait d'entendre, il s'arrêta sur le seuil. Il trembla, serra les mâchoires, en proie à une fureur comme il n'en avait encore jamais connu et cela lui fit peur. Seulement pour cette dernière horreur qu'elle venait de lui vomir au visage, il aurait pu tuer Evelyn. Un cri de détresse lui monta du ventre et se coinça dans sa gorge. Un seul son, comme un chuintement, s'en échappa. Il frappa violemment du plat de sa main dans la porte, qui rebondit sous l'impact en même temps que se refermait doucement celle du vestibule derrière lui, dans le fond de la pièce.

Après quelques bonnes inspirations, Francis inspecta le hall d'un œil inquiet. Les avait-on entendus ? Qu'avait-il omis de faire disparaître qu'Evelyn eût pu trouver pour l'incriminer ? Il lui faudrait l'interroger plus sérieusement à ce sujet. Il savait Evelyn capable de bien des infamies pour lui nuire. Si elle mettait au jour cette affaire… C'est toute la famille des Seton qui en paierait le prix. Et celle des Cullen aussi, inévitablement.

Où s'était enfuie Dana ? Il devait d'abord s'occuper d'elle. Halkit surgit du salon. Si le fidèle majordome avait saisi le sujet de la conversation, il ne le démontra pas.

—Où est Miss Cullen ?

Halkit lui désigna la porte de la cuisine. Francis s'y élança. Mrs Dawson et Rachel se retournèrent d'un bloc à son arrivée. Sans comprendre la teneur de la dispute, on avait entendu les éclats de voix.

—Où est…

Avant qu'il ait eu le temps de formuler sa question, la cuisinière écarta sa corpulence pour laisser apparaître Dana assise sur une chaise. Les mains sur la bouche, elle le regardait de ses yeux rouges et humides. Sous les airs ébahis des deux domestiques, il fondit illico sur elle, lui saisit le poignet et la força à le suivre.

Dana obéit sans protester. La porte de la bibliothèque se referma sur eux. L'artiste s'effondra dans le siège qu'avait occupé le modèle. Francis arpentait la pièce devant elle, les mains dans le dos, l'air complètement bouleversé. Il stoppa sa parade et la dévisagea, la reprit d'un pas lourd, s'arrêta encore.

— Dana, soyez assurée que je…

De quoi devait-il la rassurer au juste? Il grogna. Tout se compliquait trop vite, trop tard.

— Qu'a voulu signifier votre mère à propos des Cullen, Mr Seton? demanda Dana d'une voix encore empreinte de chagrin et de vexation.

Il devait penser rapidement et lui fournir des réponses plausibles qui la satisfissent sans soulever de soupçons. Mais son esprit embrouillé par la fureur ne fonctionnait pas comme il l'aurait voulu.

— Rien qui vous concerne, Dana. Mon père a déjà eu quelques différends avec un pasteur, il y a quelques années. Elle aura confondu.

— Il n'y a jamais eu qu'un seul pasteur Cullen à Kirkcaldy, fit-elle remarquer.

Sentant la situation lui échapper, Francis hocha la tête.

— Peut-être qu'il s'agissait de votre père, Dana. Je ne pourrais vous dire exactement, mentit-il en fixant les mains de la jeune femme qui se tortillaient sur ses genoux. Mais, quoi qu'il en fût, c'est de l'histoire ancienne et vous n'avez absolument rien à y voir.

— Vous étiez au fait de cette histoire, Mr Seton. Pourquoi avoir omis de m'en parler?

Il prit plusieurs secondes, pesant la réponse qu'il lui servirait.

— Dana, mon père et moi n'étions plus très proches. Il y a des faits de sa vie que j'ai toujours évités…

Écœuré, il était sur le point de tout dévoiler à Dana. Mais, ce faisant, il s'assurait de ne jamais plus la revoir. Il aimait cette femme plus qu'il n'avait jamais aimé jusqu'à ce jour. Il ne supporterait pas de la perdre. Plus maintenant. Pour cela, il maudissait Jonat Cullen.

—Par le Christ! murmura-t-il en passant une main sur son visage. Quoi qu'il en soit, rien de ce qui a pu se passer ne vous concerne. Et ranimer les vieilles rancunes ne donne rien de bon.

Il se courba vers elle, sortit son mouchoir et le lui offrit. Elle l'accepta et se moucha après s'être essuyé les yeux. Elle était encore très perturbée de ce qu'elle venait de vivre. Il se risqua à prendre les mains tachées de peinture dans les siennes et les pressa avec douceur. Puis il les baisa tendrement. Si le cœur de Dana avait cogné dur de frustration il y avait quelques secondes à peine, en cet instant précis, mû par un tout autre sentiment, il frappait contre sa poitrine avec la puissance brutale du bélier qui travaillait à enfoncer les portes d'une forteresse.

—Mr Seton, je pense... je crois qu'il serait préférable que je parte...

—Dana, acceptez toutes mes excuses pour ce qui vient d'arriver. Je souhaite... Je tiens à ce que vous poursuiviez ce portrait pour moi.

Il y avait cette chose dans le regard intense de Francis que Dana cherchait à saisir. Mais il baissa les paupières et fixa les mains qu'il tenait.

Chapitre 18

Pendant les jours qui avaient suivi la scène de Mary Seton, Dana avait inventé un malaise qui l'avait gardée au lit. Au bout de trois nuits d'insomnie, elle revint à Weeping Willow. Elle avait pris ce temps pour se remettre de l'humiliation subie. Mais elle avait aussi longuement médité sur les dangers de retourner là-bas : elle n'en reviendrait que blessée. Mais de rester loin de Francis était pire que de souffrir sa présence. Souffrir, elle pouvait l'accepter dans la mesure où elle croyait le mériter à cause de ses sentiments pour cet homme.

Elle retrouva le chevalet exactement là où elle l'avait laissé. La toile avait été recouverte d'un drap. Les pinceaux et la palette avaient été nettoyés et le matériel était rangé. Les croquis avaient été soigneusement empilés sur le bureau. Aucune trace de celui qui avait été déchiré.

Halkit lui demanda si elle voulait du thé. Le majordome allait prévenir le maître qu'elle était là. Que faisait Francis ? Il était au chevet de sa femme, malade depuis deux jours. Christopher était absent. La maison était trop silencieuse.

Nous n'avons rien fait, se disait Dana en découvrant le tableau. Elle le contempla. *Tout est encore à faire…* Sous la main de l'amante se dessinerait le corps de l'homme, naîtraient les sentiments, dans le mélange des couleurs et à travers les émotions qu'elles susciteraient. De cela elle n'aurait pas peur de rougir. Elle y mettrait la chaleur de son désir. Elle pourrait caresser les traits de Francis et ne tromperait qu'elle-même. Tout se passerait dans cette pièce, dans ce portrait, sur cette toile. Entre leurs yeux, un univers qu'elle garderait jalousement fermé.

Ça, elle pouvait l'assumer.

Ensuite elle épouserait Timmy.

Après son départ de Kirkcaldy, puisqu'elle n'y retournerait plus, Harriet lui avait expédié le reste des livres qu'elle avait laissés derrière elle. Dana s'était réapproprié son exemplaire d'*Eloisa to Abelard*.

… L'amour n'est point un crime, il est une vertu…

Les lecteurs vivaient par procuration à travers les livres? Timmy se trompait. Les émotions qu'elle tirait de ses lectures étaient bien réelles. Elle seule les ressentait et en gagnait les bénéfices. Elle ne faisait qu'emprunter l'occasion de les vivre. Car on les lui refusait autrement. Elle avait relu le poème qui l'avait autrefois fait rêver d'amours impossibles. Lui était venue cette évidence. Le portrait, dans ses propres nuances, serait sa lettre d'amour pour Francis.

Elle ouvrit le coffret et choisit ses couleurs. Elle pressa une vessie de porc. Un jet ondulant de terre de Sienne en sortit. Les couleurs qui n'avaient pas été préparées d'avance devaient être mélangées. Ce qu'elle fit en malaxant à l'aide d'un couteau les poudres de pigments avec l'huile de lin. Cet exercice prenait un certain temps. L'odeur des substances la rassura.

Dana entendit enfin la voix de Halkit précéder celle du chirurgien, qui descendait le grand escalier sous le dôme de verre. Elle imaginait les arcs-en-ciel miniatures consteller sa chemise et faire briller sa chevelure dont elle devinait la douceur. L'angoisse la saisit le temps de tout remettre en question encore une fois. Puis elle inspira profondément.

… Héloïse t'adore et tu ne peux l'aimer…

Les pas venaient pressés vers elle et elle se retourna pour accueillir le regard gris.

… Je l'entends… je le vois… et mon âme est émue…

—Dana…

Il s'arrêta sur le seuil, hésitant. Le cœur palpitant de bonheur et d'appréhension. Il avait tant craint de ne plus la revoir.

— Comment va Mrs Seton? demanda Dana, à brûle-pourpoint.

Le visage de Francis se renfrogna.

— Mieux.

Cette entrée en matière avait jeté un froid entre eux. Dana lui avait tourné le dos et préparait sa palette et ses pinceaux. Francis ne savait trop que penser. Dana lui gardait rancune. Mais elle était revenue. C'était ce qui importait le plus.

— Installez-vous, Mr Seton.

Le cœur déchiré d'Héloïse souffrait dans la poitrine de Dana. Et dans le courage de l'héroïne elle puisa la force de regarder son modèle en face.

… Il faut dans Héloïse anéantir l'amour…

Francis avait pris position dans le fauteuil. Sa pose avait quelque chose de rigide. Il avait recouvré cette attitude empreinte d'outre-cuidance du temps de leurs premières rencontres. Mais Dana savait maintenant que ce masque d'arrogance n'était destiné qu'à dissimuler ses blessures.

❦

Plus d'une semaine s'était écoulée depuis l'exécution de la première ébauche. Le tableau prenait lentement forme, couches grasses sur couches maigres. Approfondis et rehauts par apports çà et là de touches claires et de taches sombres. Terre d'ombre et terre de Sienne, ocres cassées avec du bleu, tons enrichis au carmin, d'autres rabattus au blanc. L'application des couleurs de plus en plus denses définissait de mieux en mieux les formes et les contrastes.

Les matins ou après-midi qu'elle ne peignait pas, Dana assistait Tante Flora dans la boutique et renouait avec les anciens clients. Ils lui signifiaient le plaisir qu'ils éprouvaient à la revoir et la félicitaient pour son mariage futur que leur avait annoncé Tante Flora. Elle s'attachait à ces gens qui lui exposaient leurs petits quotidiens et rapportaient les derniers potins. Elle retrouva les membres du club de lecture et aidait Logan pour la correction de ses textes. Son cousin entreprenait une carrière journalistique prometteuse.

La roue à aubes du moulin avait cessé de tourner pour le temps des grands froids et Charles Nasmyth profitait de ce congé pour se remettre d'un accès de goutte qui le faisait souffrir depuis le début de l'automne. Timmy, qui avait définitivement quitté le toit familial, leur rendait quotidiennement visite, dînant avec eux et réinstallant la routine qu'elle avait connue et appréciée avant.

Si son cœur ne s'y faisait guère, tout lui prouvait qu'elle pouvait vivre sans Francis.

Au fil des jours, leur relation s'était rétablie sur une distance qui les retenait dans leurs positions. La conversation avait repris naturellement entre l'artiste et son modèle. Tout en manipulant ses pinceaux, Dana écoutait bavarder tantôt le chirurgien, tantôt l'homme. D'ordinaire économe de ses mots, Francis l'entretenait de son projet, de l'importance d'un cours de pathologie dans le cursus médical. Il se plaignait de la lenteur du système à le reconnaître. «C'est à croire qu'ils attendent que les Français le fassent avant nous!»

Il s'ouvrit sur quelques épisodes de son enfance et sur ses étés chez son oncle Sandy Stewart, à St. Andrews. En riant, il raconta la fois où il avait versé de la mélasse dans les bottes de son oncle et une autre encore où deux de ses cousins et lui avaient mis des sangsues dans l'eau du bain de Katheryn, la seule fille des Stewart.

— J'y avais cinq cousins dont trois étaient plus vieux que moi. Comme je n'avais que des sœurs, mon père a cru bon de m'envoyer là-bas faire mon apprentissage de la vie d'homme. Si j'ai appris comment un homme doit tenir sa place dans le monde, j'ai aussi appris à connaître les aspects moins reluisants des accès à la virilité. À douze ans, je prenais ma première cuite. Nous avions volé une bouteille de whisky dans la réserve de mon oncle. Nous avions parié sur la quantité que chacun était capable d'ingurgiter d'une seule traite. Je vous évite les détails, mais ce que je peux vous dire, c'est que depuis ce jour je n'ai jamais supporté de boire autre chose que du vin.

Avec plus de retenue, il évoqua la mort accidentelle d'une fille du village.

—Elle s'appelait Lilly et elle était très jolie. Paul, le plus vieux de mes cousins, l'avait à l'œil depuis un an. Moi, je n'avais que dix ans. Paul avait conçu un plan pour attirer l'attention de Lilly en feignant d'être blessé. Lilly se rendait tous les matins à la laiterie des Smith dans Cow Wynd. Il y avait de la brume ce matin-là sur le chemin qui traversait les champs labourés ceinturant la ville, et les corbeaux croassaient ; le cadre idéal pour une scène dramatique. Paul avait enduit sa chemise de sang de cochon et s'était allongé en bordure de la route pour l'attendre. Il nous avait placés, Walter et moi, en sentinelles pour surveiller son arrivée, qui survint après à peine une dizaine de minutes d'attente : Lilly était ponctuelle. Nous sommes accourus vers elle, affolés, en criant que Paul avait été attaqué par un voleur et avait été gravement blessé. La pauvre fille en avait abandonné ses seaux et s'était précipitée vers mon cousin qui geignait, ses mains empoignant sa chemise ensanglantée. Il mimait si bien la souffrance que j'avais moi-même commencé à croire à son jeu. Lilly nous a sommés de chercher de l'aide, ce qu'avait évidemment prévu Paul. Et comme il nous avait ordonné de le faire, nous sommes rentrés chez mon oncle et avons attendu. Paul est arrivé une demi-heure plus tard, en larmes et complètement bouleversé. Ma tante a bien essayé de savoir ce qui s'était produit. Il était couvert de sang et n'avait aucune blessure. Mais il n'arrivait à tenir que des propos incohérents. Walter et moi sommes repartis sur la route. À l'endroit où nous avions laissé Paul et Lilly, se trouvait un attelage de quatre chevaux. Des gens s'étaient attroupés autour de la scène. Au centre, nous avons découvert le corps désarticulé de Lilly. Le cocher ne cessait de répéter qu'il l'avait vue trop tard. La brume l'avait masquée et la voiture roulait vite. Plus tard, nous avons appris qu'en entendant l'arrivée de l'attelage, Lilly se serait précipitée pour l'intercepter, afin d'y faire monter Paul et de le conduire à l'hôpital. En l'apercevant, le cocher avait bien tenté de stopper la course des chevaux, mais, pour une raison obscure, l'un d'eux s'était emballé et la voiture avait bifurqué directement sur elle. Les chevaux évitent habituellement les obstacles.

Personne n'avait jamais rien su du rôle de Paul dans cet accident regrettable. Le sang sur sa chemise avait été attribué à Lilly, qu'il aurait secourue tout de suite après avoir vu l'accident se produire. Le cocher de la voiture n'avait malheureusement pas remarqué la présence du jeune homme sur la route. Quant à Walter et Francis, ils avaient juré de ne jamais trahir leur secret.

— Vous ne l'avez jamais dévoilé ? s'enquit Dana.

Son pinceau imprégné de pourpre était resté suspendu dans le vide.

— Jamais avant aujourd'hui, dit Francis solennellement. Walter vit toujours dans la région de St. Andrews. Il n'a jamais reparlé de cet accident, même avec moi. À quoi bon ? Après la mort de Lilly, dont il se sentait responsable, Paul s'est engagé dans l'armée. Il est mort plus tard en Égypte sous les coups de l'armée française. Je pense qu'il n'aurait pas eu assez de sa vie pour regretter son geste stupide.

Après ces derniers mots, Francis devint plus sombre et replongea dans ses songes. Un silence était tombé dans la bibliothèque. Dana s'était remise au travail, étudiant les expressions qui animaient le visage du chirurgien. Il semblait agité. Ruminait-il ses propres regrets ?

◆◆

Le lendemain, d'humeur joyeuse et en verve, il aborda le récit de son premier voyage à Londres et les impressions qu'avait laissées la capitale anglaise sur un garçon de huit ans. Son père avait loué une maison dans Leicester Square, à deux pas de celle du peintre Reynolds. Ils y avaient passé plusieurs mois. D'abord son père voulait un portrait de la famille, celui qui se trouvait dans la salle à manger. Et c'est Reynolds qui l'avait peint. Ce fut sans doute l'un des derniers tableaux qu'il ait accepté de faire avant de mourir.

La bouche de Francis forma une moue sibylline. Puis elle s'ourla en un sourire narquois.

— Dieu que je détestais ces longues heures à rester immobile. Mes sœurs ne cessaient de se plaindre des fourmis qui grimpaient dans leurs jambes. Et cette perpétuelle odeur de térébenthine me donnait des nausées.

— Je suis désolée, fit Dana. Je n'y peux rien.

Son air indéchiffrable remodelant ses traits, il la dévisagea.

— C'est pourquoi j'ai attendu si longtemps avant de commander ce portrait.

Reprenant sa pose, il enchaîna avec son histoire pendant que Dana continuait de peindre. Pour le bonheur du petit garçon, un autre évènement avait transporté les Seton à Londres : l'ouverture du musée qui abritait la collection personnelle du chirurgien John Hunter. Membre de la Royal Society et bonne connaissance de son père, Hunter les avait invités à assister à l'ouverture officielle du musée aménagé à même la demeure du chirurgien.

Contrairement à cette société londonienne qu'ils avaient côtoyée pendant toute la durée de leur séjour, le petit grand homme qu'était Hunter, aux manières un peu rustres et affublé d'une broussailleuse barbe grisonnante, avait hautement impressionné Francis. Le garçon avait aussi eu la chance de serrer la main d'autres éminents personnages du monde scientifique britannique tels Edward Jenner, père du vaccin contre la variole, qui venait d'être intronisé au sein de la Royal Society, Astley Cooper, qui était venu visiter Weeping Willow au cours de l'année précédente, et le géologue écossais, James Hutton, qui possédait aussi ses licences en droit et en médecine. Hutton, à qui le grand-père de Francis avait enseigné, venait de fonder sa théorie selon laquelle le sol aurait été formé par l'activité volcanique de la planète, à l'opposé de la théorie de Werner qui disait qu'il serait plutôt le résultat de la cristallisation des sédiments après le Grand Déluge.

— Je n'ai guère de difficulté à deviner vers quelle théorie vous penchez, Mr Seton.

— Vous saviez que c'est le petit du coucou qui pousse les oisillons hors du nid dans lequel sa mère a pondu l'œuf et non la mère elle-même ?

— Le coucou ? fit Dana, qui voyait mal le lien entre l'oiseau, la théorie de Hutton et Londres.

— Jenner a pris une demi-heure de son temps pour m'expliquer comment procédaient les coucous pour faire élever leurs petits par d'autres espèces d'oiseaux. Il les a longuement observés.

— Et le musée ?

— C'était la première fois que j'en visitais un, se rappela-t-il en fixant le néant, comme si tout ce que ses yeux avaient vu ce jour-là défilait de nouveau devant eux. Nous avions entendu tant d'histoires concernant la collection de Hunter, qu'elle en était devenue légendaire. Des animaux dont je n'imaginais même pas l'existence. Il y avait cette girafe empaillée, si grande… Vous savez, les explorateurs racontent dans leurs journaux de voyage avoir rencontré des créatures dans les nouveaux territoires qu'ils découvrent. En lisant leurs descriptions, nous les imaginons relativement selon nos dimensions. Mais d'en voir une de ses propres yeux, et de pouvoir la toucher… Dana, ce fut un moment fabuleux. Il y avait aussi des ossements d'éléphants et de baleines, des fœtus d'animaux dont les noms m'échappent. Et toutes ces préparations anatomiques, et ces curiosités de la nature… Je me souviens particulièrement de ces quintuplées préservées dans l'alcool. Des fillettes.

La ligne droite de ses sourcils s'abaissa à ce souvenir, qui devait en être un des plus troublants pour un jeune enfant.

— Et le fameux squelette du géant irlandais Charles Byrne. Vous saviez que cet homme mesurait plus de huit pieds ? La célébrité l'a tué à l'âge de vingt-deux ans. Il avait fait fortune en s'exhibant devant le public et a noyé son désespoir après s'être fait un jour dérober tout cet argent.

Le chirurgien fit une pause. Son expression devint triste. Dana s'arrêta de peindre.

— Vous savez, les gens ont un goût morbide pour les curiosités humaines… Byrne avait peut-être profité d'une certaine façon de sa malformation. Imaginez par contre un couple d'enfants siamois qui pour gagner leur pitance doivent paraître dans des spectacles comme des animaux inusités… à la différence que les animaux restent indifférents à ces exhibitions forcées.

— Vous en avez vu chez ce Hunter?

— Hunter achetait tout ce qui présentait une imperfection de la nature humaine ou animale, que ce fût un macaque albinos ou cet autre squelette de cet homme atteint de *myositis ossificans*, qui ne mesurait pas cinq pieds.

— Qu'est-ce que cette maladie?

— Une affection assez rare. Les muscles s'ossifient graduellement et… bah! C'est sans importance.

Dans un moment d'agacement, il avait modifié sa pose. Dana n'osa lui demander de la rectifier tant il paraissait soudain perturbé.

— La maison de Hunter devait être un lieu des plus singuliers, observa-t-elle pour alléger le ton de la conversation.

Francis tourna les yeux vers elle. Elle esquissa un sourire. Il reprit la pose.

— Oui. Une maison immense avec des portes très hautes et le ciel qu'on pouvait apercevoir à travers un plafond de verre. C'est au retour de ce voyage que mon père a eu l'idée de modifier l'escalier du grand hall et d'y inclure la coupole de verre. De cette façon, disait-il, nous nous sentirons plus près de Dieu.

— Votre père était croyant?

— Croyant?

La main appuyée sur son menton tomba mollement sur sa cuisse. Il regarda son bras d'un air détaché.

— Je suppose qu'il l'était. Enfin, il croyait en quelque chose: le bien des hommes. Le droit à la liberté individuelle. La piété n'a jamais eu une place privilégiée dans cette famille. Mes ancêtres n'étaient pas ce que l'on pourrait considérer comme des hommes très portés sur la religion. Mais ils ont fait beaucoup plus pour leur communauté que certains de ces hommes qui prêchent les idées préconçues de l'Église.

— Nous avons déjà discuté de cela, dit Dana, qui ne désirait d'aucune façon revenir sur le sujet.

— Oui. Et vous m'avez dit qu'il n'y aura pas de paix dans ce monde tant que les hommes s'obstineront dans leurs opinions.

— Je citais mon frère, monsieur.

— Votre frère, oui. Mais n'êtes-vous point en accord avec lui?

Elle ne répondit rien. Son regard se fixa sur un point de lumière dans la toile. Francis l'étudia pendant un instant en silence, se demandant si Dana était apte à recevoir la vérité.

— Jugez-vous les gens selon les seules vertus qu'enseigne la religion, Dana?

Le regard vairon se tourna vers lui, exprimant l'incompréhension.

— Il n'y a pas deux écoles de vertu, monsieur.

— Et pourtant des gens vertueux aux yeux de certains sont vicieux aux yeux des autres. Mais peut-être que l'on pourrait alors parler d'intolérance. Si je formulais ma question autrement: êtes-vous tolérante?

— Cela dépend, j'imagine.

— De quoi?

— De ce qui est reproché. De qui a commis l'acte répréhensible. Une mère qui n'arrive pas à nourrir ses enfants ne vole pas pour la même raison que celui qui porte des habits de velours.

— Et si l'acte reproché ne porte préjudice qu'à la morale de l'Église? Pourriez-vous tolérer l'hérésie?

Dana fronça les sourcils, s'impatientant.

— Je ne sais pas… Je ne comprends pas où vous voulez en venir.

— Seriez-vous capable, Dana, de reconnaître les vertus d'un être qui sacrifierait sa vie pour le bien des siens et dont le seul crime est d'être un hérétique au jugement de l'Église?

L'intonation se voulait calme, mais Francis était presque excédé. Déposant son pinceau, Dana considéra le chirurgien. Essayait-il de lui dire quelque chose?

— Ce serait selon le cas, monsieur.

— Selon le cas, fit Francis dans un marmonnement.

Il rompit son immobilité et se leva.

— Vous devriez prendre une pause, monsieur, suggéra Dana, qui ne voulait pas insister sur cette discussion dérangeante.

Mais le chirurgien ne semblait aucunement décidé à en rester là. Il s'approcha d'elle, la dévisageant avec circonspection.

— Que diriez-vous du cas d'une personne qui est tombée amoureuse d'une autre personne et que cet amour en est un que réprouve fortement l'Église au point de vouer les amants à la damnation ?

Héloïse et Abélard surgirent tout de suite dans l'esprit de Dana. Elle en fut consternée.

— Je dirais… que l'amour vrai, quelle que soit sa forme, ne devrait pas être condamné.

Cette réponse parut satisfaire le chirurgien. Ses traits se détendirent et il hocha la tête pour l'appuyer.

— Vous le pensez sincèrement, Dana ?

… Gémissons sur leur tombe et n'aimons pas comme eux…

Elle baissa la tête.

— Oui…

— J'ai mis du temps à penser comme vous, murmura-t-il après une parenthèse de silence.

Dana n'osait lever le menton vers lui.

— Aimez-vous, Miss ?

La question la fit souffrir.

— Je vais me marier, vous le savez.

Elle avait presque soufflé les mots. Il acquiesça silencieusement et prit sa main gauche qu'il contempla.

— Se marier ne signifie guère aimer. Pourquoi l'épousez-vous, Dana ?

— Parce que… fut tout ce qu'elle trouva à répondre.

Il émit un hoquet chargé d'ironie.

— L'aimez-vous ?

— Timmy est gentil et…

— L'aimez-vous ? dit-il presque comme une attaque.

Un incendie faisait rage dans la poitrine de Dana. Un instant elle songea à Timmy. La honte refroidit son sang et elle afficha de l'indignation.

— Le mariage est prévu avant la fin du mois de février. En quoi cela vous intéresse-t-il, Mr Seton ?

— Vous méritez mieux que cet homme, Dana Cullen.

La main du chirurgien serra les phalanges avec plus d'énergie. Il imprégna Dana de son regard, lui communiquant bien plus que de la simple tendresse.

— Dana, je ne peux vous cacher plus longtemps…

Réalisant qu'il était sur le point de se commettre, il s'interrompit. Elle souleva son visage dans lequel il puisa la force de poursuivre malgré tout.

— … ce que je ressens pour vous.

Un coup à la porte les fit s'écarter subitement. Francis et Dana plaquèrent leurs bras le long de leurs flancs comme des enfants pris sur le fait. La mine alarmée, Halkit venait d'entrer. Si l'heure n'avait été aussi grave, de voir son maître rougir aussi violemment l'aurait fait sourire.

— Monsieur, dit-il d'une voix émue en présentant une enveloppe de papier bleu ciel. Cela vient tout juste d'arriver. Le porteur m'a dit que c'était de la première urgence.

À la vue de l'enveloppe, Francis pâlit. Il la saisit et la déchira presque pour en tirer un simple feuillet sur lequel Dana n'entrevit que quelques mots gribouillés.

— Que Spittal prépare mon cheval. Le temps de récupérer ma trousse, je suis à l'écurie.

— Oui, monsieur, répondit le majordome avec un air entendu avant de se volatiliser.

Francis se tourna vers Dana. Une profonde inquiétude accaparait maintenant tout son visage, tendait sa voix.

— Je suis obligé de mettre un terme à la séance d'aujourd'hui.

— Oui, fit Dana. Je comprends… une urgence. J'espère que cela ne sera pas trop grave.

Francis ouvrit la bouche pour dire quelque chose, mais se ravisa. Puis il se dirigea vers son cabinet, s'arrêta et s'adressa une dernière fois à elle avant de sortir.

— Dana… je… je vous attends demain.

Il disparut.

L'esprit en effervescence, Dana nettoya et rangea son matériel. Que Dieu lui pardonne, elle ne pouvait retenir une joie incommensurable qui lui gonflait la poitrine et qui se mêlait au trouble provoqué par ce que venait presque de lui dire Francis.

Spittal donnait un dernier coup sur la sangle. Francis fourra sa trousse dans la sacoche attachée à la selle. Halkit surgit dans l'écurie. Les joues en feu, il présenta des gants à son maître.

— Merci… Qui est venu porter le message ? s'informa Francis en les enfilant.

— Le petit Johnny Burnet.

— Johnny. C'est bon…

Spittal retenait le cheval par la bride pendant que le chirurgien mettait le pied à l'étrier. Il se hissa sur sa monture ; son carrick recouvrit la croupe sombre et lustrée du cheval.

— Vous rentrerez avant le dîner ? demanda Halkit.

— Je ne pense pas.

— Ça va si mal ?

Baissant les yeux sur le pommeau, Francis poussa un long soupir.

— Je crains que ce ne soit bientôt la fin, mon ami.

Le domestique pinça les lèvres et opina de la tête. La tristesse relâcha un peu de la rigueur de ses traits.

— Je dirai à Mrs Dawson de garder un couvert au chaud. Pour tout le monde, vous avez été appelé chez Mr Burnet pour une rage de dents.

Francis remercia chaleureusement Halkit en lui pressant l'épaule. Que ferait-il sans son fidèle domestique ?

Spittal libéra la bête ; le chirurgien la guida hors de l'écurie. Un coup de talon dans les flancs et le cheval partit au grand galop. Regardant son maître disparaître, le majordome murmura :

— Que notre Tout-Puissant le protège.

— Et le bénisse, compléta le cocher.

❧

La lumière de ce lundi matin qui pénétrait la bibliothèque était particulièrement propice à une séance. Installée à son chevalet depuis près d'une heure, Dana appliquait les couleurs vives par petites touches. Plus taciturne aujourd'hui, pour passer le temps, Francis s'absorbait dans la lecture du livre qu'il était fatigué de laisser pendre au bout de son bras.

Il avait l'air épuisé. Et très perturbé. Regrettait-il déjà ce qui s'était passé lors de la dernière séance ?

— S'il vous plaît ! l'avertit-elle doucement pour qu'il reprenne la pose.

Le chirurgien se redressa et se tourna vers elle, la mine songeuse. Pendant le court moment où leurs regards reprirent contact, Dana sentit un malaise la submerger. Elle nommait malaise cette félicité qui l'envahissait, car elle la considérait impropre à la relation à laquelle Francis Seton et elle devaient s'en tenir. Curieusement, en même temps que les couleurs se superposaient sur la toile, de plus en plus denses, définissant les formes et les contrastes, les sentiments avaient subi la même métamorphose. Ne manquait qu'un peu plus de lumière.

La pointe du pinceau mata par petits coups le reflet trop intense sur une pommette. Dana pencha la tête et prit du recul pour contempler la toile dans son ensemble. Appréciant ce qu'elle voyait, elle mélangea du jaune de Naples, du carmin, de la terre de Sienne, rabattit la mixture couleur de chair avec du blanc et choisit un autre pinceau, plus large.

— S'il vous plaît, Mr Seton !

Les épaules de l'homme sursautèrent légèrement et il ramena sa tête, qu'il avait momentanément appuyée contre le dossier vers l'avant.

— Monsieur, nous pouvons remettre la séance si…

— Non.

— Vous êtes certain ?

Il acquiesça d'un mouvement lent de la tête. Il l'était. Les séances de pose lui permettaient de se calmer. Rien que de la savoir dans la même pièce que lui le tranquillisait. Il avait seulement besoin de sommeil. Pour le reste, rien ne le soulagerait.

Dana le considéra le temps de constater en plissant le nez que le frac de *broadcloth* noir s'était froissé. Elle déposa sa palette, essuya ses doigts sur le torchon qu'elle gardait accroché au coin du chevalet et s'approcha de Francis, qui suivait ses mouvements en silence. Elle rectifia le drapé du vêtement, en vérifia l'effet. Satisfaite, elle revint au chevalet.

— Penchez un peu plus la tête vers la gauche… oui, comme ça. Ne bougez plus, c'est parfait.

Comme de marbre, le modèle gardait les pupilles fixes sur l'artiste qui se concentrait sur son ouvrage. Le pinceau bougeait à peine sur la toile. Francis aimait ces moments de tranquillité en compagnie de Dana. Il se plaisait à la regarder évoluer devant lui, saisissant chacun des gestes qu'elle faisait. Elle fronçait les sourcils et roulait sa lèvre inférieure entre ses dents. Avançait et reculait. L'étudiait comme s'il était un nouveau spécimen animal à classifier. Et, pendant ces moments de silence, rien ne l'empêchait plus de rêver.

Dana repoussa une mèche de cheveux qui s'était échappée de son chignon et qui lui chatouillait la joue. Il manquait un peu de blanc cassé sur le col de la chemise et du bleu cobalt pour approfondir l'ombre sous le menton. Là, sur le front, un reflet plus marqué. Et encore…

La pointe de son pinceau resta en suspens au-dessus du bleu. Les lèvres de Francis s'étiraient en un sourire retenu. Il avait été

d'humeur sombre tout l'avant-midi. Elle abaissa les sourcils, perplexe.

— Qu'est-ce qu'il y a ?

— Là ! fit-il en lui indiquant sa joue du bout de son index.

— Quoi, là ? Qu'est-ce que vous voulez dire ?

— Là, sur votre joue.

Il tapotait toujours la sienne de son index.

— Ma joue ?

Elle essuya sa pommette avec sa main. Francis éclata franchement de rire. Il abandonna la pose et s'approcha.

— Vous avez de la peinture jaune sur la joue.

— Oh !

Dana s'empara d'un torchon propre et l'imbiba de térébenthine.

— Laissez-moi faire, dit Francis en lui prenant le torchon des
mains.

Avec des gestes délicats, il commença à essuyer la souillure de
peinture.

— Voilà, je crois que c'est mieux comme ça, déclara-t-il en
l'examinant. Hum… J'y suis allé un peu fort, je crois. Votre peau…
est si délicate.

Les doigts avaient caressé la joue, puis glissé sur la nuque. Le
pouce effleurait doucement la peau irritée sous l'effet de la friction.
Les prunelles de l'homme captèrent celles de la femme. Un moment
de flottement s'allongea. Dana sentait son cœur cogner follement
dans sa poitrine. Il cognait de peur et de désir. Sa respiration se
précipitait et un vertige la força à rabattre ses paupières. La main
de Francis quittait lentement sa nuque. Le pouce glissa sur la peau
jusque sur les lèvres où, ludique, il en dessina la courbure. Saisie
par un fort émoi, Dana entrouvrit la bouche comme pour chercher
un peu d'air. C'est alors que la main de Francis retrouva le pli de sa
nuque et l'attira vers lui. Sa bouche se colla à la sienne, tendre, pos-
sessive. Le contact laissa Dana pantoise. Puis, il s'écarta pour la
regarder de nouveau. Entre leurs corps était demeuré un espace
qu'ils n'avaient osé combler.

Cela devait arriver. Une question de temps. Dana le savait et lui aussi. Le jaune de Naples n'était qu'un prétexte.

Il ouvrit la bouche, puis renonça à prononcer le moindre mot, songeant que tout ce qu'il pourrait dire n'arriverait jamais à exprimer ce qu'il ressentait en ce moment. Il approcha l'autre main et dégagea le regard de Dana de la mèche rebelle. L'œil vert et l'autre noisette. Il était émerveillé, comme la première fois qu'il avait rencontré ces grands yeux-là. Les doigts glissèrent sur la peau tiède, et, ensemble, les deux mains saisirent le visage comme un objet sacré qu'on craint de briser, le portant jusqu'à lui avec une tendresse infinie pour le baiser.

Le pinceau tomba au sol. L'ardeur de l'étreinte s'intensifia, infusant dans leur sang une ivresse qui les brûla au cœur. Les mains de Francis retenaient le visage de la femme contre le sien. Les doigts de Dana exploraient timidement le corps de l'homme sous le frac de drap soyeux. Elle embrassait le bonheur et le bonheur l'embrassait. Elle fondait d'allégresse dans l'incendie qui lui consumait le cœur.

Dana perçut un bruit léger, comme un chuintement, et cessa de respirer. Francis s'écarta, la retenant captive entre ses mains. Il n'avait rien entendu. D'où elle était, elle pouvait voir la porte de la bibliothèque. Une fine lame de lumière coupait la pénombre. Elle se souvenait très bien que Francis l'avait refermée. Quelqu'un était venu. On les avait vus. Elle repoussa le chirurgien avec fermeté. Devait-elle le lui dire ou non?

— Dana, murmura Francis, je vous…

— Mr Seton, le coupa-t-elle d'une voix empreinte d'émotion, je pense que nous devrions… oublier cet incident.

— Il ne s'agit en rien d'un incident, vous le savez très bien.

— Il faut le considérer comme tel.

Les yeux de l'homme caressaient les contours du visage qu'il ne voulait pas libérer.

— C'est vraiment ce que vous voulez?

Elle lança un regard vers la porte que personne ne venait plus déranger. Un baiser derrière une porte close. Son bonheur s'embourba dans l'affolement. Et si c'était Evelyn qui les avait épiés ?

— Vous êtes marié, dit-elle enfin.

Francis ne trouva rien de convenable à répondre à cette vérité. Qu'il fût marié demeurait pour lui le dernier des obstacles. Il avait une maîtresse. Il avait aussi eu quelques aventures sans lendemain. De son mariage ne restait que le contrat qui le liait toujours à sa femme. Mais il devait se rendre à la même raison que Dana et oublier cet *incident*. Car il y avait pire que l'infidélité en jeu. Il y avait cette autre vérité, horrible, qu'il ne pouvait se résoudre à dévoiler. Et quand il le ferait… tout s'écroulerait. Que la pièce tombât pour lui sur pile ou sur face, il perdrait invariablement Dana. Lui avouer qu'il l'aimait ne suffirait plus. Elle était la sœur de Jonat et serait bientôt la femme d'un autre.

Il le savait depuis le début.

Sans un mot, il appuya son front contre le sien, goûta sa chaleur et son parfum qui se teintait de térébenthine et d'huile de lin. De ses deux mains, avec une rage contenue, il accentua la pression au point de contact jusqu'à le rendre douloureux, puis il la relâcha avec une douceur mesurée. Tout ce qu'il ressentait le brisait. Il aimait cette femme. Pour la première fois de sa vie, il aimait une femme, et il ne pouvait pas le lui dire sans la trahir. Il ne pouvait s'en rassasier sans la salir.

La gravité remodela ses traits, lui rendant sa physionomie habituelle. Dana perçut la coupure, d'autant plus qu'elle s'en croyait responsable. Francis s'écarta. Une main sur le front, il sembla méditer sur ce qui devait être dit maintenant. Ne trouvant rien, il prit le livre qu'il avait abandonné sur le bureau et sortit.

La porte se referma doucement et Dana se sentit pénétrée d'un curieux malaise. Elle avait dit ce qu'il fallait. Pourtant, elle ne pouvait qu'en ressentir un étrange regret. Le baiser échangé ne s'effaçait pas de ses lèvres. La brûlure continuait de la faire souffrir. C'était à la fois envoûtant et troublant. Elle n'avait jamais éprouvé cela avec Timmy. Avec Timmy, elle avait besoin du feu de l'aube ou de l'excitation du danger. Sortes de succédané qui donnaient l'illusion qu'elle goûtait à la passion vraie. Elle le savait maintenant.

La séance était terminée. Le visage sur la toile lui retournait son regard. Du bout d'un doigt, elle dessina la courbe des lèvres, en contempla encore le carmin. Elle ne reverrait jamais plus Francis Seton. Elle épouserait Timmy Nasmyth et vivrait dans Potter Row. Puis elle oublierait.

Sa vue se voilant, Dana soupira et commença à ramasser son matériel.

◆━◆

Encore agité par toute cette émotion qui sourdait en lui, Francis rentra dans la maison. L'air vivifiant de l'après-midi avait à peine réussi à refroidir ses sens. S'appuyant contre le mur, il ferma ses paupières et les frictionna. Il n'arrivait plus à réfléchir calmement. Il se concentra sur le gazouillis des pinsons et sur un cliquetis de verre provenant du salon. Evelyn s'y trouvait encore. Elle avait recommencé à sortir de sa chambre depuis trois jours. Il redressa le buste et prit le livre qu'il avait abandonné sur la console à côté des plateaux destinés à accueillir les cartes de visite.

— La séance est terminée?

— Je lui ai accordé une pause, répondit l'homme en se plantant dans l'encadrement de l'entrée du salon.

Assise sur une chaise installée près d'une fenêtre, Evelyn s'appliquait sur son lé de dentelle. Un globe de verre rempli d'eau placé sur une petite table captait et réfractait avec plus de douceur sur l'ouvrage la lumière vive de la fin d'avant-midi. Sur une desserte tirée près d'elle avaient été déposés le service à thé fumant et une assiette de scones qui embaumaient. Pendant un moment, il pensa que la composition ferait un tableau intéressant. Il imagina non sans une certaine ironie Dana en train de peindre sa femme.

On entendait les gens s'affairer dans la cuisine. Les portes avaient été laissées ouvertes pour permettre la diffusion de la chaleur des fourneaux dans la salle à manger. Francis s'assit avec son livre dans l'un des canapés placés près du feu et l'ouvrit sur une page. C'était sans intérêt. Les boules de porcelaine qui donnaient du poids aux fuseaux de fils, que manipulait avec adresse Evelyn, s'entrechoquaient et faisaient une musique agréable à l'oreille. Sa femme, muette, le regardait souvent à la dérobée en tordant ses fils autour des épingles sur le carreau de velours usé reposant sur ses genoux.

— Tu ne te plains pas d'habitude de ces longues heures à rester sans bouger.

— L'odeur de la térébenthine m'incommode.

— La térébenthine ? Ce n'est qu'à cause de la térébenthine que tu as eu besoin de prendre un peu d'air ?

Le ton était chargé de sous-entendus. Feignant d'être absorbé par sa lecture, il ne répondit rien. Quitter tout de suite le salon aurait soulevé davantage les soupçons.

— Le tableau avance ?

Il tourna une page et leva un œil vers Evelyn pour le baisser de nouveau sur les mots qu'il ne lisait pas.

— Oui.

Les perles de porcelaine s'arrêtèrent de cliqueter pendant que les marmites continuaient leur tintamarre à l'autre bout de la maison.

— Nous sommes mariés depuis combien de temps, Francis ?

Le chirurgien considéra sa femme d'un air surpris. Elle avait déposé son ouvrage sur la table d'appoint, à côté de la sphère de verre lumineuse, et le regardait fixement.

— Cela fera dix ans au printemps.

— Dix ans… Et vois où nous en sommes.

Se demandant où elle voulait en venir, il attendit la suite. Mais il avait la pénible impression qu'elle ne serait pas des plus agréables. Evelyn ne parla plus pendant quelques minutes, observant par la fenêtre les minuscules silhouettes de promeneurs visibles dans Hope Park.

— Je veux divorcer.

Les derniers mots forcèrent un chemin dans le cerveau de Francis. Il referma son livre et fronça les sourcils.

— Divorcer ?

Sa femme s'était levée.

Divorcer ? Il demeura aphone un instant, jonglant avec cette idée qu'il avait déjà envisagée. Mais qu'il jugeait impossible pour l'instant. Les seules causes recevables en cour pour l'obtention d'un divorce étaient l'adultère et la cruauté de la part de l'un des deux époux. La faute ne pourrait être imputée à Evelyn sans risquer de provoquer un affreux scandale qui ne manquerait pas de rejaillir sur lui d'une façon ou d'une autre. Et bien qu'il eût été discret dans sa relation avec Amy, il ne pourrait la nier. Lui seul aurait à porter la responsabilité de l'échec de leur union, et les journaux s'empareraient de cette histoire avec bonheur. Le conseil d'administration de la Royal Infirmary accueillerait cette nouvelle avec réserve. Sa réputation en serait irrémédiablement entachée et la carrière d'Amy en souffrirait aussi. Ce qu'il ne désirait pas.

— C'est hors de question, Evelyn. Certainement pas alors que j'attends une réponse du comité d'administration de l'université pour l'obtention de cette chaire de pathologie anatomique. Je travaille sur ce projet depuis trop longtemps pour le saboter dans le seul but de te faire plaisir.

— Ta carrière ! lâcha-t-elle avec mépris. Tu ne te préoccupes que d'elle.

— Tu as épousé un médecin. Tu savais quels seraient mes devoirs et mes priorités.

— Accorde-moi la séparation, dans ce cas. Laisse-moi retourner à Londres.

— Pas avant que la décision ne soit rendue.

— Je ne peux pas attendre jusque-là. Je n'en peux plus de cette situation. Je refuse de passer un autre hiver ici.

— Ma vie est ici, Evelyn. Je ne désire pas quitter Weeping Willow. Tiens-toi-le pour dit.

Sa femme le défiait d'un air buté, les bras croisés sur sa poitrine.

— Je ne te demande plus de quitter ton cher domaine. Si tu me refuses le divorce, je raconte tout sur tes petites activités qui ont cours dans la cave de cette maison. Que dira le conseil d'administration de l'hôpital quand il apprendra que tu fais exhumer tes patients quelques heures seulement après leur enterrement pour les découper à ta guise ?

— Il faudra prouver…

— Tu enregistres tout dans tes livres, pauvre niais ! Et quand bien même tu les brûlerais, reste que cela fait des mois que tu t'acharnes à faire accepter l'idée de payer la famille d'un patient de la Royal Infirmary pour procéder à une autopsie dans le cas où ce dernier viendrait à mourir dans l'établissement. N'as-tu pas déclaré être prêt à payer trois livres de plus pour le cadavre d'un homme mort dans les heures qui suivent et dont tu connais l'histoire médicale ? Même si on ne désapprouve pas complètement tes actes, on ne pourra faire autrement que de te suspendre du conseil d'administration pour sauver la réputation de l'hôpital advenant que tout ça soit rendu public. Car tu sais très bien que la population, elle, comprendra mal.

Francis fixa Evelyn d'une manière incrédule.

— Comment oses-tu me menacer de cette façon ? Et puis, où as-tu pris tous ces détails ? C'est Christopher qui t'a raconté ça ? Ça ne peut être que lui. Il était là quand j'ai fait cette suggestion au conseil.

— Qu'importe. Et si cela est insuffisant, je te ferai accuser d'infidélité. Tu crois que je ne sais pas que tu entretiens des liaisons… particulières avec certaines personnes ? Jusqu'ici j'ai fermé les yeux sur tes agissements parce que cela me convenait. Mais aujourd'hui… ta perversion va au-delà des limites.

— Ma perversion ?

Il se leva devant la nouvelle menace.

— Evelyn, je n'accepterai jamais que tu étales publiquement ma vie, que tu salisses ma réputation, que tu m'humilies devant mes collègues alors que tu sais très bien que les causes de l'échec de notre mariage te reviennent en grande partie. Si ce n'est totalement.

Il la dévisagea un moment, cynique, avant de se remettre à parler avec encore plus de dureté.

— Que crois-tu tirer d'un divorce, à la fin ? Les femmes divorcées sont mal vues de la société. Et à Londres, c'est encore pire qu'ailleurs. Où iras-tu ?

— Je me moque éperdument de ce qui rejaillira sur moi de cette affaire. Je suis prête à en assumer les conséquences. J'obtiendrai ce que je veux, Francis. J'arriverai bien à rétablir ma réputation lorsque les gens sauront ce que je sais. Ces choses qui, si elles sont dévoilées, détruiront ta réputation au-delà de toute récupération.

Un mélange de fureur et de crainte submergea Francis. Elle reparlait de ce qu'elle avait découvert dans ce livre mystérieux. Il avait tourné et retourné cette affaire dans sa tête, mais rien ne lui venait à l'esprit.

— Tout ça n'est que du bluff…

— Tu veux parier sur ça ? J'ai mis la main sur une correspondance dont certains détails scabreux intéresseraient bien des gens.

Il s'était approché d'elle. Le doute le gagnait peu à peu.

Une correspondance ?

— De quoi parles-tu ?

Francis la braquait d'un regard qui la fit hésiter. Elle eut le sentiment d'être allée trop loin. Mais il était trop tard pour faire marche arrière.

— Elle est en lieu sûr, Francis. Et je ne te la rendrai que lorsque j'aurai obtenu ce divorce. Ce cher Jonat Cullen possédait une prose très élégante pour exprimer ses sentiments les plus tendres. N'oublie pas qu'il est le frère de cette jeune femme avec qui tu t'enfermes pendant des heures. Je ne suis pas certaine qu'elle accepterait cette promiscuité avec un homme qui…

Il toisa sa femme avec horreur. Il avait pourtant pris soin de ne rien garder qui pût soulever le moindre soupçon sur une vérité qu'il était le seul à connaître. Mais s'il avait oublié ne serait-ce qu'une seule lettre… il imaginait trop bien ce qui arriverait si Evelyn en étalait le contenu.

Avisant la colère qui grondait en lui et pressentant un réel danger, elle recula. Francis la saisit par le poignet. Le bras de sa femme cherchait à se dégager de la main de fer.

Des pas résonnèrent dans le hall au premier. Une porte s'ouvrit et un éclat de rire leur rappela qu'on pouvait les entendre. Francis relâcha sa femme qui, le visage chargé de haine, s'écarta aussitôt de lui.

— Je ne sais trop ce que tu as en ta possession, mais sois assurée, Evelyn, que si tu cherches à t'en servir dans le but de me nuire, tu en paieras le prix. Tu sais très bien ce que je pourrais faire si tu me pousses au pied du mur. Laissons les gens juger qui de nous deux a commis la pire cruauté.

— Tu remuerais toute cette lie… simplement pour obtenir cette chaire? Tu n'irais pas jusque-là…

— Tu veux me tenter? Ce projet est ce qui m'a tenu vivant depuis deux ans. Je ne te permettrai point de tout détruire aussi facilement. Maintenant donne-moi cette correspondance et je t'accorde le divorce quand tout sera terminé.

Plaquant ses mains sur ses oreilles, Evelyn ne l'entendait plus. Un sourd bourdonnement lui emplit la tête de petites voix: «Maman! Maman!» la suppliaient-elles. Comment avait-elle pu oublier cette arme terrible dont disposait Francis? Ce qu'elle avait pu être sotte! Le désespoir la gagnait. Une rage meurtrière monta en elle et elle balaya de sa main la surface de la petite table d'appoint. La sphère de verre alla se fracasser sur le parquet avec grand bruit. L'eau détrempa le délicat lé de dentelle parsemé de débris de verre.

— Evelyn! Rends-moi ces lettres!

La femme s'enfuit dans le hall, puis grimpa l'escalier. Ses talons firent écho dans toute la maison jusqu'à ce qu'une porte claquât au premier. Son cœur martelant sa poitrine, Francis demeura immobile, le regard perdu dans la flaque de lumière qui s'épandait dans l'escalier. D'autres bruits de pas se précipitèrent. Consciente d'être au mauvais endroit au mauvais moment, la cuisinière rebroussa chemin vers son royaume de cuivres et de faïences, entraînant sa suite derrière elle. Sentant le poids d'un regard sur sa nuque, Francis fit volte-face. Dana se tenait dans l'ombre du hall. Nul doute qu'elle avait capté une partie de la dispute, si ce n'était la totalité.

Il était déchiré. Dana avait regagné la bibliothèque et finissait de tout ranger. Il l'y suivit, s'assurant de bien refermer la porte.

— Je ne veux pas… être la cause de problèmes…

Elle retenait ses sanglots dans le creux de ses paumes. Seules ses grandes prunelles atterrées demeuraient visibles dans son visage rouge d'émotion.

— Ne croyez point être en cause, Dana.

— Elle nous a vus… chuchotait-elle, comme si elle craignait que l'épouse les épiât toujours. Je sais qu'elle nous a vus quand… Oh Dieu ! Mr Seton !

Elle s'affolait davantage en prenant pleinement conscience de tout ce qui venait de se produire.

— Je m'en moque, gronda-t-il rudement.

En trois enjambées, il était près d'elle et l'enlaçait.

— Je m'en moque, Dana, souffla-t-il plus doucement dans la chevelure qu'il embrassa.

Elle résista d'abord à l'étreinte, chercha à le repousser. Mais il la retint fermement contre lui. Après quelques secondes, elle mit moins d'ardeur à se dégager et il sentit enfin les petites mains glisser sur son gilet et s'y accrocher. Le corps de Dana se pressa contre le sien. Il en ressentit un vif plaisir charnel qu'il s'efforça de dominer. La fureur qui l'habitait encore ne faisait qu'exacerber les sensations physiques. Il se concentra sur les battements de son cœur et prit le temps de respirer.

— Dana, dit-il enfin dans un chuchotement, ne vous sentez coupable de rien. Je suis seul responsable de ce qui vient d'arriver. Moi seul.

Elle se tenait coite.

— Vous m'avez entendu ?

— Oui, renifla-t-elle faiblement sur sa poitrine.

Le feu dans son corps s'apaisant peu à peu, Francis s'écarta légèrement. Son esprit redevenait plus lucide ; il se prit à se demander ce qu'avait bien pu entendre Dana de la querelle. Il rechercha le regard vairon. Il était barbouillé de larmes et le fixait, allumé de cette même flamme qu'il y avait vu naître quand il l'avait aidée à se dépêtrer du pan de rideau tombé. Pouvait-il espérer être sauf ?

— Je demande à Spittal d'atteler la voiture pour vous.

— Non, l'arrêta Dana, je ferai le trajet à pied. Il fait beau ; la marche me fera du bien.

— Vous en êtes certaine ?

— Oui.

Après ce qu'ils venaient de vivre, elle retournait vers Nasmyth. Cette idée était intolérable à Francis. Il aimait Dana. Il ne pouvait accepter qu'elle épouse ce bon à rien. La colère gronda plus violemment en lui et il resserra ses bras autour du corps gracile. Sa bouche effleura son front, glissa sur la peau moite et pourtant fraîche. Dana leva son visage vers lui et les lèvres se trouvèrent, affamées et farouches.

Dana empoignait l'étoffe du gilet, labourait les muscles du dos qu'elle sentait durcir. Elle gémit sous la force du baiser, sous la puissance des émotions qui la chaviraient, dans la douleur du désir qui la blessait. Tout son corps s'enflammait dans cette étreinte et elle fondait de volupté en son feu.

Elle s'était trompée : souffrir la présence de Francis était pire que tout.

Le souffle vint à leur manquer et ils se détachèrent l'un de l'autre. Francis appuya son front contre celui de Dana. Le rythme de sa respiration marquait l'intensité de son tumulte intérieur. Il enserra la tête de Dana, la retenant solidement contre la sienne, respirant son haleine, goûtant sa chaleur.

— Je vous aime, déclara-t-il d'une voix modulée par la sincérité de son aveu.

— Mr Seton…

— Francis. Je m'appelle… Francis. Et je veux vous entendre le prononcer, Dana.

— Francis… je vous aime aussi.

Les mots coulèrent en lui comme la plus douce des brises printanières, soulevant son désir. Un instant, il songea à Jonat et la tristesse l'enveloppa. Puis la chaleur de Dana le ranima. Il voulut parler, mais un seul son quitta sa bouche, comme le souffle de la vie qui s'échappe du corps mourant. Et Dana le recueillit sur ses lèvres. Ils n'arrivaient plus à se détacher l'un de l'autre. Ils ne faisaient que se découvrir. La réalité et le rêve les tenaillaient. Étreinte onirique dans une bulle du temps. Cette seconde dans une vie qui durait l'éternité. Ils savaient qu'hors de cette pièce elle ne survivrait guère à la poussée de ce temps. Ce temps qui retient tout du passé, des souvenirs les plus tendres aux plus brutaux.

Au baiser se mêla un goût de sang qui abreuva Francis d'images aux teintes violentes. Il repoussa brusquement Dana, conservant sous sa langue cet affreux goût métallique. S'imposait dans son esprit le corps nu ensanglanté de Jonat. Un détail… Son ami portait à son doigt la chevalière aux armoiries des Seton. Où donc était maintenant cette chevalière ?

Son cœur s'emballa de frayeur. Le livre…

Vous devez partir, maintenant, Dana, murmura-t-il fébrilement d'une voix rauque d'appréhension, mais encore empreinte de tendresse.

Or la douceur du sentiment s'effaçait rapidement devant la vague de fureur qui l'engloutissait. Dana s'écarta et remit un peu d'ordre dans sa tenue. Elle trouva sa pelisse abandonnée sur le dossier d'un fauteuil. Francis la regardait s'habiller d'un œil vide. Son cerveau jouait des scènes du passé à une vitesse inouïe. Il les laissait défiler, cherchant parmi elles le détail, l'indice qui le guiderait.

Une caresse furtive le ramena vers la femme qu'il aimait. Elle le contemplait, chagrinée, heureuse. En lui tout se bousculait. Un chaos indescriptible où l'amour et le meurtre allaient dans la même direction. Tout se passait dans sa tête et dans son cœur et pas un tremblement des doigts, aucun tressaillement de paupières ne le laissait deviner.

Il se pencha sur Dana. Comme l'enfant qui capture enfin la lune de ses nuits de rêve, il prit une dernière fois l'ovale pâle de son visage entre ses mains et lui dit ces mots :

— N'oubliez jamais que je vous aime, Dana. Quoi qu'il arrive… quoi que vous entendiez raconter.

Incapable de s'exprimer sans fondre en larmes, Dana secoua doucement la tête. Francis la libéra et elle s'éloigna, son cœur en morceaux. À chaque pas qu'elle faisait, elle le sentait se défaire un peu plus, les fragments se perdant derrière elle.

Dans le hall se tenait un conciliabule : Mrs Rigg et Christopher chuchotaient au pied du grand escalier. La femme de charge tourna la tête et toisa Dana. Le visage de Christopher n'exprimait qu'une profonde déception. Il dévisagea Dana sans rien dire. Ils savaient ce qui s'était passé. Ravalant ses larmes, elle leur tourna le dos et s'éloigna d'une foulée rapide vers le vestibule. Elle ouvrit la lourde porte et se lança dans la lumière froide du jour. Du jour le plus merveilleux, du jour le plus triste de sa vie.

Arrivée au bout de l'allée de gravier, Dana fit une pause pour souffler et reprendre un peu sur elle. Il lui fallait trouver une excuse pour Tante Flora. Une raison pour Timmy…

Le grincement d'un attelage la détourna de ses pensées. Relevant la tête, elle vit un grand phaéton approcher sur la route et reconnut celui du major Elphinstone. Avec ce qui lui restait de son cœur recroquevillé en elle, elle s'engagea sur le chemin, tête baissée, ses bras serrés sur sa poitrine. L'attelage passa. Elle l'entendit ralentir et prendre l'allée qui menait à Weeping Willow.

Elle prit la direction de Wester Portsburgh en notant la lourdeur des nuages. Il allait neiger.

✦◄

L'écho de la porte qui se referma se répercuta jusque dans ses os. Francis demeura un instant immobile à contempler le portrait. Quelque chose lui disait qu'il ne le verrait jamais achevé. Il soupira et porta ensuite son attention sur les rayons de livres qui l'entouraient.

Il se sentait soudain dans une prison. Une prison de papier et de carton. Il devait en trouver la clé. Par où commencer ?

— Par le Christ ! murmura-t-il en frottant ses tempes dans un effort pour se concentrer.

Un livre. Un seul livre parmi ces centaines. Il élimina d'emblée ceux qu'il consultait souvent et ceux qu'il s'était procurés depuis l'évènement tragique. Il essaya de se rappeler lesquels son père affectionnait plus particulièrement : les oiseaux, les animaux, les fleurs. Son père avait toujours aimé les ouvrages traitant de la nature. « Dieu a su créer des merveilles, disait-il toujours en les consultant. Et l'homme les détruit. L'homme est la plus grande erreur de Dieu et n'a point sa place dans ce monde. Il se mènera à sa propre perte. »

Francis commença par la section des sciences naturelles. Il prenait un livre, le secouait, faisait défiler les pages sous son pouce, en reprenait un autre et recommençait. Il en examina dix, trente, cinquante, cent. Le sujet n'avait plus d'importance : il cherchait la clé. Cela devenait une question de vie. Pour lui et pour Dana.

Les livres s'empilaient sur le sol, sur les meubles ; les étagères se vidaient. Épuisé et découragé, Francis se laissa tomber dans le fauteuil qu'il occupait quelques heures auparavant. S'il faisait fausse route ? Non, il se rappelait clairement cette chevalière dissimulée dans le livre. Il faisait sombre, mais il se souvenait…

Il redressa le dos, raide de saisissement. Le latin ! Le livre était rédigé en latin. D'un bond il se leva et passa en revue les titres en latin qu'il n'avait pas encore vérifiés. Il en ouvrit un. La page frontispice présentait une allégorie de la tempérance et de la justice. Il le referma aussitôt. Un compas. Il devait y avoir un compas dans la gravure, similaire à ce grand compas d'appareilleur des tailleurs de pierre, l'un des symboles qui appartenaient à la tradition franc-maçonnique, l'un des outils d'Hiram, l'architecte du temple de Salomon. « Seul un architecte à l'âme pure possède la compétence pour construire le Grand Œuvre que Dieu attend des hommes. » Son père avait horreur de l'imperfection autant qu'elle le fascinait, lui.

Francis déposa le livre sur une pile au hasard et se dirigea vers la section des ouvrages traitant de l'occultisme. La plupart de ces livres avaient appartenu à ses aïeux. Son père avait aussi enrichi la collection de nombreux nouveaux titres. Quant à lui, il n'avait fait que les consulter à l'occasion.

Se sentant approcher du but, il sortit sa montre du gousset de son gilet ; une petite clé dorée pendait à la chaîne. Il exécuta le geste de l'insérer dans la serrure, avisa le battant entrouvert. On avait crocheté la serrure.

— Francis ?

Le chirurgien tourna sur lui-même comme une toupie. Debout dans l'embrasure de la porte, Percy le dévisageait, perplexe à la vue du désordre.

— Qu'est-ce qui se passe ici ?

Interloqué, Francis ouvrit une bouche muette.

— Où est Evelyn ?

— En haut…

Dans un silence singulier, les deux hommes se mesurèrent du regard.

— Qu'est-il arrivé, Francis ? interrogea alors Percy en balayant la pièce du regard pour apprécier le fouillis de livres qui occupait le centre de la bibliothèque. On dirait qu'un ouragan est passé ici. C'est toi qui as fait ça ?

Le chirurgien referma le battant grillagé.

— Oui… je cherche… un livre.

Percy éclata d'un rire cynique, dévisageant son ami comme pour évaluer son état d'esprit.

— Ça va bien ?

— Si on veut, fit Francis. Evelyn et moi avons eu une dispute.

La nouvelle ne fit pas sourciller le hussard.

— À quel sujet cette fois-ci ?

Francis hésitait à lui dire la vérité. Mais Percy était un ami de longue date et souvent il avait été son confident du temps qu'ils formaient encore un couple de frères.

— Elle demande le divorce, Percy.

— Le divorce? fit le hussard dans un étranglement de voix. Ah! Et... tu lui as répondu quoi?

— Qu'est-ce que tu crois que je lui ai répondu? Il n'en est aucunement question... Enfin, pas tant que je n'aurai pas obtenu cette chaire.

— Oui... bon...

Le visage de Percy se détourna dans l'ombre. Il demeura silencieux un bref instant.

— Elle l'a pris comment?

— Mal.

Percy s'appuya davantage sur sa canne qui ne lui servait plus que par habitude et baissa la tête. Il évitait de regarder Francis dans les yeux.

— Tu étais au courant de ses intentions? demanda soudain le chirurgien.

— Evelyn m'a vaguement parlé de divorce. Mais j'ai tenté de l'en dissuader.

— Quand?

— À Londres... à mon retour.

— Et tu ne m'en as jamais fait part?

— Je croyais qu'elle aurait laissé tomber l'idée, Francis, se défendit son ami.

— De quoi d'autre t'a-t-elle parlé? le pressa-t-il alors, l'angoisse s'insinuant en lui.

— De rien. Elle voulait seulement mon opinion sur ça. Je la lui ai donnée et c'est tout.

Les yeux bleus de Percy affrontèrent le gris métallique de ceux du chirurgien. Un silence lourd de suspicion se dressa entre eux. Percy bougea, les cliquetis des garnitures de fer et de laiton brillant de son uniforme accompagnant chacun de ses mouvements.

— Elle est dans sa chambre?

— Je ne sais pas.

Le hussard se préparait à partir. Il se retourna et fixa son ami dans les yeux.

— Si j'avais senti qu'Evelyn avait eu des intentions fermes de divorcer, je t'aurais prévenu, Francis.

Le chirurgien ne dit rien et Percy s'éclipsa. Resté seul, Francis laissa son regard errer dans le vide de la porte, puis il le reporta sur les livres. Il rouvrit les battants grillagés et inspecta la collection interdite. La plupart de ces livres concernaient la démonologie, la sorcellerie et l'alchimie. Certains traitaient des mystères de la cabale et de la magie. Pendant les années où il faisait partie du Cercle d'Esculape, il avait souvent consulté cette section. Il y avait découvert un monde fascinant qui soulevait les côtés obscurs de l'humanité. Francis avait toujours estimé que dans ces formes morbides de l'esprit humain résidait quelque chose de sain. « Pour qu'existe le bien, il faut qu'existe le mal. Car dans le mal sont les sources du bien. » Et la zone grise devenait un croisement dangereux où il fallait reconnaître son chemin. Pour cela, il fallait savoir où chacun d'eux menait. L'ignorance est la pire tare de l'homme.

Il choisit un livre au hasard : *Sadducismus triumphatis*, de Joseph Glanvill. L'édition, imprimée à Londres, datait de 1681. Glanvill était un grand défenseur de la science de la sorcellerie. Pour lui, les actions des sorcières étaient une évidence empirique qui expliquait les phénomènes paranormaux dans le monde visible.

Pour célébrer l'obtention de leur licence, Francis se souvint que Percy avait suggéré d'essayer d'entrer en contact avec un esprit. Il connaissait une fille qui pouvait diriger des séances de spiritisme. La plupart des membres de la fraternité avaient voté contre cette expérience, la jugeant trop dangereuse. Les gars voulaient plutôt s'amuser. Ils en étaient venus enfin à un consensus : cette fausse messe noire pastichant un office religieux catholique. Francis avait jugé pathétique cette parodie du culte catholique, mais l'esprit presbytérien fortement antipapiste des autres membres avait fait pencher la balance et il avait dû s'y soumettre.

La petite fête avait débuté sous le signe de la gaieté. Une cérémonie sans malice dédiée à la gloire de Priape et de Vénus. Francis avait trop bu trop tôt. Il était sorti pour marcher un peu. La tête lui tournait et il n'arrivait pas à marcher droit. Il avait besoin d'uriner et, se guidant à l'aide d'un mur et du bruit de l'eau, il s'était dirigé vers la berge. Ils avaient fait leur petite fête dans un vieux moulin désaffecté sur le bord de la Leith.

— Mon pauvre chou! lui susurra une voix surgie des sombres replis de son cerveau.

Francis fronça les sourcils. Ce détail ne lui était jamais revenu à l'esprit auparavant. Il se concentra. Une des filles, celle qui avait les cheveux blonds, l'avait suivi dehors. Oui, les reflets de la lune bondissaient dessus comme sur de l'or, il s'en souvenait maintenant. Elle était jolie. Vêtue d'une robe bleue, elle avait choisi de personnifier la Vierge Mère.

Holy Mary, c'était le pseudonyme de cette fille, qui essayait de l'aider à se tenir droit, mais qui était aussi ivre que lui. Il avait mis le pied dans un tas de ce qu'il avait jugé, à l'odeur, être des crottes de chien et il avait juré en examinant sa chaussure. La fille riait de sa malchance. Vexé, il l'avait rabrouée. Elle l'avait injurié en retour. Il avait répliqué en la traitant de sale pute. Avant de tourner les talons, elle l'avait envoyé paître ou se faire enculer ou les deux et, sans plus se préoccuper d'elle, il avait entrepris de nettoyer dans l'herbe sa chaussure souillée par l'immondice nauséabonde. Perdant l'équilibre, il s'était affalé dans l'enfoncement d'une entrée, son envie d'uriner lui vrillant sérieusement le ventre. Le reste, malheureusement, lui échappait encore.

Soudain frappé par cette vague de souvenirs troublants, il se sentit vaciller. Cette fille, c'était celle qu'on avait trouvée morte. Il n'avait appris son véritable prénom que lors de l'enquête: Mary Jane. Il refusait de penser qu'il l'avait tuée. Pourtant… il s'était réveillé à quelques pas seulement de son corps. Et personne ne se souvenait de les avoir vus revenir dans le moulin.

Tout à ses sombres souvenirs, Francis remit le livre à sa place. Ses doigts laissèrent leur empreinte dans la poussière. Il fit glisser son index sur l'étagère: sous la couche grisâtre apparut le bois brun foncé. Il faudrait dire à Mrs Rigg de faire nettoyer cette section.

Dans l'ombre du hall, un regard clair se plissait, espionnait la progression des recherches du chirurgien.

Francis parcourait des yeux les titres. Sur l'étagère du milieu, la poussière avait aussi été dérangée. Quelqu'un d'autre avait fouillé dans cette section. Il suivit la trace dépoussiérée sur l'étagère.

« *Manuale exorcismorum* », lut-il.

Un ouvrage en latin. Un traité sur l'exorcisme et ses différentes méthodes pour commander les démons. « Tu dois apprendre à maîtriser tes démons, Francis, sinon ils prennent possession de ton âme et tu es perdu » ; les mots de son père lui revinrent. Son père entretenait une peur terrible de l'enfer et de ses démons. Francis retira doucement le livre et l'ouvrit sur la page frontispice. Tenu par la main de Dieu, le compas était là, dans la gravure. Le rythme de son cœur s'accéléra. Il tourna les pages jusqu'au tiers du livre. Il ne pouvait aller plus loin : le reste des pages avait été encollé pour former une masse compacte. Une cavité avait été creusée dans le papier, à l'endroit où devait apparaître une lettrine… la chevalière l'avait remplacée. Cette bague avait appartenu à Francis Alexander Seton. On l'avait récupérée sur son corps après l'avoir repêché dans les eaux du Tevere, à Rome. Elle avait depuis passé de génération en génération, de père en fils. Et aujourd'hui, elle lui revenait. Mais il ne la porterait jamais. Il s'en sentait incapable… pas après ce qui était arrivé.

Il allait refermer le livre quand il remarqua que les deux dernières pages libres étaient collées ensemble sur leur pourtour de façon à fabriquer une pochette. Le papier embossé reproduisait le contour d'un objet qui y avait été placé et qui avait disparu. Cela avait la forme et l'épaisseur d'une enveloppe.

Les lettres… C'était là, de toute évidence, qu'Evelyn les avait trouvées. Il ne doutait plus de leur contenu hautement accablant. Il devait à tout prix les récupérer.

À tout prix !

— Par le Christ… souffla-t-il. Comment père a-t-il pu laisser ça…

Estomaqué par cette découverte, Francis ne vit pas l'ombre se déplacer derrière la porte.

Il se précipita dans le hall. Il était désert, mais on entendait les bruits familiers venant de la cuisine, où Mrs Dawson orchestrait la préparation du dîner. Le chirurgien s'élança dans l'escalier, puis vers la chambre de sa femme. La porte était ouverte.

— Donne-les-moi !

Allongée sur le lit, Evelyn se dressa d'un bond. Elle était pâle et ses yeux rouges et gonflés indiquaient qu'elle avait longtemps pleuré. À la vue de l'extrême fureur qui déformait le visage de son mari, elle s'affola et alla se réfugier de l'autre côté du lit pour placer un obstacle entre eux. Il lança le livre avec force sur le lit. La chevalière s'en échappa. Evelyn la regarda rebondir sur la couverture.

— Donne-moi ces lettres !

— Je ne les ai plus. Je te l'ai dit, elles sont en lieu sûr.

— Que cherches-tu à faire, Evelyn ? Tu veux me faire chanter, peut-être ?

Francis aperçut alors les malles remplies, prêtes à être fermées.

— Qu'est-ce qui se passe ici ? gronda-t-il sourdement.

— Je m'en vais, annonça Evelyn. Je vais chez ta sœur pour quelques jours. Cela te laissera le temps de prendre ta décision.

Bien que la terreur s'inscrivît dans les yeux de sa femme, elle affichait une assurance déterminée peu commune. « Quelle actrice elle fait ! » pensa-t-il avec ironie.

— Je veux le divorce. Je veux me libérer de toi… de ce qui est en toi et qui m'a souillée et…

Il s'était penché sur les malles, plongeait les mains dans l'une d'elles. Il en tirait jupons, bas et chemisettes.

— Arrête ! Que fais-tu ? s'écria Evelyn en ramassant les vêtements au fur et à mesure qu'ils touchaient le sol.

— Je veux cette correspondance, gronda-t-il, obsédé par cette idée. Je l'avais brûlée, murmura-t-il pour lui-même, comme pour se convaincre qu'elle n'existait vraiment plus, qu'il faisait un cauchemar.

— Les lettres ne sont pas ici. Je te le jure, Francis !

Il fixait le fond de la malle vide, passait à la deuxième.

— Tu sais que j'ai le pouvoir de te faire enfermer? C'est ce que j'aurais dû faire il y a des années d'ailleurs.

— C'est assez, Francis! fit une voix masculine derrière lui.

L'air égaré, Francis pivota pour faire face à Percy. Son ami, debout dans l'encadrement de la porte, l'air bouleversé, le regardait.

— Calme-toi, dit-il doucement en tendant les mains comme pour maintenir une distance entre eux. Elle m'a simplement demandé de la conduire à Duddingston.

Francis ne broncha pas. Il était complètement abasourdi par la tournure des évènements. Il ne comprenait pas ce qui arrivait. Il devait méditer tout ça. Laisser passer la fureur et méditer.

— Fais-le, alors, dit Francis avec lassitude.

Et il quitta la pièce et le désordre de vêtements éparpillés sur le plancher.

◆·◆

La voiture avait quitté Weeping Willow depuis deux heures. Hanté par son passé, Francis s'était enfermé dans la bibliothèque avec une bouteille de whisky. Les livres s'empilaient dans tous les coins et sur toutes les surfaces. Affalé dans son fauteuil, le chirurgien fixait le tableau inachevé. La même question lui revenait sans cesse à l'esprit. D'où venaient ces lettres? Il avait brûlé toute la correspondance de Jonat. Il en était certain. Pour la énième fois, il porta la bouteille d'eau-de-vie à sa bouche, sentit la brûlure du liquide sur ses lèvres, mais n'en avala qu'un filet. Il devait rester lucide.

— Par le diable et par le Christ! Que ferais-tu à ma place? demanda-t-il à son portrait.

Il pourrait demander le divorce et récupérer ces lettres. Il risquerait donc de compromettre ses chances d'obtenir cette chaire de pathologie pour laquelle il avait tant travaillé. Il avait l'appui des docteurs Thomson et Hamilton en plus de dizaines d'autres. Même Alexander Monro tertius, présent titulaire de la chaire d'anatomie et dont la famille avait maille à partir avec celle des Seton depuis trois générations, avait donné le sien. Ne restait que cette foutue gomme politique à convaincre et les fonds à amasser. La guerre étant finie, le gouvernement pourrait reconsidérer d'accorder des subventions pour l'amélioration des programmes d'éducation. Lui-même était prêt à investir une somme appréciable. Mais confierait-on la tutelle d'une chaire à un homme qui n'arrivait pas à contrôler sa propre vie personnelle? Monro, qui n'attendait que l'occasion de l'écarter du projet, chercherait à le discréditer aux yeux du conseil.

Mais divorcé il pourrait songer à retrouver Dana.

«Sois honnête, tu crois qu'elle voudrait épouser un homme divorcé, toi? relança-t-il en levant la bouteille en direction du portrait. Tu crois qu'elle accepterait seulement de se trouver dans la même pièce que celui qui lui ment depuis des mois si ignoblement?»

Le regard gris le fixait en retour. Le liquide clapota dans sa main qu'il vit trembler. Il porta la bouteille à ses lèvres et en ingurgita finalement une longue gorgée. L'alcool coula dans sa gorge comme une traînée de soufre. Il cala sa tête contre le dossier et se concentra sur la chaleur qui se répandait maintenant dans tout son corps.

Même divorcé, il ne pourrait aimer Dana. Jonat se dressait toujours entre eux.

«Dana…» murmura-t-il.

Au souvenir de leur baiser, il sentit la fureur le quitter comme une vague se retire lentement de la plage, ne laissant qu'une empreinte de son passage sur le sable.

Il avait envie d'elle. Il avait envie de simplement sentir sa présence, de sentir ses bras autour de lui. Des bras, pour s'y blottir… il en avait besoin. D'une simple caresse, se sentir aimé…

Cette pensée le sortit de sa léthargie. Il déposa le whisky sur le bureau et se redressa. Ses coudes s'enfonçant dans ses genoux, il se pencha en avant et respira profondément. Puis il se leva complètement et sortit trouver Halkit. Pour l'instant, il avait à penser à autre chose de plus important.

Christopher descendait le grand escalier au même moment où il traversait le hall.

— Mr Seton?

— Tiens, tu es là, toi.

— Je sortais pour rejoindre des confrères de classe.

Le jeune homme était nerveux et retouchait sans arrêt son nœud de cravate.

— J'ai appris que Mrs Seton…

— Hum… fit sourdement Francis, qui n'avait surtout pas envie de parler de sa femme.

— Ouais… je sais que le moment est mal choisi, mais j'aurais à vous entretenir de mon engagement auprès de vous.

— Demain, Christopher. Je n'ai vraiment pas l'esprit clair en ce moment. Je dois aussi sortir et je ne sais pas à quelle heure je vais rentrer.

— Demain, oui. Cela me conviendra.

Christopher tripotait le bord de son chapeau entre ses doigts. Francis sentait que quelque chose le tiraillait depuis un certain temps.

— Tes examens, ça va?

— Je passerai à travers, monsieur.

— C'est bien, fit Francis d'une voix empreinte d'empathie réelle. Je serais très attristé de voir que tous ces efforts que tu as déployés dans ces études n'aboutissent qu'à un échec.

Christopher baissa la tête pour cacher le rouge qui colorait ses joues.

— Merci, monsieur.

— Tu devrais quand même prendre plus de sommeil. Les finaux arrivent toujours plus rapidement que l'on ne s'y attend.

— Je le ferai…

— Hum… Bonne nuit, Christopher.

— Bonne nuit, monsieur.

Le jeune homme s'éloigna. Francis le suivit des yeux jusqu'à ce qu'il fût sorti. «Quel drôle de garçon», songea-t-il. Puis il se concentra sur l'objet de ses propres préoccupations et fit préparer son cheval.

L'obscurité envahissait le ciel et peignait peu à peu le paysage dans des tons de gris sombres. L'air sec et frais mordait les joues. Assis sur sa selle, Francis remonta le col de son carrick et enfonça sa tête entre ses épaules. Halkit arriva enfin. Il lui remit un sac de cuir contenant ce qu'il avait demandé.

—Vous êtes certain de ne pas vouloir que Mr Spittal vous conduise, monsieur?

—Certain, Halkit. Je ne rentrerai pas cette nuit. Et la promenade me fera un peu de bien.

Le majordome acquiesça d'un air entendu. Il avait retiré sa perruque. Sa chevelure d'un blanc jaunâtre et coupée très près du crâne lui donnait l'aspect d'un mouton fraîchement tondu. Des plaques rouges squameuses apparaissaient sur le pourtour de la ligne de cheveux sur le front et près des tempes. Francis se dit qu'il devrait abolir dans sa maison cette coutume désuète de porter la perruque sous laquelle la peau toujours humide de transpiration respirait mal.

—Si Mrs Seton décide de revenir, que dois-je lui dire?

—Elle ne reviendra pas, affirma Francis d'un ton catégorique. Vous pourrez dormir sur vos deux oreilles.

—Bien, monsieur, fit le majordome en s'écartant.

Francis donna du talon et tourna bride. Sa monture prit la direction de Candlemaker Row.